U0585446

高高国际　出品

MEMOIRS
OF
THE SECOND
WORLD WAR

第二次世界大战
回忆录

上

[英] 温斯顿·丘吉尔 著

姜玲 译

中南出版传媒集团
民主与建设出版社

图书在版编目（CIP）数据

第二次世界大战回忆录 /（英）温斯顿·丘吉尔著；姜玲译
. — 北京：民主与建设出版社，2017.12

ISBN 978-7-5139-1801-5

Ⅰ.①第… Ⅱ.①温… ②姜… Ⅲ.①温斯顿（Churchill,Winston
Leonard Spencer 1874—1965)—回忆录②第二次世界大战—史料 Ⅳ.
①K835.167=533②K152

中国版本图书馆CIP数据核字（2017）第279281号

©民主与建设出版社，2017

第二次世界大战回忆录
DIERCI SHIJIEDAZHAN HUIYILU

出 版 人	许久文
著　　者	［英］温斯顿·丘吉尔
译　　者	姜　玲
责任编辑	王　越
整体设计	高高国际
出版发行	民主与建设出版社有限责任公司
电　　话	（010）59419778　　59417745
社　　址	北京市海淀区西三环中路十号望海楼E座7层
邮　　编	100142
印　　刷	北京盛通印刷股份有限公司
开　　本	700mm×1000mm　　1/16
印　　张	57
字　　数	718千字
版　　次	2017年12月第1版　　2017年12月第1次印刷
书　　号	ISBN 978-7-5139-1801-5
定　　价	108.00元（全2册）

注：如有印、装质量问题，请与出版社联系。

温斯顿·伦纳德·斯宾塞·丘吉尔
Winston Leonard Spencer Churchill

Winston Churchill

MEMOIRS
OF
THE SECOND
WORLD WAR

目 录

被克服的困难就是胜利的契机。

第一章　从压迫到姑息

愚蠢的胜利者

第一次世界大战结束后，人们普遍期盼世界能迎来长久的和平。本来只要秉持着公平正义、理性合法的态度处理战后事务，这个愿望不难实现。但是当时人们却都信奉要用压迫来消灭战争。美国总统威尔逊倡导组成一个国际同盟，经过凡尔赛的商讨，这一主张得到落实，形成了一个有形的组织机构。这下战胜国团结起来了，变得不可战胜。尽管其实这些国家自身仍有很多重大的难题亟待解决，但是他们更急切的是，处治那些俯首等着他们裁决的战乱元凶们。俄国受到与德国战争的冲击，深陷内乱泥潭，政权逐渐落入了布尔什维克，或说共产党手中。

1919年夏，协约国部队已经完全控制了满目疮痍的德国。经过52个月的艰苦战斗，他们终于让那四个结成同盟的国家彻底失去了反抗的意志。在巴黎，各获胜国领袖在欧洲地图前，规划未来，协商如何改变版图。引发这场世界灾难的祸首德国，现在已经是胜利者砧板上的鱼肉，不过，那些胜利者自己也已经站立不稳。这场搅乱世界的民族战争落幕了，但愤怒和杀戮主宰了人们的心志。在开会商讨时，各国领袖或外交家，不管是战胜国的，还是战败国的，无不受到这股汹涌浪潮的威压，而变得谨慎小心，都只遵循被普遍接受的原则行事。受宣传的鼓动，当时所有人都表示要坚决彻底地报仇。那些代表国家的领袖们，要是在开会时浪费了战士们浴血奋战换来的成果，一定不会有好果子吃。

法国凭着巨大的牺牲和顽强的战斗，自然居于战胜国之首。在保卫领土的战斗中，法国牺牲了将近一百五十万人。在过去一百年的时间里，法国和普鲁士曾五度（1814年、1815年、1870年、1914年和1918年）燃起战火。然而，这次绵延四年之久的战争，惨烈程度更胜以往，德国霸占了法国十三个省，毁坏了大片土地，大量人民惨遭屠戮，大部分人都失去了亲人。很多法国人甚至都觉得法国能取胜简直是奇迹。要知道，在过去很长一段时间内，法国一直活在德意志军事力量的威压下，法国人对德意志怀有别人无法理解的恐惧之心。如今他们用鲜血的代价解除了心头的重压，终于可以扬眉吐气，无比激动兴奋，大喊着："绝不让历史再重演！"

然而，未来不容乐观。德国人口远超法国，且在不断激增。或许，连十年都用不了，德国就会成长出一大批可参军的年轻人。可是，法国人口数量却停滞不前，到时候德国的兵员会超过法国一倍还要多。过去，德国差点儿以一国之力，战胜世界。而且，很多人都知道，最后它之所以战败，很多次都只是战场中关键时刻的机缘巧合。万一日后战事再起，协约国还会派大军来支援法国吗？俄国动荡不安，已经改头换面；意大利，调转枪头的可能性更大；英国隔海相望，且本就厌恶战争；美国更是远隔重洋，万里迢迢。加拿大、澳大利亚、新西兰这些国家更是无法指望。法国尽管是无可置疑的战胜者，但自己也已经千疮百孔。遥想未来，法国知道，想要守住胜利的果实，只能不择手段的获取安全。没有安全，之前的胜利终将变得毫无意义。

停战之日，德国军队开拔回国。法国元帅福煦展现出胜利者的大度，肯定他们在战斗中的表现，并且没有解除他们的武装。不过，他提出，必须将法国的边界移到莱茵河。这样，多年后即便德国摆脱战后制裁和惩罚的影响，东山再起，只要有莱茵河这个天然屏障，法国仍然能安全无虞，永享太平。然而，说英语的国家没有让法国遂愿。在凡尔赛和约中，关于领土的条款的实质，就是使德国领土保持原状。它仍是欧洲最大的单一民族国家。福煦元帅一针见血地说道："这换不来和平，只是将战争推迟了二十年。"

和约中，德国被判处要缴纳高得不切实际的战争赔款。这一条款苛刻得近乎愚蠢。可见，战胜者已经被怒火冲昏了头脑。那些民众哪里知道，任何一个战败国都不可能支付得起，现代战争消耗的所有金钱。而那些一心只想获得选票的领导者不敢，也没有意愿向民众道破这个简单的事实。所有战胜国都顺从着愚钝的民众，逼迫着战败国支付高额赔款，奉行彻底打压德国的态度。可是这样做根本不可能弥补战争的消耗，而且贻害无穷。

从结果看，这些条款实际上也并未实行。德国支出了大约十亿英镑的赔款，可若干年后，又从英美等国那里获得了十亿五千万英镑的贷款。用这些钱，德国迅速东山再起。这本来慷慨的作为，却无法使德国感激涕零。因为战胜国那些政治家为了顺应以受害者自居的民众们，仍表示要榨干德国。最终，德国依靠美国巨额贷款的援助付清了战争赔款。然而，美国在1926到1929三年得到的所有赔款，却只有它给德国贷款的五分之一。不过，人们仍都很满意，觉得德国已被永久性地打压下去了。援助战败国，成了人们的共识，各地的贷款纷至沓来，德国则毫不客气地照单全收。最后，德国获得的贷款总额达十五亿英镑，可他们支付的赔款却是十亿英镑。当时的人们有多么疯狂和愚蠢，简直令人匪夷所思。

奥匈帝国彻底解体，是战后处理善后问题产生的第二个严重后果。在圣日耳曼条约和特里亚侬条约中标榜自由主义的条例的鼓动下，那些本来被奥匈帝国凝聚在一起的民族纷纷独立，东南欧一时间小国林立。这些民族失去了作为一个统一国家的优势，自身又并不强大，于是不可避免地陷入凄惨和凋零的境地，比如，从哈布斯堡帝国独立出来的各民族和省份，又比如，曾经繁华的都城维也纳。然而相比之下，普鲁士和德意志帝国尽管因为战败变得千疮百孔，却仍是一个领土完整的国家。这在当地，是一个绝对的优势。

战胜国要强行把德国改造成自己理想中的自由国家。德国没了军队，也没有了军费的负担。在魏玛，帝国制度被废，强行建立了共和制，可这一做法并不符合魏玛的实际情况。而且民众觉得自己是被强迫的，所以即便是标榜民主的议会，仍无法得到他们的拥护。人们寄希望于原来的大型集团势力，然而，这些势力自己都惶恐不安。一时之间，民众的感情变得无所寄托。这种情况延续了一段时间，一个天生的暴徒，一个最会煽动人心的战争狂人——希特勒，最终出现在了人们面前。为了逼德国上交赔偿款，法国毫不犹豫地发兵鲁尔。这自然是因为想逼迫德国信守条约，可是英国和美国的言论却对其进行了强烈的指控。因为德国的财政和政治正处于广泛的骚乱，而1919年到1923年之间，又缴纳了几次赔偿款，使得马克垮掉得非常快。法国夺取鲁尔这件事，引起了德国强烈的愤恨，德国开始肆无忌惮地发行纸币，导致通货膨胀严重。在通货膨胀最后的那段时间，四十三万亿马克才抵得上一英镑。这次通货膨胀无论是在经济层面上，还是社会层面上，导致的结果都极糟糕，且产生了长久的影响。其中，最直接的一个后果就是国家资不抵债，从外国借了大量贷款，之后的若干年，这也成了这个国家的一个特征。德国人就和他们目前的情况一样，既悲伤又愤怒。

1921年华盛顿会议，美国提出了对未来影响深远的一条建议——削减海军，英国政府和美国政府抱着极大的热情砸沉了它们的船舰，拆掉了它们的军事装备。按照奇怪的逻辑，既然让败落的国家解除武装力量，那在道义上，获胜国也得把自己的武装力量解除，否则就没有道理了。而法国因为还留有军队受到了英美两国指控。而这支军队只是以广泛服役为根基，已经进行了大裁员的。

美国清楚地告诉英国，若日本严格遵守的英日同盟持续下去，英国和美国的关系就会受到阻碍。因此，这一联盟结束了。联盟的终结在日本引起了很大的震动，认为亚洲国家被西方世界甩掉了。很多对将来的和平可能有关键意义的接触都被斩断了。

日本在世界各国海军力量的排名上，由于德国和俄国战败，在一定时间内升级成第三。英美这两个海军最大的国家正在互相削弱自身力量，以致它们提供的能源比原本可以提供的少很多，也远不能达成其责任提出的要求。所以在欧洲和亚洲，获胜的协约国以和平为名飞速建成的基础却为下次战争扫清了前路。与此同时，一个新的战争祸根却在欧洲出现了，不管是沙皇的帝国主义，还是德皇的帝国主义，都没有它恐怖。布尔什维克革命的完胜结束了俄国内乱。苏俄派去攻占波兰的大军，虽然在华沙战争中落败，但共产党的宣扬和诡计却差点拿下了德国和意大利，匈牙利曾有一段时间实实在在地被共产党的独裁官贝拉·库恩控制了。尽管福煦元帅曾睿智地说"布尔什维主义一直不曾踏进获胜的疆域"，但战后最开始的几年中，欧洲文明的基石看上去却非常薄弱。为了能让自己服务于德国军官阶层，希特勒下士在慕尼黑竭尽所能地鼓动战士和工人，让他们对犹太人和共产党极端仇视，说德国会失败是他们的责任；而本尼托·墨索里尼，又一个冒险家，给了意大利一个新的管理蓝图，说这个计划能将共产主义手里的意大利民众解救出来，并借机替自己拿下独裁的权柄。纳粹主义源于法西斯主义。因此这些流着相同血液的运动就开始活泛了起来，没多久世界被推到了更恐怖的争端里。

表面和平——欧洲各国之间的制衡

1923年年初，鲍德温先生出任英国首相，我受邀成为财政大臣。在财政部，我遇到的首个国际问题是我们欠美国的债务。欧洲协约国在战争结束时一共欠了美国差不多一百亿美元。在这里面，英国欠了四十亿。另一方面，别的协约国一共欠我们七十亿美元，其中俄国占大头。1922年8月1日，劳合·乔治掌权期间的巴尔弗照会曾声明，要是美国不跟英国讨债，那英国也不会跟欠自己钱的国家讨债，同盟国家也好，曾经的敌对国家也罢，都不去索债。然而，1922年12月，博纳·劳政府派财政大臣鲍德温率英国使节团去华盛顿访问，最后英国答应：英国不管从欠债的国家追回的欠款有多少，都会偿还美国所有战争债款，利息不再是百分之五，降低到百分之三点五。这一债务协议的施行，是之后不长时间，使得世界经济崩毁、影响世界再次兴盛，并引发怨愤的一个明显原因。

美国最近提高了关税，且差不多将全部已经挖掘到的黄金全都藏到了自家的地下金库中，这让归还美国债款、支付利息变得更难了。它强加在其他协约国身上的决议也没什么大差别，仅仅是相对轻些。各个国家抓紧时间压榨德国成了这种行为最先的结果。

巴尔弗照会的策略提出时，我完全支持，还曾为它做了辩解。现在，我成了财政大臣，便积极动作，促成这一策略的实施。在我看来，英国若是因为这个而成了既成欠着美国钱的国家，也成了帮美国追债的国家，那华盛顿那边必定可以发现，追债并不是一个聪明的行为。可是这样的反应并没有在美国出现，实际上，对于这种言论，那边是非常不快的。美国仍旧坚持英国非每年还债不可，仅仅是将利息降低了。

所以我们不仅要跟德国追偿已经缩减的欠款，还必须跟别的协约国一起商量应对方案，好让我们可以获得每年必交的三千五百万英镑给美国国库。德国因此遭受的压力非常大，还得被逼无奈忍受一个让人厌烦的国际监督组织来干预其内政。英国三次对美国进行了完全支付，这笔钱是怎么来的呢？是英国按照修改后的道威斯方案的比例从德国榨取的。

我当时居住的地方是唐宁街11号，和鲍德温先生做了近五年的邻居。每天早上，我去财政部上班，从他住的地方经过，差不多都会去看望他，在内阁会议室中聊上几分钟。在他的顾问团里，也有我一席之地，无论发生什么情况，我都逃不开干系。国内的复苏这五年里成果不俗。这是一个谨慎而精干的政府，这段时间里，每年都有明显的发展、恢复。在大政方针上，虽不敢说发生什么不得了的大事件让人震惊、议论，但按照经济标准评判也好，按照财务标准判别也罢，民众的生活的确看到了改进。我们任期到了的时候，国内和全球的情况和我们刚刚任职时比，无论是舒适度，还是富裕程度都强多了。这句评价普通，但也非常真实。政府在全欧洲都有了良好的名誉。

德国政府在1925年2月跟赫里欧——法国当时的总理，说了个提议。德国政府的备忘录宣称：要是和莱茵河有利益瓜葛的各个国家，特别是英国、法国、意大利和德国，能够签个协议，美国政府做担保人，规定在一个较长的时间内担负不向签约的国家宣战的责任，那德国会发布声明表示认可。另外，承诺保持莱茵河一域边界现状的协议德国也能接受。

1925年6月16日，德国的外交部部长斯特来斯曼接到了在柏林的法国驻德大使提交的正式的照会。照会声明，德国要是不能先加入国际联盟，就什么协议都不签订。一切改变协议条款的建议，德国都不能提。应该将比利时加到签订和约的国家之中；最后，为弥补莱茵兰和约，应该签订一个法德裁判协议。10月4日，洛迦诺大会以此为基础正式召开。英国、法国、德国、比利时、意大利的代表在平静的湖畔聚集一堂。会谈成果为：首先，五国签署互相的承诺条款；其次，德国与法国、德国与比利时、德国与波兰、德国与捷克斯洛伐克间各自签订仲裁协议；第三，法国和波兰、法国和捷克斯洛伐克间各自签订特别协议，协议规定：若是西欧和约崩溃又有不合情理的军事行为随后发生，法国必须对波兰和捷克斯洛伐克这两国进行救援。如此，西欧民主国家全部答应，不管情况如何都确保彼此间和平安定，共同反对一切签署协议的国家毁坏协议，侵略兄弟国家。英国跟法、德两国做出神圣承诺：两国之中，无论谁被无理侵犯，都会对其进行救援。议会和整个国家兴奋地支持了这种对未来有很大的影响军事责任。可以说，这种工作是以前不曾有过的。

1925年年末洛迦诺会谈制定的协议，人们都非常喜欢。鲍德温率先在外交部签名。由于外交官没有的衙门，所以调用了我在唐宁街11号的食堂，和斯特来斯曼一起，亲密、和睦地享用午餐。在极和睦的氛围中，我们共聚一堂，都相信欧洲最大的国家要是能真的众志成城，且自觉得到了安全，那欧洲的将来是风光无限的。奥斯汀·张伯伦先生在这一值得留念的文件得到议会真挚的认可后，拿到了嘉德勋章和诺贝尔和平奖奖金。他的胜利标志着欧洲振兴的高潮，自此开启了和平中兴的三年。虽然早就存在的敌视只是睡着了，新兵敲鼓的声音已经隐隐约约可以听见，但我们仍旧有理由去期望：按照实实在在获得的根基，我们将开通一条前进之路。

当鲍德温的第二届政府完结，欧洲波平如镜，这种平静不但往前数二十年没有，往后数少说也有二十年没有。我们自签订洛迦诺协议，就对德国生出了一种友好的感情，在凡尔赛和约定好的时间还差很久的时候，法国的部队和协约国派遣的军队就撤出莱茵兰了。新的德国参加了残损的国际联盟。德国在英、美两国贷款无微不至的辅助下，迅速振兴。它新制的远洋船有着光荣的横渡大西洋最快客轮的称号。它的商贸发展迅猛，国内的情形非常昌盛。法国与其联盟体系，在欧洲，看上去也平安无事。明面上，凡尔赛和约除去军事装备的条例也没受到毁坏。德国已经没有了海军。德国空军被禁，且还没有再起来。德国很多有权有势的人极不赞成战争，至少为了谨慎而如此，德国顶级指挥中心也觉得协约国不会让他们再次武装。

金融危机席卷全球

1929年，直至第三季度后期，特别是在美国，还都随处显现着日趋兴盛的希望和景象。猖獗的投机活动受到了极致乐观主义的放纵。有人写书表明，这个时候持续增加的企业机构和科学已经征服了经济危机。纽约证券交易所主管9月的时候还说："我们知道的一段时间发生一次的经济危机，明显已经被我们终结了。"可一股激烈的风暴在

10月的时候突然席卷华尔街。尽管最有实力的组织已经出手干涉，但惊慌抛售的浪潮却无法制止。为了稳固、维系市场，若干主要银行筹集了十亿美元。可所有这些都是白费心思。

在之前的时间里，迅速累积，以纸面金额为表现形式的所有资产，一下子变成了泡影。美国以信用扩张这一宏伟的建筑为基石，发展出来的数百万个家庭的兴旺，现在忽然被证实仅仅是一种假象。就算是最出名的银行，在这以前，也以低利息鼓舞民众参与整个国家的股票投机，不仅如此，还通过分期付款的措施买房、买家具、买车、买各种家庭必需品，还有延期付款的方法，创建了宏伟的商业体系。现在这一切都完了。大量制造的工厂处于无序、麻痹之中。而仅仅是一天之前，数以千计、万计的技术人员和工人上班已经是坐汽车了，这让停车场也成了一件急需解决的事。全社会始终在做非常兴旺的制造行为，生产让亿万人享用的各式各样的好产品。可今天社会却处在工资急剧下滑，失业增多的惨境中。和英国的银行系统相比，美国的要分散的多，也不那么稳固。不再支付的地方银行有两万家。在物资和服务上，人与人的交换模式已经被撕成了碎片，且华尔街的分崩离析影响了不管贫穷、富贵的所有家庭。

希望获得的财富可以越来越多，希望一起享受美好生活的人可以越来越多，这曾经是让美国民众目眩神迷的美好的幻想，可别觉得这仅仅是假想狂和市场狂。从没有哪个社会，想它一样制造、同享和互换过数目这么大，式样这么多的物资。要是人们能将自己的勤奋和技能发挥到最大限度，那互相间能增加的好处，确实是不可估量的。但是，实际获得的成果却远比不上虚荣、假想和贪婪，华美的外观终于尽毁。1929年至1932年，在股票市场崩盘后，紧随其后的就是物价暴跌和随之发生的生产紧缩，因此导致了大面积的失业。

混乱的经济生活带来的结果是全球性的。失业以及制造萎缩又导致交易的广泛收紧。各个国家为守护国内市场相继采取政策控制关税。这次大危难又引发了激烈的金融危机，麻痹了国内的信用贷款。世界到处都是倒闭失业。麦克唐纳政府曾经做过各种各样的承诺，可1930年到1931年，眼前一百万到近三百万人的失业者，把他弄得头晕目眩。传言美国的失业人口高达一千万。这个庞大的共和国，它全部的银行业都处在动荡之中，且马上就能垮掉。德国和别的欧洲国家也受到了它引发的灾难的影响。但说英语的国家中，还没有被饿死的人。

英国那种岛国，其经济，人工因素极高，对这种经济来说，信心和诚信关系重大，可是对一个将打击资本作为基石的政府或党派来说，这样的信心和诚信总是难以长期保有。摆在眼前的问题，麦克唐纳的工党政府根本没法解决。就是用党纪或者某些必需的强有力的手段来均衡预算，他们也做不到。一个政府，本就处在少数的位置，又失去了所有经济信心，想在这种情形下维系下去，怎么可能？

工党政府被此次风暴击败，英国金融诚信忽然垮台，自由党及其不良的均衡实力的崩溃，这一切造成了联合政府的出现。看起来，想要平息这次危局，只能依靠各个党派建起的政府。麦克唐纳先生和他的财政官员以浓烈的爱国之心，全力牵引工党人支持联合政府。鲍德温先生始终觉得，只要自己的权限还在，其他人完全可以为官做宰。当下，他情愿在麦克唐纳下面工作。他这种心态当然是让人敬重的，但真实情况并不是这样。劳合·乔治先生还在术后调养（以他的年纪而言，情形并不乐观），因此大部分自由党人在赫伯特·塞缪尔爵士的带领下加入了众党联合政府。

联合政府并未对我发出邀请。我和鲍德温在印度事件上已出现了政治分歧。我对唐纳工党政府的策略也不认可。和其他人一样，我也觉得建立联合政府是必需的。不过我并未被放在这一政府之中，对此我并不奇怪，也没觉得不开心。其实政府重建时，我正在戛纳作画。我要是在那个时候受到邀约，会怎么做呢？我也不清楚。其实，完全没必要去探讨那些从不曾出现的让人疑惑的引诱。同年夏天，我曾和麦克唐纳说起过联合政府的问题，他觉得有意思。可是我当时在政治舞台上的位置非常尴尬。我在内阁做官已经长达十五年，当下正忙着写《马尔巴罗传》。那个时候的政治，对那些身处喧闹的政治风暴中心的人而言，确实是激动人心。不过我可以坦言，在国家危难之秋被扔到一边，并不曾让我觉得愤怒，难过就更谈不上了，只是有些不方便罢了。自1905年起，我去下院参会时一直都坐在前排，可以直接从自己的座位上站起发言，相对方便一些。我可以将讲稿放在桌子上，让人觉得我是在即兴演讲。现在，我得在政府席那边的过道后找位置，这不太容易，在发表意见的时候，我必须用手拿着稿件；只能凭运气跟别的有名的内阁官员进行讨论。不过，我仍旧时常得到机会发表意见。

金融危机并不曾因为新政府组建而终结。等我从外国回来，我发现势不可挡的选举即将开始，但任何问题都没能处理好。选民的决议并没有辜负英国这个民族。在拉姆齐·麦克唐纳先生——工党的创始人的带领下，联合政府宣告建成。他们向民众提出了一个纲要，要戒奢行俭、牺牲奉献。这是旧版的"热血、辛勤、眼泪和汗水"，只是那个时候，战争与关乎生死的危机引发的激荡和需求还没出现。必须执行最严厉的金融政策。所有人都必须减少薪资、俸禄或者进项。一个严格遵循戒奢行俭的政府，民众被要求去投票支持它。人们就像平常被激起英雄义气所做的那般，做出了回应。虽然发生了这些事：政策背离了曾经的宣言，解除金本位；鲍德温先生不能再支付且永不用再支付战争债务给美国（这些美国的战争债款是鲍德温强迫1923年的博纳·劳内阁给美国的），但总算再次拥有了信心和诚信。新政府得到的支持是绝对占优的。麦克唐纳先生出山组建内阁，不过在所属的党派，拥护他的人只有七八个；且获选议员的只有五十个他所在政党的反对派和他曾经的拥趸。他的身体情况和精神状态急速减弱；在左右生命轨迹的近四年的时间里，他在越来越老中，站在英国政治体制的最顶端掌权。希特勒在这四年的时间里，很快出现了。

愤愤不平的小人物——阿道夫·希特勒

1918年10月，在英国军队攻击柯明临近区域时，德国的某个下士因为被芥子气所伤而在一段时间内双眼俱盲。他是奥地利海关的一个下层税务人员的儿子，在他年轻的时候，他曾想成为一名了不起的艺术家，可维也纳的艺术学校，他没能进去，而是在维也纳困苦地活着，之后他又搬去了慕尼黑。有时候他的工作就是给房子刷涂料，他通常不是正式工，物质上，他过着极端贫苦的生活，精神上，他内心掩藏着极大的愤怒和仇恨，觉得世界辜负了他的才华，害他不能功成名就。他并没有因为自己遇到了厄运而成为一名共产主义者，却光鲜地踏上了对立的路，且反倒是有了一种不合常理的种族忠诚观，并且对德国和日耳曼民族有一种疯狂而令人费解的崇敬。战争到来之时，他当即热心满满地当兵去了，他在西线一个巴伐利亚团里从军四年。这就是早些年阿道夫·希特勒的经历。

1918年冬，在他双眼俱盲，孤独地在医院治病的时候，他觉得其自身的挫折可能和全日耳曼民族的磨难密切相关。这个病痛正逐渐好转的团级信差，因为战争失利的震撼，法律、治安的崩溃，法国人的获胜，感到极为苦闷，他被折腾得身体虚弱，形容枯槁，不过自此却生出了一种奇异的、能够左右人类存亡轨迹的不可估计的精神上的能量。他认为以常理而言，德国没能取胜，是无法理解的。他觉得里面一定存在一个巨大而阴毒的同敌人勾结的诡计。这个阴郁的小卒，只靠自己短浅的个人经历，自己的冥思苦想，就想将这场灾难的根由推断出来。他过去在维也纳的时候，曾经跟一些偏激的德国国家人民党小团体在一处厮混，在那儿，他曾经听说一个种族——与北欧的日耳曼族为敌，并盘剥他们——犹太人做的各种恶事和破坏性的事。他狭义的爱国主义的愤慨和对有钱人和上等人的嫉恨，交融成无法克制的怨毒。

这个不起眼的病患总算离开了医院，出院之后，仍旧穿着军装。军装让他感到骄傲，这种骄傲和小学生对军装持有的那种骄傲差不多。当他将眼睛上的纱布揭开，看到的景象那么凄惨！战争失利的动荡真是太恐怖了。在沮丧和疯狂的氛围里，他周边浮现出红色革命的外形。在慕尼黑的街道上，装甲车狂冲乱撞，朝惊恐闪避的行人撒传单或者射子弹。某些和他一起从军的人，明目张胆地把红袖标戴在制服上，狂喊标语，抵制世界上他钟爱的全部。就像刚从梦里醒过来一般，忽然间，所有的东西都变清晰了。在后方借着国家的厄运发大财的犹太人，使用阴谋诡计和敌人私通的犹太人，以及在犹太知识分子的帮助下，进行世界诡计的让人憎恶的布尔什维克党人，他们在德国的身后捅刀，还把德国推倒在地上。他看到他的职责在眼前发光：他得从这些疫病中将把德国解救出来，他得为德国复仇，得将这一充当主人角色的民族带上它早就定好了的命运。

1919年9月的某个夜晚，在慕尼黑的一个啤酒酒楼中举办了一个德国工人党的聚会，这位下士那儿首次听到人们说的话跟他心里的想法

一模一样，都是抵制犹太人，抵制投机分子，抵制让德国陷入深谷的
"十一月罪犯"。他在9月16日就成了这个政治党派的一员。没多长时
间，为了和他在部队的职责相匹配，他承担了这一政党的宣传任务。
德国工人党于1920年2月在慕尼黑召开首次大会，希特勒控制了那次会
议，还为党纲初稿制定了二十五个要领。希特勒此时已经成了一个政
客，自此，他的救国运动开启了。那年四月，他离开军队复员，从此
以后，他就把全部生命花在了党派的扩张上。到次年年中，他已经将
原本的领导者挨个赶走了。他凭借自己的热情和天赋，让那些入迷的
伙伴认可了他单个人的统治，他已经成了"首领"。他花钱收购了一
个不好的报纸《人民观察家报》，让其充当这个党的喉舌。

　　共产主义者没多长时间久就将他们的对手辨别出来了。他们想要
扰乱希特勒的聚会，因此在1921年年末的几天里，希特勒首次组建了
自己的先锋队。截止到那个时候，所有的事都发生在巴伐利亚地区内
部，但因为德国民众在战争之后的几年处于民不聊生的状态中，所以
国家的各个地方有很多人开始聆听这个人的新福音。1923年，整个德
国因为鲁尔被法国侵占，极为愤慨，导致现在被叫作国家社会主义党
的组织的成员得到了极大地增加。德国中产阶层的基石因为马克的崩
毁而被毁去。在无望中，他们中有不少人成了这一新的政治党派的成
员。在仇恨、为国家报仇和爱国的亢奋里，他们为自己的悲苦找到了
慰藉。

　　这个"首领"周边，1923年11月就有了一帮坚贞的党内人士，戈
林、赫斯、罗森堡和罗姆是当中最出色的。这些积极分子坚信，已经
到了夺得巴伐利亚政权的时候。鲁登道夫将军的名字在部队中是有威
信的，他以自己的名字，为这次冒险的活动助长声势，并走在这次动
乱队伍中的前列。在战争之前，人们时常说："由于德国严格禁止所
有革命，所以德国不会发生革命。"在这次事件中，慕尼黑的地区政

局将这句箴言重建了。警员开枪了，但非常小心地不让鲁登道夫的身体受伤，鲁登道夫将军笔直地迈着步子朝前，向警员的队伍进发，警察还向其敬礼。被打死的请愿者，大概有二十个，希特勒扑倒在地，和别的首领从事故现场逃出。1924年4月，希特勒被判监禁四年。

尽管德国政府维护了治安，德国的法院对行凶者进行了惩处，但国内各地区都觉得政府这么做是在攻击同族，是在伤害德国最诚挚的孩子，以给外国人效力。希特勒的监禁于是从四年缩短为十三个月。出狱后的希特勒持续作战，并慢慢以一个国际性人物的身份崭露锋芒，不过各个获胜国因为被自身的难题和派系战争烦恼搅扰，并没有太把他放在心上。国家社会主义党，也就是将来的"纳粹党"，在漫长的时间中将德国民众、部队、国家机器，还有那些莫名其妙恐惧共产主义的工业家稳稳地抓在手里，从而成了德国生活中的一股让全世界必须另眼相待的势力。

1928年的时候，他在国会的席位只有二十八个。1930年，增加到一百零七个，1932年是二百三十个。此时，德国的所有机构都有了被其法令制约着的国家社会主义党的间谍。各种针对犹太人的恐吓、侮辱和暴行，在各地肆虐开来。

"第三帝国"的建立

战争结束后的几年中，德国共和政府的实际权力掌握在德国陆军指挥部的将军们手中。这些人掌握着总统和内阁的任命和罢免。当时德国的总统为兴登堡老元帅，但是他在1930时已经是八十三岁的高龄，已经太过老迈。因此指挥部的将军们正在物色合适的继承人。但国家社会主义党迅猛崛起的势力却压制了寻觅新人的行动。

希特勒曾在1923年慕尼黑暴乱失败之后，发表过一个在法律上符合魏玛共和制度的党纲，与此同时，他鼓动设计增加了一个纳粹党的军事、半军事机构——敢死队，又叫褐衫队。敢死队的头领是希特勒的心腹和友人，来自部队的军官罗姆。罗姆其人有能力、有胆识，私人欲望强烈，且个性变态。在夺得政权这一又难又险的路上，他的恶行并不曾阻碍他跟希特勒的互利互惠。敢死队起初是个成员稀少的小机构，但是纪律严苛，活性程度很高，发展迅速，致使军方对他们的行动和尚未显露的能量极为恐惧。

德国陆军这个机构是替德国皇帝帝国建立的，守护的是德国社会里的封建领主阶级、贵族阶层、地主阶层和别的富足的阶层；而敢死队则差不多已经成了一个——由狂躁和愤怒的造反者的不悦，以及失去产业的人的悲观之战煽动出来的——革命活动。本来这两个派别是对立的，但是全都决意要将德国救出地狱，要回敬战败的仇恨，且跟他们斥责的布尔什维克党人间有着势同水火的矛盾。而且陆军高级军官们慢慢发现，纳粹党的能量是那么大，以至于兴登堡的德国领袖的位子，已经到了非由他接手不可的地步。希特勒那边也清楚，他要想将自己振兴德国的计划变成现实，就必须跟陆军里的柱石结成联盟。买卖一商量好，德国高级军官就开始劝说兴登堡，让他重视希特勒，将他当成将来的德国总理。希特勒就承诺，会控制褐衫队的行动，让陆军参谋部能够限制它，在没有别的办法的时候，取缔褐衫队（即敢死队）；就是这样，希特勒借着写着交易条款获得了德国统治力量的忠诚，获得了公开的行政处置权，得到了德国国家领导人确切的承袭权。这个下士，一步步向上爬，已经爬上了极高的位置。

　　就在此时，经济风暴席卷了德国，许多工厂、公司倒闭关门，而德国和平振兴的所仰仗的基石就是这些工厂和公司。截至1930年冬，德国失业人口增至二百三十万人。与此同时，还要负担沉重的战争赔款。美国已经没有银行愿意贷款给德国。不过，美国委员杨格先生早在1929年夏，就在巴黎拟定、建议、要求探讨出一个极为紧要的降低赔款的方案，旨在减轻德国负担。不过，对于战胜国这一明显的好意，德国民众并不领情，此时，他们对战胜国的怨恨已经无法扭转。

　　1932年8月，希特勒接到总统的秘密诏令去了柏林。看上去往前走一步的时机就在眼前了。德国一千三百万选民在这位领导人的身后支持他。他只要提出，想来就一定会有高官厚禄等着他。他眼下所在的位置，跟墨索里尼进攻罗马的前一晚所处的位置差不多。希特勒拜见了年老的元帅，却没能让其对自己心生好感。"这个人想做总理吗？我给他个邮政局长的位子吧，印着我头像的邮票，他能舔一下。"希特勒的对手们拥有的那种力量，在宫廷圈，希特勒并不具备。

　　国内的选民普遍心浮气躁，茫然无措。1932年11月，全德召开了当年的第五次大选。在大选中，纳粹党受挫，席位从二百三十个减少到一百九十六个，共产党获得了至关重要的位置。于是，希特勒议价的筹码变小了。史莱歇将军得到了兴登堡的参谋们的支持，或许能够彻底丢掉他了。11月17日，军方的政治参谋史莱歇出任总理，但这个新任总理，相比于在明面上执掌政务，更适合在背后操作。他树敌过多。眼下，希特勒和德国国家人民党团结一致地抵抗他；而共产党，不但要在街上跟纳粹党打，还要借罢工跟政府斗，这让史莱歇掌政的希望变得更加渺茫。为了安抚希特勒，将希特勒推到台前当官，承担职责，还有什么法子，比这个更好吗？最后，兴登堡勉勉强强地接受了。希特勒因此在1933年1月30日出任德国总理。

　　那些将要抵制新规则，或者有可能会抵制新规则的人，用不了多久就会知道这个新主人的手腕了。2月2日，德国共产党的全部聚会和游行全部被禁，全国各个地方展开了对共产党秘密武器的搜索。局势在1933年2月27日晚上到达了顶点。国会大厦突然起火，褐衫队、黑衫队，及别的分支团体遵命行动。一夜间，被拘捕的人达到了四千，共产党的中央委员也在其中。新上任的普鲁士内政部长戈林承担了这些举动的处理。这是在为下一次大选做预备工作，目的是保证击败共产党，这个新政权最危险的对手。戈培尔的任务是召集大选的活动，他自然有着高明的手腕和勃发的激情了。

但德国内部仍有很多不愿接受，或者强烈抵制，甚至踊跃抵制希特勒主义的势力。大选的结果，共产党得到了的席位数为八十一个，有很多人在无措悲痛中将选票投给了他们；社会党得到的席位数是一百一十八个，中央党得到的席位数是七十三个，由巴本和胡根堡统领的德国国家人民党跟希特勒形成了联盟，获得的席位数为五十二个。人数较少的右派核心团体得到的席位数为三十三个。纳粹党得到了一千七百三十万张选票，席位数为二百八十八个。希特勒和其同盟，德国国家人民党借着大选的结果控制了国会。这个多数的选票是希特勒不惜一切手段，要尽了各种鬼蜮伎俩才在德国的选民中获得的。如此巨大的少数，以文明国家惯常的议会政治模式来说，会极大地影响到国家，其自身得到的看重也不会小。但眼下新纳粹德国的少数派就会知道，他们是完全没有权利的。

1933年3月21日，在波茨坦，临近腓特烈大帝墓地的驻扎着军队的教堂里，希特勒启动了第三帝国的首次国会。代表德国权势延续的陆军代表和再次兴盛的德国新贵冲锋队、党卫队的将领，坐在教堂的正中间。3月24日，所有的反对派都被国会的多数压制或者说制服了，一切紧要举措权，在四百四十一票对九十四票的通过下，以四年为期限，被交给了希特勒总理。希特勒在议决案公布时，对着社会民主党的席次高呼：“我不需要你们了。”

　　这次大选办得兴高采烈，热血沸腾的国家社会主义党团体，在柏林的街道上举办了火焰游行。在队伍从他们的首领前边经过的时候，他们以异教徒行礼的模式对其行礼。这是个漫长的战斗，国外的人，特别是那些对战败的悲惨不熟悉的人，对此是很难明白的。希特勒终于来了，但是，来的并不是他自己。这个隐藏在欧洲的民族，它人数最多，最优秀，但同时也冷酷、矛盾、可悲，希特勒从战败的深渊里召唤出了这个民族深藏的狂躁的怒火。他召唤出了一个要将所有莫洛克神吞噬殆尽的恐怖信仰，而他就是这个信仰的祭司和分身。在这一仍旧茫然无知的世界中，希特勒掌控着德国，并且德国正在用武器装备军队，这个新的恐怖的真实已经存在了。

战争日益迫近，人们却视而不见

　　德国正在发生极端危险和不吉的变化，而各协约国却对此视而不见。在英国，鲍德温政府迫于金融危机，决定继续大规模裁撤已经很少的军事装备，将它缩减到和凡尔赛和约强迫落败国裁撤的一样多。法国倒是坚决地留下了法国陆军，将其当做法国和一切同盟国性命的核心和柱石。但是这种态度遭到了英美的指控。

　　报纸和民众言论根本不看现实，并且这股逆流也非常强劲。在联合政府的名头下，英国言论对德国的防范看上去越来越松懈。当德国使团在1932年参加裁军大会明确表示，希望能将其重整军备权限的所有制约都撤销时，竟然获得了英国报纸的强力支持。

英国政府对于欧洲发生的让人胆寒的预兆，他们一直视而不见。麦克唐纳跟他的保守党、自由党同事，积极地致力于减少获胜者军队，将它缩减到和凡尔赛和约强迫落败国裁撤的一样多。他们曾经在国际联盟，以及所有行得通的道路中，提出众多提案。法国的政治情境虽然仍旧是不值一提的持续更替，但它却将坚决地留下了法国陆军，将其当做法国和一切同盟国性命的核心和柱石。

德国政府因为英国的态度而有了胆量，他们将这种态度视为民主和议会体系在北欧种族引发的本质的懦弱和坚不可摧的消沉。他们身后有希特勒民族运动做后台，于是选择了一条骄傲的路。他们的使团在7月夹着公文包，从裁军大会中离开了。自此以后，获胜的协约国的主体政治指标就是好言好语地劝他们重回谈判桌。法国在英国不断的重压下，在十一月提出了名字不太公正的"赫里欧方案"。方案的条件就是将一切欧洲国家的国家防御部队变成短时间参军，人数有限的部队，认可各个国家地位相同，但实力相同则接不接受均可。但都已经认可了地位等同，实力上的等同就不管是原则上，还是实际情况上，都得认可了。这导致协约国政府能够提供"在保证各国安全的体系下的平等权益"给德国。在一些根本是想象的承诺中，法国勉为其难认可了这一没有价值的运算。德国就这样答应了返回裁军大会。这件事被称赞为一件有看重价值的和平的成功。

在主流言论的推进下，英国政府在1933年3月16日发布了"麦克唐纳计划"，这个计划的名字来自它的倡导者和草创者。它的起点是认可了法国短时间服役部队理论（当时服役时间的标准是八个月），并在此基础上，为所有国家的部队限定明确的人数。法国的陆军平常的体制，其人数是五十万，应该减少到二十万，而德国，它的人数应该增加到跟这个数字一样。德国此时的兵力，尽管还缺不少经过训练预备部队——这是因为想要达成这个效果，必须要每年征集一定数目的人参军才行。但德国或许已经有了总人数超过一百万的部分武装的积极的志愿军，在修整和半休整的工厂中，他们拿到了不少新式武器进行配置。

法国在第一次世界大战结束的时候，也跟英国似的，留着大规模的重型大炮，而德国部队的大炮，其实已经按照约定炸得粉碎了。为了对这种显著的不公进行弥补，麦克唐纳先生提议，将机动炮队大炮的口径进行限制，要么是一百零五毫米，要么是四点二英寸。现在口径没超过六英寸的大炮还可以留着，但至此之后，添加的大炮其口径尺寸必须限制在四点二英寸内。和法国的利益不一样，英国的利益直至1935年提出举办新的海军大会后，和约里对德国海军军事装备的制约保持不了了，才得不到保证。在协议限定的时间里，德国不能留有军用飞机，但三个协约国都得将空军减少为各国只有五百架。

1932年10月14日，约翰·西蒙爵士在抱怨了一阵子德国几周之前改了态度的事，然后在裁军大会上将这些提议的拟稿提了出来。结果让人意想不到。现下已经成了德国首领的希特勒，一掌权就下达各种指令，要让军事集训营或者工厂在整个国家的领域中，全都勇敢地往前走。自己的地位非常稳固，他已经感觉到了。那种堂吉诃德模式的提议，他甚至都不愿意搭理。他用傲慢的姿态下令，让德国政府从裁军大会和国际联盟中一起撤出。

英国政府的蠢笨、法国政府的懦弱，真是不常见，但美国也避不开历史的指控。他们只关心自己的事，一心一意地忙着自由社会的各种好处、活动和变革，觉得欧洲发生的巨变跟他们无关，只是张口结舌地看着。美国要是使用了他们的影响力，英国和法国的政治家就有被刺激，展开行动的可能。国际联盟虽然以往始终在受挫，但仍算得上是一个威严的机关，他原本是能运用国际法的惩治对希特勒的新的战争危机进行处置的。可美国人在这种严峻的情况中，只是耸了下肩。于是不过几年的时间，他们只得以新大陆的血和资产为代价进行自保，才能从灭亡中存活下来。

在英国内，国家的生活悄无声息地每况愈下。鲍德温先生在议会中对麦克唐纳先生印度法案的重要准则表示了认可和支持，并由塞缪尔·霍尔爵士，新上任的印度事务官，将法案上呈给下院。西蒙委员会的汇报被束之高阁，这个法案连让议会讨论的机会都没有。我跟别的大概七十位保守党党员，建立了一个团队，叫"印度保卫同盟"，在之后的四年中，只要政府的印度策略不在西蒙委员会提议内，就进行抵制。我们将事情上呈到党的会议上，抗争到最后，很多人都表示认可，有时候人数非常靠近，但通常都是处于少数的位置。对于印度的事，不当政的工党的表现跟裁军的事上表现的一样，在议会中对政府投赞同票，它成了一座桥，连接着在朝党和在野党左右两边坐在前方的领导。两个党的领导者们的拥趸组成了绝大多数，团结在一起以反对我们的团队，斥责我们为"顽固派"。希特勒得势，纳粹党掌控了全德，德国的军事力量迅疾的积极发展，进一步深化了我跟政府和各个党派间的矛盾。

远东局势——日本发动侵华战争

欧洲那边获胜方和落败方的军事力量发生了恐怖的逆转，此时，在遥远的东方，缺少掠夺性的和崇尚和平的国家间，也显示出了彻底调和不足的情况。欧洲时局的恶化成了那里的情况的原件，这全是因为协约国曾经的跟同盟国以后的领导人们，不管是想法，还是行动都僵化迟钝引发的。

1929年到1931年的经济危机，对日本引发的后果，并不比在世界别的地方引发的更轻。从1914年开始，日本的人数从五千万增到了七千万；其金属制造厂从五十家增到了一百四十八家。生活费用持续增加。粮食产量裹足不前，进口的又非常贵。原材料和国外市场需求一天比一天紧迫。日本货的制造，所用的劳动标准和英美不一样，英国和别的四十个国家，在严重的经济衰退期，都越发觉得，为了抵制它们，必须采用限制政策或是关税政策。中国不但始终是日本棉纺物品和别的工业产品的重要输送市场，还是日本获得煤、铁的几乎仅有的源头。所以日本策略的首要目标就成了保证中国的再次掌控。

1931年9月，日本借一次地方动乱的由头，夺取了沈阳和南满铁路沿线的各个地区。1932年1月，日本提出，中国得将所有的抗日队伍遣散。1月28日，在中国政府拒绝之后，日本在上海公共租界的北面上岸。虽然没有飞机、反坦克炮，以及一切现代兵器，中国仍旧顽强地抵抗了超过一个月的时间。到了二月末，因为遭受了非常重大的损失，他们只得从吴淞口炮台撤离，退到距离海岸差不多十二英里新战线上。日本在1932年年初成立了满洲傀儡政权。又在一年之后吞并了中国热河省，并且日本部队一直扎进了非防御去，直到长城。日本远东力量的增强和它在海洋上获得的新的海军身份和这种掠夺行径是统一的。

日本对中国的残暴行径，从第一枪起，美国就激烈地抵制。但孤岛策略却用了观望的姿态。美国若是国际联盟的一员，那它肯定会率领国际联盟对日本进行团体活动，而在这样的团体活动中，美国本身也会成为国际联盟的重要责任国。英国那边表示，不想单个跟美国展开协同活动；抵制日本的浪潮，他们也不想在国际联盟盟约限定的职责外，牵扯进去。英日联盟的终结，降低了英国在远东的位置，和长时间建造出的利益，这让一部分英国人觉得不快。当时糟糕的财政状况和日益紧张的欧洲形势，让英国政府非常头疼，因为没机会得到美国在欧洲那边相对应支援了，所以在远东那边，没能和美国站在一起起到大的作用，也没什么可以指摘的。

尽管没把应该交的钱交清，但中国仍旧是国际联盟中的一员。它跟国际联盟提出要求，没有一点不公的地方。国际联盟在1931年9月30日提出，日本得将部队撤离满洲，在12月份，还派了一个考察团去那里进行查问。李顿勋爵受命成了这个考察团的主席。他出身高门大族。他以前曾经做过孟加拉省长和印度代理总督，有不少东方的阅历。考察团全票通过的考察汇报是一份极有价值的资料，是仔细分析中日矛盾的根基。汇报中详细介绍了满洲事件的所有背景，给出的结论也清晰明了：满洲国是日本指挥部的人造产品，是个傀儡政权，并不是按照人民的意愿建立的。在汇报中，李顿勋爵和他的同事们除了对时局的分析，还给出了切实的国际处理意见。即在满洲仍是中国领土的基础上，宣告满洲自治，受国际联盟庇护；再让中国、日本签订一个全局型协议，制定两个国家在满洲的权利。尽管这个建议未被国际联盟接受，但这并不会削弱李顿调查报告的价值。针对这个汇报，美国国务卿史汀生是这样写的，他说："它马上成了——并且仍旧是——截至目前汇报中谈到的事情的非常公平的权威。"国际联盟于1933年2月发表声明，不认可满洲国。对于日本，国际联盟既不曾做出制裁，也不曾采取什么别的手段，日本却在1933年3月27日离开了国际联盟。德国和日本在上一次的大型战争中，彼此站在敌对的层面上，而眼下却用截然不同的心境互相钟情了。国际时局正迫切需要国际联盟的动作和势力，国际联盟却在公义的威信上表现出对一切实际支撑的无力。

排除异己——希特勒的血腥清算

领导人在获得政权之后，拥护他登台的很多人之间就产生了巨大的分歧。在罗姆的带领下，褐衫队越发成了党内更具革命性的代表。褐衫队的成员数1933年1月的时候是四十多万人，到了1934年春，成员差不多到了三百万人。这个巨大组织的发展，让新形势下的希特勒感到非常惶恐；尽管这个组织告诉他，他们对他怀着无尽的忠诚，里面的大多数人也的确非常敬重他，但褐衫队其实已经慢慢从他本人的掌控离开了。在1933年11月党、国家宣告合为一体的时候，罗姆就成了内阁成员。党、国家的合体，使得褐衫队和德国陆军合体了。整个国家快马加鞭地重整军备，这导致德国的军事实力的地位和领头人的事成了第一大政治事件。

罗姆跟陆军参谋长布洛姆堡将军的矛盾也越来越大。布洛姆堡在四、五月份持续跟希特勒说褐衫队的蛮横张狂。是对自己心生不快的将领们，还是那些曾为自己建立过众多丰功伟绩的褐衫队帮手，希特勒必须做选择。他决定选将军们。希特勒在6月初跟罗姆做了一次五个小时那么长的会谈，这是对罗姆进行安抚和迁就的最后一次努力，可是根本不可能再对这个狼子野心、心理不正常的极端狂热者进行迁就了。希特勒倾心渴望的是秘密特权阶层掌控的大德意志，而罗姆渴求的是人民武装的无产阶级共和国，两者之间隔着一条跨不过去的天堑。

褐衫队体系里有一股中坚力量，人数虽不多但受过高等培训。他们身穿黑色制服，叫党卫队，之后又被称为黑衫队。这个机构的宗旨是守护元首本人，并负责特别的秘密工作。领导他们的是海因里希·希姆莱。他估计希特勒和德国陆军这边，跟罗姆褐衫队那边的争执已经到了一触即发的地步。他竭尽所能让黑衫队加入希特勒的战线。另一边，罗姆得到了党内，比如施特拉塞等有权势的人的扶持。

德国陆军6月25日接到不能离营的命令，黑衫队得到了军火。而对手，褐衫队得到进行警戒的命令。在希特勒的认可下，罗姆准备在6月30日将褐衫所有高级将领聚集到一处，在巴伐利亚湖的维塞召开会谈。希特勒在29日得到示警说形势危急。他乘飞机去了戈德斯贝格，在那儿跟戈培尔见面。戈培尔向他呈报了一个惊天要闻：柏林将发生暴动。按照戈培尔的说法，罗姆的副官恩斯特曾经接到发起暴动的指令。这件事看上去可能性不大，因为恩斯特当时在不来梅，正准备从这个港口出发去做蜜月旅行。

希特勒在这个不辨真伪的信息的基础上，当即下定决心。他让戈林主理柏林事项，自己坐飞机去了慕尼黑，决心亲自对他的重要对手进行抓捕。6月30日凌晨四点，飞机降落在慕尼黑边上的一个机场。除了戈培尔，跟着他的还有他的十几个个人保镖。他坐车到了慕尼黑的褐色大楼，接见当地冲锋队的领导人，当即抓捕了他们。他带着戈培尔和少量护卫在六点坐车到达维塞。

1934年夏，罗姆因为生病到维塞休养。他住在给他看病的大夫的个人的小别墅中。首领的一辆汽车在七点到了罗姆别墅前边。希特勒一个人，什么武器都没带，直接上楼，进了罗姆的卧房。希特勒那群人带着他们的犯人坐车回了慕尼黑。他们在路上遇见了一列卡车，上面装着褐衫武备队的成员，这些人奉命去维塞参加午间会谈，去支持罗姆。希特勒下了自己的车，让他们的指挥官过来拜见，用信心满满的威信让他将这群人带回去。他马上听命了。要是希特勒晚到一个小时，或这群褐衫队的人早到一个小时，那整个形势就彻底不一样了。

到慕尼黑之后，罗姆和跟他的伙伴们被关进了监狱。当天下午，开始执行枪决。罗姆的狱室里被放了一把手枪，可他不知感恩，所以狱室的门被打开，不过几分钟，一排子弹就将他射穿了。在慕尼黑，枪毙在全部下午时断时续地发生着。为了让士兵的情绪不用太紧张，行刑的队伍八个人一组，随时轮替。每十分钟，就能听见枪响了一排，延续了好几个小时。

同时，柏林那边，戈林得到了希特勒的命令，也启动了一样的措施。但都城这边，受害的人比褐衫队体系的多。史莱歇被射杀在家中，他的妻子用自己的身体保护着丈夫，也一起死了。施特拉塞被俘获后，受到枪决。恩斯特被人从不来梅抓捕回来，死在了柏林的利希特菲尔德营房中。柏林跟慕尼黑情况相同，全天都能听到处决的枪响。二十四小时之内，德国内部很多跟罗姆阴谋没有关系的人也没了踪影，他们有些因为被公报私仇，有些因为久远的旧仇怨而没了命。比如对1923年的暴乱进行了镇压的巴伐利亚政府长官奥托·卡尔，他的尸体在临近慕尼黑的森林中被发现。这次被"血洗"所有人数，各个方面估算不一样，大致在五千人到七千人中间。

希特勒在清算日当天下午坐飞机回了柏林。杀戮正持续扩张，眼下到了阻止的时候。当晚，某些党卫队（黑衫队）成员由于太喜欢枪决而做得过火，自己也被枪决了。7月1日早上一点前后，枪声停了下来。当天临近傍晚，希特勒出现在总理府的阳台上，接受柏林民众的庆贺，民众里有不少人原本觉得希特勒自己也被人杀掉了。

过了两周，希特勒在对他全心全意的国会上发言。他在两个小时的长时演讲中，为自己的行为进行辩解，说得有条有理。这次演讲证明，他对德国人的内心非常了解，也证明他辩述的才能毋庸置疑。这个演讲最出彩的地方是：

由于在这个关键的时刻，我身边只有几个人，所以必须展开像闪电那样迅疾的行动……几天之前，我还做着不严惩的打算，可到这个时候，已经没了从宽处理的退路。从古至今，暴动都是以钢铁一般的律条进行镇压的。要是有人对我指控说：你问什么不用正规法院出审问犯人？我只能如此回答他：此时，我的肩上扛着德国人命运的重担，所以我就是德国人最高判决人……这个国家还如此年轻，我不想让它走旧帝国的老路。那些被我下令处决的人，全都是这次暴动的首犯。

这次由蛮横暴虐的恶势力做出的大屠杀，就算再怎么辩解，也足够证明，德国的新老板能做出任何事，同时也能证明，德国的情形跟文明国家没有半点相似的地方。现在，世界已经出现了一个建立在可怕的、残忍的镇压的基石上霸权体制。抵制犹太人的活动是那样的残忍、嚣张。为了消灭所有厌恶的或者心存不同政治见解的阶级，集中营体系已经在全力推广了。

在这些惨剧和恐怖发生后，垂垂老矣的兴登堡元帅又做了德国陆军几个月的傀儡之后，终是离开了人世。希特勒变成了德国的领袖，与此同时总理的官位也没放下。他现在是德国掌握主权的人了。在残暴的党内清洗后，他跟德国陆军的交易完成，并得到了稳固。褐衫队员只得听命。他们再次强调忠于领袖。褐衫队里的一切敌人和潜在的敌人都被消灭了。至此,褐衫队每况愈下，只能在庆典的时候做些护卫队的工作。另一边，黑衫队成员的数目日渐增多，因为拥有特权且纪律严明而日渐扩张。已经成了在希姆莱的带领下，专职守护领袖的禁军，跟陆军将军和军方特权阶层平分秋色。它还变成了某种有一定武装实力的政治武装，以负责日渐增多的暗探行动。只要部署好的民选正式通过了，希特勒的霸权就能因这些权利到达彻底和完善的程度。

奥地利政变让法国跟意大利亲近起来；德尔弗斯遇刺引发的动荡，让两个国家的指挥部有了些来往。法国和意大利的关系，因为奥地利独立出现的危机而得到重整，这就必定会牵扯到地中海跟北非势力的平衡，以及奥地利跟意大利彼此在中南欧关系的情况。可墨索里尼急着做的，除了守住意大利在欧洲的位置，压制德国可能的威胁，还有确保其帝国朝非洲的延伸。跟英国、法国紧密协作以对抗德国，这个办法是有作用的。但如此，在地中海、非洲就免不了要跟英国、法国产生争执。墨索里尼想着：意大利、法国、英国都想要安全，这是不是真的能导致意大利的这两个曾经的盟友认可意大利在非洲的延伸方案呢？不管怎么样，这办法看上去似乎能让意大利政策变成现实。

德国获得空中均势

飞机作为一种新式武器，能让各个国家战斗力的比较，迅速发生变化。德国当然不能忽视，不过德国重建空军经历的时间很长，做了慎重和私密的筹备。德国陆军的缔造者赛克特将军早在1923年，就下定决心，要建设德国的空军。那个时候，他暂时还能接受，在"没有空军"的陆军里建一个严密、完善的空军架构，要让别人不容易发现，至少开始几年不易被发现。在种种武力之中，再没有什么力量比空军的力量更难估计，抑或甚至是用语言进行描述也是最难的。遮掩、矫饰，避开协议的方法和机会非常多。

　　和约里禁止德国建立空军的款项，德国尽管还没有明目张胆地违反，但民航和滑翔运动的极大进步，已经让它能迅速将早就建立起来的秘密、违法的空军进行扩大和增强了。对共产主义和布尔什维主义，希特勒尽管大声斥责，却没有影响德国暗中给苏联运送武器。另一边，自1927年开始，很多德国的飞行员是苏联以军事宗旨进行的培训。两国之间的关系有很多周折，但以1932年英国驻柏林使臣的汇报来看，德国陆军和红军技术往来频繁。就像意大利的法西斯独裁刚登台就先跟苏联签署贸易协议一般，看起来，目前纳粹德国跟地大物博的苏维埃之间的关系，并没因为两者明面上的意识形态的争执而受损。

　　而在英国，1934年7月20日，政府因为想增强皇家空军的力量，提出了一些已经晚了，也不太翔实的提议，要在五年的时间里增加四十一个中队或者差不多八百二十架飞机。但是不管是反对党还是自由党，都并不支持增强空军力量的举措。自由党的首领塞缪尔爵士，在演讲中谈道："德国的情况如何呢？以我们看见的，或者听到的情况而言，并没有迹象表示，我们眼下的空军力量应付不了当下此种方向过来的危险。"

　　这些话是两个政党的领袖在仔细考虑之后说出来的。看吧，我国已经处在多么糟糕的危机中了。当时还处于孕育期，我们要是使了最大的力量，或许还能留住能保证自由行事的空军势力。要是在数量上，英国跟法国都维系了跟德国的均势，那英法加到一起的力量就是法国的翻倍，那我们可能一兵一卒都不用牺牲就能将希特勒暴力事业还在发芽的时候就将其除掉。

　　我在演讲中用替政府辩白的立场来督促政府重新整顿军力，还深入证明：在空中，德国已得到跟英国近乎相同的均势。保守党倾听我的言论时态度异常和善。我绝对相信，要是这些事在恰当地准备后拿出来跟全国倡议，那国家安全必不可少的举措会得到整个国家的认可。

1934年英国议会冬季大会于11月28日召开。议会人满为患，所有人都期盼我的演讲。我说"我们的国防力量，特别是空军力量不足，不够去守护陛下忠诚子民的和平、安宁与自由。"为了着重说明我们跟整个世界遇到的重大危机，我详细诉说了各种原因，之后进一步讲解了切实的真相。然而，鲍德温先生按照其空军部顾问给出的资料，直接驳斥说："德国的力量根本不会很快就跟我们一样。我曾经说过的德国的数量是总数，而不是最前沿战斗势力的数量，我们最前沿的数量我也说过，还讲明这是一线的数量，在它身后，我们能够使用的储备力量远比它大很多；就算用德国的空军力量跟英国马上能用在欧洲的皇家空军力量比，也一样。德国正踊跃地建造军用飞机，但跟我们眼下在欧洲的力量比，其真实力量也只占50%……"

大多数惊恐的人因为这位真正的首相的明确担保而放心不少，很多控诉者也因它无言以对。毋庸置疑的泰斗已经驳斥了我明确的解说，听到这个消息，所有人都觉得非常慰藉。可我完全不觉得心悦诚服。在我看来，鲍德温先生的幕僚没告诉他实情，他被蒙蔽了。

1935年3月19日，空军预算被呈至下院。我又一次重申上一年11月我说过的话，再次直接下战帖给鲍德温先生的承诺。空军部次官自信满满地做出了回应。3月末，外交大使跟艾登先生奔赴德国访问希特勒先生，希特勒在一次重要的会谈中，自己跟他们说，德国的空军力量已经跟英国持平。此次谈话被记录了下来。

首相于5月初在自己的喉舌《新闻通讯》上发了一篇文章，着重对德国重整军力的危害进行了说明。他用的"埋伏"这个词，耐人寻味，这一定源自他心里的焦躁。我们确实已经处在埋伏中了。这次争论由麦克唐纳先生亲自主持。他说起德国宣称要在凡尔赛和约的限定之外建一支海军，还要背弃和约建造潜艇。鲍德温先生直至5月22日，才做了其著名的自我检讨。

我本希望鲍德温先生的检讨至少能成为一个关键事件，让议会建一个由各个党派代表组建组委会，针对这些真相跟我们的安危展开调查，并作出汇报。可下院的回应却不是这样。由于九个月之前，工党和自由党的反对派曾经要求，或赞成对政府提出的最平和的增加空军的程序进行不信任决议，眼下他们的立场被动、不明。他们正遥望将来的普选，并不打算修改政策，并给政府提出的办法投了反对票。

但是增加空军的意见得到了自由党的代表辛克莱爵士的支持。在辛克莱爵士看来，空军装备的快速扩张，得由国家来做；而增加空军这件事，他认为确实有这个必要。

伦敦德里勋爵自从联合政府建立开始，就担任空军大臣。之前说过的巨变在这段时间对我国的事造成了影响，空军部成了国家最紧要机关中的一员。他跟空军部在紧缩和裁撤军备的那几年中，曾经尽全力从某位严厉、霸道的财政大臣手里拿到了能够维系固有的，尽量多的资金。内阁在1934年夏，接受了增加四十一个空军中队的提案，他们为此满心欢喜。可英国的政治却忽冷忽热，转瞬即变。外交大臣从柏林回国，因为希特勒说德国空军力量跟英国一样，全内阁都极为吃惊，极其惶恐。内阁根本没料到我们的空军已经落后了。

对自己过往的行动，空军部现在让他们的长官交出一个经过仔细分析的辩白，结果却跟眼下确实已经惊醒的政府和民众不太合拍。这些数字跟预估，空军部的行家和官员曾经跟鲍德温先生说过，这就是他在11月用以答复我的根据。他们想让他替这些数字跟预估作辩解；但这在切实的政治中已经用不上了。毋庸置疑，那个时候，空军部的这些行家跟官员不但自己上了当，还让他们的长官也收受到了蒙蔽。一支隐藏了很长时间的强悍的空军——最低也跟我们实力相近——终于在德国公然蹿了出来。

那年年末，菲利普·凯里夫－里斯特爵士接替伦敦德里被任命为空军部长。声名赫赫的"旋风"式和"烈焰"式战斗机的设计和研制，是伦敦德里主办的，这是他在空军部的一个重要的成绩。新上任的空军大臣下达指令，要求马上大规模制造这两种战斗机，并积攒了恰当的数目。为了推动我们的空军策略，他用了极大的力量，强化空军的管理机构，为了挽回1932年到1934年这段时间内阁丢掉的时间，他身先士卒地全力工作。但他也犯一个大错：1935年11月，他脱离下院，成了上院的议员，这导致他改变职务，出任空军大臣的一个原因消失了。数年之后，这一错误最终让他丢了职务。

最大的灾难落到了我们身上。希特勒已经拿下了跟英国空军力量相同的位置。之后，只要他们全力发展自己的制造厂和培训学校，就能维系自己空中优势地位，并且还能持续增强。自此，伦敦被不明的，力量不定的来自空中的袭击所覆盖，我们做判断的时候，它成了一个明确的和不得不考虑的要素。且我们完全没有机会追上，或者最低是我们的这个政府是完全追不上的。英国皇家空军的高效全都要感谢政府跟空军部。但维系空军均势，已经落空，救不了了。确实，德国空军以后的发展速度是低于获得均势那段时间的速度的。德国人真的是想尽了办法，才腾空而起获得了这种有利形势，还在外交上拥护使用这种有利形势。以此奠定了希特勒多次侵略行为的基石。希特勒很早就为接连的侵略行为制定好了方案，眼下用不了多久就要化为行动了。英国政府在之后的四年里，曾经付出了极大的努力，在空军的素质方面，我们，毫无疑问，是占有领先地位的，可要说到数量，自此之后，我们都没能追上。开战后才发觉，跟德国比，我们的数量只占其五成。

德国公然破坏凡尔赛和约

数年时间，秘密行动、隐秘或隐藏的筹备，现在已经变成了历史。希特勒终于觉得自己的力量已经足以展开首次公然的挑衅了。1935年3月9日，德国空军正式宣告成立，16日，宣告德国陆军的基础将是全民服役制。凡尔赛条约是建立国际联盟的依据，德国的行为则是对凡尔赛协议公然、正式的侵犯。德国以前破坏协议，是暗中进行的，要不就是借助各种理由和弄虚作假的法子，当时各个获胜国因为沉溺在和平主义之中，还有忙着国内的政治事务，还简单点，不用正式宣告破坏、背弃协议，可眼下，事情却来得那样明确而鲁莽。

法国政府已经获得了详细资料，因此在重要的同一天的几个小时前就发布消息，要将服兵役的时间增至两年。几乎是同天，埃塞俄比亚政府对国际联盟提出倡议，反对意大利对其做出的具有威胁性质的提议。

欧洲的全部事情，美国都不想管，并且决议之后再不会因为欧洲的事自寻烦恼。不过，法、英，自然意大利也少不了，尽管互相间有着不同的观点，但全都认为，希特勒这种果决的背约举动确实需要进行指责。因此在上次战争中获胜的几个重要协约国，在国际联盟的主持下，在斯特雷扎开了次会，这些事均在会上进行了磋商。

英国首相自身，不管是身体、视力，还是智慧，都在明显退化，他仍旧决定自己跟外交大臣去参会。因此英国的声势，在这次极要紧的会谈里，是不够强的。佛朗丹、莱法尔作为法国的代表，墨索里尼、苏维奇作为意大利的代表，也参加了此次会议。

那个时候都觉得，以数百万人的性命为代价建立的庄重的协议，是决不能被明目张胆地破坏的，可英国的代表在刚开始的时候，就清清楚楚地说，就算协议被毁坏，他们也不去想制裁的可能。这当然会让会谈只局限在夸夸其谈的中。在这个会谈中，一个决议获得了全体通过，大致意思是说，决不允许一方，也就是单方面，破坏协议，还要请国际联盟行政院公告已经显示出的情形。会谈第二天下午，墨索里尼尽全力拥护这一活动，坦诚地公开表示，抵制一个国家对别国的掠夺。

意大利的霸权人物在演讲中强调了"欧洲和平"这几个字，在"欧洲"这个词说完后，还以一个引人注目的样子进行了暂停。英国外交部的代表们见他这样着重于欧洲，马上关注起来。他们支着耳朵，非常清楚，墨索里尼说的是，一，为了抵制德国重新整顿军备，他愿意跟英国展开协作；二，也给他将来可能要做的，对非洲的埃塞尔比亚展开的远程攻击留下后路。在大会上，是否要提出这点呢？当晚，英国外交部官员做了磋商，所有人都非常希望能在德国的事上，得到墨索里尼的拥护，觉得此时不适合警告其不能进犯埃塞尔比亚，因为要是这么做了，他必然要火冒三丈。因此这件事就没被提起，在没人干涉的情形中，从容而过；至于墨索里尼，他觉得他的宣告，协约国已经默许了，埃塞俄比亚可以由着他折腾。在一定道理上讲，他这么想也不是完全没有道理。对于这件事，法国缄口不言，会议至此告终。

接着，国际联盟行政院在4月15日到17日这段时间，对传闻所说的这个背弃凡尔赛协议的行径——德国下了推行全民招兵的指令——进行了调查。这些国家：阿根廷共和国、澳大利亚、英国、智利、捷克斯洛伐克、丹麦、法国、意大利、墨西哥、波兰、葡萄牙、西班牙、土耳其和苏联，均派代表参加了行政院大会。这些国家中全都对这一准则：抵制"单向"行为毁坏协议，投了赞同票，并将这一问题上交国际联盟大会进行磋商。同一时间，瑞典、挪威、丹麦，这三个同在斯堪的纳维亚半岛的国家，因为密切注视着波罗的海的海军均势，也联名宣告全部赞成。正式提出反对的国家，总共有十九个那么多，可是这全部的国家或者国家群，没有哪个想过，甚至到了最终，要付诸武力，所以他们的决议只能是说一说！

　　法国政府在5月2日签订了法苏协议。这份文件，措辞模糊，承诺五年以内一个国家受到入侵，两个国家彼此支援。

　　外交部部长莱法尔先生去莫斯科做了三天的访问，以期在法国的政治舞台上获得实实在在的成绩。在那儿，斯大林接待了他。他们花了不少时间展开磋商，里面有些事从没披露过，在这说一下也没关系。斯大林和莫洛托夫记着想要了解的，自然第一是法国在西边战线的兵力：到底有多少师，服兵役的时间是多久？莱法尔在这方面商讨过后，说："你能想什么办法激励下俄国的宗教和天主教教徒吗？这对我和教皇之间的关系将会是不小的助力。"斯大林说："哎呦，教皇！他有多少师？"我是不清楚莱法尔是如何回应的；不过，他完全有机会说起游行中的某些未必看得见的部队。一切特别的责任，莱法尔都从没想过要让法国担当，但这个要求却是苏联习惯提的。就算这样，他仍旧让斯大林在5月15日公开发布宣告：支持法国因为维持国家安全所需军力而采取必要的国防策略。

　　对于欧洲的安定，法苏条约尽管是一个要素，可它并未限定，若德国展开进攻，要约束哪方的承诺，因此它的作用非常小。法国并未切实跟苏联形成同盟。不仅如此，这位法国外交部部长在返程的路上，因为参加毕苏斯基元帅的丧礼，曾经在波兰的克拉科夫停了停。他在那跟戈林见了面，还做了友善的交流。借助德国这条路，莱法尔把自己对苏联的猜忌跟厌恶都适时地转达给莫斯科了。

　　就在这时，英国政府做了件让人极为震惊的事，事情的发生，海军部最低也要负些责任。英国和德国的海军部，就两国海军比例问题的磋商已经进行了一段时间了。依照凡尔赛协议的协定，除了六艘六千吨以下轻型巡洋舰，吨位到一万的军用舰，最多只能有六艘。英国海军部新近发现，德国近来正在铸造两艘微型战舰——"沙恩霍斯特"号和"歌奈森诺"号，它们的吨位都比协议允许的额度高出非常多，型号也截然不同，其实是两万六千吨的轻型战列巡洋舰，或者管它叫顶级商船驱逐舰也没什么问题。

　　这种明目张胆且具有诈骗性质的毁约行径，少说两年前（1933年）就有严谨的方案，并已经开始实施了，在这种真相面前，海军部居然还觉得签一个英德海军条约是必不可少的。既没跟它的法国盟友磋商，也没告知国际联盟，英国政府就这样做了。按照协议，德国海军必须比英国海军少三成；德国铸造的潜艇，能够达到英国潜艇的六成，要是德国觉得情况特殊，达到十成也行。而在凡尔赛和约中，是明令禁止德国铸造潜艇的。英国政府一边跟国际联盟倡议，还让成员国拥护对希特勒损毁协议军事条令进行的抵制，同一时间他们却又私下磋商，将凡尔赛协议里的海军条令扔到了一边。

　　国际联盟因为这一协议的公告，遭受打击。法国人因为根本利益受到威胁，有足够的理由抱怨英国同意德国制造潜艇。墨索里尼则由这件事发现对于同盟国，英国是不讲究诚信的：但凡英国自身的海军权益得到了保护，他就明显愿意跟德国妥协，却不想因为德国陆军的扩张，其盟国权益遭遇了危机。英国这种看上去没有信义的利己姿态，无异于是在鼓舞墨索里尼接着施行入侵埃塞俄比亚的计划。而斯堪的纳维亚半岛的各个国家，仅仅是两周之前，还无畏地要求抵制希特勒在德国陆军上推行的招兵制度，眼下却发觉，英国在后边私下认可德国建海军，虽然跟英国相比，它的力量只占三分之一，但只说这个规定内，也足以让其在波罗的海称王称霸了。

英国的大臣们花了不少力气，让德国跟我方提出协作废除潜艇的提议。德国会答应在使用潜艇方面受限，不会不顾道义地攻击商船，和清楚地知道其他国家不会赞成有很大关系。一旦德国人掌握了巨型潜艇舰队，当他们见到女人孩子因为英国的禁锢而忍饥挨饿的时候，他们仍旧不会彻底地使用这类武器，谁会相信？这种观念，我将其称之为"被骗得彻彻底底"。

墨索里尼侵占埃塞俄比亚

现在，世界和平又遭遇了第二次重击。随着英国失去空中局势，意大利就加入了德国阵营。这两件事加到一处，就让希特勒可以顺着自己早就想要的恶毒的道路向前走了。对于奥地利的独立，墨索里尼提供了很多帮助，对于中欧和东南欧，这有很大的价值。眼下他却走向了反方战线。纳粹德国也不是孤单一人了。第一次世界大战里的重要协约国的一员，居然没多长时间就跟他协同合作。

墨索里尼试图夺取埃塞俄比亚的布置自斯特雷扎大会起就越来越清楚。英国的言论自然不支持意大利的这种侵略行径。意大利当时被视为顶级强国，它居然从我们这里转向了另一边，这让我们之中所有觉得希特勒德国威胁了和平和人类的人，都感到焦躁不安。我记着某次聚会，罗伯特·范希塔特爵士和达夫·库伯先生也出席了，库伯先生那个时候，还仅仅只是位次官，欧洲均势的这种糟糕的变化，大家在此次聚会中已经清晰地看见了。人们拟定了一个方案，在我们之中找几个去跟墨索里尼会面，告诉他，他要是进行侵略，一定会在英国引发什么样的后果。这件事后来不了了之了，就算去了，也未必有效果。英国在希特勒眼里，不过是个已经被吓怕了的、神色委顿的老妇人，就算情况到了最糟糕的时候，也只会吓吓人，开战的力量，是绝对没有的，墨索里尼也是这么想的。

整个夏天，意大利的运兵船持续从苏伊士运河经过；埃塞尔比亚东部边疆一域聚集了大量的兵力跟军需物资。这时发生了一件事，非常奇怪。内阁8月24日决议，宣告协议和国际联盟盟约的责任英国会遵守。

鲍德温先生第三次成为首相之后，委任艾登先生做了国际联盟事务大臣，拥有调阅文件、支配部内职员的权利，其身份地位和外交大臣近乎相同。艾登到日内瓦已经有几周了。他在日内瓦开了次国际联盟大会，讨论意大利要是侵略埃塞俄比亚，"制裁"意大利的政策。所谓的"制裁"说的是，什么财政支援和经济援助都不再给意大利，而是把这些支援给埃塞俄比亚。意大利这种国家，只要开战，很多必需物品都得靠国外持续输入，所以对它而言，这种制裁的确有很大的震慑作用。会上，艾登先生用热情的演讲控制住了局面。9月11日，外交大臣霍尔爵士抵达日内瓦，并在大会上发言，表示"……我们英国由始至终都和国际联盟站在一条战线上"。

霍尔先生的讲话鼓舞了所有人，震动了美国。英国那些英勇的拥护正义和力量等重的各方面势力因为它团结到一起。这一宣告的效果为什么这么大？原因是英国海军是它的靠山。国际联盟看上去首次，也是最后一次握有一种永恒的武器。"胡德"号和"威慑"号这两艘战列巡洋舰，还有第二巡洋舰队和一支驱逐舰队在9月12日，也就是这份讲稿发布的次日，一起开赴直布罗陀。所有方面都认为,英国的言辞，他们要用行动去声援。这种策略和举动马上在国内得到了强劲的声援。

　　然而，英国海军军队调集得太晚，已经无法震慑墨索里尼，他在10月居然调集意大利军去攻打埃塞俄比亚。国际联盟大会的各个主权国家10号那天，以五十比一通过了一项决议，要对意大利采用整体手段，还要建一个十八人的组委会，为和平做更多的努力。墨索里尼在此种背景下，发出了一份切实的公告，看上去非常尖利，他说的是"面对制裁，意大利还以战争"吗？不，他说的是"面对制裁，意大利将用纪律、节俭和牺牲来对抗"。但是，他同时还也暗示说，所有妨碍他攻打埃塞俄比亚的制裁，他都忍受不了。他的事业若是受损，他会跟所有妨碍他往前走的人宣战。他说："五十个国家！五十个国家，领头的国家只有一个！"

　　关于"制裁"，其参照原则就是不要引发战争。负责拟订制裁计划的国际联盟组委会，因为英国的引导和莱法尔的施压，去掉了所有可能引发战争的部分。一个有众多禁运项目的草案已经拟订好了，很多货物，由于可能被作为军需物品，而禁止被运到意大利。可是维系埃塞俄比亚战争，不可缺少的汽油，却持续不断、不受任何阻碍地送去了意大利，因为所有人都知道，要是将汽油的运输禁止了，就代表着战争。

　　美国虽然不是国际联盟的一个成员国，却是世界上重要的石油输出国，他摆出的姿态虽然和蔼，可却不清晰。不仅如此，要是禁了意大利的汽油输入，德国的汽油输入也必须停。铝矿是绝对禁止向意大利输入的，可在意大利的矿物资源里，只有铝矿这种金属的出产超过了自身需求。为了民众的公义，铁矿和废铁绝不可以向意大利输送，可意大利虽然废铁和铁矿有限，钢板和生铁却可以随意使用，所以这个限定对其冶金产业影响不大。如此，所谓的"制裁"看似气势汹汹、名目繁多，实际上只是它可以容忍的真假参半的制裁，不但不能阻止意大利的行动，反而正好足够去激起意大利战斗的灵魂。简单来说就是，国际联盟在支持埃塞俄比亚时，准则是不能妨碍意大利的侵略军。这些真相，英国普选的时候，民众是不清楚的。他们真心实意地拥护制裁政策，觉得这是个好办法，可以终结意大利对埃塞俄比亚侵略。

英国保守党大会在伯恩茅斯召开的那天，正好是墨索里尼开始攻打埃塞俄比亚、炮轰阿杜瓦的日子。欧洲的霸权统治者，用不了多长时间就会对心烦意乱的法国和懦弱又崇尚和平的英国进行挑衅了。眼下英国的策略，已经将墨索里尼逼去了敌对阵营。欧洲的强国有四个，以前是三比一，现在却成了二比二。法国因为我国事项的这种明显糟糕的发展，变得更加焦躁。早在1月份，法国政府就签订了法意协定，之后又跟意大利签订了军事协议。按照估算，这个军事协议能让法国把法意边界的十八个师撤出来，调到跟德国接壤的疆界上。莱法尔先生在跟意大利磋商的时候，一定明确告诉——不是暗示——墨索里尼，不管埃塞俄比亚可能发生的是什么事，法国都一定不会自寻烦恼地去干涉。

到了12月，出来了一种新说辞。某些人暗中讨论，说制裁的重压和"五十个国家在一个国家统领的五十个国家"给予的重大威胁，会让墨索里尼在埃塞俄比亚的事上，愿意退让。攻击原始的埃塞俄比亚，毒气战虽然非常有用，可是在提高意大利的国际名誉方面，必然帮不上忙。埃塞俄比亚人正在被打败。但有传言说，他们并没想过要割让大面积土地给意大利。如果他们同意，还能换回和平吗？

埃塞俄比亚的反抗没有成功，意大利将其全国都侵占了，对此德国的言论产生的效果是不可救药的。德国人普遍认为大不列颠已完全衰落。它跟意大利结下了消解不了的仇怨；它瞬间击溃了斯特雷扎战线；它在世界上失去威严，这跟新德国日渐增加的力量和名声正好成了对照。

《慕尼黑新闻》（1936年5月16日）刊载了篇文章，里面有几段让人深刻思考：

> 风暴正震动着欧洲，并且也确实震惊了全世界，一个用守旧犹豫来获得胜利的政策，在此种背景下，想扛住这场风暴，希望就很渺茫了。对于政府的犹豫不决、模糊不清的态度，可以站在国家的立场上，而非政治党派的立场上，表示愤怒，让其对国家在不知不觉中渐渐落到的危险之境负责的，在英国，少之又少。政府说时局能够渐渐变好，即均势，用小范围的整顿和慎重详细的政策就能恢复，对于这个，英国民众看上去都非常认同……
>
> 现在全埃塞俄比亚已经势不可挡地，彻底和最终地只归意大利所有了。日内瓦也好，伦敦也罢，在此种背景下，都坚信，除非使用特别的力量，否则是没办法把意大利从埃塞俄比亚赶出去的，可我们眼下还没有发现运用此种力量的权利与胆量。

这一切话都讲得太对了。英王陛下政府曾草率地表示要守护崇高的世界事业。他们曾经大吹牛皮，说要率领五十个国家前行，可在意大利侵占埃塞俄比亚时却一点忙都没帮上。国际联盟因为他们而遭到大败，也许这一组织的生机尚未受到致命的伤害，但至少也是受到了极大的损害。

第二章　黑云压顶——希特勒出手

强夺莱茵兰

1935年夏天,德国背弃和约重新征兵。对于这件事,英国已经默认了,不仅如此,还按照另一个协议,同意德国重新建立海军,要是喜欢,它还能参照英国的规制制造潜艇。纳粹德国已经暗中、非法地组建了空军,还在1935年春天公然宣告,它有着跟英国相同的空中力量。

英国、全欧,还有那个时候觉得很远的美国,已经迎来了欧洲最高效的,有七千万人有系统的武备和战斗毅力。现在,希特勒可以按照自己的心意出手了。1935年,有可能取得胜利的和平上的奋斗,到了现在,却差不多全都付诸流水了。墨索里尼已经取得了埃塞俄比亚的胜利,他明目张胆地跟国际联盟唱反调,特别是抵制英国,结果获胜了。眼下对我们心生怨怼,远离我们,去跟希特勒合作。柏林–罗马轴心已经出现。

1936年1月,新上任的法国外长福朗丹抵达伦敦,与鲍德温先生和艾登先生商讨德国若是毁坏洛迦诺条约,英国和法国将摆出什么样的姿态。法国政府此时正要通过法苏条约,因此希特勒很可能会走这一步。福朗丹于是向法国内阁和参谋部讨要正式的意见。按照他的记录，2月，他在日内瓦告知艾登先生，说如德国毁约，法国的军事武装将听国际联盟的调遣。他向艾登指出，希望英国会按照洛迦诺公约的款项提供支援。

法国国会于2月28日通过《法苏条约》，法国驻柏林大使于第二天按照命令去德国政府进行拜访，问召开法德谅解的一般会谈的基础是什么。希特勒回答说，需要几天时间来想一想。德国外交部部长纽赖特先生3月7日上午10时，邀英、法、比、意各国的大使去威廉街，告诉他们他们德国的意见：签署二十五年条约，在莱茵河两岸建立非军事区，签订空军受限协议，并和东西方邻国展开磋商以签订互不侵犯条约。

莱茵兰"非军事区"建立的基础是凡尔赛和约的第42条、第43条、第44条各个条款。这些条款表明，德国不能在莱茵河西岸或者莱茵河五十公里之内的东岸建立防御体系。在这个区域里，德国，一切武装力量都不可以有，任何时候都不能展开军事演习，或者，所有进行军事策动的装备都不能有。在这些条款上面的，是曾经基于双方自由会谈签订的洛迦诺公约。在这个条约里，单个签约国或者签约国整体来确保德比与德法疆界的永不变更。德国、法国和比利时在和约第二条中做出承诺，不会穿过这些疆界去攻打侵占。若凡尔赛和约第42条或第43条受到破坏，那这种毁约的行径，就是"无理的侵略行为"，别国在非军事区聚集兵力，受到攻击的签约国可以因此提出马上展开行动的要求。此种损害行为，需要当即报知国际联盟，在验证了损害行为的真实性后，国际联盟则必须向签约国提议：对于受到侵略的国家，他们必须给予军事援助。

1936年3月7日当天中午，即，在希特勒说出二十五年协议的两小时之后，他在国会宣告，他要重夺莱茵兰，他这边还在讲话，那边德国的部队已经在接连穿过疆界，走进这一地区全部的德国主要城市。没有一处不欢迎他们，可是他们也非常担心协约国会采取行动。同一时间，为了困扰英美的言论，希特勒宣称，此次占领完全是象征意义的。德国驻伦敦大使，提交了一份提议给艾登先生，同天早晨，纽赖特在柏林也递交了一份给洛迦诺各缔约国大使，两份提议内容相同。就这样，大西洋两岸一切想要被骗的人都因为这份提议安下心来。

　　除了在战争中以武装力量给德国的协议上的责任遭到了破坏，和平时期双方基于彻底自愿签署的洛迦诺公约也遭受了破坏，不仅如此，协约国出于善意在限定日期尚未到的几年之前就离开的莱茵兰行为，也遭到了利用。这个消息传出来之后震惊了全球。这种打击对法国而言满是凶兆。由萨罗担当总理、福朗丹出任外长的法国政府，正义凛然，满腔愤慨地进行了指控，还向全部同盟国和国际联盟发出倡议。此时，法国得到了"小协约国"，捷克斯洛伐克、南斯拉夫和罗马尼亚的忠诚。波罗的海的国家和波兰也跟法国系统联合到了一起。考虑到英国曾许诺守护法国疆界、抵制德国入侵，还曾向法国施压，让法国提早从莱茵兰撤离，法国更有让得到支援的权利。

　　在再一次成功地夺取莱茵兰后，希特勒跟自己的将军见面时，已经可以证明他们的担心是无谓的，还能证明相比于一般的军人，他的分析或"第六感"是怎样的更高一筹。将军们向他表示了屈服。他们都是心善的德国人，能看见自己的国家这么快就在欧洲获得位置，看到他们之前的对手，如此分裂、温驯，他们自然高兴。这个场景必定极大地增加了希特勒在德国顶层阶级里的名望、威信，给他继续的前行，做更大的实验鼓了劲儿。他告诉整个世界："德国对领地的欲望已经彻底得到了满足。"

　　在拿下莱茵兰和建造针对的法国的防御工事之后，德国的第二步，明显是要把奥地利收归德国。这件事，起点是1934年7月奥地利总理德尔弗斯遇刺。现在我们知道，1936年5月18日，德国外交部部长纽赖特曾极坦率地和美国驻莫斯科大使布里特先生说，除非已经将莱茵兰消化吸收了，否则德国政府在外交政策上，不会有任何主动的行动。他解释说：在奥地利的纳粹党人，只要德国还没将跟法国、比利时的接壤的疆界防线建好，德国政府就不会鼓励他们引发动乱，甚至还予禁止。对于捷克斯洛伐克，他们将采用安定的策略。他说："等我们的防御工事建好，中欧的各个国家会发现法国已经无法到德国的领地上来了。到了那个时候，对于自己的外交策略，这些国家就会生出别的意见，如此就会出现一个新团体。"纽赖特又告诉布里特先生，说奥地利的年轻人已经慢慢投向了纳粹，奥地利被纳粹党掌控，已经是大势所趋，只是时间问题而已。不过，事情的关键，还在于将临近法国边界的防御线建好，否则，要是德国跟意大利出现矛盾，会使得法国攻击德国。

　　希特勒1936年5月21日在德国国会发表演讲，说："德国没想过，也不愿意干预奥地利的内政，或者夺得奥地利，或者早就一个德国和奥地利合体的情况。"他和奥地利政府在1936年7月11日签订协议，答应不以任何方式左右奥地利内政，对于奥地利国家社会主义的活动，尤其是彻底不予以主动促进。这个承诺宣告后，连五天都不到，德国就密令下达到奥地利国内，让国家社会主义党增加并扩展他们的行动。与此同时，德国参谋部也遵照希特勒的指令，制定了攻占奥地利的军事草案，预备一有机会，就马上行动。

强占奥地利

　　从1936年3月希特勒强夺莱茵兰，到1938年3月他吞并奥地利，这中间整整两年。在此期间，莱茵兰的布防，或者"西墙"正进展飞速，马不停蹄地建造一条宏伟的永久或半永久的防御工事。除了有完善的征兵制度充当基石，德国的陆军的建设，还有积极踊跃的志愿军作后援。德国的陆军，不管是在数量上，还是在机构的成熟度和质量上，都在逐月变强。相比于英国的空军，德国空军，不仅维持了优势，还越来越在英国之上。德国的武器制造厂极为忙碌地进行着生产制造。德国的机械轮轴不分昼夜地转动，锤子不分昼夜地敲击，将整个产业变成了一个武器制造厂，将所有人熔炼成了一架纪律严明的战争机器。为了战争启动后，自力更生的水平较强一些，希特勒自1936年秋在国内开始推行四年计划，对德国的经济进行重组。他跟墨索里尼签订协议，建成了罗马-柏林轴线。

　　1936年7月，希特勒给德国参谋部下令，拟定只要时机合适就攻占奥地利的军事方案，这个战斗方案，名叫"奥托计划"。过了一年，到了1937年6月24日，他又下达了一个特殊命令，让这个方案更加翔实。11月5日，他将自己以后的计划告诉了他的军事统帅。德国必须要得到更多的"生存空间"。若能在东欧——波兰、白俄罗斯和乌克兰那边得到就最好了。要得到这些地方，一场激战是免不了的，顺带着，还得将居住在这个地方的民众清理掉。

　　希特勒之所以希望兼并奥地利共和国，是因为他想将一切条顿种族都收到帝国内部。另外，还因为德国要是拥有了奥地利，那不但能将捷克斯洛伐克的大门打开，还得到了通向西南欧的更加宽阔的路。1934年7月，奥地利纳粹党刺杀了德尔弗斯总理，自此之后，用钱、诡计、武力推翻独立的奥地利政府的行动就一直在进行。奥地利共和国的柔弱的生命，因为恐怖分子在台后的行动和投炸弹的暴行，危在旦夕。此前，墨索里尼的立场还能牵制希特勒。意大利这位霸权统治者在德尔弗斯被害之后，坐飞机去威尼斯，接见和安抚奥地利总理的遗孀——她在那政治避难，当时意大利的部队在奥地利南边的边境集结。可在关于埃塞俄比亚的问题上，欧洲各个国家无用的制裁，不但没有遏制墨索里尼侵略的欲望，反而惹恼了他，将他推向德国那边。

1938年2月12日，也就是希特勒夺得最高军事指挥权之后的第八天，希特勒召奥地利总理许士尼格先生去贝希特斯加登。奥地利总理听命，带着他的外交部长施米特一块去了。希特勒曾说起奥地利边防防御。

希特勒说：只要我一声令下，你们边境上的那些一切好笑的、装腔作势的东西就都得玩完。你真的觉得，你可以拦住我超过半个小时的时间吗？谁知道呢——或许，我会如同春天的一场风暴，一晚就在维也纳突然出现了，到了那个时候，你就会有某些切实的感受了。我极不愿让奥地利遭受这样的命运，因为若是如此，会有不少人要丢掉性命。

许士尼格说：我会拿到需要的消息，并将德国边境的防御工事停下来。我自然知道你能直接冲进奥地利，可是总理先生，无论我们想还是不想，你若是这么做了，就一定会造成流血。我们不是孤立地存在于世界上的。这种行为，或许代表着战争。

希特勒说：我们此时在安乐椅上坐着，夸夸其谈起来自然没什么难度了。可在这后边存在的悲惨的、流血的真相可不少。你，许士尼格先生，愿意为此负责吗？在这个世界上，我的决定没有人能制止，你还是相信的好。意大利？我跟墨索里尼说得很清楚：我和意大利会维持最亲近的关系。英国？为了奥地利，他一根手指都不会伸……法国？别扯了，两年之前，我们的少量军队开进莱茵兰——当时我承担了极大的风险，法国的部队要是那个时候进军莱茵兰，我们可能早就被逼离开了……可到了现在，法国在这么做，就已经太晚了。

这次谈话是第一次，发生在上午十一点。那些奥地利人在一次正式的中午饭之后，被叫进了一个小屋。在那儿与里宾特洛甫和巴本会面，收到了一份纸质的最后通牒。全部的条款，都没有争论的余地，条款的内容有委任奥地利纳粹党赛斯·英夸特为奥地利内阁的安全部长，赦免全部被羁押的奥地利纳粹党，正式让奥地利纳粹党加入政府创建的"护国协会"。

希特勒很快又建见了一次奥地利总理。"我再跟你说一次，这是最后的机会。这个协议，我希望可以在三天内施行。"德国的约得尔将军在日记里，有以下的记述："许士尼格和施米特又一次遭受了最重大的政治和军事上的施压。"许士尼格在晚上十一点在这个"协定草案"上签了名。①

奥地利总理在2月24日亲自对议会发言，对和德国处理争端表示欢迎，但也非常尖锐地重申，若有超出协议限定的情况，奥地利坚决不予承认。3月3日，他让奥地利驻罗马的武将给墨索里尼送了封密信，告诉意大利元首，为了增强奥地利政府在境内的政治地位，他准备举办普选。墨索里尼对大选的事发布警告，说，"这是错的，要是表决的结果不好，人们会说是造了假；要是结果不合意，政府的身份就会无法承受；要是没有出现关键性的结果，那表决一点作用也没有。"可许士尼格已经决心举办。他在3月9日正式宣告：奥地利全国的各个地区将于3月13日星期日举办民选。

---

① 《纽伦堡文件》（英王陛下政府出版局），第一编，第249页。——原注

起初波平如镜，赛斯·英夸特好像什么都没说就认可了这个主意。可11日早上五点半，电话铃将许士尼格吵醒。在电话里，维也纳警察局跟他说："德国萨尔斯堡边境在一小时之前展开了隔离，撤走了德国的税务人员，铁路运输也被斩断了。"被派遣去慕尼黑的总领事发来的汇报，是他收到的第二份，跟他说那里的德国军队已经动身了；拟定的目的地是奥地利！

赛斯·英夸特在上午稍晚一些时间跑过来，说戈林才给他的电话，告诉他一小时以内必须声明民选取消。要是在规定的时间内没收到回复，戈林将视赛斯·英夸特为失去了打电话的自由，他进而会启动相应的措施。理事的官员的汇报告诉许士尼格，警察不完全可信，因此通知赛斯·英夸特，会推迟民选。赛斯·英夸特十五分钟后手里着戈林回复的电文来见许士尼格：

> 要想挽救时局，只有一个办法，奥地利总理马上辞职，在两个小时之内委任赛斯·英夸特为总理。若时间到了还没施行，德国大军会马上进攻奥地利。[1]

许士尼格立时拜见梅克拉斯总统，上交辞呈。在总统办公室的时候，他接到了意大利政府发来的密码电文，电文里说，他们也没什么办法。年老的总统立场非常坚定，他说："这是到了最终的关键时刻，就剩我自己了。"他说什么也不肯让一个纳粹党来当总理。他下定决心逼德国人犯下可耻的暴行，而德国人，早就预备如此了。

第二天，也就是3月11日，希特勒命令德国大军展开军事进攻，拿下奥地利，"奥托计划"在长时间的分析和严密的筹备之后，执行起来。梅克拉斯总统在整整一天紧张的时间里，由始至终都以强硬的态

---

[1] 见前引许士尼格书，第66页、第72页。——原注

度拒绝着赛斯·英夸特和奥地利纳粹党领袖的提议。

3月12日星期六晚，奥地利都城的纳粹党曾准备以火炬游行来迎接德国部队，可时间到了，大部队却没到。原来，德国的战斗工具，左摇右摆，轰轰隆隆的声响穿过边境，将到林茨的时候，却开不下去了。尽管天气和道路的情形都不错，可是坦克坏了一多半，摩托化的重炮兵也有问题。重型军用车塞满了从林茨到维也纳的路。希特勒尤为喜欢的第四军团司令赖歇瑙将军，被视为是此次事件的责任人。这件事也显露了在重整军备的这个阶段，德国陆军还嫌青涩的情况。

希特勒坐车路过林茨的时候，看见车辆堵塞的情况，火冒三丈。在拥挤无序的路上，轻坦克想办法开过来，在星期天的早上，零零散散地开进维也纳。至于装甲车和摩托化的重型炮，只得用火车运至维也纳，若是不这么办，恐怕连典礼都没法及时参加了。大家都见到过那张照片：在热情洋溢或者又惊又怕的民众中间，希特勒坐车开进维也纳。不过这个神秘荣耀的时刻，它的背景却让人心慌。实际上，对于自己的军事机器的显著的缺陷，德国领袖大为恼火。他指责他的将军，将军们也冷嘲热讽。他们让希特勒注意，弗里奇是警告过的，可他没听，德国的武装地位还不足以承担战争的风险。后来，大面上的形象总算保住了，正式的庆典和游行都举办了。那个周日，希特勒在大量德国部队和奥地利纳粹党夺取了维也纳后，宣布奥地利共和国垮台，所有领地收归德国。

待宰的羔羊——捷克斯洛伐克

德国对奥地利的侵略，西方民主国家居然认可了，这就为希特勒加快施行捷克斯洛伐克方案鼓了劲。1938年2月20日，希特勒在国会演讲，首次公然攻击捷克斯洛伐克。他说："在和我们边疆接壤的两个国家中生活着超过一千万的日耳曼人"，这些日耳曼同胞，德国有守护他们的义务，应该帮他们得到"广泛的自由，包括人身自由、政治自由和思想自由"。

纳粹德国公然宣告，关注在奥地利和捷克斯洛伐克国内生活的日耳曼人的身份地位，有两个原因：一是，将所有在国外生活的日耳曼人都圈进德国的地图内；二是朝东发展，增大自己的生存领域。而且毁掉捷克斯洛伐克，一旦开战，它不会变成苏联的空军基地，也无法变成英国、法国供应军事补给的力量。早在1937年6月，德国参谋部就已经按照希特勒的指令忙着拟定方案以进攻、摧毁捷克斯洛伐克了。

驻柏林的法国大使在德国武装力量攻打奥地利那天，朝巴黎汇报，说戈林曾经对捷克斯洛伐克驻柏林大使郑重承诺说，德国"无意伤害捷克斯洛伐克"。法国总理布鲁姆先生3月14日对捷克斯洛伐克驻巴黎大使郑重表态说，自身对捷克斯洛伐克的责任，法国将彻底遵守。残忍的真相是这些外交承诺无法遮掩的。大陆上的战争全局已经不一样了。眼下，德国人讨论的问题和军队已经能直指捷克斯洛伐克西面的疆界。这些边境地区的住户为日耳曼民族，他们有个喜欢借题发挥的积极的日耳曼国家主义党，一有争端出现，他们就变身第五纵队。

英国政府遵照张伯伦先生的意思，在地中海方面争取和意大利达成和解，以遏制德国继续进行侵略。法国的身份会因为此种做法得到提升，英国和法国也会因为这个能够聚集力量应对中欧的情况。英国和意大利在1938年4月16日达成协议。这一协议，本质上是意大利对中欧表示友善——而这种友善是无法预测的——作为回报，英国允许意大利在埃塞尔比亚和西班牙随意行动。

希特勒正机警地盯着时局。让意大利在欧洲的危局中，最终跟他统一战线，对他也非常要紧。在他4月末与参谋长们开会的时候，就想过得抓紧了。墨索里尼期望自己能在埃塞俄比亚随意行动。尽管英国政府已经默认了他的冒险行为，可是德国的认可，他最后还是得拿到。若是如此，作为回报，他就不得不承认德国对捷克斯洛伐克的所作所为。这个问题非处理不可，如此意大利才能在处理捷克斯洛伐克问题的时候站在德国那边。柏林那边自然要分析英国和法国的政治家们的公开发言。西方的两个大国劝说捷克斯洛伐克人，说了为了欧洲的和平，他们得理智，柏林那边曾经因为他们这种想法而感到高兴。

亨莱因带领的苏台德纳粹党，眼下有提出要求，想在这个和德国接壤的地方进行自治。亨莱因4月24日在卡尔斯巴德演讲的时候，已经公布了他们的程序。布拉格的英法公使接着马上去和捷克斯洛伐克外交部长见面，"表示希望捷克斯洛伐克政府竭尽所能摆平这件事"。

捷克斯洛伐克的日耳曼人5月接到命令加快鼓动。为了让英国政府对自己的同胞所遭受的残害有更加清晰的了解，亨莱因于5月12日到访伦敦。

5月17日，亨莱因和捷克斯洛伐克政府针对苏台德的事展开磋商。在从英国回捷克斯洛伐克路上，亨莱因曾经拜访过希特勒。捷克斯洛伐克将要举办区域选举，为了准备此次选举，德国政府进行了周密的计划的神经战。德国部队开赴捷克斯洛伐克疆界的传言甚嚣尘上。5月

20日，英国政府让在柏林的驻德国大使内维尔·亨德森爵士对此事进行试探、询问，德国没有承认，但这并不能让捷克斯洛伐克人放心，5月20到21日夜间，他们命令部队进行局部活动。

想打败捷克斯洛伐克的武装，冲过或围困波希米亚防线，就不得不派出整整三十五个师。德国参谋部的首领跟希特勒说，捷克斯洛伐克军队高效，且有最先进的武器和设备，这点不得不考虑。虽然"西墙"或者说是"吉戈菲防线"防御工程的野战工事已经建好，可还远不到完备的程度。而在攻打捷克斯洛伐克的时候，德国还要抽调兵力守卫西线，以防法国可能要派出一百个师的兵力展开的进攻，然而德国能抽出的军力只有五个正规师和八个后备师。

虽然协约国的和平主义和懦弱使得德国得以推行征兵制，夺取莱茵兰和侵略奥地利，可德国的最高指挥部却不认为，希特勒这第四次装模作样的恐吓能取胜。毕竟在军事上，那些大的获胜国还是占上风的。另外，苏联也在，它同捷克斯洛伐克一样，都是斯拉夫种族的。此时，它对德国的看法，威胁性极高。苏俄不管是和捷克斯洛伐克国，还是和贝奈斯总统自己，都维持这紧密团结的友善关系。

然而，对外界来说，虽然吉戈菲防线还没彻底建成，可仍算得上一个恐怖的阻碍。刚刚建立的德国的陆军，到底有多少人，战斗力如何，还不好确切估算，并且明显有些夸大。另外，对没有防御的城市展开空袭的危险也尚无法估计。民主国家的人，从心里厌恶战争，是最重要的。

就算这样，达拉第还是在6月12日，对自己的前任在3月14日才做出的承诺进行了重述，声明法国对捷克斯洛伐克负有"神圣、避无可避的"责任。历史在上，法国和捷克斯洛伐克在1924年签署的协议，不管是法律上，还是实际上，无疑都是绝对有效的；就算在1938年这多事之秋，法国政府的历届领导人都曾经多次强调这点。不过希特勒坚信，自己在这件事上的推断是对的。因此，6月18日，他宣布了最后的攻击捷克斯洛伐克的指令，尽管他的那些将领们仍都忧心忡忡。为了迷惑大家，希特勒让自己的随身副官维德曼上尉去了伦敦。7月8日，这位使臣得到了哈利法克斯勋爵的接见。这位使臣表示："英国政府能不能让戈林来伦敦，展开更加细致的说明。攻打捷克斯洛伐克的行动，德国在一定的情形下，是可以推迟一年的。"过了几天，张伯伦和德国公使讨论起了这种可能。英国首相在这以前，曾经为了弄清布拉格的形势，提议捷克斯洛伐克说，派个观察员去捷克斯洛伐克，好达成友好妥协。7月20日，英王到访巴黎，让哈利法克斯得到了和法国政府探讨这一提议的机会，在简要地沟通过后，两国政府答应和解。

　　张伯伦于1938年7月26日在议会上声明，为了让捷克斯洛伐克政府与亨莱因能够和解，将派朗西曼勋爵去布拉格。第二天，捷克斯洛伐克政府发布了针对境内少数民族问题的草拟法案，以作磋商的依据。当天，哈利法克斯勋爵在议会上表示，"在我看来，眼下欧洲各个国家的领导人，并不是全都想开战。"朗西曼勋爵8月3日到达布拉格，和相关方面进行了一连串漫长、繁复的会谈。这些会谈还不足两周就总算失败了，形势自此急速展开。

　　里宾特洛甫8月27日，此时已经出任外交部长，汇报说，驻柏林的意大利公使曾经去拜访他，跟他说"墨索里尼又发布了书面指令，让德国把对捷克斯洛伐克展开行动的可能时间及时告诉他"。墨索里尼要求被告知，让他"在时机合适的时候，能在法国疆界采取必需的手段"。

　　9月12日当天，在纽伦堡党员大会上，希特勒进行演讲，全面进攻捷克斯洛伐克。捷克斯洛伐克次日，在国内的部分地区实行戒严令以作回应。9月14日，他们与亨莱因的会谈彻底破裂。苏台德的这一元首于15日逃去了德国。

出卖与分食

　　达拉第和张伯伦在9月13日到14日半夜联系上了。法国政府觉得，要是英国和法国的领袖亲自操刀，一块去跟希特勒见面，或许有利。可张伯伦却自有主张。他主动致电希特勒，提议去拜访他。次日，他将这件事告知内阁，同一天下午，他拿到了希特勒的复电，请他去贝希特斯加登。因此这位英国首相就在9月15日早上坐飞机去了达慕尼黑机场。这个消息传到捷克斯洛伐克，捷克斯洛伐克的领袖完全不能相信这件事是真的。他们觉得怪异：他们刚刚才首次掌控了苏台德区境内的局势，就这此时，英国首相居然亲自去拜访希特勒。由于当地人不曾对希特勒9月12日发表的寻衅演讲和之后德国挑拨亨莱因党徒叛变表示拥护，因此，他们认为这会降低他们和德国来往的身份。亨莱因已逃往德国，苏台德的日耳曼党因为没了领路人明显已经不愿意直接行动。在捷克斯洛伐克政府所谓的"第四次计划"里，捷克斯洛伐克政府正式将地方自治的行政计划跟苏台德的日耳曼的领导人们提出，其内容，不仅超出了亨莱因当年四月在卡尔斯巴德的提议，还彻底满足了张伯伦3月24日的演讲里提出的主张，连西蒙爵士在8月27日演讲里的宣告也满足。可就算是朗西曼勋爵也已经看出，德国人最不愿见到的就是苏台德的领导人们和捷克斯洛伐克政府间签订双方都认可的协议。张伯伦的这次出行，给了苏台德党一个机会可以提更多的要求；这个党派的极端人士，按照柏林的指令公开提议要归附德国。

9月16日下午，首相的飞机抵达慕尼黑机场，之后他坐火车奔赴贝希特斯加登。就在这个时候，德国的每个广播电台都在转播亨莱因提议让苏台德区归附德国的宣言。张伯伦下飞机之后，听见的最大的消息就是这个。这明显是想让他在和希特勒会谈以前就知道此事。德国政府也好，亨莱因自己也罢，都不曾提出过归附这个问题；并且英国外交部在几天前曾宣布这个政策英国政府是不认可的。

实际上，早在数月之前，希特勒就已做了决定，并筹备好侵略捷克斯洛伐克了，仅仅是在等着最后的信号。星期六，也就是9月17日，首相回到伦敦马上召开内阁会议。当时朗西曼勋爵已经回国，他的汇报自然吸引了众人的视线。他提议施行"一个开门见山的行动策略"，也就是"将日耳曼人多的地方交给德国"。这个方法起码有个好处——简略清晰。

不管是首相，还是朗西曼勋爵都坚信不将苏台德区割给德国，就无法遏制希特勒下令攻打克斯洛伐克。在跟希特勒会晤的时候，张伯伦明显地感受到希特勒"战意旺盛"。他的内阁也认为法国是毫无斗志的，因此根本谈不到抗拒希特勒向捷克斯洛伐克提出的要求。有的大臣竟然提出"民族自决权"，"少数民族要求公正待遇"等论调聊以自慰，甚至显出一副"支持小人物反抗捷克斯洛伐克暴徒"的神情。

现在不得不和法国政府一起走出撤出的一步。达拉第和博内9月18日来了伦敦。希特勒在贝希特斯加登声明的需求，张伯伦原则上已经决定予以认可，之后的事仅仅是拟定提议，由驻布拉格的英国和法国代表呈交给捷克斯洛伐克政府。法国政府草拟了一份文案送过来，的确思虑得较为周密。由于他们预见到，若让民众表决，斯洛伐克和露西尼亚地区可能也会提出一样的要求，所以他们并不支持。他们支持的是开门见山地将苏台德区割给德国。然而，他们又表示，英国政府得和法国，以及苏联（他们从未和其商讨过）一起确保这个四分八裂的捷克斯洛伐克的新疆界。

在将自己的决断或者最后通牒告知捷克斯洛伐克人的时候，英国和法国是这么说的："不管是英国政府，还是法国政府都清楚，让捷克斯洛伐克付出的代价是非常高昂的。他们都自感有义务直白地予以解释对安全而言，这些条件有多重要……最晚三周以内，首相必须和希特勒先生在会晤一次，要是有机会还得提前，所以我们认为，你应该及早做出回复。"因此捷克斯洛伐克政府在9月19日下午就受到了马上将捷克斯洛伐克国内日耳曼人占超过一半的地区割让给德国的提议。

在协议方面，英国毕竟没有责任要守护捷克斯洛伐克，它也从未给予过非正式承诺，可法国的确有这种协议束缚：若德国攻打捷克斯洛伐克，法国必须和德国开战。

驻布拉格的英国和法国的大使在9月20日半夜到21日早上两点，去拜访贝奈斯总统，跟他说，已经没机会按照1925年的德捷协议进行裁决，并全力催他"局势还没到英法两国无法负责的地步，在这之前"，应该接受英国和法国的提议。对于这一告知，法国政府总算自己也觉得有点愧疚，因此让他的大使以言辞陈述。9月21日，捷克斯洛伐克政府在这样的压力下，对英国法国的提议妥协了。

在英国和法国的共同提议下，捷克斯洛伐克政府妥协，被逼辞职，重新建立了一个受赛洛维将军统领的无党派政府。在一次世界大战的时候，赛洛维是捷克斯洛伐克驻西伯利亚的军队司令。贝奈斯总统9月22日对全国进行广播，严肃地劝告民众要保持冷静。

在贝奈斯预备广播的时候，张伯伦已经飞去了德国跟希特勒展开二次会谈。英国首相带来了和"元首"展开最终磋商的依据——捷克斯洛伐克政府已经承认的英法提议的详细内容。然而张伯伦在会谈刚开始的时候就发现自己面临着，按照他的说法，是"某种完全出乎意料的局势"。

谈判暂停，直至次日才继续召开。张伯伦在9月23日在旅馆的阳台上来回走了一个早上。用过早饭，他写了封信给希特勒，表示自己预备将德国的新提议告诉捷克斯洛伐克政府，不过指出里面难度极大。当日下午，希特勒给出的回答完全没有退让的意思，张伯伦提出，在当晚的最后一次磋商中，他会拿出带有地图的备忘录。此时捷克斯洛伐克已经开始调兵，英国和法国的政府正式告诉各自的驻布拉格大使，说他们过去曾经肩负了劝告捷克斯洛伐克不可调兵的责任，现在这一职责取消。当晚十点半，张伯伦再次和希特勒展开会谈。

张伯伦在9月24日下午回了伦敦。此时，巴黎和伦敦的舆论都越来越强横。磋商的结果决定不接受戈德斯贝格提出的要求，将这一消息告诉德国政府。这一决议得到了法国内阁的认可，并当即展开了局部动员。9月25日晚，法国总理和部长再次到访伦敦，勉勉强强地认可了对捷克斯洛伐克人的责任。威尔逊爵士第二天下午奉命带首相的亲笔信到柏林拜见希特勒，当时离希特勒筹备的体育馆演讲还有三个小时的时间。威尔逊爵士只得到了一个回答，即希特勒说戈德斯贝格最后通牒里给出的时间限制——10月1日，周六——他肯定会坚持，唯一的例外，就是捷克斯洛伐克在周三，也就是28号下去告诉他同意了，要不然，那天他就会发兵这一地区。

希特勒当晚在柏林做了演讲。他极为确定地说，26日之前，捷克斯洛伐克人必须撤离苏台德区，又说办好这件事，捷克斯洛伐克内部发生的所有事，他都不会再关心。"在欧洲的领地上，这将是我最后一次提出需求。"

争端时刻好像已经来了，两方的部队已经严阵以待。在欧洲最坚实的防线后边，捷克斯洛伐克的一百五十万人由高效、强结构的工业机械武装过的队伍正在候命。法国的部队已经局部动员，法国内阁尽管有些不甘愿，可仍预备担负起捷克斯洛伐克的责任。我国海军部9月27日午夜前给我国舰队下达了警戒电文，下令第二天动员舰队。与此同时，这个消息还发给了英国的所有报纸（在下午十一点三十八分）。海军部在9月28日上午十一点二十正式下达英国舰队动员的指令。

伦敦和巴黎间好像没进行亲密、互相信赖的讨论是此次危局最明显的特征之一。尽管两方面的态度基本相同，可私人来往非常少，或者可以说没有。在张伯伦没经过法国政府和自己的内阁同事磋商就写了这两封信时，法国内阁顺着与之平行的路施行着自己的行动。法国的新闻界极不赞成和德国开战，这我们是知道的；法国外交部只是巴黎报纸怎样暗示那个曾经说苏联和英国强横的公文，说其是假的，我们也知道。27日晚，驻柏林的法国大使深入提议，预备马上扩大预备交割给德国的苏台德地区。就在弗朗索·蓬塞先生正和希特勒一块的时候，希特勒接到了墨索里尼的电文，劝希特勒同意张伯伦开会的提议，还说意大利也想参与。希特勒9月28日下午三点告知张伯伦和达拉第，提议次日算上墨索里尼一块去慕尼黑开会。

这个有纪念价值的会议，未邀请苏联参会，捷克斯洛伐克本身也未被批准参会。捷克斯洛伐克政府在28日晚只是拿到了言辞直白的通告，说次日欧洲四强的代表将要开会。"四巨头"马上签订协议。中午会议开始，直至第二天早上两点才结束。备忘录写好，9月30日早上两点署名。基本上，在各个方面它都认可了戈德斯贝格的最后通牒。自10月1日开始苏台德区分五成批撤离，十天内完毕。一个国际委员会将限定最终疆界。接到命令特意来慕尼黑听宣判结果的捷克斯洛伐克代表拿走了这份文件。

唇亡齿寒——葬送捷克斯洛伐克的后果

　　捷克斯洛伐克在9月30日向慕尼黑决议妥协。他们说对于自身没有参加的决议的抗议，希望能当着整个世界的面存档。因为"他或许已经妨碍了新国家对新进展不得不做的适应。"贝奈斯总统提出辞职。他离开捷克斯洛伐克，来英国借住。就这样，按照协议规定，捷克斯洛伐克被肢解，然而并不是只有德国在争抢死尸的肉来吃。波兰紧随9月30日慕尼黑协定之后，给捷克斯洛伐克下了二十四小时内马上把特申边境割给它的最后通牒。此时，这种严苛的要求，捷克斯洛伐克已经抵挡不了了。

　　慕尼黑的争论，匈牙利也差点参与了。霍尔蒂在1938年8月末出访德国，然而，希特勒在面对他的时候，摆出的姿态非常谨慎。尽管希特勒8月23日下午和匈牙利的那位掌权者谈了很久，可对于自己预备哪天攻打捷克斯洛伐克，他却没说。"具体的时间，他本人也不知道。只要是共同进餐的人，就必须帮忙做饭。"然而没公布用餐时间。不过匈牙利提出自身需求的时间现在却已经到了。

　　慕尼黑事件发生后的一年中，对于希特勒的力量发展得快，还是协约国力量发展得快这一问题，人们曾经争论过。看到我们的空军每个月都在增加，"旋风"和"烈焰"型战斗机也将大规模出产，英国不少清楚我们防务不足的人，都由此长出了一口气。尽管空军中队一直在扩充，高射炮也增多了，工业步入战时状态的布置也在持续加速进行，这些改善好像来之不易，可要是和德国军备的大量增加一比，就不值一提了。就像之前说的，得用四年的时间全国范围内军需物资的制造计划才能实现：第一年生产不了任何东西，第二年产品只有一点点，第三年产品成批出产，第四年，大量出产，持续不断。可眼下，希特勒德国的战争筹备工作，正繁忙、一日千里的展开着，和战时几乎没什么差别，早就到了第三年或者第四年的地步。然而，英国仅仅是以并不紧急的状况为基础，有了些改进，且范围也差得很远。英国所有的军事支出在1938年至1939年总计三亿零四百万镑，而德国的军用支出少说有十五亿镑。在开战前的这年，德国的总共的军火制造量，或许是英国、法国加到一起的制造量的一倍还多，或者有机会是两倍以上，而它的某些大型的坦克制造厂也已经快马加鞭地全部开工。所以他们接连不断地得到的武器远比我们多。

　　捷克斯洛伐克被占让协约国丢了捷克斯洛伐克军的二十一个正规师和已经调动的十五到十六个后备师，还丢掉了他们在山区的防御工事；在慕尼黑的危局里，这条防御线曾经让德国不得不布置三十个师的军力，或者说是德国受过完善训练的主力机动部队。战争结束后，按照哈尔德和约得尔两位将军在接受审讯时候的供述，在慕尼黑事件的布置里，德国西线军力只剩下了十三个师，其中第一线的正规部队只有五个师。毫无疑问，捷克斯洛伐克沦陷，等于让我们丢掉了和三十五个师差不多的军力。另外，还把欧洲第二个最要紧的兵器制造厂——捷克斯洛伐克的斯科达兵工厂也给了对方。在1938年8月到1939年9月这段时间，这个制造厂的制造量，几乎等同于同一时期里英国所有兵工厂的实际生产量。在整个德国正忙碌地，差不多就像是处在战争时期的状况中那般努力工作时，法国的工作者却早在1936年就已经拿到了早就想要的工作制度——每周四十小时。

　　更加糟糕的是，法国和德国的陆军力量的对比改变了。自1938年开始，德国的陆军，无论是数量、编制，还是储备队的积累都逐月增加，不仅如此，质量和熟练度也逐月增加。在装备的持续增加中，对士兵的训练和普通士兵的技术熟练度，也每天都在发展。可相同的进境和发展，法国的陆军却没有。德国不管在哪个地方都超越了它。法国在1935年的时候就算不用前协约国家帮忙也有机会不经大型战役就攻入，并重占德国。到了1936年，法国绝对占优的力量还不到能被质疑的地步。现在我们按照德国那边的披露，直到1938年这种情形还没消失。正是因为清楚自身的劣势，所以德国的最高指挥官才曾经尽全力阻止希特勒采取种种活动，可希特勒的威信因为这些活动的告成而得到了提升。德国的陆军截止至我们现在正讨论的慕尼黑事件后的这一年，尽管在拥有已受训的储备队这方面仍旧比不上法国，可它的效率却已经到了极高的地步。并且因为人口是军队的基石，德国的人数又是法国的一倍，因此德国的部队不管是哪种标准而言，都将在法国之上，这只是时间问题罢了。从部队的精气神方面而言，德国人也占优。背弃盟国，特别是怯战，会削弱一切队伍的士气。被逼服软的感觉会让士兵精神失落。在德国那边，信心、成功和实力每天都在变强的感觉，诱发了这个民族的斗争的天性，可法国却自觉弱小，让法国的各个层级的兵将都非常沮丧。

　　不过，我们在一个要紧的地方开始追上德国了，这让我们的地位有了一定程度的好转。用"旋风"型和以后的用"烈焰"型等新型战斗机取代比如"斗士"型之类的老的双翼战斗机的过程在1938年才刚起步。1938年9月的时候，我们配置了"旋风"型战斗机的仅有五个中队。并且旧式飞机的储存和部件，由于已经无法再用，只能丢弃。在新型战斗机的配备上，我们远落后于德国，他们已经有不少"米式"飞机，我们的旧式飞机和它是比不了的。在1939年整整一年的时间里，因为我们配置了新型飞机的中队更多，所以我们的情形好了一些。在那年7月，我们的新型战斗机中队共有二十六个，每架飞机配有八挺机关枪；就是因为时间的问题，尚未建立大量的储备和更换的配件。到了1940年7月不列颠空战的时候，我们能参战的新型战斗机通常是四十七个中队。

在德国那边，以下是其力量的增长的数量：

1938年	轰炸机	1，466架
	战斗机	920架
1939年	轰炸机	1，533架
	战斗机	1，090架
1940年	轰炸机	1，558架
	战斗机	1，290架

实际上，早在战争还没开始的时候，德国的空军的扩张，不管是数量上的，还是质量上的，就已经完成了大多数。和他们相比，我们的奋起大概晚了两年。自1939年到1940年间，他们增加的只有百分之二十，可我们在现代化的战斗机上增加了百分之八十。1938年的时候，在质量方面，我们远比不过人家，到了1939年，这种不平衡的情况，虽然我们曾经尽力做了些弥补，可在1940年正式跟德国比较之后，我们还是比不过。

伦敦在1938年是有机会遭到空袭的，对此我们居然一点准备都没有，真是太悲哀了。不过，只要德国没有拿下法国，还有荷兰、比利时等低地国家，夺取了临近我国海岸的必需的基地，就没可能出现关键性的不列颠空战。因为只有拿下了这些基地，他们才能用在当时航程还不够长的战斗机，替他们的轰炸机保驾护航。而在1938年或者1939年，德国部队向战胜法国部队，还没有机会。

直至到1940年起，德国才开始制造用以冲破法国防线的大规模的大规模坦克；在西线，法国仍然占据上风，而东线的波兰也还没夺取，在此之前，德国自然无法像法国被逼投降之后的状况那般，集合所有的空军力量攻击英国。这还没算上苏联的立场或者捷克斯洛伐克有机会采取的反抗。我认为该拿出这一时期空军力量的对比数字，可不管怎么样，我写的结果，这些数字都是改不了的。

有人说，因为慕尼黑事件，我们"得到"了一年的喘息之机，可是按照上面的全部缘由，英法两个国家和希特勒的德国相比，却远远比不过上慕尼黑危机的时候。

最后，还有个真相让人震惊，希特勒在1938年一年以内，将奥地利六百七十五万人，苏台德三百五十万人，总计超过一千万人的居民、普通百姓和兵丁放到了德国自己的霸权统治下。毋庸置疑，这恐怖的实力对比，于是调过来对他有利了。

英国对波兰的承诺

1939年1月18日，里宾特洛甫到达华沙，开始在外交上进攻波兰。夺取捷克斯洛伐克，接着又围困波兰。声明德国拥有在旦泽的主权，并将德国在波罗的海一域的掌控权延伸到立陶宛的主要海港梅默尔，借此掐断波兰出海的路径，就是此次开战的第一步。对于此种压榨，波兰政府表示激烈抗议。希特勒只得严密关注，静待开战的机会。

各种传言在3月第二周流传开来，说是德奥区域内部队频频调动，尤其是维也纳和萨尔斯堡间的有消息说，德国已经按照战时编制调动了四十个师。斯洛伐克人自以为得到了德国的拥护，正准备从捷克斯洛伐克共和国中独立出来。发现条顿民族的狂风已经朝别的方向吹去，贝克上校如释重负。在华沙，他公开发表声明，他的政府对于斯洛伐克人的期望深感惋惜。希特勒在柏林以接待国家总理的礼仪接待了斯洛伐克的领导人蒂索神父。

3月10日，希特勒给那个由于慕尼黑决议而失去了疆界防御线的摇摇欲坠的捷克斯洛伐克政府下达了最后通牒。朝布拉格进发的德国部队彻底占有了这个完全没有反抗的国家。捷克斯洛伐克共和国于3月14日被击垮。斯洛伐克人正式宣告独立。匈牙利部队——受到了波兰的支持——暗中进驻了他们所求的喀尔巴阡—乌克兰，位于捷克斯洛伐克东部的一个省份。希特勒抵达布拉格，声明捷克斯洛伐克将得到德国的保护，就这么将其加进了德意志帝国。

英国政府握着所有的机密情报，结果还是不知所措。张伯伦先生3月15日只得和下院说："今天早上六点，德国军队开始攻占波希米亚。捷克斯洛伐克民众按照政府的指令，未予抵抗。"五个月前，殖民地事务大臣英森金普爵士在慕尼黑会议后说起这份承诺的时候，说："给予捷克斯洛伐克的承诺，英王陛下政府觉得道义上有信守的义务（听上去，这句话似乎在技术上已经起作用了一般）……因此，一旦有无理入侵的行为出现，为保证捷克斯洛伐克领土完整，英国政府自然只能在力所能及的范围内行动起来。"眼下首相却说："这份承诺直至昨天仍旧有效。可是自斯洛伐克国会声明斯洛伐克独立后，局势就发生了变化。斯洛伐克发表的这项声明，导致我们承诺过要守护其疆界完整的这个国家，因内部肢解而消亡，于是，这个责任就无法再制约英国政府了。"

看上去结局已定。首相最后说："眼下发生的情况，我当然该感到非常遗憾，可是我们绝不能因为这样而走上歧途。我们不能忘了，世界上所有国家民众的愿望，仍旧聚集于和平的渴望上。"

张伯伦先生原计划两天后在伯明翰进行演讲。对于发生所有情况，我觉得他必定会以最迂回的言辞认可。如此，就能和他在议会上的演讲保持同种步调了。甚至我假设他可能会说，幸亏政府在慕尼黑上料敌先机，让英国和捷克斯洛伐克的命运，其实就是中欧的命运，决然断开。因此，我原本以蔑视的姿态等待着张伯伦在伯明翰的演讲。

首相的反应让我非常震惊。他信心满满地坚信慕尼黑会议是个赤诚以对的会议，世界已经被他和希特勒、墨索里尼一起从战争的无尽恐怖里挽救了回来。然而德国的所作所为，就像是一个突如其来的爆炸，将他的信念和由他的言行构成的所有东西都炸没了。对于真实情况，他做出了重大的误判，不仅骗了自己，还将这些谬误强制施加给百依百顺的同事和可悲的英国舆论，这个责任他自然该义不容辞地背负起来。可是一夜之间，他突然从以往的谬误中走出来了。

在伯明翰，他发表的演讲曲调和以往截然不同。他指控希特勒不守信义，撕毁慕尼黑协定。他引用希特勒做的所有的承诺："在欧洲的土地方面，这是我最后一次提出要求"，"对于捷克斯洛伐克，我可以担保我不再关心了，任何一个捷克斯洛伐克人我都不会再要。"在演讲中，首相说："我认为慕尼黑会议后，大部分英国民众都和我一般，真心期望这种政策能够继续施行，可是今天，我和英国人民觉得一样的失望、一样的恼怒，觉得对方无所顾忌地毁了这些期望。我刚刚读给大家的那些承诺和这周发生的事，能说是一样的吗？"

和他前两天在下院的宣言相比，这些话的所持有的立场和政策，截然不同，出人意表。他肯定经过了极为激烈的思想斗争。他15号那一天还说："让我们坚守正确的道路。"可眼下却完全变了。

不仅如此，张伯伦的思想转变，并不局限于嘴上说一说就完了。波兰是希特勒名录里的第二个"小国"。因为首相做了重要的决断，不得不和很多人探讨，在这段时间里，他自然是非常忙的。两周之后（3月31日），首相和议会说：

现在，我要向议会汇报……万一要是发生明显危急波兰独立的行为，波兰政府也因此觉得一定要动员全国的力量予以反抗，那英王陛下政府将立即视为，有责任马上全力声援波兰政府。英国政府已经将大体意思与之相同的承诺给了波兰。

　　我还要声明的是，法国政府已经赋予我权利，明确表示它在这件事上，和英王陛下政府态度一致，（之后又说）所有自治领已经得到了详尽的告知。

　　议院里所有党派的领袖全都表示支持对波兰的承诺。清楚那时的时局，就完全不会怀疑，这基本代表着一场我们必定要加入的战争。

　　我们想保护波兰，践行自己的诺言，只能对德宣战，进攻那条1938年9月还将我们吓走，眼下已经更加坚实的"西墙"和更强悍的德国陆军。眼下，英国和法国总算不再妥协，在最糟糕的时候，条件最不好的时候，终于下定了必定会让千百万人被屠戮的决心。

　　德国占领了波希米亚，建立了斯洛伐克的卫星国，德国队伍于是到了波兰南部疆界。波兰人在捷克斯洛伐克共和国被消灭的时候，用无耻的举措拿下了特申，然而，很快他们就得为自己交罚款了。3月21日，驻柏林的波兰大使利普斯基先生去见里宾特洛甫，询问里宾特洛甫和立陶宛外交部长近来磋商的情况，问到此次磋商，是不是会影响到梅默尔。两天之后（3月23日），他就得到了答案。梅默尔被德国大军占领。

　　英国官方的筹谋，曾经对诱惑意大利离开轴心的可能性很有信心，可眼下这种可能也慢慢消失了。墨索里尼在3月26日发表了言辞猛烈的演讲，对法国提出自己对地中海的诉求。他私下正准备增加意大利在巴尔干半岛和亚得里亚海的力量，好让自己能和德国在中欧的取得的成绩达到平衡。他进军阿尔巴尼亚的计划已经筹备妥当了。

　　1939年4月7日早上，意大利大军在阿尔巴尼亚上岸，打了不长时间就夺取了整个国家。就像捷克斯洛伐克即将变成德国入侵波兰的根据地一般，阿尔巴尼亚也将变成意大利入侵希腊、逼迫南斯拉夫两不相帮的垫脚石。对于东北欧的和平权益，英国政府早就担下了责任。面对东南欧的逼迫，又能如何？这艘庞大的和平之船已满身漏洞。

其实英国的地中海舰队此时正散落在各个地方。我们的五艘主力船舰，直布罗陀一艘，东地中海一艘，剩下的三艘停留在相距非常远的意大利各个海港的里外，并且里面还有两艘没有小舰队守护的。至于驱逐舰，则分散在欧洲和非洲海岸线一域。另一大队的巡洋舰，并没有强悍的高射炮炮廓做掩护，聚集在马耳他港。因为这种分散我们的舰队的力量被削弱了，就在这种时刻，听说意大利舰队在奥特朗托海峡聚集，而意大利的大军也正在聚集登舰，预备展开一种性质恶劣的阴谋。

张伯伦先生尽管仍旧希望能不开战，但战争一旦开启，他明显是不怕打仗的。在日记里，首相写道："越有可能开战，丘吉尔就越有机会（参政），反过来，也一样。"[1]这句话免不了有些藐视的口吻。他非常清楚，万一开战，他就得找我做帮手，并且，他精准地料到我必定会同意。

苏联"三国联盟"提议的失败

在英国和德国中间存在的两个承诺——慕尼黑协定和英德海军条约。前一个承诺已经因为捷克斯洛伐克的被占完全破坏了；现在希特

---

[1] 法伊雷恩，前引书，第406页。——原注

勒又想撕毁第二个承诺。

在希特勒推行其策略的重要关头，英德海军协定明显让他得到了极大的好处。可眼下，这项海军协议对他而言，已经关系不大。他有意大利与其携手，他的空军占上风；他还夺取了奥地利和捷克斯洛伐克，还有这两个国家的持有的全部。他已拥有"西墙"。只说海军，他早就不管所有协议，尽量增加建造潜艇的速度了。在模式上，他早就引用协议限定的权利制造和英国等量的潜艇了。而在大型船舰方面，虽然海军协议豪爽地给了它承诺，可是他有心无力，没办法全然消化。于是，他就厚着脸皮精妙地表演一番，将协议朝着制定这一协议的傻子，当头扔了过去。

希特勒在同一篇演讲里，还宣告废弃德波互不侵犯条约。他将英国对波兰的承诺变成直接的接口。他说："在某些情形下，要是德国和一切别的国家发生争执，而把英国扯进战争之中，这个承诺会让波兰对德国展开武力行动。不久之前，我和毕苏德斯基元帅签订的协议与这种条约职责是矛盾的……因此在我看来波兰已经单方面违背了这一协议，于是这一协定已经被毁了。我已经下了通牒给波兰政府就这种观点进行说明……"

驻苏联的英国大使就是因为这个才在4月15日和苏联政府公使李维诺夫在莫斯科展开谈判。4月16日，他们提议，英、法、苏三国建成互相援助的联合战线。这一提议并未公开全部内容。苏联的提议还想让这个三个国家，要是有机会，把波兰也算上，要对德国侵犯的中欧和东欧的国家作出承诺。妨碍这一协议的建成的是那些和苏联有着相同疆界的国家。他们生怕苏联出手帮忙，就会以大部队压境的手段来守护他们，抵制德国的入侵。如此一来，苏联会顺便将它们加到它们极其厌恶的苏维埃共产主义体系内。波兰、罗马尼亚、芬兰和三个波罗的海国家，都不清楚，最让自己恐惧的到底是德国的入侵，还是让苏联帮忙。英国和法国的策略之所以不能施行，就是因为这种恐怖的选择。

无论如何，就算是在事后来看，英国和法国也是毋庸置疑地早就该接受苏联的提议，宣布建立"三国同盟"。在这种关键时刻，在局势以如此速度和如此大的范围迅速发展的时刻，相机而动，边走边看是最睿智的举措。可是，张伯伦先生和外交部却因为那些与苏联接壤的国家的顾虑而长时间都没有反应。

对李维诺夫而言，这种拖延的打击是致命的。为了和西方国家一起直接明了地将问题处理好，他做出了最终努力，现在终究没能成功。我们的名望严重下滑。为了自身安危，苏联需要一种截然不同的外交策略，必须要找一个新政策的大使。莫斯科5月3日发布了一份公报，表示李维诺夫先生因为其个人要求，已经被免除了人民外交委员一职，总理莫洛托夫先生将兼任这一职务。自莫洛托夫出任外交人民委员这一职务的那天开始，他就施行了牺牲波兰以和德国签订协议这一策略。

李维诺夫被罢免代表着一个时代的终结。这意味着克里姆林宫已经彻底认为没机会和西方国家签订安全协议，建一条反抗德国的东欧战线了。

犹太人李维诺夫的离职使得希特勒最大的成见得以缓解。自此，德国政府的外交政策就不叫"反布尔什维主义"了，而改成了攻击辱骂"寡头的民主主义"。报纸上的文章承诺给苏联人说，德国人生活空间不会延伸到苏联的领地上；不管在哪个方面，它扩张的脚步确实停在了苏联的疆界前。所以，苏联只要不和英国、法国签订"封锁"协议，苏联和德国之间就没有争斗的借口。

此处得说一下，土耳其议会5月12日正式通过了英土协议。我们希望危急时刻，自己在地中海的身份能因为承担了这一新责任而有所提高。这是我们对于意大利夺取阿尔巴尼亚的回答。其实就跟我们和德国的谈判已经告终一般，现在我们和意大利的关系也走上了僵局。我们和苏联的人磋商也一点成果也没有。

在西方国家以建设反抗德国的防御战线为目标进行各种努力时，相同的行动对方也在做。5月初，里宾特洛甫和齐亚诺在科莫进行磋商，决定订立"钢铁盟约"。5月22日在柏林，两国外交部长在盟约上签了字。这是对英国给予东欧各国的薄弱承诺的挑衅般的回答。

德国外交部5月30日下达以下指令给驻莫斯科公使："不同于我们以往的方案，我们如今已经决定要跟苏联展开切实的会谈。"西方国家和苏联的主要往来，在轴心国家收拢部队并展开军事布置的时候，已经结束了。

谈判看上去已经走进了死路。波兰和罗马尼亚政府尽管接受了英国的承诺，可苏联政府以相同的手法做出的承诺，他们却不预备接受。另一个战略意义极大的地方——波罗的海的各个国家的态度也是这般。苏联政府明确表示，苏联追求的互助条约，芬兰和波罗的海国家必须全都被算在全面承诺之中。这四个国家如今都没接受这条，因为担心，他们或者早就不同意这条了。芬兰和爱沙尼亚甚至宣告，要是没经过他们的同意就对他们做出承诺，他们会将其视为侵略活动。爱沙尼亚、拉脱维亚6月7日和德国签署了互不侵犯协议。如此，那个反对希特勒的委决不下的联盟，它的最后一道防线，希特勒轻轻松松就冲破了。

战争一触即发

　　夏天慢慢过去，整个欧洲都在马不停蹄地备战。德国的武装部署似乎预兆着它将以暴力手段处理它和波兰在旦泽问题上的争端，并将此作为入侵波兰的第一步。张伯伦先生6月10日在议会透漏，局势让他觉得忧心，且多次表示，要是波兰的独立有危险，英国必定会进行支援。6月23日，比利时政府在国王的干涉下，基本以世外的精神发表声明，他们不会和英国、法国举办参谋大会，并宣布比利时决定严格保持中立。事情发展方向让英国和法国的部队以及两国内部越来越紧密。巴黎和伦敦在整个7月来往频密。7月14日是法国国庆节，这是个非常好的显示英国和法国团结的机会。法国政府邀请我参与了此次庆典。

　　游行结束，我正预备离开布歇，甘默林将军提议说，我应该去看看法国的前线。他说："莱茵河的扇形阵地你从未见过，等8月再邀请你过来的时候，我们能让你看所有的东西。"8月15日，我和斯皮尔斯将军得到了斯皮尔斯将军的好友乔治将军的欢迎。作为法国东北战线的陆军总司令，乔治将军有可能会继任最高将领。十天的时间里，我们始终在一起，就军事问题互相探讨。我随时都能见到甘默林，他此时也正在这部分前线的其他几个地方进行巡视。

　　从临近劳特堡的莱茵河的拐弯处开始，我们走过了所有防区，一直到了瑞士的疆界。顺着莱茵河一域，却又是另一番情景。全部的临时桥梁都被移至河的这边或者那边。永久的桥梁全都派了大军严守，并且铺设了地雷。法军前哨中队在树林的哨兵坑中蹲守。他们跟我们说，为了不暴露目标，我们不能结成一群朝河边走，只能零零散散地走。在河另一边大概约三百码外，能见到德国人在森林里闲适地用镐头和铁锹建造防御工事。居住在斯特拉斯堡沿河的全部民众很早就撤离了。我站在桥上待了一会儿，看见开过去了一到两辆汽车。桥的两头，双方都仔细地检查护照，盘问身份。德国哨所在这儿离法国哨所大概有一百米。他们是不来往的。可是欧洲那时还算稳定，德国和法国之间也不曾发生争执。

我认为此次出访我见到的事情里，最引人注目的，是大部分担负重责的我的法国东道主全都觉得只能进行防守，且不容辩驳地这样告诉我。跟这些十分精干的法国将领们讲话，让人不由得生出这么一种感觉：在他们看来，他们比不上德国，并且展开大范围进攻的那种生机盎然的气魄，法国也已经没有了。法国将会为了自己的存活战斗，也仅仅这样！前方就是稳固的吉戈菲防线，它装备了提升活力的新型武器。相比于慕尼黑事件的时候，德国眼下自然强大多了。在这条从北海到瑞士的冗长的防线上，德国有四十二个师。而在慕尼黑时期，德国这条防线只有十三个师。

7月7日时，墨索里尼告诉英国大使说："和张伯伦说，英国要是准备为了守护波兰战斗，意大利肯定会和我们的盟国德国一起战斗。"波兰承受的压力越来越大，此次墨索里尼又想跟慕尼黑事件的时候一样，再当一次调解人。他提议开世界和平大会，可在希特勒的敷衍下，这个想法被打消了。齐亚诺8月11日和里宾特洛甫在萨尔斯堡展开会谈。

齐亚诺次日去拜访希特勒。希特勒明确说明，他要完全摆平波兰。他说，就算要被逼和英国、法国开战，他也要这么做，他会让意大利加入。他说，"英国若想在国内维持必需的兵力，那派去法国的军力至多也只会是两个步兵师和一个装甲师。另外，还可以支援几个轰炸机中队，不过绝对不会派战斗机过去。由于德国的空军马上就要攻击英国，英国的战斗机得用来守护本国领地。"至于法国，他说等拿下了波兰——这用不了多久——德国就能在西墙聚集数百个师的军力，那时法国就不得不将自己在殖民地和意大利疆界以及别的地区的全部军队都聚集到马其诺防线来一决生死。对于自己听见这番言辞的重大性，齐亚诺在回复中表示了震惊。他抱怨说，德国那边什么消息都不曾透漏过，他们不知道波兰之争已经到了这么严重危急的程度。恰恰相反，旦泽的事，里宾特洛甫曾经说过可以等到以后再处理。意大利的元首尽管坚信和西方各国的争端避无可避，可在他看来，为这件事制定方案也得用两三年。

齐亚诺在此次会谈结束后，心情沉重地回了意大利，向他的主子报告。他发觉此时墨索里尼因为已经更确信民主国宁愿打一场而更希望自己可以不被卷到这场争斗里了。

为了和苏联签约，英国和法国政府再次做出努力。英国决定往莫斯科派个大使。不管怎么样，如今什么都晚了。希特勒大军已经又发展了一年的时间。他的武器制造厂得到了斯科达工厂的增援，不分白天黑夜地运行着。对于捷克斯洛伐克，苏联政府非常重视，可是捷克斯洛伐克已经陷落了。贝奈斯已经在国外逃亡。德国的一个总督在布拉格进行管理。另一方面，苏联觉得波兰是截然不同的一连串年代久远的政治上的和战略上的问题。波兰在数年里，始终是抵制布尔什维主义的前沿阵地。它左手连着支援抵制苏联的波罗的海各国，右手在慕尼黑时代参与侵略捷克斯洛伐克。苏联政府知道波兰对他们的仇视，也清楚面对德国的攻击，波兰没有反抗的力量。可他们也很清楚自己的危机，很清楚他们需要时间去修复自身最高领导层所受的损失。

斯大林在8月19日晚告诉政治局，他预备和德国签署协议。里宾特洛甫第二天就到了莫斯科。①

里宾特洛甫和斯大林在8月23日下午进行了首次谈判，这天的晚些

----

① 雷诺，前引书，第一卷，第588页。——原注

时候，苏德互不侵犯协议的文字迅速敲定和约，没遇到什么麻烦。高斯说，"里宾特洛甫亲自在前言里加了一句话，描述德苏两国达成良好关系的重要价值。对此，斯大林并不同意。他说纳粹政府没头没脑地往苏联政府的身上倒了六年的大粪，不能忽然就在民众面前把友好声明拿出来。所以前言里的这句就被抹掉了。"德国在某个秘密协议中宣称，政治方面他对它对拉脱维亚、爱沙尼亚和芬兰都不关心，不过觉得立陶宛成为它的势力之中。肢解波兰的分割线已经划好了。德国只想要波罗的海各国的经济利益。直至8月23日深夜，这份互不侵犯协议和秘密协议才签署完成。①

希特勒和斯大林，我们不清楚他们两个到底谁更讨厌这一协定。双方都清楚，这仅仅是临时的折中。这两个国家和两种体制间的仇恨非常大。毫无疑问，斯大林明白，等希特勒和西方国家打上一年，德国就算不上是苏联的强敌了。希特勒那边选用的方针是"逐个击破"。这种协议居然能够达成，这个真相代表着英国和法国数年来外交政策和外交举措的最大失败。

苏德互不侵犯条约

我必须解释清楚，苏联那边最需要的是让德国大军的阵地布置在西边，越西越好。这能让俄国有时间在其广阔国家的各个地方把军

---

① 《纽伦堡文件》，第十编，第210页及以后。——原注

队收拢到一起。他们永远记得俄国部队1914年的惨况。他们那时才调动了一部分就开始进攻德国部队。他们如今的边界和上次大战的时候相比，极大地朝东偏移了。所以在遭受攻击以前，他们不论用什么办法，暴力或者欺骗都行，都得先夺取波罗的海各国和波兰很大一块。他们的政策自然是残忍的，可在那个时候，现实价值却非常高。

苏联塔斯社说，里宾特洛甫在8月21日到22日，正坐飞机去莫斯科和苏联签署互不侵犯协议。不管英国政府那时的感受如何，不过其中是没有怕这个元素的。他们马上宣布，"他们已经下定决心要践行的责任，绝不会因为此事而发生变化。"如今任何方法都无法再拖延或者阻止战争的爆发了。

"协议"的条例我们仍旧有记录的价值：

　　　　缔约国双方约定彼此之间不单独，也不伙同别的国家进行一切武力行为、一切侵略行为和一切进攻。

这份协议的有效期是十年，要是在协议期满的前一年，双方都没有提议解除，就自动增加五年。会议桌的四周，欢声雷动，喝酒庆祝。斯大林还主动为德国领袖祝酒，他说："我清楚德国民众非常敬爱他们的领袖，让我们干杯，祝他身体健康。"在这些实情中，我们能够得到一个极其普通，也非常简单的经验："任何政策都比不过坦诚。"狡猾的人和政治家尽管挖空了心思，却总让自己受害。斯大林和苏联成千上万的性命在二十二个月之后就为此付出了极其惨重的代价。一个政府完全不讲道义，看上去会总是得到极大的好处，想怎样就怎样，可"一天落幕，所有的事都得结清，全部的时间终结，就更要结算明白了"。

　　希特勒知道8月22日和苏联的磋商的协议肯定能签署，因此甚至里宾特洛甫还没从莫斯科返回，或者这个协议还没公布的时候，他就写了下面这封信给他的总司令：

　　　　在最初的时候，我们就必须下定和西方国家战斗的决心……和波兰的战斗早外会来，这种决定我春天就有了，不过觉得应该先和西方开战，之后再掉头和东方开战……我们不用担心封锁。东边支援我们粮食、牲畜、煤等物资……我唯一担心的是某个流氓会在最后的时刻提议调停……政治目的已经往前走了一步。毁掉英国霸权的工作已经展开。等我部署完政治工作，相同的工作，军人也得开始干了。

　　德苏条约的信息一公开，英国政府就马上启动了防范举措。下达各种指令让海岸的主要地点的防卫军和防空军集合候命，守护容易遭受攻击的所有据点。政府致电各自治领和殖民地，告诫他们短时间内可能得进行戒备了。掌玺大臣接到命令将所有的地方单位全都变成战时体制。8月23日，内阁授命海军部征集二十五艘商船，并把它们变成军用商船巡洋舰，另外，在征集三十五艘渔船拉网，配备潜水艇监测器。替驻扎在海外的部队征集六千预备兵。所有的雷达站的防空布置和防空军全面调动，已经得到了通过。两万四千人的空军预备役和全部的空军辅助武装，所有的气球中队也算在内，都奉召服役。全部的军人都不能请假。商船航运也得到了海军部的示警，另外，还启动了不少别的程序。

　　英国的这些预备工作，首相决定告诉希特勒。希特勒在回复中详细介绍了德国预备用"无与伦比的宽容"处理旦泽和走廊的事之后，说了下面这段卑鄙的谎言：

英国不计条件地承诺过，不论引发争端的原因可能是什么，无论在什么情形下英国都会支援波兰。这样的承诺，只有一种解释，在激励那个国家，有了这张许可证的掩护，以后他们对波兰境内的一百五十万日耳曼民众可以随意施加让人震惊的恐怖活动。

英国政府8月25日发布和波兰签订的正式的协议，明确之前给予的承诺。那时走这一步是想把最佳的机会提供给德国和波兰的直接会谈，因为这一协议声明，要是直接会谈处理没能成功，英国会和波兰站在一边。

希特勒其实把攻击的时间从8月25日延迟到了9月1日，并且如同张伯伦期望的那样和波兰举行直接谈判。不过他这么做是为了给英王陛下政府各种可以不履行承诺的借口，而非真的想和波兰签订协议。

希特勒此时致信墨索里尼。希特勒清楚，想让意大利在战争开始的时候施行军事干预是不可能了。墨索里尼全部的这种奢望：在最后一刻再演一次慕尼黑时的角色，已经全都被无视了。德国最终行动的信息，意大利元首好像不是从德国那边得到的，是从英国这边得到的。在自己8月27日的日记里，齐亚诺写道："德国对伦敦的提议，英国把全文告诉了我们，在这之前，我们是完全不清楚的。"①墨索里尼如今只有一个要求：希望意大利保持中立的事，希特勒可以默认。对于这点，希特勒同意他了。

---

① 《齐亚诺日记》，第136页。——原注

闪电战——波兰灭亡仅用了一个月

希特勒8月31日下达"第一号作战命令"。

（一）如今东部边疆的局势已经到了让德国忍无可忍的程度，已经没有了以和平的手段在政治上解决的可能。我决定用军事手段解决。

（二）应该根据"白色方案"攻打波兰，唯一的变动就是近乎完成所有陆军方面布置的所有方面，可以不受这一限制。而职责和战斗目标的划分都保持原样。

发动攻击的日期——1939年9月1日。发动攻击的时间——四点四十五分（用红铅笔标注）。

（三）西线那边的重点是必须把争斗行为开始的责任清清楚楚地推给英国和法国。对方无关紧要的越境冒犯行动，起初只能用完全局部的行为给及与回应。[①]

9月1日黎明时分，德国从三面攻击波兰。入侵的军队由包括它所有的九个装甲师和摩托化师在内的共计五十六个师组成。对华沙和比亚威斯托克的进攻，是由第三集团军（共八个师）由东普鲁士向南发起的。从波美拉尼亚奉命出发的第四集团军（共十二个师），完成对旦泽走廊波兰军队的消灭任务以后，再向东南运动，沿着维斯杜拉河

---

　　①《纽伦堡文件》，第二编，第172页。——原注

两岸去进攻华沙。德国后备部队防守着波森凸出点的边境，而掩护主攻军队左翼任务的第八集团军（共七个师），就在他们右翼一直向南的方向。受命直取华沙的是第十集团军（共十七个师），他们是进攻的主力。靠南一点的是第十四集团军（共十四个师），担负着两个任务，其一是完成对克拉科夫往西的重要工业区的占领；其二是在前线进攻顺利的情况下，它将直取波兰东南部的伦贝格（即利沃夫）。

所以说，德军会预先突破边境的波兰军队，然后通过两个钳形攻势将其包围；自北方和西南进攻华沙为第一个钳形攻势；从布列斯特—利托夫斯克前进的第三集团军同攻取伦贝格之后的第十四集团军会师后，组成范围更大的第二个钳形攻势。这样一来，就切断了波兰军队从华沙钳形合围中跳出后进入罗马尼亚的退路。在波兰上空进行疯狂轰炸的德国新型飞机，一共有一千五百多架。打压波兰空军，是它们的第一任务，其次是对战场上的陆军进行协助，然后对军事设备及一切公路与铁路交通进行袭击。与此同时，它们要让四方八面都知道战争的恐怖性。

波兰军队在安排上是不理智的，在人数和装备上也远远不是侵略者的对手。他们没有集中的后备军队，并在本国边境一带，分散部署了所有的军队。对德国的野心，他们采用清高和傲慢的方式进行反抗，对大量向他们四周集结的敌军，却不敢在合适的时候进行对抗，害怕的是别人说他们挑衅。在当时，只有占现役军队三分之二的共计三十个师的波兰军队，已做好或将要做好战斗准备来应对起初的突然袭击。波兰他的军队，在快速变化的形势和德国空军的凶猛阻挠下，陷入了最后的崩溃当中，无法在整个前线阵地被攻破前赶到并施以增援。于是，在其身后没有任何支援的波兰部队的三十个师，面对的是在数量上比他们多近乎一倍的半圆形的巨大包围。并且，他们不仅大炮远不及敌人，而且在人数上毫无优势可言。面对被称为德国装甲部队的九个师，他们能出动进行抵抗的只有一个装甲旅。面对成群结队的坦克和装甲车，他们所有的十二个持有大刀和长矛的骑兵旅进行了勇敢地抵抗，但对其不能造成丝毫损害。他们全部的第一线飞机，可能其中有一半是新式的，总共有九百架，大多数还没等升空就被毁灭了，其原因是遭到了敌人出其不意的袭击。

依照希特勒的方案，德国军队于9月1日发起进攻，并首先使用空军对波兰飞机场上的波兰空军中队进行了空袭。实际上，在两天之内，已经消灭了波兰的空军。德国军队在一个礼拜内已深入波兰。在每一处地方，波兰军队都作了勇敢的、最终却是无丝毫效果的抵抗。除了深陷波森两翼包围的兵团外，处于边境上的所有波兰军队，都被迫后撤。德国第十集团军的主力将在罗兹的兵团截成两段，一部分撤到东边的拉多姆，另一部分被迫往西北撤退；通过这个突破口，德国的两个装甲师直指华沙。更靠北一点，是到达且渡过维斯杜拉河后转头沿河流直扑华沙的德国第四集团军。能阻挡德国第三集团军进攻的只有波兰北部的兵团。可他们不久之后就被包抄，只得无可奈何的退往纳雷夫河，在河岸有唯一的一条很是坚固的防线，可用来防守。这一结果，就发生于闪击战的第一个星期之内。

第二个星期的战争，可用剧烈这一词来形容。表面上波兰军队大约有二百万人，其最终结果是无法再形成有效的战斗力，一溃千里。德国的第十四集团军在南方持续挺进，直达桑河，并在北面包围并全歼了之前后撤至拉多姆的四个波兰师。冲到了华沙郊外却因没有步兵随从的第十集团军的两个装甲师，受到组织起来的华沙市民的拼死顽抗，没有进展。德国第三集团军在华沙的东北，其左翼纵队到达了布列斯特—利托夫斯克，距离战争前线只有一百英里，这支军队将对华沙从东面实施包围。

通过钳形攻势对华沙进行合围，在这种情形下，波兰军队进行了殊死搏斗，以至消亡。目前因德国军队的猛攻而从索恩和罗兹撤退的几个师已同在波森的波兰兵团会合，合计十二个师。从这支波兰部队南翼突破过去的是德国第十集团军，它在比较薄弱的第八集团军的掩护下直奔华沙。库特恩奇亚将军为波兰的波森兵团司令，在实际上已经被包围的情况下，决定攻击位于南面的德军主力的侧翼。这次被称为"布祖赖河之役"的波兰勇敢果断的反攻，直接致使一个严重局势的形成，它不单单将只好放弃华沙这一目标的一部分德国第十集团军和第八集团军套牢，更甚者将第四集团军的一个兵团自北方吸引了过来。面对着所有这些强大的军队的进攻和无丝毫抵抗力的空中轰炸的强大压力，波森兵团在将他们的万古流芳的荣誉之战坚持十天之后，最终于9月19日全军覆没。

在外围进行钳形围攻的部队在此时已会使并完成合围。9月12日到达伦贝格的外围后并向北进攻的第十四集团军，同越过布列斯特—利托夫斯克的第三集团军在17号会师。分散的和勇于冒险的人在已层层包围的情况下，已经没有一丝逃离的希望了。德国人于20号宣布维斯杜拉河之战是"古往今来最大的歼灭战之一"。

波兰的覆灭和它完全被征服，这一过程完成的很快。还没有被征服的是华沙和莫德林。华沙的抵御主要来自于伟大壮烈却无丝毫希望的民众高亢的爱国热情。在穿过东西方向的首要公路，从安静的西线快速调集来的许多重炮队狂野的轰击下，和持续了多天的凶猛的空中轰炸下，播送波兰国歌的华沙电台终归平静，希特勒进入的便是这样一个满目疮痍的城市。在维斯杜拉河下游二十英里的莫德林是一个要塞，直至28日为止，这里曾安置的索恩的残余部队仍在鏖战。一切都宣告结束了，从开始到结束仅仅用了一个月的时间。一个拥有三千五百万人口的国家就如此这般地被带上了沉重的枷锁。它要面对的不仅仅是要被征服，而是要被奴役，更甚者，是消灭它的广大人口，这也是给它施予这种枷锁的人们的目的。

唯有海军在行动

　　波兰遭到了希特勒凶猛的攻击，英法两国相继对德宣战。然而，这两个国家已经完成了人员调动，在整个前线，他们之间虽然时有往来，但始终不动一兵一卒。德国人只是对英国进行了空中侦察，而其他的空中举措却没有采取；并且也没有空袭法国。因为法国政府的军火工厂尚未设置防御措施，所以他们要求我们暂时不要对德国进行空袭，以防止对方因此对他们的军火工厂进行打击报复。人们为陆地上和空中的战争这种怪异局面而惊叹不已。英法两国自始至终都没有动作，与此同时，德国用它所拥有的所有战争机器的实力，在几个星期内，已经毁灭或征服了波兰。

　　不过，从战争一开始，海上便一直在进行着猛烈的战斗，海军部无疑变成了战争中最活跃的核心所在。9月3日，我们的船只突然受到了德国潜艇的偷袭，这一情况在英国西面海洋的入口处最为严重。客轮"雅典娜"号于当晚九时在开往外国的途中被鱼雷击沉，一百二十人丧命。在几个小时之内，这种暴行便在全世界散布开来。"波斯尼亚"号、"皇笏"号和"里奥·克拉罗"号这些重要的船只，于9月5日和6日在西班牙沿海先后被击沉。

　　对于在近来潜艇的要挟可能达到的规模这一问题的阐述，是我给海军部的第一个节略：

海军情报局局长　　　　　　　　　　　　　　1939年9月4日

　　将德国在今后几个月中现有的和即将建成的潜艇的实力，写一份报告提交给我。请区分开航行远洋的和小型的潜艇，并分别估算出每种潜艇续航能力的天数和英里数。

　　我很快得到消息，在潜艇方面，敌人共有六十艘，到了1940年初可以增加到一百艘的规模。从拥有数量极多的长距离续航能力的潜艇这点可以看出，对手想要让潜艇尽快地在遥远的海洋中开展行动，在这点上他们确实是有意而为的。

　　海军部已制定了十分严密的计划，来增加我们反潜艇舰只的数量。特别是已经对要征用八十六艘最大的和最快的拖网船，并在船上配备潜艇探测器的事宜做好了准备；对拖网船的改装工作已经有了一个很大的进展。在宣战之后，之前已经详细拟定好的关于制造大小驱逐舰、巡洋舰以及许多辅助船只的战时造舰计划，便自动执行了。护航制度所具有的极大优势，在上一次的大战中已经得到了证明。所有商船的行动，近几天来都被海军部管控着，并要求其船长须对航线和参加护航队的指令加以遵守。在敌人采用毫无约束的潜艇战之前，海军部势必要设法在海洋上采取躲避航行的策略，这是因为我们只有为数不多的护航舰，并且，护航队在一开始的活动范围也会被限制在英国的东部沿海一带。这些策略随着"雅典娜"号被击沉而被打翻，至此以后，在北大西洋，我们也采取了护航的方法。

　　在很早之前，护舰队的组织就已经全部准备完毕了，而且在同船主们相关的防御事项问题上，也曾将他们聚集起来时常跟他们进行商量。另外，已经对各船长发出命令，告诫他们在遇到战时必然会出现的很多不清楚的事件时应怎么应对，而且为了能够让他们参与到护航队里来，同时将不同寻常的信号和别的装备提供给了他们。商船船员所面临的是不可预计的前程，所持有的是英勇的信心。对于所从事消沉的工作他们并没有感到称心，而是要求拥有武器装备。在国际法上，对于商船在自卫的时候使用大炮向来都是被视为合乎规定的。在海军部立刻赋予执行的计划中很重要的一部分内容，就是对远洋商船进行武装和训练水手并让他们能有自卫的能力。让潜艇不能在海面上使用炮火攻击，而是逼迫其潜入海面下进行攻击，这在增大船只躲避概率的同时，还会挥霍掉进行攻击的潜艇的宝贵的鱼雷，常常让其白白浪费鱼雷而达不到任何效果。上次大战中用于对付潜艇的大炮因为高远的预见性被保存了下来，可尽管如此，仍让人感觉极其缺少用来进行防空的武器。商船得到充足的防护空袭的配置直到很多个月之后才得以实现，而它们在这段时间内却损失惨重。在最近这段时期内，我们就计划将一千艘船只的每一艘上至少配备一门反潜艇大炮，这项工作要在战争爆发后的三个月内完成。实际看来，这个目的已经达到了。

我们不但要保护自己的航运，并且还要从海上将德国的贸易往来驱赶出去，并将德国的所有输入全部切断。对于封锁策略，我们执行得很是认真。有一个负责指导策略责任的经济作战部已经宣告成立，而海军部的工作则是主管执行。这样一来，敌人在公海上的航运几乎立刻销声匿迹。大部分德国的船只要么躲藏在中立国的港口之内，要么由于中途被阻拦后而自行凿沉。虽然如此，仍然有十五艘总计七万五千吨的敌人船于1939年底之前被盟国缴获，并为我们所用。由于"萨摩鱼"号英国潜艇完全正确地、谨小慎微地恪守了国际法惯例，放过了起初躲藏在苏联摩尔曼斯克海港内的德国大邮船"不来梅"

号，这才使它能够返回德国。①

9月8日，由利物浦和泰晤士河开向西方的海洋，以及在泰晤士河与福斯河之间的沿海护航队，这三条主要航线已经开始通航。作战计划将负责在这些港口及国内外许多其他港口管理护航队的人员全部包含了进来，并且已经开始对他们进行调派。而且，凡是还没有编入护航队的所有在英吉利海峡和爱尔兰海驶向外国的所有船只，全部取消独自的出口航行，都受命驶向普利茅斯和米尔福德两个港口。布置回国护航队的详细程序正在海外加快进行。其中，最早的一批已经分别在9月14日由弗里敦和16日由诺瓦斯柯夏的哈利法克斯港出发了。正常的远洋护航舰月底之前已启程，船队出航时，从泰晤士河和利物浦出发，而返航时，则由哈利法克斯、直布罗陀和弗里敦始发。

因为忽然不准我们再使用南爱尔兰各港口②，这严重影响了我们需要为我们这个岛国供应食粮并发展我们的作战力量的这种迫切需求。由于这个原因，更是大大地削弱了我们数量本身就不足的驱逐舰的续航能力。

给舰队寻找一个安全的根据地，是护航制度建立以后，海军的第二个重要需求。我在9月5日下午10时举行了一场很长时间的会议，专门去研究这个问题。斯科帕湾，在对德战争中是一个真正的战略要地，在那里，英国海军可以对北海的出口加以掌控并进行封闭。我国的舰队，直到在上次大战中的最后两年，大家才觉得在力量上已具备足够的优势，可以移到南边的罗赛斯湾，因为舰队可以使用当地的一个优秀的造船厂。很明显，斯科帕湾位置极佳，因为它同德国的空军基地距离很远，指定它作为海军基地，是海军部已在作战计划中确定了的。

---

① 这艘潜艇是由屡建奇功而被特别晋级的比克福德少校指挥，然而不久之后，便以身殉职，随此潜艇一起沉没。——原注

② 在此时，英国同爱尔兰的关系已经恶化。爱尔兰领导人德·瓦雷拉为了争取国家独立，同时在战争中保持中立，拒绝英国使用他们的港口。——译注

海军基地的恐慌气氛

　　1914年秋，一种不安的情绪忽然在我国的大舰队中滋生。大家都在传说："德国潜艇已经尾随他们进港了。"斯科帕大湖只有一条航道，水流湍急，航路也很复杂，当时海军部的人都认为没有哪艘潜艇能通过这样的航道。彭特兰海口有时速大概有八或十海里的急促潮流，这样的一种障碍在当时被认为是强有力的。在那时，大舰队大概有一百艘舰只组成，突然有一种惊恐不安的情绪在这庞大的阵列中扩散开来。在当时有过这么三两次，有警报发出说，发现有一艘潜艇停泊在停泊所内。就在警报发出之后，万炮齐鸣，海面上满是驱逐舰的身影，它们在搜索这艘潜艇。我们庞大的舰队，整个都驶出了海外，显得慌乱而又气愤。海军部是对的，这样的一个结果最终得到了证明。

　　1939年，有两种危机应当给予研究：（1）潜艇的入侵，这是之前就存在的危机；（2）空袭，新产生的危机。在会议上，就这两方面，我发现都没有为防御现代化的袭击方式而采用进一步的预防手段。这让我感到诧异。新型的反潜艇水栅已经安装在三个主要的入口处，而这些跟一道铁丝网没什么两样。卡帕湾东面的入口，狭窄而弯曲，只有几艘封港船的残骸，是上次大战中放在那里的，仅以此作为防御工事，虽然现在的防护能力因为新添加的两三艘封港船有所增加，但情况仍然不容乐观。之前以为潜艇通过这些航道入口的时候，惊涛骇浪的急速水流足可以加以阻止，现在将这种想法强加于现代的体积大、速度快、马力强的潜艇身上，要想再让负责的人士相信就不可能了。

第二天晚上，我于海军部召开会议，其结果是下了很多命令，要求增添铁丝网的配置和堵塞入口的船只。

过去简直完全没有意识到来自空中的新危险。在斯科帕湾除了有两个高射炮中队在霍伊岛的海军油库和驱逐舰停泊处进行保护外，应该说没有防空设施。在舰队驻扎时，海军飞机可以使用柯克沃尔附近的一个机场，可是皇家空军直接参与防护需要的配置却没有；位于沿海岸的雷达站虽可用，但其有效性却不能完全保证。虽然已经批准了让两个皇家空军战斗机中队驻扎在威克的计划，可是在1940年之前这个计划是不能被实施的。我们的防空力量很是吃紧，方法也十分有限，包含整个庞大的伦敦在内，容易遭到空袭的地方又特别多，虽然我很想有一个立即执行的方案，但是一考虑到上述原因，感觉提出太多的要求也是枉然的。另外，目前需要在空中进行保护的巨舰有五六艘，并且这些舰只本身也配置有强大的防空装备。在舰队驻扎斯科帕湾期间，海军部预备派出两个海军战斗机中队留驻当地进行保护，以便于事情的顺利进行。

最为重要的是，对于炮队的部署，好像是应当在最短的时间内竣工，并且，我们别无选择，只能照例使用1914年秋被迫使用的"捉迷藏"的策略①。苏格兰的西海岸，很多停泊处被陆地所包围，只需装好指示铁丝网并进行不断的巡逻，想要防御潜艇的攻击还是很容易的。上次大战中，我们曾发现躲藏起来是一个行之有效的安全方式；可即使在当时，一架漫无目的地飞行的、可能由叛徒周济燃料的飞机，出于好奇而进行的侦察，也曾让我们惶恐不安。整个英伦三岛，对于现在的飞机航程来说，无论在什么时候都会在摄影侦察机下暴露无遗，因此目前没有什么有保障的隐蔽方式来躲避大规模的潜艇或是空中袭

---

① 指的是英国与德国舰队与1914年8月28日清晨，在大雾弥漫的赫尔戈兰湾进行的一场混战。这场战争以英国的胜利告终。——译注

击。幸好，需要保护的舰只时常会往返移动且为数不多，因此，在别无他法之前，也只好怡然承担这一风险了。

对于斯科帕湾的视察，我感觉我有义务尽早去。9月14日晚，我赶往威克，身边只带了几个随从。接下来的两天里，对于港口入口处及水栅和铁丝网的视察用去了我大部分时间。同上次大战相比，我确定这些设备在完好程度上没什么两样，同时，对其进行的重要的增添和改进，也正在或是准备进行着。在"纳尔逊"号旗舰上，我同总司令待在一起，就斯科帕湾以及整个海军问题同他及他的高级官员们进行了商讨。正隐藏在尤湾的，是舰队的其余舰只。海军上将和我于17日乘"纳尔逊"号到了那里。当察觉这艘巨舰并没有驱逐舰护送的时候，这让正通过出入口、进入大海之后的我很是吃惊。我说："我认为，即使是一艘战列舰，在驶入大海的时候，也最少需要两艘驱逐舰护送才行。""诚然，我们也希望这样；但这种规则在我们驱逐舰数量不足的情况下是无法施行的。在周围有很多巡逻艇，我们进入明奇海峡也用不了几个小时。"海军上将如此回答道。

这一天一切顺利。时至夜晚，我们停泊在会集了四五艘我们本土舰队的巨舰的尤湾内。无数配备潜艇探测器和深水炸弹的巡逻艇和哨船，正于海湾的有着好几重指示铁丝网封锁的峡口频繁的来往。我对各舰进行了分头访问，当把负责高级军官介绍给我的时候，我发现，他们在很久之前都只是一些年轻的海军上尉甚至是准尉而已。在上次大战之前，我曾经给我的准备时间足足有三年，也因此认识了大部分的高级军官并能对其任命进行核准，而如今，却都是一张张新面孔了。依旧是完善的纪律、风度和举止以及习以为常的海军仪式，但穿军服的和任职的，却已物是人非。只有舰船，没有一艘是新的，大部分是我在职期间开始制造的。

18日清晨，我又视察了两艘军舰之后，便从尤湾坐汽车前往亚福内斯，然后转乘在那里等候我们的火车，而我之所以离开，是因为我在访问中对总司令建立了绝对的信任所使然。在亚福内斯，我们搭上了去往伦敦的火车。

这到底是怎样的情景啊？我们又再次不可避免的置身于最大的、无限的苦难之中！正在水深火热之中的波兰；往昔激情战斗，而今近乎全部低迷的法国；已不再是同盟者，亦不是中立者，更甚者会变成敌对者的巨人苏联。不是朋友的意大利。不是盟国的日本。对于我们这一方，美国会加入进来吗？英帝国尽管完整并且众志成城，但毕竟准备不足，缺少对战的充足条件。制海权依然掌握在我们手里，但是，在新的决定性的武器——飞机这方面，我们在数量上处于的落后局面，这真的是可悲的。整个前景好像万分惨淡。

海上战场总体上看是乐观的

19日清晨，我们乘火车回到伦敦中心的尤斯顿。让我感到很是吃惊的是，第一海务大臣就在月台上。庞德海军上将流露出一种十分严肃的神情。"大臣，有一个不幸的消息要告诉你，在布里斯托海峡，'勇敢'号于昨天晚上被击沉了。""勇敢"号在当时是一艘很是重要的舰只，同时它也是最老的航空母舰之一。对他亲自来告诉我这一消息，我表示感激。"这我以前见多了。这样的事情，在进行这样的一场战争中，时常发生是在所难免的。"我说道。

当时驶近我们海岸的大批船只，是没有武装、没有组织也没有护航的，就让航空母舰去帮助护送它们进入港口。由四艘驱逐舰保护的"勇敢"号，就是承担这种任务的。其中的两艘驱逐舰于17日傍晚前去搜索一艘正在对一条商船进行袭击的潜艇。夜幕降临时，为了便于自己的飞机降落在甲板上，"勇敢"号调转过船身去迎着风，这种航行是它事先未曾预料到的，却恰好同德国的一艘潜艇相遇，发生这种情况的可能性只有百分之一，而它却真的发生了。全部海员共有一千二百六十名，这其中，包括以身殉职的玛卡格·琼斯舰长在内的五百名被淹死。我们的另一艘航空母舰，也就是后来很有名的英王陛下军舰"皇家方舟"号，于三天前遭到了潜艇的袭击，情景跟上述情况一样。万幸的是，鱼雷并没有击中目标，而护卫它的驱逐舰立即将该潜艇击沉了。

在不久的将来，这种攻击舰将不可避免的出现。如何有效地应对海面上的攻击舰，这一问题在我们海军问题中是最主要的。

创建一种可以对广阔海域进行清理，同时对任何攻击舰能够在搜索范围内进行制服的均衡实力，即是这个节略所讨论的组织搜索舰队的策略，在我们力所能及的范围内进行推广。

对这一建议，张伯伦先生很高兴的赞同了。所以，在26日他发表演说时对下院说，我将针对海上战争提出报告，时间就安排在他演说完毕之后。这是我入阁后向议会的第一次发言。我汇报了一个好消息。在吨位方面，我们在宣战后最初七天中的损失只是1917年（上次大战中来自潜艇的袭击在这一年达到顶峰）4月中一个星期所损失的一半。我们取得的进展表现在如下几个方面：第一，护航制度已经被实行了；第二，对我们的一切商船加快武装；第三，对德国潜艇进行了反攻。"被潜艇击沉的船舰，在第一个星期中总共为六万五千吨；第二个星期是四万六千吨；到了第三个星期是二万一千吨。我们在过去的六天中的损失只有九千吨。"①过去沉痛的经验所给的教训告诉我：宁可唱低调并避免所有的乐观预测，这是我在发言中始终保持的习惯。我说："战争中有很多不愉悦的意外，所以人们对这些让人心安的数字不应该太关注。可单就这些数字来说，我们当然可以认为过分的失意或惊恐确实是没有必要的。"

9月份，对于海军来说，大体上是顺利而有成果的。从和平时期转入战时的这个过渡阶段，是重大、奥妙而又危险的，已被我们完成了。敌人对我们的地位还没有在更宽泛的海军作战上进行决然的挑衅。我们的船只不久之后再次在地中海这个短期中断的宝贵的交通走廊中往来。与此同时，也在顺利进行着向法国运送远征军的工作。面对敌人少量重型军舰的突击，"在北方某处"的本土舰队，随时预备阻击。于苏格兰和冰岛之间设置有北方的巡逻线，我们在第一个月结束的时候有十四万吨货物在海上由于敌人的行动而损失掉，而运往德国的被截获的货物总计近三十万吨。我们的巡洋舰在海外保护我们的船只不受攻击舰攻击的同时，正在搜捕德国船只。德国的航运也因此而全部停滞。到9月底，共三百二十五艘，近七十五万吨的德国船只停泊在外国港口内不能活动。所以，确实没有多少落到我们的手里。

---

① 以下是确切的数字：1939年9月，因敌人的行动使英国商船遭受的损失（船数以括号中的数字标明）

	潜艇（总吨位）	其他缘由（总吨位）
第一个星期（9月3—9日）	64,595（11）	
第二个星期（9月3—9日）	53,561（11）	11,437（2）（水雷）
第三个星期（9月3—9日）	12,750（3）	
第四个星期（9月3—9日）	4,646（1）	5,051（1）（海上攻击舰）
合计	135,552（28）	16,488（3）
	152,040（29）	
另外，共计有15艘中立国和盟国的船只受损失，为33,527吨		

——原注

我们盟国的贡献也是有的。在掌控地中海的问题上，有一部分重要的工作由法国承担了。我们进行的反潜艇战，它们也在本国的领海和比斯开湾中进行了协助。在盟国对付海上攻击舰的计划中，在中大西洋以达喀尔作为基地的一支强大的海军力量成为其中的一部分。

身手不凡的年轻的波兰海军，三艘新式的驱逐舰和"维尔克"号和"奥泽尔"号这两艘潜艇在战争初期从波兰逃遁，在同波罗的海的德国海军进行抵抗之后，最终到达英国。"奥泽尔"号潜艇的逃亡堪称一篇史诗。它从格丁尼亚港出发——此时德国已入侵波兰，一开始在波罗的海航行，9月15日，患病的艇长在其进入塔林这个中立港口后，被送到了岸上。爱沙尼亚当局决定将潜艇扣押，并拿走了它的航海图和大炮的尾栓，同时派了一个士兵在艇上看守。但是，它的丝毫没有气馁的指挥官，把看守的士兵制服并将艇开出了港口。这艘潜艇在之后的几个礼拜一直承受着来自海面和空中巡逻队的搜捕，最后在没有航海图的引导下仍然从波罗的海逃入北海。它通过微弱的无线电信号将其在北海的假定位置告诉了英国电台，一艘英国驱逐舰在10月14日将它寻到，并将其护送到了安全的地方。

我感觉特别高兴的，在9月中我收到了一封来自罗斯福总统的私人信件。我跟他仅见过一面，那还是在上次大战的时候，于格雷饭店的一次晚宴上见到的。年富力强、一表人才的他，给我留下了很深的印象，可当时只是略微打了一个招呼，并没有机会交谈。

罗斯福总统致丘吉尔先生　　　　　　　　　　　1939年9月11日

　　我想让你知道的是，由于在上次世界大战中你我担当相似的职务，我有多么高兴你能重新回到海军部。你的问题在本质上并没有因为更加复杂的新因素而产生多大的差别，对此我非常了解。我随时欢迎你们就需要告诉我的事情跟我联系，这是我希望你和首相知道的。你可以时常通过你们的外交邮袋或我的外交邮袋将封装好的信件邮寄给我。

非常高兴，你能将《马尔巴罗传》全书在当前这些事情发生之前完成。这本书我已经读过，很是回味。

我快速地给他回了信，并在信尾署名为"海军人员"。就这样，我们开始了长期且值得纪念的通信，直到他在五年多之后去世为止，彼此的信件都有一千封之多。

9月4日，战时内阁、其额外的阁员以及海陆空三军参谋长和一些秘书召开了第一次会议。之后，我们每天都要开会，甚至有一天两次的时候。天气是如此之热，我在亚麻布衬衫外面，只套了一件黑色羊驼毛上衣，好久没有过这样的天气了。而这对于入侵波兰的希特勒来说，确实最适宜的。在波兰人的防御计划中，对几条大河有着特别的倚仗，而不幸的是，坦克和各种车辆都可以从中往来驰骋，因为河底地面很结实，几乎在任一地方都能蹚水而过。帝国总参谋长埃恩萨伊德将军在每天早晨都会地图前面站定，完成其长篇累牍的报评，对波兰的抵抗势必会被快速的粉碎这一结果，在不久之后我们已心照不宣。将被德国潜艇击沉的英国商船的清单，作为海军部方面的情况的基本内容汇报给内阁，成为我每天的常例。开始向法国移动的英国远征军拥有四个师的兵力，对不允许空袭德国的军事目标这一要求，空军部为此感到可惜。在别的方面，对于国内防务的工作的处理，占了一大部分，在外交方面，苏联和意大利的立场以及在巴尔干半岛应采取的策略问题占了长期讨论的大部分时间。

成立地面部队委员会成为最首要的环节，委员会主席由当时的掌玺大臣塞缪尔·霍尔爵士出任，将我们应该建立的军队的规模和组织的意见，提供给战时内阁，是其主要任务。这个小型组织在内政部开会，其组成委员也有我。在一个闷热的下午，仅当将领们发表完意见以后，我们便一致表决对建立一个拥有五十五个师的军队的这一方案应立即执行，对各种军火制造厂、工厂及配合作战部队所必要的各种军需供应，应立刻建立。上述计划的三分之二——一个相当庞大的军队，到第十八个月的时候，其底线至少是可以作战的，最好已经派往法国，这是当时我们所希望看到的。在这方面，我一直支持塞缪尔·霍尔爵士，他眼光很独到，对所有活动也在积极筹备着。另外，对这样一支庞大的军队及其供应，空军部担忧会因对我们的技术工人和人力占用的太多，从而让他们执行的，要在两三年内组建一支无比强大的、占压倒性优势的空军这一庞大计划受到影响。金斯利·伍德爵士的论证，对首相的影响是巨大的，他迟迟没有决定是否同意在必需的所有条件下组建这样一只庞大的军队。直至一个多星期后，因为此事而意见产生分歧的战时内阁才作出决定，对地面部队委员提出的组建一个拥有五十五个师的军队这一意见，表示同意并采纳，或许，更确切地说，同意了这一目标。

作为战时内阁成员，我感觉必须要从全局来看待问题，因此，我把自己主管部门的需要一直定位于服从主要计划。建立一个广泛基础，以便同首相的立场达成一致，这是我热切盼望的；将我之前在这个领域中亲身体验后所累积的知识提供给他，以便他的使用，这也是我所渴望的；在种种的问题发生时，我先后给他写了很多信，这都得益于他友好的鼓舞。我宁愿将见解以书面的形式提出来，也不想跟他在议会中发生口角。我们的见解几乎在全部的情形下都能保持一致，让我高兴的是，尽管在起初我感觉他对我心存戒备，但是随着时光更迭，我能感受到他对我与日俱增的信任和友好。对这点，他的传记作者曾予以证实。在此之外，对于战时内阁的其他成员，以及跟我在部务或其他事务方面有来往的其他大臣，我也会给他们写信。通常情况下，总会有秘书或军事专家出席会议，这也在所难免的会受到影响因此很少有单独开会机会的战时内阁的工作。战时内阁这一机构，是专注而有效力的。为了一个同一个任务，大家众志成城，相互之间的探讨，既不拘于形式，也不进行记录，完全是自由的。这样所带来的好处委实太大了。对于正式议会而言，这种会议起到的配合作用是很重要的，一切问题在正式会议上都得到了解决，将视为行动准绳的决议，记录了下来。在对十分困难的问题进行处理的时候，这两种程序是不可或缺的。

英国远征军开进法国

我们的远征军在战争刚一开始的时候，就立刻向法国开进。上次大战之前，至少耗费了三年的时间进行准备工作，而这次，陆军部直至1938年春，才为了这一目的，专门成立了一个非常机构。但两个紧要的新问题在这时又出现了：第一个是相对1914年而言，一支现代化军队的装备和组织要复杂得多。机械化的运输、庞大的组织以及大量的非战队人员，这些情况普遍存在于每一个师中。第二个是陆军部只得使用法国南部的港口，并将主要的基地设在圣那泽尔，而这些都是因为对敌人空袭运输军队的船只和军队登陆的港口过分恐惧的结果。如此一来，便极大的延长了陆军的交通线，其导致的结果，就是推迟了英国部队的抵达、布置和补给的时间，于沿途所消耗的人力不可谓不大。

据当时有把握的推断，我们军队在前线的布防应该设于利尔以南，但是在战争爆发前，对此却没有确定，这一结果令人咋舌；于利尔以南布防的这个推断，于9月22日得到了证实。直到10月中旬，英国的两个正规军军团——由四个师组成，才在沿法比边界的防地完成了驻扎。他们都是经过二百五十英里公路与铁路的运输，才从专供军队登陆的遥远的港口开抵目的地的。在1939年12月间，第五个师由去年10月和11月间先后到达的三个步兵旅组成。第四十八师于1940年1月从国内出发，加上从2月份和3月份陆续开来的第五十和第五十一师及第四十二师和第四十四师，总计共有十个师的兵力到达。在我们数量不断增加的同时，也对更多的防线实施了接管。当然了，我们跟敌人在任何一个据点都没有发生接触。

到达指定阵地后的英国远征军[①]发现，一条相当完整的人工防坦克战壕，已经在沿前线一带建好，并且，便于机关枪和反坦克炮沿着战壕进行纵射的很大却又很显著的碉堡，在每隔大约一千码的距离就有一个。除此之外，还有一个连绵不绝的铁丝网带。这个秋冬两季，是那么的不同寻常，对法国人修筑的防御工事进行改进，进而形成一条与吉戈菲防线相类似的防线，成为我军的主要工作。在那样严寒的气候下，我们的工作进度依然很快。对德国人将其自己的吉戈菲防线由摩泽尔河向北方延展的速度，我们通过空中摄影了解到了。我们的工作进度跟他们在取得了国内资源和强迫征调劳工等诸多有利的条件下，几乎可以不分上下。在德军于1940年5月进攻时，已经有四百个新

①　9月4日，英国远征军的先头部队开始在法国登陆。第一军团和第二军团分别于9月19日和10月3日先后登岸。一开始，在9月15日，总司令部被设在勒芒。军队主要是通过瑟堡进行移动的，而通过布雷斯特和南特的是车辆和给养，集合的地点都是在勒芒和拉瓦尔。——原注

碉堡被我军完成了。已经挖掘好的设有护墙的防坦克战壕长达四十英里，并已安装妥当了大量的铁丝网。各种需要，因交通线一直向后伸展直到南特而变的万分庞大。已经建立好了巨大的基地设施，改良了公路，已经铺置好的宽轨铁路长达一百英里，已经埋好了一个庞大的地下电报线系统，同时，几个供军团和军的司令官使用的地下总指挥部也趋于竣工。总共使用了五万多吨混凝土的约有五十个新机场和卫星机场，都已经加以扩建或对其跑道进行了改进。

英国军队都努力地完成着所有这些任务，同时，在靠近梅斯一段的法国前线，那里正同敌人对峙，各个旅被轮流指派到那里，至少可以通过一些巡逻活动，来丰富他们的经验。在其他的时间里，从事训练是我们部队的主要任务。这的确是必须的。相对于二十五年前约翰·弗伦奇爵士[1]的军队所达到的水平，在战争爆发时军队所具有的准备程度是远远不及的。对于有着相当规模的操练，在国内的军队已经有好几年没有接受到了。包括五千名军官在内，正规军校编制减少二万人，根据"卡德韦尔计划"，要使用正规军保卫印度，这样一来，本土部队便承担了大部分的责任，其结果导致本土部队的质量几乎等同于军队学员。本土防卫队在1939年3月扩充了一倍，用意虽好，却思虑不周，同年5月民团又被建立了起来，这样一来，又有大量的教官从正规军中调离了出去。在法国冬季驻防的几个月，主要工作是加紧设防，各种训练计划也都被并入其中，让这几个月得到了很多好的利用。在这个难得的平静时期，在效率方面，我们的军队确实有着显著的提高，由于没有发生任何战斗行为，虽然工作艰苦了一些，但部队的士气和精神面貌都已焕然一新。

大量的给养和弹药，堆积在我们前线后方沿交通线的军需库中。有近十天的供应物资，存储在塞纳河和松姆河之间，还有七天的额外

————————
[1] 在第一次世界大战期间，曾担任英国军队总司令一职。——译注

供应品被存放在松姆河以北。当前线被德国人突破后，让英国军队渡过了难关的，就是这最后的一项给养。勒阿弗尔以北的其他港口，在当时平静的形势下，也渐渐陆续的被利用了起来。一个医院基地被设立在了迪埃普；运输军火由费康专门负责；我们利用的法国港口，到最后共达十三个之多。

法国前线的军事力量对比

据英国三军参谋长委员会预计，到9月18日为止，至少有一百十六个师的德国军队被动员起来，其分布为：四十二个师在西线；十六个师在德国中部；五十八个师在东线。从敌人的记录中我们了解到，这一预计的错误率几乎为零。德国的全部兵力，共计一百零八个师到一百一十七个师。其中有五十八个师最为成熟，即为进攻波兰的那部分军队。其余的五十或是六十个师的素质良莠不齐。有四十二个德国师（现役师十四个，后备师二十五个和后备军三个），就驻扎在从埃克斯—拉—夏贝雷到瑞士边境沿西线一带。德国能大量生产坦克的工厂还没有建立，其装甲师团要么还没有建立，要么就已经被派遣到波兰作战了。英国远征军的支持不过是个形式而已。在10月的第一个星期，它只有两个师能够派遣，另有两个师在时隔一个星期后，又被派遣出去。德国的相对实力，虽然在慕尼黑危机之后有了显著的提升，但只要波兰没有被征服，对于西线来说，德国最高司令部仍然感到形势堪忧，然而，他们之所以接受了他们认为不应该冒的这种风险，是因为被希特勒的专制权力和坚决意志以及五次都印证了他对法国和英国不愿作战的这一政治判断的结果所劝诱或迫使。

希特勒坚信，法国在政治制度上的腐朽，也传染给了法国军队。对于法国共产党的力量，他是知道的，并认为要想利用这一力量让法国的军事行动遭到削弱以至陷于瘫痪，只要里宾特洛甫和莫洛托夫妥协，同时莫斯科要对法国和英国政府进行抨击并发动一场资本主义和帝国主义战争即可。他深深地认识到，奉行和平主义的英国，正一步步走向没落。依据他的观点，张伯伦先生和达拉第先生是想尽量避免战争的，因为他们之所以进行宣战，是因为受到英国少数好战分子的驱使。就如同一年前在捷克斯洛伐克事件中所采取的态度与一样，只要波兰被击溃，对已成定局的事实他们是乐意接受的。希特勒直觉的准确性以及他的将领们观点和恐惧情绪的错误性，在之前讲明的多次事件中都得到了很好的证明。但是对于战争信号一旦被发出后，英国将会发生的强烈的变化，他并不清楚；对于为了取得胜利，为何那些为争取和平全力以赴的人们，会在一夜之间变得不辞劳苦的进行努力的抗争，他也不明白。无论对战争或军事准备做出怎样竭力的反对，但有史以来，我岛国人民始终将胜利视为他们天生的权利，这种来自心灵或精神上的力量，是希特勒无法明白的。但不管怎样，在开始的时候英国军队起不到任何作用，并且他也确信，法国并不会一心一意投入到战争中来。这也的确是实情。于是，他的命令被赋予实行，他称心如意了。

我们的军官认为，德国攻占波兰后，将会让大约十五个师的兵力——其中大部分可能质量较差，驻守在波兰境内。如果它对同苏联签订的条约有所顾及，那么它可能会将东线的兵力总数增加到三十个师。所以说，德国将会把四十个师从东线调出，让西线拥有一百个师的兵力，这一假设是最为不利的。到那时，法国的七十二个师，此外还有相当于十二个或十四个师兵力的要塞守备部队和四师英国远征军，可能已经完成了动员。除了应该将法军的十二个师驻守在意大利边界外，还有七十六个师可以用来对付德国军队。所以敌人兵力占优，并且在不久的将来，加上据估计可能会组织的额外的后备师团，敌人军队的总数会增加到一百三十个师。对于这种局势，法国要将在北非的十四个师中抽调一部分回来，还要加上以后英国可能慢慢增加的部队，才能应付得了。

空军方面，我们的参谋长委员会预计，在波兰被攻占后，德国可能会将两千架以上的轰炸机集中于西线，而英法两国在当时的轰炸机合在一起总共才九百五十架。[①]所以，在解决了波兰问题后，德国的实力无论在陆地上还是在空中，明显要比英国两国联合的实力强大得多。

对德国军队由东线向西线的移动，我们可以使用空袭交通线和部队集中区的办法加以阻挠。所以，对在战争初期，德国会通过发动空战的方式来空袭我们的飞机场和飞机工厂，进而达到削弱或消灭盟国方面的空军的这一目的，是可以预料到的。但英国是不喜欢这种空战的。对经过低地国家前来侵犯的德军进行攻击，是我们的下一个步骤。为了盟国的利益，我们虽然不能进入荷兰去沉痛打击他们，但我们也会在比利时境内尽可能地给予阻止。"据我们所知"，参谋长委员会写道，"依照法国的意见，在默兹河一带，如果比利时依然能够守住的话，法英军队应该占领纪维—那慕尔一线，而在左翼的作战，应该由英国远征军来完成。我们认为，要同比利时商定此事一定要赶在德国进攻以前，并且越早越好，做好首先对这一防线进行占领的计划，否则的话，这个计划是不能采用的……或者说，要是比利时能转变目前的态度，我们就能将占领纪维—那慕尔（另一称呼为默兹河—

─────────
① 德国当时轰炸机的总数为一千五百四十六架，这是准确的数字。——原注

安特卫普）防线的计划提前制定出来，否则的话，我们还是极力认为抵御德国进攻这一事宜，还是应该在已经作好准备的法国边境的阵地上完成。"在这一情形下，就必须要轰炸掉被德军利用或占领的比利时和荷兰的所有城镇和铁道。

这个问题于9月20日提交给战时内阁，简单讨论之后，提交给了最高军事会议。依照惯例，最高军事会议对甘默林将军的意见一一进行征求。在甘默林将军所给的答复中，仅对关于D计划（即推进到默兹河—安特卫普防线）已经在法国代表团的报告中有所安排这一问题进行了说明。关于作战的一节，在这个报告中是这样写的："英法军队将会在比利时适时提出请求时进入该国，但是却没有打算打遭遇战。斯卡尔特河防线和默兹河—那慕尔—安特卫普防线都列位于公认的防线之中。"在对法国的答复进行考虑后，英国参谋长委员会又将另一个意见书提交给了内阁，并对推进到斯卡尔特河防线的替代方案进行了讨论，可是始终没有提及推进到默兹河—那慕尔—安特卫普防线这个更重大的任务的相关内容。10月4日，参谋长委员会将这第二个报告提交给内阁时，对于关于D计划的这个极其重要的替代方案并没有提及。因此，战时内阁认为，对英国参谋长委员会的意见作进一步的行动或是再作决议已经没有必要了，因为他们已经得到了满足。我一一出席了这两次内阁会议，并没有感到有什么举棋不定的重大问题。在10月份，我们便假定以斯卡尔特河防线作为向前推进的界限，因为我们和比利时都没有进行任何有效的部署。

在不久之后，法国第七集团军的任务这一新内容被加入到D计划中。最初提出派遣这支军队于盟国军队的侧翼沿海岸推进的想法，是在1939年11月初。驻扎在兰斯附近的，是吉罗将军率领的一个后备军，本已焦躁不安的他，此时被任命为司令官。D计划被扩充的目的，是派军队由安特卫普进入荷兰，对荷兰人进行援助；另外，是想占领荷兰的法尔霍伦岛和贝弗兰岛的某些地区。所有的这些计划，如果是在德国军队已在艾伯特运河受阻而不能前进这一前提下，肯定是不错的。甘默林将军对这个计划的实行也很期待。然而，乔治将军则认为在我们的范围内并不包含此项；对用在这方面的军队，他宁可让其驻扎在战线中央的后方作为后备军使用。在当时，我们对他们的这些不同的见地毫不知情。

　　我们就是在这样的情况下，送走寒冬，期待暖春。法英两国的参谋部和他们的政府，从现在到德国发动攻势的六个月的时间内，并没有做出什么新的有关战略方针上的决定。

第三章 英德的海上较量

磁性水雷

庞德海军上将于11月中旬跟我建议说，准备重新设置在苏格兰和挪威之间的水雷封锁线。英美两国海军部于1917年至1918年间曾在这里敷设过水雷封锁线。这是一种主防御的、试图通过耗费大量的物资来替代决定性行动的方法，对于这样的作战方式，我并不喜欢。但是，迫于形势，我渐渐地放弃了自己的意见，同意了上述建议。

不久之后，我们的生存又受到了一种新的威胁。在我们海港的入口处，我们已经扫过雷了，但仍然有十二艘商船于9月和10月间在此触雷沉没。敌人应用了磁性水雷——海军部立刻产生了这种怀疑。可这对我们来说并不新鲜：我们曾在前一次大战结束时就已经使用过，但是规模很小。关于对抗磁性炸弹装置的方法，在1936年海军部的一个委员会曾研究过。但在当时，研究如何对付磁性鱼雷或是浮雷，才是他们工作的主要内容。不过他们并没有完全意识到，即便使用船只或飞机将大质量的地雷安置在非常深的水中，造成的损失依旧非常可怕。要想找出解决的方法，那就必须要弄到这种水雷的样品。

在11月22日下午9点到10点之间，有人看见有一个巨大物体坠在降落伞下，被一架德国飞机投进了靠近修伯利纳思的海中。有一大片泥潭就在这里的海岸四周，当潮水退去后，它便暴露无遗。这也让事情立刻变得明朗起来，等到潮水退去以后，不管投下的是什么，肯定可以将其勘查到并打捞出来。23日晚上，奥夫里等人来到海军部，汇报说水雷已经完整地打捞起来了，为了便于做详细的检查，已经将其运往朴次茅斯。

我们动用了海军拥有的全部知识和力量。展开试验和实验工作后不久，在实际应用中就有了明显的效果。当时所需的各种技术手段，都由威克—沃克海军少将负责协调。各方面的工作我们也同时开展，首先，寻找积极的方式，对水雷进行摧毁，对此可以使用新式的扫雷和引动雷管的方法；再者，寻找消极的方式，即防御手段。想方设法让所有的船只在通过没有扫除或没有有效扫除水雷的航道内，避免触雷。我们发明了一种"消磁法"，达到进行防御的目的。这种方法就是：在船身上缠绕电缆，从而让船只失去磁性。各种样式的船只，立刻应用上了这种行之有效的方法。

在不久之后，我们通过经验找到了新的更简单的消磁方法。在对士气的鼓舞上，这一成功带来了异常显著的效果，然而，我们之所以能够打败敌人，主要依靠的还是扫雷艇一往无前的工作，以及天才的技术专家勤奋的努力，是他们为扫雷艇设计并提供了所有实用的装备。尽管有很多时候依然让人感到担忧，但从这时开始，我们一直掌控着来自水雷的威胁，其危险也随之开始缓解。

在最初，我极其震撼于磁性水雷所带来的打击，我们被迫使用了所有能产生作用的保护措施。与此同时，我也一直在寻找一种手段，一种反击报复的手段。在战争前夕，我到莱茵河视察，对德国这条极其重要的动脉，我曾在心中很是重视。以至于早在9月中，我就在海军部提出，可以考虑把漂浮水雷投进莱茵河中。可在当时有很多中立国家的船只都在使用这条河，所以不能这么做，除非这种费尽心机的战争由德国人首先对我们发动才可以。现在，他们已将水雷投进了英国的港口，并炸沉了我们的船舶，我认为，在莱茵河中使用相似的、在可能范围内更为有效的水雷袭击，才是适当的报复方式。

战时内阁对这个计划表示赞成。他们认为，既然德国人敢使用磁性水雷袭击和破坏到英国港口来的盟国和中立国的所有船只，那我们就应该奋起反击，而最合乎情理的措施，莫过于让莱茵河上所有纷繁的航运陷于瘫痪，对此，我们是能做到的。在必需的承诺和优先权都已就位的情况下，我们的工作迅速开展起来。实施计划由我们和空军共同商定，准备用飞机将水雷敷设在莱茵河的鲁尔段。这项工作被我全盘托付给了菲茨杰拉德海军少将，他将会在第一海务大臣的指导下，去完成这项任务。这位军官所做出的个人贡献，跟他优秀的才能一样突出，可是后来，在大西洋指挥一个护航队时，不幸遇难。已经解决了技术上所有的问题。水雷可以得到大量的供应，我们组织了几百个英国水手和水兵，他们满腔热忱，只要时间一到，他们就能立即开始布雷工作。这些情况都是今年11月间的，可到了明年3月份，想让我们准备妥当的话，依然不可能。不管怎么说，一想到有一种积极的措施就要在你这边实现，总是会让人感到愉悦的。

袖珍战列舰的袭击

来自于潜艇的威胁已经让我们受到的损失和担当的风险达到了顶峰，不过更可怕的是，我们的海洋贸易也一直在承受着来自海面攻击舰的攻击，如果任这一现象继续发展下去，造成的结果势必会更加严重。德国依照凡尔赛和约的规定，建造了三艘袖珍战列舰，在起初他们就欲有所为，将设计的标准定位在用于对商船的攻击上。他们通过巧妙的设计，在仅有一万吨排水量的战舰上，集成了六门十一英寸口径的大炮，二十六海里的时速，以及装备铁甲等技术。从英国的巡洋舰中任意抽调一艘出来，都不能望其项背。相比我们的巡洋舰而言，德国的巡洋舰配备的大炮，其口径达到了八英寸，愈显现代化，如果用于袭击商船，其威胁也不容小觑。另外，配备着重型武器的乔装商船，也会被敌人应用其中。

有许多传言称，自德国已经开出了一两艘袖珍战列舰。我们的本土舰队在经过巡查之后，并没有发现任何端倪。现在我们清楚了，从德国的两艘军舰——"德意志"号和"海军上将史培伯爵"号——都是在8月21号和24号这段时间内出发的。"德意志"号于9月3日穿过丹麦海峡，之后就在格陵兰周边一带埋伏。在没有被发现的情况下，"史培伯爵"号从北大西洋的贸易航线上穿了过去，并驶过亚速尔群岛，已经到达其南面很远的地方。两艘军舰的燃料和其他物品的供给问题，由分别同每一艘军舰相伴而行的两艘补给舰解决。起初，它们一直在广阔的海洋中隐藏着，没有一点活动的迹象。如果他们想要取得战利品，唯一的办法就是采取袭击行动，当然了，如果他们不这么做，也遇不到什么危险。

9月30日，"克莱门特"号这艘五千吨的英国邮船正在只身航行，被"史培伯爵"号击沉于伯南布哥海面。这让英国海军部极为震惊。这种信号，也是我们一直在期待的。于是，包含所有可用的航空母舰在内的许多搜索舰队立即被组织起来，给予协助的还有战列舰、战斗巡洋舰以及巡洋舰。根据判断，在一般形势下，要想截获并摧毁一艘袖珍战列舰，只要使用由两艘或更多军舰组成的搜索舰队就能完成。

　　为了对两艘攻击舰进行搜索，在未来的几个月中，总计需要组成的搜索舰队有九个，其中强大的军舰有二十三艘。迫于无奈，我们又额外派遣了三艘战列舰和两艘巡洋舰队去重点保护北大西洋商船队。如此一来，我们势必要从这些舰队中抽调出包含三艘航空母舰在内的十二艘最强大的军舰，这样造成的结果，就是异常严重地削弱了我们本土舰队和地中海舰队的实力。

　　在英国西部沿海一带，隐藏着我们的主要舰队。这也是让我和其他人感到特别忧虑的地方，由此看来，我们必须要分散我们的海军力量。

　　对我们贯穿于西北大西洋的生命线进行袭击，是"德意志"号起初的目的，然而它对自己接到的命令而做出的诠释，不可谓不深刻谨慎。它的巡查期长达两个半月之久，可是对我们的护航队，却一直都没有靠近过。"德意志"号在11月初，再次从北极的海洋中穿过返回德国。然而，仅仅是在我们主要的贸易航运线发现了这艘强大的军舰的身影这一事实，就已经让我们在北大西洋的护航舰艇和搜索舰队感到压力重重了，如此看来，它所想要的目的达到了。实际上，它出来活动所带给我们的压力，要比暗中含有的那种晦暗的威胁要小得多，所以，我们宁可选择前者。

　　在南大西洋中的"史培伯爵"号，其胆量之大以及想象力之丰富，不久便让它成为了焦点。在这个辽阔的海面上，盟国的强大海军于10月中期采取了行动。"皇家方舟"号航空母舰和"威慑"号战斗巡洋舰他们的根据地在弗里敦，二者同属一支舰队，与这支舰队在一起的，是由两艘重巡洋舰组成的一支法国分舰队和英国的"赫尔米兹"号航空母舰，这艘航母的根据地为达喀尔。两艘重巡洋舰苏塞克斯"号和"希洛普郡"号都位于好望角；为了对至普拉特河与里约热内卢的重要的航运实施保护，包含"埃克塞特"号、"坎伯兰"号、

"埃阿斯"号及新西兰军舰"阿希里"号——其官兵主要是新西兰人——的哈弗得海军准将的舰队，一直在南美东部沿海一带活动。

对英国在普拉特河口外以及里约热内卢海面的航运进行保护，是在战争开始后，赋予哈弗得海军准将的特殊使命和职责。对于"史培伯爵"号来说，普拉特河一带可供掠夺的捕获品实在是太丰富了。这也让哈弗得海军准将坚信它一定会来的，只是时间早晚的问题。他已经将发生遭遇战时所采用的战术问题，做了周全的考虑。"坎伯兰"号和"埃克塞特"号巡洋舰上配置的大炮口径有八英寸，"埃阿斯"号及"阿希里"号巡洋舰配置的大炮口径有六英寸，这四艘巡洋舰都归他指挥，它们联合起来的力量，不要说捕获敌舰，就是将其摧毁都没有问题。在"预测到的那天"，要想让四艘军舰同时对敌的话，出于燃料和修整方面的考虑，其可能性不大。如果情况真是这样的话，那要把握起来真的就太难了。12月2日，"多里斯"号被击沉的消息传到了哈弗得的耳朵里，他立刻做出了正确的判断。他断定，现在仍位于三千英里之外的"史培伯爵"号，将要向着普拉特河驶来了。他理智地预测到，"史培伯爵"号到达的时间应该在13日。不得不说他真的是太幸运了。他下令，在12月12日，一切可作战的舰艇都要到此处集结。13日清晨，在普拉特河口外航路的中心，"埃克塞特"号、"埃阿斯"号以及"阿希里"号已经在此处集合完毕，"坎伯兰"号正在福克兰群岛进行检修。上午六点十四分，黑烟果然在东方升腾了起来。这场遭遇战终是到来了，它已让我们望穿秋水。

普拉特河口外发生的海战

　　负责实施舰只调度的是在"埃阿斯"舰上的哈弗得，为了让敌舰在战斗过程中方寸大乱，炮火无法集中于一点，他让炮轰这艘袖珍战列舰的舰只拉开了很远的距离。他带领着他的小型舰队以最高时速向前紧逼。起初，"史培伯爵"号的朗斯多夫舰长看到小舰队时，本以为只有一艘轻巡洋舰和两艘驱逐舰需要对付，于是乎也开足马力前进；但是当他用短暂的时间认清对手的实力以后，就明白这场生死对决已经在所难免了。现在双方的舰只正在快速靠近，时速为五十英里左右。

　　事实证明，就战术而言，天平是向哈弗得海军准将这边倾斜的。在战争刚一开始，"史培伯爵"号就被"埃克塞特"号舰上所有同时开火的八英寸口径大炮击中。同时，配备有六英寸口径大炮的两艘巡洋舰也展开了猛烈的炮击，且效果明显。时间不长，一枚炮弹击中了"埃克塞特"号，不仅 B 号炮塔被损毁，同时摧毁了所有的舰桥交通，舰桥上的人员死的死伤的伤，船员暂时失去了对舰只的控制能力。但此时，"史培伯爵"号却把主要火力转向了配备有六英寸口径大炮的两艘巡洋舰，因为对于它们所带来的猛烈攻击，"史培伯爵"号已不能再置之不理，如此一来，便让身处危机之中的"埃克塞特"号解脱了出来。迫于英国战舰猛烈的攻势，战争发生后不久，身处三面夹攻之中的这艘德国战舰在放出一道烟幕之后，便转身而去，意图很明显，它是想驶往普拉特河。对于朗斯多夫来说，他早该如此了。

　　"埃克塞特"号已经被十一英寸口径的炮弹炸得伤痕累累，但是之后又遭到了转身离去的"史培伯爵"号的又一轮轰击。此舰只所有的前炮均被损毁，大火在腹部剧烈地燃烧着，舰身已发生了可怕的倾斜。贝尔未舰长并未因发生在舰桥上的爆炸而受伤；在后面的操纵台上，他将两三名军官集合了起来，因为此地还有仅存的一座炮塔可用，该舰就在这唯一一座炮塔的维持下，继续战斗。直到七点三十分，唯一的一座炮塔也因为压力不足，丧失了战斗力。此时他已力不从心。七点四十分，不能再继续战斗的"埃克塞特"号，只得转身离开，回去修理。

七点二十五分，"史培伯爵"号击毁了"埃阿斯"号的两座后炮塔，同时也毁伤了"阿希里"号。就火炮的威力而言，这两艘轻巡洋舰并不能同敌舰相提并论。随着"埃阿斯"号上的炮弹越来越少，舰上的哈弗得也决定在夜晚来临之前，停止战斗。因为到了夜晚，他将会选择较好的时机，使用轻便武器对敌舰进行有效打击，如果可能的话，还可以动用鱼雷。于是，他便放出了一阵烟雾，旋即离去，而敌人也没有追击。这场战斗进行得十分激烈，持续了达一小时二十分之久。在这天余下的时光中，英国巡洋舰紧紧尾随着向蒙得维的亚逃窜的"史培伯爵"号，双方只是偶尔进行炮击。午夜刚过，"史培伯爵"号便驶入并停泊在了蒙得维的亚港。检修舰上被破坏的地方，将必需品装填入舰并把伤员送到了岸上。然后让一艘德国商船载着舰上的人员去向德国元首汇报发生的情况。停泊在港外的"埃阿斯"号和"阿希里"号则决定，只要德舰一离开港口，它们就穷追猛打直至将其摧毁。在这期间，身处福克兰群岛的"坎伯兰"号，于14日夜间以最高时速行驶而来，将已严重受损的"埃克塞特"号替换了下来。眼前这种拿捏不定的局势，随着这艘八英寸口径大炮的巡洋舰的到来，其平衡度勉强得到了恢复。

12月16日，"史培伯爵"号舰长朗斯多夫给德国海军部发去了电报，认为该舰已经没办法逃脱。随后海军部回电，如果确实没有逃脱希望，就将这艘船凿沉。

"史培伯爵"号于下午六时十五分离开港口，缓缓驶向大海。英国的巡洋舰此时正贪婪地等待着它的出现。二十时五十四分，"埃阿斯"号舰上的飞机在日落时报告说："'史培伯爵'号已自行毁灭。"

于是，最初在海洋上对英国贸易航运进行的海面袭击的行动，便以这样的方式宣告终结。直至1940年春，敌人才使用乔装的商船实施攻击，也预示了一个新战役的开始。但在这以前，再没有其他的攻击舰出现过。人们很难发现这种乔装的船只，但相对来说，战胜它们要容易得多，我们不需要动用能摧毁一艘袖珍战列舰那样的力量。

黯淡的新年

战争在1939年底依然处于沉迷状态，且情况不明。西线的寂静只是偶尔的被炮击和侦察的巡逻机声所打破。双方军队的防御工事每天都在加强，在防御工事后面有一个公认的"无人区"，双方便以此为界遥遥相望。

在冬春两季中，英国远征军忙于对自己工作的整顿，对它们防线上的防御工事进行增强，同时不管是在进攻还是防御上，准备进行战争。官兵无论职位的高低，都在努力且艰苦地工作着。较之前相比，英国军队已经壮大了许多。在3月中，已经开到法国的第四十二师和第四十四师继续推进，于1940年4月下半月到达边境防线。第十二师、第二十三师和第四十六师也于同月到达。为了方便这些部队完成训练，同时让正从事手头工作的劳动力量得到加强，他们奉调开进了法国境内。对于武器和配备，即便是普通部队应有的他们也都很缺少，并且也没有大炮。尽管如此，最终他们都无法避免的被卷入了刚刚开始的战争，他们尽了自己的责任，且完成得很出色。

相对而言，法国前线的发展情况就差强人意了。在一个大军中实行了全国征兵制，军队内部同民众的情绪就有着紧密的联系，特别是军队在国内驻守，能密切接触到民众的时候，这种情况就更甚。对于在1939年到1940年间的法国，我们不能说他们对待战争的情绪是高昂的或者说抱有很大的信心。国内的政治在过去的十年里一直处于动荡不定的状态，并出现了分裂和对抗的局面。共产主义势力日益增加，重要人士为了表示反对而将目光投向了法西斯主义，同时戈培尔的宣传十分高明，使他们轻易就相信了，并且在闲谈和讹传中将这一宣传传播开来。所以说，那种共产主义和法西斯主义都具备的制造分裂的影响也在陆军中发挥着作用；冬季的几个月是如此漫长，因为等待，反而给这种毒害势力提供了时间与机会，让其得以巩固。

与此同时，同样在进行中的是德国试图直接对挪威进行攻击，并且对丹麦用闪击战的形式进行占领的计划。12月14日，希特勒作出了向挪威进攻的决定，军事参谋工作由凯特尔指挥。希特勒依照2月24日凯特尔的建议，急切地将正在科布伦茨指挥着一个军团的冯·法尔肯霍斯特将军召唤到了柏林。1918年德国在芬兰的战争他曾经参加过，就这个问题，他和元首开始了商谈。

法尔肯霍斯特于当天下午再次被召进总理公署，就远征挪威的详尽的作战方案，同希特勒、凯特尔和约得尔进行商讨。先后顺序如何决定是最迫切的问题。希特勒到底将进攻挪威放在了实行所谓的"黄色计划"（进攻法国）以前还是以后呢？他于3月1日作出裁决：先进攻挪威。约得尔在3月3日的日记上说："元首决定将'威塞尔演习'计划放在前面执行，而'黄色计划'将会在前面的计划完成几天后执行。"

在我国整个东部沿海，最近一段时间，航运开始受到空袭，这着实让人恼怒。开向较大港口的远洋船只除外，不管哪天，都会有吨位在五百吨与两千吨之间的大概三百二十艘船只在海上或是沿海港口内，这其中往伦敦或南方运煤的船只有很多。在这些小船里面，最近才装配上高射炮的只有少数，这些目标是很容易得手的，于是，敌机便集中对它们进行袭击。甚至灯塔船也遭到了它们的攻击。这些灯塔船忠诚地为海员们服务，它们停泊的地方在我国沿海一带的浅滩附近，没有任何隐蔽措施，它们的作用，可以推及到所有的船只，甚至是从事袭击的潜艇身上。上次大战中，从没有受到攻击，现在竟然被击沉或损坏了几艘，最恶劣的，还要数在亨博海面发生的事例。有一艘灯塔船在那里，船员共有九名，一阵猛烈的机枪扫射过后，横死当场的竟达到八名。

在对空袭的防御上，护航制度和防御潜艇具有同等的效力，这点已得到证明，但是要让每只船上都能够拥有很多种武器，才是现在已经在竭尽所能去努力做的事情。在高射炮稀缺的时候，我们将各种各样高明的办法都利用了起来，以至于一个空中的强盗被我们用一个救生用的火箭打了下来。国内舰队所剩下的机关枪以及海军炮手，都分配给沿东海岸一带的英国及盟国商船。每次在危险地带航行时，随时都会将这些人员和武器在此船与彼船之间转移。陆军方面在2月底已经能进行协助了，此时成立了一个组织，这一组织在后来被称之为海上皇家炮队。1944年是战争最激烈的时候，从正规军调来的将士共有三万八千余人来担任这项职务，这其中陆军供给有一万四千人。有很大一部分沿着东海岸的护航路线，只要遇到空袭，就可以立即向最近的机场发出通知，获得战斗机的庇护。于是陆、海、空三军关系相处得十分融洽。被击毁的空袭飞机的数量逐渐增多。在一般情况下，各国的商船是没有丝毫防御的，敌人对他们扫射所付出的代价，同预期相比要大得多，袭击也因此减少了。

不过并非整个前景都是漆黑一片。在外海，自从"史培伯爵"号在12月中损毁，在这之后攻击舰活动的现象就看不见了，然而对德国海上航运进行扫荡的工作仍在继续。

暴风雨前夕

虽然德国已经将入侵法国和低地国家的日期定在5月10日，但是希特勒却还没有确定首次进攻挪威的确切时间。还要事先做好很多事情。准备对挪威及法国进行攻击和侵略的工作，正在紧张而有效地进行着。法尔肯霍斯特在3月20日提出的报告中称：关于他在"威塞尔"作战计划中需要承担的那一部分，准备工作已经完成。3月16日下午，曾举行了一个由德国元首参加的军事会议，临时决定，将进攻发起的时间定在了4月9日。

4月3日，陆军大臣在战时内阁会议上对我们说，陆军部已得到消息，说德国已经将强大军队聚集于罗斯托克，试图在必要的时候对斯堪的纳维亚进行占领。外交大臣说，这个情报可以从自斯德哥尔摩所来的消息中得到验证。据瑞典驻柏林的公使馆说，现在有二十万吨的德国船舶已经在什切青和斯维纳明德集结，传言船上有四十万人的军队。据说这些军队是为我们可能会进攻纳尔维克或其他挪威海港时，以便于反攻我们而准备的，因为听说对于我们要对上述地点实施攻击，德国人依旧忐忑不安。

时间不长，我们便知道了对于"皇家海军"作战计划，法国军事委员会不同意执行。在挪威水道布雷的想法他们是赞同的，但是只要是能引起对法国进行报复的行为他们都反对。法国总理雷诺，也通过法国大使向我们致以抱歉。在这个时期，对于采取一些积极的行动，张伯伦先生是十分看重的，因此十分反感法国所做出的拒绝，在同科尔班①的交谈中，他将两个作战计划关联起来，一方面来说，依照法国的愿望，英国可以把德国的铁矿石供应切断，但同时，因为磁性水雷所带来的所有损害是我们已经承受或正在承受的，所以，为了进行报复，法国要准许我们在这时候执行"皇家海军"作战计划。虽然对"皇家海军"作战计划我抱有极大的热忱，但首相如此积极主动的行为，却出乎我的意料。以这两个作战计划作为手段，在对敌人进攻的同时，也让这一阶段"不明朗的"的战争告一段落。因为我确信，"晦暗不明的"战争在这个时候被延长，高兴的是德国。

在这个要紧的时刻，对于我的建议，首相表现得极为认同，就好像我们心灵相通一样。他让我去巴黎设法说服那个达拉第先生，很明显是他在这里捣乱。4日晚上，我在英国大使馆的宴会上同雷诺先生以及若干其他法国部长进行了会晤，似乎我们十分投机。我们曾对达拉第发出了邀请，但他推辞说不能前来，已有约在先。于是我们约定好，在第二天早上我去见他。

5日中午，我和达拉第在圣多米尼克街见面，彼此之间进行了一次严肃的对话。达拉第说，法国空军在三个月以后就能改进得特别完好，在我们执行"皇家海军"作战计划后，有足够的手段来对付德国

---

① 法国当时的驻英大使。——译注

的反应。他预备通过书面的方式针对这一点提出一个准确的时间。他极力强调法国的工厂没有丝毫防护。最后，他跟我作出保证，在法国，政治危机已经成为过去，而他和雷诺先生在一起工作也将会是非常和睦的。话已至此，我们就告别了。

在4月5日举行的内阁会议上，外交大臣奉命向法国政府发出通知，说明了对于能尽快执行"皇家海军"作战计划这一事宜，虽然我们从头至尾都极其重视，并且在挪威领海布雷的计划也同时在进行，但鉴于法国的希望，我们准备退一步，只对后一个计划给予执行。最后，把4月8日确定为执行日期。

一切都举棋未定，我所提出的各种次要策略都已被接受；但英法两国没有采取过重要的行动。我们现有的计划对实行封锁有着很强的依赖，方法就是将水雷敷设在挪威走廊，同时，在东南方将德国的石油供应切断。丝毫感觉不到德国前线的后方有什么动静，死寂一片。谁知道突然间，出乎意料的猛烈的风暴竟将盟国这种消极的小规模的计划一扫而光。全面战争的真正内涵，我们就要了解到了。

德国的闪击战

4月8日下午，英国海军部向挪威驻伦敦公使馆发出了通知，说发现德国的战舰正在挪威沿海向北航行，可能是去纳尔维克。挪威首都差不多在同一时间也收到了报告，据称一艘"里约热内卢"号德国运输舰被波兰"奥泽尔"号潜艇击沉，地点在挪威南部沿海一带，当地的渔民把大批的德国士兵救了上来，据他们说是奉命为协助挪威保卫国家，而到卑尔根去抵抗英、法两国的入侵。更多的报告纷至沓来。丹麦已经被德国攻入，但是直至挪威自己被入侵以后这个消息才传到。所以，关于正式的警告，它并没有接到。虽然丹麦作出了抵抗，但当被击毙了为数不多的忠诚的士兵以后，德国就轻而易举地将其占领了。

德国的战舰于当天晚上向奥斯陆逼进。外围的炮台开炮轰击。一艘"奥拉夫·特里格弗森"号布雷艇和两艘扫雷艇就是挪威的全部防御力量。黎明过后，峡湾口被德国的两艘扫雷艇攻进，在海岸炮台附近的军队开始登陆。

希特勒的计划立刻全面展开，速度像闪电一样快。德国军队对克里斯蒂安桑、斯塔万格和北面的卑尔根和特隆赫姆进行分头袭击。

在纳尔维克的袭击是最有胆量的。德国矿石运输船在一个星期以来都依照常规向纳尔维克港返航。矿石运输船沿着被挪威中立所掩护的走廊水域向北航行，船上满载着供应品和军火，但从表面上却看不出来。几天前，在"沙恩霍斯特"号和"歌奈森诺"号的护航下，各自承载着两百名士兵的十艘德国驱逐舰离开了德国，于9日清晨来到纳尔维克。

停在峡湾中的是挪威的"诺格"号和"埃茨瓦尔德"号两艘战舰。它们准备抗战到底。黎明十分，它们发现了几艘向港内高速驶来的驱逐舰，但是在一开始，因为狂风暴雪的原因，不能断定军舰是来自于哪个国家。时间不长，一个德国军官乘汽艇过来了，让"埃茨瓦尔德"号投降。在该船司令官作出了"我进攻"这一简短的答复后，他立刻撤退了。但几乎在同一时刻，这艘军舰被一连串同时发射的鱼雷摧毁，船员无一幸免，全部遇难。"诺格"号几乎在同一时刻开炮轰击，但也就是在几分钟以内，它也因被鱼雷击中而沉没。

　　这次的抵抗虽然英勇但没有丝毫希望，两艘军舰上总共有二百八十七名挪威水兵遇难，被救起的不到一百人。从此之后，纳尔维克便不费吹灰之力地被攻占。此后永远都不能使用这一战略要塞了。

　　德国在四十八小时之内占领了挪威所有的港口。

　　4月9日，上午八点半，张伯伦先生召集我们举行战时内阁会议，就当时我们所知道的有关挪威和丹麦被德国入侵的情况进行讨论。战时内阁决议，我应该授予本土舰队总司令见机行事的权力，以便于将敌人在卑尔根和特隆赫姆的军队清除干净，参谋长委员会也应该对军事远征的问题开始着手准备，以便于对上述两个地方实现收复的同时，占领纳尔维克。但是，这些远征军想要出动，必须要等到海军局势被澄清以后才可以。

　　9日清晨，"威慑"号发现了两艘朦胧的船影，它们就在佛斯特峡湾靠海方向约五十英里的地方。这两艘就是刚完成了护送远征军前往挪威的任务的"沙恩霍斯特"号和"歌奈森诺"号，但当时，"威慑"号只觉得其中有一艘是战斗巡洋舰。在一万八千码处，"威慑"号率先开炮攻击，不久便击中"歌奈森诺"号，将它主要大炮的控制装置破坏掉了，让其在一时间无法开炮。为了掩护它，它的伴舰放出了烟幕，于是两艘军舰转而向北，战斗变成了追赶。同时，"威慑"号也有两次被击中，损坏程度却不大，接着，"歌奈森诺"号又被它两次击中。"威慑"号在波涛汹涌的大海中向前全速追击，但不久以后也不得不减速，将时速降到二十海里。双方的炮火在时断时续的暴风雪和德国军舰放出的烟幕中，所产生的效果已经没有多大了。为了追赶德国军舰，"威慑"号虽然已竭尽所能，但最终它们的踪迹在北方消失了。

　　福布斯海军上将于4月9日早晨统帅主力舰队在卑尔根港口外列出阵形。在早晨六时二十分，就有关在当地驻守的德军实力的情报问题，他向海军部发出电报咨询，因为他想让莱顿海军中将带领着一队巡洋舰和驱逐舰去对任何能找到的德国军舰进行攻击。这个计划得到了海军部的批准。为了防止实力分散，要在发现了德国战斗巡洋舰以后，再对特隆赫姆发起进攻。海军中将于十一点半左右指挥着四艘巡洋舰和七艘驱逐舰开始向卑尔根进发。

敌机于当天下午对舰队展开了空袭，非常猛烈，特别是对莱顿海军中将的舰只集中力量进行袭击。"廓尔喀"号驱逐舰被炸沉，因为炸弹在"索斯安普敦"号和"格拉斯哥"号巡洋舰近处发生爆炸，而致使它们受到损伤。另外，同时被击中的还有"罗德尼"号旗舰，但它没有受到重创。

海上战绩

福布斯海军上将建议出动"暴虐"号航空母舰上装载着鱼雷的海军飞机，时间定在4月10日傍晚。海军部同意此意见，同时也准备于9日晚和第二天一早分别派皇家空军的轰炸机和由哈茨顿（奥克尼群岛）派海军飞机发动袭击。同时，所有的入口处继续被我们的巡洋舰和驱逐舰封锁。空袭成功了，海军飞机的三颗炸弹将"克尼希堡"号德国巡洋舰炸沉。目前，"暴虐"号转而向特隆赫姆驶去，据我们的侦察飞机报告，敌人在那里各有两艘巡洋舰和驱逐舰。我于11日清晨派遣十八架飞机出动，仅仅发现了两艘驱逐舰和一艘潜艇，这其中并没有将发现的商船计算在内。很不幸，在夜里，受创的"西佩尔"

号已经离开了，任何巡洋舰都没有发现，同时袭击德国的两艘驱逐舰的任务也没有成功，因为，在还没有达到目标之前，我们的鱼雷就已经搁浅于浅水中了。

同时，在斯卡格拉克海峡和卡特加特海峡有我们的潜艇在此地活动。在8日晚上，它们发现有敌船正从波罗的海向北行驶，它们进行了并不成功的袭击。不过在9日，在克里斯蒂安桑港外，"飘荡者"号将"卡尔斯鲁厄"号巡洋舰击沉。第二天夜晚，从奥斯陆返回的"吕佐夫"号袖珍战列舰又被"金枪鱼"号用鱼雷击沉。这些战绩除外，在这个战役的第一个星期内，至少又有九艘敌方运输舰和供应船被潜艇击沉，致使敌人有大量的海员丧生。我们自己的损失也并不乐观，由于波罗的海入口处防御严密，在4月间，此地被击毁的英国潜艇共有三艘。

9日早晨，纳尔维克方面的状况仍不明朗。总司令希望能够抢先德军一步对该港进行占领，于是，下令给对我们驱逐舰队进行指挥的沃伯顿·李海军上校，让他进入峡湾，对敌人的任何登陆行动加以阻止。同时，海军部将来自报刊上的一个报导转给了他，说明港内已经有一艘敌舰进去了，并派出了一小支部队登陆。

于是，沃伯顿·李海军上校从自己的小型舰队中选出了五艘驱逐舰，它们分别为："哈代"号、"猎人"号、"哈沃克"号、"霍特斯伯"号和"同仇敌忾"号。4月10日，这五艘英国驱逐舰在浓雾和暴风雪中驶进了峡湾，并在黎明时分到达纳尔维克港外。有五艘敌方的驱逐舰停泊在港内。在第一次进行袭击的时候，一艘飘扬着德国海军准将三角旗的军舰被"哈代"号的鱼雷击中，海军准将随之死亡；两枚鱼雷将另一艘驱逐舰击沉，敌方其余的三艘驱逐舰不能作出有效的抵抗，以为它们被炮火压制得死死的。有二十三艘各国的商船停泊在港内，这其中还有五艘是英国的，六艘德国的商船也被摧毁。时至此时，在我方的五艘驱逐舰中。只有三艘加入了进攻。作为后备力量，"霍特斯伯"号和"同仇敌忾"号被留了下来，便于对海岸上的任何炮台或是德国新开来的舰只进行抵抗。现在第二次袭击开始了，它们也加入了进来，随后，又有两艘德国商船被"霍特斯伯"号的鱼雷击沉。战斗并没有损害到沃伯顿·李海军上校的军舰，很显然，敌人的炮火已经偃旗息鼓了。战斗进行了一个小时，也没有发现有从任何海湾内驶出来向他攻击的敌方舰只。

但此时我们的好运气到头了，当第三次袭击完成后，在它返回的时候，沃伯顿·李海军上校发现从赫杰斯峡湾驶来了三艘新舰只。开始战斗的时候，双方的距离足有七千码。突然，又有两艘战舰从前面的浓雾中出现了。同最初所希望的不一样，它们并不是来此进行援助的英国军舰，而是德国驱逐舰，曾停泊于巴勒根峡湾。德国军舰上的重型大炮立刻开始一展所长："哈代"号被击毁了舰桥，沃伯顿—李身负重伤，他的秘书斯坦宁海军上尉并无大碍，但除此一人之外，他所有的军官和同伴不死即伤，于是就由斯坦宁驾驶该舰。后来，在引擎内有一发炮弹炸开了，这艘驱逐舰也在猛烈的炮火下搁浅。最后，"哈代"号舰长将最后一个电讯发给了他的小舰队，内容是："同敌人继续作战。"

与此同时，"猎人"号已经被击沉了，"霍特斯伯"号和"同仇敌忾"号也都受创，在"哈沃克"号的带领下驶往公海。曾对它们的去路进行拦截的敌舰，现在想要拦住它们，已无能为力。它们在半小时之后遇到了一艘大船，是从公海驶来的，事实证明这就是"劳恩费尔斯"号，它是为德国运输后备弹药的。"哈沃克"号开炮将其击中后，时间不长就炸毁了。"哈代"号上幸存的人挣扎着将他们司令官的遗体带上了岸，后者被追赠维多利亚十字勋章。无论是对于敌人还是在我们的海军史上，它们的行为所留下的业绩都是永远不可磨灭的。

　　"沃斯派特"号于4月10日早晨加入了总司令的舰队，并随之一同向纳尔维克前进。等沃伯顿·李海军上校在清晨的袭击被大家所知晓后，我们决定再试验一次，在驱逐舰的护卫下，命令"佩内洛普"号巡洋舰"参照今天早晨所得到的经验，在感觉作战时间合适时，即可发起进攻"。可是在传送电讯期间，"佩内洛普"号正在对据情报所说的在博多港外的敌方运输舰进行搜索时，突然不幸搁浅。第二天（12日），"暴虐"号派出俯冲飞机对处于纳尔维克港内的敌方船舰进行轰炸。在恶劣的气候和能见度很低的情况下，空袭在极力地进行着，据报告称，敌方有四艘驱逐舰被命中，而我们损失的飞机有两架。这并不够。我们需要纳尔维克，并极为迫切，所以下定决心最起码要扫清德国海军。现在，战斗的高潮马上就要来临了。

　　"威慑"号是非常宝贵的，没有让它参加战斗。"沃斯派特"号被海军上将惠特沃思在海上改成旗舰，13日中午，在九艘驱逐舰和"暴虐"号上的俯冲轰炸机的护送下，惠特沃思海军上将驶进了峡湾。驱逐舰赶走了一艘潜艇，"沃斯派特"号自己的双翼海上飞机将另一艘潜艇击沉，并且飞机发现了一艘德国驱逐舰潜藏一个海湾出正准备从隐蔽的地方对我们的战列舰进行鱼雷袭击。很快，敌方的这艘驱逐舰就被摧毁了。我们的舰只在下午一点半穿过海峡，当来到距纳尔维克十二英里的地方时，发现有敌方的五艘驱逐舰就在前面的烟雾中。随后，立刻发生了激烈的战斗，双方所有的舰只全部开火进行炮击，并快速移动着。当发现岸上并没有可以用于进攻的炮台的时候，"沃斯派特"号就使用它厉害的炮火加入了驱逐舰的战斗。它的大炮的口径有十五英寸，发出的如同丧钟般轰鸣声回荡在四周的群山中。处于绝对劣势的敌舰被迫撤退。于是这场海战便被分散开来，成了部分小规模战斗。我们有的舰只驶进了纳尔维克港，在那里把摧毁敌舰的任务完成。"爱斯基摩"号则率领着其他的舰只去追赶试图到罗姆巴克斯峡湾上游躲避的三艘德舰，并在那里击毁了它们。鱼雷击毁了"爱斯基摩"号的舰头，但是在纳尔维克港外发生的这第二次海战，将逃脱了沃伯顿—李的袭击而幸存下来的八艘敌方驱逐舰全部击沉或损坏，而英国却没有一艘舰只受到损失。

结束了海战之后，海军上将惠特沃思想派遣登陆部队——此部队由水兵和陆战队组成——上岸，将城市占领，在此处暂时好像不会遇到任何抵抗。但是，除非说"沃斯派特"号能使用炮火将全局控制住，否则的话，德国士兵势必要发动反攻，因为他们在数量上存在着巨大优势。考虑到来自空中和潜艇方面的威胁依然存在，他感觉为了防止遭受出乎意料的危险，不应该长期暴露这艘优秀的舰只。大约有十二架德国飞机在下午六时出现，这就让他的决心更加坚定了。于是，第二天清晨，将驱逐舰上受伤的人员装载完毕后，他便下达了撤退的命令。他说："给我留下的印象是，今天的战斗让纳尔维克的敌方军队受到了极大的震慑。我建议，应该立刻让主要的登陆部队占领该城。"在港口外留下了两艘驱逐舰进行警戒待变，其中的一艘将"哈代"号上曾在岸上等待援救的幸存者救了出来。

纳尔维克和特隆赫姆

之前因为害怕德国，挪威政府对我们的态度是非常冷淡的，这时为了得到援助，向我们发出了急迫的呼声。但一开始，我们显然无力给予挪威南部援助。我们差不多将所有经过训练的和很多刚训练到一半的部队都派到法国去了。空军的数量不多却正在渐渐地增加，但为了对英国远征军进行支援、担任本土防御和接受严格的训练，也都被派了出去。我们需要对重要且容易遭受袭击的地方进行保护，但是目前拥有的高射炮数量连需求量的十分之一都不到。不过我们依然感到应该极力给予他们援助，因为我们觉得这是自己的责任，即使因此严重干扰了我们自己的准备和利益也在所不辞。至少这样一来，就可以延缓侵略者向北进犯的速度，直到我们重新占领纳尔维克，并让它成为军队基地为止。

就在几天前，纳尔维克远征军被解散了，这只是一只小队伍，现在也很容易立刻将它再次组建起来。英军的一个旅和它的辅助军队立刻登上了船舰，第一批负责护航的舰只在4月12号就驶向了纳尔维克。一两个星期过后，隶属于法国阿尔卑斯步兵团的三个营和其他的法国军队陆续出发。在纳尔维克的北面，还有挪威的部队在那里驻扎，能对我们的登陆起到协助作用。4月5日，陆军的麦克西少将被委派对将来可能要被派往纳尔维克的远征军进行指挥。

战时内阁作出决定称对于纳尔维克和特隆赫姆两地的战役都想尝试一下。陆军大臣的眼光十分高远，他对我们作出警告说，或许在不久之后，就可能使我们必不得以要从驻扎在法国的军队中抽调一部分兵力出来，以实现对挪威的增援。

16至17日的晚间，从纳尔维克传来了消息，其内容让人沮丧。麦克西将军不同意以舰队上近距离的排炮作掩护，直接对此城市展开攻击，以求快速占领。虽然我们一再表明，如果进攻失败，由我来承担全部责任，但是麦克西将军却对我和我的同事所说的和所做的一切无动于衷，他坚持要等到积雪消融。

而在另一方面，赞同对特隆赫姆进行进攻的意见如雪片般扑面而来，这大大超出了内阁的范围。很显然，大家都认识到了进行这个战役的绝大好处。从总体上说，对于这样的冒险行动，海军部的第一海务大臣和海军参谋部并看不出有畏惧的表现。海军部于4月13日正式向总司令通知了一件事情，那就是最高军事会议已经决定派兵去攻占特隆赫姆。

4月17日，我将参谋部制定的计划向最高军事会议简要地做了说明。现在立刻就能用的部队，是从法国征调过来的一个有着二千五百人的正规旅，一千名加拿大人所组成的军队，和本土防卫队的一个旅，大约有一千人左右。这个旅可作为后备军使用。军事协调委员会接到的报告称，可用的军队在人数上是足够的，虽然这一行动需要冒很大的危险，但也是值得的。舰队将会全力支持这次作战，并会增加两艘共载有包括四十五架战斗机在内的一百架飞机的航母。暂时决定将4月22日定为登陆日期。要想让法国阿尔卑斯步兵团的半个旅到达特隆赫姆，必须要等到4月25号才行。希望他们能在那一天从特隆赫姆的码头上岸。

就在18日那天，突然间，三军参谋长和海军部的意见发生了变化，而这一变化是激烈而具有决定性的。发生这种变化的缘由有以下几个：第一，他们觉得在这样冒险的行动中，投入了很多我们最优秀的主力舰，海军承担了太大的风险，并且这种感觉越来越强烈；第二，陆军部感觉，即便舰队能安全入港并能安全出港，当我们的军队在敌人前方登陆的时候，考虑到德国空军所带来的威胁，这样的做法依旧十分危险。第三，登陆成功的事实已经出现在了特隆赫姆的北面和南面，在当局看来，这样的解决办法，危险好像要小得多。

对于我们是否应该占领特隆赫姆的问题，他们依然感觉是有必要的，我们以后在斯堪的纳维亚半岛作战的时候，可以以它为根据地；但是对于从正面直接进攻这样的方式，他们说什么都不同意。三军参谋长重新考虑了原来的计划，结果是大家全部同意对这个计划进行修

改。我没办法改变他们的态度，只好妥协。18号下午，我向首相如实
地汇报了这一情况。虽然他特别失望，但和我采取了同样的态度，对
于这种新形势，除了接受，没有其他办法。

　　我在第二天把对特隆赫姆进行直接攻击的计划取消掉的原因向战
时内阁作了说明，同时提交了修改后的作战计划。总的来说，这个计
划就是要让卡尔东·德·伍阿尔特将军统帅着法国阿尔卑斯步兵第一
轻装师的全部兵力从北面向隆赫姆发起进攻，另一方面，摩根准将已
经在昂达耳斯内斯登陆，并在对丹博斯发起进攻，这个计划规定要派
遣从法国调来的几个正规旅前去增援。对于南线，则要派遣本土防卫
队的另外的一个旅前往。这个计划获得了战时内阁的批准。

　　现在，纳尔维克问题又再一次摆在了我的面前。自打放弃了对特
隆赫姆进行正面攻击的计划之后，那么好像对纳尔维克实行进攻的计
划得愈发重要和可能了。

　　诚然，人们可以这样说，即便我们进行的各种战役在挪威都取得
了成功，但从现在的情况看，立即会在法国出现的可怕战争的结果，
势必会将这些成功一笔抹杀。敌人会在一个月时间内将盟国的主力部
队击溃，或者是赶入海中。我们将投入所有的一切，为了能继续生存
而进行不懈的战斗。所以，我们并没有在特隆赫姆四周投入庞大的陆
军和空军，还是比较幸运的。未来的事件被掩盖在了帷幕中，而现在
它正在被一幕幕掀开，而我们普通人则必须每天都要采取行动。依照
在4月份我们所了解到的情况，我到现在依然觉得，既然我们都已经走
到这一步了，就应该把"铁锤"作战计划以及大家全部赞同的三面围
攻特隆赫姆的方案执行到底；但是对于这个计划，我们的专家顾问表
示坚决反对，同时向我们提出的反对理由也十分严重，在这个时候，
我并没有将自己的意见强加给他们。在这点上，其责任都应该由我来
负。而且，在那样的情形下，最好还是完全放弃进攻特隆赫姆的计

划，而将全部力量集中起来对纳尔维克进行攻打。但这个计划到了这会儿再去实行，却已经是太晚了。

在挪威受到的挫折

我们北面的部队是从纳姆索斯出发的，他们距离特隆赫姆有八十英里的路程；南面的部队是从昂达耳斯内斯出发的，同该城之间的距离有一百五十英里。现在已经放弃了预备经过峡湾后而展开的中央攻势（即"铁锤"作战计划）；其原因，一半是因为怕付出的代价过大，另一半则是因为在两侧包抄的攻势上投注了很大的希望。但现在向两侧包抄的作战都以失败告终了。

在纳姆索斯，在挪威的大雪和德国人的空袭下，卡尔东·德·伍阿尔特正按照命令率领着军队快速行军。峡湾口有一处地方叫菲尔达尔，此地距离特隆赫姆五十英里，到了19日，有一个旅到达了这里。我已经看出来了，只需要一晚上的时间，德国人就能派遣出一支实力强于他们的军队，从特隆赫姆经水路将他们的后路切断，于是，我给参谋部发出了警告。这种情况在两天以后果然应验了。迫于无奈，我们的军队向后撤退了若干英里，直至到了能阻挡敌人的地方了才停下来。道路上厚厚的积雪让人心生烦躁，而现在有些地方的积雪也开始消融了。另外，从内峡湾渡过来的德军也没有车辆进行运输，这一情况跟我们是一样的。所有在地面上进行的剧烈战斗，在这些因素的影响下都无法展开；沿着道路能看见零星的部队，正举步维艰地向前跋涉，但对于不可抵抗的敌方空军来说，他们已经不再是空袭的目标了。如果卡尔东·德·伍阿尔特已经知晓他所能得到的兵力十分有限，或是明白已经放弃了对特隆赫姆的中央攻势这一重要情报的话——在这之前我们的参谋部并没有向他发出通告——那么，他向前推进的行动肯定会更加程序化，这是毋庸置疑的。他所采取的行动是结合原先告诉他的那个主要目标而进行的。

到最后，退回到纳姆索斯的人们，几乎个个筋疲力尽，消沉而气愤，并且在此地，仍然留守着法国阿尔卑斯步兵旅。在对这些问题的看法上，卡尔东·德·伍阿尔特的见解受到了人们很大的尊重，他声称已经没有什么办法了，只能撤退。于是，海军部立刻着手准备，在4月28日，发出命令说，让部队撤离纳姆索斯。在英军之前上船的是法国的分遣队，不过将会把一部分穿滑雪鞋的部队留下，配合我们的后卫部队。5月1日及2日晚可能是撤退的日子。但到最后却在一夜之间都撤走了。在3日晚上，全部军队都上了船，等德国的侦察机在黎明发现他们的时候，他们早就在海上驶出很远的距离了。敌方成群结队的轰炸机一次又一次地来对我们的战舰及运输舰进行轰炸，从早上八点一直持续到下午三点，在当时，舰队并没有英国空军的保护，不过幸运的是，敌机并没有击中任何一艘运输舰。"比松"号法国驱逐舰及"阿弗里蒂"号英舰是用来装载我们后卫部队用的，也只有它们"战斗到最后而沉没"。

不幸的是，在昂达耳斯内斯，我们登陆的部队却遭遇了一连串的各不相同的事件，但至少我们让敌人在此地受到了重创。鲁格将军是挪威的总司令，为了对他的紧急求援作出响应，陆军准将摩根率领着第一四八步兵旅快速向前挺进，达利雷海梅尔，是他们到达的最远的地方。在这个地方同他们会合的挪威部队已经是疲惫不堪、溃不成军了。德国人为了追击这些挪威部队曾动用了三个师团的兵力，并且都装备精良，沿着从奥斯陆到丹博斯及特隆赫姆的公路和铁路线一路尾随下来。随之展开了激烈的战斗。

摩根准将的车辆以及所有大炮和迫击炮都被装载在一艘船只上，但这艘船只中弹沉没了。德国的先锋队拥有5.9英寸口径的榴弹炮，而且还有很多重迫击炮和若干坦克，尽管这样，摩根准将手下那些年轻的本土防卫队依旧用手中的步枪和机枪同敌人进行英勇的战斗。从法国赶来的第十五旅的主力营于4月24号到达了前线，当时前线几乎都要崩溃了。帕吉特将军是这支正规军的首领，他从鲁格将军那里得知，挪威的部队已经是强弩之末了，如果没有充分休整，重新进行装备，要想让他们再次投入作战已经是不可能了。于是，他把指挥作战的权力接了过来，在刚到达战场以后，就让他一个旅的其余部队立刻投入了战斗，并组织了一次又一次的激烈的交战，意志坚决地同德军进行着对抗。幸好铁路没有被毁掉，帕吉特灵活地利用了这一点，将他自己的军队、已经牺牲了七百人的摩根旅以及一些挪威部队，全部解救了出来。

整整一天的时间，大批量的英军只能躲藏在一条长长的铁路隧道中，他们的给养都是由那辆宝贵的军需车提供的。这样一来，敌人和对地面上一览无余的敌机根本就别想找到他们。前后经过了五次后卫战，其中曾多次重创德军，并在经过一百多英里的行军后，帕吉特他们终于回到了位于海边的昂达耳斯内斯。同纳姆索斯一样，这个小地方也已经被炸平了；但是，第十五旅和摩根的第一四八旅的残余部队于5月1日晚间全部登上了英国的巡洋舰和驱逐舰，平安无事地回到了本国。在这几天中，帕吉特将军的才能和决心都表露无遗，为此，随着战争的继续，他也不断升职，直至担任高级统帅。

另外，为了对地面部队进行支援，空军也展开了一次勇敢的冒险行为，对此也应该记录下来。雷谢斯科根湖，距离昂达耳斯内斯有四十英里，水面已经冰封，这里是唯一的一个可供降落的"机场"。4月24日，一个"斗士"式战斗机中队从"荣耀"号舰上出发，当它们来到此地的时候，立刻受到了猛烈的袭击，海军航空兵部队立刻给予全力的支援。但是，既要保障自身的安全，又要为相距二百英里远的两个远征军的作战提供掩护；同时还要对自己的根据地进行保护，这样的任务，一个单独的航空中队根本就不可能完成。这队飞机到了4月26号就再也飞不了了，并且就当时的情况而言，也没有可以从英国飞来的轰炸机能长距离的援助它们。

考虑到当地的形势，我们迫于无奈选择了撤退，这同在接到由首相主持的军事协调委员会的提议后，战时内阁所作出的决定是相吻合的。我们所有的人都一致断言，要想将特隆赫姆攻占下来并坚守住，已超出了我们的能力范围。

挪威：最后的阶段

我们抛开事件发生的前后顺序，在这里对挪威插曲的结果加以描述。迫于无奈，科克勋爵于4月16号之后便放弃了对纳尔维克进行直接攻击的念头。4月24号，"沃斯派特"号战列舰和三艘巡洋舰使用排炮轰击了三个小时，但依然不能将当地驻守的军队有效的击退。

贝图阿尔将军是法国分遣队司令的司令，由他指挥第一次登陆。5月12号到13号夜间，在贝尔克维克的登陆顺利完成，几乎没有什么损失。当时，被我派遣过去对挪威北部所有的部队进行指挥的奥金莱克将军也在现场，他会在第二天去指挥作战。他接到的命令是将敌方铁矿石的供应进行切断，并且能保证在国内为挪威国王及其政府留有立锥之地。这位新上任的英国司令官，提出了增加兵力的要求，最好能让兵力达到十七个营，并补充轻重高射炮两百门和四个中队的飞机，但是能给他的，也许只有他所希望数量的一半。

但这个时候，发生了一件足以压倒一切的惊人事件。5月24日，即将面临一败涂地的厄运，在这个危机时刻，我们作出了决定，要集中使用我们在法国和国内所拥有的所有力量。这一决定，几乎得到了一致同意。但是为了确保能够破坏纳尔维克港，同时能对我们撤退的部队进行掩护，我们一定要先将这座城市占领。5月27日，跨过罗姆巴克斯峡湾而对纳尔维克展开的主力进攻开始了。参加这次作战的部队有外籍军团的两个营和挪威军队的一个营，由精明能干的贝图阿尔将军统率着他们进行战斗。这次登陆取得了全面性的成功。登陆的时候几乎没有任何损失，并击退了敌人的反攻。5月28日，纳尔维克被攻占。在这之前，德军曾同我方超过他们四倍兵力的军队进行过长期的作战，如今，他们终于退入山地，留下了四百名被我们俘虏的士兵。

而现在，面对通过艰难困苦所取得的这一切，我们却不得不放弃。就撤退本身来说，也是一种作战行动，而且是规模很大的那种。舰队因为需要在挪威和英吉利海峡从事两面作战，铺开的范围已经不小了，但是这样撤退，势必会让舰队承担的任务更加沉重。

纳尔维克的撤退速度很快。到了6月8日，大量的物资和装备以及包括所有法国、英国和波兰的军队约有二万四千人都已经上了船，他们被编成三个护航队驶向英国，在路上并没有遇到的敌人的阻拦。实际上，此时在岸上的不过是几千名分散的、毫无组织性可言的、但却取得了胜利的敌军。在最后的这几天里，为了对付德国的空军，我们不仅动用了海军飞机，还出动了陆上基地的一中队旋风式飞机，对我们进行十分重要的保护。这个中队得到的命令是，要将战斗活动保持到最后一刻，如果情况需要的话，在撤退时要将他们的飞机全部破坏掉。但凭借其勇气和技术，这些飞行员完成了史无前例的功绩，他们驾驶着旋风式飞机在"荣耀"号航空母舰上着陆，和"皇家方舟"号及大队船舰一同返国。这也成了他们最后的功绩。

6月4日，"西佩尔"号巡洋舰和四艘驱逐舰在战斗巡洋舰"沙恩霍斯特"号和"歌奈森诺"号的带领下，离开了基尔，它们的目的是要对纳尔维克区域内的航运和各个基地展开攻击，以便能将他们残留的登陆部队解救出来。一直到6月7号，他们才从消息中得知了我们的撤退意图。当听说英国护航队已行驶在海上了，德国海军司令决定对它们进行袭击。在8号早晨，他碰到了一艘油船、一艘空的"奥拉马"号运输舰和"亚特兰蒂斯"号救护船，护送它们的是拖网船。对于"亚特兰蒂斯"号的豁免权他给予尊重，但是击沉了其他舰艇。"西佩尔"号和驱逐舰于当天下午回到了特隆赫姆，但海上依然留有两艘战斗巡洋舰在搜寻战利品。到了下午四点，它们终于有了回报。它们看到了"荣耀"号航空母舰以及护送它的驱逐舰"阿卡斯塔"号和"热情"号在行驶时冒出的滚滚浓烟。由于燃料不足，"荣耀"号于早上只身返回本国，它此时所处的地方，距离后面的主要护航队大约有二百英里。但这个理由不能让人满意。"荣耀"号上的燃料应该足够用，可以保证它能同护航队并肩前进。所有舰只在行动的时候都应该在一起才对。

大约在下午四点半，双方开始交战，两者间应该有二万七千码以上的距离。"荣耀"号的大炮口径是四英寸，然而在这个距离之内基本上起不到任何作用。它曾想让它的鱼雷轰炸机起飞去参加战斗，但还没等飞机飞起来，它的前飞机棚就已经被击中燃起了大火，旋风式飞机被损毁，也不能将鱼雷从舱下吊上来装到轰炸机上。在接下来的半个小时，他遭受的打击十分严重，连逃脱的机会都没有。到了五点二十分，它的舷侧发生了严重地倾斜。于是舰长命令从该舰上撤退。大约过了二十分钟，它便沉没了。

皇家海军的军官和士兵一共有一千四百七十四名，连同四十一名皇家空军人员，就这样牺牲了。经过长时间的搜救，只有三十九人被挪威的一艘船搭救起来运送回国。另外，被敌船救起来的有六个人，他们被带到了德国。被"阿卡斯塔"号的鱼雷击中后受到重创的"沙恩霍斯特"号，驶向了特隆赫姆。

在这次战斗进行着的时候，"德文郡"号巡洋舰正载着挪威国王及其大臣们在离战斗地点西南方大约一百英里的海面上行驶。向北方赶来同护航队会合的"勇敢"号，距此地还有很远的一段路程。我们收到了来自"荣耀"号的唯一一个电讯，电码有多处错误，表达的意思并不明确，由此可见，它主要的无线电讯设备早就被损坏了。收到这个电讯的只有"德文郡"号一艘船舰，但是从电文上并没有发现什么重要的信息，它就没有将当时寂静的环境打破，以电讯的方式将这个消息传递出去，因为只要一启动电讯设备，那么就会暴露它当前的位置，会让它受到严重的威胁。这样的做法就当时的情况而言，是极不协调的。疑虑直到第二天早晨才产生。在当时，"勇敢"号同"亚特兰蒂斯"号相遇后，从它那里了解到了"奥拉马"号被击沉的消息，同时也知道了敌人已经将主力舰开到了海上。"勇敢"号将这个情报传递了出去，并快马加鞭地去会合科克勋爵的护航队。总司令福布斯海军上将立刻出发，带领着仅有的军舰"罗德尼"号、"威慑"号和六艘驱逐舰驶入了海中。

勇敢的"阿卡斯塔"号让"沙恩霍斯特"号受到了重创，这一结果十分重要。因为它让敌人的这两艘战斗巡洋舰立刻返回了特隆赫姆，而对于下一步的作战行动不得不放弃。由于德国的海军司令没有遵循训令，对训令中所指示的目标私自加以放弃，这让德国最高统帅部非常不满。随后他们又将"西佩尔"号派了出来，但为时已晚。

福布斯海军上将于10号向"皇家方舟"号发出了命令，让它加入到他的舰队。当时收到了各方面传来的情报，说敌舰就在特隆赫姆，他就想从空中对它们进行袭击。皇家空军轰炸机在11号发动了攻击，但没取得任何效果。十五架"皇家方舟"号上的鸥鸟式飞机在第二天早晨对敌舰发动了俯冲式轰炸。敌方的侦察机预先得知了它们要来袭击的消息，结果反倒让我们损失的飞机有八架之多。最后，我们还有一个更不幸的消息，根据我们现在了解到的情况，在当时，"沙恩霍斯特"号曾被一架鸥鸟式飞机投出的炸弹命中，但是炸弹并没有爆炸。

当这些悲剧正在上演的时候，从纳尔维克驶来的护航队没有丝毫损伤地返回了它们的目的地。于是英国在挪威的战役就这样结束了。

政府的垮台

挪威的战役虽然短暂，但在这期间发生了很多让人灰心和悲惨的事情，在国内引起的骚乱也非常强烈，以至于在战前最懒惰、最不灵活的人们当中，有些人的心情也变得越来越激动。

反对党提出要求说，要就战争的局势做一次辩论，在经过一番安排之后，将时间定在了5月7日。议员挤满了整个下院，他们的神情既激动异常又悲痛万分。在开场时，张伯伦先生作出了声明，但这并不能将充满敌意的声音压制住。在下院中属于执政党与反对党的议员，陆续发表言论，向政府特别是政府首脑展开攻击，其态度十分冷酷和激动。

5月8日，也就是第二天，虽然说在讨论休会动议的情形下依旧进行着议会中的辩论，但辩论现在所具有的性质，却夹杂着对决议不信任的成分，而且赫伯特·莫里森先生声称他们要求进行信任投票，这一建议，是他以自己反对党的身份提出来的。首相又一次起立，对于这样的挑战，他表示接受。

我们大家都是阁员，彼此要团结一心。陆军大臣和空军大臣的演说都已经发表完了。对于结束辩论的演说，我毛遂自荐，亲自来完成。因为我需要对自己的职责负责，这不仅仅是要对自己为之效力的首长表示效忠，而且也是因为我们在军事力量不够充足的前提下，我在试图去冒险对挪威进行救援的战役中占有的地位十分重要。尽管我在演说的过程当中经常会被别人的发言所打断——这些发言的人基本上都是工党反对党，但是，我使出浑身解数想方设法地想让政府重掌下院。当我坐下的时候，已经是十一点钟了，于是议会便开始投票。最后，政府得到了八十一票，可是有三十个保守党人将票投给了工党和自由党反对党，另外有六十个保守党放弃投票。这次的辩论和投票表决，即使在形势上不做考虑，至少在实际上，也表明下院对张伯伦先生及其政府有着极度的不信任，这点是毫无疑问的。

在辩论结束之后，我被首相邀请去他的房间。我立马就看出来了，面对下院针对他所表现出来的情绪，他的看法极为严重。他感觉想要接着执政下去已经不可能了。目前要做的，应该是成立一个联合政府，因为面对这样的重大责任，仅仅作为一个政党来说，是负担不起的。现在必须有人出面，把一个由各个政党参加的政府组织起来，否则的话，我们想要渡过这个难关基本上是没有什么希望的。

　　5月10号，重大的消息在天空放亮之后立刻传了过来。我接连不断地收到来自海军部、陆军部和外交部的装有电报的信盒。德国人发动了他们蓄谋已久的攻击。几乎在同一时间，荷兰和比利时都受到了入侵，很多在两国边界的地点都已经被攻破。德国军队展开了入侵低地国家和法国的整个行动。

　　金斯利·伍德爵士在大概十点钟的时候来找我，就在刚才，他同首相见了面。他对我说，考虑到目前大战已经开始，张伯伦先生感觉好像还是有必要继续担任本职工作的。但是金斯利·伍德却对他说，当前的情况跟他想的却正好相悖，因为发生了新的危机，那么就更有必要将联合政府组织起来，因为对于这样的危机，只有全国态度统一的政府才能对付。他还对我说，对于这个意见，张伯伦先生已经采纳了。到了十一点，首相再一次将我召唤到唐宁街。我在那里再次见到了哈利法克斯勋爵。我们坐在桌子这边，而张伯伦先生则坐在了对面。他跟我们说，有关组织联合政府的事宜，已经超出了他的能力范围，对此他是深有感触的。他已经了解到了工党领袖对此事所表明的态度，这样一来，便让他在这点上更加确信无疑。所以说，现在面临的问题是当国王批准了他的辞职报告之后，在组建内阁方面，他会向国王推举谁来担当这项工作。

　　不久后，我接到了一个通知，上面说让我在六点到皇宫去一趟。目前对于国内外发生的所有事情，大家还没有充足的时间理睬，所以，并没有看到有群众等候在皇宫门前。

　　我立刻被引领着去拜见国王。国王陛下让我坐下，态度十分和蔼。他看了我一会儿，眼光中带着一种犀利和玄妙，然后说："关于我为什么要找你来，我想你可能不知道吧？"沿着他的思路，我回答道："陛下，我根本想不出来。"他笑道："我想让你来组织政府。"我回答说非常乐意效命。

在当天晚上七点到八点之间，艾德礼先生受我之邀前来见我。同他一起来的还有格林伍德先生。我将已经受命组织政府的事情告诉了他们，并询问工党是否乐意加入进来。他给出了确定的回答，表示乐意。我建议在政府中应该有三分之一以上的职位应该被他们所占有，战时内阁的组成名额应该会有五个或是六个，而他们应该占有两个；我让艾德礼先生给我拟一张名单，为的是在具体职务的安置上，能方便我们讨论。我提到了贝文先生、亚历山大先生、莫里森先生和道尔顿先生。高级的职务由他们去担任，这也确实是当前局势所急需的。当然了，我早在下院的时候，就和艾德礼和格林伍德两人认识了。在还没有爆发战争的前十年里，我所处的地位或多或少都有些独立，我跟身处反对党地位的工党与自由党之间的争执同和保守党和联合政府之间发生的争执与摩擦比起来，那真是小巫见大巫了。此时，在我们之间曾进行了一次短暂而愉悦的交谈之后，他们就起身告辞了，并向伯恩茅斯的朋友和追随者以电话的形式发出了通知。在前四十八个小时内，他们之间的接触是最为密切的。

我邀请张伯伦先生担任枢密院大臣一职，并让他掌管下院，对此，他在电话中表示接受，同时对我说他已经安排好了，决定在当晚九点向全国人民发出广播，公布他已经辞职的消息，并且会倡议全国人民对他的继任者加以拥护和支持。在之后的广播中，他使用十分豪迈的言辞将所有的这些都说到了。我将哈利法克斯勋爵邀请进了战时内阁，并且外交大臣也由他担任。我按照我所作出的承诺，大概在十点钟左右的时候，向国王提交了五个人的名单。让谁去担任陆、海、空军三部大臣，这个事是十分重要的，不过在我心里早就确定了这三部大臣的人选。陆军部应该由艾登先生主管；海军部应该由亚历山大先生主管；空军部则应该让自由党领袖阿齐博尔德·辛克莱爵士主管。同时，国防部大臣一职由我兼任，但是我却不打算规定国防部的范围和职权。

就这样，在即将开始这场庞大战斗的时候，掌管国政的大权于5月10号的晚上为我所得。从此以后，在持续了五年零三个月的世界大战中，我所拥有的权力也越来越大，直到最后，当我们所有的敌人要么已经宣布无条件投降要么正在准备无条件投降的时候，我的职务立刻遭到了英国选民的解除，对于他们的事务，我再也不能处理了。

这场政治危机最后的日子是十分忙碌的，但我自始至终都兴奋不起来。我接受事情发展的全部态势。但是我却不能蒙蔽阅读这篇真实记载的读者：我上床睡觉的时候已经是大约半夜三点了，我如释重负的感觉十分强烈。全局的指挥权终于归我所有了。我感觉自己就像是正在跟命运一同前进一般，而之前我所有的生活，只不过是为了在这个时刻能承担这样一种考验而进行的储备而已。在过去的十年里，在政治上我处于下野的状态。在政党之间通常存在敌对情绪，而面对这一切我却有幸置身于事外。在过去的六年中，我所提出的警告频繁而详细，并且现在看来都非常不幸地说中了，所以，谁都不会发难与我，也不会对我发动战争或是缺乏作战的准备加以批评。就战争的全局来说，我认为自己有不少的见识，并坚信自己不会失败。因此，对于天明，虽然我有着急切的盼望，可是我睡得却很沉，而且想要追求安慰，没有必要去梦里，因为相比梦想，现实要美好得多。

第四章 法国沦陷

全国政党联合

终于，战争的狂风暴雨席卷而来了，这场长期聚集的，蓄势已久的大战，在爆发之初，就让四五百万人兵戎相见。这样惨烈的战争、这么庞大的数字在以往的战争中是绝无仅有的。法国战线在不到一周的时间内就被彻底摧毁，在上次大战和这次战争的初期，我们已经习惯于躲避在法国战线后面度日。久负盛名的法国陆军在不到三周的时间内，也摧枯拉朽般一败涂地，土崩瓦解。英国的陆军不得不在海上仓促应战，结果却是丢盔弃甲，溃不成军，装备辎重损失殆尽。不到六周的时间，英国就变得孤立无援，德国和意大利的军队紧紧地扼住了我们的咽喉，几乎解除了我们的武装。不仅英国如此，整个欧洲都被希特勒玩弄在魔掌之中；远在东方的日本正在坐山观虎斗。在国家生死存亡的紧要关头，我临危受命，出任首相和国防大臣一职，并决定组建一个包括各政党在内的战时政府，以便集合一切可以集合的力量，以最符合国家利益的方式，为英国王室处理国内外事务。

在战争年代，人们一致对外的责任感要高于和平时期，因此组建一个内阁，尤其是联合内阁，要比和平时期容易得多。只要和其他政党的领袖达成共识，我下达的委任，其他党派人员都会像上阵的士兵一样，立即就任，没有任何异议。联合政府建立之初，我与各党派的许多人士都有过接触，就我看来，这些人中大部分都没有私心，有些人虽心存疑虑，但也是为公考虑。这样无私的精神在许多保守党和自由党的官员身上表现得尤为突出，他们不得不放弃自己现有的事业，抛弃自己感兴趣的工作，投入到联合政府的建立中，有些人甚至一生都没有回归到以前的工作中去。

我将全部的心思都扑在战争上，埋首研究战争的走向，却对这场战争无能为力。既要忙于组建政府，又要会见客人，同时我还要调节各政党之间的关系。我不知道我当时是怎么挺过来的，我的记录里也没有相关的记载。总之，在最初的这几天里，我的经历是奇特的。当时的英国政府，被英王任命的大臣有六七十位之多，我的任务就是将这些大臣像拼图一样合理安置，同时还要兼顾各政党的意愿。我除了要会见各党派选举出来的担任要职的优秀人物之外，其他的重要人物我也必须会见。在分配职务时，我必须充分考虑到各种党领袖的意愿，以完成职务的分配。如果某个职位我有更好的人选，但是由于其他党派领袖有异议，或者抛开这个异议不说，最终这个人落选了，我也无能为力。不过以上的难题只是少数，总体来说还是一帆风顺的。

在我长期的从政生涯中，我担任过的所有重大职务中，我承认现在这个职务是我最喜欢的。执掌权力既能鱼肉人民，增加个人名利，但这样做被认为是卑鄙的；也能在国家危难之际自由制定政令，这对于执政者来说却是一件幸事。在任何活动中，二号、三号和四号的职位都无法和首脑的职位相比。在解决问题时，在诸多方面副手的职位都是比较尴尬和困难的。二号或三号的不幸在于，当他必须提出解决重大问题的意见和政策时，他不得不考虑自己的意见是否与政策相左，领导是否同意；不得不考虑应该提何种建议，怎样让意见付诸实施，怎样得到人们的支持。此外，二号和三号还要考虑四号、五号、六号的意见，甚至是二十号——内阁外某个头面人物的意见。每个人都有雄心壮志，每个人都希望依靠权力达到目的，这种目的不一定是庸俗的。况且，副手们提出的观点也可能是好的，有道理的。

在权力的顶端，问题就会被大大的简化。一个被众人选举出来的领导只需考虑怎样做最好，那么他就可以怎样做。人们给予领导的忠心是无法衡量的。他若跌倒，人们会将他扶起；他若犯错，人们便将错误掩盖；他如果睡着了，不会有人轻易打扰他；他若不称职，才会被换下。不过，这种极端措施不会天天被采用，尤其是在他刚刚当选的日子里。

战争让战争指挥系统变得更加务实而不是表面。和过去一样，现有的组织照常运作，没有做任何人员调整，在组阁初期，内阁成员还是要每天和参谋长委员会人员会见。而我，在英王的批准下就任国防大臣一职，我的权限也没有凌驾于法律和宪法之上。拿破仑说："宪法应该是简短而概括的。"出于谨慎考虑，我并没有规定自己具体的职责范畴，我也并没有向国王要求什么特权。不过，在战时内阁和下院的支持下，大家默认由我来全面指挥战争。我就任国防大臣兼首相一职后，有一点关键性的改变，那就是没有人给我划定一个明确的权限，因此我享有这两个职务共有的一切权利：我除了能够监督和主持参谋长委员会的工作外，还拥有任免一切相关人员和政务要员的极端广泛的权利。这样，参谋长委员会在经过每日与政府首脑的日常会见，并与他达成共识后，第一次获得了恰当的地位，取得了战争和武装部队的指挥权。

海陆空三军大臣在战时内阁成立后受到了很大的影响，他们都不是内阁成员，都不参加参谋长委员会的会议，虽然他们仍然对本部门负责，但是并不参与战略方针的制定和每日作战任务的部署。这三个部门虽然在形式上依旧，但地位上已不如从前。不过这是得到战时内阁认可的，因为这些工作已由参谋长委员会和首相接管。三军大臣都是我的朋友，他们可靠又能干，办事务实不务虚，是我精心挑选出来的。在管理日益壮大的部队时，他们办事爽快注重实际的办事风格给予了大家很多帮助。他们是国防委员会的成员又经常和我接触，因此对战局有很全面的了解。各军参谋长是他们的直属部下，对他们知无不言，尊重有加。不过，作战必须有总指挥这是大家的共识，我们之间从来没有发生过僭越这种事情，大家可以畅所欲言，不过战争的最终指导权还是掌握在少数人手中。这在过去是件困难的事情，不过现在却简单得多——当然希特勒不会这么做。尽管战局动荡不堪，尽管未来困难连连，但我们众志成城，脚步一致，所有的工作都能够快速有序地进行，似乎这个机构有生命一般。

5月13号星期一，我要求下院召开了一次特别的会议，即对新政府进行信任投票。在对新的部门人事变动一一做了汇报之后，我说："我不能为大家许诺什么，我能做的只有甘洒热血、不辞辛劳、满含同情和挥洒汗水。"这样一个短小通俗的国家纲领，在我国漫长的历史中，还没有任何一位首相提出过。我作会后总结时说：

　　你们问我，政策是什么？我说："我们的政策就是战斗。在海上，在陆地上，在空中，用上帝赋予我们的全部的本能和力量去战斗；去对抗人类罪恶史上从未出现过的、黑暗的、惨绝人寰的邪恶政府。你们问我，目的是什么？我只能用一个词来回答，那就是胜利。只有胜利值得我们付出一切，只有胜利值得我们面对恐惧，只有胜利值得我们跋涉艰辛而又漫长的道路。因为没有胜利，就没有生存。说得更具体一点：没有生存，就没有大英帝国的存在；没有生存，大英帝国代表的一切都是虚无；没有生存，人们就无法追逐时代的步伐，实现自己的目标。我肩负的这份使命，让我兴奋不已而又充满希望，我坚信只要我们众志成城，就不会失败。此时此刻，我将总结我的发言，我要说："站起来吧，让我们团结力量，一同前进。"

这些简短的话赢得了下院的全票通过，并休会到5月21日。

就这样，我们开始为共同的事业而奋斗了。在此后的五年时间里，没有任何一位英国首相，从他的同僚、各党派人士中获得的忠诚而又真实的帮助超得过我。议会也站在政府的这一边，他们在对时事进行自由而又积极的评论的同时，对于政府出台的政策措施给予了全力的支持。全国人民都团结起来了，人们的精神状态也超过以往。这真是令人欣慰，而且确实应该欣慰，因为我们即将经受的事情，其可怕程度，是任何人都无法预见的。

接连的挫折

我于5月10日晚间就任首相一职，此时尚未组建完善的战时内阁，因此没人要求我和内阁成员对德军攻击荷、比、卢三国做出新的决定。此时使用的应对措施是甘默林将军的"D计划"，这个计划已于黎明时实施，在很早之前，法国和英国的相关人员已经认可了这个计划。实际上，这个大规模的作战计划在11日早间就基本准备就绪了。古罗将军率领的法国第七陆军集团军负责沿海一带，此时已冒险进入荷兰境内；英国第十二轻骑兵装甲部队负责中心区的巡逻任务，此时已到达戴尔河附近；贝约特将军率领的第一集团军和剩余部队负责南面战线，此时已向戴滋河开拔。据盟军军事首脑估计，只要"D计划"生效，在缩短对德作战防线方面，我们能节省出十二到十五个师的兵力。再加上比利时集团军的二十二个师，荷兰陆军的十个师，让我们不至于在西线对抗中兵力处于劣势。这次的军事行动令我满怀信心，没有任何干预的必要，因此我只是充满希望地期待这次交锋。

然而，比利时人没有守住默兹河和艾伯特运河防线，我们失败了。实际上，甘默林将军准备已久的"D计划"并没有在比利时防线起多大的作用，因为早在命令执行之前，在德军的第一波攻击中，比利时防线就被多处击穿。现在只能寄希望于与德国的"遭遇战"能够打赢，这曾经是法国最高统帅部门极力想避免的。

荷兰洪水的巨大力量我曾有过耳闻，那是在1937年，荷兰首相柯立恩访问我的时候。他曾对我详细描述说，这股巨大的洪水力量只需要一按电钮就可以触发，触发后洪水会形成一道敌人无法逾越的屏障，御敌于国门之外，而这一切只要他在洽特韦尔的午餐桌上用电话下一道命令而已。在现代化战争面前，这真是十足的谬谈。一个小国在面临一个现代化的大国入侵时，任何天堑都是无法抵御的。德军在一天之内几乎攻陷了荷兰全部的外线防御工事，他们在运河上搭建桥梁，夺取了水闸和洪水控制设备，攻破了荷兰各处的防御措施。荷兰成了一个不设防的国家，德军所过之处，鹿特丹化为废墟，海牙、乌德勒支、阿姆斯特丹也逃不过这样的命运。荷兰人的幻想落空了，德军这次没有像上次大战那样，从荷兰的右面绕过去。

荷兰女王威廉明娜陛下和她的家族、政府人员，在被皇家海军安全护送到英国后，立即鼓舞他的人民向侵略者发起反抗。女王和政府在海外继续管理着这个庞大的帝国，号召荷兰人民以决不投降的勇气面对德军的打击。在女王的授权下，英国接管了荷兰海军的指挥权，荷兰庞大的商船队伍也听命于英国，这对盟国事业的支持作用是无法估量的。

14日，坏消息开始陆续传来。下午7时，我接到雷诺先生拍发的一份电报，并向内阁宣读了电报内容。电报说，在德国坦克和俯冲式轰炸机的进攻下，色当失守了，为了重整战线，法国要求英国支援十个战斗机中队。发给参谋长委员会的电报还谈到甘默林将军和乔治将军均认为局势危急，以及没料到敌军推进如此迅速等事，其他的内容基本相同。实际上，在与敌直接接触的战线上，法国军队已完全被克莱斯特集团军群击溃或歼灭，借助其大量的轻重装甲部队，德军正以战争史上从未出现过的速度向前推进。在火力和攻势方面，盟军也是无法和德军匹敌的。德军还有两个装甲师选择在迪南地区度过默兹河，法国第一军团在迪南以北地区进行了一场最为激烈的战斗。在蒙哥马利将军的指挥下，英国第三师在英国第一军和第二军固守的瓦福到卢万阵地，也与敌人进行了激烈的交锋。再往北，比利时正在撤向安特卫普。在沿海地带，法国第七集团军也在撤退，速度倒比早先前进时还快。

在盟军的作战计划接二连三以失败告终后，有一项计划却成功了，那就是在开战之初，英国实行的"皇家海军"计划。这个计划是向莱茵河投入浮漂水雷，在开战后的一个星期内我们就像"流觞"般投进去一千七百颗[①]。这些水雷几乎中断了卡尔斯鲁厄到美因茨之间全部的交通，并大大地破坏了卡尔斯鲁厄的堤坝和浮桥，这个计划的效果立竿见影，不过它的成功却被接连的不幸掩盖了。

15日，法国的第九集团军被完全击垮了。科拉被北方的第七集团

[①] "皇家海军"的计划最初定于1939年11月，这些水雷按计划是要沿莱茵顺流而下，破坏敌人的浮桥和船舶。这些水雷是从法国境内的上游投入到河中的。参见原书第一卷附录。——原注

军司令吉罗将军取代，其残部也被第七集团军和正在南方组建的第六集团军司令部接管并整编。法军防线被突破的缺口差不多有五十英里长，敌军也的确正通过这个缺口大量涌入。报告称，到了15日夜间，德军的装甲部队已经到开赴利亚尔和距原来防线六十英里处的蒙科尔内。法国第一集团军所处战线也被德军撕破了一个口子，这个口子在梅尔以南，有五千码长。北方英军部队组织的进攻也全部被压了回来。法国的一个师从英军的右翼撤了下来，英军不得不在向南方向的侧翼组建一个防线，以防御德军的进攻。法国第七集团军占领的法尔霍伦岛和南北弗兰岛也丢了，他们退守到斯卡尔特河以西的安特卫普地区重组防线。

荷兰最高统帅部在这一天的上午11时投降了，因此只有很少的荷兰部队撤了出来，荷兰方面的战斗结束。显然，就目前的情况看我们是失败了。

16日，拉卡佩尔——韦尔万——马尔——拉昂战线前出现了德军的先头部队，增援这支部队的是出现在蒙科尔内和埃纳河畔纳夫沙泰尔附近的德军第十四军的前锋部队。据证实，距离色当六十英里处的拉昂也被敌人攻陷了。迫于敌人力量的威胁和己方战线承受的越来越大的压力，法国第一集团军和英国远征军不得不奉命分三个批次退守到斯卡尔特河地区。虽然谁也不知道还会发生什么事情，虽然就连陆军部都没得到相关细节方面的报告，但是大家都知道，情况是越来越糟了。

魏刚的计划

　　战局对我们越来越不利，几乎每过一小时严重程度都会加深一层。应乔治将军的要求，为了掩护对我们向南方撤退至关重要的公路枢纽阿拉斯，英国陆军占领了从多亚到培隆纳战线上的所有据点，形成一段延长的防护翼对其进行保护。德军当天下午抵达了布鲁塞尔，第二天就挥师到康布雷，并且绕道圣昆汀将我们的小股部队从培隆纳赶了出来。此时，法国第七集团军、比利时军、英军和法国第一集团军正在向斯卡尔特河地区撤退。与此同时，英国彼得少将统帅下的几支部队临时整编成分遣队，并被命名为"彼得军"，驻守在登特河流域，防护阿拉斯。

　　5月18日到19日午夜，贝约特将军到司令部会见了戈特勋爵。从他的表情来看，他并没有带来什么好消息。在听到他的建议之后，英军总司令意识到，向海岸撤退的计划有可能要开始执行了。

　　荷兰被迅速占领的结局我们谁也没有忘记。艾登先生曾在早期建议内阁推行组建地方防卫力量，这一建议已经被采纳，并正在被积极实施。在全国范围内，在所有意志坚决的人们中，一股股用霰弹枪、猎枪、棍棒和长矛武装起来的力量，正在各城镇和村庄兴起和聚集。虽然在不久的将来，这也是一支庞大的部队，但是我们对于正规军的需要依然迫在眉睫。

　　北方司令部的混乱、法国第一集团军显而易见的溃败，还有未卜的前途让战时内阁中的成员焦虑不已。我们虽然沉着而镇静的行动着，但是有一个默契的共识却让我们感到痛苦。19日下午4点30分，我们得知，戈特勋爵正在考虑"在不得已的情况下向敦刻尔克撤退的可行性"。我们中的大多数人，包括帝国总参谋长埃恩萨伊德在内，都不接受这个计划，我们一致认为应该向南方撤退。

德军推进的方向此时已经清晰地展现在我们眼前了。他们的装甲车和机械化部队经由缺口前进到亚眠和阿拉斯，然后西行沿松姆河行进到海边。20日夜间他们抵达阿布维尔，沿路突破和切断了北方各集团军所有的交通线。防线被突破后，德军那可怕而又致命的战车便像镰刀一般所向披靡，很少或根本就没有遭遇到抵抗。可怕的德国战车在机械化部队的协助和补给下，自由地在开阔的田野中行进，每天能前进三十到四十英里的路程。他们的军官从坦克的炮塔中伸出头来，得意地向路过的居民挥手致意，在完全没有遭受抵抗的情况下，穿过了几十个城市和上百个村庄。有人亲眼目睹了这样的情形，大量的有许多人还配备着步枪的法国战俘跟随在德军的身后，偶尔有德军士兵发现了这些步枪，便收缴上来扔到行进的坦克下面碾碎。防线被突破后，德军装甲部队的几千辆战车彻底击垮了法国强大的集团军，他们没有与敌人进行任何的白刃战，而是迅速土崩瓦解，这让我们惊讶不已。公路上似乎也没有设置任何的障碍，因此德军选择公路作为他们主要的行军路线。

此时，有两个可怕的选择摆在战时内阁的面前。一个是，不管法军和比军是否配合，英军都不惜一切代价南下到松姆河地区，戈特勋爵对于这一选择表示质疑，原因是他的兵力不足；第二个是，无视将会遭到敌军空袭的危险和丢弃珍贵而又稀少的大炮和装备的损失，向敦刻尔克集结，再从海上撤退。相比而言，第一个选择虽然危险但值得尝试，不过为了防止南下撤退计划失败，在海上做好充分的安排和准备也是必须的。为了方便做出决定，我提议去法国会见雷诺和魏刚，蒂尔可以从乔治将军的司令部动身，赶往会见地点与我见面。

　　5月22日，我抵达巴黎。此时的法国政府已经经过了一次重组，甘默林将军被换下，由魏刚代替，达拉第也被剥夺了战争指挥权，雷诺总理兼任法国陆军部部长。巴黎到目前为止是安全的，因为德军的进攻方向是海滨。中午时分雷诺先生陪同我抵达万森，法国最高统帅部依然设在这里。魏刚向我们讲述了他的作战计划。他认为北方各集团军应该从康布雷和阿拉斯一带向东南方向的圣昆汀发起攻击，而不是向南方或后方撤退，因为在圣昆汀——亚眠这片袋形（他这样称呼这片区域）阵地内的德军装甲师是可以通过袭击侧翼的方式被歼灭的。他不认为北方各集团军的后方存在威胁，因为那里可以交给比利时的军队进行掩护，如果有必要的话，还能在比军的掩护下对北方发起攻击。同时，还应该在松姆河地区建立一条战线，为了防守这里，法国将组建了一个十八到二十个师的新集团军，兵力来自阿尔萨斯、马其诺防线、非洲和其他地区的部队，由福勒尔将军指挥。这支新的集团军要尽最大的努力，给亚眠地带的敌军装甲部队施加压力，并尝试通过那里推进到阿拉斯地区与北方集团军会师。一切能够传达到的地方都已经接到以上的命令。

　　可以很明显地看出，魏刚的新计划同去职的甘默林将军的十二号命令除了侧重点不同外，没有其他的新意。同19日战时内阁发表的坚决主张也并无出入。北方各集团军和福勒尔指挥下的新成立的法国集团军遥相呼应，一个向南进攻，一个经亚眠向北进攻，在可能的情况下，粉碎德军装甲师的攻势。如果能完成这一目标，那么对战局将起到重大作用。然而这一命令的下达却晚了至少四天，在这四天里戈特没接到任何命令，直到魏刚上任后的第三天，这一命令才被下达，对此我曾私下向雷诺先生抱怨过。临时换将虽然正确，但之后耽误的时间是没有必要的。

　　由于此前最高统帅部迟迟不下达命令，此时战争的节奏已经完全被敌人掌握。戈特已于17日将部队调往阿拉斯驻防，并加强了鲁约尔古——阿尔勒防线的南面侧翼的防御。法国第七集团军也已南移与法国第一集团军会合，不包括在法尔霍伦岛战役遭受重创的第十六军。英军的后路曾遭到截断，这虽然造成了小范围的骚动，但并不严重。5月20日，戈特曾建议贝约特将军和郎夏尔将军，在21日用两个师加一个装甲旅从阿拉斯向南方进攻，贝约特将军同意配合，并决定从第一集团军中抽调两个师参加这次行动。在默德——法朗兴——德尼安——杜埃之间的一片长约19英里、宽约10英里的长方形区域驻扎着法国第一集团军的十三个师。20日，德军从伍敦纳德附近跨过了斯卡尔特河。23日，东部方向的三个英国军团撤退到法比边境。

戈特向此时的北方各集团军指挥官布朗夏尔将军建议，根据魏刚的计划，应该派遣两个英国师、一个法国师和一个法国骑兵团穿越杜·诺尔运河和斯卡尔特河的中间区域向南进攻。实际上，法国第一集团军在这段日子里并不是只被动防守，他们曾对康布雷外围展开过两次攻击，只是都被敌军的飞机赶了回来。这两次进攻是他们仅有的两次主动出击。

在惨淡的战争愁云面前，我和我的同僚们都认为约翰·蒂尔爵士就任帝国总参谋长一职是众望所归。出于英国也将遭受攻击的考虑，我们还须选举出一位本土防御总司令。5月25日深夜，在海军部大楼我的房间里，我同埃恩萨伊德、蒂尔、伊斯梅和另外一两个人研究当前的形势。埃恩萨伊德主动提出，他愿意卸任帝国总参谋长的职位，并就任英国本土防御指挥一职。他的这一决定是勇敢的和大公无私的，因为本土防御部队指挥的职位对于他这样的指挥官来说，是没有前途的。我十分感激地接受了他的决定，由于他对此事表现的态度，在后来被我授予了崇高的地位和荣誉。5月27日，约翰·蒂尔就任帝国总参谋长，人们对于这次的人事变动是普遍接受的。

向海岸撤退

5月20日夜，德军在到达阿布维尔的海岸线后，其装甲部队和摩托化部队的主力继续经埃塔普勒向北进军，其目的显然是占领布洛涅、加来和敦刻尔克以切断我军所有的海上撤退路线。布洛涅防线，尤其是加来防线正在进行着艰苦卓绝的防御战，在局面失控的最后一刻，英国派遣的援军抵达了那里。守备布洛涅的部队有两个营、一个英国为数不多的反坦克炮队，还有一些法国部队。

22日，在坚守了三十六个小时之后，布洛涅被敌军孤立起来，守卫这里的部队在仅损失二百人的情况下要求撤退，我同意了他们的要求，并于5月23日到24日夜用八艘驱逐舰帮他们从海上撤离。法国军队继续抵抗到25日清晨，对于我们的撤退我表示遗憾。

5月24日，德军突然向距离奥斯坦德和敦刻尔克不足三十英里处的库尔特累两侧的比军防线发动进攻，并突破了那里，此前德军从未向比军发动过如此大规模的进攻。这次进攻导致比利时国王对战局彻底失望，准备投降。这虽然又是一桩不幸的事件，但是这次事件却让千头万绪的战局趋于简单化了。

英国远征军第一军和第二军从比利时撤退到利尔，去年冬天他们曾在此处国境线的北面和东面修建过防御工事，包抄我军南翼的德军在5月23日也抵达该处，因此他们必须在那里布防。迫于形势，戈特不得不将部队转移到拉巴瑟——贝登——艾尔——圣奥梅尔——瓦当一线沿运河布防。这条防线并不连贯，因为圣奥梅尔和瓦当已经失守，负责防守此处的第三集团军只好在主要路段设置一系列防御"点"。

敌军的攻击已经威胁到卡塞尔北部的几条重要交通线；前文提到过的作为英军后备队的第五师和第五十师，为了执行魏刚的计划，在冒险反攻阿拉斯失败后已陷入敌人的重重包围。在长达九十英里的英国远征军防线上，每一处都与敌人近在咫尺。这就是当天的情况。

法国第一集团军在英国远征军的南面，该军团的十三个师除了两个师在国境线布防外，其他的十一个师全都龟缩于杜埃的北面和东面区域，该军团遭受到德军包围圈东南方向兵力的攻击，皆已溃不成军。位于我军左翼的比利时军队正向北方撤退，由于利斯运河防线多处失守，使得梅嫩以北出现了一个缺口。

25日夜间，戈特勋爵命令第五师和第五十师依然按照魏刚的计划，向南挺进到康布雷地区，试图呼应按照约定从松姆河向北进攻的法军的行动。虽然这项决定对于英军来说意义重大，但是法军似乎并没有配合的迹象。此时，布洛涅的最后一波守军已完全撤离，加来还在坚守。戈特勋爵在意识到向南和向松姆河进军无望后，放弃了魏刚的计划。我们截获了一条下达给德军第六集团军的命令，命令称，德军将派两个军分别进攻西北方向的伊普尔和西方的威兹沙特，德军发起的同时进攻比利时军队是无法阻挡的。那么一个新的、足以改变战局的危险将出现在我们面前，比利时军队的溃败将导致我们的北方出现一个缺口。

戈特认为，他已经与英国、法国政府以及法国最高统帅部的联系全部中断，出于对自己军事才能的信心，他决定放弃向南进攻转而向海岸移动，同时堵住因比利时军队投降而即将出现的北方缺口。为了军队不被全歼或投降，这是此时唯一的方法。英国第五师和第五十师以及英国第二军奉戈特的命令于下午6时前往比利时方向，堵塞行将出现的缺口。戈特将这一命令通知了布朗夏尔将军，此时他已经接替贝约特将军担任第一集团军群总指挥，这位将军对于形势的危机程度没有异议。布朗夏尔认为，他应该撤退到里尔以西的利斯运河防线，以便在敦刻尔克附近建立起桥头阵地，于是，在夜间11点30分下令，要求部队在26日赶往该处。

向海岸撤退的计划在5月26日凌晨，由戈特和布朗夏尔共同制定完成。为了等待路程较远的法国第一集团军，作为后卫兵力的英国第一军和第二军需要在5月27日到28日夜，驻留在国境线上的阵地中，英国远征军在26日到27日的行动也都是准备性质的。虽然戈特勋爵的行动都是他一人制定的，但是在国内，我们综合了得到的情报在进行了不同角度的讨论后，也得到了以上的结论。26日，陆军部向戈特发去电报，同意他"协同法军和比军向海岸转移"的行动。海军部的大量的各式各样的大小船只也已积极地集结起来。

26日一整天，通往海岸的西侧阵地基本没有发生变化：除了正在坚守艾尔和拉巴瑟运河阵地的第二师正在进行激战外，第四十八师和四十四师驻守的阵地承受的压力都不大。东面的卡尔文防线，德军正在对英法联合防御军进行猛烈的进攻。危机在附近露营的第五十师的发起反攻后才被化解。第五师和划归该师指挥的第四十八师第一四三旅从英军左侧的防线撤了下来，经过彻夜行军在拂晓前接防了伊普尔——柯明运河防线，以便堵塞英军和比军的缺口。此后不久，敌人对该防线发起进攻，战斗进行了一整天。第一师的三个营作为后备队也参与了这次战斗。在利尔以南露营的第五十师已向北方的伊普尔附近转移，以便为第五师形成一个延伸侧翼。比军方面报告称，在敌人整日的猛攻下，他们的右翼已经被突破，与英军防线取得联系的能力和退守到苏伊士运河配合英军行动的能力已丧失。

法国人已在戈拉弗林到伯格一线驻防，英军则在伯格运河经弗勒斯到尼乌博特再到海岸线这些区域布防。与此同时，建立工事、构建桥头阵地的行动正在敦刻尔克进行。各式各样军队在这条战线上随处可见，他们都是从两方面行军至此的。27日下午1时，陆军部发给戈特勋爵一封电报以便证实26日的命令，并通知他"尽可能的撤出最多的军队"。26日，我将撤离英国远征军的计划通知了雷诺先生，并要求他对此作出回应。"不许后退，要在利斯河阵地战斗到底"是法国第一集团军于27日下午2时，向各军下达的命令，此后通讯便中断了。

德军试图在利尔附近将包围圈的两臂合围，孤立英军的四个师和法国第一集团军，形势十分危急。德军的包围圈用了两天半的时间，直到5月29日夜间才合围。在这段时间中，虽然法军用于运输的只有马匹，虽然通往敦刻尔克的主要公路已经被切断，虽然撤退的军队、长长的运输部队还有拥挤不动的难民挤满了次级公路，但是英军的四个师还有法军的第一集团军大部，除了损失掉的第五军之外，全部井然有序地通过缺口撤了出来。

28日黎明前，比利时军队投降了。对于堵住比军造成的缺口，布鲁克和他的第二军在柯明——伊普尔，再从伊普尔到海岸的东面防线，出色地完成了防御任务。不过，英军能否成功撤出敌人的包围圈，在28日这天，依然是个未知数。

28日下午，桥头阵地已延伸至戈拉弗林——伯格——弗勒斯——尼乌博特一线，从右至左，从伯格至尼乌博特海岸线，英军各师的布防顺序如下：第四十六师，第四十二师、第一师、第五十师、第三师和第四师。戈特已下令全军向桥头阵地撤退。29日，桥头阵地范围内已集结了大部分的英国远征军，此前海军为撤退准备的设施此时被充分利用起来。30日，从总司令部接到报告称，英军各师，准确说是英军各师的残余部队，已全部进入桥头阵地。

到达敦刻尔克的部队也包括一半以上的法国第一集团军，其中绝大部分已安全登船。不过，在利尔以西，至少有五个法国师的退路被德军的包围运动所切断。28日，他们试图突围，但因敌人从四面八方对他们进行逼近而失败。在其后的三天中，德军逐渐压缩法军在利尔的阵地，他们虽然进行了反抗，但是到31日夜间，因弹尽粮绝法军不得不宣布投降，德军俘获的法国士兵有五万之众。摩里尼埃将军是这些法军的统帅，他指挥法军进行的英勇抵抗，牵制了至少七个师的德国军团，使得这些师团不能对敦刻尔克外围进行攻击，为此次撤退赢得了关键的四天时间。对于英国远征军的撤离和其他相对幸运的法军来说，他们的贡献无疑是巨大的。

敦刻尔克大撤退

关于英法联军的敦刻尔克大撤退，已经被翔实和完整的记录了下来。从20日起，多佛尔港的司令官拉姆齐海军上将就已经着手指挥舰只和小型船只在该港口集结。26日下午6时57分，"发电机"计划由海军部下令开始执行，当天夜间第一批军队便被运回了国内。敌人攻陷布洛涅和加来后，将我们的救援时间缩短到两天，此时还在我们掌握之中的只有敦刻尔克和港和比利时边境的开阔海滩，我们认为在这种情况下，能够救援出的军队大概有四万五千人。5月27日早晨，为了应对"特殊需求"，海军部采取紧急措施，以便搜寻更多小型船只。船只数量要足够用于撤离所有英国远征军。很明显，除了在敦刻尔克港口装载士兵的大型船只外，用于在海滩登陆的小型船只同样是必不可少的。海运部的里格斯先生建议，让海军部官员从特丁顿到布莱特里希之间的各个船坞征集船只，第二天，四十艘可以使用的汽艇便集结到西尔纳斯。与此同时，伦敦各码头定期邮轮上的救生艇，泰晤士河上的拖船，以及快艇、渔船、驳船、平底船、游艇等等可以在海滩使用的交通工具，都被征集听用。27日夜间，所有的小型船只驶入大海，它们像潮水一般先涌向我们的海峡港口，然后朝着我们热爱的军队的所在地，敦刻尔克开去。

行动公开后，海军部没有丝毫犹豫，立即下达命令，让我国南方和东南沿海一带的船只自由行动。无论是汽船还是帆船，只要是船，人们就将它驶向敦刻尔克。29日开来的小型船只并不多，只相当于后来赶来船只的先遣队。由于我们的准备工作在一周前就已经开展了，使得自愿赶来救援的小型船只越来越多，后来达到了将近四百只，从31日起，这些船只的巨大作用展现出来，它们从海滩运到远离海岸的大船上的人数达到十万之多。海军部地图室主任海军上将皮姆和另外两三个常见的人，在这几天当中没有出现在我的眼前，他们驾驶着一艘荷兰小船，在四天内运出了八百人。虽然敌人不间断地发动着空袭，但是前往救援的船只还是达到了将近八百六十艘，除了同盟国的船只外，英国的船只约七百艘。

在敦刻尔克前的海滩上，一条环形的防线被有序而又严密地布置开来。抵达的部队全部秩序井然地前往防线进行休整，没有出现过混乱不堪的局面，这使得工事的防御力量在两天的时间内大大增加了。防线的构筑任务由阵容最好的部队去完成，损失惨重的部队，如第二师和第五师，先留在海滩作后备队，然后他们将最早登船。29日，法军接防了更多的防线，之前驻扎在前线的三个英国军团，现在用两个就够了。我们后撤的部队受到了敌人疯狂的追击，激战从未停止过，在尼乌博特和伯格一带的战斗尤为激烈和频繁。英军和法军的数目随着撤退的进行，都在不断减少，伴随而来的是防线的缩短。希特勒认为，他的装甲部队应该在战争的最后一刻使用，只用德国的空军就能阻止我们撤离，因此在海滩的沙丘上，一连三四天甚至五天，德国的空军无情地向我们成千上万的军队发动着空袭，但是效果甚微。

随着撤退的进行，人们关注的眼神变得焦急，人们心里的期望不断地增长。27日晚的情况一度十分危急，甚至可以说绝望了：海军部认为戈特将军的阵地也已岌岌可危；皇家海军上校坦南特，奉海军部之命担任敦刻尔克高级海军军官职务，发来急电称，"撤退不能耽搁到明天夜间"，要求所有能够使用的船只必须立即到达海滩。为了满足他的请求，我们派去了一艘巡洋舰、八艘驱逐舰和二十六艘其他的舰只，这已经是我们能贡献的最大力量了。28日这天的局面非常紧张，但由于皇家空军的支援得力，我们陆上的阵地没有失守，紧张程度得到了缓解。29日，我方损失了三艘驱逐舰和二十一艘其他船只，还有许多被击伤，尽管损失严重，但是海军部的计划并没有停止。

30日，我召开了一次会议，与会的有海陆空三军大臣和三军参谋长，我们对比利时海岸的情况进行了讨论。参加救援的八百六十艘各式船只总共运出部队的数量已达十二万，其中法国人只占六千。海军上将威克-沃克从敦刻尔克来电说，虽然在一小时前，敌人对敦刻尔克发动了猛烈的轰炸和空袭，但是仍有四千人上了船；他还认为，明天敦刻尔克就将失守。目前迫切需要的是撤出更多的法国军队。我强调，如果做不到这一点，那么我们对盟国关系的损害将是无法弥补的。我还要求戈特勋爵，当坚守阵地的英国军队缩减到一个军的时候，他便应当让一个军长留下负责，然后坐船回国。为了能让法国军队继续撤退，驻扎在阵地上的英国军队应坚持到最后一刻。

敦刻尔克战役于5月31日和6月1日迎来战事的最高潮。已超过十三万二千名士兵于这两天在英国本土安全登陆，其中冒着敌人猛烈的空袭和炮火从海滩上撤离的人占将近三分之一。从6月1日清晨起，每当我们的战斗机必须飞回加油时，德军的轰炸机便利用这段间隙赶来，对我们的密集船只进行疯狂轰炸，使得我们损失惨重，仅这一天的损失就几乎与上星期的损失总和相等。加之水雷和快速鱼雷艇的攻击，以及其他不幸事故造成船只沉没的数量达三十一艘，其中有十一艘被彻底击毁。在岸上，敌人极力想冲进我们的桥头阵地，盟国后卫部队顶着敌人施加的压力，拼死抵抗，完全击退了他们的攻击。

在撤退的最后阶段，我们已经不再像以前那样临时抱佛脚了，第一次学会了提前将计划安排好，我们的撤退工作得以熟练和细致地进行。6月2日黎明，持续被压缩的敦刻尔克外围阵地依然有约四千英军和同等数量的法军，配备着七门高射炮和十二门反坦克炮在那里坚守。撤退工作在白天已经无法进行，因此海军上将拉姆齐选择在当夜将一切还能使用的船只集中到敦刻尔克港。当晚，除拖船和小艇外，还有四十四艘舰只从英国出发赶往该地，其中包括十一艘驱逐舰和十四艘扫雷艇。除了这些，还有四十艘法国和比利时的船只也赶来了。英军后卫队在午夜前就上船了。

不过，敦刻尔克大撤退并没有就此告一段落，还有法国的军队需要撤退。我们打算当晚就撤出尽可能多的法军，而且撤出的法军人数要大大超出法国方面要求的数量。然而，当我们决定在拂晓时分撤退时，留在岸上的大量法军正在与敌人进行战斗，使得我们好多船都是空载状态。尽管在这几天船员们都没有休息过，不断的工作已经让他们筋疲力竭，但是我们必须再做一次努力，船员们响应了这一号召。6月4日，两万六千一百七十五名法国士兵被运往英国，其中由英国舰只运送的达二万一千多名。不幸的是，在愈来愈小的桥头阵地上，还有几千名士兵没有撤走，4日早晨，当敌军抵达这座城市的外围时，他们已经战斗了一个晚上，此时已筋疲力尽。为掩护英军和法军撤退，在这些天中，他们进行了英勇的战斗。今后，他们面对的将是战俘营的生活。我们必须铭记：敦刻尔克后卫部队进行的战斗将我们在英国本土重建一支部队，保卫我们的国家直到最后获胜所遭受的挫折减到了最低。

趁火打劫

墨索里尼认为，日不落的英国已经红日西斜，加之德国的帮助，他益发自信，觉得在大英帝国的废墟上建设意大利的未来已成为可能。柏林—罗马轴心的出现更加显现了这一点，可见在战争爆发的当天，意大利就已经决定要参加对英国和法国的战争了。

法国刚刚惨败，危机还没有过去。身为首相，我有责任阻止意大利参与战争，虽然我不抱有希望，但是我还是要尽最大的努力。不过法国的失败已经让墨索里尼下定了决心。5月29日，墨索里尼正式通知意大利的三军参谋长们，在6月5日之后的任何合适时机宣战。应希特勒的要求，日期被延迟到6月10日。

为了让墨索里尼回心转意，美国尽了全力，这一点赫尔在他的回忆录中有生动的记载[1]，虽然没有成功，但是我们的准备工作已经做得相当充分，在新的战争和纠纷到来时，我们已能够应付。6月10日16时45分，意大利外交部长照会英国大使，宣布从当天午夜起意大利就会与英国处于战争状态；同样的通知法国政府也收到了。法国外交大使弗朗索瓦·篷塞在接见齐亚诺时，一边向门口走去一边说道："你

---

[1] 《赫尔回忆录》第一卷，第56章。——原注

们会明白，德国并不是一个好伺候的主子。"在罗马，墨索里尼从他的阳台上向事先组织好的人们宣布，意大利已向法国和英国宣战。后来，齐亚诺曾辩解道："这样的好机会五千年才会出现一次。"稀少的机会并不一定都是好的。

驻在阿尔卑斯阵地的法国军队很快就遭到了意大利的进攻，大不列颠立即宣布与意大利进入战争状态。海军奉命拦截海上所有的意大利船只，五艘意大利船只在直布罗陀被拦截下来，之后被带到我们控制的港口处。12日夜，我们的轰炸机从英国轻装起飞，长距离飞行到都灵和米兰，投下了第一批次的炸弹；等法国的马赛机场能为我们所用后，预计会有更多的投弹量。

这个时候简述法意战役是比较方便的。意大利向阿尔卑斯山口和里维埃拉沿岸进攻的西部集团军有三十二个师，该集团军由翁伯托亲王指挥；抵御这一进攻的法国部队只有六个师，其中有三个师多一点是要塞师。与意大利部队呼应的是强大的德国装甲部队，他们此时正迅速通过罗纳谷，马上就要挺进法国的后方。在新战线上的每一点，意大利人都遭到了抵抗，他们被法国部队牵制在阿尔卑斯的阵地上没有任何进展；甚至在巴黎和里昂相继落入德军之手时还是这样。6月18日，墨索里尼在慕尼黑与希特勒见面时，这位意大利领袖没有任何牛皮可以吹。为此，6月21日，意大利发动了新的攻势。然而，法军的阿尔卑斯阵地依旧岿然不动，向尼斯进军的意军主力也在芒通的郊外止步不前。法军虽然在东南边境上保住了他们的荣誉，但是却不能阻止德军从南面抄向他们的后路，法军停止了战斗；与此同时，他们也不得不向意军停止敌对行为，因为在法国与德国缔结的停战协定中，有这样的条款。

趁火打劫的局面开始了。参与其中的并非墨索里尼这只豺狼，还有虎豹。

　　斯大林和希特勒有许多相似之处，比如他们都是独裁者，两国的政治制度也很相似。因此在当时，在双方的利益冲突允许的条件下，苏联和德国是紧密的合作关系。莫洛托夫对德国大使舒伦堡伯爵的态度总是谦恭和卑微的，在每一个重要的场合，他都会不加思索地赞成德国的政策和恭维希特勒的军事行动。5月10日上午，对于如何把对法国和荷、比、卢三个中立国发动进攻的消息告诉给斯大林，希特勒着实花了一番心思。舒伦堡写道："我拜访了莫洛托夫，他对这一做法表示赞赏和理解，并说德国为了保护自己必须要向英国和法国发动攻击，他认为我们一定会成功。"①

　　虽然在战争结束前，我们无法正确解读苏联人话中的含义，但是关于他们的态度我们是心中有数的。我们决定采取耐心等待的政策，寄希望于随着事态的发展，苏联能与德国走到根本的对立面上，届时再尝试恢复与苏联的互信关系。不过，我们找到了一个更聪明的办法，即委派斯塔福德·克里普斯爵士出任驻莫斯科大使，他的才能会有所帮助。完成这项任务几乎是没有希望的，但他表示愿意就任这一前途暗淡的职位。当时我们并不了解，苏联的共产党人讨厌和党外人士建立情感，那样会让他们感到厌恶，除非这个人能够入党；相比于保守党人自由党人，他们对左翼政治家更是深恶痛绝。苏联政府接受克里普斯出任大使，为此，还向他们的纳粹同伙做了解释。5月29日，舒伦堡向柏林报告说："不必怀疑苏联对我们的忠诚，他们没有改变对英政策，只是希望用木材换取英国的橡胶和锡矿；克里普斯出使苏联不会对德国或德国的重大利益造成损害。没有任何迹象表明，德国最近的成功曾使苏联政府感到惊恐。"②

　　斯大林应该是对法军的崩溃、法国的沦陷和西方势力的均衡被破

---

　　①《纳粹与苏联的关系，1939—1941年》，第142页。——原注
　　②《纳粹与苏联的关系，1939—1941年》，第143页。——原注

坏有所想法的，但是苏联的领袖们对他们即将面对的危险似乎毫无察觉。6月18日，法国遭到全面失败，舒伦堡报告说："莫洛托夫请我今晚去他的办公室，对于德国武装力量取得的伟大胜利，他代表苏联政府表示最热烈的祝贺。"[①]从那时起，大概一年半的时间后，在完全出乎苏联政府预料的情况下，德国的同一武装力量，向苏联的领土上投下了有如瀑布般密集的炮火和炸弹。在1940年击退法国仅仅四个月之后，希特勒就毅然决定对苏联实行歼灭战，向遥远的东方，那些曾得到苏联热烈祝贺的德军开始了规模庞大的、行踪隐秘的进军，只是这些情况我们当时并不知情。在对他们的错误估计和以往行为进行回顾之后，苏联政府和其共产党代理人以及他们遍布世界的伙伴们不得不开始呼吁开辟第二战场；而在第二战场中扮演主要角色的，正是他们曾经认为的无法逃脱被摧毁和被奴役命运的英国。

当时，苏联政府正在忙着趁火打劫。6月14日巴黎被攻陷的当天，莫斯科向立陶宛和其他波罗的海国家下达最后通牒，要求各国立即停止对苏联的军事阴谋，在军事上做出让步，并彻底对本国政府进行改组，必须立即成立亲苏政府，还要准许苏联在各国驻军。6月15日，立陶宛遭红军入侵，该国总统斯梅托纳逃往东普鲁士。受到相同待遇的还有拉脱维亚和爱沙尼亚。这些小国根本没有力量进行抵抗。维辛斯基先生在拉脱维亚总统被流放到苏联后，在该国建立了一个临时政府，并举行了新的选举。爱沙尼亚的命运也是如此：6月19日，日丹诺夫在塔林建立了同样的政权。从8月3日到6日，苏联强行将波罗的海各国纳入其版图，克里姆林宫拿掉了他们挂出的亲苏友好民主的假招牌。

6月26日晚10时，苏联向罗马尼亚驻莫斯科大使下达最后通牒，要求罗马尼亚将比萨拉比亚和布科维纳省北部割让出来，并要求第二天

---

①《纳粹与苏联的关系，1939—1941年》，第154页。——原注

得到答复；苏联和德国曾于1939年8月签署过德苏条约，条款中规定，苏联对东南欧地区有政治利益独享权。虽然苏联的这一行为威胁到了德国在罗马尼亚的经济利益，并让德国感到愤怒，但是碍于条约，还是促使罗马尼亚向苏联妥协了。6月27日，在罗马尼亚的军队撤离后，苏联占领了上述两地。波罗的海沿岸和多瑙河河口此时已被苏联武装部队牢牢控制。

得到美国援助

当从敦刻尔克撤出的部队数被公布之后，如释重负后的强烈欣慰感让人们几乎产生了我们已经胜利的错觉，这样的感觉充斥着我们的整个岛屿和帝国。二十五万陆军精英平安归国，是我们这几年的挫败之旅中堪载青史的一件大事。南方铁路局、陆军部行动组、泰晤士河各港口工作人员，特别是多弗尔港的工作人员值得最高程度的赞扬，让二十余万人登岸并迅速分批运往全国的伟大成就是由他们完成的。被救出的部队除了带回了他们的步枪、刺刀、几百挺机关枪和与敌人战斗到底的愿望外，其他什么都没有了。我们立即给了他们七天的假期，将他们送回家享受家庭团聚的快乐。这些在战场上与敌人交锋过的战士始终有这样的信念：只要遇到好时机，就能战胜敌人。他们的士气很高，很快就回到了各自的团里和营中。

强烈的情绪已经在大西洋彼岸的美国领导人心中激荡起来。英国陆军大部成功撤退后，美国立即获悉我们丢失了所有装备。美国陆军部和海军部早在6月1日就奉命向总统报告了有什么武器可以支援给英国和法国。美国陆军部参谋长马歇尔将军不仅在军事方面才能卓越，而且目光远大，作为陆军军事首脑，他立即下令检查美国军械和军火的清单。他的军需官和助理参谋长在四十八小时内给出了答复；马歇尔将军于6月3日批准了开列的清单。这一事宜由军需部部长韦森上将负责，从6月3日起，美国陆军军械库和兵工厂就开始为船运进行打包了。这周末，六百多辆满载货物的重型货车驶向新泽西州的拉里坦陆军码头，再走河运到达格雷夫森德湾。6月11日，十二艘英国商船抵达该湾，下锚后，开始从小船上取下货物并装舱。

美国陆军动员计划规定的最低人数是一百八十万人，由于采取了上述非常措施，使得他们的军械装备堪堪够用，在现在看来算不了什么的行为在当时是了不起的。从自己的军火中拿出那么多军械去帮助一个被很多人认定已战败的国家，美国践行了他们的信义、展现了他们的领导气概。这些武器在7月份被平安运过大西洋。

6月份对于我们所有人来说将是特别艰难的一个月，除了因为我们目前一无所有外，还因为我们要承担两副无法兼顾的重担：一，我们要向法国尽应尽职责；二，我们的本土防御需要一支强有力的部队来加强。这两重压力无法兼顾又全都生死攸关，没有什么比这更严重的了。然而我们并没有过分紧张，因为可以坚定不移地遵循已制定的政策。当务之急是对英国的驻法远征军进行重编，并尽快将我国经过训练的装备齐全的部队派往法国。然后再加强我们的本土防御：第一，重组正规军并完善他们的装备；第二，加强可能登陆地点的防御并修筑工事；第三，尽可能多的动员民众并武装他们；此外，调回大英帝国驻扎在各地的全部可以调用的军队。此时，英国面临的最紧迫的威胁是，德国可能用小规模但高机动性的坦克部队或者伞兵在英国登陆，对我们的部署和防务进行破坏。我将全部精力用于以上事情中，这期间与新任陆军大臣安东尼·艾登联系频繁。

按照我的指示，陆军大臣和陆军部已经把整编军队的计划制定出来了，执行情况如下：从敦刻尔克撤回的各师是最早被整编和重装的，七个现存的机动旅也已按时编入这些师中，他们都已经到岗了。由在战时经受过九个月严格训练的士兵组成了十四个师负责本土防御，只有部分人员获得了装备。第五十二师已具备了海外作战能力。由于缺乏坦克，第二装甲师和四个陆军坦克旅还在编成中。加拿大第一师已装备齐全。

我们人员充足，但是武器缺乏。到6月中旬，塞纳河南边的交通线和基地中多达八万支步枪被我们回收利用后，正规军的士兵至少人手拥有了一件武器。我们的野战炮严重不足，正规军也是如此。在法国我们几乎丢失了所有能发射25磅重炮弹的新式大炮；发射18磅炮弹的大炮以及4.5英寸口径和6.0英寸口径的榴弹炮只剩下大约五百门。巡逻站车只有103辆；步兵坦克114辆，其中50辆在国内皇家坦克团的一个营内服役，剩下的在训练学校；还有轻坦克252辆。在敌人面前，如此缺乏装备的大国是从来没有出现过的。

支援法国

从一开始，我就同加拿大现任政府首脑和南非联邦政府首脑这些老朋友们保持着最密切的联系。

对于岛屿空中防御问题的近况，远在南非的史默兹并不知晓，对于法国面临的悲剧，他自然难免用传统的观念去看待："好钢要用在刀刃上。"史默兹和我在处理重大军事问题时意见往往都是一致的，现在我们意见不统一，是因为他不能像我这样便利地了解事实。如果给我们半小时的会面时间，我将我知晓的空战司令道丁上将的详细计划告诉给他，他就会同意我的意见。

我们虽然坚决否定将最后二十五个战斗机中队派遣出去，但是向法国提供援助依然被认为是当务之急。第五十二苏格兰低地师应于6月7日遵照以往命令赶赴法国，命令已经被执行。预定优先装备蒙哥马利将军指挥的第三师并派往法国。在当时看来毫无希望的措施也被实行了：派遣年初集结于英国的装备精良的加拿大军团主力师前往布雷斯特。在征得自治领政府的完全同意后，部队已于6月11日陆续到达该处。到达法国的部队还有，从挪威撤退的两个法国轻装备师，和被我们从敦刻尔克撤出的所有法国部队和人员。

第五十二苏格兰低地师和第一加拿大师是我们仅有的两个新编成的师，也被派遣到我们节节败退的法国盟友那里去了。我们不久就将面对德国全部火力的攻击，这生死攸关的时刻，在战争开始的这八个月中，考虑到我们极有限的武装力量，向法国派遣部队称得上是我们的功绩。现在回忆起来，我很奇怪，当时我们面临着敌人的入侵威胁，是打算战斗到底的，法国显然已经崩溃，是什么样的勇气让我们将仅有的那部分有战斗力的部队派遣出去的。也许是因为我们知道：没有制海权或制空权以及必要的登陆艇，敌人想通过海峡并不那么容易。

我们的建制完整的第五十一苏格兰高地师，从马其诺防线撤下来之后此时正在法国松姆河后方驻防；第五十二苏格兰低地师正陆续抵达诺曼底。我们唯一的缺少坦克营和供应队的第一装甲师被调往加来。该师在执行魏刚的计划试图通过松姆河时遭到重创，实力下降了三分之二，6月1日，被调到塞纳河对岸进行重编。与此同时，一支由九个临时步兵营组成的军队正在法军基地和交通线处集结起来，这支主要武器是步枪，没有运输队和通信队、反坦克武器也很少的混合军队被人们称为"伯曼部队"。

会同英国的分遣队，法国第十集团军试图在松姆河战线据守；长达十六英里的战线需要第五十一师单独防守，其他重要的任务由剩余部队负责。6月4日，他们用法军的一个师和法国坦克攻击了阿布维尔的德军桥头阵地，并以失败告终。

6月5日早上，德军从亚眠——拉昂——苏瓦松公路这条七十英里长的战线上发起攻势，夜间我们获悉了这一情况，法国战争的最后阶段拉开了序幕。法军阵营有第二、第三和第四三个集团军群；第三集团军由第六、第七和第十集团军构成，所有在法国的英国部队都被编在第十集团军中。莱茵河防线和马其诺防线由第二集团军防守；埃纳河沿岸由第四集团军据守；从埃纳河到松姆河河口的防线由第三集团军负责。在这条辽阔的战线上，将近一百五十万人组成的大约六十五个师将迎接一百二十四个德军师的攻击。德军将这一百二十四个师也编成了三个军团：博克指挥的沿海战区集团军、龙德施泰特指挥的中央战区集团军和勒布指挥的东线战区集团军。这三个德国集团军分别于6月5日、6月9日和6月15日在各自的战区发起攻击。这次会战的规模是史无前例的。

前面我们已经讲过，德国的装甲部队在敦刻尔克战役中没有被使用，他们当时按兵不动就是为了将力量用于法国战争的最后阶段。现在这些装甲部队已全部出动，扑向在巴黎和海岸之间临时布置起来的薄弱的、甚至是一触即溃的法军战线。在这里，我只对我们军队参加的海岸线侧翼的战斗进行叙述。6月7日，德军的两个装甲师再度向鲁昂发起攻击，旨在把法国第十集团军一分为二。苏格兰高地师、两个法国步兵师和两个骑兵师，以及第九集团的其他部队位于第十集团军其他部队的左侧，此时已被分隔开来。"伯曼部队"试图用三十辆英军坦克支援鲁昂；6月8日，德军进入鲁昂城后，他们被赶回了塞纳河。第五十一师和法国第九集团军的残余部队被切断了，在鲁昂——迪埃普地区被三面包围。

第五十一师有被逼回勒阿弗尔半岛的可能，这样就会与主力部队失去联系，对此我们极度关注，曾命令该师司令弗金少将于必要时向鲁昂撤退。这一行动遭到了已经瓦解的法军司令部的禁止；他们多次回绝我们紧急陈述的意见，固执地拒绝正视当前事实，致使法国第九军和我们的第五十一师全军覆没。6月9日鲁昂落入敌手，此时我们才接到向勒阿弗尔撤退的命令；曾派出过部队对这一行动进行掩护，但是由于我们的部队才刚刚抵达位于鲁昂三十五英里处的迪埃普，因此德军先于我们的主力部队行动前就插了上来。德军从东面进抵海岸，切断了第五十一师大部和许多法国军队。这样的危险在整整三天前就已经被预料到了，这绝对是一个指挥失当的事例。

6月10日，第五十一师和法军第九师经过激战退到圣伐勒里，试图从海上撤退。我们在勒阿弗尔半岛的所有部队此时已迅速安全登船。11日至12日夜，圣伐勒里的部队因大雾而无法乘船撤离。12日早晨，南面海崖被德军占领，海滩暴露于敌人的炮火之下。城里挂起了白旗。上午8时法国第九集团军投降，上午10时30分苏格兰高地师残部被迫投降。隆美尔将军指挥的第七坦克师俘获了八千英军和四千法军，仅有一千三百五十名英军官兵和九百三十名法军士兵逃脱。对于法国人让我们这个师一再等待，致使他们不能及时撤向鲁昂，也不能到达勒阿弗尔或向南撤退，最终导致他们被迫同法国部队一起投降的行为使我十分恼火。经过其后几年艰苦的扩充，在与第九苏格兰师混编后，新的苏格兰高地师又开始活跃于各个战场中；他们参加过阿拉曼战役，打过莱茵河，为他们的前辈报了仇，并取得了最后的胜利。

再访法国

　　大约在6月11日上午11时，我接到雷诺拍来的电报，他告诉我说法国的情况越来越糟糕了；相同的信息罗斯福总统也收到了。几天前我费了很大的周折才见到雷诺他们，并督促他们召开最高军事会议；现在不能再客客气气地讲话了，法国人是怎么打算的我们必须弄明白。巴黎的情况我们一无所知，但德军的先头部队一定就在其附近，因此在巴黎召开会议已经不合适了。当时雷诺告诉我，法国总司令部现设在奥尔良附近的布里阿尔，可以在那里见面：图尔取代巴黎为现在的政府所在地。我对雷诺指定的飞机将要降落的机场表示满意，命令"红鹤式"飞机于午饭后在亨顿机场做好起飞准备；在上午的内阁会议中，在征得我的同僚们的同意后，下午2时，我们出发了。

　　现任帝国总参谋长蒂尔将军、伊斯梅与我共赴第四次法国之行，由于这次出访主要是了解军事情况，因此也邀请了陆军大臣艾登先生同行。这次出访我们须兜一个很大的圈子，以避开深入海峡的德国空军。"红鹤"式飞机的护航任务与前几次一样，由十二架"烈焰"式战斗机担任。几小时以后，我们降落在一个小型机场，在场的法国人寥寥无几。

　　7时，我们进入会场。伊斯梅将军负责记录。我只重申了我的立场，并表示会继续坚守。这并不是非难和互相埋怨。英国方面担心的是，并非只有法国是前线，我们也可能受到攻击，德国的装甲部队可以从任何地方发起攻势；现实是无情的，但我们必须面对。会议讨论的实质问题是，我认为法国政府应力保巴黎。我强调，在大城市进行巷战对入侵部队的损耗是巨大的。我向贝当元帅提起了1918年英国第五集团军惨败的往事，那些在博韦他的专列上我们一起度过的夜晚；我提到他如何靠一己之力扭转了战局，而故意忽略了福煦元帅。我还向他提起克列孟梭说过的话："我们会在巴黎前面战斗，在巴黎城中战斗，在巴黎后面战斗。"贝当元帅的回答是平静的、态度是庄重的，他说，那是因为当时有六十个师以上的军队可以调动，现在却一个都没有。他还说，那时战场上有六十个英军师，现在战局已定，就算巴黎化为焦土也无济于事了。

　　魏刚将军极力称赞法军作战勇猛。在对就他了解的距此五六十英里外的变幻不定的战场形势进行一番叙述后，他说道，他们需要各方面的增援，尤其需要英国所有的战斗机中队立即加入战团。他还说："英国不派出全部的战斗机中队都是错误的。现在是决战，是决定性的时刻。"按照我特别邀请的空军上将道丁将军在一次内阁会议中的决定，我回答道："这不是决战，也不是决定性时刻。当希特勒的空军向大不列颠大举进犯时才是决定性的时刻，我们必须要保证制空权，如果还能够保证制海权的话，我们将为你们报仇雪恨。"[1]我们需要这二十五个战斗机中队防御大不列颠和英吉利海峡，无论发生什么事，让我们付出什么代价，我们都要保住它们，不会放弃。放弃这些空军就等于放弃继续作战，放弃无限期持续下去的抵抗，放弃我们生存的机会，在任何情况下，我们都不会这么做。话已至此，我希望将在附近的西北战线总司令乔治将军召来，他们立即照办了。

　　一会，乔治将军赶到。在被告知最近的形势后，他证实了魏刚将军刚才谈到的法军防线的情况。我再次提及我的主张，极力要求法军进行大规模游击战。因为，当短兵相接时，德军并没有想象的那么强。战线上的敌军的军事行动会在法军所有军队，每一个师、每一个

---

[1] 伊斯梅将军记录下了这些话，我在此表示感谢。——原注

旅的竭力作战中趋于停滞。我得到的回答是：拥挤不动的难民正在遭受着德军机枪的扫射，人们无法抵御成批逃离，公路状况糟糕之极；政府机构持续崩溃，军事机关指挥不灵。魏刚将军在谈到某处后插嘴说，也许法国将不得不选择停战。这立即受到雷诺的喝止："那是政治上的事情！"根据伊斯梅的记录，我当时是这样说的："如果法国认为让陆军投降是结束苦难最好的方法，那么就不要顾虑我们，因为我们决定坚持，坚持，坚持战斗下去时，也没有管你们要怎样做。"德军的一百个师将因为法军无论在何地的继续作战而被牵制住或消耗掉，当我提出这一问题时，魏刚将军回答道："即使如此，德国仍然有实力攻击你们，他们可以再拿出一百个师来让你们屈服，你们怎么应对呢？"军事上我不擅长，对于这一点，我的军事顾问们是这样认为的，当德军入侵大不列颠时，最好的方法是半渡而击之，尽量让海水淹死他们，等余下的人一爬上岸就敲掉他们的脑袋。魏刚苦笑道："我必须承认，不管怎么说，敌人的坦克确实很难逾越那条障碍。"他说的最后这句话给我留下了很深的印象，因此我记得很清楚。对于这次令人为难的会谈，我一直心怀愧疚，英国有四千八百万人口，却不能在对德地面作战中做出更多的贡献；致使法国以一国之力承担了十分之九的屠杀和百分之九十九的损失。

　　第二天早上我们又召开了一次会议。空军中将巴勒特列席。雷诺再次主张向法军基地增派五个战斗机中队；魏刚将军表示，军队的不足亟待轰炸机在白天进行轰炸来弥补。我向他们保证，我回到伦敦后会立即通知战时内阁站在法国的角度考虑这些问题；同时我还强调，为增加法国的空中防御而调光联合王国的基本国防力量，是一个重大的错误。[1]

这个会议很短暂，在快结束时，我明确提出了以下几点问题：

　　1. 1914年时巴黎和巴黎郊区的人民曾设置障碍分散和牵制敌人，难道现在他们就不能那样做了吗？或者像马德里那样也可以啊。

　　2. 英军和法军不能越过塞纳河，在下游组织一次联合反攻吗？

　　3. 如果不能进行协同作战，不就意味着敌军已经将力量分散开来了吗？实施纵深战或对敌人的交通线进行攻击总是可以的吧？敌人在同法国陆军和大不列颠作战的同时，还需要控制被征服的国家和法国大部分的土地，他们的力量能够长久地支持下去吗？

　　4. 继续抵抗以待美国参战难道不可以吗？

魏刚认为在塞纳河下游组织反击的想法是正确的，但他表示没有足够的军队实施这一计划。他还说，据他分析，德国人的力量足以控制他们征服的国家和法国的大部分土地。雷诺接着说道，自开战时起，德国又建立了五十五个师、制造了四五千辆重型坦克。这样的数字显然是被人为地夸大了。

结束时，我极其郑重地表示：希望法国政府能在情况有变时立即知会英国政府，以便英国能够派遣人员与他们在任何方便地点协商法国将要采取的第二阶段行动，并作出指导战争走向的最后决定。

之后，我们向贝当、魏刚和法国最高统帅部的人员辞行，这是我们与他们最后的一次会晤。最后，我找到海军上将达尔朗，避开人群对他说："达尔朗，你决不能让他们得到法国舰队。"他庄严地许

---

[1] 对于这个问题，甘默林的意见很有趣，他在1938年3月15日的法国最高空军会议上曾有如下陈述："如果英国来援助我们，他们可能的做法是：'在能够使用我们的空军基地的情况下，可能会同意加强我们的轰炸机中队。但是，不要奢求他们能将其本土防御战斗机中队派往法国。'"——原注

诺，绝不会那样的事情发生。

我将魏刚在会议上告诉给我的法军情况向内阁做了汇报。显然，对于有组织的抗战，法国很快就将无以为继了，战争的一个章节即将告一段落。如果法国人想继续战斗下去，方法总会有的。甚至在将来可能会出现两个法国政府，一个政府媾和，一个政府继续作战：他们可以在殖民地组织抗战，让海军继续在海上战斗并在国内进行游击战。这种情况能否出现，现在还不能断言。虽然对法国的援助在一定时期内还不能停止，但是集中主要力量加强我们的本土防御已经是当务之急。

本土防御

5月13日，艾登先生在内阁提议组建地方防御志愿军，建议一经提出立即等到了全国各地的响应。不久后这一强大的团体就发展到了一百五十万人，他们逐渐获得了精良的武器，并继续扩大着。

在这段时间里，我曾设想过让我们的坦克部队在德国海岸登陆，所以很自然就想到了德国的坦克部队也可能在想着在我们的海岸登陆，这正是我最担心的。我们极度缺乏反坦克炮和反坦克弹药，甚至普通的野战炮。对于这种危险，我们是多么的窘于应对，下面讲述的这件事可见一斑。我在巡视靠近多佛尔的圣麦加利特湾海滩时，那里有一个旅守卫着长达四五英里的海岸线，这个旅的旅长告诉我，这里面临着极大的危险，但是他们只有三门反坦克炮，每门炮只有六发炮弹。他还略带刁难地问我，是否可以让他手下的士兵们发射一发炮弹看看效果，权当练习了。我回到道，我们的炮弹不足以供应演习，要到最后时刻、最近距离才能射击。

紧迫的时间已经不允许我们循规蹈矩地寻找应对的方法了。为了使得任何一个新想法或新发明能够迅速运作起来，不受机关办事程序的约束，我决定以国防大臣的身份亲自领导杰弗里斯少校在华特丘基建立实验室。

杰弗里斯上校同他另外的几个同事正在针对坦克研究一种"黏性炸弹"，这种炸弹可从车窗投向坦克，并粘在上面。当接触钢板的爆炸性极强的炸药被引爆时，爆炸的威力是显著的。我们能够想象出这样一幅画面：士兵或民众怀着对国家的忠诚，飞奔着向坦克投掷炸弹，近距离的爆炸夺去了他们的生命。不用怀疑，好多人都会这样做。我曾设想过，能否将这种炸弹装在木棒上，用装有少量炸药的来福枪打出去。

这种"黏性炸弹"的价值在普遍处于未开化状态中的叙利亚得到证明，最终，被公认为是最好的应急武器之一，不过在英国本土我们没有使用这种炸弹。

由于我们陆军的大多数部队都在忙于在各自防区或沿海地带构筑工事，因此，我想让他们恢复冷静并再次拥有战斗力的愿望从一开始就困难重重。

150年以来第一次有强敌出现在了狭窄的英吉利海峡对面。我们必须建立周全的防御系统，等侵略者来袭时就消灭他们，逃避是不可能的，双方都将伤亡惨重。我们必须对正规军进行重组，改编并部署人数较多但训练较差的本土防御部队。家园防卫军已被纳入到总的防御系统之中了。6月25日，总参谋长见到了本土部队总司令埃恩萨伊德制定的计划。这些计划已被专家和我仔细检查和审阅过了，基本上是可以通过的。这些计划只是未来宏大计划的纲要，其中有三个要点：第一，为方便士兵在沿海作战，需在敌军的可能登陆的沙滩上修建"覆盖式"战壕；准备机动预备队，以便在反击时快速支援。第二，为保证伦敦和大型工业中心免遭装甲部队的攻击，需建立一条贯穿英国东部中心的反坦克障碍线，由家园防卫军负责把守。第三，用于大反攻的后备军在反坦克障碍线的后面。

这一计划随着时日的迁移被修改、补充过许多次，但是其最初的构想被保留了下来。一旦敌人来袭，所有部队不仅应立即采取线型防御阵型固守，而且要在多处设防；其他部队则应迅速出击消灭无论是来自海上还是空中之敌。一旦直接补给线被敌人切断，士兵们不应该继续停留在阵地中，而应该积极插入敌后，骚扰敌人，干扰他们的交通，损毁他们的物资。

总计划是有的，这个缜密、协同，包罗各个方面的计划经过完善后是这样的：伦敦总司令掌握全面指挥权。整个大不列颠和北爱尔兰被划分为七个指挥部，每个指挥部都有特定的防区，下面都有军队和师团。每个防区的部队都有一定比例的机动后备队；用最小的兵力对防区进行防守。海岸后方的防御地带由师来防守，以此类推，后面还有军队负责的防御地带和指挥部负责的防御地带，这样就形成了一条纵深有一百英里或一百多英里的防御系统。这条防御系统的后面是一条由南往北的英格兰——诺丁汉郡主反坦克障碍线。在最后面的也是最重要的家园防卫军作为后备队由总司令直接指挥。让军队保持尽可能多的人数和尽可能强的机动性，这就是我们的政策。

在总的防御体系中，形式并不是单一的。我们对东部和南部的各个港口就采取了不一样的处理方式。我们正面港口的防御设施是巩固的，无论是陆地上还是海上的攻击都能防御，敌人应该不至于从那里发动进攻。之后我们还将讲到，新加坡的历任高级军官兵没有采取被我们的地方当局普遍接受并严格执行地海湾设防措施，这让我感到十分惊讶。为了阻止部队乘飞机登陆，英国数千平方英里的土地上都设置了障碍。自1940年夏天起，我们的飞机场、雷达站和燃料库就已达三百七十五处，守备队和飞机场的飞行员需要对这些地方特别加以守护。此外，桥梁、发电站、仓库、重要的工厂以及其他类似的地方共计数千处"薄弱点"都需要昼夜防守，以免遭到破坏和突然袭击。虽然在民政给予的极大帮助下，军事部门让我们拥有了许多明智且必要的防御措施，但是我们还是制定了详细的"焦土政策"：一旦敌人夺取了上述地方，便立即销毁对他们有利的物资；在对交通线失去控制前，就破坏港口设施，炸毁主干道，让汽车不能运输，让电报、电话、铁路陷入瘫痪。英国会被他的人民保卫，而不会被毁灭。

法国的苦难

　　法国前线的情况已经变得更糟了。继我们在德国于巴黎西北采取的军事行动中失去了第五十一师之后，敌人已于6月9日深入到塞纳河和瓦兹河下游地带。法国第十和第七集团军已被敌人击溃并从中心被突破，其残部为了封堵这一缺口正在南岸匆忙组织防御。防卫巴黎的部队，即所谓的巴黎兵团也已参战。

　　东方，埃纳河流域的第六、第四和第二集团军由于有三个星期的时间建立防线，再加上援军已经抵达那里，因此他们的情形相对来说要好很多。这些军团在敦刻尔克战役和敌军向鲁昂推进时，并没有受到大的干扰；不过，敌军也利用这段时间向他们驻守的这条长达一百英里的战线集结了许多师的兵力，并决定给予他们最后一击，他们是没有力量做到固守防线的。尽管法军进行了顽强的抵抗，尽管他们非常坚决地不让德军在埃纳河南岸的苏瓦松到勒戴尔一带建立桥头阵地，但是德军还是做到了，并且在两天后抵达了马恩河区域。6月9日，战线全线陷落了。德军的装甲师参加了河对岸的新战役，他们曾在海岸的战斗中长驱直入起到了决定性的作用，现在他们被调了过来。德军的八个装甲师向法军的防线发动了两次冲锋后，将那里变成了坦途。对于在人数、装备和技术上占绝对优势的强大敌人，人数骤减、混乱不堪的法军已经再也无能为力。到6月16日，敌军仅用了四天时间就抵达了奥尔良和卢瓦尔河。东部的德军，在一路猛攻下，穿过迪戎和贝桑松，几乎抵达瑞士边境。

巴黎的西面，第十集团军残存的不到两个师的兵力，迫于德军的压力，撤回西南方向的塞纳河向阿朗松退去。14日，巴黎被攻陷；负责守卫那里的第七集团军和巴黎兵团溃退；一条巨大的分割带从西部微弱的英法兵力和曾经十分自豪现在只剩残部的法国部队之间延伸开来。

法国之盾、法国的守卫者马其诺防线的情况如何呢？德军从未对那里发起过直接攻势，直到6月14日，那时，防守那里的还能作战部队都尽可能参加到中部迅速撤退的部队中去了，不过已经来不及了。当天，德军突破了萨尔布吕肯前面的马其诺防线，之后在克尔马尔附近越过莱茵河追上了撤退的法军并交了火，法军被咬住了不能脱身。德军在两天后侵占贝桑松，法军的退路被切断了，四十万逃脱无望的法军被包围。停战后，还有许多被包围的守军拒绝投降继续殊死顽抗，直到派遣法国军官过去向他们下达命令，他们才投降。6月30日，最后一批防御壁垒投降了，其指挥官对此表示了抗议，因为他的防御无论是哪里都还没有被突破。

这场发生在法国的规模巨大但缺乏组织的战役结束了，在后文我会讲到英军起到的微弱作用。

我们决定让当时正在法国的布鲁克将军担任法国境内的英国军队和所有增援部队的指挥，因为他在指挥敦刻尔克撤退时曾立下过卓越的战功，尤其是在指挥军队堵塞因比利时军队投降而出现的缺口时表现得非常出色；当部队的人数足够构成一支集团军时再由戈特勋爵担任总司令。14日，布鲁克会见了魏刚将军和乔治将军。魏刚告诉他，法国部队此时已经被分割成了四部分，其中法国第十集团军在最西端；已经没有能力组织抵抗和采取部队间的协同行动了。魏刚还说，盟国政府已经批准由英法联盟军大致从南到北穿过雷恩共同布防，并命令布鲁克将他的军队也部署在穿过这个城市的防线上，以防守即将在布列塔尼半岛建立的桥头阵地。布鲁克指出，至少需要十五个师的兵力才能防守这条长达一百五十公里的战线。魏刚告诉他说，他接到的所有指示都应该被当成命令。

6月11日，在布里阿尔我和雷诺确实就在布列塔尼半岛建立一条类似于"托利希——弗多莱希"①防线达成过共识，这个计划虽然有它的价值，但是并没有被实施，而是很快就被搁置了。这一计划的本身是正确的，因为这个桥头阵地的价值非常之大，这里的抵抗，哪怕只有几个星期，也可以让法国与英国保持联系，并为他们那条已经被击垮了的辽阔的战线上的法国部队撤往非洲争取时间；但是当时的情形是，在法国主力部队被击溃或消灭后，在德军的密集火力下这里不能被长久固守，因此计划不能够得到实施。法国如果想继续战斗下去的话，那么他们的战场只能选择在布雷斯特半岛或像弗日那样森林茂密的山区；否则就只能投降。任何一个人都不能认为在布列塔尼半岛建

---

① 1810年，英国威灵顿将军曾在与拿破仑作战时建立了这条的防线。——译注

立桥头阵地的想法是荒谬的；当时还不为人所知的，后来的盟军指挥官美国上校艾森豪威尔将军在付出了很大的代价后才将那里重新夺了回来。

　　在兼顾了法国司令官的意见和他自己司令部的意见后，布鲁克将军对急转直下的战局做出了自己的分析，并向陆军部做了报告；他还向艾登先生打了电话，告知他现在的局势已经无法挽救，不应再向法国继续提供增援，在那里的十五万英国远征军也应该立即登船离开。他知道我很不容易被说服，于是便在6月14日夜间向我打电话，在颇费了一番周折后，加上运气的成分，电话打通了，他将上述意见很清楚地告诉了我，十分钟后我同意了他的观点，认为我们的军队必须离开。之后，我下达了相关命令，布鲁克脱离了法军司令部的指挥，开始将物资、装备和士兵运回国内。加拿大师的先头部队已经登陆又回到了船上；第五十二师只有第一百五十七旅参加了战斗，其他人全都退到了布雷斯特。我们所有的军队，除了在法国第十集团军的英国部队没有撤回来之外，其余的全部到布雷斯特、瑟堡、圣马诺和圣那泽尔登了船。6月15日，我们的军队脱离了法国第十集团军的指挥，翌日，当他们继续南撤之时，我们的军队则向瑟堡开拔。第一百五十七旅在经过一番激烈地战斗后，已于当夜撤离，他们于6月17日和18日夜间乘卡车在夜间上了船。17日，以贝当为首的法国政府宣布停战，由于在下达让所有法国军队停止抵抗的消息前，他们没有通知我们的军队，因此我们命令布鲁克将军尽量携带更多装备和士兵归国。

　　敦刻尔克大撤退的一幕又重演了，这次的船只比上次的要大，规模也相当可观。我们在海边遇到了超过两万多名拒绝投降的波兰士兵，用军舰将他们运到了英国。德军向我们的军队发动了全面追击，18日早上，在瑟堡半岛港口以南十英里的地方，德军部队曾追上过我们的后卫部队。当我们的最后一艘船离开那里时，隆美尔指挥的第七坦克师离港口已不足三英里。我们几乎没有士兵被俘虏。

英军总共有十三万六千人从法国各港口撤离，外加三百一十门大炮，算上波兰的军队撤离人数共计为十五万六千人。这体现了布鲁克将军指挥下的装船人员做出的巨大努力，其中表现最突出的是英国军官德·凡布莱克将军，他因鞠躬尽瘁，在这次撤退后不久就去世了。

由于有大量的人员要从布雷斯特的西部港口撤离，因此德军对那里的英国船只进行了狂轰滥炸。17日，在圣那泽尔发生了一起灾难。两万吨巨轮"兰开斯特里亚"号正要载运五千人起航时，被炸弹击中并起火。火焰点燃了汽油，燃烧的汽油蔓延到海里包围了船体。三千多人被瞬间夺去了生命。人们冒着持续不断的空袭，努力用小船将剩下的人救了出来。下午，我获悉了这一消息，当时我正在安静的内阁办公室。我认为应该晚些时候再发表这一事件，我说道："今天登报的坏消息已经够多了。"然而，由于后续的坏消息接二连三的传来，以至于使我忘记了解除发表这一消息的禁令，因此公众直到好多年后才了解这一骇人听闻的事件。

为了不让各自治领的总理们对于法国投降感到过分震惊，也为了告诉他们我们将继续作战，哪怕是单独作战的决心并不是由于顽固和无望的挣扎，而是在实际上和技术上都确实拥有这样的力量，由于他们可能对于这些并不知情，因此有必要向他们拍发一份电报。这封电报是我在内阁办公室拟好的，之后在我的口述下被打了出来。外面通往花园的大门敞开着，温暖的阳光明媚喜人。空军参谋长尼沃尔中将当时正坐在阳台上，稿件修改完成后我拿出去给他看是否还有需要删减或改正的地方，他明显被电报的内容打动了，并立即说对于里面的每一句话都没有意见。能将我坚定的信念写在其中也使我感到非常高兴和精神振奋，在电报发出去之前，我又读了一遍，我的信心又加深了一层。我所说的话都在后来得到了证实，所有的一切都实现了。

进退维谷

现在我必须停止表述法国陆军的灾难，将视线从战场转移到波尔多，来谈谈法国内阁内部的动荡和其中的要员们。

有计划地对大事件进行部署已经变得不那么容易。英国战时内阁几乎在不停地开会，决议一经做出就会被立即发送出去。由于将电报发送出去可能需要三到四个小时（译成密码需要两到三个小时，也许还要等一个小时才能发送），因此，我们外交部的官员和我们的大师通常都使用电话传达通知和进行答复，造成重复和短路等混乱现象时有发生。由于海峡两岸的大事件发展的速度过快，这样就会导致人们对时事发起的争论和做出的结论看上去是合理和正确的。

15日早晨，雷诺再次接见了英国大使，并将他已下定决心将政府一分为二的消息告诉了大使。雷诺决定将政治中心移往海外，这样做的目的明显是要将法国舰队调往德国势力抵达不了的港口去。

魏刚将军认为再继续抵抗下去也是于事无补，因此几天以来他一直希望强制法国政府在军队还遵守军纪和服从管理时接受停战，以便用军事力量维持接下来国内的秩序。终其一生，魏刚都对第三共和国的议会制度深恶痛绝。他是一个虔诚的天主教徒，他将他看到的家园沦丧归咎于人们因放弃了对天主教的信仰从而招致了上帝的惩罚。因此，在他的职权范围本身就很大的情况下，他又不受限制地远远超出了这一范围，使用了自己的军事管理地位的权力。因此，他以军队已无法再作战为由与总理对峙，要求在无政府状态出现前，是时候阻止这场可怕的和毫无意义的大屠杀了。

保罗·雷诺虽然已经知道法国已经战败了，不过，他还是希望用法国舰队在非洲和法国本土继续战斗下去的。实际上，所有被德国占领的国家没有一个退出战争，他们的国土虽然沦陷了，但是他们的主权全都被移往了海外，政府旗帜鲜明地表明着自己的国家依然存在。雷诺也想这样做，而且他有很多切实可行的方法。他想到了一个方法，即效仿荷兰在前线投降。这样做虽然不得不让军队在任何与敌人接触的地方放下武器投降，实际上陆军的军官们已经不打算再继续战斗下去了，但是却保留了国家主权，使得他可以利用这些权力尽可能继续战斗下去。

就这一方法，在内阁会议召开之前，总统和最高统帅之间曾爆发过一场激烈的争论。雷诺决定以政府的名义授权魏刚下达书面指示要求军队"停火"；魏刚则愤然拒绝了这一在军事上投降的主张。魏刚表示，"让法国军队蒙羞的事情他绝不会做。"他发自内心认为，投降这种事只能由政府或国家提出，而他指挥下的军队只会按照军人的职责来遵守。魏刚是一个无私坦率之人，但在这件事情上他的表现却与之背道而驰。他断言军人也有支配国家政府的权力，这使得整件事情都进退维谷。他就是要反对法国甚至是法兰西帝国的合法的政治首领做出的决定。

关于什么样的形式会涉及到法国军队荣誉的讨论暂且不谈，还有一个很实际的问题。如果由法国政府亲自停火，那么就意味着法国不能再参加战斗。法国可以通过谈判使得一部分领土不被占领，并可以在那里自由组建军队；但是那些没有逃出法国的人，一旦海外的战斗依然在继续，就会被德国人直接俘虏和控制，上百万的法国人将以战俘的身份被押解到德国，且不受任何一项协议的保护。这一实际的问题应该由共和国政府来决定，而不是陆军总司令。魏刚认为，军队既然由他指挥就应听命于他，军队已经无力作战了，那么法兰西共和国就应该投降并下达那个他十分愿意遵守的命令。在任何文明国家的法律条文中都没有这样的规定，而且这也有悖于军人的天职。总理还是有办法回应的，至少有理论支持他。他可以这样驳斥："你这是在侮辱共和国宪法。从此刻起免除你指挥官的权力，对于你的必要制裁总统会站在我这一方。"

不幸的是，雷诺已经无法对自己的立场做出充分的判断。这位自大的将军的靠山是名头甚大的贝当元帅，他是这批一心想停战的失败主义者的领军人物，被雷诺错误地招揽到了政府和内阁中。在这些人的背后还潜伏着一个邪恶的身影，这个人就是波尔多市市长莱法尔，在他的周围还有一帮心存不轨的参议员和众议员。莱法尔有一套很有效力的简洁政策，即法国不仅仅要投降，还要投诚；并和征服者组成同盟，然后再跨越海峡忠心耿耿地参加到对抗昔日盟友的战斗中去，最终以胜利者的姿态挽救法国的利益和省份。很显然，在经历了诸多磨难之后，雷诺已经力不从心，他已经没有精力再去应对也许只有像奥利弗·克伦威尔、克列孟梭、斯大林或者希特勒这样的人物才能应对的私人之间的较量了。

15日下午的讨论共和国总统也出席了，雷诺在会上向他的同僚们阐述了当前的局势，之后他请求贝当元帅将内阁的意见转达给魏刚将军并说服他。他选派的这个说客简直不能再坏了。贝当将军走出房间后，讨论停止了一段时间。过了一会儿，他和魏刚一起回来了，他本来就支持魏刚的意见。在这个关键时刻，内阁重要成员肖当先生插进来提出了一个表面上看来是折中的，实际上对那些动摇分子非常有吸引力的建议。他以内阁左翼成员的名义表示支持雷诺的主张，不向敌人妥协，但是做出姿态以便让法国团结一致才是明智之举：可以向德国询问停战的条件，但是法国方面依然有完全拒绝这些条件的自由。显然，一旦走上这样的斜坡，就不可能再停下来了。只要法国政府声明要向德国寻求停战的条件，仅仅是这件事情本身就将破坏掉法军目前仅存的一点士气。在投降的信号已经发出后，还怎么命令士兵们不顾生死地进行顽强的抵抗呢？由于贝当和魏刚的表现内阁成员们是有目共睹的，因而肖当的建议对众人的内心造成了重大的影响。他们同意告知英王政府在无论如何绝不允许法国舰队投降的情况下，询问英国对这一步骤的看法。这时雷诺从桌子旁站起来宣布要辞职；共和国总统制止了他，同时表示如果雷诺下野，他也将随之而去。于是新一轮的莫衷一是的讨论又开始了；在是否应该让法国舰队婉言拒绝投降，还是将它们驶出法国港口以摆脱德国势力的控制这个问题上始终没有得出明确的结论。最终，就向英国政府询问是否同意法国向德国询问停战条件达成了共识，这一信息立即被发送了出去。

第二天早上，雷诺再次接见了英国大使，大使告诉他如果法国能将舰队安置在德国的势力范围之外，即直接开往英国的港口，就同意法国提出的请求。以防迟则生变，这些指示是在伦敦通过电话通知坎贝尔大使的。11时，同床异梦的内阁成员们又召开了一次会议，勒布伦总统也出席了会议。参议院长让纳莱先生也被邀请列席，他代表自己和他的同僚众议院长赫里欧先生表示支持总理将政府迁往北非。贝当元帅一下子站了起来，宣读了一封被认为是别人为他写的信，宣布退出内阁。他把话讲完后，就准备离开会议室，共和国总统劝说他先不要辞职，并表示当天就会给他答复。这位元帅还因众人耽搁了寻求停战的时机而发了一通牢骚。雷诺解释道，如果同盟国的一方要解除它所承担的义务，按照惯例需等待另一方的回复。讨论至此结束。午饭后，大使向雷诺递交了英国政府的书面答复，其中的主要内容就是在电话中告知给他的，在早上他与雷诺的谈话中已经涉及到了。

英法联盟

这些天中，战时内阁成员们的情绪与以往大不相同；时刻萦绕在他们脑海中的不再是我们的处境以及我们将要面临的并且是单独面临的局面，而是法国的沦陷和它将来的命运。对盟友的苦难感同身受，希望竭尽人力去帮助他们是当时大家普遍的情绪。当然，保住法国舰队是极端重要的。基于这样的精神，英国与法国结为"永久同盟"的构想被提了出来。

这件事并不是我提议的。我首次听闻这一明确的计划是在15日的中午，在喀尔顿俱乐部的午餐桌上，当时在座的有哈利法克斯勋爵、科尔班先生、范希塔特爵士，还有另外的一两个人。很显然，这件事在提出前曾经过了多次的斟酌。14日，范希塔特和德斯蒙德·莫顿会见了法国驻伦敦经济团成员莫内先生和普利文先生，还有戴高乐将军，戴高乐将军是乘飞机过来的，他此行的目的是专为安排船只将法国政府和尽可能多的法国军队运往北非。为了达成法英联盟这一目标，这些先生们已经初步拟定出了宣言的梗概，除了论述这样做的好处外，还希望能给雷诺以鲜明振奋的新希望，以帮助他将大部分的内阁成员迁往北非继续战斗下去。我的第一反应是不赞成，我问了一系列关键性的问题，没有人能做出合理的答复。不过，在漫长的内阁会议即将结束的下午这一话题又被提了出来。我非常惊讶地发现那些平日里非常冷静的、城府很深的、经验丰富的各政党的政治家们表现的非常激动，而这一重大计划的意义和后果甚至都还没有经过深思熟虑。我不仅没有制止，反而一下子被这些喷涌而出的慷慨情怀征服了，这样的情怀使得我们解决问题的方式上升到了一个更无私无畏的高尚层次。

当内阁在翌日早晨召开会议的时候，我们首先讨论了昨晚雷诺送来的关于正式解除英法协定中法国承担的义务的要求，并给出了答复。内阁授权由我负责。

还是这个下午，3时我们再次召开了一次会议。上次内阁会议快要结束时，曾就发表使得英法两国关系更加亲密的宣言一事进行过讨论，今天我再次提了出来。上午我曾见过戴高乐将军，他的一番话让我印象深刻。他说，为了使雷诺的政府能继续作战，就必须采取振奋人心的方式予以支持；如果就英法两国人民的永久同盟发表宣言将再合适不过。

范希塔特已经与他们共同将宣言起草出来了。戴高乐将军督促他们尽快将宣言公之于众，并希望今晚就能将草稿带回法国。戴高乐将军还建议我明天就应当去会见雷诺先生。

宣言的草稿在人群中传阅了一遍，每个人都读得非常仔细。其中的难处是显而易见的，但是最终大家还是同意了这一联合宣言。我说，我的直觉曾让我反对这个想法，但是在现在这样危急的时刻，我们不能再被人批评连想象力都没有。显然让法国继续前行，一些振奋人心的声明是必要的。不能草率地将这一提议抛到一边，而且我发现内阁中的不部分人都支持这一做法，因而我也受到了鼓舞。

宣言的终稿如下：

联合宣言

在当今世界这一历史性的生死攸关时刻，联合王国政府和法兰西共和国政府为了保障双方共有的和平和自由之权利，防止国家和人类沦为机器和奴隶，现发表两国结为永久同盟之宣言。

两国政府宣布，法国和英国将不再是两个国家而是一个法英联邦。

国防、外交、财政和经济机构及政策将由联邦的宪法决定。

每一个法国公民立即获得大不列颠公民身份；每一个英国公民也立即成为法国公民。

无论两国领土上的任何地方因战争而毁灭，双方将共同承担维修责任；双方须平等如一的将资源用于这一目的。

战争期间将仅设一个战时内阁，所有的英国和法国军队，不论是陆军、海军还是空军都要服从它的指挥。内阁需设置在最适宜的地点。两国国会将正式合并。大英帝国正在组建新的军队；法国军队需让其现存的军队在陆地上、海上和空中待命。英法联邦将因共同事业向美国呼吁，要求其为盟国提供更多的经济资源和强力的物质援助。

无论战争发生在何处，英法联邦都应倾其所有与敌人战斗到底。

这样我们就会取得胜利。

可以看到，这份声明并不是由我而是由大家在会议桌上共同起草的，我只是对它起到了促成的作用。当我把声明拿到隔壁房间的时候，戴高乐、范希塔特、德斯蒙德·莫顿还有科尔班都在那里等着。戴高乐将军以异乎寻常的兴奋之情阅读了宣言，然后就试着向波尔多方面打电话，电话接通后他便将这一宣言告诉了雷诺先生。他的希望和我们是一样的，即这份两个民族和帝国之间的庄严誓约和兄弟情义能给正在挣扎中的法国总理以这样的信息：将政府迁往北非并带上尽可能多的军队，命令法国海军开赴德国势力范围之外的港口。

下面是雷诺内阁最后的情形：

　　联合宣言让雷诺建立起来的信念瞬间消失了；这样慷慨的建议遭受如此恶劣的回应是非常少见的。总理在内阁会议上将文件读了两遍。他表态说，他本人完全赞成这一宣言，接着透露了将安排明天与我见面讨论其中细节一事。不过，不管是有名的还是无名的大臣们都由于失败的重压而变得首鼠两端，激动的人们由于意见分歧而陷于分裂。我们被告知，一些失败主义者已经因为窃听电话内容知道了这件事情。大多数人对于接受这一跨度巨大的计划都没有做好准备。不信任、惊讶、想全盘否定这一计划的情绪在内阁成员中占主导地位，就连平日里最友好、最坚决的人也变得困惑起来。内阁成员们是想得到英国同意解除法国在3月28日所承担义务的答复，以便向德国询问停战条件，这是此次内阁会议召开的主要目的。只要我们将正式答复早些递交给他们，那么让大多数人接受我们让舰队开往英国这一首要条件是可能，甚至是极有可能的，至少能够制定出其他适宜的方案让法国在与敌人谈判时有更多的腾挪空间，即如果德国提出的条件难以接受，是否撤往非洲的最终决定权依然在法国手中。不过现在却上演了一幕"秩序，反秩序，无秩序"的经典案例。

　　建立英法联盟国这一建议给人们造成的适得其反的印象太强烈了，雷诺已无能为力。以贝当为首的失败主义者们甚至都没有经过审查就拒绝了这一建议。严厉的抨击比比皆是："这是杯水车薪的计划""这是突袭""这一计划旨在法国变为保护国，或者窃取它的殖民地。"这是要把法国，用他们的话说，变为英国的自治领。有的人还抱怨说，英国人可以取得法国公民的身份，但法国人却不能取得大不列颠公民身份，只能做英帝国公民，这是公民身份的不平等。这些推测都是与宣言原文相左的。

　　除此之外还有其他的争论。魏刚没费吹灰之力就说服了贝当，英国已经失败了。法国最高指挥部，也许只是魏刚自己认为："不出三周，英国就会像小鸡一样被人拧断脖子。"贝当认为："与大不列颠结盟就是与死尸为伍。"在上次大战中不屈不挠的伊巴那加勒此时也声明道："比较而言，至少我们知道作为纳粹的一个省意味着什么。"参议员雷贝尔是魏刚的私人密友，他说这个计划莫名让人感觉法国将隶属于英国，这意味着法国将彻底灭亡。雷诺的反驳显得苍白无力："与盟友合作总强过与敌人合作。"曼德尔的反问也无济于事："难道作为敌人的一个区能好过做英国的一个自治领吗？"

我们确信，雷诺在阐述了我们的建议后并没有在议会上进行表决。建议自行消失了。这样的打击对于雷诺本人来说是毁灭性的，意味着这位一直在试图托大厦于将倾的总理在内阁中的影响力和决策者地位走向了终结。8时许，由于多日的操劳，现在已经身心俱疲的雷诺向总统递交了辞呈，并建议他召见贝当元帅。这样的建议太欠考虑了。雷诺还告诉斯皮尔斯将军，他依然希望能与我在明日会晤。斯皮尔斯回答道："明日将成立新的政府，你不能再代表别人讲话了。"

波尔多停战

为了尽快与德国停战，贝当元帅开始组建政府。6月16日深夜，以贝当为首的失败主义集团已集结起来并初具规模，因此组阁过程不会过长。内阁会议的副主席由高唱"探询条件不意味着接受条件"这一论调的肖当先生担任。认为一切都已结束的魏刚将军接管了国防部。海军上将达尔朗就任海军部长，伯多安先生出任外交部长。

　　在安置莱法尔的事情上看来有些困难。起初，贝当元帅想给他个司法部长的位子，被莱法尔鄙夷地拒绝了。他要求就任外交部长，以便利用这个位置实现他策反英法联盟，击败英国，为纳粹建立新欧洲贡献一份绵薄之力的计划。贝当元帅对付不了这个难缠的小人，很快就屈服了。伯多安先生虽然已经就任外交部长一职，但是他知道自己不能胜任，已准备好卸任。不过，在他将事情的真相告诉给外交部常务次长夏尔·鲁先生时，这位有魏刚作为靠山的次长顿感义愤。当魏刚将军走进屋子与炙手可热的贝当元帅谈及此事时，莱法尔变得异常愤怒，以至于连这两位军事首长都不能承受。将军逃跑了，元帅又投降了。不过这位次长却很坚决，他拒绝在莱法尔手下任职。面对这种惨烈的局面，这位元帅再次妥协了，之后莱法尔就怒气冲冲地离开了。

　　其他想继续战斗下去的法国人是不幸的。即使贝当成功组建了政府，在德国势力范围外的非洲建立一个中央政权的计划依然有可能实现。贝当内阁在6月18日开会讨论了这一问题；当晚，勒布伦总统、贝当还有参、众两院的议长还召开了碰头会。绝大部分人认为，应该或至少应该派遣一支代表团前往北非。连贝当也不反对这样做。他本人打算留在法国，但是他认为，内阁副主席肖当没有留下来的理由，这一行动应该以他的名义发起。因为在当时的波尔多紧急撤离的谣言非常盛行，因此魏刚反对这一行动。他认为这样做会让法国提议的于6月17日在马德里举行的"光荣"和谈遭到破坏。莱法尔则着实被吓到了。他害怕的是自己苦心经营的计划会因法国在海外建立起有效的抗战政权而失败。魏刚和莱法尔开始对因达成共识而聚集在波尔多的参、众两院的议员们展开说服工作。

　　现在已经是海军部高级官员的达尔朗则有不同的看法。对他来说，将这些批评他所作所为的人用一只船打包运走是这个时候解决所有问题最便捷的方式。只要这些人上了船，就逃不出他的手心，政府也能获得充裕的时间考虑下一步的计划。在获得新政府的批准后，他要求所有想去非洲的政界要员登上了全副武装的辅助巡洋舰"马萨里亚"号。20日这艘船将在吉伦特河河口起航。让纳莱和赫里欧先生还有许多想去非洲的人都怀疑这是一个阴谋，他们决定由陆路取道西班牙前往。二十四名众议员和一名参议员，还有曼德尔、坎平基，以及达拉第，他们都是主张前往非洲的积极拥趸，没有走陆路，是最后一批上船的人员。21日下午，"马萨里亚"好起锚了。23日，船上的无线电播放了贝当政府与德国签订停战协议的消息。坎平基立即命令舰长把船驶往英国，但是这位在两天前在政治上还是舰长上级的长官遭到了冷淡地拒绝，显然这一切都是早已安排好了的。这些不幸的爱国者们直到数小时后的6月24日晚间，"马萨里亚"号在卡萨布兰卡抛锚才不再那么焦虑。

曼德尔开始按照既定计划行事。他和达拉第一起将在北非建立一个抗战政权，由他出任总理，目前宣言的草稿已经拟好。上岸后，他首先访问了英国领事，之后便下榻于埃克塞希尔旅店。他接下来打算是通过哈瓦斯的代理机构将宣言发表出去。诺盖将军对宣言的内容感到不安，他扣下了宣言不予发表，然后将内容拍发给达尔朗和贝当。这两个人已下定决心将德国势力范围之外的敌对政府扼杀在萌芽之中。曼德尔在旅店被捕并被押解到地方法院，但是法官宣布曼德尔无罪，然后将他释放了；这位法官的职位后来被维希政府罢免了。然而，在总督诺盖的命令下，曼德尔再次被捕，之后他就被软禁在"马萨里亚"号上，这艘船也在严密的监视下被扣押在港口，船上的人不允许与岸上有任何信息来往。

上面讲述的事情我当时是不知道的，我还在为这些愿意继续战斗下去的法国人担心着。

　　6月25日深夜我们召开了一次内阁会议，讨论我们获悉的一些消息，其中一件是一只载有众多法国优秀政治家的船只已驶过拉巴特。我们决定立即委派戈特勋爵陪同新闻大臣达夫·库伯先生于黎明时分乘坐"桑德兰"号飞艇赶往拉巴特，与他们取得联系。清晨他们发现了那个小城。城里下了半旗，教堂的钟声不时传来，一场为法国战败而举行的庄严的致哀仪式正在进行。这些人曾尝试与曼德尔取得联系，但是都失败了。小城的副总督名叫莫里斯，他在电话里和达夫·库伯要求的见面中都表示，他别无选择只能服从上级的指示。他说："如果诺盖将军下达的是让我自杀的命令，我肯定欣然赴死；可是，他向我下达的命令比这要残酷得多。"这些前法国部长和议员们实际上已经被当作了逃犯。我们的使团除了选择返回外没有任何办法。

　　几天后（7月1日），我向海军下达了尝试截获"马萨里亚"号，营救船上人员的指示，但是却无计可施。在卡萨布兰卡的炮台下停泊了近三周之后，船上的人员又被运回了法国，维希政府将会采取既有利于自己又能取悦他们德国主子的办法处置这些人员。等待曼德尔的将是漫长而痛苦的牢狱生活，1944年底，德国人下令将其杀害了。至此，希望在非洲或伦敦建立一个坚强的代表法国政府的计划破灭了。

第五章　孤军奋战的大不列颠

奥兰事件

继法国沦陷后，"英国也会投降吗？"我曾以英王陛下政府的名义多次宣布，我们已下定决心单独战斗到底。"'法兰西之战'已经结束，我认为'大不列颠战役'就要开始。此战将决定基督文明的存亡，英国子民的生死以及我们的制度和帝国能否延续。很快我们就会面临敌人的大兵压境。希特勒很清楚，如果不能在这个岛上消灭我们，他就不能赢得战争。如果我们能让他铩羽而归，那么整个欧洲就可能重获自由，全世界人民就能重新在宽广的、洒满阳光的大陆上生活。"

当遍布于全世界的英国人群情激奋之时，对我们的脾气不甚了解的外国人却猜想我们只是在表面上散布烟雾，实际上是在为和谈做着积极的准备。看不到敌人从海峡入侵的困难和我们空军的质量，在大多数国家的精明看客们心中自然只有这样的印象：德国的力量是巨大和可怕的。并不是每一个已有累卵之危的政府，并不是每一个似乎已被众人抛弃、孤立无援的民族都能做到，在有充足的借口实现和平，并且在这种良机已经出现的情况下，对来犯之敌提出的和谈请求说不。美国在冷冷围观；苏联才不会来蹚浑水。英国为什么就不能抽身事外，像日本、美国、瑞典和西班牙一样抱臂旁观，看着纳粹帝国和共产主义国家打得难解难分呢？

身为伦敦最高当局负责人，我们对于本岛的实力和武力部署是了然于胸的，对国民的士气也有十足的把握。我们对近在眼前的将来所怀有的信心，并非像其他各国所猜想的那样，是在虚张声势或巧言令色，而是因为我们对客观事实有清醒的认识和正确的评估。下面，我就以我和我的专业顾问在这些难忘的日子中见证的事实为依据，详细分析一下入侵问题。

假设德国和意大利的舰队吸纳了法国的海军，加之日本在地平线上蠢蠢欲动，英国将面临致命的危机，美国的安全也将受到严重影响。根据停战协定第8条的规定，只有一部分法国舰队被允许留下来，以便保护法国殖民地的利益，余下的"应全部在指定港口集结，由德国或意大利负责退伍和缴械工作。"从中可以清楚看出，法国的舰队将在全副武装的情况下被控制。虽然在同一条款中，德国政府庄严宣布，不会为了己方目的在战争中使用法国舰队；但是，参考希特勒过去的无耻行径和当时的实际情况，谁会相信他的话呢？而且，这条款项还有另外一项规定："这些舰队在必要时可用于海岸警备和扫雷作业。"这句话的解释权归德国人所有。最后，在任何时候，只要有行为被认定破坏了协定，都可以以此为借口废除停战协议。实际上，我们毫无安全感可言。我们决不能让法国海军落入敌手，必须拼尽全力、冒尽风险、想尽一切办法阻止它，否则很可能会让我们和其他国家遭受灭顶之灾。战时内阁当机立断，同意采取一切必要措施。

法国海军的分布情况如下：两艘战列舰，四艘轻巡洋舰（或反鱼雷艇），包括大型潜艇"苏尔古夫"号在内的几艘潜艇，八艘驱逐舰，还有大约二百艘虽然小但很实用的扫雷艇和反潜艇，大多停靠在朴次茅斯和普利茅斯；这些舰只都受我们的节度。一艘法国战列舰，三艘配备八英寸口径大炮的新式巡洋舰，一艘旧式巡洋舰，还有一些小型船只停靠在亚历山大港；一只强大的英国作战舰队负责保护它们。法国舰队中最好的两艘战舰——"敦刻尔克"号和"斯特拉斯堡"号，停泊在地中海西部的奥兰及其附近的密尔斯克皮军港，这两艘战舰专为超越"沙恩霍斯特"号和"戈兰斯诺"号战舰打造，因此在质量上比它们要优秀得多；此外还有两艘法国战列舰、几艘轻巡洋舰、一些驱逐舰、潜水艇和其他战舰。以上舰只一旦落入德国人之手，将对我们的海上贸易造成极其严重的影响。

此外，还有四艘配备八英寸口径大炮的新式巡洋舰，三艘旧式巡洋舰停泊在阿尔及尔；一艘航空母舰和两艘轻巡洋舰停泊在马提尼克。"让·巴尔"号战舰是一只影响世界海军实力评估的重要舰只，它刚从圣那泽尔开到卡萨布拉卡；这支战舰没有配备大炮，目前还未被建造完成，也不能在卡萨布兰卡完成建造任务，它也不会被准许开往其他任何地方。马上就要竣工的"黎歇留"号战舰现在停靠在达喀尔，它可以下水航行，十五英寸口径的大炮也能够使用。还有众多不那么重要的法国战船星罗棋布地停泊在其他港口。最后，在土伦停泊的那些战船是我们鞭长莫及的。"弩炮"作战计划要求：向所有我们能够接触的法国战舰，发起夺取、控制、使其失去效用或摧毁行动。

7月3日破晓，英国夺取了朴次茅斯和普利茅斯的所有法国舰只，并加以控制。这次行动是一次出其不意的奇袭。在英国，移交都是在和平中进行的，船员们都是自愿上岸的，只有"苏尔古夫"号潜艇上的船员除外。在"苏尔古夫"号上，两名英国军官和一名海军士兵牺牲，还有一名士兵受了伤。法国方面除了有一名海军士兵被打死外，剩下的数百名官兵在经过努力劝说后，全都自愿下了船。1942年2月19日，战功累累的"苏尔古夫"号潜艇被击沉，与它一起沉没的还有法国海军全部官兵。

最严重的摩擦发生在地中海西部。海军上将萨默维尔统帅的包括战列巡洋舰"胡德"号、战列舰"勇敢"号和"坚定"号、航空母舰"皇家方舟"号，还有两艘巡洋舰和十一艘驱逐舰在内的"H舰队"在直布罗陀，于7月1日凌晨2时25分接到海军部下达的命令："准备于7月3日执行'弩炮'计划。"

7月3日下午5时54分，舰队向火力强大的法国战舰发起攻击，岸上的炮台则进行了还击。下午6时，报告说战斗非常激烈。经过约十分钟的炮击，"布列塔尼"号被摧毁，"敦刻尔克"号冲到了岸上；"斯特拉斯堡"号逃跑了，虽然"皇家方舟"号用鱼雷击伤了它，但没能阻止它像其他从阿尔及尔开来的驱逐舰那样逃到土伦。

在亚历山大，经过英国舰队司令坎宁安长时间的劝说，法国舰队司令戈德弗罗瓦最终同意排净燃油，卸掉大炮的主体部分，并裁减部分船员。7月8日，航空母舰"赫尔米兹"号在达喀尔对战列舰"黎歇留"号发起进攻，一艘摩托艇进攻最为英勇。"黎歇留"号被一枚空投鱼雷击中，受损严重。经过长时间的商谈，停靠在马提尼克港口的法国航空母舰和两艘轻巡洋舰与美国达成共识，并解除了武装。

英国发动了一次猛烈的袭击，让能对战局起到重要影响的法国海军淘汰出局，这对所有国家产生了深远的影响。曾猜想英国会在被大举入侵时，将在战与和的问题上摇摆不定的陌生人中的大多数将会借此得出结论，英国如此无情地向昔日最亲密的朋友开刀，是要借助人们公认的制海权进行最后一战了。这充分说明了，英国战时内阁是无所畏惧的和不可阻挡的。我们确实是这样的。

7月1日，贝当政府迁往维希，试图在法国的非占领区站住脚跟。在获悉奥兰的消息后，他们下令用空军对直布罗陀实施报复性攻击，从非洲基地起飞的轰炸机在港口投掷了少量炸弹。7月5日，他们正式与大不列颠断交。7月11日，贝当元帅接替勒布伦总统当选国家元首。

天资聪颖的法国人民是能够理解奥兰事件的意义的，他们一定能化悲痛为力量，从强加的痛苦中看到新的希望。事先我没有征求戴高乐将军的意见，但对于这件事，他表现出了高风亮节，他的行为在法国光复后得到了认可。法国"抵抗运动"的优秀成员、后来的法国国防部部长泰让先生向我提到过一件事情，在这里有必要记录下来。在土伦附近的一个村子里，住着两户佃农，他们的儿子都在海军服役，都在奥兰被英军打死了。举行葬礼的时候，所有的邻居都参加了。两户人家都要求将英国国旗与法国国旗一并放在棺材上，他们的愿望得到了人们的认可与尊重。

美国政府的高官们长长地舒了一口气。大西洋的安全似乎又得到了保障。英国将会投降的谣言至此再也没出现过。接下来的问题是，英国会被入侵和占领吗？考验我们的时刻来临了。

反攻利器：坦克登陆艇

继我们在敦刻尔克缔造奇迹之后，我的第一反应是因之组织一次进攻性质的反击。这段时间，我们考虑的焦点是坦克问题，不仅是防守和进攻。这需要大量的坦克登陆艇作为支持，后来这成了我最关心的问题之一。

我醉心于两栖作战问题，脑中早就有这样的想法：用特制的坦克登陆艇在敌人意想不到的海滩登陆。1917年7月17日，在就任劳合·乔治政府的军需大臣之前，在不借助专业人士辅助的情况下，我曾独立制定了夺取弗里西安群岛中的博尔库姆和许尔特两岛的计划。这样既能为小型舰队、驱逐舰和当时可调遣的空军寻觅一个海外基地，为我们在数量上占据优势的海军作战提供支援，也能再次制造严密的封锁，让我们的大西洋供给线不再遭受敌军潜艇的频繁骚扰，为美国军队输送到法国提供便利。这一计划得到了劳合·乔治先生的高度肯定，并被专门打印出来下发给海军部和战时内阁。在这一文件中，我还提出了另一个方案以供选择，即在赫恩礁（北部）的浅水地带建立人工岛。

　　这个文件一直沉睡在帝国国防委员会的档案架上将近二十五年的时间。这个被束之高阁的文件却让我记忆尤深，在新的危机出现之时，它成为了指导我们行动的纲领；1943年由大量的坦克登陆艇组成的舰队，还有1944年建成的"桑葚"港①，就源于这个被人们忘却多时的文件。

　　1940年6月6日又是一个充实的日子，我满心都是解脱后的释然，浑身充满了向上的力量。我下令开始进行坦克登陆艇的设计和制造工作，并拟就了一份很长的备忘录。类似的指示都已下达到不同的行动中去了。"攻击连"的名称被"突击队"取代，其中有十队是由正规军和皇家海军组成的。在挪威战役中，这一组织的核心就已崭露头角。我曾提议组建五千人的伞兵部队，后来又同意将人数降低到五百，我非常后悔做了这样的决定。

　　制造登陆艇的事总是不断地出现在我的脑海中，这件事可能给我们带来不利，也可能成为将来打击敌人的一项措施。试制登陆艇的工作，在战争爆发前就已经在进行中了，曾有几艘被运用在纳尔维克战役之中。在这一战役和敦刻尔克大撤退中，其中大部分都损失了。现

---

　　① "桑葚"港是在法国北部海面建立起来的一座人工港口，目的是为了登陆。——译注

在我们的军队运输舰只和远洋舰只都很匮乏，前者可以将小艇吊起到战舰上，后者可以将坦克和大炮运往海滩并就地卸载。

7月份，我在参谋长委员会下设立了一个独立的联合作战指挥部，由海军元帅罗杰·凯斯爵士全权负责，旨在研究和演习这一战术。罗杰元帅与我私交甚密，他还在国防部服务过，因此任何部门都没有对这一特殊任命表示过非难。

成立国防大臣办公厅，并赋予其实权，进行得非常顺利。截止到8月底，联合作战委员会一直是参谋长委员会的直属下级，并在其领导下工作。我决定将这个机构划归到我的控制下，因此我采取了唯一的也是我认为最必要的步骤，要求战时内阁批准这一明确变动，由我从我们的作战系统中接管此机构。我的同僚都表示赞同。参谋长委员会虽然对这一调动表示质疑，最终还是接受了。

我们加大力度，改善各种类型的登陆艇，并专门设立了一个部门主管这件事。1940年10月，我们对第一艘坦克登陆艇（L.C.T）进行了测试。一开始只制造了三十艘，经过改善后，开始大批量生产。为了方便走海运输送到中东，我们制造的都是零部件，1941年夏，开始向那里运输。一切努力都是值得的，因为我们的经验增加了，设计能力提高了，这些奇特的登陆艇的性能必然会稳步提高。海军部非常担心的是，造船业的资源很可能因制造这些新式的特殊产品而被大加消耗。幸运的是，这些坦克登陆艇不必非让造船厂来制造，其他建筑工程公司也能胜任，因此大型造船厂的工作和计划不会被打乱。这样就有可能实现我们预期的大规模生产计划，不过，登陆艇的大小将受到限制。

这种坦克登陆艇适合穿越海峡执行闪击战，或者延伸到地中海地区执行作战任务，但在大海上进行长途航行是它的弱项。因此，满足了在海上运输坦克和其他交通工具的要求之后，我们现在需要的是，同样能让坦克和其他车辆在海滩登陆的，更大的更适合在海上航行的舰只。我下达了建造这种舰只的指示。海军部设计了一个样本，并将其命名为"温奈特"，按照这个样本只建造了三艘，剩下的都是根据后来设计的样本在美国和加拿大制造的。出于相同的目的，我们还改装了三艘吃水浅油船用来运载坦克，这些船后来都服务良好。

到了1940年底，对两栖作战，我们有了更加科学的认识，并建立了完备的概念。伴随着这些特制登陆筏的不断生产，各种部件的不断堆积，一个新的问题摆在我们面前，就是应该训练一支可以使用这些装备的军队了。

训练军队一事由联合作战委员会负责，为此，其专门在我国和中东设置了特别训练中心。当这些想法被证明可行，并形成一定规模后，我们就会转告我们的美国朋友。经过几年的努力，这些想法带来的成效越来越明显，显然它们在我们伟大的计划和行动中起到了不可替代的作用，在最合适的时机变成了反攻利器。

海岸防御

1940年夏法国沦陷，之后我们被彻底孤立了。英国的自治领还有印度和各殖民地都不能及时支援我们，他们的物资我们也不能随时取用。德国的胜利之师正在为最后一战大量集结，他们缴获了大量的武器还占领了许多兵工厂，因此并不缺乏装备。意大利已经向我们宣战，并热切希望在地中海和埃及用他们强大的军队将我们击溃。远东的日本已不怀好意地封锁了缅甸公路，以防物资被运往中国，他们的眼神中充满了敌意。苏维埃苏联受到苏德条约的限制，负有向德国输送重要原材料的义务。西班牙，已出兵占领了丹吉尔国际共管区①，随时都可能与我们为敌；他们还可能攻取或让德国人帮助他们攻取直布罗陀，或者在直布罗陀设置大炮封锁海峡通道。刚刚从波尔多迁往维西的，以贝当为首的法国政府随时有可能被迫对我们宣战。在土伦的法国战队看来不会选择从德国的魔掌中逃脱出去了。显然，我们并不缺乏敌人。

其他所有国家在奥兰事件之后就不再怀疑，英国政府是真的决定孤身抗战到底了。虽然英国不存在士气低落的弱点，但是这些令人喘不过气来的、客观存在的困难要怎样才能攻克呢？众所周知，我们本土的陆军除了步枪什么装备也没有。实际上，我们举国上下各类型的野战炮只有不到五百门，中型和重型坦克还不到二百辆。我们在敦刻尔克损失的装备需要好几个月的时间才能由兵工厂制造出来。因此，全世界大部分国家都认为我们是在劫难逃也就不奇怪了。

整个美国都被极度不安的情绪笼罩着，实际上，所有处身事外的自由国家都是如此。美国表情阴郁地自忖着：为图慷慨之虚名，向即将就木的英国支援自己国家本来就欠缺的资源，是否值得？他们同样没有提早备战，吝啬和珍视每一件武器不正是他们应该做的么？要想无视以上事实孤注一掷地支援我们，他们就需要非常精准的判断。英国将永远感激这位伟大的总统和他的重要官员以及高级顾问，因为即使在第三次总统大选如此重要的时刻来临之际，他们也从未对我们的将来和意愿失去信心。

一直被英国人引以为荣的，乐观沉着的民族性格很可能帮助我

---

① 丹吉尔在二战前由英、法、西、意四国共同管理，二战时，西班牙派兵占领了此地并废除了"国际共管"协议，直到摩洛哥独立后，丹吉尔才恢复主权。——译注

们挽回局势。就是这样一群人，他们在战前耽于和平，极度缺乏忧患意识；他们醉心于政治角逐，却毫无远见；他们散漫地混迹于欧洲事务中心，却疏于战备；如今他们必须要直面以往的自命不凡和玩忽职守，算一笔总账了。他们没有一丝的沮丧，只有对那些欧洲征服者的蔑视。他们宁可血染英伦三岛以称心愿，也不会屈辱投降委曲求全。历史会为他们书写浓墨重彩的一笔。

德国最高统帅部从来不敢小觑我们的实力。1940年7月7日，齐亚诺在前往柏林会见希特勒时，曾与冯·凯特尔将军作过一次长谈。他讲述了会见的过程，并说卡特尔也像希特勒那样跟他谈到了进攻英国的问题。他一再表示，就目前的情况看，他们并没有必胜的把握。他虽然认为登陆是有可能的，但还是强调这一军事行动将会"极其困难"，因为他们"对这个岛国的军事和沿海防御工事的部署情况知之甚少，而且并不准确，因此需要谨慎从事"。

相对比较容易的且必要的军事行动是，对大不列颠的飞机场、工厂和交通要道进行大规模空袭，不过英国强大的空中力量是不能被忽略的。据凯特尔估算，英国大约准备了一千五百架飞机用于防御和反攻；他承认，最近英国空军的攻击欲望已经比以往大大增加了。只有精准度得到保障，才值得发动空袭，而且一次空袭至少需要出动80架次的飞机。英国方面的劣势是飞行员不足，那些正在执行轰炸德国城市任务的飞行员不能被未经训练的新飞行员换下。卡特尔非常赞同攻击直布罗陀，这样做的好处是，能够打乱英国的部署。

7月19日，希特勒在国会发表了一次演说，在其中他颇为得意地预言我不久就会逃往加拿大避难，并提出了他所谓的"和平建议"。当欧洲已经臣服在他的脚下后，希特勒最想看到的自然是英国也听命于他，从而为战争画上句号。那个建议的主旨根本不是和平，而是让英国放弃战争欣然束手就擒。

　　我和我的同僚们最终决定，改由外交大臣用广播的形式拒绝希特勒的外交姿态。22日晚，外交大臣宣布："只要自由还没有来临，我们就会战斗不止。"

　　伊斯梅将军建议我应当去面临威胁的东部和南部沿海地区去视察一番，大家都一致同意我这样做，因此我每周都会抽出一到两天的时间从事这项工作。

　　7月中旬，陆军大臣建议我，让布鲁克将军接替埃恩萨伊德将军指挥家园防卫军。7月19日，在继续视察那些可能被侵略的地区期间，我参观了南方指挥部。在那里，他们动用了至少十二辆坦克为我进行了一次某种战术类的军事演习。整个下午我都是坐在车中巡视的，这条防线的指挥官、功绩卓著的布鲁克将军一直和我在一起。对于本土防御的策略，他与我的看法几乎是一致的。在与其他人进行了必要的商讨后，我接受了陆军大臣的意见，同意布鲁克接替埃恩萨伊德担任本土防御部队的总指挥。

　　有一年半的时间我们都处在入侵的威胁中，在此期间，本土军队的组织和指挥工作都是由布鲁克负责的；后来他被任命为帝国总参谋长，我们又在一起共事了三年半直到战争结束。

　　对于随时可能到来的入侵，我们一直严阵以待，细节方面也做得越来越好。

　　德国的入侵计划是由他们陆军总司令制定的，一开始他们也使用"鲸吞"这个词来表示肯定能拿下伦敦，但是奇怪的是，他们后来又决定避免使用这个字眼了。

　　7月份，对于我们来说，发生了一件大事：大批美国武器通过大西洋安全运抵英国。到了7月底，我们整个国家都已经被装备起来了，接下来需要考虑敌人的伞兵和空降部队的问题了。我们现在俨然成了敌人的"众矢之的"。我不想打仗，但是如果非打不可的话，至少我们国家中的大部分男人和部分女人的手中都已经有了武器。

还有一件事让我们不敢掉以轻心，那就是德国在八九月份在英吉利海峡架设了重炮。从炮台的架设位置来看，加来和灰鼻角附近尤为密集，其目的很显然是不仅要阻止我们的军舰进入海峡，而且还要将两地间的最短航线牢牢掌握在他们的手中。专为这一区域架设的大炮到9月中旬已经可供使用。8月底，德国还沿法国海岸线设置了至少三十五门陆军中、重型大炮用于防御，此外还用缴获的炮台架设了七门大炮。

6月份，我曾下令将射程可达海峡对面的大炮架设在多佛尔的海岸，现在已有所进展，但规模没有预期的那样大。今年夏天，我曾多次视察多佛尔。无论在多佛尔还是伦敦，我都密切关注着德国炮台的发展情况，几乎每天都会对相关报告进行仔细研究。我很想在对方不能还击之前打他们一个措手不及，从多佛尔炮击对岸摧毁一部分他们的重炮阵地。由于我们拥有至少三门射程可达海峡对岸的重型大炮，因此我坚信这样的目标是能在8月份完成的。不过，后来，德军的力量强大到了我们无法匹敌的程度。

8月22日，敌人为攻击我们的运输舰队，首次动用了大炮的火力，无果后转而开始炮击多佛尔。我们的十四英寸口径的大炮只有一门能够使用，便用那门大炮进行了还击。从这之后，双方便会时不时地进行火炮对射。9月份，多佛尔一共遭到了六次炮击，其中最猛烈的一次发生在9月9日，那次德军发射的炮弹数超过了一百五十发。运输舰队只是轻微受损。

9月初，我们布下多门重炮，进行海岸防御。在大炮数量上，我们不能跟敌人相提并论，但是我们的大炮很集中，可以获得强大的火力，而且我们所有的大炮都是机动的，无论敌人在哪里登陆，都将遭到猛烈炮击。

7月份和8月份，我们的力量每天都在增长。所有的海滩都已被各式各样的防御工事覆盖，全国被划分为几大防区，工厂源源不断地生产着军火。八月底，我们的新式坦克超过了二百五十辆！无论是受过正规训练的英国陆军，还是本土防御部队都从早到晚操练不休，都渴望着能上阵杀敌。家园防卫军的人数已经突破百万。

在北方灰蒙蒙的海面上和海峡中，游弋着我们忠诚勇敢的舰队，他们彻夜巡逻双眼时刻注视着敌人的一举一动；在空中，我们的战斗机飞行员驾驶着战机呼啸而过；在地面，他们严正以待，只要一声令下就将驾驶着优秀的战机直上云霄。这是一个壮烈牺牲好过苟且存活的时代。

敌人会从哪里进攻

敦刻尔克大撤退之后，正如我们看到的那样，所有的英国人都在考虑这个问题：希特勒是否能入侵和征服我们？三个星期后，法国政府的投降加剧了我们对于这个问题的重视。

在第一次世界大战中，我们的本土安全也曾受到严重威胁，但优势明显的海军让我们转危为安。不过，二战中出现了空军。入侵方式会因这一新事物的出现而产生什么变化呢？显然，多佛尔海峡两岸间的狭窄海面关系着我们小型舰队的安危，甚至是存亡。截止至9月份，我们在当地的轻型巡逻舰只已达到八百余艘，敌人需要出动空军才能消灭它们。

　　但是，哪一方拥有制空权呢？在法兰西之战中我们的空军曾与德国的空军有过交锋，并在以一敌二或以一敌三的情况下给他们造成了类似比例的损失。在敦刻尔克，由于我们的空军还肩负着巡逻和掩护陆军撤退的任务，因此是以一比四或一比五的比例与敌军作战的，但是我们仍然不落下风且完成了任务。空军司令道丁认为，在我们的领海和毫无遮盖的领土上空，我们的空军以一敌七或以一敌八都是占优势的。德国的空军力量大约是我们的三倍。因此，我们的结论是，虽然与勇敢强大的德军作战将极度危险，但是在我们的领空、领土与领海上，德国的空军是能够被击败的。如果这一结论变为现实，那么我们的海军就能继续牢牢掌握制海权，并在海上消灭一切来犯之敌。

　　当然，一向以心思细腻、目光深远著称的德国人是否还准备了第三种登陆方案呢？他们是否准备了一支巨大的无须借助港口、码头就能让坦克、大炮和摩托车登陆的特种登陆舰队呢？登陆部队的后勤给养问题，是否也因此已经解决了呢？

　　在考虑问题时，我们做出了最坏的估计。我们曾花费四年的时间，抓紧研发和生产能够用于像诺曼底登陆这种规模的登陆装备，期间美国也曾在物资上给予了我们大量援助。现在，德国只需花费很少的人力和物力就能在这方面赶上我们，但是他们只有很少量的"瑟比尔渡轮"①。因此，德国只有在空军和海军都存在优势，并且还拥有大量的特制登陆艇的情况下，才有能力在1940年夏季或秋季对英国发动入侵。但海军占优势的一方是我们，拥有制空权的一方也是我们，而且我们对于他们的特制登陆艇也了如指掌，他们还没有设计或生产这样的船只。

　　早在6月底，诸多报告都显示敌人的作战计划还囊括了英吉利海

---

　　① "瑟比尔渡轮"是由德国飞机设计师弗里茨·西贝尔领导开发的一种渡轮，在二战期间曾被大量制造用于入侵英伦三岛。——译注

峡，我立即要求对此事展开调查。我和我的顾问团还推断，在7、8月份东海岸受到攻击的可能性要大于南海岸。事实上，这两处海岸都没有在这两个月内遭受攻击。

德国从未想过从波罗的海和北海各港口用大型运输舰运送部队入侵，他们的计划是用四千或五千吨位的中型战舰和小型登陆艇穿过英吉利海峡进行登陆。德国制定从比斯开湾各港口发动侵略计划的可能性更是微乎其微。这并不意味他们选择南海岸作为目标就是对的，也不能说明我们的考虑出现了漏洞。如果敌人制定出了入侵东海岸的计划，那么对我们来说那将是极端棘手的问题。德国要想从南面海岸发动入侵，就要等待必要舰只在法国沿岸各港口集结完毕。集结时，舰只需通过以上各港口北面的多佛尔海峡。7月份，没有迹象表明德军在进行这样的行动。

不过，我们必须要做好充分准备以防敌情有变，同时还要避免机动部队的力量被分散，并扩充后备队。除去爱尔兰，大不列颠仍有两千多英里参差不齐的海岸线，其间还遍布着数不尽的海湾。要想对如此幅员辽阔的海岸线进行防守，唯一的方法是，在海岸线和前线上建立哨所和防线，同时建立庞大的后备军，并保障部队训练有素和机动灵活。

海军部的看法与我大致相同。根据我的文件，海军参谋处海军上将庞德制定了一份计划书，结尾处这样写道："很可能有十万左右的敌军未遭到海军截击就抵达我国海岸。……但是，德军要想维持供给线，就必须同时击溃我们的空军和海军，否则绝无可能。……如果敌人完成登陆行动，那么他们接下来的动向很可能是急行军攻击伦敦，沿途靠劫掠村镇补给，并迫使英国政府投降。"第一海务大臣按照敌军从港口出动的人数和可能用于进攻我们海岸的人数，将这最多十万人的军队分为若干部分。

我对他的预估表示满意。由于敌人不能携带重武器，且补给线很容易被切断，因此如果敌人在7月份实施入侵，我们日益强大的陆军是可以应付的。以上观点得到了大家的一致赞同，并指导了我们接下来几周的工作。

在此期间，一件事让我们的处境发生了巨大的改变。据我们出色的情报部门报告，希特勒已下定决心执行"海狮计划"，并在为此积极准备。敌人不会从东海岸发起进攻，甚至都不会去攻击那里。一直以来参谋长委员会、海军部和我都认为那里将会是前线，现在看来，究竟哪里会是前线，依然是摆在我们面前的重要难题。

一个更直接的问题出现了。夜间，多佛尔海峡开始出现大批的能够自我推进的驳船和摩托艇，它们沿着法国海岸朝加来——布雷斯特一带的法国港口大量集结。在法国海岸附近设置雷区已经不可能了。我们立即用小型战队对敌人的运输舰队展开攻击，并对新出现的一些可能对我们发动入侵的港口进行了集中轰炸。除了这些，根据我们掌握的大量情报来看，德军的一个或几个师正在沿着他们控制下的海岸运动并集结，为入侵我们积蓄兵力；敌人还利用铁路运输在加来和诺曼底集结了大量的兵力。之后我们得到情报称，德军有两个配备着骡子的山地师出现在布洛涅附近，他们显然是想攀越福克斯通悬崖。法国海峡沿岸大量威力强大的远程大炮此时也已经建设完毕。

为了应对新危机，我们不得不将工作的重心转移，为了将我们日益壮大的机动后备队运往南方，我们必须要对所有的设施进行全面的改进。现任本土部队总司令布鲁克将军于8月份的第一个周末指出，南部海域遭受入侵的威胁也在增加。不过，我军的人数、效率、机动性和装备，同样在稳步增长。

截止到9月下旬，我们在南部沿海前线包括多佛尔地区可投入的精锐部队的数量为十六个师，其中有三个装甲旅的规模已相当于三个装甲师，所有这些部队除了能兼顾当地海岸的防务外，还能在入侵时迅速前往任何一处敌军的登陆地点展开战斗。这样我们就能给予敌人一次或多次重击。

这期间，在加来到特斯赫林和赫尔戈兰的海湾和河口，以及荷兰和德国沿海的大量岛屿地区，敌军是否还隐藏着大量中小型战舰，我们无法确知。环肯特海角，从哈利基右侧到朴次茅斯、波特兰，甚至包括普利茅斯等地似乎很快就会遭到攻击。敌人似乎不会从波罗的海穿越斯卡格拉克海峡用大型船只发起第三次入侵，以配合其他的攻击行为，但是我们的证据并不足保证以上推论的正确性。因为除此之外，德军没有其他方式对已登陆的部队进行重型武器的补给，或在东部海滩建立起大型供应站，以便将大量物资运送给该处的船只或其附近。这一点对于德国能否取得成功至关重要。

现在我们进入了一个如履薄冰的时期，每一步都需要非常谨慎。当然，我们必须确保从瓦什北部到科洛姆提河口一直要有重兵驻扎，以便敌人决意从南方发动入侵时，可以从此地抽调兵力进行应对。由于我们岛上的铁路交通线四通八达，制空权依然没有落入敌手，因此，如果有必要的话，在第四天、第五天或第六天，敌人的兵力已经全部暴露出来并成为强弩之末后，我们仍然有能力增援四个或五个师赶往南部前线。

海军部经过精确地考量，认为9月15日到30日之间会出现最适合敌人登陆的天气状况。现在我们已知道，关于这一点上敌我双方达成了共识。我们有能力歼灭多佛尔地区、多佛尔到朴次茅斯这段扇形区域，甚至波特兰地区的任何一支登陆部队。

7月份和8月份，我们加强了大不列颠的空中防御，特别加强了伦敦东南部的防空力量。在伦敦和多佛尔之间，离两地最近便的地方驻扎着斗志昂扬的加拿大师，此时他们的刺刀已经磨得锋利无比，随时准备出击。所有区域都遍布着防御据点、反坦克障碍物、碉堡、掩护设施及类似工事，共同构成了一个规模庞大的防御系统。

我们缩减了大西洋上的护航舰队，在海上的损失因此大幅缩小，而小型舰队在吸纳了新军舰后，无论数量还是质量都大幅提高。我们将"复仇"号、"百夫长"号和一艘巡洋舰调到普利茅斯。我们的主力舰队火力强大，不会有很大风险。总之，在所有方面我们都已经准备就绪。

"海狮计划"

现在是时候谈谈敌对阵营的情况了。德国海军上将雷德尔分别在5月21日和6月20日两次面见希特勒，讨论如何入侵英国这一问题。雷德尔的建议是不能盲目行动，一定要制定一份详细的计划。希特勒表示，他"对于这一行动的困难，是完全了解的"，可见他本人也不敢贸然出击，他同样抱有这样的期望，英国能够在将来答应和谈。

将大不列颠作为入侵目标的第一道命令是在7月2日才发布的。7月16日，希特勒发出了如下指示："鉴于英国已在军事上孤立无援，又不肯接受和谈，因此我认为应该制定一份登陆计划，以便在必要时对英国实施打击。"按照指示，德军开始积极备战。

我在6月份就已经对德国海军部的计划有了大致的了解，他们主要的方针是以机械化作战为主。他们想用重炮从灰鼻角炮击多佛尔，然后在法国海岸密集炮火的掩护下，在海峡的最短区域两边铺设水雷，然后在周边布置潜艇加以保护，试图用这种方法在英吉利海峡处开辟出一条最短的通道。通过这条通道，陆军就能漂洋过海，大量物资也能够源源不断地补给过去。德国海军的任务至此结束，剩下的问题将交由陆军将领们去解决。

不过，这一计划从一开始就没有成功的希望，我们的海军优势是压倒性的。不过，在法国沦陷后，任何人都能看出，只有英国投降才能避免战争无休止地进行下去，从而避免战争导致的一切后果。

最开始，德国陆军统帅部对英国发动入侵的态度是犹豫不决的。由于几个星期以来的战斗德国都是连连告捷，使得他们变得自信起来，以至于忘记了对于入侵一事从未制定过计划，也没有做过相关准备，更没有经过针对性训练。陆军的主要任务是登陆之后取得战争的胜利，至于能否安全渡海并不是他们需要关心的问题。实际上，海军上将雷德尔早在8月份就曾指出，德军在穿越海峡的时候一定要非常谨慎，否则就会有全军覆没的危险。

7月21日，三军统帅会见了希特勒。希特勒说，必须将"海狮计划"当成结束战争最快最有效的方式，加以贯彻实施。之后，德国海军部和陆军部就这一计划展开了激烈争论，浪费了大量宝贵的时间。希特勒提出了一个让陆军和海军都不甚满意的折中办法后，争论才结束。8月底，决议终于彻底达成，将前线从福克斯延伸到伯格诺。当然，他们能否在空战中取得胜利是一切的关键，当时空战已经进行了六个星期。

基于后来确定的登陆地点，最终的计划被制定出来。这次军事行动的指挥官由龙德施泰特担任，由于船舶数量不足，因此将他指挥的部队数量缩减为十三个师，后备队为十二个师。德军确实英勇善战，装备精良，但是他们的船舶不足无法保证海上的安全运输。海军部承担着这次任务中最重的一副担子。德国的海运船舶大约有1,200,000

吨，这足以满足他们的一切要求。不过，载运入侵部队就会用去一半以上的船舶，这将对德国的经济造成严重的不良影响。

我们从7月初就对停泊于威廉港、基尔运河、库克斯哈芬、不来梅和艾姆登的德国船只发起了持续不断的攻击，并奇袭过停泊于法国港口和在比利时运河内航行的小型舰只和驳船。9月1日，英国皇家空军监测到大批准备入侵的船只开始南移，便在安特卫普和勒阿弗尔之间的全部海域对其展开猛攻。德国海军部报告称："敌人在其沿海区域不断进行的防御行为，以及他们集中轰炸供我军'海狮'出发的港口还有其频繁的海岸侦察说明，他们已对我军即将进行的登陆计划做好了充足的准备。"报告还称："英国的轰炸机和大不列颠空中布雷中队……还依然具有充足的战斗力。还应承认，虽然英军的行动并未给我方的运输造成致命阻碍，但无疑是成功的。"

随着时间的流逝，越来越多的疑虑出现了，行动的日期也因此不断地被推迟着。希特勒曾在7月16日发出命令，要求在8月中旬完成入侵英国的一切准备工作，但是三军一致认为这样的任务是无法达成的，因此希特勒只好在7月底同意将入侵的最早日期推迟到9月15日。德国海军部于8月30日报告称，由于英国的应对措施，因此9月15日无法如期完成入侵的准备工作。他们要求在9月21日采取行动，同时要求提前十天，即在9月11日向他们发出预备入侵的命令。海军部于9月10日再次报告称，由于天气一直很糟糕和英国的反轰炸，给他们造成了各种各样的麻烦，他们无法在21日取得英吉利海峡上空的绝对制空权。为此，希特勒在11日又将最早进攻日期推迟到24日。17日之后，日期被无限期推迟，因为"所有情报都表明，敌方海军已为应对这次战斗做好了充分准备。"

1940年，德国人从早期对入侵的胜券在握，到后来的疑虑不前，直至最后对"海狮计划"完全失去信心。德国统帅部显然不是一个协作机构，他们对彼此的能力和限制条件都不甚了解，也没有一个共同的目标。每一方的想法都是能在战争中技压群雄，独占鳌头。他们之间的摩擦从一开始就已经产生了。元首必定会提出自己的意见，但是对于改善三军关系方面这些意见不会起到太大的作用。陆军在德国的威望是最高的，其将领都是将他们的海军同僚当作下属对待。因此，在重大的军事行动中，德国陆军肯定是不愿意甘受海军支配的。

读者可以很清楚地看到，我们是如何从知道敌人的入侵计划时起逐步打消担心，消除疑虑，建立起坚定的自信心的。而德国的最高统帅部的大部分官员和德国元首的信心，却与我们正好相反。从7月中旬到9月中旬，德国和英国对"海狮计划"的看法越来越趋于一致，越来越不喜欢。如果在其他事情上，我们也能够像对待这件事情一样意见一致，那么战争就可以避免了。

英德空军的对决

现在能否在空战中制敌取胜，是决定我们命运的关键。德国已经将我国的南部海岸选作登陆地点，取得英吉利海峡，以及南部海岸上空的控制权，就能够实现攻入不列颠的所有计划。想要部署登陆港口，集合运输船舰，清除航道雷区并重新铺设水雷区，就必须抵御英国的空袭。能否控制运输船舰和海滩的上空，决定了能否横渡海峡，能否上岸。所以，要是德军打败了皇家空军，摧毁了伦敦和海岸之间的机场系统，那结果就可想而知了。

　　这场战争马上就要爆发，将是一场真正实力的对决。这场由英德两国空军的角逐组成的不列颠战役，将关系到英国的存亡，关系到世界的自由。

　　在与法兰西一战时，德国空军已经被最大限度地使用，因此他们需要时间休整。6月和7月初，德国重新整编了恢复战斗力的空军，并征用了法国和比利时的所有机场，想要从那里起飞发动进攻。

　　7月10日，德国第一次对英国发动大规模空袭。7月10日到8月18日是第一个阶段，他们不断骚扰我们的英吉利海峡护航舰队，侵袭我国的南部港口。8月24日到9月27日是第二个阶段，攻击目标是皇家空军及其设施，摧毁它们就可以直通伦敦，轰炸我们的首都。戈林还有一个目的，他深信攻陷了伦敦这个世界上最大的城市，就能震慑英国政府和人民，使他们放弃抵抗，任由德国摆布。可世事往往事与愿违，他们的进攻并没有消灭皇家空军，反而受到了伦敦抵抗的牵制，无法分身实施"海狮"计划。无法取得制空权这个先决条件，他们入侵的计划便迟迟不能实现。这时，他们开始了最后一个阶段——第三阶段的空袭。皇家空军依然斗志昂扬，打破了他们想依靠白天的空袭取得胜利的幻想，让他们头疼不已。

　　8月15日，爆发了那段期间内最大规模的一次空战。战线长达五百英里，大规模战斗进行了五次。这一天的战斗非常重要，具有决定性意义。在南方我们有二十二个战斗机中队，全部参加了战斗，许多中队一天要反复出动两三次。在南方和北方的战场上，德国损失了七十六架飞机，我方损失了三十四架。很显然，德国空军这次败得很惨。

　　德国空军的司令官们感到这次惨败不是个好兆头，预示着之后的袭击不会很顺利，想到这些，他们一定很是担忧。然而，伦敦是世界上最大的城市，很容易定位攻击，伦敦港码头众多，船舶密集，德国空军仍把它们当成袭击目标。

在战斗最激烈的那几个星期，各个战斗机中队急需性能靠得住的飞机，我们要不计代价地满足这种需求。比弗布鲁克勋爵为此做出了卓越的贡献。战斗所需要的物资接连不断地从运输线上输往前线，飞机也不停地补充到战斗机中队里，有的是修好的，有的则是新造的。战斗机中队没见过这么多飞机，大喜过望。战斗激烈紧张，但是参战飞机的保养和维修都没有落后。我向国王申请，鉴于比弗布鲁克勋爵在战斗中发挥的巨大作用，请他加入战时内阁。得到国王肯定的回复后，我于8月2日向勋爵发出了邀请。

这时候，欧内斯特·贝文——劳工与兵役大臣同样同样跟我形影不离。他的职责是在全国范围内，发动民众参加军事生产，并加以管理。军火工厂的工人们对他的指示都乐于服从。他在9月也成了战时内阁的一员。

戈林对空战的乐观态度一直持续到8月底。他以及他身边的人都以为，他们的袭击已经重创了英国的地面装备、飞机产业，还有皇家空军的实力。按照他们的估算，从8月8日至今，我们有一千一百一十五架飞机被击落，而他们只有四百六十七架。

进入9月，天气一直放晴，德国空军觉得取得决定性胜利的机会来了，便对伦敦周围的机场发起了猛烈的攻击。6日时，到了夜间，德国出动六十八架飞机袭击伦敦，第二天就发动了本月首轮大规模空袭，派出了大约三百架飞机。这之后接连几天，伦敦上空炮火不断，异常激烈。在这期间，我们也增加了一倍数量的高射炮，而德国空军把我们的损失估计得过高了，所以仍然有必胜的把握。

从8月24日到9月6日，这段日子的战斗意义重大。战斗中，我们的战斗机处于劣势。英格兰南部和东南部的机场不断遭到德国空军强势地袭击。德国已经等不及要轰炸伦敦了，此番是一定要让我们的战斗机完全丧失在白天守卫首都的能力。然而，此刻对我们而言，保卫伦敦免遭狂轰滥炸并不是最重要的，保卫这些机场，使其能正常运转，通行无阻，飞机能从这里飞出去，反而要更重要。这是一场两国空军间的殊死搏斗，而这段日子正是决定这场战斗胜负的关键。与我们而言，现在想的，只是要赢得这场空战的胜利，而不是这是一场伦敦或某个地方的保卫战。

当时，被设置在斯坦摩尔的空军司令部忧心忡忡，而在阿克斯布里奇，第十一战斗机大队的指挥部更是坐立难安。受这个大队指挥的五个前进机场，还有六个位于战区的机场都被毁坏。在肯特海岸上，麦斯顿和利姆两地，战斗机有时一连数天无法使用机场，而这种情况还发生了好几次。位于伦敦南面战区的碧金山机场更是毁坏严重，以致在长达一个星期的时间里，只有一个战斗机中队能从此处起飞。对位于与之临近的战区的机场发动狂轰滥炸，同时捣毁它们的指挥部，切断电话联络，如果敌人持续地发动这种进攻，那我们整个盘根错节的空军司令部或许会彻底瘫痪。这样一来，不但伦敦被涂炭在所难免，我们甚至会失去这个至关重要的战区的整个空中战场。

然而，9月7日时，德国的空袭的目标转向了伦敦，空军司令部发觉这个动向，并据此推断，他们改变了作战计划。至此，我们的空军司令部一颗悬着的心总算能放下一些了。当时，我们的空军完全要仰仗这些机场的调配才能战斗，因此戈林实在是应该继续攻击我们的机场。他违背战争中古老的法则，不顾具有普遍意义的人道，犯了一个愚蠢的错误。

我们空战司令部这一时期——8月24日至9月6日的战斗中，整体实力消耗巨大。这两个星期中，它有四百六十六架"烈焰"式和"旋风"式战斗机或被击毁或糟受重创；同时，牺牲了一百零三名飞行员，还有一百二十八名伤势严重——我们的飞行员总数约一千人，这次损失了将近四分之一。为了填补这些空缺，我们只好从训练单位抽调来二百六十个人，虽然这些新手有一腔热血，但缺少作战经验，有些人甚至连飞行课程还没全部学完。从9月7日开始，在接下来的十天里，敌人不断在夜间对伦敦发动空袭，炸毁了很多码头和铁路枢纽，炸死炸伤了许多平民。但实际上，我们却可借机喘一口气，那时这样一个机会对我们来说至关重要。

9月14日，德国发动了两次大规模空袭，接着在15日，他们又集结了最大规模的空军在白天对伦敦发动空袭。15日这一天应该被当成最高峰。

15日，有报告称，从迪埃普地区的德国机场有一批敌机正朝我们飞来，有"四十多架"。各个中队随即进入备战状态。之后，不断有信号发送过来，有时是"四十多架"，有时是"六十多架"，有一次甚至是"八十多架"。最后，我们成功击退了敌军的空袭。我的私人秘书约翰·马丁汇报称："这次空战平衡了这所有的不幸。我们击落了敌人一百八十三架飞机，而我们自己的损失却不到四十架。"战后的统计资料表明，那天敌人的损失只有五十六架，尽管如此，仍不妨碍9月15日成为不列颠战役至关重要的一天。

当晚，我们的轰炸机队大举进攻，重创了从布洛涅到安特卫普各港口的船舶，尤其是安特卫普，损失极其严重。9月17日，元首下令推迟"海狮"作战计划，且没有给出推迟到什么时候。这一点，现在我们也已经知道。到了10月12日，他正公布第二年春天再执行入侵计划。到了1941年7月，希特勒又把该计划延迟，决定1942年春再执行。他当时自以为是地幻想着"那时候，苏联应该就快被拿下了吧。"真是白日美梦啊。为了终结"海狮"作战计划，雷德尔海军上将最后一次见希特勒是在1942年2月13日。最终，他成功说服希特勒将整个计划完全"搁置"。就这样，"海狮"作战计划彻底覆灭。而促使它夭折的正是9月15日的战斗。

尽管入侵计划已经搁置，但是戈林真正放弃靠空战制胜的念头时已经是9月27日了。也就是说在伦敦上空，战斗并没有停下来。到了10月，德国仍在猛烈地袭击伦敦，不过他们也对很多其他地方展开了规模较小，却不分昼夜的经常性攻击。他们不再集中轰炸，而是分散轰炸了。以后进行的就是消耗战了。

伦敦遭到持续轰炸

敌人的作战意见并不一致，目标也存在冲突，这些都从德国空袭不列颠的状况中反映出来了。不仅如此，这几个月间，敌人本可以采取让我们没有喘息余地的攻击方式，可是他们却放弃了三四次这样的机会，用新方式进攻，由此可见，他们对既定计划的执行也不彻底。

9月7日，德军的空战指挥权落入戈林手中，他放弃了原来的白天空袭，转而改为夜间空袭，袭击目标也有由肯特和苏塞克斯的战斗机机场，转为伦敦那一大片建筑物最多的地区。在白天，小规模的白天接连不断，已是见怪不怪，虽然仍有可能来一次大规模空袭，但总体而言，德国的进攻策略发生了根本性转变。到了夜间，他们便开始对伦敦进行持续性轰炸，就这样持续了五十七个晚上。这个世界上最大城市面临着一场空前的危机，没人能预料出它能否撑得过去。以此等规模轰炸这么大一片居民区，让那么多的家庭无法正常生活，惊慌度日，这在历史上还是第一次。

快到8月底时，敌人对伦敦进行毁坏性轰炸，我们当即也还以颜色，以牙还牙，轰炸了一次柏林。不过，我们的飞机航程较远，而德国的飞机可以从与我国毗邻的法国和比利时的机场起飞，因此相比之下我们的袭击规模要小很多。战时内阁的态度是尽力予以还击，正面回应敌人的挑战。我非常支持他们的意见，并且认为有必要让希特勒见识一下英国人的怒火和意志力，只有这样才能震慑到他，抑或是促使他改变计划。

让我们的空军彻底崩溃是德国人攻击的首要目的，其次是让伦敦的民众丧失抵抗的意愿，就算是让这个世界最大城市彻底瘫痪也好。然而，我们并没有让敌人实现这些新目标。我们有技能过硬又勇敢的飞行员，有性能优异的飞机，还有完善的指挥系统，凭借这些终始皇家空军赢得了胜利。与此同时，我们千百万的人民，那些最普通不过的人民，在不列颠生死存亡之际，也表现出了多种多样的优异的品质，这些绝不是可有可无的。是他们让全世界看到，在自由社会中生活的人可以迸发出多么强大的力量。

9月7日之前的三周是德国的初期轰炸，攻击目标是我各郡城市，为此我们将高射炮部队分散到了各地。而从9月7日开始，德军集中火力，以伦敦为主要袭击目标，这时设在伦敦的高射炮只有九十二门。那之后直到11月3日，每天晚上袭击伦敦的德国轰炸机平均有两百架之多。由十一大队负责指挥的夜间战斗机被允许可以在空中随意活动，这被认为是当时最好的应对策略。那时，我们有6个夜间战斗机中队，配备的是"伯伦翰"式和"无畏"式战斗机，夜间战斗的技术还十分不成熟，尚不能对敌人构成什么大损害。可是，因为高射炮的技术也很低，我们的高射炮兵接连三个晚上不能还击。虽然我们的夜间战斗机仍有不足之处，且还有一些难题尚未能解决，我们还是决定让高射炮手以它们最高的水准任意发挥，大胆朝看不清楚的目标射击。在派尔将军的指挥下，防空炮队从各城市调回了高射炮，在四十八小时内，伦敦的高射炮数量翻了一番还要多。避开我们自己的战斗机，高射炮终于可以大展拳脚了。

在这没有任何反抗的三个夜晚，伦敦的居民蜗居在家或是在简易的防空洞中任由敌人轰炸。9月10日，探照灯突然打起强光，整个防空网火力全开。炮火声轰鸣，其实并没有给敌人带来多大伤害，却鼓舞了居民们。看到我们终于还击了，他们每个人都非常雀跃。这之后，高射炮就开始频繁发射。形势紧迫，再加上实战中的多次练习，我们射击技术不断得到锻炼，越来越熟练，被击落的德国的飞机也越来越多。

说到"闪击战"，肯定有数以万计的人有话要讲，他们都知道太多震人心魄的故事了。可是篇幅有限，所以此处只就我自己的所见所闻讲几件事。轰炸开始之初，人们并都觉得没什么大不了的。在伦敦西区，人们照旧正常生活，去吃饭、睡觉、上班、娱乐，剧场里依然坐满了人，夜里街上的灯光熄灭后，还是能看到三五成群的人。

我曾在拉姆斯格特遇到过一次空袭，被领到当地的大隧道里。那时，那里已经成了很多人的住处。我在十五分钟后走出隧道，瓦砾堆里浓烟还在不停地往外冒。被炸的是一家小饭店，虽然没有人员伤亡，但是房子彻底毁了，锅碗瓢盆还有家具都被炸成了碎屑，散落得到处都是。店主夫妻还有厨师和女招待们都是愁容满面，止不住地流泪。他们的家毁了，还有，以后要靠什么维持生计呢？这正是执政者手中的权力发挥作用的时候。

当时，我心里已经有了一个决定。专车载着我们回去，途中我口述了一封信给财政大臣，信中我要求确立"政府应立即赔偿由敌人轰炸造成的一切损失"这一原则。这样一来，那些住宅或是商铺被炸毁的人的负担就转移到了国家身上，不用他们一力承担了，相当于全国人民同舟共济。这一原则实际上是一项不甚明确的义务，对此，金斯利·伍德当然会顾虑重重。无奈我一直在催，于是一个战时保证方案在两周内便成形了。后来，在我们处理事务的过程中，此方案发挥了至关重要的作用。

我们在那时遥想前景，觉得整个伦敦过不了多久就会沦为一片废墟，估计到时候只剩那些建得比较坚固的现代建筑还能留存。伦敦的居民，一大部分都还继续待在原来的住所，这样太侥幸了，他们的生命安全实在让人担心。我们不断构筑新的防空掩体，然而它们只是由砖和混凝土建成的；很多人把地下铁道当成了藏身处；还有就是几座很大的防空壕，有些防空壕装下七千人都不成问题。人们在那里安然入睡，度过每一天，以为绝对安全，实际上，他们不知道，如果被一颗炸弹直接命中，他们同样难逃厄运。于是，我要求给这些防空壕建一道防弹砖墙，而且要快。

如今战争已经进入一个新的阶段，此时工厂应以最大效率工作，更需要高效工作的是伦敦的政府各部门，尽管它们时时刻刻都在被轰炸。刚开始，我们草木皆兵，只要听到警报声，二十几个部的工作人员就会迅速集合，进入地下室。我们能如此迅捷地全员进入地下室，当时深感了不起。但是，其实飞来的敌机经常只有五六架，有时甚至只有一架，而且它们往往飞不到伦敦上空，我们的行政部门却要为此至少有一个小时不能工作，不管空袭的规模多么不值一提。

于是我建议发警报时增加一个"预警警报"的设置。当我们在屋顶上放哨的人——后来，人们称之为"杰姆乌鸦"——观望到敌机已经飞临上空或是逼近我们时，会发出"危险警报"，让大家知道现在很危险了。它和"预警警报"要区分开来。这个建议被采用，并且很快相应的规定也出来了。政府各个部门最大限度地赢得了工作时间。

没过多久，在白天的空战中，我们的战斗机重挫敌机，白天的空袭终于告一段落。空中时不时地会响起预警警报和危险警报，尽管如此，政府机关白天在工作时，没有一个职员被炸，也没有人被炸死。幸好，我们的职员和作战人员并没有畏惧或是不停地忙着躲藏，否则在战时状态下，政府机关哪里还有时间工作？

在战时状态下，英国内阁推行了那么多政策，而且都行之有效，而那些独裁者，是否有一个能在整个国家都做到如此这般？对此我表示非常怀疑。人民代表支持我们的决定，所以民众也真心诚意地听从，可是我们并没有限制批判的权力。批评家们更看重国家利益，偶尔，他们会向我们发难，可是要否决他们，需要上下议院绝大多数人投否定票。无论如何我们都不会利用强制、干涉手段，或启用警察和特务，而独裁统治在的做法正好是相反的。

英国公民依靠议会的民主，或者其他类似的词语，面对任何考验都能够坚忍地承受，并取得最终的胜利，一想到这些，我的骄傲之情就溢于言表。我们面临的可是国破家亡的危机，但我们的议员并没有害怕，不过，幸好我们并没有真的国破家亡。

英国人的勇敢品质

就是此刻，英国人显露出了最勇敢的品质，尤其是伦敦人。他们既严肃又灵动，努力工作，任劳任怨，内心深处对自己的民族不可战胜深信不疑。

一天黄昏，我出发去东海岸巡视，警报响的时候我正在去金斯克罗斯的路上，走在路上的人越来越少，只有等末班公交的人满面苍白、非常疲累地排成几支长队。夹杂着牛毛细雨的秋雾掩映着此种情景。空气又湿又冷，夜晚和敌人同时降临。伴随着心里的阵阵痛楚，我清晰地意识到这个全球最大的城市正在承受的磨难和悲苦。这种情况还要持续多长时间？人们还要承受多大的苦难？他们的活力是否存在极限？我们蓬勃的战斗力，若在他们耗干了所有力气后，又会发生怎样的变化呢？

敌人从9月中旬开始对我们使用了新的空袭手段，这种新手段破坏力极强。他们四处扔延时炸弹，数量巨大，引发了一个大麻烦。不少长段的铁路线、首要交通枢纽、通向首要工厂和机场的街道，以及重要路段逼于无奈禁止通行，以致需要的时候却用不了。一定要挖出这些炸弹，引爆或者让其失效。再没有比这更危险的工作了，尤其是开始的时候，只能从一连串极端危险的实际操作中学会怎么挖炸弹。我们还建立了一个专门解决延时炸弹的部门。

面对敌人的轰炸，所有伦敦民众生活和休息的地方，其实是在自己家或者安德森式家用防空掩体中，在辛苦地工作了一天之后，他们将自己交托给命运，而支撑他们的，不过是英国人淡定从容的心态。

不管是战前，还是被动抵抗的时候，为了让中央政府能够持续运作而修建的抵御炸弹的坚实据点非常少，或者根本就没有。当初制定了严密的方案，期望能将政府驻地移出伦敦。很早之前，就有不少单位的机构迁去了哈洛基特、巴思、基尔特纳姆和别的地方。为了给内阁大臣和要员提供地方，曾经在广阔的区域收缴房屋，可是政府和议会期望留在伦敦的心，并没有因为敌人的轰炸而发生动摇，这种行为，我也非常赞成。人们总是觉得轰炸会非常凶猛，觉得必须全员撤走或者疏散，我也这么想。可是在事情的发展过程中，我们并没有这样做。

如果不想离开伦敦，那地下、地上各式坚实的据点一定要建好，政府行政部门和几千个官员如此才能在里边继续工作。我们在"新楼"地下室的战斗调度间和工作室上面，浇筑了厚达六尺的钢筋混凝土，还悉心布置了通风、供水设施，尤其是电话设施布置得极为完备。

内阁因张伯伦先生病重离任，进行了极大的人员调整。出任军需大臣的赫伯特·莫里森先生行事果断凌厉，而约翰·安德森爵士，曾坚决且完善地处理了针对伦敦展开的闪电轰炸。我觉得让一个经验丰富的议会成员执掌内政部（目前它也是国家本土安全部）非常有好处。敌人优先袭击的地方是伦敦。作为伦敦人，赫伯特·莫里森了解都城政务的所有方面。在行政管理方面，他的阅历超过了所有人，他曾经领导过伦敦郡议会，而且在不少方面都是负责这个郡议会工作的核心人物。约翰·安德森在内政部做得风生水起，我又任命他兼任枢密院长，统领范围更大的内政委员会。因为很多事都会交到这个委员会手中，所以内阁的工作减少了不少，如此也能减少我个人的工作，让我可以一心一意地指挥战事。我的同事们好像日益倾向于让在此项工作上，拥有更大的行事空间。于是，我让这两个高等内阁成员互换职位。

内阁民防委员会在张伯伦先生掌权的时候就已经设立了。那时每天早上开晨会是这个委员会的惯例。我也每周（一般是周五）开一次会，让各个相关部门出席，以便新的内政大臣可以切实使用国家赋予的所有权限。通常来说，会上辩论的问题会让人非常烦恼。

敌人更换空袭策略时，内阁的人员调动才结束没多久，这对我们的整体方针影响极大。敌人之前通常只用烈性炸药炸弹来对我们进行空袭；可10月15日晚上，我们遭受了这个月最凶猛的攻击，大概四百八十架德国飞机朝我们扔了烈性炸药炸弹三百八十六吨，除此还有烧夷弹七万枚。之前，我们曾经劝伦敦民众藏起来，尽量完善掩护设施。可现在，只能将"去地下室"变成"去屋顶"了。如此，就得让新的国内安全大臣拟定策略了。

没过多久，一个大型的、覆盖全伦敦（除内地各个城镇采取的行动之外）的防火瞭望哨和消防队就建好了。一开始去防火瞭望哨的都是志愿者；可是没过多久防火瞭望工作就成了一种强制性工作，这不仅是因为用到的人太多，也是因为所有人都深感这份工作应该轮班负责。这种工作鼓励振奋了所有的阶层。女性也争着要参与其中。我们举办了众多的培训班，交给防火瞭望哨怎么处理各式各样的烧夷弹。有不少人成了行家，数以千计的烧夷弹还没烧起来，大火就被控制住了。尽管大家迎着敌人的轰炸，一晚又一晚在屋顶待着，保护装置只有一顶钢盔，可是没多久就适应了。

伦敦11月3日晚上没有响起警报声，这近乎是两个月里的第一次。这种安静让不少人感到惊奇。他们预感有事发生。第二天晚上，我们这个岛的所有地方都遭到了敌人长时间的空袭。德国再次改变了自己的空袭方案。现在他们将力量集中于瓦解英国工业中心上，尽管伦敦仍是重点目标。

这些新轰炸策略始于11月14日晚上对考文垂发起的闪电轰炸。作为攻击对象，伦敦好像太大了，无边无际，所以很难获得关键性的进展，因此戈林想有力地瓦解各个城市或者武器制造中心。空袭始于14日傍晚，及至清晨，德国近五百架飞机共计扔了烈性炸弹六百吨，还有烧夷弹数千发。总体而言，在这次空袭中我们的损失最为惨重。考文垂的核心区域被炸得支离破碎，有一段时间——尽管不长——陷入了完全的瘫痪之中。有四百人被炸死，而伤势严重的人数远多于这个。德国的广播电台表示，"考文垂遭遇的那种轰炸"我们的其他城市也会遭遇到。尽管这样，可没有一个首要飞机发动机制造厂、工作母机制造厂停工；在这之前从没经历过轰炸磨炼的民众也在继续生活。不到一周，紧急重建委员会就在让考文垂恢复正常生活方面收获了很好的成绩。

敌人在11月15日借着明亮的月色，转回头再一次对伦敦进行了凶猛的空袭。造成的损失非常大，教堂和古代遗迹更是如此。之后的目标是伯明翰，从11月19日到22日，一连三次的空袭带来了极大的破坏和死伤。有近八百人死于轰炸，而受伤的则超过了两千；但是这次磨砺并没有打垮伯明翰的生活和心理。

空袭的重心在11月的最后一周和12月初改成了各个港口。凶猛的轰炸降临布里斯托、索斯安普敦，利物浦更是受到了重点照顾。之后又轮到了普利茅斯、谢菲尔德、曼彻斯特、利兹、格拉斯哥，还有其他武器制造中心，好在来自炸弹的磨炼，它们均英勇地承受住了。我们的国家始终稳如泰山，坚硬如钢似铁，不管敌人攻击哪里。

12月29日，周日，这几周的空袭在伦敦再次步入顶峰。在此次轰炸中，德国人用上了他们费尽心机积攒起来的所有经验。这次的行动明显是在放火。伦敦的商业中心一带是首要的空袭目标。他们选择潮水最低的时间进行轰击。一上来就用带降落伞的重型烈性炸弹轰击首要的自来水管道。等着我们扑灭的大火大概有一千五百处。火车站、港口遭受重创。被炸损或者炸毁的"雷恩"式教堂有八座。大火和炸药毁掉了市政厅，要不是大家拼命扑救，圣保罗教堂也难以保全。在英帝国的中心要地，被炸出的废墟，直到今天还有很大一片，可当英王陛下和王后来此巡视，人们还是非常热情地欢迎着他们，这是一切皇家典礼都远远比不上的。

这一年就这样走到了尾声。读者会发现，我们在面对这一切的雷霆和风暴时，态度是如此地冷静而从容，这种冷静的心态维系了我们的战斗行动，而我们的政策和外交也是照此展开的。真的，我不得不说，这些破坏不但没能瓦解最高政府，反倒激励了它们，让我们有了清晰的意见、忠诚的友情和睿智的行动，可若是觉得敌人空袭的猛烈程度十倍、二十倍于当前，仍能得到这么好的效果，那可并不明智，甚至仅仅猛烈两三倍，都很难说。

鲜为人知的暗战：新科技博弈

这段时期，还有一场战争在暗中进行，民众看不到战斗的输赢，只有为数不多的几个科学精英知道。

从1939年开始到现在，雷达各个环节的技术始终在持续推进，可就算这样，1940年7月至9月展开的不列颠战役，仰仗的也基本还是人的眼睛和耳朵。在这几个月，我一开始用这种想法自我慰藉：英国的冬天时常雾气缭绕、乌云密布，这样，我们这个岛就像盖了一件披风，起码白天会让我们得到极大的保护，不会受到精准的轰炸，晚上就更是这样了。

德军轰炸机有段时间基本依靠无线电定向信标指引方向。数十座这种灯塔一般的定向信标在大陆的众多地方建立起来，所有定向信标都有特别的呼叫信号，德国人用平常的定向无线电台，就能按照接收的任意两条信号的角度来判断他们所在的位置。

我们的应对措施是，迅速建立一连串的电台，我们将其命名为"梅康"。这些名为"梅康"的电台接收德国电台的信号，对此进行放大处理，之后从英国的一个地方发射出去。最后，经常将敌人那些企图使用定向信标导航的飞机，引去别的地方，敌人有不少飞机就是这么没的。确实有架德国轰炸机因为将德文郡当成了法国，主动在那儿着陆。

可是6月有件事对我触动极大。林德曼教授告诉我，他觉得德国人正在研制一种装置，使用这种装置，就能随心所欲地进行轰炸，不管白天还是晚上，不管天气状况是好还是不好。

德国人好像已经研制出一种无线电波束，这种波束如同看不到的探照灯的光束，能非常精准地让轰炸机找到它们的目标。飞行员受定向信标指引，波束则直指目标。它们或许不能精确到某个指定的制造厂，可它们肯定可以精确到某个城市，所以，除了有月亮的晚上我们得担心，还得想到敌人会在有云层、有雾气的天气发动最凶猛的空袭。

林德曼又对我说，让波束转向并非不可能，若我们马上采取措施，是可以找到办法的，但是我务必先见见几位科学家，特别是R.V.琼斯博士，他是空军部情报研究所的副所长。

见面后，琼斯博士对我们说，欧洲各个方面这几个月传回的消息都显示，德国有了一种在晚上进行轰炸的新办法，他们对这种新方法很有信心。几周之前，在敌人临近海岸的一些荒僻的地方，拍到了两三张相片，里面是一种造型奇特的矮塔。它们看上去和已经知道无线电或者雷达正常的形状并不一样。而一切此种假设，以它们所处的位置而言，都无法解释。不久前曾经打落过一架德国轰炸机，上边配备的一种设备，好像比罗兰兹波束在晚上降落的设备更加精巧，至于这种设备的功用，好像只能确定一种——夜间降落。他将这个理由和众多别的理由整合到一起，一步步证明，觉得德国人或许正筹划着，用一种定向波束系统进行导航和投掷炸弹。数日前，以这些发现为基础对那架轰炸机里的一个飞行员进行了多次审讯，他逼于无奈承认曾听到过正在研制这类装置。

　　琼斯博士说完后，大家看上去都不太相信。有人问，假设确实有这种波束存在，可是德国人既然已经有了各种一般导航装置，为什么还要用这种波束？在超过两万英尺的高空，通常是可以看见星星的。我们每个飞行员都在航空技术上受过苦训，都觉得自己擅长确定航向和目标。

　　关于德军的波束怎么用、我们怎么让它改变方向，现在我将用我知道的词汇介绍一下。和探照灯的光束一样，无线电波束也无法高度聚拢，总会分散开，但是，若是用被称为"分裂波束"法的方法，得到的结果会非常准确。我们假设有两个探照灯光束，彼此平行，它们如此一个亮，一个就灭；左侧的亮，右侧的就灭，反之，左侧的灭，右侧的就亮。一架来袭的飞机正在处在两条光束中间，光束会持续照亮飞行员的航路；不过，举个例子，若他朝右侧一点，离右侧光束的核心更近，这条光束就会变强，飞行员也会看到光线忽明忽暗，显示航向有误。飞行员若是不想让光束忽明忽暗，飞行的航路就得在两条光束的正中央，让两边的光束亮度一样。中间这条路就能指引他朝目标飞行。如此，可以让两个电台分别发出波束，并交汇于英格兰中部或者南部的任意一个城市上空。而德军的飞行员只要顺着一条波束前进就行，直到他探测到另一条波束，他就可以扔炸弹了。

　　分裂波束和有名的"科尼克拜恩"设备的原理就是这样。这个装置承载着戈林的期望。然而，英国人得到警报较早，马上采取措施，找到了应对之策。我们在本国设立了适当的电台，扰乱他们的波束。还有一个更好的方案，可以找个合适的地方安装一种反复发射装置，强化半边的分裂波束，但不强化另半边。如此，想要在两个半边信号的中央航路上飞行的敌方飞行员就会离开正确航线。

　　我立即下达了所有指令。敌人在迪埃普和瑟堡周边新设立的那批"科尼克拜恩"电台，大概在8月23日，其波束指向了伯明翰，与此同时启动了大范围的夜间空袭。不过几天，"科尼克拜恩"电台的波束就被改变了方向或者受到了影响，在之后的两个月里，也就是最危险的9月和10月，德国轰炸机盘旋在英格兰上空，漫无目标的投掷炸弹，换种说法，确实被引上了错误的路。

我们在闪击战中曾经严重受创，近乎所有敌方飞机都能以一切形式对伦敦发起攻击。自然，轰炸的准确性极低，德国每种轰炸方式都极大地受到了我们的反措施的影响，不仅如此，他们还有普遍误差，因此只有不到五分之一的炸弹投在了目标区域内。由于就算德国飞机只有五分之一的轰炸击中目标，仍让我们的工作生活受到了极大的影响。

后来，德国人改变了策略。他们运气不错，有支名为"第一百战斗小队"队伍用的波束是他们自己独有的，他们管它叫"X设备"。及至1941年年初，"X设备"我们已经可以应付了。但德国人的脑袋也在运转，大概就在这时，他们又启用了一种新设备，名为"Y设备"。我们在德国人将这种"Y设备"应用到实际作战中以前几个月，就清楚了解了它的用法。在他们打算通过这种设备为轰炸机导航时，我们已经掌握了让它失效的办法。所以，敌方空军一开始就对这个新发明失去了信心，失败过很多次之后，放弃了这个办法。

我们自战争伊始，就努力研制一种装备在飞机上的雷达，称之为"A.I."。防空研究委员会从1938年起，就曾经不知疲倦地对它进行探究，收获极大，想要用它来侦察、跟踪敌方的轰炸机。然而这套装置过于庞大、结构又非常繁复，飞行员无法自己控制使用，所以就将其装到了双座"伯伦翰"式战斗机上，之后又装到了"勇士"式轰炸机上，让观察员控制雷达，指挥飞行员，直至见到敌方飞机——一般是晚上大概相距一百码时——对它发动攻击。这种设备，一开始我叫它"嗅感器"，希望它能及早付诸使用。这个过程肯定不会很快。但是，总归已经开始。一个普遍的，由地面调度的拦截系统已经建成，而且已经投入使用。英国驾驶员操纵着配备八挺重机枪——很快又配备了加农炮——的战斗机，开始通过拦截系统追踪近乎完全没有防御能力的德国轰炸机，并对其开火，而非仅仅像以前一般全靠运气。

德军的轰炸机的耗损率在3、4月份持续升高，这让德国军方头脑非常忧心。他们发觉将英国城市"铲平"远比希特勒所设想的难。德国空军5月接到指令，不再夜袭不列颠，预备在别的战场展开行动。就这样，我们顺利击退或压制了敌人在攻占法国后，妄图侵占不列颠的三次巨大的努力。

只靠变异波束还不够，我们又研制了火箭和空中布雷这两种新型武器。火箭（为了保守机密，我们叫它"不旋转投射弹"）简便又划算。弗雷德里克·派尔爵士用这种武器组织了一支巨型炮队，一个队配火箭发射器九十六座，人手基本是从国民自卫军里找的，它火力集中，高射炮的力量远比不上它。

不列颠战役日间空袭时期，有二百九十六架敌方飞机被高射炮队打落，除此还有七十四架可能被打伤或者摧毁了。然而，夜袭又给他们出了新难题，用他们目前的探照灯和声波定位器是解决不了这些难题的。自10月1日开始算，四个月时候，大概只打落了敌方七十架飞机。雷达的面世拯救了这一形势。10月，首批调度炮火的雷达设施投入使用。探照灯波束直至12月才开始安装。可是这种设备没有充足的培训和经验，是无法操作的。与此同时，这种装置自身也有不少需要完善的地方。在1941年春天，我们因为在如此辽阔的范围内付出的重大努力而获得了丰厚的成果。

德国飞机在5月前两周对伦敦发动的那几次，是最后的几次，共有七十余架飞机被打落，这表示冬天的四个月里被打落的，都没这个多。自然，这段时间高射炮的数量也提高了。12月，一共有一千四百门重型高射炮、六百五十门轻型高射炮；5月，共有一千六百八十七门重型重高射炮、七百九十门轻型轻高射炮，除此，还有大概四十支火箭炮队。我们防空炮火的火力得到了大幅提升，这是因为战士们从科学家们那里得到了众多新发明和技术升级，在现实应用中又让这些新发明和技术升级的作用得以充分发挥。

用西印度群岛基地交换美国驱逐舰

5月15日，我在出任首相后发给罗斯福总统的首封电报里曾经提出："在我们自战争伊始就动手建造的大量新舰艇能够投入使用之前，我们当前船舰存在短缺，为予以填充，希望你们可以借四十或者五十艘旧船舰给我们。明年此时，我们的舰船就充足了。可是，在这段短缺的时期，意大利若进行干预，再以一百艘潜艇攻击我们，我们或许就会濒临灭亡。"

我在意大利向我们宣战之后，在6月11日的电报里再次说起这件事："对我们而言，没有比拿到你们已经再次配备好的三十或者四十艘老驱逐舰更重要的事了。我们可以迅速将我们的潜艇探测器装到它们身上。"

我们7月末已经开始独自战斗，并且开始了决定命运的空战，考虑到敌军或许会在空战以后马上发动侵略，我于是再次坦陈自己的要求。总统的善意和难处，我非常明白，所以每次发电给他，我都用直率的言辞，尽量让他明白，英国若是垮了，希特勒在欧洲称王，并控制了欧洲全部的船厂和海军，美国的处境将会极端危险。

在针对的这件事的辩论中，我们可以十分显著地发现，我6月发的电报在美国的高官中发挥了极大的效用，因为我在其中着重说明了，敌人若顺利登陆并占领英国，会给美国带来多大的危险。华盛顿让我们承诺，不管什么时候，我们都不会让英国舰队落到德国手里。我们自然预备用最神圣的形式做出此种承诺。我们既然已经做好了牺牲的准备，做出这种承诺又有什么可怕的。可是，此时眼看着敌人就要登陆，空战正进行到最激烈处，我不想德国人因为知道我们曾经想象过这种可能性而受到激励。更何况，8月末，我们的情况已经得到了大大好转。所有正规部队都已完成改编，很大一部分都配了新装备。国民自卫军活跃地行动起来。我们让德国空军遭受了重创，就自保这一目的来说，我们的力量已经极为游刃有余了。6、7月份让我们相信自己能够打退敌人侵略的那些证据，没到9月就已经更具有说服力了。

此时，我们有个才华横溢而且影响力不俗的大使在华盛顿——菲利普·科尔。现在他已经继承爵位，变成了罗希恩侯爵。当法国崩溃时，我曾拍给总统几封电报，谈到如果英国被敌人入侵并被征服，英国舰队可能遭遇的命运，罗希恩侯爵曾经认真分析过我这几封电报的重大含义。他催促华盛顿的领袖们关注这件事，他们非常震惊，对英国和英国的事业表示同情，自然，他们更在意的是美国的生存和安危。

一个月，一点进展都没有，后来这位大使发了封电报过来，让人精神一振。他说，美国总算有人能把目光放得长远一点了，他们开始意识到，在这场战争中，他们若是在我们落到了下风时，还继续保持中立，那么，他们或许会彻底失去英国舰队，可是除非做出承诺，说不列颠一旦战败，英国舰队或者英国舰队的残存部分会开赴大西洋彼岸，否则，让美国舆论支持美国借驱逐舰给我们，难度很大。

美国在8月的第一周让罗希恩勋爵告诉我们：我们要用西印度群岛的一连串基地和位于百慕大的基地，交换停靠在东部海岸各个海军船坞里的五十艘修缮过的旧驱逐舰。这些船舰又旧又不好用，这些岛屿基地的使用权却能让美国在战略上得到永久性的平安，二者有什么等价可言呢？可是美国的驱逐舰，我们因为被攻击的危险和英吉利海峡在大批船舰上的需求，是必须马上得到的，更何况这些岛屿的战略意义只是对美国而言的。它们以前是从欧洲或者英国入侵美洲的垫脚石。空军方面的威胁让他们现在有了对美国安全更加重要的作用，所以若是不能将它们抓在自己手里，也要确保拥有它们是和自己亲善的国家。可是英国现在正面临生死存亡之战，亲善国家有很大可能会失去这些岛屿。我素来坚信，英国的存亡和美国的存亡息息相关，我和我的同事们一致认为，事实上，让美国得到这些基地是很有好处的。所以我们完全没有以英国的偏见视角来看待此事。

除此之外，还有一个原因，不管是我们队驱逐舰的需求，还是美国队基地的需求，其意义都比不上这个。美国提供五十艘驱逐舰给英国，这种行动显然不是一种中立。以历史上的各种标准而言，德国政府都可以对美国宣战了。德国以这种简单的策略攻克种种难关，纵容推测这种危险并不存在，我觉得德国人肯定不会这么办。希特勒对敌策略是逐个击破，如此才和他的利益匹配。除非和英国的战事已经结束，否则他是最不愿意将美国扯进战场的。可是在1940年8月为英国提供驱逐舰，这件事自身就会让美国和英国更加紧密，与此同时，也离战场更近。在大西洋上越来越多的众多并不中立的行动中，这一行动位列第一，它对我们极有好处。它代表美国已经从中立国变成了未参战国。希特勒虽然不动声色地怒火中烧着，可整个世界都知道此举意义重大，就像我们即将看到的那样。

战时内阁和议会基于上述所有理由，通过了我们用租借基地来换驱逐舰的策略。而经过一番波折，并再度确认了"英国舰队若是保不住英伦三岛附近水域，英国舰队也绝不会投降或者主动凿沉船舰，而会开赴海外，捍卫国家其他区域"后，美国方面也同意了此事。9月5日，我以慎重的言辞正式通知下院这一结果，得以一致通过。

最终，美国给了我们五十艘驱逐舰。我们则把西印度群岛和纽芬兰划出的海军和空军基地，租借给美国九十九年。

第六章 非洲战场的形势

埃及与中东战场

墨索里尼或许会因为法国不再参战，以及英国正在本国进行殊死战斗，而觉得自己掌控地中海和重塑古罗马帝国的美梦就快变成现实了。突尼斯的法国人既已不需要防备，那墨索里尼自然能增加为攻打埃及而召集的大批兵力。

整个世界都在关注英伦三岛的命运，留心德国侵略部队的聚集和夺取制空权的战斗。不少国家觉得我们已经奄奄一息。我们镇定而果决的态度得到了我们的友人们的敬佩，可在他们看来，撑起这种态度的基础并不坚实。尽管如此，从国内关键战事中省下来的所有人员、物资，战时内阁仍决议将其全都用到对抗攻打埃及之敌上。

英国情报部门在意大利1940年6月10日宣战时推断，意大利派兵驻守的城市，除了阿比西尼亚、厄立特里亚和索马里之外，还有北非各个沿海城市，有二十一万五千人驻守在那儿。在埃及，英国的军队总计大概五万人。我们的兵力比敌人少，飞机也远没有意大利多。

意大利在7、8月间，在很多地方活动频繁。来自卡萨拉那边的危险延伸至西边的喀土穆。大量意大利部队进驻英属索马里。可是，相比于意大利对埃及的进攻，这一切焦虑都不值一提，显而易见，意大利正打算以最大的能量攻打埃及。墨索里尼近来曾经持续向东边的埃及调集部队。甚至在开战以前，就顺着海岸建造了一条宽广的公路，自的黎波里的首要基地起，穿越的黎波里达尼亚和昔兰尼加一直到埃及边疆。公路有一千余英里长，一路都建有意大利的军营和物资站。

意大利悄无声息地在这条公路临近埃及疆界那边，逐渐聚集和布置了一支配备了大批现代化武器的，七八万人的部队。埃及就是这支部队面前的夺目的争夺目标。在它身后延伸的，是回的黎波里长长的公路，再往后就是海洋。这支用了很长时间慢慢集结而来的大军，若能继续向东挺进，打败每一支试图拦截的部队，那么它的前途会十分美好。它若能夺取三角洲的丰饶地区，就不需要再顺着那条极长的道路返回了。另一边，若运气不好，那么恐怕幸存的机会不大。及至秋天，野战部队加上沿海岸的一连串大型物资站，起码有三十万意大利人。若在埃及疆界上战败，若前线瓦解，那他们只能全军覆没，或者变成我们的战俘。

我们当时最前沿的防守基地是马特鲁港的军营据点。那里，向西有一条通向希迪拜拉尼的公路，可是，从这儿到塞卢姆的疆界，却少了一条能够维系大量部队长时间在疆界驻守的公路。我们部分最出色的正规部队——第七轻骑兵团（装备轻型坦克）、第十一轻骑军团（装备装甲车），和来自第六十来福枪旅的两个汽车营、一个来福枪旅，还有来自皇家摩托化骑炮兵的两个团——构成了一支小型机械化护卫大军。6月中旬，他们奉命攻打意大利军队。战斗规模不大，但非常激烈。我们的部队发觉他们在这场战事中居于上风，并且发现他们即将把沙漠收入囊中。在他们没遭遇敌方主力或者设置了防御的基地以前，他们所向披靡，随心所欲地想去哪儿都可以，而且在不期而遇的激烈对战中，得到了不少战利品。

　　随后，敌人自西方抽调了越来越多的兵力过来，及至7月中旬，凭借两个师和其他两个师的部分军力，他们夺回了自己的疆界。我们的护卫大军在8月初被第七装甲师中的援军所替，这一援军包含第三康斯特瑞姆警卫队、第六十来福枪旅的第一团、第二来福枪旅、第十一轻骑兵团、第六皇家坦克营的一支分遣队和两支来自皇家骑炮兵的机械化炮兵中队，其中一支中队装备了反坦克炮。这支小规模的部队分散于一条六十英里长的战线上，和敌人继续战斗，不断获胜。在战争的前三个月，据意大利方面披露，近乎有三千五百人死伤，其中有七百人是我们的俘虏，而我们这边只失去了一百五十多人。如此，在意大利向英国宣战的最开始的时期，战争开局就对我们有利。

　　对于意大利的攻击，韦维尔将军指挥的中东指挥部提议，在马特鲁港的堡垒据点周边静候。我们需要筹集的兵力是一个军，这一目标尚未达成。我做出了如下安排：首先，为了阻止意大利入侵，尽可能筹集最多军力。即使要在很多地方冒险，也要实现这一目标。

　　我曾经尽量想办法自新加坡调集部队，而且让已经开赴新加坡的澳大利亚师先去印度进行训练，之后再去西非沙漠地区。巴勒斯坦的情形就不同一样了。我们有不少精兵分散在巴勒斯坦：一个澳大利亚师，一个新西兰旅和我们自身出色的义勇骑兵师，全都装备或者将要装备装甲车辆；还有近卫骑兵，他们虽还在骑马，却希望配备现代化武器；除此，还有大量行政人员。我打算将特拉维夫的犹太人武装起来，他们只有拿到趁手的武器，就会勇猛地对抗所有来犯之敌。在这方面，我遭遇了重重阻挠。

　　解决脆弱的意大利人和重大的空中威胁，确保地中海的通行自由，进而让马耳他岛坚如磐石，是悬在我心里的第二件事。我认为让军用运输舰队，尤其是护送坦克和大炮的船舰，不用从好望角绕路，直接从地中海航行，最为关键。看上去，为了实现这一目标，很多险都是值得冒的。让一个师从英国绕经好望角开赴埃及，三个月之内，这个师都去不了任何地方参战，可是，这三个月是非常珍贵的，何况我们也没多少师。最后，我们本岛也承受着直接进攻的危险。为了守住中东，我们到底能从我们国内和总部基地调出多少军力？

中东的形势从1940年7月起就让我越来越忧心。我心里始终想着那条和海岸平行的漫长的公路。我总希望有支强大的部队，能轻装简行，自海上登陆，将其斩断。但我们那时缺少合适的坦克登陆艇，这很正常，可是我们难道就研制不出一种适合此种武装行动的工具吗？这种行动，若是能将其和一场大战结合到一起，应该能够分散敌人在战场上的军力，这对我们来说，是极有好处的。

1940年7月10日，我提议建立一个小规模的常备委员会，由陆军大臣艾登先生、印度事务大臣埃默里先生和殖民地事务大臣劳埃德勋爵共同组成。他们负责就中东之战的调度进行磋商。陆军大臣艾登先生答应出任主席之职。艾登先生把中东兵力不足，在武器和供应品上也存在短缺的事，报告给了委员会，帝国参谋总长也为此忧心忡忡。埃及现在已有装甲师抵达，但数量非常有限，该委员会敦促务必予以妥善装备，并且建议及早派第二个装甲师过去，如果本土能抽出军队的话。这个说法得到了参谋长委员会的认可，帝国总参谋长觉得一定要在本土日趋安全，但国外日趋危险的情形下，选出调集部队时机。7月31日，艾登先生觉得不过几周，我们就能自国内抽出一部分坦克，若预备在9月末运抵中东，那这些坦克和别的配备只能走地中海这条路。虽然德国入侵我国本土的局势越来越危险，我仍旧全盘接受了这一切主张，并且我也多次将这个让人非常举棋不定的选择呈送给内阁。

当时，利比亚沙漠地区情势紧急。我认为必须尽快和韦维尔将军本人研究此事。我之前尚未见过韦维尔将军。8月8日，他奉命回到了英国，跟我、艾登先生长谈了几次。我们一起商定了相关训令，最终由我起草。内阁和参谋长委员会看法相同，完全未做改动就通过了。在8月的第三周，韦维尔将军带着这一训令返回开罗。

此时，我们的情报显示，阿尔巴尼亚的意军在迅速增多，进而威胁到希腊。为了攻打英国，德国准备工作的规模越来越大，痕迹也越来越明显，因此我们势必无法减缓对德国和荷兰河口，还有法国港口的轰炸，因为那里聚集了大量驳船。至于自国内调集轰炸机中队之事，我尚未考虑清楚。不管怎样，制定出周密的计划才是明智之举。真奇怪，在所有军种里，空军是最不灵便的军种——除了在天上。一个中队不用几小时就能飞到目标地点，可是它需要的设备、库房、燃油、零件和装配车间，没个几周甚至几个月都布置不完。

取道地中海

英国和法国舰队在法国未瓦解之前共同掌控着地中海。我们派一支配备巡洋舰和驱逐舰的小型舰队驻守直布罗陀，守护着海峡。我们的地中海舰队，以亚历山大港为据点，布置在东地中海。目前，法国撤出地中海，意大利加入进来。另外，我们还要面对一支强劲的意大利空军。

参谋长委员会7月3日起草了一份针对地中海的文件，强调了中东战场的价值，但又认为目前我们应该以防守作为总体策略。必须想到德国入侵埃及的可能，但除非这支舰队离开地中海，否则一切局部攻击，以我们当前的军队都足够应付。

"H"舰队6月末在萨默维尔海军上将的统领下，在直布罗陀建立起来。这支舰队含有"胡德"号、"坚定"号、"勇敢"号和"皇家方舟"号航空母舰及巡洋舰两艘、驱逐舰十一艘。

我们在东地中海上的坎宁安海军上将非常勇敢。意大利刚一宣战，他就拔锚出海寻觅敌军。皇家空军进攻图卜鲁格，并且打沉了意大利"圣乔治"号旧巡洋舰。我方舰队自海上炮轰拜尔迪耶。两方的潜艇军活动频繁，6月之前，敌人有十艘潜艇被我们击毁，而我们也有三艘潜艇因为在深海遇到水雷被毁。

7月8日，坎宁安海军上将在我方舰队护送一支运输舰从马耳他驶往亚历山大时，发现了强劲的意大利舰队。敌军预备将这个英国海军上将引诱到一处海域，让他遭受意大利空军和潜艇竭尽全力的击中攻击。坎宁安海军上将当即把握机会，率先进攻，他的舰队尽管在数量上有所不足，可他十分勇猛地插到了敌军舰队和敌军基地之间。

两方第二天开始交火，长距离互相轰击，英国舰队完全无损，敌军却有一艘军舰和两艘巡洋舰被打中。敌人没有胆量继续战斗，若不是他们的速度更快一些，都未必能安然逃脱。坎宁安海军上将一直紧追不舍，直至距离意大利本土不足二十五英里的海域才停下来。

意大利激烈的空袭在那天和之后两天的时间里始终不曾停歇，可是毫无作用，我们的运输舰队虽然总是受到轰击，可最终平安抵达亚历山大。这场振奋人心的战斗确立了英国舰队在地中海的地位，意大利的威势却受损于这次挫折，自此一败涂地。十天以后，在澳大利亚的"悉尼"号巡洋舰和英国驱逐舰队的协作下，一艘意大利巡洋舰被打沉。

海军部此时肩上的担子，分量极重。外敌入侵我国本土的危险，使得我们必须集合大量小型舰队和小型潜艇在英吉利海峡和北海。自8月开起，敌人就以潜艇在斯开湾各个港口进行战斗，让我们的大西洋运输船队严重受损，但他们却并未受到多大损害。意大利舰队的实力究竟如何，在这之前，我们从未领教过。此时，我们心里还始终记挂着，我们同日本宣战的可能性，以及战争会对我们东方的殖民地造成的影响。所以，海军部才会如此担心我们将所有战舰放到地中海的这种非常冒险的做法，满心都是在直布罗陀和亚历山大展开绝对防守。

还有一件事让我无法理解，为什么一开始就分给地中海大批船舰，不让这些船舰很好地发挥效力？一定要让一些空军中队和陆军支援马耳他。虽然对一切商运都暂停了，而且一切开往埃及的大规模运输船队也必须绕航好望角，但我还是想不通，为何彻底将这个内陆海关闭。实际上，我反倒指望我们可以凭借若干特种运输舰队的通行，布置和引诱意大利舰队和我们交战。我期待这场战斗，想在德国没插足地中海战场之前，在马耳他岛上合理地布置兵力防守，并装备飞机和高射炮。

针对我们在这一区域的武装行动，我在夏天和秋天的几个月里，跟海军部进行了温和又激烈的磋商，双方基本达成了共识：一定要给坎宁安海军上将统领的舰队增加一艘军舰、一艘航空母舰和两艘巡洋舰，与此同时，应当把握这一机会，让运送供应品的舰队自亚历山大开赴马耳他。

几周之后，战时内阁经参谋长委员会的绝对支持，启动了这一勇敢又很有价值的行动。我绝对赞成送坦克过去，但我担心若从好望角绕路会耽误时间，以致无法在这场影响埃及前途的战事中发挥作用。第一海务大臣起初准备冒险尝试，可是深入研究过之后，觉得这么做会影响眼下海军部负责的核心任务——"帽子"战斗计划。因为这起码得从直布罗陀调两艘高速摩托运输舰去马耳他，他觉得和取道亚历山大运送比，这个更冒险，因此又造成了新一轮的争论。

海军部不肯途经地中海运输装甲旅。而我在8月15日告诉内阁，我曾想让海军部同意把这两个装甲旅放进"帽子"战斗计划中。若取道地中海运送坦克兵团，差不多9月5日就能抵达亚历山大；但如果途经好望角运送，那大概得再迟三周才能到。

我觉得战时内阁不该驳回指挥官们的决定，被迫接受了从好望角绕路。但是，参谋长委员会也拟定了一个针对近路的备用方案，打算中东局势若在"帽子"战斗计划执行之前突然变差，就采用这一方案。这两艘快速摩托运输舰——运载着巡逻坦克和"I"式坦克——会和舰队一起经过地中海。航路问题，需要在支援船舰通过直布罗陀之前，做出决断。若中东发来的报告显示无须启用这一备用方案，那全体运输舰队会继续从好望角绕路。

"帽子"战斗计划自8月30日到9月5日顺利施行。除了有一艘船因空袭受损之外，运输舰队平安到达马耳他。与此同时，在萨默维尔海军上将指挥的"H"舰队的保护下，包含"勇敢"号、"光芒"号航空母舰和两艘装备防空装置的巡洋舰在内的支援船舰，也正从直布罗陀驶来。"勇敢"号和巡洋舰将所需的枪炮和武器平安运抵马耳他，9月3日又跟着坎宁安海军上将开往东边。这支舰队在回亚历山大的路上，曾经对罗得岛和卡尔帕索斯岛发动攻击，并且轻松摆平了一次快速鱼雷艇的进攻。萨默维尔海军上将的舰队平安返回直布罗陀。所有这些事让我坚信，取道马耳他海峡运送我装甲旅的这个险值得冒。

空军对我们掌控地中海来说至关重要。我们的空军虽然在人数上处于下风，仍需在很大程度上肩负起捍卫不列颠的使命。虽然挫败、损失不断，可是马耳他以往被忽视的防空体系仍旧慢慢强劲起来。萨默维尔海军上将统领的舰队在直布罗陀的众多任务中，有一个任务就是用一艘航空母舰把战斗机送到可以飞抵马耳他的航程范围内。

8月初进行了首次努力，那时"阿尔戈斯"号航空母舰送飞了十二架"旋风"式飞机去马耳他岛。在它们没抵达以前，只有三架"斗士"式飞机负责该岛的空防。11月我们进行了第二次努力,结果酿成惨剧。在该岛西面四百英里处,十四架飞机自"阿尔戈斯"号航空母舰起飞,可风向的变化和燃油的耗尽,其中九架飞机和飞行员一起沉入海底。在这之后,这种事故再没发生过。

与此同时,还必须想办法送飞机去中东,不仅要避开地中海的险境,还不能因为从好望角绕路而耽搁太长时间。途经西非陆运的方案或许能省下不少珍贵的时间和部分船舰。飞机要么自航空母舰起飞,飞去岸上,要么拆散、分箱装运,之后再在某个港口重新组装、起飞。拉各斯和塔科拉迪都是可选口岸。

经过仔细分析,塔科拉迪获选。十二架装箱的"旋风"式和"伯伦翰"式飞机9月5日自海路运抵,第二天,又有三十架"旋风"式飞机自"阿尔戈斯"号航空母舰飞过来。9月20日,首批空运自塔科拉迪启程,四天后抵达喀土穆。及至年末,以此种聚少成多的办法慢慢送抵埃及的飞机已有一百零七架。

这条路起步虽快,可想筹备好,没几个月的努力是不行的。拆箱组装飞机的工人因为塔科拉迪的天气和那里肆虐的疟疾而倍受折磨。别的迫在眉睫的需求也制约了对航空母舰的使用。天气状况也对空中运输不利。路上累积了不少因为短缺零件而无法装配使用的飞机。穿越大片蛮荒沙漠的飞行使得引擎损耗极大,进而伤及飞行的寿命。工作启动时有很多亟待解决的难题。此种提供飞机的办法在1940年尚未看到成效,不过我们若没及时开始,那1941年的各种厄运,尼罗河集团军和这支军队的所有险行是无法摆脱的。

及至1940年年末,英国海军又一次在地中海站稳了脚跟。萨默维尔上将千里迢迢送往马耳他的高射炮和别的装置,也让马耳他的防御体系得到了极大的增强。坎宁安海军上将在东地中海的进攻方案也成果显著。意大利的空军确实不弱,但不管是哪个方面,主动权都掌握在我们手里，马耳他岛的首要地位并没有因局势的变化而发生改变，在对意大利和驻意大利的非洲部队间的运输线发动攻击时，这座岛还是一处进军据点。

安然度过九月危机

9月也是非常紧迫的时段，和6月并无不同。空战是一切胜负的关键，眼下空战仍打得极为激烈，并渐渐步入高潮。现在回想从前，皇家空军9月15日的成功是个关键转折点。但那时看不出来，而且我们也无法确定，空袭会不会更猛烈，会持续到什么时候。明媚的天气有利于在日间发起大规模空袭。迄今为止，我们对空战始终心存期待，可是9月第三周，在我去第十一战斗机大队指挥部看空军少将帕克时，我发现此种期待空战的心态出现了一种尽管非常微小，但十分明显的变化。我问天气情况如何，他们说估计几天内天气状况都还可以。但人们不像月初那般期待好天气了。我明显觉得，天气状况若是忽然变差，大家也不会将其视为坏事。

我和几个将领正在帕克的办公室坐着，一个军官送来了一份空军部的通告，上面说，德·王尔德制造厂的所有弹药都用光了。战斗机飞行员最喜欢用该厂的弹药，制造弹药的工厂受到轰炸。对帕克来说，这是一记重击。

周末的时候，空军中将道丁经常会从阿克斯布里奇开车来契克斯。我和他交谈时明显感觉到，空战指挥部现在的情况非常糟糕。飞行员精神和身体紧张，精疲力竭。

德国即将进犯的预兆越来越多。我方航拍的影像显示，起码有三千只自行前进的驳船在荷兰、比利时和法国的港口及河口聚集。

到了9月中，德国的进犯似乎即将开始，因此，我们不能再派重要部队去东方。多佛尔地区的局势非常危急，去那里巡视过之后，我决定数周之内暂不将新西兰部队和剩下的两个坦克营调去中东。与此同时，为了能在危急时刻穿过地中海，我还控制着三艘快速运输船——人们称之为"格伦（公司）船"。

意大利主力部队9月13日开始行动，穿越埃及疆界向前进发。他们的部队共计有六个步兵师和八个坦克营。我方由三个步兵营，一个坦克营，三个炮兵中队和两个装甲车队进行掩护。他们接到指令边打边撤——因为自身条件和对沙漠习惯的优点，他们适合采用此种战斗模式。意大利军此次攻击始于对我方塞卢姆这个边境城镇周边据点的激烈轰炸。等硝烟和尘土落尽，可以看到意大利部队的军容十分严整。前方，摩托车大军在前后左右严阵以待；轻坦克和数排摩托车在后方跟着。按照一个英国上校的说法，这个场景，就像"在奥尔德谢特的长形山谷里举办的生日会[①]。第三科尔德斯特里姆警卫队在此种盛大的阵势面前，慢慢后撤，与此同时，面对这般恢宏大度地摆在自己面前的数不尽的靶子，我方炮兵进行了猛烈的轰击。

再往南，有一群连绵不绝的高山，高山南侧是一片广阔的，与海岸平行的沙漠。两列敌方的队伍正向沙漠挺进，而想穿过这片沙漠，出路只要一条——"地狱的火山口"哈尔法亚，此地在我们之后的每场战斗中都有所贡献。每支意大利纵队都有数百辆车：坦克、反坦克炮，炮兵在前，中间是坐着卡车的步兵。这种他们经常使用的行军阵容，被我们称作"刺猬"。我们的部队面对这支大军，一边后撤，一

[①] 这里指的是庆祝英王诞生的庆典。——译注

边抓住所有机会对这些行事怪异、犹豫不决的敌人进行攻击。格拉齐亚尼后来说，原计划是在沙漠中进行包抄围攻，但他最后决定不这么做，改成"将所有兵力集结到左翼，好顺着海岸疾速抵达希迪拜拉尼"。所以这支巨大的意大利部队就慢慢地以两条平行的线路顺着岸边公路向前进发。他们让坐着卡车的步兵，一批一批地——批五十辆——发动攻击。科尔德斯特里姆警卫队在四天之内灵活地从塞卢姆退至彼此相连的战线上，而且一边后撤，一边让敌人蒙受重大损失。

意大利部队在17日抵达希迪拜拉尼。我方牺牲的人数是四十人，但敌方损失的人数是我们的十倍，除此，还有一百五十辆车被毁。意大利部队此间的运输线延伸了六十英里；他们因为打算在这儿驻扎三个月，所以停了下来。他们接连遭受我们的小型机动部队的攻击，给养问题严重。齐亚诺说，一开始墨索里尼"喜出望外。他已经承担了此次攻击的所有职权，而且自豪地说自己是对的"，可是他的热情在曲曲折折地过了数个月之后，就慢慢消散了。但是，我们从伦敦的角度看，觉得不出两三个月，肯定有一支所集兵力远多过我们的意大利部队，再次发起攻击，妄图夺取埃及三角洲。除此之外，在任何时刻，德军都有可能会在战场上出现。我们自然相信，格拉齐亚尼既已发兵，就不会长时间的按兵束甲。我们推测马特鲁港将有有一场大仗要打，这并非没有道理。我们紧急需要的装甲兵团在之前数周已从好望角绕路抵达，并未延误、造成恶果。

在回想所有这些时，我想到了一个老人的故事，当他即将死亡时，他躺在床上说，他这辈子曾经担心过很多事，可这些事大部分都没发生。1940年9月，我过的确实就是这种日子。德国没能在空战中打败不列颠。他们也没尝试穿洋过海进犯不列颠。实际上，希特勒的视线此时已经转到了东方。意大利没有紧锣密鼓地攻打埃及。从好望角绕路运送的坦克旅及时抵达，事实上，马特鲁港9月的防御战并没有用上它们，它们用在了之后对我们更有助益的一次战事里。我们在马耳他遭受猛烈空袭之前已经找到了声援的办法，并且无论何时，不管是谁，都没有胆量尝试在这个要塞岛屿登陆。就这样，9月过去了。

放弃攻打达喀尔

为了获得法国的非洲属地和殖民地，英王陛下政府这段时间十分看重对戴高乐和自由法国的支持。我们听说这些地方的大多数法国将领、官员和商人并未放弃希望。戴高乐在他们眼里，如同黑夜里的一颗星星。

在确定我们的军力无法触及卡萨布兰卡后，我就想到了达喀尔。1940年8月3日晚，我针对送法军去西非登陆的这一提议，下发了同意书。戴高乐将军、斯皮尔斯少将和莫顿少校为了让自由法国的旗帜在西非飘扬，夺取达喀尔，进而帮戴高乐把法属西非和赤道非洲的殖民地凝聚到一起，然后拉拢北非的法国殖民地，制定了一份计划纲要。

参谋长委员会8月4日呈交了一份报告给战时内阁。以下三个条件是参谋长委员会所拟定方案的基石：一、为了能在任意一个法属西非港口登陆，这些部队一定要完全准备好，用船运送；二、除了运兵船和别的护卫战舰，这支远征军应该全是自由法国的部队，一个英国人都不能有；三、为了保证远征军登陆时不会遭遇激烈反抗，应该将这件事视为法国人的内务。

自由法国部队的力量大概是两千五百人，含有两个营、一个坦克连、几排炮兵和工兵、一支轰炸机小队和一支战斗机小队，我们应该提供"旋风"式飞机给这支战斗机小队。在8月5日的会议上，内阁通过了相关方案。所有人都支持自由法国部队在达喀尔登陆，认为这里最合适。我表示，英国部队应该全力援助这支远征军。战时内阁通过了相关计划。我对这个代号"恫吓"的达喀尔远征行动的启动和推进，负有极大的责任。达喀尔值得开战，对拉拢法兰西殖民帝国，意义更加深远。我坚信维希法国不会宣战，而法国人会因英国不屈的抗争和美国坚定的立场，再次点燃心中的希望。

9月11日上午8点35分，法国巡洋舰三艘、驱逐舰三艘以最快的速度开过直布罗陀海峡，驶向南边的非洲海岸。得到消息后，战时内阁当即命第一海务大臣让"威慑"号联系法国战舰，查问它们的目标地点，并指明，严禁它们去一切德国攻占的口岸。对方若回答，行进的方向是南边，则应该同他们说，必须开去卡萨布兰卡，并要对他们展开追踪。它们若想开过卡萨布兰卡，驶向达喀尔，应该予以拦截，可是最终也没能发现它们的踪影。

12日和13日这两天，卡萨布兰卡被雾气笼罩。英国的一架侦察机被打落；有关其他战舰开进卡萨布兰卡港的汇报又彼此矛盾；此时为了拦住这支法国舰队的分遣队，"威慑"号和别的驱逐舰正不分昼夜地在卡萨布兰卡南边海域巡查。"威慑"号13日下午4点20分收到无线电消息，说没有巡洋舰出现在卡萨布兰卡。事实上，它们早就向南开出了很远的距离，正开足马力驶向达喀尔。

但好像仍有一个机会。眼下，我们的远征军和它强有力的护航舰队已经开抵达喀尔南面，马上就要到达弗里敦了。海军部9月14日上午12点16分告诉约翰·坎宁安海军上将，说不知何时，法国巡洋舰已经驶离卡萨布兰卡，让他拦住它们，不让它们驶入达喀尔。他应该动用包括"坎伯兰"号在内的所有能用的船舰；如果需要，就算没有驱逐舰保护，"皇家方舟"号也该派出它上面的飞机参战。所以为了在达喀尔北面建立一条巡逻线，"德文郡"号、"澳大利亚"号、"坎伯兰"号、"皇家方舟"号均掉头，全速回航。直至9月14日晚，它们才抵达巡查海域。那支法国舰队的分遣队船只此时早已在达喀尔港下碇。

远征达喀尔的前途已被这次意外确定。我坚信应该舍弃此次远征。这支法国舰队分遣队的抵达，看上去已经让整个计划落空了。现在对我们来说，威望是至关重要的，幸好我们还能放弃这一计划。可以让这支远征军去杜阿拉，为戴高乐将军武力夺取法属喀麦隆的行动提供保护。之后，将这些船舰和运输舰解散，或调回国内。

9月16日中午，我在战时内阁上，对夺取达喀尔这一计划的整个过程进行了总结，宣布整体局势已发生变化，计划必须终止。内阁接受了我的意见。

然而，9月17日，远征军抵达弗里敦，每个将领都强烈要求继续推进夺取达喀尔的计划。有消息说，那些维希巡洋舰现在已经把甲板上的篷布打开了，其中两艘，从其停靠的位置，完全可以判断出，一点战斗力都没有，是轰炸最好的靶子。这是当时局势的又一个转折点。既然在场的将士觉得这时应该大干一场，也有大干一场的胆量，我们自然应当让他们放开手脚勇往直前。17日晚上9点，战时内阁再次召开会议，大家全都同意指挥官可以见机行事。

眼下，我们只能静候结果。第一海务大臣19日报告说，法国舰队的分遣队或者它的一部分正驶离达喀尔，朝南进发。随着新增兵力的抵达，遭受激烈反抗的可能越来越高，一场激战在所难免。和我一样，我那些坚忍不拔，又擅长见机行事的同事们全都拥有顺其自然的天赋才能，所以只听各种汇报，不做任何评论。

我不需要详细介绍攻击达喀尔那三天所发生的事。它们理当在军事历史中拥有自己的位置，同时也是个表明天气状况恶劣的不错范例。对于西非海岸的天气状况，空军部的气象学家自然进行过认真的分析。研究完历年累计的记录后，得出的结果是，这个季节，每年的天气状况都很平稳，天清气朗，通常都是艳阳天。

等英法舰队9月23日在戴高乐及其带领的舰队后方，向这一要塞推进时，却遇到了雾气缭绕的天气。我们原本指望，既然不管是法国人还是当地人，大部分民众都支持我们，那英国船舰只要外围配合就好，等戴高乐指挥的战舰开进港口，自可确定那里的总督的行动。可是没过多久，我们就意识到，维希的爪牙已经掌控了达喀尔。毫无疑问，达喀尔投身自由法国运动的所有希望，都已被维希政府的巡洋舰的抵达彻底掐灭了。

戴高乐的两架飞机刚一在那里的机场降落，飞行员就马上被抓。其中一人身上还带了一份支持自由法国的首要人员的名录。一艘悬挂着法国国旗和白旗，载着戴高乐的使者的船舰想要过去，居然遭到了拒绝，之后载有其他人员的汽艇驶入港口时，也受到了攻击，还有两个人被射伤了。

此时，英国舰队也在大雾中慢慢驶近，距海岸不过五千码。港口里面的一座炮台在上午十点炮轰我方侧翼的一艘驱逐舰，我们予以回击，因此很快发生激战。"英格菲尔德"号和"先知"号驱逐舰受损，好在不严重，但"坎伯兰"号的机舱被射中，只能退走。一艘法国潜艇才伸出潜望镜，就被飞机打中了，还有一艘法国驱逐舰被烧。大概在上午11时30分，大炮的对战彻底停下，英国和自由法国的所有船舰全部撤离。雾气是最糟糕的。

戴高乐将军下午曾经试图让自己的军队在吕菲斯克登陆，可是那时雾气更重，越来越难以判断出方向，这个方案也只能舍弃了。各指挥官下午4点30分决议让部队运输舰撤离，第二天再继续战斗。

　　9月23日晚，他们给达喀尔总督下了最后通牒，总督说，就算打到最后一人，也不会放弃这个港口。各指挥官回复说，他们预备继续战斗。和昨日相比，24日的可见度要好一点，不过还是看不清。这一天的炮轰没有取得任何效果，只表明敌人守备森严，抵抗意志坚决。

　　战斗在9月25日继续进行。这天天气晴好，在距离海岸两万一千码的海面上，我们的舰队开始开炮。才过9点，维希潜艇发射的一枚鱼雷打中了军舰"坚定"号。之后，海军上将考虑到"坚定"号的情况，敌军潜艇继续攻击的威胁，以及岸上驻军射击精准，反抗之心坚决，决定撤回海里。

　　当天上午11点30分，内阁召开会议，并获悉了今天早上战斗的结果：有几艘出色的战舰严重受损。对方明显准备死守达喀尔。没有人敢担保，法国的维希政府不会宣战。所以大家在艰难的辩论之后，均认为应该停战。

　　虽然在达喀尔，我们没能成功，但是我们拦住了法国巡洋舰前行的脚步，让他们全心挑拨法属赤道非洲守军的图谋变成了泡影。不到两周，戴高乐将军就夺取了杜阿拉和喀麦隆，将他们变成了一个发展自由法国事业的据点。在这些地方，自由法国的行动发挥了一定的效力，不仅遏制了维希之毒的入侵，还推进了我们之后从塔科拉迪到中东，横贯非洲大陆的航空线路的发展。

陆军大臣考察中东战场

　　张伯伦先生的身体9月末恶化得非常厉害。他7月曾动过手术，手术过后，医生的检查结果是他患了癌症，外科手术无法治疗。他明白自己再也无法工作了，于是向我请辞。情况紧急，我做出了一系列人事调动，由约翰·安德森爵士兼任枢密院院长和内阁内政委员会负责人，他的内政大臣和国内安全大臣职位由赫伯特·莫里森接任，军需大臣由安德鲁·邓肯爵士出任。10月3日，这些调动开始生效。

　　张伯伦先生觉得自己还应当放弃保守党领导人一职，并且提议由我接任。在大家的催促下，我接手了保守党领导人一职。我敢说，若不是有了保守党领导人的职位和保守党对自己领导人的忠心支持，在获胜之前，我是无法达成自己的使命的。如果我没有出任，哈利法克斯勋爵是保守党中另一个最有机会的人。现在他主动动议由我接任，整个党派也全票赞成。

　　当时，入侵的危险明显减小，我们已经夺取了不列颠战役空战的胜利，我们国内的部队和国民自卫军已变得十分强大。在远东，日本宣战的威胁看上去已经没那么大了。他们原本想等着看看德国进犯我国本土的情况，可是德国并没有发动攻击。日本军阀想要找到最佳方案，可是战争中几乎没什么方案是最佳的。既然7月的时候，他们都觉得对我们开战意义不大，那眼下在大英帝国的光芒更加耀眼、世界形势对日本更加险恶的时候，他们没道理会跟我们宣战。

　　在滇缅公路关闭满三个月后，我们自觉有充足的力量再次将其开通。日本人海战经验丰富，对于海战，他们的观点或许和英国海军部的原则并无不同，可是在我们决定重新开通滇缅公路，供应物资给中国时，我们也不是完全不担心。此次对未知数进行一般推断时，我们猜对了——这已经得到了证明。

这些振奋人心的事情发生于世界的另一边，它帮我们扫清道路，让我们得以在中东行动得更加强硬。我们要聚精会神地应付意大利，他们的行动并没有我们料想的迅捷。韦维尔将军已经得到了强有力的援军，已有两个坦克团抵达沙漠。我们在马特鲁港的防御工事已大大增强，中东指挥部里的参谋和筹划者已开始准备新计划。接下来我们的首要工作，明显在英国和印度这边，对我们的中东大军，特别是西非沙漠的军队，予以强化。

至于想让军事运输舰走地中海航线之事，我们仍在和海军部力争。中东当前的兵力布置让我十分恼火，而且，我认为物资供应和作战能力之间也有很大的差距。我因为马耳他岛忧心忡忡。我不仅直接催促过韦维尔将军和陆军大臣艾登先生，还迂回地让参谋长委员会帮忙催过。

那时，我问艾登先生愿不愿意去中东实地考察一番。他十分愿意，而且马上就出发了。他巡视了整个战场。"直布罗陀的防御工事近来发展迅速"，他"对此印象深刻"，他说，在此项任务上"花费了极大的心力，意志坚决，为抓紧推动想了不少方法"。军队斗志昂扬，在关隘驻守的将士信心满满。他更忧心马耳他的局势，提出起码再派一个营和一支炮队——装备了能投掷二十五磅重炮弹大炮。自然，还要提供持续的空军援助。总督多比将军觉得，考虑到以飞机和高射炮进行支援的各种计划要到1941年4月才能完成，所以在这之前，马耳他应该尽量不要采用能够导致报复行动的进攻策略，此事非常重要。

艾登先生15日抵达开罗。他和韦维尔将军、统领沙漠大军的梅特兰·威尔逊将军，进行了充分的讨论。对于打退意大利部队的进攻，他们信心十足。威尔逊将军觉得，意大利受给养——特别是水——和交通条件所限，攻击马特鲁港时，派出的兵力，最多也不会超出三个师。面对意大利部队的攻击，他有第七装甲师和新调来的坦克团、第四印度师、在马特鲁港驻守守军——由五个来福枪营构成、一个机关枪营和八到九支炮队。从巴勒斯坦过来的第十六英国旅团和新西兰旅已经抵达。亚历山大西边有一个澳大利亚旅驻守；还有一个澳大利亚旅在向那里推进。除此，还有一支波兰旅。艾登写道，在威尔逊将军看来，空军若承诺将提供足够的支援，那么面对敌人的侵袭，聚合的这些部队足以应对，并将其打败了。艾登还说，我之前提议的制造水浸区的计划现在已经落实，还针对坦克布设了障碍物。他送了一份详尽的军用物资清单过来，特别是对飞机大有需要。那时，敌人对伦敦的轰炸已经达到了最猛烈的时候，想要飞机，说起来简单，真进行调拨，难度极大。他强烈要求为了攻打卡萨拉的意大利部队，11月的军事运输舰队里，应该有一支送往苏丹港的步兵坦克连。

在开罗，艾登问了一个不错的问题：意大利部队若是按兵束甲，我们的军队要如何应对？面对这一问题，各位军官第一回应是，率先发动进攻。艾登发电报过来说："我们今日的辩论表明，在这一战场的战斗里，步兵坦克（马蒂尔德）所发挥的效力，比我们想象的大多了。韦维尔将军想再要一个"I"式坦克营和一个旅部修理排，此事至关重要，有利于将坦克的使用强度维持在最大值。"

随后，艾登先生安排了一个土耳其的军事代表团对我们的集团军进行访问，还提议史默兹将军和他们在喀土穆相见，探讨整个局势，特别是探讨自苏丹发起攻击的计划，以及我对肯尼亚驻军的众多指责。此次会谈，定于10月28日召开，这个日期之后有了自己的价值。几乎不用我说什么，寻求各种装置的请愿书就像下雪一般飞了过来，其中有一个要求是，援助一万支来福枪，特别是要求提供反坦克炮、反坦克枪、高射炮和空军，以便帮阿比西尼亚起义。此时，为了能尽可能地满足这些需求，我们宁可减少守卫本土的军力。

艾登先生准备先参加喀土穆的会晤，等会晤结束之后，马上坐飞机经拉各斯返回伦敦，对自己的见闻和自己做的所有事，做出详细的口述。我极为振奋，进而非常希望能在西非沙漠转守为攻，为此发了封电报给他。就这样，各方对首要问题的意见慢慢归于统一。

与维希、西班牙的关系

法国与德国签署了停战协议，在奥兰，我们重挫法国舰队，跟维希关系破裂。尽管如此，我们依然希望团结法国。法国被敌军摧毁，重要官员遭受各种压迫，没有经历过这种压迫的人，应该用谨慎的态度评价个别人物。唯有声威浩大的贝当元帅可以拯救法国人民，英国只能在有限范围内援助法国。法国今后也会被攻克，或投降。看到我们满怀斗志地投入战斗，法国人民最高兴，所以我坚信他们希望最后的赢家是我们。我们首先要做的是，坚定不移地支持戴高乐将军。8月7日，我和他签署了一项军事协议。法国和别的国家，都从英国广播电台中听到了他发表的鼓舞人心的演讲。他被贝当政府宣布处死，却因此声名鹊起。我们尽可能向他提供帮助，扩大他的活动区域。

我们无法与维希断绝来往。年终，美国将驻维希大使一职交由一名位高权重的人担任。蒂皮先生精干、知识丰厚，我多次向麦肯齐·金请求，希望他把蒂皮先生留在维希。找不到通往庭院的道路时，最起码还有一扇打开的窗户。

我们始终坚持一项方针：让维希政府和政府成员感觉到，他们可以随时纠正自己的错误。我们可以不计前嫌，依然与法国患难与共，分享胜利的果实，除了两个国家之间的战争之外，不会受到任何因素的影响。

受这种方针的影响，戴高乐陷入了尴尬的境地：他不畏困难，让国外高悬法国国旗，却很少有国外人士愿意听他的，绝对算不上第二个有效的法国政府。不过，我们依然要尽量增加他的权力和力量，使他更有威信。处在这种境地，他肯定希望我们与维希之间断绝来往，只听从他一个人的命令。他认为，尽管自己是一个寄人篱下的流亡者，不得不依赖我们的保护，但也要以傲慢的态度来惩戒不够忠心的英国人，只有这样，他才能赢得法国人民的尊重。他要让法国人知道，自己并非英国的傀儡，因此，只得在英国人面前装作野蛮的样子。

我于10月21日向法国人民发表了一篇简短的无线电广播演讲。千百万法国人听了我的演讲，深受感动。如今，法国各阶层的人们主动和我说起这件事。为挽救我们大家的命运，我被迫做了很多冷血的事情，甚至把他们当成敌对目标，他们却依然对我十分友善。

西班牙和维希关系紧密，不过，相比维希的态度，西班牙的态度对我们而言更加重要，它在很多地方都可以帮助我们，但是对我们的危害也非常大。我们在西班牙内战中保持中立。佛朗哥将军几乎没得到我们的支援，却从轴心国那里得到了很大的好处。他得到过希特勒的支援，也得到过墨索里尼的支援。世界大战刚爆发，他就宣布保持中立，并且一直奉行这个原则。

以互利为前提，我们两个国家之间开展贸易，显现出一派繁荣景象，铁矿石从比斯开湾的各个港口运来，对我们的军需工业起到非常大的作用。此时已经是5月，前途渺茫的战争已经结束。整个世界都已经见识到纳粹德国的威力。法国在战场上全面溃败。北方的同盟国军队危机四伏。

佛朗哥将军在战争的整个过程中一直采取自私、冷漠的政策，眼中只有西班牙和西班牙人的利益，从没想过回报希特勒和墨索里尼对他的支援。我们的左翼政党把他当成敌人，但是他并没因此恼恨英国。这位暴君小肚鸡肠，一心希望他那些精疲力竭的民众逃脱另一场战争。曾经，他们有一百万人死在自己人的手中，对战争早已厌倦。时局艰难，物价居高不下，人民贫苦不堪，这座荒无人烟的半岛变得死气沉沉。整个世界都处在一场巨大的震荡之中，佛朗哥的态度是不让西班牙再发生任何战争。这种观念十分平庸，但英王政府极为赞赏。我们希望西班牙保持中立，希望与它展开贸易，不想看到德国和意大利的潜艇使用它的港口。

法国瞬间被攻克，英国也存在溃败的危险，这令包括西班牙政府在内的所有人感到震惊。在世界各地，很多人都开始承认"欧洲新秩序""统治民族"等概念。6月，佛朗哥声称要加入战胜国，分享胜利的果实。他非常贪婪，老奸巨猾，说西班牙提出的要求太高。此时，希特勒认为自己不需要同盟者。正如佛朗哥，他也希望在几周、甚至几天后，结束大规模的对抗局面，英国会乞求停战。

形势在8月发生转变。可以明确地看出，英国要继续一场旷日持久的战斗。7月19日，希特勒向英国提出停战请求，英国以傲慢的态度拒绝了，这促使希特勒寻找别的同盟。佛朗哥曾经得到希特勒的援助，近期打算和希特勒站在同一阵营，但是，这位独裁者也因为相同的原因出现不同的观点。德国驻马德里大使于8月8日对柏林说，总司令还是原先的想法，只是多了一些要求：直布罗陀、法属摩洛哥以及阿尔、利亚的部分地区，以及奥兰，都归西班牙所有，并拓展西属非洲殖民地的一些领土；西班牙的粮食仅能维持八个月，急需一定的军事支援和经济支援；佛朗哥希望德国人登陆英国之后，西班牙再投入战斗，否则将拉长战斗的时间，导致西班牙不堪重负，摧毁当前的政权。佛朗哥向墨索里尼发出信件，再次强调自己的要求，希望能得到他的同意。8月25日，墨索里尼给总司令写信，希望他不要对欧洲不管不问。西班牙提出的要求太高，希特勒觉得非常困难，在这些条件里的一部分会导致希特勒与维希再次出现矛盾。将奥兰从法国抢走，势必促使法国在北非成立一个与之为敌的新政府。他一遍又一遍地权衡这件事情的利弊。

时间过了很久，9月，大不列颠看上去足以与德国发起的空中袭击相抗衡。令欧洲各国震撼的是，美国移交了五十艘驱逐舰。西班牙认为，美国距离战争越来越近。佛朗哥和西班牙人提出十分苛刻的条件，态度强硬地说，一定要先答应他们提出的条件。他们还请求在军需用品上得到帮助，尤其希望得到十五英寸口径的榴弹炮，以便满足直布罗陀炮台的需求。

这段时期，西班牙为德国人提供了一些便捷条件，允许德国的情报人员任意穿梭于马德里。每一家西班牙报纸都抵制英国。德国认为西班牙外交部长贝格贝德尔对德国热心不够，为了缓和两个国家之间的紧张局面，维持合作伙伴关系，西班牙任命长枪党的头号领导人塞拉诺·苏涅尔为大使，并让他访问了柏林。

当时，希特勒和墨索里尼达成共识，都把英国认定为主要的攻击目标，只剩下采取哪种攻击方法的问题。墨索里尼希望在春季之前结束战争，因为他不想延缓到第二年。当时，他觉得延缓到第二年的可能性更大，所以要充分利用好西班牙。里宾特洛甫觉得应该先和日本结成同盟关系，再让西班牙宣战，对英国造成致命的打击，但是，苏涅尔无法制定具体的时间。

希特勒尤其希望向直布罗陀发动进攻，西班牙却提出了十分苛刻的要求。10月23日，希特勒匆匆赶往法国和西班牙边境的昂代，与西班牙的独裁者举行会谈。希特勒告诉墨索里尼，自己的屈尊降贵并没有让西班牙人觉得是一种荣耀，却促使他们提出一些非常不符合他们自身实力的条件。最终，双方只是签订了一项模糊的意向书，计划出军事谈判的过程。后来在佛罗伦萨，希特勒告诉墨索里尼，相较于参加这样的谈判，他宁肯被拔掉三四颗牙齿。

佛朗哥发现，这场战争将持续很长时间，西班牙不想再次卷入战争中，不知道德国是否能赢得战争的胜利，便尽可能拖延，提出苛刻的条件。此时他非常信任苏涅尔，10月18日，由他接任外交部长一职。

西班牙一直没有参加战斗，希特勒对此非常生气。在不列颠战役中，德国空军被击溃。意大利卷入希腊和北非的战役之中。塞拉诺·苏涅尔无休无止地抱怨半岛上经济困难，希特勒很不满意。德国谍报部门首脑卡纳瑞斯海军上将于三周后前往马德里，详细部署西班牙参加战斗的相关事宜。他向德国军队提出建议，请他们在1月10日穿过西班牙国界，为1月30日攻克直布罗陀做好准备。佛朗哥说，西班牙无法在规定时间内参加战斗，令他十分惊讶。总司令担心的是，大西洋的岛屿和西班牙的殖民地落入英国海军之手。他声称西班牙的粮食不足，没能力长时间持续战斗。德国登陆英国的计划被搁浅，佛朗哥趁机提出新的要求。为了不让漫长的战祸危害到西班牙，他必须等轴心国家将苏伊士运河攻克之后再采取行动。

希特勒于1941年2月6日给佛朗哥写信，言辞激烈，催促佛朗哥拿出男人的气魄，尽快采取行动。佛朗哥在回复中说，他一直忠心耿耿，希望不要中断向直布罗陀发动进攻的准备性工作，还宣扬要等西班牙军队都拥有德国武器之后，再展开行动。即便所有条件都已经满足，出于经济方面的考虑，西班牙还是不能参加战斗。里宾特洛甫对元首说，佛朗哥没有参加战斗的打算。希特勒十分气愤，因为要进攻苏联，他不能向西班牙发动进攻。

通过阴谋诡计和花言巧语，佛朗哥成功使西班牙逃过了战争。在英国被孤立的情况下，佛朗哥此举令我们获利非凡。

墨索里尼进攻希腊

我们当前的处境已经足够艰难，但墨索里尼在地中海犯下的新罪行，让我们处境更加艰难了。

1940年10月15日，墨索里尼下定决心向希腊发动进攻。10月19日，墨索里尼向希特勒发出信件，把自己的策略告诉了他。10月28日清晨，意大利于开始进攻希腊。我们根据先前的承诺，支援希腊。

从数量上看，意大利舰队的人数超出我们很多，不过，我们在地中海的实力明显提高了。"勇敢"号、装甲航空母舰"光芒"号和两艘配备防空设备的巡洋舰于9月份顺利从地中海通过，前往亚历山大，被编入坎宁安海军上将的舰队。坎宁安的战舰此前常常被敌军发现踪迹，也经常遭到意大利空军的轰炸。意大利空军明显占上风。"光芒"号装有新式战斗机，以及最新式雷达设备，它将一些侦察机和攻击机击落，有效地防止了敌军追踪我们的舰队。这件事情做得正是时机。我们手中只剩下几个空军中队、一个英国军事代表团，以及一些仅有象征意义的军队，就这点兵力，还是从利比亚战场上抽调出来的，那里的军事计划十分急迫，做出这个决定非常艰难。

　　我们此时猛然想到，克里特岛在战略上具有重要意义，万万不可落入意大利人之手，因此，我们要立即动手将其攻克。艾登先生此时刚好在中东，我得以与一位身临现场的内阁同僚联系。他原本的计划是，喀土穆与史默兹将军举行会谈之后，他便返回英国。我向他发出一份电报，让他去开罗。苏达湾是克里特岛最好的港口，希腊政府希望我们将其攻克。两天后，我们完成了这一目标。

　　艾登先生、韦维尔将军和威尔逊将军在开罗召开了几次会议。艾登在这些会议上提出一个问题：假如意大利不发动攻击，我们需要做些什么？他听到一件重大的军事机密，意大利军队还没向马特鲁港发动进攻，就将在西非沙漠遭受袭击。他和韦维尔并没有向我和参谋长委员会汇报这些计划。韦维尔将军向陆军大臣提出请求，希望他不要发与这件事相关的任何电报，等他回国之后，再当面对我们说。几周之内，我们始终不知道他们在想些什么。我看了10月26日发出的电报，发现自己全力支持在西非沙漠一带发动的所有大规模主动袭击。艾登先生还没返回之前，我们都会觉得韦维尔和威尔逊依然在马特鲁港的防御战中，等待他们的只能是被动挨打。在这个紧急关头，他们的计划是：往克里特岛调派大约一个营的兵力，往希腊调派几个空军中队，调派小部分兵力进攻多德卡尼斯群岛，寻找一个合适的时机在苏丹展开一次大规模进攻。为了支援他们这些强悍的兵力，我们曾经担负很大危险，付出很多努力和代价，但是，他们却不能如我们所愿地使用好这些兵力。

　　这段时间，我们彼此产生误会，却在误会的情况下继续互发电报。韦维尔和陆军大臣觉得，我们强迫他们拆散了准备在西非沙漠一带发动攻击的兵力，向希腊提供援助，却没有起到太大作用。另外，我们对他们发动进攻的计划缺乏了解，不满于他们在这个紧要关头不出兵或拖延时间。但实际上，双方的观点是一样的。

　　在此之后，陆军大臣艾登先生请求回国，我批准了。11月8日，陆军大臣返回，空中袭击照例展开，他那天晚上来到了我在匹卡迪里大街的临时地下住所。他十分详尽地向我们透露了韦维尔将军和威尔逊将军制定的计划。

　　我们在大约一个月后向意大利军队发动进攻，并为这次进攻取了一个名字——"罗盘"作战计划。地图显示，格拉齐亚尼元帅领导意大利军队——当时，有八万多兵力从埃及边境越过，在五十英里长的战线各处营寨驻防，各个营寨之间的距离非常远，无法彼此援助。他们部署时，在纵深方面没有设备。在索法菲的右侧和它附近的尼贝瓦营寨之间，敌军拥有一段二十英里宽的地带。打算穿过这段空隙，展开猛烈的进攻，接着朝地中海方向，从敌军的西面向尼贝瓦的营寨（也就是敌军的后方）发动进攻，最后向图马尔的各处营寨发动进攻。将小部分兵力部署在海岸上，制约索法菲和梅克迪拉的营寨。这个目标要第七装甲师、第四印度师（当前人员充足）、英国第十六步兵旅和驻守在马特鲁港的一支混编部队共同完成。这项计划的风险很大，不过，也许可以出其不意，赢得胜利。我们的精锐之师插进敌军的战略要地时，将暴露在无遮拦物的沙漠一带，要在两个夜晚穿行七十英里，有可能在两个夜晚之间的白天被敌军发现，并遭到敌军的空中袭击。在粮食和汽油方面要计划周密，在规定的时间内，假如出现纰漏，后果不堪设想。

　　有必要冒险实现这个目标。我们的先头部队通过海路输送，刚抵达布格布格或其周围区域，就能把格拉齐亚尼元帅率领部队的四分之三的交通线切断。我们的军队在后方突然向敌军发动进攻，以勇猛的作战行动逼迫大部分敌军屈服，因此，意大利军队全面溃败。只要他们的精锐之师成了我们的俘虏，或被我们消灭，面对我军的猛烈进攻，他们将因兵力匮乏而无力招架，海岸公路足有几百英里长，他们无法有组织地向的黎波里撤退。

当我们攻克克里特岛后，意大利舰队毫无反应。海军上将坎宁安的舰队飞机实力增强了很多，他非常想用这些飞机向驻守在塔兰托的重要基地的意大利舰队发动进攻。11月11日开始发动袭击，在此之前，先发动了一些辅助性的军事行动：军队开往马耳他，包括"巴勒姆"号战舰、两艘巡洋舰和三艘驱逐舰在内的另外一支舰队开往亚历山大港，最终发动进攻。塔兰托地处意大利靴形半岛的后跟，与马耳他相隔三百二十英里，他的港口宽阔，防守一层接一层，可以对抗一切现代化武器。我们往马耳他调派了几架快速侦察机，可以锁定我们将要进攻的目标。英国想从"光芒"号中调派两批飞机，分别是十二架和九架，装备鱼雷的有十一架，剩下的装备炸弹或照明弹。"光芒"号于傍晚时分从离塔兰托大约一百七十英里的海域调派飞机。意大利舰队到处都是火光，伴随着爆炸声，战斗进行了一个小时。敌军激烈的高射炮火仅击落我们两架飞机，剩下的飞机都顺利返回"光芒"号。

地中海海军力量因为这一场战役而形势大好。通过空中拍摄的照片发现，鱼雷击中了三艘战舰，刚组建的"李特利奥"号就是其中之一。另外，听说还击中一艘巡洋舰和造船厂。在半年之内，意大利的战舰有一半丧失战斗能力。我们的舰队空军利用这个难得的时机，凭自身的勇猛取得喜人的成绩。

收到墨索里尼的命令，意大利空军这天加入向大不列颠发动空袭的队伍，我们的空军向塔兰托发动进攻一事因此多了几分尴尬。得到六十架战斗机的庇护，一支意大利轰炸机队妄图向梅德韦河盟国的军事运输舰队发动进攻。我们的战斗机将其拦截，共击毁八架轰炸机和五架战斗机。这是他们唯一一次干涉我们的内政。他们真该把这些飞机用到为塔兰托的舰队护航上。

1941年，苏达湾迎来了结局。作战指挥权掌握在我的手中，在这个阶段，我认为这种权力与任何一位国家领袖的权力不相上下。宪法的权利高度集中源于我具备的知识，战时内阁的推心置腹和主动帮助，每一个同僚的积极配合，作战机构的效率逐步提高。与我们的命令和期待相比，中东司令部的举动相差很远。为了对人的活动范围进行准确无误的评估，一定要牢记，在同时期内，很多方面都展开各种行动。我们没有把苏达湾变成两栖作战的根据地，没有把克里特岛当作这个根据的重心，这令我十分惊讶。多项工作已经完成，但是每一项工作都完成得不够彻底。由于大意，我们即将遭受惨重的损失。

意大利军队经由阿尔巴尼亚攻入希腊，重挫墨索里尼。第一批攻击部队受挫，蒙受很大损失，希腊立刻展开反击。希腊军队攻克北部马其顿的阿尔巴尼亚，11月22日，将科尔察攻克。意大利在品都斯山脉北部的中心战区被歼灭一个山地师。起初，沿海地区的意大利军队势不可当，却在卡拉默兹河匆匆撤退。帕普哥斯将军率领希腊军队在山地间作战，他们出人意料，从两侧将敌军包围，战术十分高明。他们勇猛作战，年终，意大利军队从阿尔巴尼亚边境撤退三十英里。希腊出动十六个师，将意大利的二十七个师围困几个月。别的巴尔干国家深受希腊辉煌战绩的激励，墨索里尼却威信尽失。

内维尔·张伯伦先生在11月9日逝世于自己的故乡汉普郡。在英王的批准下，我将内阁文件送到张伯伦先生的家中，他临终前十分牵挂国家大事，丝毫不在乎自己重病在身。临终前，他看上去非常安详。他离世时已经得知自己的国家从困境中走出，我认为，他一定很欣慰。

美国通过租借法

11月5日，罗斯福总统又一次当选美国总统，我很兴奋。我们已经把军火订单呈报给美国，跟美国陆军部、海军部、空军部都进行了商谈。在各个方面，我们的订单都在逐渐增加，很多地方经常出现重叠，下层官员之间的冲突时有发生。斯退丁纽斯说："要完成眼下的这项艰巨任务，只有一个办法，让政府制定单向、统一的采购方针采购防务用品。"这意味着美国的一切军火订单都要交由美国政府部署。

总统再次当选的第三天公开表示，部署美国的军火时，要以事实经验为依据。生产出军火后，要让美国军队占有其中的一半，英国和加拿大军队占有剩下的一半。英国的请求得到了战时物资优先分配局的准许，它同意供应我们在美国定购的一万一千架飞机，另外再供应一万两千架。不过，如何偿还这笔欠款呢？

罗希恩勋爵于11月中旬自华盛顿乘飞机回国，与我见面。他十分清楚美国的态度。中立法案在战争未爆发时制约着美国，总统只得在1939年9月3日颁布禁运令，严禁往任何参战国输送武器。这看似是一项非常公平的禁令，其实却导致英国和法国丧失输送军火和供应物质方面的优先制海权，因此，总统于十天后在国会召开特别会议，希望解除这项禁令。经过几周的探讨和争辩，中立法于1939年11月被解除，开始施行"现金购物，自行承担运输"的策略。如此一来，美国看上去还是保持中立，可以把武器卖给盟国或德国，不受任何约束。实际上，我们阻断了德国的所有海上运输，只要英国和法国出钱，就可以随意卖给他们货物，让他们无拘无束地输送货物。颁布这项法令之后，第三天，才能卓著的阿瑟·珀维斯先生领导采购委员会正式展开工作。

英国参战时，共有美元、黄金和在美国可供折合的投资在内的四十五亿美国资产。只有一种方法可以增加这些资产：在大英帝国（尤其是南非）发掘新的金矿，或者想尽办法把商品输送到美国，尤其是威士忌酒、高等毛织品和陶瓷等奢侈品。这种策略在战争的前十六个月内创收二十亿美元。这场战争前途未卜，我们急切希望从美国那里购买军火，又害怕花光所有储备的美元，因此不知所措。张伯伦先生执掌大权时，财政大臣约翰·西蒙爵士常常告诉我们，不可再消耗美元，因为我们的美元储备已经严重不足。人们不同程度上认可，应该约束向美国购买商品的行为。

我们的资金匮乏，需要开源节流。我们可以在和平时期随意进口、提交货款，却要在战争时期组建一个管制机构，方便黄金、美元和私有财产的使用，预防那些奸诈小人将自己的财产转移到自认为安全的国家，节约开支，取消那些耗费钱财的进口货物。要节约我们的货币，还要注意观察别的国家是否依然认可我们的货币，这一点更为重要。使用英镑的国家和我们站在同一阵营，他们也使用同样的外汇管理政策，认可英镑，并愿意储备英镑。我们已经和别的国家商议好，请他们接受我们用英镑付款，使英镑区的任何国家都接受英镑的流通，他们已经承诺储备当前用不到的英镑，交易时按照外汇官价。原先与阿根廷和瑞典商议此项协定，渐渐蔓延到欧洲大陆和南美别的一些国家。1940年春天之后，制定出这项计划，这项计划的制定和维持很令人满意，因为我们处境艰难。这证明大家比较信任英镑。如此一来，世界上的很多地方都可以通过英镑展开贸易，我们可以节约珍贵的黄金和美元，支付给美国，换取重要物资。

　　战争于1940年5月突然变得严峻，英美之间的关系迎来了新的变化。我组建新政府，任命金斯利·伍德爵士为财政大臣。我们奉行的原则非常简单，尽量订购一些物资，让不朽的上帝解决将来的财政问题。

　　我们发现，美国的舆论正在产生很大影响，包括华盛顿在内的整个联邦都已经逐渐相信，我们双方的命运彼此相连。此时，美国民众普遍同情、敬佩英国。从华盛顿传来信息，表达了对我们的友善，加拿大也传达了这种信息，他们对我们勇猛战斗的举动表示支持，表示一定可以找到一条出路。摩根索先生始终支持盟国的事业，由他出任财政部长是最好的结果。6月，我们接管法国在美国的订货合同，外汇支出因此翻了一番。我们还与其他地方签订了飞机、坦克和商船的订货单，掀起美国和加拿大设立工厂的浪潮。

　　我们于1940年11月偿还了所有货物的债款。英国民众持有美国股票，我们用英镑从他们手中征购，并将其售出，总价值占三亿三千五百万美元。我们花费的现金超过四十五亿美元，仅剩余二十亿美元，多数是投资的形式，不能立即变现。就算将所有黄金和国外资产都售出，也无力支付货款的一半，所以，我们势必要终止这种行动。战争的延期将导致我们的订货量增加十倍。为了保障日常开支，我们要准备一些备用资金。

　　罗希恩坚信，为了向我们提供支援，总统和他的顾问们当前正在全力寻觅一条最好的方式。作为双方财政部的代表人员，弗雷德里克·菲利普斯爵士和摩根索先生正在华盛顿接连举行会谈。大使督促我尽快向总统写一封信，告诉他我们当前的情况。我于周末在迪其里和总统进行商议，并以个人名义向总统草拟一封信件。11月16日，我向罗斯福总统发出电报说：“我正要给你写一封篇幅很长的信，告诉你我对1941年的构想，几天后，罗希恩勋爵将亲自交到你手中。”参谋长委员会和财政部要屡次审查这份文件，再交付战时内阁核定。12月8日，我终于写好了这封信，即刻给总统发过去。信件详述了伦敦各界对整体局势的共同观点，这对我们的未来影响深远，有必要展开研究。

罗斯福收到信后，反复阅读，思考了两天，做出了一个非常好的决定。当时，总统的难题并非不知何去何从，而是怎样让自己的国家听从他的意见，怎样让国会服从他的领导。斯退丁纽斯声称，总统于去年夏天在舰船装备防务咨询委员会举行的大会上提出："英国不需要动用自己的资金在美国建造船只，也不需要我们借钱给他们。在当前这种特殊情况下，我们应该将建造好的船只租借给他们。"首先提出这种观点的是财政部的法律顾问，尤其是缅因州的奥斯卡·考克斯，他受到财政部长摩根索的启发，将这种观点提出来。1892年的一项法令表明，陆军部长有权以满足公众利益为基础，在国家不急用的情况下，将陆军的财产租借出去，不过五年内必须收回。已经有人运用过这项法令，经常出现租用陆军各种用品的现象，可以找到相关的例子。罗斯福总统早就产生了租借的想法，希望通过这种办法满足英国的需求，偿还英国无力支付的那笔无限期贷款。如今一切构想都已经被执行，"租借"这种炫目的概念正式出现。

12月17日，总统公布了自己的计划。他拿一个简单的例子说明："假如我的邻居房子失火了，我刚好有一条输送水的水龙带，距离他那里只有四五百英尺。他肯拿出自己的水龙头接在我的水龙带上，我就可以协助他灭火。我如今该怎么做？我不会在救火之前告诉他：'这条输水水龙带价值十五美元，你要拿出十五美元才能使用。'这样做不行，我不能要求他支付十五美元，只需要在火灭之后将水龙带带回。很多美国人都觉得，大不列颠保护好自己无疑是美国最好的防卫。以前和现在，我们都很想在全世界维护民主制度，就算不考虑这个因素，大力支援英帝国的防卫工作也符合我们自身的利益，有助于美国的国防。"最后，他说："我计划取消美元符号。"永恒的租借法案在此基础上立刻被制定出来，呈报给国会。

12月12日，罗希恩忽然病逝。这是我们国家的损失，也是正义事业的损失。大西洋两岸的各界朋友都在悼念他。噩耗传来时，我非常震惊。我必须马上找到罗希恩的继任者。我选择了在保守党内德高望重的哈利法克斯勋爵，他表示，自己非常愿意去最需要他的地方工作。此后，哈利法克斯一直兢兢业业地工作，赢得了罗斯福总统等华盛顿高层的高度评价。

艾登也在这段时间从陆军部离开，不过，他依然回到了外交部。玛杰森上尉当时任全国联合政府的总督导员，我建议英王让他接任艾登先生陆军大臣一职，玛杰森的职位则交由詹姆斯·斯图尔特上尉接任。

租借法案获得通过。1940年11月到1941年3月，我们的美元吃紧。我们的伙伴拿出各种应对方案。根据订单，我们在美国建造了几个兵工厂，美国政府买下了它们。他们制定美国防务计划时，把这些工厂也纳入其中，但准许我们继续随意使用。美国国防部从我们这里定购一些不着急要的军需品，准备制造完成后卖给我们。我们想方设法，最终度过了困难时期。

总统12月30日在广播中发表了"炉边谈话"，希望国人支持自己的政策。"大不列颠若是被击溃，美洲上下都将面对枪口生活……我们要将所有可供差遣的人力和物力投入到武器和舰只的生产上。我们要打造大规模兵工厂，为民主国家服务。"

苏联与德国的勾结

希特勒没能将不列颠击败，也没能令其屈服。很明显，这个岛国准备血战到最后。我们已经了解到，德国军队必须要掌控制海权和制空权，之后才能渡过海峡。冬天已经到来，风暴将随后而至。德国意图用轰炸的方式威胁不列颠民族，令其丧失作战能力和作战决心，如今已经宣告破产。

英国空军的质量已经在德国之上，大约一年后，其数量也将在德国之上。希特勒意识到戈林的希望和鼓吹被粉碎，便将注意力集中到东方。希特勒希望首先弄明白与苏联之间的关系，再向不列颠发动进攻。

1940年9月末，希特勒下定决心。自从那时，飞机的数量经常增加，向英国发动的空袭因此规模很大，不过，这在元首和德国的计划中仅位居第二。希特勒已经不打算通过空袭赢得最终的胜利，空袭可能只是为了遮掩别的计划。

形势在1941年年末好转，我们摆脱了孤军奋战的局面，世界上四分之三的国家加入我们的阵营。这一年令人难以忘怀，很多出乎意料的大事都发生在这一年，件件令人触目惊心。

欧洲人和外界人士对事情的真相缺乏了解，他们认为我们必将走向覆灭，至少也觉得我们危在旦夕。此时，最重要的是纳粹德国和苏联之间的关系。当大家发现英国没像法国和低地国家那样选择屈服时，这两个暴政大国之间开始出现冲突。

斯大林群全力以赴地与希特勒保持合作，同时也竭尽全力在苏联的广大群众中集结可供支配的所有力量。斯大林和莫洛托夫恭敬地祝贺德国打赢的每一次战役，不停地往德国输送大批粮食，以及重要的原料。他们调派第五纵队的共产党员，全力以赴地滋扰我们的工厂；播放广播，竭力侮辱、陷害我们。

这两个国家有很多重大问题尚未解决，斯大林和莫洛托夫随时准备与纳粹德国将这些问题永远解决，冷漠地希望向英国发起最后的进攻。他们始终都在考虑，也许这是一项失败的政策。为了争取时间，他们下决心使用各种方法。从他们对这一问题的预测中看出，他们并没有将苏联的利益和企图仅寄希望于德国取得胜利。这两个集权大国都缺乏道德，与对方相处时既以礼相待，又冷漠无情。

德国和苏联对芬兰和罗马尼亚产生了不同的认识。法国的沦陷和第二战场的终结令苏联领袖们惊恐，他们不久后叫嚣再次开辟第二战场。他们事先没想到会出现突然溃败的现象，本以为双方将在西线长期对峙。如今西线却消失了。还没有断定1940年英国是否投降或被消灭之前，就选择不再与德国相互勾结，也是一种不明智的做法。克里姆林宫渐渐发现，英国有能力应对一场长时期的战争，美国周边和日本本土在战争期间随时都会出现变动，斯大林更能感觉到自己危机四伏，更想争取时间。就像我们看到的，斯大林付出很大代价，历尽艰难险阻，希望与纳粹德国友善相处。危险即将到来，他却出人意料地做出很多错误的预测，非常愚蠢。从1940年9月开始，一直持续到1941年6月希特勒发动进击为止，斯大林表现得冷血、狡诈、愚蠢。

为了在1941年夏初入侵苏联，希特勒下发命令，希望凯特尔、约得尔和德国总参谋部将德国军队往东调派。在这段时间，具体的日期受到天气状况的影响，因此还不能确定。把时间定在5月初最合适，因为穿过国境后，还要走很长一段路程，必须赶在冬季之前将莫斯科攻克。波罗的海到黑海足足两千英里，将德军部署在这条战线上，建造所有的兵站、营房和铁道侧线，每一项作战任务都空前繁重，必须做好精密计划，采取妥善行动。所有事情都要在对方不知情的情况下进行。

希特勒运用两种各具特色的掩护措施，以实现这个目标。第一条措施是，瓜分和分配大英帝国远东殖民地，以此为前提，详细谈判与此相关的共同政策。第二条措施是，经由匈牙利不断增加兵力，将罗马尼亚、保加利亚和希腊控制。在军事方面，这些具有重大价值，还能掩饰为何将德国军队集中调派到这条战线的南侧，为进攻苏联做准备。

谈判的方式是，德国拟订方案，请苏联加入《三国条约》，向苏联提交英国在东方的权益。假如这个方案得到斯大林的认可，在某个时期内，局势也许会朝不同的方向演化。希特勒时刻都能暂时停止向苏联发动进攻的计划。在陆地上，这两大帝国的军队人数上百万，如果两国结盟，我们很难想象它们将如何瓜分巴尔干、土耳其、波斯和中东，印度甚至也难逃魔爪，更不知道日本一直热情提倡的"大东亚计划"会怎么样。希特勒十分痛恨布尔什维克，一直想将其摧毁。他坚信自己有实力实现愿望。今后所有东西都可以归他。柏林会谈和其他接触让他发现，苏联不同意他请里宾特洛甫呈递给莫斯科的提议。

德国外交部给德国驻莫斯科大使馆写的一封信被收缴，其中有一份《四国公约》的草案，并没有标明日期。听说1940年11月26日，舒伦堡和莫洛托夫举行的会谈，正是建立在这份草案之上。草案规定德国、意大利和日本互相尊重原先的势力范围。他们将采取友善的态度，共同协商解决因势力范围彼此接壤而引发的问题。德国、意大利和日本发表共同宣言，对苏联当前的领土范围表示认可，并给予尊重。这四个国家中任何一个受到联合国家的反对，其他三国都不能参与或认可联合国家。在经济方面，它们将彼此提供支援，除此之外，还扩充了之前的一些协议，并规定协议的期限是十年。

除了《四国公约》，还有秘密协议书。德国在协议书里表明，刨除签订条约时重新划分的欧洲领土，它希望自己的领土集中在中非。意大利在协议书里表明，刨除签订条约时重新划分的欧洲领土，它希望自己的领土集中在北非和东北非。日本希望自己的领土集中在日本帝国本土以南的东亚地区。苏联希望自己的领土集中在苏联国土以南通往印度洋的地区。

四个国家都表示尊重彼此的意愿，支持对方得到这些领土，不过还有一些特别的问题需要解决。

德国的方案没有得到苏联政府的认可。在欧洲，他们独自与德国交涉。在世界的另一个地方，日本又向他们施压。他们的实力不断增强，领土不断拓展，领土面积已超过地球陆地面积的六分之一，这令他们非常自信，促使他们多次讨价还价。舒伦堡于1940年11月26日向柏林提交苏联的反对建议草案。1939年的条约规定，芬兰隶属于苏联，因此，苏联提出反对的声音，希望德国军队立即从芬兰撤退。保加利亚地处苏联黑海疆界安全区以内，它和苏联签署互助和约，通过长期租借的形式，在博斯普鲁斯海峡附近，以及在达达尼尔海峡为苏联陆军和海军设立基地，以保障苏联今后的几个月中在博斯普鲁斯海峡和达达尼尔海峡的安全。巴统和巴库以南所有通向波斯湾的地区都是苏联想得到的领土。日本放弃在北萨哈林岛开采煤炭和石油。

这个建议提出后，并没有得到明确的答复。希特勒从没想过与苏联洽谈。双方应该以友善的态度，认真研究这个重大问题。苏联希望得到德国的答复，事实上也确实在等待。边境地区已经有很多士兵，双方又不断增派援兵，希特勒又向巴尔干进军。

在元首的命令下，凯特尔和约得尔拟定出计划，如今已经十分成熟。1940年12月18日，凯特尔在司令部下发第二十一号指令"巴巴罗萨"作战计划，产生了深远的影响。

1941年将要发生什么重大事件，此时已经显现出轮廓。德国和苏联反复争议如何分割我们的帝国，将我们摧毁，我们当时对此并不知情，也不知道日本将有什么野心。德国陆军主力军已经转移到东方，我方情报人员竟然没有察觉到这一点，仅发现德军在保加利亚和罗马尼亚集结。如果当时我们知道这一章讲述的那些情况，就不用这么紧张。我们最怕与德国、苏联和日本的联军开战。不过，没人知道那些情况。如今我们依然坚定继续战斗的信念。

海上威胁

1939年12月，在普拉特河口外的战斗中，"史培伯爵"号被击沉，德国首次在空旷的海面上攻击我方船只的行动被迫停止。

我们发现，德国海军在挪威的战役中使己方水域短期内无法使用，必须留下剩余舰只，为进攻英国做好准备。从技术的角度分析，海军上将雷德尔关于德国海战的观点是正确的，不过，他很难让自己的观点在元首召开的会议中获得通过。夏天，他将装备配置在很多商船上，改造成伪装的攻击舰。这些舰只比我们的武装商船装备了更强大的武器，航行速度更大，船上配备侦察机。类似的舰只从1940年4月到6月共有五艘，它们逃脱出我们的巡逻舰，开进大西洋，第六艘从充满危机的东北航道航行，驶过俄罗斯和西伯利亚的北部海岸，驶进太平洋。这艘舰只得到一艘苏联破冰船的支援，用时两个月结束航行。

　　我们为此感到焦虑。我们都明白，在南方大洋上，正在抢掠的敌方伪装商船数目不定。袖珍战舰"舍尔"号躲藏起来，行踪不定。"西佩尔"号有能力随时从布雷斯特开动，不久后，两艘巡洋战舰——"沙恩霍斯特"号和"歌奈森诺"号——也将采取行动。

　　海军部部署大量舰只防备敌舰和防守辽阔的航线，它的数目比敌方攻击舰的数目多出很多。在很多地方，海军部都要做好准备，承担成千上万艘商船的保护工作，要输送军队的船队，也许突然发生一些灾祸。

　　除了这些危险，还有一种危险更加严峻。我在战争中最担忧的是来自潜艇的威胁。在空战之前，我便预料到，敌军的侵略战将以失败告终。空战的胜利使战争转向有利于我们的一边。战争形势有利于我们，明显不利于敌人时，我们便可以将敌军淹死或杀死。战争状况如此残酷，取得这样的成绩已经是不错的结果。如今我们的生命线、远洋航线，尤其是英伦三岛的门户都处在危险之中。"不列颠战役"的空战令我感到担忧，海上战斗更令我感到担忧。

　　海军部曾经与我关系密切，联系紧密，但是其同样十分忧虑，海军部一直把保卫我们的海岸不受侵犯的问题当成至高无上的、神圣的、无可推卸的责任，也是首要的责任。我们一起考虑这个问题。受到潜艇战的影响，我们的进口和船舶将减少到什么程度？是否将危及我们的生存？

　　我们要从新大陆和英帝国殖民地穿过大洋，这样才能将粮食、军需品和武器运送回国。德国人刚把敦刻尔克到波尔多一带的所有法国海岸线占为己有，立即在那些地方建立基地，供他们的潜艇和同一阵营里的飞机使用。爱尔兰以南的航道拒绝我们的战斗机驻守，迫于无奈，我们从7月之后就将那个地方放弃。开到这里的每一艘船只，都不得不绕航到北爱尔兰，所幸的是，北爱尔兰成了忠心耿耿的哨兵。默西河和克莱德湾就像我们的肺叶，使我们能够呼吸。敌军在东海岸和英吉利海峡的飞机、快速鱼雷艇和水雷逐渐增多，小船迎着袭击不断穿梭。运输船队不能改变东海岸的航线，只能穿梭于福斯湾和伦敦之间。在东海岸，大船不敢冒险，英吉利海峡甚至没有一只大船。

我们的船舶从1940年7月到1941年7月的一年间受到很大损害。11月和12月快要到来时，相比战争中的其他因素，默西河和克莱德河河口的河湾更重要。此时，我们完全可以进攻德·瓦莱拉的爱尔兰，动用新式武器，将南方的港口收复。这种激烈的手段只能换取片刻的缓和，只有一个办法最有效——保障默西河和克莱德河的自由出入。

我在8月初就已经觉得，根本无法让普利茅斯的司令部经由默西河和克莱德河将西部航道控制住。9月，我提出建议，希望将司令部从普利茅斯转移到北方，海军部认可了这条建议，明智地用默西河取代克莱德河，耗费几个月时间才准备好司令部的组织、作战室和通信网，还临时更改很多地方。海军上将珀西·诺布尔爵士是这个新司令部的负责人。1941年2月，珀西·诺布尔爵士在利物浦任职。司令部的机构随人数的增加而扩大。利物浦基本上成了我们最重要的军港。

进口于1940年年末大幅度降低，我非常担忧。这要归咎于敌军的潜艇攻击。船只损失只是其中的一种危害，为了弥补这种损失，我们要采取一些防御措施，这又危害到我们通行的商船。我们只能依赖少量港口，此时它们已经非常拥挤。每一艘船只的出入港口时间和航行时间都被延长。

最后还有一个考验，就是进口。法兰西之战在6月8日那一周迈上巅峰，我方货物进口量达一百二十万零一千五百三十五吨，这个数字还不包括石油。货物进口量7月末下滑到每周不足七十五万吨，8月又大幅度回升，不过每周的平均数字依然呈下滑趋势，在这一年的最后三个月间，每周都保持在比八十万吨稍高一些。

我们听说了一项计划，将飞机从石油运输船上弹射出去。这种石油运输船存在于每一个运输船队中，可以用它们向"福克乌尔夫"式飞机发动进攻，最后在海上降落，救出驾驶员，再根据具体情况选择是否救出飞机。之后，我们将发现，这是一项行之有效的计划。1941年初，这种发射战斗机，使其向"福克乌尔夫"式飞机发动进攻的船只已经存在。

12月的某个傍晚时分，我在作战指挥室中召开了一次会议，只有海军部的人员以及海员参加。危险和困难越来越剧烈，与会人员对这种危险都非常清楚。海军上将们提出建议，希望将一层水雷如地毯似的铺设在从衔接默西河和克莱德河北部海峡靠近大海的一端开始，延伸到北爱尔兰西北一百英寻深的地方。在这些沿岸水域通往大洋的线上，设立一个三英里宽、六十英里长的水下水雷区。如果没有别的办法，就算严重危害战地作战，或重新武装我们的军队，也要将当前所有的炸药用到这项任务上，把一层水雷如地毯似的铺设在上面。具体做法是，在相距水面三十五英尺之内的地方系数千个触发水雷。在这条航道上，开到英国的货船，或开到海外的参战舰只，能自由穿梭于水面上，龙骨和水雷不会出现触碰的现象。潜艇闯入这片雷区，将引发爆炸装置。这种防御方法是最好的，也是仅余的一种方法。当天晚上，我初步批准了这套方案。

我们向皇家空军海岸司令部下发命令，让其将默西河和克莱德河的河口，以及北爱尔兰的周边地区控制住。要把这项任务放在首位，把轰炸德国的任务放在次要地位。所有可供支配的飞机、驾驶员，以及器材都要用在反击敌人上，动用战斗机向敌军的轰炸机发动进攻。在轰炸机的辅助下，这些特别重要的海峡地带上的海面舰向敌军的潜艇发动进攻。

我们在接下来的几个月，见证了以下情景：执行反击计划时，海军和皇家空军海岸司令部能取得什么样的功绩；出海口被我们控制的过程；我们的战斗机怎样将敌军的"亨科尔Ⅲ"式轰炸机击毁；敌军潜艇想让我们窒息时，我们如何反而让他们窒息。在这儿，我们只需要说明一点，由于皇家空军海岸司令部取得胜利，我们不必继续在水下如地毯那样铺设一层水雷。我们的战时经济还没受到这件事太大的影响之前，不健全的防卫思想和计划已经消散，在犀利武器的协助下，我们把通向我们这个岛屿的航道清扫一空。

沙漠中的胜利

　　伟大的行动开始之前，时间变得十分漫长，可以通过做其他紧急事情的办法转移注意力，当时，有很多事情都非常紧急。我非常高兴，因为我们的将军将发动进攻，担心结果是毫无必要的。我不认为应该把军队用到肯尼亚、巴勒斯坦和埃及内部的治安上，那是一种浪费。这项任务由赫赫有名的团队与训练有素的职业军官和士兵担任，我非常相信他们的素养，从不怀疑他们激昂的斗志。艾登也非常信任他们，更加相信指挥作战的威尔逊将军。

　　在这场战争中，那些将要参战的军队，把自己将要在非常复杂的攻势中担负的特殊任务至少演练了一个月。威尔逊中将和奥康纳少将共同制定计划的细节，韦维尔将军经常亲自来检阅。整个计划的范围只有个别军官清楚。我们曾经迷惑敌军，使他们误以为我们的军队因支援希腊而消减了很多，撤退还在继续，用这个方法实现突然发动进攻的目的。我们的两万五千名左右陆军身材消瘦、面容黝黑，曾经在沙漠中接受训练，都是机械化装备。他们于12月6日进军四十多英里，第二天纹丝不动地躲藏在荒漠之中，逃过了意大利空军的侦察；12月8日又一路进军，在当天晚上才得知这是一场真正的战斗，而不是为了在沙漠中演习。9日黎明，希迪拜拉尼之战正式爆发。

战斗烦琐复杂，分散在各地，在紧随其后的四天内拓展到和克郡的大小差不多大的地方。在这儿，我就不详细介绍这些战斗了。所有事情都发展顺利。我住在唐宁街，他们每小时都将战场上的消息发到那里。整体形势还不错。10日，我在下院中汇报说，沙漠里的战斗依然在进行，五百名敌军成了我军的俘虏，一名意大利将军被击毙，我军已经到了海岸。大战仍在进行中，还无法预测它的范围和结果，不过我们可以说，初级阶段已经取得胜利。我军于当日下午攻克了希迪拜拉尼。

12月11日，战争仍在继续。我于12月12日向下院汇报，不列颠和大英帝国部队已经将布格布格和希迪拜拉尼附近的所有海滨地区攻克，七千名俘虏被送往马特鲁港。多少意大利人被围困还无从知晓，不过要说意大利最起码有三个精锐之师或被歼灭，或被俘获，是一件非常正常的事情。还不到预测这些军事行动的时机，不过，这个非洲战场明显起到了非常重要的作用。三四个月之前，我们非常担忧埃及的防卫。如今，我们丝毫不再担忧。

希迪拜拉尼以胜利告终。埃及境内的所有敌军于12月15日被扫荡一空。意大利军队留在昔兰尼加，其中的大多数人撤退到已经被孤立的拜尔迪耶防御阵地之中。希迪拜拉尼战役的第一个阶段就这样结束了，歼灭了敌军五个师的主力，俘获三万八千名敌军。我方有一百三十三人牺牲，三百八十七人负伤和八人失踪。

接下来，我们准备进攻拜尔迪耶，它附近十七英里之内的地方，驻扎着意大利军队其他四个师。第六澳大利亚师、英军第十六步兵旅、皇家坦克团第七营（二十六辆坦克）、一个机枪营、一个野炮团和一个中程炮团都可以供我们调遣，向这个阵地发动进攻。

我只顾得上写完赢得沙漠中的战争这部分内容，无暇谈论有关新年的事情。澳大利亚调派一个营的兵力，于1月3日早晨发动进攻，猛烈、稠密的炮火掩护他们将西边外围阵地的一个据点攻克。他们后方的工兵将反坦克壕攻克，两个澳大利亚旅的进攻还在继续，扫荡东面和东南面。被称作"马蒂尔德"的英国坦克得到步兵的援助，于4日下午将拜尔迪耶攻克。所有守军于5日投降，四万五千人做了俘虏，四百六十二门大炮被收缴。

第二天是1月6日，第七装甲师将图卜鲁格的交通切断。澳大利亚旅一马当先，于7日抵达它东部防线的前方。这里的外围阵地有二十七英里长，和拜尔迪耶的阵地很相像，但是，各处的反坦克壕沟都太浅，没什么效果。一个完备的步兵师、一个军司令部，以及从前方阵地撤回的大量军队，共同组成了驻防军。发动进攻的计划于1月21日才被执行。强烈的炮火掩护另一个澳大利亚旅，向南面的外围阵地发动进攻。第七装甲师还有两个旅的兵力，他们进驻刚设立的桥头阵地，向左右两侧拓展。我军在傍晚攻克敌军阵地的三分之一，于第二天凌晨攻克所有地方，俘获三万名俘虏，收缴二百三十六门大炮。敌军的港口防守坚固，常常有海军和空军部队驻守，沙漠兵团缺少水和食物，依然在六周内进军二百多英里，俘获十一万三千名敌军，收缴七百多门大炮。意大利的陆军十分庞大，他们入侵埃及，妄图使其屈服，如今已经彻底溃败。英国军队西进的进度延缓，根源是距离太远，供应也跟不上。

舰队在每一场战役中都起到非常大的辅助作用，它们猛烈地轰炸拜尔迪耶和图卜鲁格，甚至动用飞机加入陆地战。往港口输送军事人员时，海军起到了非常大的作用，还每日为陆军输送三千吨供应品，辅助陆军一路前行。与意大利空军相比，皇家空军占上风，因此我们的陆军才取得胜利。我方空军数量没敌军数量多，不过飞行员们个个英勇，很快就在士气上压倒对方，因此能在空中自由活动。我们袭击敌军机场，击毁和缴获的敌军飞机多达几百架，收获非常大。

我将我们在沙漠中的进展每日向议院汇报，在12月19日发表一次长篇讲话，介绍了整个战争形势。

要想从容应对，必须预先考虑所有可能的措施，因为此时的形势变化非常快。在利比亚，我们取得了胜利，阿比西尼亚的意大利人因此反击我们。我热烈期盼海尔·塞拉西皇帝回国，但是外交部觉得合适的时机还没到。我接受了新任外交大臣的建议，不过并没有推迟太长时间，不久后，皇帝冒很大风险回到了自己的国家。

最后，我非常想让维希政府抓住这个形势好转的机会。战争中没机会生气、发泄，也没机会怨恨。要把重要的目标放在首位，压倒所有令人烦恼的不重要因素。参谋长委员会和陆军部的参谋部几周前预备了一支由六个师组成的远征军，还制定出计划，假如获得法国的支持，就登陆摩洛哥。我们和贝当元帅交涉时，可以让加拿大驻维希的代表当中间人，这是一个非常便捷的条件。我已经意识到，美国总统十分关心丹吉尔、卡萨布兰卡和非洲的大西洋海岸，美国军事当局觉得，假如这条海岸线被德国夺走当作潜艇基地，美国的安全将无力保障，所以要随时向美国传达事情的进展。蒂皮先生征得参谋长委员会和战时内阁的大力支持，亲自向维希政府递交了相关信件，请外交部传达，让我们驻华盛顿的人员代为办理。

总司令魏刚将军现在驻守在阿尔及尔，让另一个人将内容接近的信交给他，但是两个方面都没有任何答复。

我们向战时内阁提供了一个经过深思熟虑、周详、全面的行动方案，只待接到命令，就可以即刻执行，向敌军发动进攻。我们肯定可以在战斗的过程中寻觅到一些主动的、连贯的海外进攻方法，就算没有太大作战规模，对我们1941年上半年的作战行动也有一定的好处。我们这段时间内的作战实力将大幅度提高，其中包括人员、军火、飞机方面，也包括坦克和大炮方面。

年末时，我们依然活着，德国空军已经溃败，敌军没能攻克我们这个岛屿，如今国内的陆军已经非常强悍，饱经忧患的伦敦依然屹立，关系到本土制空权的事情都很快被改善。这一年的光辉面和灰暗面都相继出现，令人感觉扎眼。在工厂里，机器的声音非常响亮，不列颠民族上下一心，不分昼夜地勤劳工作，胜利令我们骄傲。我们精神高涨，以飞快的速度一路向前。胜利的光辉在利比亚的沙漠中闪耀，大西洋对岸的伟大共和国逐渐担负起它该承担的责任，向我们提供支援。

此时英王向我下发手谕，慰藉、鼓励我。我由衷地表示感激。

这一年风急浪高，我坚信它在悠久的英吉利和大不列颠帝国历史上算得上无上光荣的一年，当然也是异常艰辛的一年。我们已经发挥出所有潜力，也战胜了空袭带来的威胁。任何人都无法入侵我们这个高深莫测的岛屿。以后的我们将拥有用于战斗的武器，并演变成一部具有严密结构的作战机器。我们已经让世界知道我们拥有自我保护的实力。希特勒统治世界有两个方面。很多人都觉得不列颠已经失败，但是它今天依然没有被淘汰出局，甚至实力比过去更强大，力量在逐渐增加。我们又站在了占有优势的一方，别的国家也是如此。最后获胜的必然是正义的事业，公理不可能一直被他人摧残。英国国旗代表自由的旗帜，将始终随风飘扬。

巴尔干地区的局势

当我回想起战事频发的那些岁月，印象最深的就是1941年的前6个月：四处战事告急，问题一个接一个发生，或是一下子就堆到眼前，不论是我，还是跟我并肩战斗的同伴都直接受到了冲击。随着时间的推移，问题逐渐增多加大，我们不得不适时做出决断，这并不足以困住我们。到了1942年，我们已经跟同盟建立了强有力的关系，不再孤立无援。虽然我们在军事上受到了非常大的打击，但已出现了转机。

1941年，许多问题向我们涌来，每一个问题又都牵扯到其他一些问题，而我们就在它们的关联中找到了解决的办法。某个战场物资匮乏，势必要从其他战场中得到补充。若是将气力都用在这个地方，那另一个地方势必就要承担风险。当时的形势是，在物资上，我们并不充裕。各国在对待战事的态度上尚不明朗，十几个强国中，有友善的、有不动声色的、有或许会成为敌国的。此外，就国内而言，我们所要应对的主要是潜艇战，外敌随时可能袭来的压力，以及一波又一波的闪击战。就中东地区而言，打系列战势在必行。最后，开拓出一条能够对抗德军的战线也非常有必要，我们打算在巴尔干半岛实施这一构想。一直得不到外援，只能独自战斗的我们，就这样度过了很长的一段时期。熬过一场大风浪，我们又陷入了一个新的漩涡，不得不拼命抵抗。每一天，我们都必须发奋战斗，以使自己不被卷进海浪中，同时还要履行己责，恪尽职守。然而，先前所发生的一些要事却并没有了结，在这时候，也一并无情地向我们袭来。

在大不列颠，我们的基础还算牢固。德国试图在1941年对我国发动进攻，但是只要我们在戒备上保持高警惕，并部署好适当的兵力，德国的计划对我们而言未必不是好事。对这一点，我深信不疑。与1940年相比，德国的空军力量并没有什么突破，在各战场上的作战实力无明显提升，相反的，我国的空军却有显著的长进，战斗机队增至七十八个，比先前多了二十七个，而轰炸机队也由二十七个增到了四十五个。1940年时，德国人在空战中并没有取胜，到了1941年，他们依旧没有取胜的可能。除了空军，我国内部的陆军力量也增强了许多。从1940年9月开始，在整一年的时间里，我们正在服兵役的师级部队就从二十六个增至到三十四个，此外，还有装甲师五个。就军队本身而言，也有了整体提升，他们训练有素，武器装备也在数量上有所扩充。这一时期，我国国内的自卫队也壮大了不少，比先前的一百万人多出五十万人，且人人配枪。不论是士兵的数量、灵活性、配给，还是演练、协调或防守方面的工事等，都有了极大的改善。希特勒要想进攻我们的国家，就自然得有一定数量的军队，往往需要超出实际应用的数目。若没有一百万人次以上的士兵，以及战争所需的补给由英吉利海峡输送到这里来，他便没法占领我国。截止到1941年，可以看出他所持有的登陆艇数量不少，尽管仍显不足，可我们的优势也不容低估。就空军和海军来说，足以掌控海域及领空的安全，我们坚信，以我们的能力是可以打垮，或者说，使德侵略舰队受到惨痛教训的。据此，可以说，我们现在绝对加强了1940年间所依凭的那些论据。倘若不懈怠，倘若我们保持现有的备战能力，那么等到打起来的时候，不论是内阁还是参谋长，就能安心多了。

尽管支持我们的美国朋友，甚至整个世界的人们都觉得德国攻占我国的可能性非常高，而我们目前的境况确实令人忧心，可我们对此却并不担忧，足可以放胆以目前输送船只的力量将全军送至海外战地，并在中东地区以及地中海一带投入战事，展开对敌攻势。是否得胜的要件就在这里，并且在1941年，某些关键性事件已经开始发生。军队在战争中必须用以作战。要想同敌军在地面上对峙，我们就只能在非洲这片土地上发力。守卫埃及，守护马耳他岛，是我们的使命，而我们的首个战利品将是意大利帝国的覆灭。现在，我们所描述的主旨及线索就是，在中东地区，不可一世的轴心国正面临着英国的全力抵抗，而我们还将与巴尔干等国以及土耳其建立起防御攻势，一致对抗敌军。

这一年初，我们沉浸在胜利的喜悦之中，主要是由于非洲北部沙漠地带打了胜仗。1月5日，我们打败了守卫巴尔迪亚的四万军队，并拿下该城。这样，我们便掌握了托卜鲁克，攻克这里就像意料中的那样，只用了两周，其中三万人成了我们的战俘。1月19日，我们又把直属于苏丹的卡萨拉城也控制住了。次日，又挺进厄立特里亚城——意大利的殖民地之一。又过了几日，我们占领了敌军的主要驻军地比夏。就在1月20日这一天，埃塞俄比亚的皇帝，海尔·塞拉西归国。不过，我们同时亦在这段时间里频繁地收到一些报告，主要是德国为策划巴尔干之战的相关潜派活动及预备情况。对于战况，我做了一定的评估，并向三军的参谋长做出了说明，对此，也基本上获得了他们的认同。

国防委员会于1月8日经过商议，全票通过了两项议案：一个是站在政治角度使尽办法支援希腊，因为德国军队很可能经保加利亚提前攻打希腊；另一个是我们要如何增援希腊？增援的范围是怎样的？这些得赶快决定，不能超过48小时。此外，我在同一天还接到了史默兹将军的来电，其观点也和我的意思不谋而合，而当时，我的意见已经通过了三军参谋长官及国防委员的认可，这使我的信心一下子提升了不少。

海陆空三军参谋长于1月10日对驻扎在中东的各司令官发出了如

下警示：这个月底，德军极有可能发起对希腊的攻势。依三军参谋长来看，德国军队的行进线路很可能是：借道保加利亚，顺着斯特鲁马河流域下来，直接挺进萨洛尼卡。这次，他们在人员配给上，可能会有三个师投入战场，作为增援力量，会再辅以二百架俯冲式轰炸机。此外，过了3月，兴许还会另增派三四个师的军力。除此之外，参谋长们还另有说明随附：英国皇室愿意全力支援希腊军团，这项决定就是在表明，一旦占领了托卜鲁克，那么中东其余的军事活动便即将不再是首先需要考虑的事了。并且，对于从中东地区调出机械化军队、特种兵团，以及空军力量的建议已经获得了他们的首肯，不过，对于调用的部队给予了一定的限制，即步兵坦克中队一支，巡逻坦克兵团一个、炮兵团十个、空军中队五支。

我们曾告知过驻开罗的司令官们，德军已经将军队汇集到罗马尼亚了，而这些官员却觉得德军只是在跟我们打精神战，不过是想让我们上当罢了，借以分散我们在中东地区的部队，并防止我们朝利比亚进军。韦维尔将军说，望三军参谋长能够"抓紧时间弄清楚敌军如此调派军队的目的，确是故弄玄虚还是另有他图"。

三军参谋长们经过协商，达成一致意见。不久之后，人们就会知道，在这一时期，我们的目的只是将一些特殊兵团和一些技术兵团派往希腊支援罢了，还不会投入一个集团军的力量。

韦维尔将军和朗莫尔空军中将奉命飞往雅典，随后，他们将会晤梅塔克萨斯和帕普哥斯两位将军。在1月15日对我们发回的报告中，他们谈到了这样一则消息：希腊政府表示，如果我们不能派出足以保证攻势的兵力，就不会开放萨洛尼卡让我们的部队登陆。接到这份报告，三军参谋长随后便在1月17日做了回复，表示要是希腊方面不愿意接受支援，那我们自然不能强求。如此，对于近来和未来局势的看法就不能不有所变动了，我们决定将部队延伸到班加西那里，并在同一时期进行战略调整，准备在尼罗河三角洲争取组建一支有实力的后备军做战略支持。

1月21日，三军参谋长建议韦维尔将军将攻打班加西列为当前最为紧要的事情。就他们来看，倘若能够在该地设立一个稳固的海空军事防御基地，那么陆地上的线路规划便可废弃了，这样，在人力方面和交通车用上也可省下不少。此外，参谋长们还催促韦维尔将军办好两件事：一是要赶在德国空军采取行动前就快速拿下多德卡尼斯群岛，尤其不能让敌军得到罗得岛，不然我们与希腊、土耳其的交通就会受到威胁；二是要整编出战略后备军四个师部，这样就可以对希腊和土耳其做好及时援助的准备了。我据此给史默兹将军发了电报。

战事向巴尔干、地中海扩展

我和罗斯福总统的交往因即将来临的新年而更加频繁，我给他发了信件，祝贺他新春快乐。

1月10日，一位先生——总统的心腹及私人代理，带着最高国书要在唐宁街与我会面。第二天中午，我见到了哈里·霍普金斯这个在战时有着特殊影响力的人物。他看上去有些羸弱，精神却很好。他很幽默，总能说出颇有讽刺意味又寓意深刻的话。

我与哈里·霍普金斯的第一次会面持续了三个钟头，由此，我马上就知道了他的个人魅力在哪里，他身上背负了怎样特殊的紧急使命。现在伦敦正在遭受着敌人猛烈的轰炸，已经到了最为猛烈之际，而地方上的各种难题也随之产生了。即便如此，我还是清晰地感受到了来自总统特使那种热切而闪亮的目光，我们的存亡与他有着极其重要的关联。这时，他抑制着自己的热情，用一种安静的口吻说："总统已经做出了与你们一起协力赢取战争胜利的决定，对此，你们无须置疑。""他叫我过来，就是为了要跟你们说，不管情形如何，他都会倾尽所能、不计代价地帮助你。除非有什么超出人力可及的事，否则他都乐意给予支持。"

通过这次会晤，我和他成了好朋友。在我和总统之间，他是能够联系起我们的最为稳妥和最值得信赖的管道。不过，他的作用当然并不止这一点。在几年中，罗斯福本人还从他那里得到了不少支撑和鼓励。

这段时期，希特勒即将在巴尔干地区，以及地中海一带发起大规模的武装干预。这些国家，要么可能由于耐不住希特勒帝国恩威并济式的压力而选择归顺，要么就在反抗中被对方彻底降服。我们得考虑到以下问题：东南欧洲，会不会重蹈覆辙，像挪威、丹麦、荷兰及比利时、法国昔日那样，发生叫人憎恶的事情？巴尔干诸国，以及骁勇的希腊，会不会都逐个被敌人消灭掉？最终被孤立起来的土耳其人，有没有可能在德军的胁迫下，为其让出向巴勒斯坦、埃及和伊拉克、波斯方向的通路？我们要是把巴尔干诸国联合起来，共建一条抵御敌人的巴尔干战线，是不是就可以让德军为其新一轮的攻势付出惨痛的代价，令他们为此番战争后悔不已？倘若巴尔干诸国联合起来抵御德军的攻势，是不是也会对苏联造成有利影响？在巴尔干诸国，不可能不被相同的利益和侵害所影响，但凡这些国家愿意被这样的利害关系所影响，在估测战争利弊时愿意被这样的关系所支配，那就还有可能也会被同一种情感所左右。既然对这些国家来说，大抵抱有相同的利害关系，对我们来说，是不是就可以适当地给予他们一些援助呢？尽管我们在这方面也不充裕，可若是能使他们投身到我们共同的事业中来，那么从日渐增加的储备里给予一点另外的支援倒也无不可。又或许，我们应当考虑与此相反的方式？如放任希腊和巴尔干诸国的事情不管，甚至也包括土耳其及其他中东国家，只关注自己的事情，保证我们在北非战场能够获胜就够了，至于那些个国家，就让他们等着被消灭好了。

倘若我们真的快刀斩乱麻的做出决定，就只顾着自己的事就行了，那么这一决定无疑可以让我们在精神上不用背负那么多的重担，而且，这一抉择在下层军官中的著作中也是早有体现了，他们曾表示：我们已经承受了不少灾难，这么做的确对我们是有利的。然而，不帮助那些国家而只考虑到我们的利益将会有什么样的结果他们并未考虑到，也没法凭借他们现有的知识想得到。一方面，希特勒要是不用动一兵一卒就令希腊臣服，并把巴尔干诸国归拢到自己可以操控的政治范围内，那他接着就会迫使土耳其打开门户，令他的部队得以从此借道，推进至东面作战，并借此挥军南下，如此，不就得以有机会和苏联妥协了么？也就是说，他可能以征服了的这些国家作为条件，跟苏联商谈瓜分问题，如此一来，不就将德国和苏联终要面对的矛盾问题顺延至下一个阶段了么？另一方面，征服了这些国家，他的实力必然增强，那他不就可以借助自己强大的军事力量提早对苏联发起攻势了吗？而这种情况更有可能发生。

我已经说过，我们曾经在意大利侵略希腊时，适时地对希腊人施以援手，驻扎在希腊机场的四支空军作战中队也在战争中有过一番不错的成绩。如今，我们的视角也应该转向德国方面了，看看他们都有哪些进展。

德国外交部于1月21日召见了苏联使节，并向他们做出了说明：对于英方可能将占领土耳其，及博斯普鲁斯和达达尼尔海峡一事，德国方面并没有收到相关报告。就德方而言，认为英国要想进入土耳其，是不会得到土耳其政府许可的。不过，据已取得的情报来看，英国想要在希腊谋得一个可以落脚的地方，并且很快就会采取行动。对此，德国方面是不会改变自己的原则的，那就是——德国绝不允许英国有任何机会踏足希腊，容忍其对德国在巴尔干地区的权势造成威胁。所以，此次德国纠集大量部队进入巴尔干便是如此，为的是不让英国人有机会在希腊落脚。倘若英国涉足这些地区，占据一个落脚点的话，那么势必与苏联方面的权益相违背，所以，德国政府的这一行动，相信与苏联政府的利益相符。事情到了这一步，就没有什么新的进展了。

我这时已知道，土耳其的时局已非常凶险。显然，我们在战前与他们签订的条约不一定在这时候仍具效力，毕竟战局已经发生了变化。尽管土耳其在1939年战争开始的时候就出动了他们骁勇的精英战队，不过，他们所采取的应对方式，还停留在一战那样的背景下。尽管他们步兵的优秀程度并不输于当年，野战炮队也不可小觑，可他们始终还是在武器装备方面太落后了。现代化武器在1940年5月就已然被证明是战场上决定胜负的重要因素了，可在土耳其，航空设施极不完备，既没有坦克，也没有装甲车，能够整修这两种车辆的工厂自然也没有，更谈不上有受训可操作它们的人员或士兵了。对于高射炮和反坦克炮这样的现代化武器，他们基本上就没有，而且通信设备也不完善，对雷达也是一无所知。此外，他们虽然天性好战，却似乎并不能自然的接受将现代化武器用于战场。

在另一方，德国已经在保加利亚站稳脚跟，并将自己武装起来了，他们所用的军用装备数量繁多、类型多样，其中不少都源自法国和低地国家，那是他们自1940年以来从战争中累积获得的。得到了相当数量的现代化武器，德国人就可以将他们的同盟国武装起来了。而相对的，我们却只能为他国提供为数不多的武器，还得是以付出其他代价为前提的情况下。因为，我们在敦刻尔克战役中失利，并遭到了重创，而本土又急需建立一支能够抵御敌军的作战部队，此外，还要维系中东方面的战局，可我们的城市也面临着时刻遭受敌军闪电攻击的危险，如此，就不得不牺牲掉一些战时需要而只提供必要的援助了。依当前的形势来看，驻守在保加利亚的部队尚比驻守在土耳其的部队压力小一些，因为在土耳其，战事已经相当严峻了，简直到了令人绝望的地步。倘若在这种时候，德国空军或是其装甲部队的分遣队再多投入一点兵力的话，那势必是在雪上加霜，这样一来，土耳其方面就更难抵挡得了了。

现阶段，战事仍在逐渐升级，我们只能寄希望，或者说，只能做出这样的政策安排——将南斯拉夫和希腊、土耳其联合起来，形成一股力量来共同御敌，而目前，我们也正全力实现这一政策。对于援助希腊的事，我们才刚做了第一步，目前仅派出了为数不多的几支空军中队，当墨索里尼开始对埃及发起攻势时，他们才被派遣至希腊。第二步，我们是想把一些技术部队派往希腊，就这一点，已向三军参谋长发过电报说明了，不过希腊人并不同意这么做，而所提出的拒绝缘由也不无道理。如今，我们也该走第三步了，这次，看样子我们或许能够在班加西及其西部地带，建立起一个沙漠上的既安全又靠得住的侧翼，并且，只要我们能够做到，就一定要把最大的机动部队或者战略后备军集结到埃及去。

这就是我们步入2月时的情形。

反闪击战

1940年快过完时，我们还在遭受敌人闪击战的攻击，我们不知道还要蒙受多少战争的苦难，是时候估计一下将来的形势了。在夜间，人们遭受着敌人没完没了的空袭，工厂也是，这样的状况何时才能完结？这样的袭击会猛烈到什么程度？要想得出结果，就先得评估一下德国空军的战斗力，他们的实际力量是怎样的？相对力量在哪里？还有，我们要尽可能准确地评估出他们将在1941年提出什么样的作战方案。

我们开始对这一尚不明朗的领域进行探索。欣格尔顿法官于1月21日把他做的报告交给了我，此前，他与空军人员和其他专家一起完成了出色的工作。欣格尔顿法官的结论如下：就德国和英国的空军实力而言，比例大约是4:3。尽管空军情报处和经济作战部的意见并不统一，前者认为德国实际的飞机数量应不止统计出来的这一结果，而后者的态度却与之相反，不过，对于统计结果他们还是认可的，所以，我们将以欣格尔顿法官给出的估测结果为准，准备展开下一步工作。他在报告里还表示，当前，我们的空军实力正在稳步增长，很快就能与德国旗鼓相当，这着实鼓舞了我，要知道，法兰西之战打响时，我们的飞机比他们的要少一半，而现在，根据他的报告所示，这个比例已经缩小到3:4。另外，联系战后的实际情况，我们了解到，这个比例事实上已趋近2:3了。对我们来说，这已经是极大的进步了，我们尚有不少发展空间：美国派来的大批援助飞机还未抵达，而我们的空军力量也尚未朝着最快的速度发展。

仅凭空袭就击垮大不列颠是根本做不到的，这一点，希特勒在

1940年底就已经注意到了。不管他如何对城市进行猛烈的轰炸，这个国家及其政府都不会放弃抵抗，所以，在大不列颠战役中，他头一回体会到了挫败感。1941年，夏季伊始的时候，德国的绝大部分空军部队都在为进攻苏联而做准备，这使得他们无暇倾其所有来空袭我们了，在5月末之前，尽管我们仍旧频繁的受到袭击，他们却显然没有拿出全部的实力。对于希特勒来说，要想集中火力打击苏联，就必须持续不断地接着空袭大不列颠，这种手段更为快捷，也更便于掩人耳目。因此，虽然我们仍要应对其猛烈的空袭，却并不是极为困难的事了，因为对我们展开空袭已非德国最高指挥及其统帅的主要目的了。希特勒天真地以为，用六周就可以像摧毁法国那样将苏联拿下，接着就可以集中精力对付大不列颠了。他乐观地认为，只要先派出远程飞机配合潜艇作战就可以封锁这个国家的海域，然后再对其城市进行空袭，如此，就可以在1941年秋的时候，征服整个大不列颠了，因为他相信，这段时间足以使这个顽强的国家经不起接连不断的袭击而屈服于他。然而，当前的实际情况是：对于陆上的军事活动，德国势必先要实施"巴巴罗萨"计划以攻打苏联，而将用来攻打英国的"海狮"计划暂时搁置。现阶段，他们海军的主要任务是，在大西洋上聚集火力来干扰我们的交通，而空军方面的主要任务则是针对我们的各港口、海口实施空袭。比起对伦敦进行狂轰滥炸、对百姓实施空袭来说，他的计划真是太歹毒了。好在这一计划没能有机会持之以恒，也不能拼尽全力去贯彻，对我们来说，也算是幸运了。

为了处理总部事务，我经常往来于全国各地，亲眼目睹了空袭给各地人留下的伤痛，也见证了人们在劫后余生中所体现出的那种冷静、自信和乐观的精神，他们的眼睛并没有被伤痛充满，反而带着笑意，这意味着，他们已经全然将自己融在了另一个超出一己问题、跨越人类所能企及的高度和广度的事业中了。在这样的眼神里，我看到了一种精神力量——不屈不挠的民族精神，和经过几百年传统意识传承下来而生发出的、经由自由意识发展所酝酿出来的那种精神。

敌人最后一次猛烈的空袭发生在5月10日，在飞临伦敦的敌机上，装载了大量的燃烧弹，使伦敦变成了一座火城，且全城两千多的地方都处在大火之中，自来水管道也被炸毁，约有一百五十个管道受袭。此时，正好又赶上泰晤士河储水量不多，没法将火势迅速扑灭。到了第二天早上六点传来报告说，仍有几百个地方的大火还在燃烧，其中四处直到13日夜里才脱离危险。在整个闪电战中，破坏性最大的夜袭就属这一回了。我们损失了五个码头，七十一处要害地区被击中，在这其中，半数的工厂被炸毁。一连几个星期，我们的火车都无法正常运转，敌人几乎毁去了所有的火车站，只有一个还有运输能力，等到直达线路恢复通行，已经是6月初的事了。在这次空袭中，我们的伤亡人数超过了三千人次。

当时，我们并不知道敌人就此将停止攻势。凯塞林于5月22日将空军司令部挪到波森去了，因此到了6月初，敌人就将所有的空军力量都转移到了东方。对我们来说，再次面临战事已经是三年后的事情了，直到1944年2月，迫于小型闪击战的威胁，伦敦当地的民间防卫阻止才再次投入战事，接着，又得应对敌人的火箭及飞弹。1940年6月至次年同期，我们在这一年中累积伤亡的人数达九万四千二百三十七人次，其中有四万三千三百八十一人丧生，五万零八百五十六人身负重伤。

敌人一直没有注意到防守的重要性，作战时，不是以雷达配合高射炮攻击，就是集中精力搞些攻击力大的新发明，比方说，射束研发。1941年，待他们缓过神来的时候，已经有好几个月都过去了。一直以来，英国也一样在搞科技研发。曾经，我们斥巨资委托航空学校去找适合轰炸的地方，而在雷达的使用方向上，我们则更侧重于防守。待到对射束有了一定的把握，同时各种情况也都变得对我们有利

时，就该把方向放在对德国雷达设施的研究上了，这样，等到再展开
反击时，清除障碍就容易多了。我们首次找到德国的一个供其侦察机
使用的雷达站是在1941年的2月间，差不多就在拍照取证的同时，它
也发出了电波警报。该标本出现在离瑟堡不远的地方，我们发现了它
之后，便出动了谍报员，在空中一边寻找一边拍摄下在欧洲区域内、
敌人占领的西海岸部分中，有没有相似的雷达站点。皇家空军准备在
1941年的年中对德国发起一次大规模的夜间袭击，因此，倘若不明晰
对方是如何安置自己的防御设施的话，就无法取胜。他们部署的防御
设施跟我们大抵相同，把重头都放在雷达上了。

　　对敌人建立在海岸上的雷达装备做了一番研究之后，我们接着
就回归到探讨德国是如何使飞机进行夜间战斗防卫及如何铺就战线的
问题上来了。他们的防御战线呈带型展开，横跨了一片广大的区域，
从石勒苏益格–荷尔斯泰因一直延伸至比利时，包括德国的西北部及
荷兰。尽管我们双方都在研发新设备上做出了努力，但它们并没有在
1941年的最后那几个月里有什么作为。曾有一度，德国的轰炸机部队
妄求依计划安排的那样，用一个半月的时间攻下苏联，然后再回到西
欧战场，倘若成功，那么在对不列颠实施空袭时，就会有不少新建立
的射束点来辅助攻击了。这些新的射束点中都配备了功率强大的送波
机，且都是沿着英吉利海峡创建的，这样，他们便可借由这些射束站
点来攻破我方的干扰，直捣目标所在地。当然，当他们的轰炸机执行
这样的任务时，肯定会遇到麻烦，即：我方的新送波机会在射束战中
予以回击，不但会继续干扰他们的轰炸机，还能躲避其新型射束技术
发动的攻击，且有夜间作战机型的雷达功能。苏联因而越来越有可能
参与到战争中来，如果是那样，就势必会展开一场射束对抗大战，所
以我们和德国都没有轻举妄动，虽然双方都在无线电领域耗费了不少
心力，却暂时都没有将它投入到战争中去。

争夺制海权的关键：地中海

马耳他岛自纳尔逊时代就如同守卫英国安全的哨兵般，忠实地驻守在至关重要的中部地中海长廊之中。近来，它在此次战争里所发挥的战略作用较之以往更加重要。如今，我们主要的任务都得仰赖于它——大批军队需安置在埃及，执行运输任务的船队需随时往来于地中海，并要设法阻挡的黎波里的增援部队。

德国现代化新式空中武器对我们冲击很大，不仅威胁着马耳他岛，更危及我们的制海权。距离马耳他岛差不多一百四十英里的地方，是意大利处于西西里岛和突尼斯之间的属地，西部海峡的咽喉所在——班泰雷尼亚岛。此岛防守相当稳固，岛上有一机场，极具战略意义。敌人若想进入突尼斯或是的黎波里航线，就不得不仰仗这个据点。我们若能得到它，便能在马耳他岛四周部署空军，以掩护海上作战。于是，1940年9月，我请凯斯海军上将来制定计划，预备用新编的一支突击队，直取班泰雷尼亚岛。该作战计划又被称为"车间"计划，三军参谋长也渐趋赞同它的可行性。凯斯对该计划十分看好，并投入了极大的热忱，他甚至说，要亲自率队亲征，也顾不得什么海军上将的名号了。

对于拿下班泰雷尼亚岛一事，事实上我和我的幕僚都认为没有太大难度，不过，自打马耳他岛让我们倍感压力后，就不得不质疑此事能否成功了。1941年1月，我和三军参谋长取得一致意见，定好自1月底开始实施。不过，因为要处理其他事务，耽搁了。大家原本决定将行动时间往后顺延一个月，最后又认为这么做并不妥。

　　由于德国空军早就在1月底之前的那一大段时间里就入驻西西里岛，因此，战局也就跟着一下子全变了。这场胜利看来是与我们无缘了。1942年，我们要是可以拿下班泰雷尼亚岛，一方面，我方的运输船队在冲出敌人的阻截，朝着马耳他岛行进的过程中，就能避免不少优秀的战舰陨落了，同时，也能更大程度的扰乱敌军向的黎波里挺进的航线。另一方面，德国的空中力量很可能会压制住我们，从而占据优势，届时，我们在马耳他岛将面临更为复杂的防务情势。

　　我深感班泰雷尼亚岛是我们所急切需要把握住的战略要地，然而，说什么都晚了。现在，摆在眼前的问题有很多。等班泰雷尼亚岛真正为我们所有时，已经是1943年5月的事了：一方面，德国和意大利在突尼斯的军队被我们消灭了，另一方面，在艾森豪威尔将军的命令下，我们的一支登陆部队抵抗住了敌军的猛攻，才最终夺得了这一胜利。

　　1月10日，我国海军头一回与德国空军展开了激烈的交战。当时，我们的舰队正在执行一连串的掩护任务——一支运输队从地中海西侧驶过，另有其他载有补给物资的船队由东侧驶向马耳他岛，此外，还有规模不大的各类运输队正行驶在去往希腊的途中。10日早间，"豪侠"号驱逐舰正带着护送主力的舰队执行任务，在通过马耳他海峡境内时，不慎碰触到水雷，没过多久，敌人的侦察机便尾随其后。到了下午，德国就派出了轰炸机队猛烈地攻击我们，他们盯上了"光芒"号，对其进行了密集地轰炸，当时，这艘新型航母的指挥官是博伊德上校。"光芒"号共受到三次空袭，这期间，六次被巨型炸弹打中，由于损伤严重，不幸起火，舰上有八十三人遇难，六十人重伤。幸好当时这艘战舰上有装甲甲板，不然很难抵挡住敌人的攻势，也幸亏战舰上还配了战斗机，有至少五架敌机被它们打了下来。到了晚上，空袭更加猛烈了，博伊德上校下令，将没法使用舵机的"光芒"号开进了马耳他岛。

当天夜里，我们的助力舰队将在海军上将坎宁安的带领下，护送运输船队自马耳他岛南面向东驶过，过程中并未遭遇敌军拦阻。然而第二天，"索斯安普敦"号和"格洛斯特"号巡洋舰就没这么幸运了，敌军的俯冲式轰炸机在它们即将抵达马耳他岛东岸的时候，展开了空袭。事前，我们并没有发现这些借着阳光掩护而袭来的轰炸机，好在"格洛斯特"号最终还是保住了，虽然承受了一弹，却只受到了轻微创伤，并未起火，可我们却失去了"索桑普顿"号，敌人击中了它的机舱，火势猛烈无以抢救，只得任其葬身大海。结果，虽然运输船队成功抵达了目的地，可我们的舰队却损失惨重。

遭受重创的"光芒"号停在马耳他岛，这让德国人深感不安，非要毁了它不可。然而，我们在马耳他岛驻扎的空军力量也不容忽视，早就实力大增了，所以，跟敌人斗一天，也能打下他们十九架飞机来。1月23日晚间，虽然停在船坞中的"光芒"号再次被击中，却仍旧重新起航了，当敌人苦苦寻找它的踪迹时，它早已离开。两日后，"光芒"号到达了亚历山大港。

德国这时从西西里岛派出了不少于二百架飞机投入战斗。仅1月份，就轰炸了马耳他岛五十八次。自此，截止到5月末，除了中间曾简短地停火了一阵，每一天，他们都会轰炸三四次。不过，在这期间，我们的人力和物资也都有所增加：1941年4月至6月，萨默维尔海军上将曾出动了其H舰队，先后六次把飞行小队送到了马耳他岛的航线中，数量可观。同一时期，自西侧也陆续有飞机抵达机场，包括"旋风"式战斗机二百四十架，和为数不多的其他机型。此外，我们还得到了从东侧运送来的增援部队和补给。6月，敌军又发起了一次十分猛烈的轰炸，我们在这次战斗中成功地打退了他们，自此，马耳他岛才终于被保住了。然而，灾难并未就此止歇，1942年又再度来袭。

地中海一带战事吃紧，战局日渐扩大，我们打算尝试与敌军在意大利本土作战。听说此时的意大利人，已士气大减，若这时候就在他们的土地上发动攻击，那么其士气必定会在原有基础上大大减弱，这也正是我们所希望的——要尽早消灭意大利。

海军上将萨默维尔勇敢的于2月9日发起了对热那亚港口的袭击。同一时间，飞往里窝那和比萨的战机也自"皇家方舟"号舰起飞，准备轰炸目标地。我们还在斯佩西亚海面上埋伏了水雷。这次出其不意的突袭非常成功。不过，我们安排在港口上的设备，以及不少船舶都受到了冲击，损失惨重。此外，萨默维尔的战舰只能借着低矮的云层作掩护撤离，好在敌人的舰队在撒丁岛西面搜查时并没有拦截到它。

过去，敌人一直都在给利比亚驻扎的隆美尔部队输送船只补给，而到了4月初，我们已经有实力加大对敌军的打击力度了。我们的主要力量来自于由马耳他岛派出的潜艇。马尔科姆·汪克林海军少校在此次军事活动中表现突出，他的英勇事迹和战绩为他赢得了维多利亚十字勋章。

我们的一支战斗舰队于4月10日向马耳他岛行进，它是由四艘驱逐舰组成的，上校麦克在战舰"加弗斯湾"号上担任这次袭击敌方运输队的总指挥。仅仅一周，他们就获得了惊人的战果。

来自非洲沙漠地区的好消息一个接着一个。最终，尼罗河集团军只用了两个月的时间，就往前推进了五百英里，这期间，灭掉了不止九个意大利的师级部队，并成功俘虏了十三万人，所截获的武器包括：四百辆坦克和一千两百九十门大炮。至此，我军成功地攻下了昔兰尼加。·

虽然我们取得了如此多的胜利，却仍得为中东的局势担忧。国防委员会决定将外交大臣和帝国总参谋长蒂尔将军派遣到开罗去，以便更好地帮助解决中东问题。艾登、韦维尔将军、约翰·蒂尔爵士2月22

日出发飞往希腊，他们将会见希腊国王及当地政府，并与之会谈。

晚上，艾登先生一行到了希腊，随即便被邀请走访位于泰托伊的希腊王宫，这是他与希腊人的首次接触。国王见到他后，马上就单独与首相会面一事对他发问，艾登所考虑的是：只以斟酌军事方面的事宜为基础与对方磋商，因此，他随即就表示，没有这个必要。因为艾登觉得，倘若我们出兵帮助希腊，那么这当然事关军事事宜，政治方面的事情若被牵扯进来，可能就会坏事了。可国王一再坚持，他也就答应了。在同希腊首相科里西斯的单独会见中，对方向艾登宣读了一份声明，上面总结了一两天前，希腊内阁在讨论会中得出的结论"誓死保卫家园"。

会谈结束后，艾登向我转述了双方经过协商一致认可后得出的行动安排，内容详尽。内阁决定对其中的意见全部通过。

到目前为止，我们不过只是做了几件事：在埃及三角洲，竭尽所能地集结兵力，使之组成一支最大规模的战略后备军；为向希腊输送援军而做准备，制定了相关计划，准备好所需船只；倘若战局有所变化，不论是因为希腊方采取与我们相反的政策，还是因为发生了什么异况，我们都必须能够应对，并在对我们有利的位置上采取相应的反应。

意大利帝国在非洲覆亡

墨索里尼自1940年攻陷法国之后，随即便对大不列颠宣战。意大利是十九世纪的后起之秀，在工业和军事上相对力量较弱。鉴于人口越来越多，国内困难重重，意大利不得不加入了抢夺非洲的战争。当苏伊士运河于1869年开始通航后，意大利就将视线逐步朝非洲转移，渴望通过武力入侵，扩充领土。他们占领了马萨瓦，正式将厄立特里亚纳入自己的版图。此后，意大利的索马里殖民地渐渐壮大起来，连同这些殖民地通往印度洋的各出海口也不断发展。这两处殖民地之间便是古老的埃塞俄比亚。十九世纪九十年代，意大利妄图通过占领埃塞俄比亚，为意大利争取到大国地位，结果却惨败，意大利只得停止进犯非洲。一战中，意大利是战胜国之一，占有了的黎波里和昔兰尼加，这片被征服的土地被改名为利比亚。

墨索里尼谋得政治权力时的意大利格局就是如此。随后，意大利便以强国的身份，在向非洲殖民地施行侵略扩张后，继续有步骤地进行扩张行动。

在法西斯党人眼里，英帝国即将在1940年6月被摧毁，而法国也差不多一败涂地了。这时，在非洲的意大利帝国开始了疯狂的扩张行动。很快，它将利比亚、厄立特里亚、埃塞俄比亚，还有索马里全都收归自己所有。这么一大片新得的广阔土地，迅速发展起来。不仅如此，他们还在红海和地中海的港口上都设了防。

倘若大英帝国垮台了，正如当时墨索里尼所预计的那样，届时，随之取代英国曾占有的英属索马里地区和英属东非领地，连同埃及，就将属于意大利。再加上其现有属地，意大利无疑将坐拥一片十分广阔的土地。

截止到1940年12月，对于东非的意大利人，我们一直是单纯的防守。进入12月的第二天，在开罗，韦维尔将军召开了一次会议，制定了新的方针政策。尽管他暂时还不打算动用正规军深入埃塞俄比亚作战，不过也很快会把在1940年7月4日时就攻占了苏丹的卡萨拉和加拉巴特的意大利军队击垮。他原本想要在结束这些规模不大的攻击之后，把绝大多数部队往中东调派。至于埃塞俄比亚，则一方面交由英国军官处理，由英方负责武器支持以及金钱供应，另一方面，埃塞俄比亚的爱国运动组织在接到救助后，会在本土抵抗意军，这样，意大利人将失去在埃塞俄比亚的势力，埃塞俄比亚人民也将最终收复国土。

1941年1月，由普拉特将军指挥的肃清苏丹的战斗打响。起初，战事发展稳定，没有受到什么阻碍。普拉特原本可用的兵力是第五英印师，这时候又从沙漠西边调派来了第四英印师助援。另外，我们还派出了六支空军中队来支援这两个师。在我们的攻击下，两个意大利师决定从卡萨拉撤离。不多时，他们又放弃了拉巴特，最终从苏丹撤军。

我们在卡萨拉乘胜追击敌军，一路上都比较顺利。直至我们到达科伦，敌人在山区里设立了一个特别坚固的阵地，防御设施异常牢靠，并由两个常备师团在那里顽强地守卫着。到了2月初，普拉特将军曾多次发动攻势，却没有取得什么进展。

在这段时间里，我们已经准备好了在埃塞俄比亚境内发动起义的所有工作。起义的核心力量是这样构成的：将由准将桑福德担任指挥，由一支囊括了一个苏丹营、部分经过筛选的英国军官，以及一些优秀军士组成的一支规模不是很大的部队来执行行动任务。在这些军官中，温盖特上校在日后所建立的功绩颇为卓越，随着他们成就的增长，很多爱国人士也越来越乐意援助他们。1月20日，埃塞俄比亚皇帝返回了自己的国土，而除了小部分地区外，戈贾姆西边的敌军也慢慢地全都被消灭了。

我们有大批军队驻扎在肯尼亚，然而，他们长期都没有任何行动，让我很不满意。1940年11月，史默兹曾出访肯尼亚，并敦促我们赶紧对意属基斯马尤港口发动攻势。史默兹的建议与我的想法不谋而合。现在所有准备活动都在进行中，顺利的话，我们可以在1月份，也就是雨季到来前进军。韦维尔将军也在国内的压力下，最终决定在雨季到来前行动。为此，他动员了肯尼亚司令部。

在朱巴河，有六个旅的意大利军队，再加上六个就地募集而成的队伍据守在那里，而在朱巴河口，就是基斯马尤了。坎宁安将军决定在2月发动大举进攻。2月22日，我军取得了全面胜利。2月25日，我军的摩托化部队抵达摩加迪沙港，在那里，收获了大批的器材、粮食、衣服，以及宝贵的四十多万加仑汽油。另外，还在机场发现被击毁的飞机二十一架。

坎宁安将军推断，接下来的行动不会遇到什么反抗，的确如此。虽然第一南非师鉴于其他地区战役所需，而只能将一个旅派给坎宁安，令其他部队留守原地，可对他来说，用于进攻的力量也还是够用的。唯一的问题只在距离上，路程太远了，这样，运输和补给就成了关键所在。经韦维尔将军批准，坎宁安决定把下一个进攻方向定在季季加，距离摩加迪沙约七百四十英里。部队经过三天的整休，自3月1日开始，继续推进，一路上较为顺畅。3月17日，他们到达了目的地。这一系列战争，他们都表现出色。

同年3月间，坎宁安将军和第十一南非师及第一南非旅一起，从摩加迪沙出发，长途跋涉了约八百五十英里的路途。自从跨过了朱巴河，他和他的部队就接连取得胜利。

这段时间，埃塞俄比亚的战斗也有了新发展。我们无法包抄驻守在克伦的守军两翼，由于他们拼死抵抗，我们只好跟他们硬碰硬的正面交锋。空军和陆军共同袭击意大利军队，没过多久，他们就没有能力再阻止我军前进的步伐了。这场仗打得很艰苦，我们的伤亡人数在三千人上下。为了保住这个要塞，意大利军拼死抵抗。3月27日，我们冲破了意大利的防线，拿下了克伦。接着，我们乘胜追击，势不可挡。4月1日，我们攻下了阿斯马拉，8日，驻守在马萨瓦的敌军也投降了。这次的克伦之战能够取得胜利，主要得归功于第四、五英印师。

此外，我军在其他方面也取得了很好的成绩。意大利参战时拥有不少船只和舰队，如今已在皇家海军和海军航空队的攻击下，不复存在。

意大利军在厄立特里亚的残余势力败退后，向南撤离了二百三英里，此后，又穿越山区地带去了阿姆巴吉，并在那里建立了自己新的阵地。普拉特将军打算跟踪他们，并继续追击敌人。然而这时，他失去了第四印度师，以及前来支援的绝大部分空军战斗中队的帮助，他们都得去支援埃及方面。普拉特将军只能以剩下的兵力与敌人继续战斗。

4月，我们取得了最终的胜利，虏获敌军半数，剩下一半残余势力向北逃去，准备逃往贡德尔。5月5日，埃皇返回到国都。墨索里尼建立一个强大的非洲帝国的美梦，自此破灭了。

第七章 德国东进

支援希腊

我们到目前为止，还没有担负起什么需要在希腊施行的冒险行动义务。事到如今，我们必须做出明确决定，是否派出尼罗河军团前去希腊支援。结果是肯定的，我们必须迈出这重要的一步，不单单是因为希腊正处在水深火热的危险境地中，也为了日后能够建立起一条由南斯拉夫、希腊、土耳其所组成的巴尔干战线，进而抵御德国即将展开的一系列攻势。苏联也可能将受到牵连。巴尔干问题不是我们派兵过去就能解决得了的，我们只能寄希望于把南斯拉夫、希腊和土耳其煽动起来，跟我们联合作战。目前，我们目标主要是鼓励南斯拉夫、希腊和土耳其，让他们联合作战，而能力所及的就是以支援希腊为己任。

坎宁安海军上将3月4日提出了这样的意见：要是尼罗河集团军和皇家空军都调到希腊去的话，肯定会致使海军在地中海犯险，因为这会导致在之后的两个月，我们要不停地忙着运输兵力、物资，以及车辆。海军的驱逐舰将会承担异常艰巨的运输任务，战斗机、高射炮也将在一定时间内不能完全发挥防御作用。如果德国人从保加利亚发动对我们的空袭，那么海上和登陆港口的运输船队无疑都会是其攻击的目标。另外，意大利舰队可能也会在海上有所作为，我们不能不做考虑。

当然，驻扎在克里特岛苏达湾那里的舰队可以用来与意大利舰队相抗，可如此一来，又势必无法为运输船队再保驾护航了，而且，还会让通向昔兰尼加的那条补给线暴露无遗。凡此种种情况，很可能反而会使马耳他岛的局势更为吃紧。在我们准备开始大幅度调度军队及运输船队之前，还需小心谨慎地越过苏伊士运河，那里有不少磁性和感音水雷，弄不好就会被击中。坎宁安还提出，应该将所有的进攻计划都往后延一延，这其中也包括海空联合攻击罗得岛。届时，他手中全部的人力和物力都将会被借调走，可他仍旧相信，我们做出的决策正确无疑，并且，这样的冒险行动非常值得。我们对进攻罗得岛的计划必须延后而感到很失望，这个岛对我们来说异常重要：它和斯卡潘托岛一样，可以方便地使用距离它们不远的机场，得到机场，将能派上大用场，而这两个岛也是我们至关重要的据点。因此，在随后的很多年里，我们曾数次把拿下罗得岛一事提上日程，可一直以来也没能实现，这一计划始终无法配合其他重要的事件付之行动。

就在这时，我了解到，应艾登先生之邀，史默兹将军在盛情难却之下，正赶赴开罗。在安卡拉，艾登先生跟土耳其人商谈得并不顺利，他发回的报告令人不安。尽管土耳其人也跟我们一样感到危难当前，可他们的想法却跟希腊人没什么两样，都觉得在实际战斗中，我们所能供给的军事力量不足以帮助他们解决问题。

我们对南斯拉夫政府所做的努力如下：我们提出了警告，我们必须知道南斯拉夫方面是如何考虑的，他们参战与否，直接关系着整个萨洛尼卡的防务工作。坎贝尔先生，我国驻贝尔格莱德的大使，3月2日在雅典与艾登先生会晤。据他所言，现在南斯拉夫人已经对德国人产生惧怕，内部频频发生争执纠纷，政局动荡不安。不过，我们还是有可能说服他们，我们可以让他们知道我们即将援助希腊一事，这样，他们就有可能接受我们的支援。

只是不论是艾登，还是希腊人，都十分担心此次援助行动会被敌人知晓。3月5日，坎贝尔先生带着艾登交予的一封写给摄政者的密信返回了贝尔格莱德，两人自此分别。在这封密信中，艾登说，德国已经控制了南斯拉夫的命运，如果希腊和土耳其也受到袭击，那么他们将马上参战。形势就是如此，南斯拉夫方面应该加入到我们的阵营中来。此外，艾登还请坎贝尔先生要亲口向摄政者传达如下信息：对于援助希腊一事，英国方面已经做出决定，会尽可能快地派出能力所及的强大部队，在陆空两方面给予支援。所以，要是南斯拉夫方面愿意派出某位参谋员到雅典来的话，英国方面将乐意邀请他进行会谈。南斯拉夫的态度如何，直接关系着萨洛尼卡方面守得住守不住。要是南斯拉夫屈从于德国的威势，那么后果自然不堪设想。因此，我们奉劝南斯拉夫人，还是加入到我们的阵营里好，如此一来，就多了一个与其一同战斗的伙伴，多了一支来自英国军队的力量。在希腊，我们将倾尽最大的力量来协助其作战，并且，大有希望守住一条战线。

德国陆军于3月1日抵达并进入保加利亚，而保加利亚方面的陆军，也已经沿着希腊边境行动起来了，部署好了自己的阵地。在保加利亚的帮助下，德军得以向南继续前进。3月2日，艾登先生和蒂尔将军从安卡拉出发，回到了雅典，接着，还举行了一次军事会谈。会谈结束后，艾登向我们发来了电报，说情况十分严重。

我们在伦敦的看法在这时候发生了极大的转变。参谋长委员会觉察到，一切情况的变化都对我们在巴尔干的政策不利，特别是，在这种时候，派遣一支部队去希腊援助是十分不利的。首先，就主要的局势演变而言，就遇到了困难：现在，希腊总司令毫无斗志；在十二天前，希腊人就应该履行责任，可他们并没有执行，也就是说，当得知南斯拉夫方面不参与战斗时，就应该将部队撤离到那条我们必须据守的防线上去了，可他们并没有这么做；在这条防线上，希腊方原本应该支援我们三十五个营来据守，可目前数目最多不过是三十二个，而且还都是新编制成的营队，其中并不包括炮兵。另外，我们曾寄希望于，希腊在阿尔巴尼亚前线作战的师级部队能召回几个来协助我们，可"现在，帕普哥斯将军却说，做不到这一点，因为，在阿尔巴尼亚，敌军的人数已经大大超过了我们，而我们已经打得没有余力了"。

随后，三军参谋长就我们当前的困境也做了分析，他们曾一度希望，我们能够在支援希腊之前就对克罗得岛发起攻势，至少也是同时进行，可如今，只能等到进军希腊之后才能进攻克罗得岛了。如此一来，无疑使空军陷入了两难的境地：一方面无法集中兵力阻止德国前行；另一方面，还要对罗得岛发起"一定规模"的空袭，以保障通往希腊的航线安全无阻。

我们所面临的最后一个难题是：此时，在苏伊士运河里，到处都是水雷，已经被全部封锁起来了，而我们无法在3月11日之前将之肃清。再加上，我们装载着摩托运输器具的船只在运河以北仅有一半，而其他承载着兵员的船只，还在运河南面，随着时间越来越紧迫，我们的任务也跟着迫切起来。最后，参谋长委员会又对敌人的动向进行了预估，他们猜测，德国截止到3月15日，会在阿利阿克蒙河一线纠集好两个师级力量，并且到了3月22日，还会再增加三个师，其中包含一个装甲师。希腊军若只能在短时间里将敌人阻截在这一战线的前方，就意味着，要想应对头一波攻进来的两个德国师，我们就只能投入最多不过一个装甲旅及一个新西兰旅的兵力。

最后，三军参谋长给出了结论："这次行动相当危险，其危险性已大大超出预估。"不过尽管如此，他们还是认为要尊重现场人员的意见，不能对其提出质疑，因为不管怎么说，现场的参与人员都还是对当前的局势怀有希望的。

周日早晨，战时内阁进行了一场讨论会，到了晚上，我一个人开始在契克斯一遍遍地思考着讨论会上的内容，以及参谋长委员会给出的报告。随后，我给艾登先生发出了一封电报，表示对于自己最终的决定，我将会全权负责。

我在有三军参谋长参与的战时内阁会议中提出了支援希腊的问题，方便在做最终决定时考量。对于此事的发展情况，内阁成员们一直以来都是知道的。虽然就当前情况而言，我们无法分派出超过已经分派的飞机，和已经在输送路上的飞机，但内阁议员们却并没有因此而面露难色，或有什么争议。凭我个人的感觉，当场的与会人员，每一个都经验丰富，且禁得起任何考验，所以说，他们自然不会受国内政治因素的影响而倍感压力。史默兹在考虑问题时总是深谋远虑，他会站在不同的视角上来看待这些问题，使我们有了更为新奇的看法。最终，我们取得了一致的观念，那就是：所有人都觉得，我们并没有违背希腊人的意愿，没有强迫他们履行什么责任。同时，我们也没有强迫让任何人按照我们的说法行事才是最正确的。事实上，我们的专家确实有着最高的权威，完全可以自由地在对人员和现场情况充分了解之后，做出自己觉得该做的事。在数次的冒险行动中，我的同僚们都有过多次成功的历练，如今，他们也可以通过自己的经验来得出和我们一致的结果。尽管孟席斯先生身上的重担不轻，且责任特殊，可他丝毫不为所惧。所有的人都投入了极大的热情，纷纷表示，应该早点行动起来。虽然此次内阁会议只用了很短的时间，可最终的结果也很快确定下来。

大西洋之战第一回合

严重的问题不断出现，最让我们深感不安的是港口和航线问题。只有将远洋线路控制在自己手中，并将港口死死把握住，在船队得以出入自由的前提下，我们才有继续抗争的可能。德国的潜艇数量正在不断增加，1941年的1月到3月间，每月产出新潜艇的数量是十艘，没过多久，就以每月增至十八艘的速度在增长。

我们除了受德国潜艇的威胁，还要遭受其远程飞机轰炸。"福克乌尔夫200"式飞机是最可怕的，还好数量不多。敌人的飞机可从布雷斯或波尔多出发，围绕不列颠岛盘旋一圈，再飞去挪威补充燃油，到二天再返回。

我们的护航舰明显数量不足，只得组建成一支有着四十或五十艘船只的大型运输队，这样一来，就暴露在敌人远程飞机的视野之中了。敌人在空中可以轻易地俯瞰到我们的运输队何时出航，或是如何返航的。在这个过程中，他们还可以对我们的这些运输船或是某个船舰进行毁灭性轰炸，同时，也可将船只的方位明确告知正在窥探时机随时能发动的潜艇。

12月，我们开始准备最后一手，在默尔西河口与克莱德河河口和距爱尔兰西北方六百英尺深之间的水域范围内，铺设上能在水中引爆的网线。同期，我们做出指示：重新部署空军海防总队，进行扩充。我们的计划是，截止到1941年6月份，使海防总队飞机扩充至十五个中队。南爱尔兰不愿为我们提供方便，影响了我们的计划实施。鉴于此，我们加紧在北爱尔兰、苏格兰和赫布里底群岛建造新机场。

　　各种不利于我们的因素继续影响着我们，并越来越多。不过，英国在科学领域、在技术革新方面也再次取得了新的成果，再加上两万个工作人员不辞辛劳地将各式各样数量繁多的新设备、新仪器带到我们数以千计的小舰船上，使之能够运用于实际需要。就是因为这样，我们才得以不被敌人的那条磁性水雷绞索给勒死，而有了喘息的机会。

　　尽管如此，由于我们的运输工作得沿着整个不列颠东海岸操作，因此，不得不因受限于德军轻轰炸机和战斗机的威压，而无法完成一定数量的海上运输，对我们影响很大。伦敦港在一战时，曾与我们的生死存亡息息相关，可到了这时，它已经比原来少了四分之三的吞吐量。实际上，英吉利海峡才是主要可用于战斗的水域。如今，我们尚还存留着的主要商港，都遭到了敌人严重的破坏——默尔西河、克莱德河和布里斯托均遭到了空袭。同时，爱尔兰和布里斯托两处海峡也没能幸免，不是被封锁就是被设置了障碍。要是放在一年之前，每一个权威性专家都会马上宣称：在这种情况下，不可能翻身。的确，这场战斗关乎生死存亡。

　　我们对保护运输船队的要求很高，也很具体，所以规模上不得不大，我们所采取的保护措施包括了以下方面：护航、变航、消磁电缆的使用、排雷，还有不得行走在地中海航线上等。因此，绝大多数的船只只能延长航行时间，拉长航行距离。与此同时，船只受轰炸和灯火限制的局限，也得停滞在港口几天。迫于上述各种因由，我们无法有效地运输船舶，这样一来，事实上，我们所遭受的损失要比在战斗中承受的损失更大。当然，海军总部肯定会在开始时就注意到，所有船只得以安全抵达港口才是最重要的，并且应把成功的标准定在沉船量上，沉没的越少，成就自然就越高。可如今，这个标准已经不在适宜作为衡量成败的关键了。现在，我们都意识到，进口物资的安全起岸量才决定着一个国家的生存状况和战斗行动的状态。在2月中旬的时候，我曾给第一海务大臣发去了一份备忘录，在上面说过这样的话："据我所知，我们运载进口货物的船只在1月份时还不到去年同期的一半。"

我们所承受的压力一天天地增长，而与此同时，新造的船舶又赶不上我们所失去的。美国方面虽然给予了大批资源，可需要很长的时间才能真正发挥出作用。目前，我们的很多船只都因受到攻击而损坏了，要想把它们都修复，真是比登天还难。同时，我们的港口越来越拥挤，已经到了难以应对的地步。到了3月初，我们有二百六十万吨位的船只因受袭而损坏，其中，有九十三万吨位的船只坚持带伤工作，一边检修一边还得装货。不能工作的船只差不多有一百七十万吨位，它们必须等到修理完之后才能继续工作。

我们早在1941年的1月就成立进口管理委员会了，主要的进口部门都在其管辖范围里，该委员会的主席由军需大臣出任。与此同时，我们也成立了一个与之平行的生产管理委员会，主席是劳工大臣。进口管理委员是为了应对当时进口的形势而成立的，我们需要有一个部门对船只进行改进、组织运输方面的工作，解决在港口工作的工人的问题，以及把劳工组织在一起等多方面的繁复事宜。这两个机构握有大权，时不常地就会在一起讨论问题，而我在这时候也会跟他们密切合作，从中协调，让它们能够协同行动。

刚步入新年的时候，我们的旧船就被大暴雨严重破坏。虽然这些旧船舰已经用了很多年，船身大多也因此不再牢固，但我们的远洋航线还是非常需要它们。

没过多久，也就1941年1月30日，身在柏林的希特勒发表了一次演说，说他一定会把我们给打垮。这时，敌人不但对我们施以潜艇战，还用上了有着强大威力的巡洋舰，我们损失惨重。我为此绞尽脑汁，只能把胜利寄希望于我们的战斗力上，希望其能一直支撑下去。这样，等到我们在空军方面有绝对优势的时候，就可以翻身了，另外，我也希望，我们的困难在有大国加入进来之后，能够出现转机。

不过，我们的生命线正面临着致命的危险，让我如何能有一刻心安？庞德海军上将早在3月时就把甚为严重的沉船情况报告给战时内阁了，而有关此事的报告数据我也看过，因此，我把庞德叫到了下议院的首相办公处，跟他说："这件事和其他的事情不一样，我们必须引起高度重视，它比其他任何事情都重要。我将它叫作'大西洋之战'。"在称呼上，它与九个月前的"不列颠战役"意义相同，只要出现这个名称，就代表所有有关部门及人员都必须关注潜艇战。

随后，我组建了大西洋作战委员会，以便能更加集中、更密切地关注这一问题，及时地下达命令，并且，也能更好地清除障碍、解决困难，使各有关部门更有效地推进自己的工作。每一周，这个委员会都会举行一次会议，时间一般在两个半小时以上，全部跟此事相关的大臣及高级官员，届时都将列席，同时，也包括军部人员和文职官员。我们所要探讨的问题是：详细地检查全盘时局，不放过对任何问题的探讨，必须将所有问题都彻底解决，不错过任何一个悬而不定的事情，也不使任意问题被搁置不管。1941年，整个大西洋之战的步骤都能从作战委员会的会议次数中看出来。3月19日至5月8日期间，会议每周都会照常举行，这之后，间隔有所拉长，变成隔两周一次，到最后，会议举行的次数就更少了。10月22日，我们召开了最后一次大西洋作战委员会会议。

很多机构都在我们的指挥管辖范围内，参与作战的人员包括：数以千计实干而忠诚的工作人员，由于他们能够相互配合默契，并多角度地把敏锐的注意力投注在此事上，才使得局面能够呈现出一派新气象。就像我在上一章所表述的那样，3月6日是个令人透不过气来的日子，整个形势一触即发，我们在那时候还没有决定到底要不要派军队增援希腊。可尽管如此，我在决定之前还是先写好了指令——"大西洋之战"，并将之在1941年6月25日时，对下议院的秘密会议成员宣读了。

此时，德国方面已经开始启用"狼群"潜艇战术这一新的作战方式，即几艘潜艇由不同的方向协同出击。敌人这时候通常会夜袭我们，并铆足了劲让潜艇疾驰在海面上，因此，距离不够近的话，我们无法及时发现。遇到这种情况，只能靠驱逐舰，唯有它才能全速追赶上敌人的潜艇。

邓尼茨海军上将，是德国潜艇舰队的总司令，在第一次世界大战中，曾担任过潜艇长，而此番新的潜艇战术，也就是"狼群"战术，也是由他所发起的。这一期间，积极用这一战术战斗着的，是以凶狠著称的普里恩，以及在德国同样堪称一流的潜艇舰队的司令官。不过，他们很快就遭到了报应。我们的"狼獾"号驱逐舰在3月8日这一天，打沉了普里恩所在的第四十七号潜艇，潜艇上的其他人员也随他一同葬身大海。又过了九天，第九十九和第一百号潜艇也被击沉，当时，它们正对我们的一支运输船队发起联合进攻。敌人的这两艘潜艇，无一不是由优秀的海军军官带领的，而当德国海军丧失了这三个悍将后，战事也就有了明显的变化。这之后，德国再没有出现任何一个能与之相比的潜艇司令，他们的暴戾和强悍程度远不及此三人。3月间，我们损失惨重，因敌人潜艇攻击而蒙受的船只损失总计二十四万三千吨，因敌人空袭而蒙受的船只损失总计十一万三千吨，不过，我们也在西部海口这个地方击沉了五艘敌潜艇，所以，在第一回合的大西洋之战中，我们和敌人可谓是打了个平手。

大西洋之战后续

如今，潜艇战已经有了重大的发展变化。我们在3月就灭掉了德国打出的三个海上"王牌"，同时，在防御措施方面也取得了进展，如此种种都影响着潜艇的进程。当敌人在西部海口发现战事吃紧时，便朝着更西面的海域转移了自己的潜艇。南爱尔兰不让我们使用他们的港口，并且，我们的船只在那里也无法得到来自空中的保护，因此，我们只是让为数不多的舰船来担任小型舰队的护航任务，进入港口。在通向哈利法克斯航线里，有四分之三的线路，我们无法给予运输船队以有效的掩护，只能在差不多四分之一的航程里，由联合王国海军基地出发的护航舰只来护航，这样才能真正起到作用。一支"狼群"式潜艇在4月伊始的28度海域中，袭击了一支运输队，那时候，担任护航任务的船舰还未赶去。战斗进行了很长时间，这期间，我们的二十二艘船有十艘被打沉，而德国的一艘潜艇也被打沉了。不管怎么样，我们都得想办法使我们的控制范围有所增大，不然恐怕难以存活。

在哈利法克斯港与苏格兰之间，有一条弧形的航线，而纽芬兰、格陵兰和冰岛都坐落在加拿大和不列颠之间，紧挨着这条最短的航线的一侧。武装部队有了这些岛屿做"踏板"，就可以将整条航线分段控制起来了。尽管格陵兰岛资源匮乏，但我们仍可善加把握其他两岛上的资源。有人曾这么说过，"占领冰岛的人，就能将手中的枪口稳稳地指向英国、美国和加拿大三国。"因此，1940年，当丹麦惨遭践踏时，我们就在冰岛人认同的情况下，将该岛占领了，而之所以如此，也是应了那句话的意思。如今，我们可再次把它利用起来，以便应对与德国的潜艇战，因此，1941年4月，我们在这里建立了自己的基地，好为护航舰分队及飞机提供有力的平台。现在，冰岛作为一个能够单独指挥的地区，可使我们扩展自己的海上护航舰的活动范围，也就是说，我们可以在西经35度内自由行驶。尽管如此，在西面，还是存在着一个暂时无以堵住的缺口，使我们处于危险之中。自哈利法克斯港出发的一支运输队在5月间，西经41度的位置受到了敌人猛烈的攻击，而当时，我们的反潜艇护航舰尚未来得及赶到，结果，有九艘船只被击沉。

这时，加拿大的皇家海军力量正在增强，不断制造出大量的新式护航快艇准备投入战斗。在这十万火急的时刻，加拿大人已经准备好了，预备在这场性命攸关的战争中承担起自己重要的使命。之前我们损失掉的那支由哈利法克斯港出发的运输队让我们清晰地看到一个事实：若想保护船队顺利到港，必须得确保从加拿大到不列颠一线，全程都有护航舰保护。因此，5月23日，英国的海军部队对加拿大和纽芬兰政府发出请求，希望他们能够允许我们把前哨基地设在纽芬兰的圣约翰斯，他们当下就同意了我们的请求。终于，全航线不间断的护航目标于5月底达成。自此，加拿大皇家海军便开始将人力和物力都投入到了保护西段远洋航线运输队的任务中，扛起了护航的使命。而我们，则负责保护其他经过大不列颠和冰岛航线的船只。然而，即便是这样，我们也很难以这么少的物资来完成护航使命，因为，我们在这时候的损失也在急剧攀升。德国在3至5月间，共打沉了总计八十一万八千吨船只，也就是一百四十二艘船，其中，属于英国的部分是九十九艘，即有差不多六十万吨位的船只无法再使用了。为了确保自己能够保持这样的战果，德国方面始终保证着自己能在北大西洋有十二艘上下的潜艇在运作，另外，他们还猛烈地攻击了弗里敦附近的海域，企图以此来彻底摧毁我们的防事。结果，德国的六艘潜艇仅在5月间，就在这一海域里打沉了三十二艘船。

美国总统这时候正在向我们逐步亲近，他的有力干预很快发挥了决定性效用。他见在冰岛设立基地很重要，也跟我们一样，设立了供美军专用的航空基地。另外，我们还能将自己在地中海之战，以及在别的交战海域中受损的商船及军舰，都送去美国的船厂修理，国内本就吃紧的人力和物力，马上由此得到缓解。

4月11日，总统发来电报，说美国政府打算扩展自战争初期就定好的安全及巡逻范围，也就是说，从西经约26度以西的地方，包括北大西洋的全水域之内，都是他们的安全线和巡逻线。总统提议，要切实利用起自格陵兰、纽芬兰、新斯科舍、美国、百慕大群岛，以及西印度群岛始发的飞机和海军舰船，将来很可能还会扩及到巴西。总统叮嘱我们，通知他运输船队的踪迹时，一定要秘密地进行，"这样，侵略国要想在属于安全区域内的新线路西面发动攻势的话，我们的巡逻舰船就好发现他们的舰船或是飞机了"。美国一旦在巡逻时发现疑似侵略国的舰船或是飞机，一定会在第一时间将其所处的位置公布出来。最后，总统还说："就此，我未必会发表什么特殊声明，不过，很可能会有所决定，发出让海军采取必要行动的指令，这样，时间会证明此新的巡逻区不是莫须有的。"我向海军部传达了总统的这封电报，心中的大石总算落地了。

不过，此时的美国还未参战，因此，在这个阶段里，还无法直接保护我们的运输队，故而，英国只得像以往一样，在全线独揽保护运输船队的任务。

这时候，不论是英国还是美国，海军首脑们都对亚速尔群岛上的情况十分担忧。我们怀疑，敌人很可能正在盘算着如何占领这些岛屿，用来建立自己的基地。要是这些临近北大西洋中心的岛屿被敌人占据，将会严重威胁到我们在南面来往的船只。英国政府绝对不容许这种情况发生。

葡萄牙政府已经认识到这对于其国土的重大影响，因此紧急发出呼吁。而我们已经制定好了计划，整编好了一支远征军，回应他们的呼吁，尽力使德国不能在这一点上有所行动。不过，我们这支远征军不必急着前往目的地，因为希特勒的目标很明确，他已经准备向苏联动手了。

6月，我们本土领海的防御措施，以及在大西洋中的防御措施，都在美国、加拿大的援助下平稳发展起来。

总统6月提出了在冰岛建设一个基地的重要决定。双方在商量后，一致同意由美国的部队来替换英国的守军。7月7日，美军到达冰岛，自此，西半球的防御体系便多了冰岛这一地区。这之后，尽管美国并未实际参战，其运输船队就已经在自己军舰的护送之下常常行驶到雷克雅未克，而在这个过程中，外国的船队也可以通过他们的军舰来护航。

不久后，我们的空军任务终于不那么紧张了，一直渴望的喘息机会也终于等来了，因为希特勒正专注于入侵苏联的各项计划。5月之后，德国空军便缩小了空袭我们船只的规模。

到了6月末，我在看过海军部提交的材料后，向下议院提交了报告，指出英国的船只在北大西洋被敌机轰炸而受损的情况已明显好转，所受损失下降幅度较大。本来，我打算按照3月6日时所发出的指示在进行船只修复，也就是将一百七十万吨因受损而无法使用的船只在7月1日前修复出四十万吨来。不过，我们在这之后有了更宏大的目标，决定将这一指标提升一些，还是截止到7月1日前，可届时要完成七十五万吨的船只修复量。到最后，我们事实上非常接近这个指标，修复了七十万吨的受损船只。

妄图中立避祸的南斯拉夫

1934年10月，南斯拉夫的亚历山大国王在赛马场遇刺身亡。此后，南斯拉夫进入了分裂时期，内部很不稳定。同时，塞尔维亚人和克罗地亚人又彼此敌对，让南斯拉夫几乎耗尽了全部力量。再加上保罗亲王施行的政策过于绵软，导致王国渐渐失去了往昔的声威。

1939年，南斯拉夫新首相茨维特科维奇走马上任。他和他的外交大臣马科维奇打算对国内日趋扩张的轴心势力进行安抚。茨维特科维奇1939年8月跟克罗地亚人达成协议。

8月间，南斯拉夫收到了苏德签订协定的消息。苏德的这项协定似乎签署的是整个巴尔干各国的命运，将它们一下子都控制在了轴心国的手里。法国在1940年6月被攻陷，致使身处南欧的南斯拉夫人丧失了自己世代的友邦和庇护者。苏联人妄图占有罗马尼亚一事曝光后，很快他们便将比萨拉比亚和布科维纳收归己有。

德国和意大利于1940年8月在维也纳召开会议，会上，将特兰西瓦尼亚划分给了匈牙利。此时，已经开始收紧对南斯拉夫布下的罗网了。到了1940年11月，头一回秘密走访贝希特斯加登的外交大臣马科维奇，并没有代表国家签署什么承担轴心国义务的协定，却在12月12日与匈牙利这个轴心国的小盟友签署了一份友好和约。

这类事情很多，我们开始留心起来。保罗亲王在这种氛围下，决定尽可能地保持中立。不过，令他甚为担忧的是，德国人很可能会受南斯拉夫及其邻近国家动向的影响，向南挺进，对巴尔干半岛开火。

茨维特科维奇和马科维奇于2月14日受邀抵达了贝希特斯加登，随后，希特勒对他们谈及了有关德国的威势及德国必定取得胜利之类的言论，并且，还就柏林与莫斯科间的亲密关联着重谈论了很久。希特勒对他们说，要是南斯拉夫愿意依从于三国同盟条约，那德国在发动对希腊的军事打击时，便不会从南斯拉夫穿过，只要在运送军需品时借用一下公路和铁路就行了。就这样，茨维特科维奇和马科维奇心情无比沉重地回到了贝尔格莱德。选择十分艰难，一方面，要是参与到轴心国之列，就势必会激起塞尔维亚人的愤怒。另一反面，要是与德国开战，就会被克罗地亚人视为不忠。此外，唯一可以成为南斯拉夫在巴尔干半岛上的盟友的希腊，此时正在和二十多万意大利军队激烈交火，并面临着德国的威胁。

就在南斯拉夫方面纠结之际，希特勒已经开始筹备从战略上实施包围行动了。保加利亚方面3月1日同意了归顺三国同盟条约。而当晚德国派出的摩托化部队就抵达了塞尔维亚的边境处。当时，南斯拉夫并没有动员起自己的军队，怕这么一来会被德国视为挑衅，可如今，是时候做出最后的抉择了。

随后，保罗亲王于3月4日秘密从贝尔格莱德到贝希特斯加登去走访，结果，在重压之下，只得做出口头盟约，表示保加利亚的选择即是南斯拉夫的选择。回到国内后，保罗亲王发现，在一次王室会议中，并且在跟军政首脑分别谈话时，都有反对的呼声。于是，他们展开了激烈的争辩，但不论如何，德国已经下了最后通牒，这可是摆在眼前的事实。保罗亲王把西莫维奇将军召唤到自己在山上的寓所。西莫维奇将军表示绝不投降，但塞尔维亚出于对整个王朝安危的考虑，是没法同意这个决定的，不过事实上，保罗亲王已经将自己的国家送到必须承担义务的路径上了。

3月20日晚间，南斯拉夫政府在内阁召开的一次会议中做出了自己的决定——同意投靠三国同盟。3月24日，茨维特科维奇和马科维奇悄悄从贝尔格莱德离开，登上了郊区的一列火车，准备前往维也纳。第二天，他们抵达那里，并与希特勒签订了一份协议，贝尔格莱德电台进行了专门的广播。这一消息很快就传播开来。

我指示驻贝尔格莱德公使——坎贝尔先生极力争取南斯拉夫的保罗亲王以及各大臣。西莫维奇身边的不少军官连续几个月都在讨论，要是政府投降，该采取怎样的行动直接对抗德国。为此，他们经过缜密的思考，制定下一个具有革命性的行动方案。在这个方案中，由博拉·米尔科维奇将军充当领袖，他是南斯拉夫的空军司令员，而在能够与他协同行动的百名爱国将士中，还有克尼兹维奇少校，他是一名陆军的军官，另外，他的弟弟作为一名教授，也可以帮助他完成使命，曾经，他的弟弟凭借着自身在塞尔维亚民主党中的权位，与各方面人士都搭建好了政治上的往来。目前，只有极少数的军官知晓这个方案，并且都是可靠的人，不过他们的军衔并不高，差不多都处于上校级别之下。他们几乎在全国各地都设置了自己的驻防地，且联络网铺展得很广，主要的驻防地从贝尔格莱德开始，一路延伸至萨格勒布、斯科普里、萨拉热窝等处。在贝尔格莱德，由叛变者所把控的军队包括：不包括团长在内的两个王室近卫军团、一个贝尔格莱德卫戍营、一个连的王宫值勤宪兵、位于首都的部分高射炮师人员、部分士官学校、一些炮兵、部分工兵军队，以及在西莫维奇司令带领下的驻泽蒙空军司令部。

以南斯拉夫首相为首的一行人在维也纳与德国签订了协议并已归国的消息，很快就在3月26日这一天传遍了整个贝尔格莱德。随后，叛变者们便行动起来了。他们发出了信号，决定在次日，也就是27日太阳升起之前，就占领王室所在的府邸及贝尔格莱德的要害之地，其中还包括拿下年纪尚轻的彼得二世国王。很快地，英勇无畏的军官们就率领部队封锁了位于首都郊区的王宫，而就在这个时候，保罗亲王已经离开，坐上了前往萨格勒布的火车，他可以说完全不知道有人会叛变，也可以说，其实他早就什么都知道了。

这次的革命斗争完全没有发生任何流血牺牲，如此顺利的革命实属罕见。叛军逮捕了一些高级军官，而茨维特科维奇被警察抓捕后，则被带去了位于西莫维奇的司令部，随后被迫提交辞呈，下台了。机关枪及大炮已经设在了首都的一些合适地点。等保罗亲王下了火车后，才在萨格勒得到消息，借着年轻的彼得二世国王的名义，西莫维奇已然控制起了政府，并且，还将摄政会议解散了。这时，萨格勒布的陆军司令请求亲王赶快回到首都来，然而，保罗一到贝尔格莱德就马上被带到了西莫维奇将军所在的办公地。随后，保罗亲王及两名摄政官员被迫同时签字宣布退位。最终，他得到许可，得以有几个小时的时间来收拾停当，于是，他做好准备后，便在当天晚上离开贝尔格莱德，前往希腊。

这个具有革命性质的行动方案的制定者及执行者，是秘密联合在一起的塞尔维亚民族主义军官们，之所以如此，是因为他们的心情与真实的舆论情绪如出一辙，都感到十分愤慨。公众受他们行动的影响，也都热情起来。在贝尔格莱德的街头巷尾，到处都是从各处涌来的塞尔维亚人，他们一遍遍地呼喊着："宁可作战也不签约！宁可牺牲也不被奴役！"人们在广场上跳起舞来，随处可见升起的英国国旗和法国国旗。手无寸刀的群众显示出大无畏的精神，他们戮力同心地高唱起塞尔维亚国歌，到处都洋溢着高昂的情绪。

希特勒为此震怒，召见了德国最高统帅部将领。先是戈林、凯特尔和约得尔领命前来，随后，里宾特洛甫也到场了。希特勒同将领们举行了一次会议，说明了南斯拉夫在这回的巨变后可能展现出的局势。他表示，将来在施行对付希腊的"马瑞塔"军事计划时，得考虑到南斯拉夫这一无法确定的因素，另外，当日后展开应对苏联的"巴巴罗萨"军事计划时，更别相信南斯拉夫会成为一个信得过的助手。希特勒认为，应该对此感到庆幸，毕竟南斯拉夫在他们真正发动起"巴巴罗萨"军事打击前就将本性给显露出来了。

如今，有一个大好机会摆在南斯拉夫人面前，他们可以凭此来决定意大利军队的生死，而希特勒和我们一样，都很清楚这个机会有多重要。这一天，所有德国将领都在通宵达旦的起草作战命令。约得尔说："在总理的官邸，我工作了整整一晚，整个事实正显示出了事情的突发性。到了28日，也就是凌晨四点的时候，我将一份备忘录递交给了联络官雷特伦将军，一直是他在我们和意大利总参部之间往来联系的。"

德国决定对南斯拉夫实施攻击，就意味着，所有的军事调遣活动及行动安排截止到那个时候，全都被搅乱了。

4月6日，德国正式开始对南斯拉夫实施"惩罚"作战计划。他们的轰炸机自凌晨起，就从已经占领了的罗马尼亚机场一拨拨地出发，先后抵达南斯拉夫的首都贝尔格莱德上空。然后，一场系统化的空袭开始了，轰炸机贴着屋顶不时地掠过，过程中也不怕遭遇反抗。就这样，这个城市被整整轰炸了三天，几乎被冷酷而残忍的德国轰炸机队给炸毁了。直到4月8日，贝尔格莱德才重获安宁，可这时候，市民不是惨死在街头，就是在瓦砾中丧了命，一场狂轰滥炸、火光冲天的梦魇之后，一万七千多市民为此付出了生命，而动物们则带着惊恐的表情从炸坏了的笼子里四散奔逃。至此，"惩罚"作战计划宣告完结。

日本人的异样表现

刚步入新年，来自远东的消息就传来了，叫人深感担忧。在印度支那，日本的海军日渐在其南部沿海之地频繁活动。根据收到的情报显示，西贡港和暹罗湾两处，都出现了来自日本的军舰。日本政府成功地在维希法国和暹罗间调停，并让二者1月31日签署了停战协议。一时间谣言纷起，大家都认为日本此番解决东南亚边界上的纷争其实是其即将参战的信号。此时，德国也加大了对日本的施压力度，令其攻打新加坡，以便威胁英国造成威胁。

我们驻远东的总司令，差不多也是在这时连续发来了几封电报，敦促我们尽快给香港提供援助，而我并不认同。不过，我并没有固执己见，等到真正需要的时候，我还是派两个意大利营去香港支援了。

我发现，日本人在2月份的第二周里有异样的表现，不论是身在伦敦日本大使馆中的日本人，还是在日侨居住区里的日本人，都开始骚动起来。这些人平日里很沉默，如今却变得骚动起来，令我很不安，可能用不了多少时间，日本就会对我们发起突然袭击了。不过，日本人在伦敦的骚动来得快去得也快，不久又恢复如常。

日本大使重光葵先生2月24日与我有过一次会面。尽管德国与日本在看待英国问题的理由上，有着很大的不同，可从某种程度上而言，日本人的看法也可等同于德国人的看法。这两个国家都急着想要占领大英帝国，并将其瓜分掉，可在实现目标的过程中，却会以不同的角度去操作。在德国，最高统帅以为，日本当不用顾忌位于太平洋上的美国基地，也不用管他们部署在侧翼中的那些主力战舰，只要对马来亚及荷属东印度地区开火就行了。因此，他们在2月到3月间，反复敦促日本政府，无须担心美国出面反对，马上对马来亚和新加坡发动攻势就好。美国至今仍未参战，是因为希特勒一直隐忍着，在很多问题上都没有爆发。事实上，我们也确实能看出来，美国的确做了很多事，任凭其中哪一件都很可能突破希特勒的忍耐限度而成为引起战争的发端。希特勒和里宾特洛甫现在最大的希望是，让日本去攻击他们口中的"英格兰"。为此，他们向东京方面做出保证，美国是不敢在其挥军攻打马来亚和荷属东印度时采取行动的。对此，日本的海陆军队将领并不接受，他们要么就是不信这种推论是真的，要么就是根本不在意。依他们之见，在没有攻下美国基地之前，或者，在没有同美国以外交途径达成一致意见予以解决之前就采取军事行动攻击东南亚，绝无可能。

这一时期，日本外相松冈洋右奉命来到欧洲考察。3月12日，日本外相松冈洋右奉命离开，25日途经莫斯科，那天，他见到了斯大林和莫洛托夫，三人会谈了两个钟头。3月27日，松冈抵达柏林，与里宾特洛甫交流。德国这位外交部长夸赞了日本一番，说其是个强大的国家。里宾特洛甫为松冈洋右分析了军事局势和政治局势，还说美国是三国同盟条约中第一个要对付的目标，要通过震慑让其不敢参与到战争中。而英国，是德国建立新秩序的主要障碍，是德国的大敌，也是日本的大敌，更是轴心国一致要对付的目标。里宾特洛甫继续说，元首以为，日本应尽早主动对英国开战，比如在大家都没发现异样前，快速攻下新加坡，这会直接决定英国的生死，将其迅速消灭。要是日本果真能这么做，那么罗斯福必然会深陷困境。要是他因此而决定对日宣战，那就必须得面对一个后果：在菲律宾的问题上，日本将会比他们获得更为有利的机会。此外，罗斯福可能得在美国的声望受到这么重大的损失之前，反复考虑很久。而相反的，日本却会因为攻占了新加坡而提升自己在那部分东亚地区的地位，占据优势。届时，才是真的"当机立断、速战速决"。

吃过午饭，希特勒与松冈会面，会谈中，元首以自己的方式对松冈诉说着德国从战争伊始直到现在，在军事上所取得的一些重大胜利，表示德国将发起对英国的终极战斗。希特勒一直在夸夸其谈，松冈在一旁始终听着，随后，他表示对希特勒的观点，自己大致认同，不管是在日本，还是在别国，只有强大而有力的领袖才能制服那些在知识界享有威望的人。要是日本能够觉知这个千载难逢的机会，就应该毫不犹豫地采取行动，否则，便会与之彻底失之交臂。

3月28日至29日的柏林会谈持续进行着，且其中的一些重要意向没有什么变化，即：首先，德国人竭力劝说日本去攻打英国；其次，德国和苏联之间没有建立可靠的关系；最后，德国承认，希特勒急切地希望不与美国发生任何摩擦。松冈对德国是不是还像先前那样在不列颠登陆，没有做出明确的回答，对德国和苏联的关系问题也同样没有清晰的回复。这次的柏林秘密谈判，属于机密性会谈，我自然不清楚其中的实质及其性质，可在我心里，却着实体会到，它至关重要。

之后，松冈去了罗马，与墨索里尼和教皇见了面。返回柏林后，他又在4月4日，与希特勒会面。他跟希特勒说，墨索里尼之前曾跟他说起过有关希腊、南斯拉夫及北非的战斗情形，并且，还提及了在这些战斗中，意大利所承担的任务。最后，他谈到苏联及美国方面的事。"领袖"跟他说，人必须明确地对敌人何等重要有个概念。当前，美国是首要劲敌，苏联却只能次之为二。"领袖"其实是想用这样的思路来告诉松冈：必须对处在首要位置的美国谨慎防备，不能得罪。另外，对于可能遇到的不测，人都必须事前做好全面准备。对于"领袖"的这种看法，松冈表示认可。

松冈曾乘坐西伯利亚铁路回国，过程中，在莫斯科暂留了一周。

其间，跟斯大林及莫洛托夫进行了几次会谈。日本特使并没有完全相信德国所说的实力，不管德国方面所述的威力是确有其事，还是被夸大了，他都有所保留。在松冈的脑海里，深深地记住了对德国领导人谨慎地对待与美国的摩擦所应保有的那种态度，所以不免有所顾虑，而他也在与宾特洛甫会谈时，从对方的言辞里发现，苏德关系已经很紧张了，在这两个国家之间早已出现裂痕，且愈发严重了。

可以肯定：通过种种机会，松冈目前已经能够在一个有利于他的特殊位置上总览形势。目前，日本正处在关键时刻，列强们是强盛还是衰亡都在此一举了，对此，德国的要求是果断地对英国宣战，而要是这么做的话，日本便很可能不止是对英宣战，而是在对英语世界宣战了。很明显，松冈并不相信英国确如德国所说的那样，已经快不行了，而苏德关系到底会变成什么态势，他也无法明确知晓。照现在的情况来看，他并不想让国家贸然采取进攻。

松冈正是出于这样的考虑，才在4月13日准备在莫斯科告别舒伦堡时，用一种虽严谨却不郑重的口气说，在会谈的最后，已经说好了要订立日本和苏联的中立条约。他对德国大使做出保证，不会因为签署了这项条约就对三国同盟条约有所影响。他还说，英国和美国的新闻记者都曾报道过他此番去莫斯科会谈的事，并均报道说，他已经全然败了，可如今，他们必须得承认，日本所采取的政策业已获得了极大的成功，而这也必定会对英美产生影响。

舒伦堡对当日松冈在火车站准备离开莫斯科返回日本时的情况做了记录，当时，斯大林安排了送行仪式，场面和和气气的，一片团结友好的氛围。斯大林亲临现场，并十分友好地向松冈及其同胞致意。随后，当着大家的面，斯大林找到了德国大使。舒伦堡说："他找到我后，一下子就揽着我的肩说，'咱们得一直保持友好关系，你如今该竭力往这个目标上努力。'"斯大林的友好拥抱完全只是做做样子，因为已经知道在苏联的边境处出现了大批德军。这时，距离希特勒发起对苏联的攻势只有十周的时间了，要不是希腊和南斯拉夫那边的战事未了，恐怕希特勒五周后就会攻打苏联。4月末，松冈的欧洲之行结束，返回东京。

可怕的隆美尔

我们之所以付出全部的努力，要在巴尔干建立统一战线，完全是为了要保住北非上的沙漠侧翼。或许，这支侧翼应该部署在托卜鲁克，可由于韦维尔将军快速地往西行进了不少，再加上我们又攻下了班加西，所以，昔兰尼加已经全都在我们的控制之下了。出了昔兰尼加，就是阿盖拉海域，也是这片地区的门户所在。此时，不论是伦敦当局还是开罗当局，都提出了一致意见，现阶段最要紧的任务就是不顾一切地在阿盖拉据守。韦维尔考虑到，现下，已经在昔兰尼加把意军都给消灭了，而敌人要重新把军队调集起来还需不少时间，因此，在一定的时间内，这个重要的沙漠西面侧翼便不需要太多兵力了。同时，他的部队征战已久，现在也可以用一些训练不足的军队与之交换一下了。对于整个局势，沙漠的侧翼都是至关重要的存在，因此，我们不管怎么样都不能使它由于希腊、巴尔干的战事而受到任何影响，不能令其有丝毫的亏损或是威胁。

2月末，英国的第七装甲师曾一度撤往埃及进行休整。这支装甲师的核心力量尚存，其中不乏经验丰富、久经磨砺的战场精英，并且，还都擅长在沙漠战斗。我们很难在其他地方找到像他们一样优秀的士兵。但几周后，我便发觉第七装甲师已经没有足够的力量来保卫重要的沙漠侧翼了。因此，第七装甲师的防务工作便交由一个装甲旅级的第二装甲师的援助部队来接管，而第六澳大利亚师的位置则交由第九澳大利亚师接管。新投入工作的这些部队，均未接受过系统的训练，更差劲的还在后面，马上就得去希腊支援的几个师级部队都还不在编制的标准线上。所以，欠缺的部分已经从这些替换部队中抽调走了，也就是说，这些部队除了缺乏训练外，还缺乏足够的装备和运输器具。这样的情况继续发展下去，势必会导致供给不足。一个澳大利亚旅已经因此而撤到托卜鲁克去了，我们在那里有一个摩托化旅，正在接受培训。

就在这一时期，世界舞台上出现了一位新人——埃尔温·隆美尔，德国的军事史中必然会在将来为其大书一笔。在非洲之战中，隆美尔充分发挥出了他的才干。

韦维尔和蒂尔两位将军3月17日亲赴昔兰尼加视察。蒂尔发觉，要想在阿盖拉和班加西间的这片荒漠中设防，难度极大。次日，他给国内的帝国副总参谋长发了封电报，说自阿盖拉和班加西往东，也就是夹在盐田之中的那片广阔的沙漠，非常适合装甲车辆在上面行驶，所以使用力量强大的装甲部队比较容易取胜，不过，在这里，步兵就派不上什么用场了。要想在这种沙漠地区作战，补给自然存在困难，但显然对防守的一方有绝对优势。蒂尔还说，目前，有关防守方面的难题，韦维尔将军已经开始着手处理。

从发生在3月的种种越发明显的迹象来看，德军正试图从的黎波里向阿盖拉进发。3月20日，韦维尔将军在报告里说道，目前，昔兰尼加边境上的局势令人担忧，敌人好像准备在此发动一次进攻。

3月31日，隆美尔发起了对阿盖拉的攻势。上面给尼姆将军的指示是：一旦敌军逼近，就跟他们打拖延战，随后，往班加西附近撤离，过程中要尽可能地掩护好班加西港口，如有必要，在撤离前毁掉该港口。所以，按照指示，尼姆将军于两日后，率领阿盖拉的装甲师撤离了，事实上，这支部队后来只剩下一个装甲旅及前来支援的一支部队。与此同时，敌人的空军实力的确比我们要强大很多。当然，意大利空军起不到多大作用，可德国空军就不同了，他们启用了大量的飞机。4月2日，韦维尔将军报告说，德国的一个殖民地装甲师袭击了我们驻守在昔兰尼加的前哨部队。

4月2日，支援我们第二装甲师的部队遭到了五十辆敌军坦克的袭击，被赶出了阿杰达比亚，只得往阿杰达比亚东北方向三十五英里外的安塔莱特境内撤离，而第二装甲师则接到命令，向班加西附近撤退。在德国军队的打击下，我们的装甲部队一下子陷入了混乱，损失十分惨烈。

4月3日，韦维尔将军飞到前线，回来后，对那里的情况做了报告，说德国的装甲部队比我们的装甲旅更强大，我们的大部分装甲旅已被他们打得七零八落。如此这般，班加西以东和东北方向上的澳大利亚第九师就会失去左翼方面的保护。"也许，有必要让他们也撤离了。"韦维尔还说，鉴于在利比亚的敌军过于厉害，所以，不能让澳大利亚第七师到希腊去，他们应该到沙漠西部支援。目前，英国第六师只能当做后备力量了，还尚未装备齐全。"这样一来，只能将进攻罗得岛一事往后拖延。"

就此，敌人仅用一次攻击，且还仅仅是发生在一天之间的事，我们的沙漠侧翼就被完全破坏了，也就是说，决定一切的基础已经不复存在。不仅如此，我们准备派往希腊支援的那支部队，本就没有什么实力，而在此次战斗中，更是被消减得差不多了。另外，我方空军本应实现夺得罗得岛的任务，可如今，这个在爱琴海的重要作战计划中的关键环节被阻断了。

现已正式下达撤离班加西的指令。支援装甲师的部队也已经派遣到北部去了，以便掩护从4月起就开始撤离的澳大利亚第九师接着顺利往出撤。与此同时，为了防止敌人有意破坏我们的撤离行动，我们还对第三装甲旅做了安排，要他们到梅基利去。此外，我们又把印度摩托化骑兵旅中的两个团从托卜鲁克给调了出来，好令其火速赶往那里，予以支援。

4月6日晚间，我们的大部队撤出班加西。同时，澳大利亚第九师也正向东从海岸公路撤离。尼姆和奥康纳两位将军怕交通不畅，没有和其他部队一起走，而是同坐一辆汽车沿一条小路走，且没有带护卫。结果他们遇到了德国巡逻兵，牺牲了，令人深感痛心。

很快，韦维尔发来电报，说西部沙漠的局势发生了变化，情况非常糟糕。敌人这时候已经沿着沙漠之路进军梅基利了，而我们这边却没有与之相抗的兵力，第二装甲师遭到空袭，不少机件受到破坏，车辆也损失了不少，第三装甲师则完全派不上用场了。

4月8日当天，韦维尔启程往托卜鲁克飞去，命令军队必须守住这个要隘。他回到开罗后，做出最后决定，全力守护托卜鲁克。

敌人方面正凭借着他们的重型装甲车和摩托化步兵对我们实施打击行动，一方面，他们向托卜鲁克四周急速推进，另一方面，还在朝着巴尔迪亚和塞卢姆推进。同时，其他的部队也在迅速行动，对我们在托卜鲁克的防御工事进行攻击。而我们这一边，目前驻守在那里的守军是：澳大利亚第九师、澳大利亚第七师中的一个旅团，以及为数不多的几个装甲部队，他们也曾取得一些成绩，包括：敌人发起了两次进攻，均被击退了。

这时，托卜鲁克前线传来消息，敌人首次遭到我们有力的打击。随后，不论是埃及边境，还是托卜鲁克，暂且像是稳住了。

　　我们正想在希腊展开一系列冒险活动，就传来了沙漠的噩耗，我们失去了沙漠侧翼，战事暂且搁置。4月25日，我收到了韦维尔将军的电报，他说，敌人比预想的早了两周开始行动，好在敌人的实力没有超出韦维尔的估测。敌人从阿杰达比亚那边过来的军队，肯定是在匆忙中临时绾制而成的，这支军队包括小纵队八个，含德国和意大利两国的部队。不过，其中的几个纵队已经得不到来自后方的支援，已脱离了后方供给，他们只能凭借飞机来获取物资了。我们也临时编制了一支部队——第三装甲旅。昔兰尼加之战结束后，就我们尚存的装甲战车而言，我想我可以这么说：要是支援希腊的军队中需要配以装甲战车，那么我们的这个旅，便是最好、最优秀的精英级作战队伍。要是该旅能够获得重视，在确保其实力的情况下，并将其视为一支能够作战的队伍长期地予以安置的话，那么它本足以应对任何意料中的攻击。

希腊投降

　　3月将尽时，我们从种种迹象中不难看出，意大利的舰队很快就会有大动作，他们的目标或许就是爱琴海。因此，坎宁安海军上将决定，命令我们的运输队暂时到安全的地方避一避。

　　3月27日，坎宁安海军上将在薄暮中乘着“沃斯派特”号战列舰离开了亚历山大港，随行的还有“勇敢”号与“巴勒姆”号战列舰、“敬畏”号航空母舰，以及九艘驱逐舰。到了第二天，他们便会与在克里特岛驻扎的海军中将普里德姆·威佩尔指挥的一支轻型舰队汇合。28日这天，太阳才刚升起来，我们就听到了一个消息，一架飞机发现敌人的四艘巡洋舰及六艘驱逐舰正往东南方向行驶。双方展开了一场恶战。最终，我们取得了巨大的胜利，以至于从此之后，便没有什么人能够再挑战英国在东地中海域的制海权了。

　　我们派往希腊的军队第一批次是英国第一装甲师、新西兰旅、第六澳大利亚师，第二批次是波兰旅和第七澳大利亚师。届时，我们的部队将会与希腊部队汇合。我们向希腊增兵之际，希腊军队中的大多数，差不多有十五个师，正在阿尔巴尼亚进攻他们久攻不下的培拉特和发罗拉。除此之外，希腊部队还有三个师和一些边防军在马其顿待命，被德军全部消灭。

　　在希腊，我们的驻守空军力量明显不足。尽管4月，我们已经增派了为数不多的飞机过去支援，但论起数量，我们的皇家空军还远不及敌军。

　　德国方面，第十二集团军接到命令准备对南部南斯拉夫及希腊发动攻击，这支集团军包括十五个师，内含四个装甲师。而执行由南向雅典进攻的任务的军队是这十五个德国师中的五个师，其中有三个是装甲师部队。

　　3月27日，我们的第一装甲旅向前线进发，几天之后，新西兰师也出发了。德军在4月6日凌晨发起了攻势，一方面开始向希腊和南斯拉夫进攻，另一方面，又同时在雷埃夫斯港口进行猛烈空袭。我方和希腊共损失了十一艘船，吨位数高达四万三千吨，损失惨重。

　　之后，敌人的空袭愈发猛烈，盟军暂时没有什么好法子抵挡敌人的空中威胁。要想改善海面上的局势，关键在于能否控制敌人在罗得岛上的空军基地，然而，我们目前难以抽调出足够的兵力来实现这一目标，因此不得不损失一些船只。

幸好我们近来在马塔潘角海面上获得了及时且重大的胜利。意大利舰队遭受重创，今年之内怕是都不敢再轻易出击了。

此时，德军除了集中火力对贝尔格莱德实施轰炸之外，还在南斯拉夫边境上集结了大量的部队，准备兵分多路攻向南斯拉夫。在南斯拉夫北部部署的四个南斯拉夫军团很快便遇到了德国的装甲纵队，还有准备前往萨格勒布的德意联合军队，此时，匈牙利军已经穿过了多瑙河，正等着接应该装甲纵队，因此，那四个南斯拉夫军团并没有做什么抵抗就往后撤退了。随后，南斯拉夫的主力军也在如此大的威压下迅速地向南撤去。4月13日，德军顺利进驻按斯拉夫首都贝尔格莱德。

与此同时，在保加利亚，里斯特将军也集结好了一支德国第十二集团军，并已经向塞尔维亚和马其顿两地整装出发了。4月10日，这支队伍到了莫纳斯蒂尔和亚尼那，自此，南斯拉夫与希腊之间的军队往来就被他们给阻断了，而南部的南斯拉夫军队也被击溃。1941年4月17日，南斯拉夫停止对抗，投降了。

希腊人最大的希望随着这突如其来的崩溃而破灭，这无疑是德国采用"逐个击破"方式的典型范例。这时候，我们的前途已经异常凶险。

我们目前的状况是，英国的第一装甲师早在德军入侵希腊时就已经到达了瓦尔达尔河；而新西兰师也已经到达了阿利阿克蒙河附近；在他们的左侧，有希腊的第十二师及第二十师；同时，第六澳大利亚师的主力部队很快也会过来。

4月8日，情况已经很明朗了，在南斯拉夫南部的部队已抵挡不住，很快，阿利阿克蒙阵地左翼就面临着极大的威胁。我们曾派兵阻挡敌军，但并未成功。4月10日，敌军开始进攻我们的侧面。我们历经了两日的苦战，终于阻止了敌人的攻势。

　　威尔逊将军眼见西边就只剩下希腊的一个骑兵师还能与驻扎在阿尔巴尼亚的军队保持联络，便在这种情况下做出了一个决定，令一直在重压之下的左翼部队往科扎尼和革拉文那两地撤离。直到4月13日，该行动才算全部完成，不过，希腊方面的第十二师和第二十师却在这个过程中已经渐渐失去效用，开始崩溃。自此，只有我们的派遣军还在前线孤立奋战。新西兰师4月14日也被召回去了，用以在北面奥林匹斯山的一个险峻山口把守，同时，这个师级部队的一个旅，还肩负着掩护往拉里萨方向去的一条主干道。这一期间，敌人多次发动猛烈袭击，都未取得胜利，但威胁威尔逊左翼的力量还在。威尔逊将军决心向德摩比勒撤离。

　　4月17日，威尔逊将军前往泰托伊王宫，与国王、帕普哥斯将军和我们的大使进行了会面，商讨有关撤退的事宜。大家一致认为，唯一可行的计划就是，将部队撤到德摩比勒一线去。

　　现在敌人差不多都被拦截在了坦波谷、奥林匹斯山口，还有其他各地，而我们的军队必须全部从狭窄的拉里萨瓶颈穿过，因此，撤退到德摩比勒，无疑会非常困难。真正的威胁来自东面的坦波谷和奥林匹斯山口。幸好奥林匹斯山口有四五新西兰旅驻守，他们拼死守卫了三日。坦波谷的情况更危险，因为德军要抵达拉里萨，必然会经过这一最短线路。第二十一新西兰营和一个澳大利亚旅在坦波谷守护了三日。

　　因为天气恶劣，敌人15日才向位于拉里萨附近的机场发起猛烈空袭，我们仅存的飞机几乎都被炸毁了，剩下的飞机都被急召回去，返回了雅典。接下来的16日至17日两天，阴云密布，敌人没有发动大规模的攻击，然而，随后的天气复又转好，因此，德军便又出动了大批的空军实施轰炸，不间断地空袭我方正往德摩比勒开动的大军。但敌人的进攻也并非全然是顺利无阻的，在一次发生于雅典附近的战斗中，我军打下了二十二架敌机。

我们的这几场后卫战打得非常漂亮，通过我方官兵坚决的拼杀和灵活的部署，使得德军来自各方面的猛攻都被适时地阻挡住了，并且损失惨重。我们最终还是拿下了德摩比勒阵地。

20日当天，希腊军在阿尔巴尼亚前线投降。尽管如此，我却仍旧没有放弃希望占据德摩比勒阵地。

韦维尔将军于4月21日向希腊国王提出，请告知希腊军方面的情况，还有，希腊军是否可以马上补充上德摩比勒阵地上的左翼力量。国王对此疑问的回复是，现在，已经来不及将任何有组织的军队在敌人能够进攻之前派出去了，无法在短时间内给予英国在德摩比勒阵地的左翼添加兵力。于是，韦维尔将军跟国王说，如果是这样的话，那么他本人就有责任马上展开行动，去营救那部分尽快登船离开。对此，国王表示赞同，看起来，他也早有这样的打算。在与将军的对谈中，国王还表示非常遗憾，为自己令英国军队陷入如此之境而感到抱歉。随后，韦维尔嘱咐国王说，对此，一定要绝对保守秘密，并且，要尽一切可能，安排恰当的举措令撤退的部队顺利登船，比如：在雅典城之内，应尽可能保持井然有序；尽可能延迟国王及政府往克里特岛迁移的时间；希腊驻守在埃皮鲁斯的部队，应尽可能地据守，并且，不能给敌人机会，令其可以从四面聚集，好趁机沿着科林斯湾的北岸再向前行进。国王对此表示认可，并允诺会极力予以协助。可到头来，所有的承诺都成了空谈。因为4月24日这天，在德国巨大的压力下，希腊被迫投降。

我们只能让军队从海上撤离。要想让五万多人有组织地从希腊撤出来，简直难如登天，可我们的皇家空军还是圆满地做到了。最终，我们总共撤出了五万零六百六十二人，几乎是派到希腊的部队总人数的百分之八十。

我们和希腊人并没有相互怨怼，希腊人始终尊重我们，友善地与我们的部队保持友谊，并施以援手。不论是雅典人，还是从其他地点撤退的人，都十分在乎将来可能拯救他们脱离苦海之人的安危，甚至超过了对他们自身安危的重视。希腊人依旧崇尚武力拼搏的精神，依旧散发着闪亮的勇敢之光。

"老虎"计划

我们把部队派到希腊支援，导致东地中海承受了莫大的压力。坎宁安海军上将4月10日就觉察到自己处境堪忧，隆美尔忽然来犯，率领着他的装甲部队狂傲地逼近我方阵地。为此，坎宁安建议在埃及用短短几周时间，组建起一支远程轰炸机队，炸毁的黎波里，这绝非易事，却是唯一行之有效的方法。海军部就同意了这一轰炸的请求。

4月21日，太阳初升之时，坎宁安将军率领舰队现身在的黎波里附近的海面上，炮轰的黎波里港的行动随即开始，花费了四十一分钟。这次的行动绝对称得上是一次成功的奇袭，敌人甚至连空军也没用上。我们不但没有遇上任何来自敌方空军的抵抗，连一艘船都没被打中，所有舰船顺利撤离，而敌人则蒙受了巨大的损失。

我们的最终目的还是要在西部沙漠中取得胜利，我们必须赶在隆美尔发展起更为强大的攻势之前，消灭他的部队。

当时，我们已经做了适当的部署，并通过了"老虎"计划，即派一支运输船队前往沙漠支援。正因为这样，我们并不畏惧敌人的进攻。我们比较担忧的是托卜鲁克那里的情况。4月24日，韦维尔发来报告说，空军在战斗机问题上面临着严峻考验，所有派遣到希腊的"旋风"式战斗机毁了。空军中将朗莫尔提出，此时派一个战斗机中队去托卜鲁克市区驻扎，只能招来更大的损失。所以在托卜鲁克，我们只能先让敌人拥有绝对的领空权。

没过多久，韦维尔将军又告诉我们，增援隆美尔的部队很快就会到了。在之后的两周里，我一直都又焦急又担心，把注意力都集中在了"老虎"计划上，忧虑着它的命运。

根据"老虎"计划，我们派出一支运输船队支援，包括"威慑"号、"马来亚"号、"皇家方舟"号和"谢菲尔德"号，担任护航任务的是由萨默维尔海军上将所指挥的H舰队，5月6日，它们通过了直布罗陀海峡。此外，还有另外几艘支援地中海舰队的舰船，它们是"伊丽莎白女王"号、"水上水神"号巡洋舰，还有"斐济"号，这几艘舰船的时速都在十五海里。5月8日，我方遇到了敌人频繁的空袭，顺利将他们打退了。不过，8日夜里，在驶入突尼斯海峡附近时，"帝国颂歌"号和"新西兰之星"号触发了水雷，"帝国颂歌"号因爆炸而起火，很快葬身大海。

萨默维尔海军上将在船队到达斯可基海峡入口后便返回了直布罗陀海峡，自此，也就与运输船队分开了。不过，他另外派出了六艘驱逐舰来补上缺失的护航力量，同去增援的还有"格洛斯特"号巡洋舰。5月9日，坎宁安海军上将瞅准时机，在下午的时候，赶紧向马耳他岛运送了一支运输船队，此后，在距离该岛南面五十英里的地方见到了"老虎"运输队，并与之汇合。在这之后，他就带着所有的船舰前往亚历山大港了，过程中再没再损失什么，最终顺利到港。在展开这一系列的行动时，他们还在5月7日和10日，以轻型舰队趁夜炮轰了班加西两次。

我一直对这支运输船队寄予厚望，在得知它们已经安全地通过了突尼斯海峡，并由加强后的地中海舰队加以护卫后，感到十分欣慰。此事虽然还未最终尘埃落定，但我又想到了克里特岛那边的形势，这个时候，我们已经收到确切消息，知道德国很快就会发动大规模的攻势，采用空投部队的方法来攻打克里特岛了。我认为，要是让德国人得到岛上的机场的话，他们必然会加以善用，而增援的力量就将持续不断地为他们带去动力。同时，我还想到，阻止敌人进犯并非难事，或许能扭转乾坤的，不过是十几辆步兵坦克。所以，我向三军请求，看他们是否能够考虑一下，同意抽出一艘"老虎"运输队中的船只，令其中途向克里特岛支援，好将几辆步兵坦克卸在那里。这对保卫克里特岛十分有利，而我的那些富有经验的同僚们，也很赞同这一看法。我下达了指令。

5月10日，韦维尔将军发来了复电："现已想办法把六辆步兵坦克及十五辆轻型坦克送到克里特岛去了……要是进行得顺利的话，用不了几天就可以送到了。"

对于"老虎"计划，我一直都很看重，因此，自然希望它能再创佳绩，取得更为辉煌的成就。当时，我似乎并没有意识到此计划的影响力，其实，它已经在很多方面都造成了压力，而我显然负有主要的责任。我个人认为，做出通过地中海来输送增援力量的判断，从实际情况而言，确实正确无疑，但从另一个角度来看，却并不被我在海军界的朋友所认同，他们认为，之所以成功主要是因为运气太好了，而且天气也帮了大忙。对海军部来说，尽管这一回我们取得了胜利，可并不代表他们就乐于通过这种频频涉险的方法来达成任务。于是，就我而言，所面临的阻力就变得异常严峻了。之前，我曾想把争议的事项都呈报给内阁来决断，但出于韦维尔将军的态度，使我无法找到依据这么做，他不但没有据理力争地提出请求，还对我的意见激烈地表示反对，所以就造成了这样的结果：坦克并没有一次性地运往目的地，其中的五十辆巡逻坦克及五十辆步兵坦克是稍后由另一支运输船队送到的，他们绕航了好望角，从时间上看也晚了不少，直到7月15日，这支运输船队才抵达苏伊士，在港口停泊。

伊拉克哗变

伊拉克在战后就与德国断绝了外交上的往来，不过，并没有对其宣战。此后，意大利也投入了战争，但这一次，伊拉克政府并没有坚决表态，甚至没有与其断绝关系，导致巴格达的意属公使馆成了轴心国的主要利用对象，他们在那里肆意宣传、策划反对英国的活动，还获得了有利的援助。

英国的威望在法国溃败之后，在轴心国停战委员会在叙利亚建立之后，大不如前，我们十分担忧，却无能为力。到了1941年的3月，形势开始变得更糟了。拉希德·阿里本就与德国串通一气，此时，由他担任总理，自然对我们十分不利，他一上任，就伙同名声显赫的三位伊拉克军官开始筹谋着策划军事行动，组成了名曰"黄金方阵"的阵容。阿卜杜尔是伊拉的都督，他一直是一位亲英的摄政王，此时，他从巴格达逃了出来。

如今，最为要紧的是，要保证守卫住伊拉克在波斯湾的巴士拉港口。所以，1941年4月8日，我发了一份备忘录给印度的事务大臣，提醒对方这件事。同一天，埃默里先生也向印度总督发去了电报，表达了同样的意思。随后，里斯戈勋爵及身为总司令的奥金莱克将军也表达了自己的看法，提出可将一个步兵旅及一个炮兵团调往巴士拉，目前，这两支部队中的绝大部分官兵已然上船，准备前往马来亚，而余下的部队很快也会抵达。步兵旅和炮兵团4月18日到达了巴士拉，并得到了前一天通过空运而送往舒艾巴的一个英国营的掩护，过程中没有遭遇到敌方的反抗。接着，我们又向印度政府提出请求，希望他们允许把定好送去马来亚的那两个旅的兵力，火速输送到巴士拉去。

我们的大使告知拉希德·阿里，等到30日，我们的运兵船还会到巴士拉来。对此，拉希德·阿里的回复是，已经抵达巴士拉的军队要是不离港，就不能再有新的登陆行动，但我们依然命令奥金莱克将军让部队继续完成登陆任务。本来拉希德·阿里还一直寄希望于德国，希望他们能派飞机，甚或是空运部队来支援他，可到了这一步，他只好自己采取行动。

战斗在5月2日的黎明时分爆发了。为了伊拉克的战事，我们在巴勒斯坦、叙利亚的兵力都十分吃紧。韦维尔将军因此相当不满，但他最终还是选择了听命行事。战斗期间，我们不断取胜。我希望韦维尔将军能够安心一些，因为事实上，我们没有扩大军事活动范围的打算，只是在当下需要这么做罢了。

从巴勒斯坦过来支援我们在伊拉克作战的"哈巴尼亚部队"，是一个摩托化旅团。5月18日，该旅团的一部分部队率先抵达了哈巴尼亚，他们将作为先头部队继续攻打在法卢贾的敌军。到了这一时期，我们的敌人已经不单是伊拉克人了，因为5月13日，德国的第一批飞机已飞抵摩苏尔机场。自此，我们的空军必须向德国飞机发起进攻，这项任务非常艰巨。

5月19日，这支率先抵达的部分"哈巴尼亚部队"和原先驻守在哈巴尼亚的地面部队发动了对法卢贾的攻势。最终，敌人向我们屈服了，我们虏获了三百名战俘。过了三天，敌人又发起了反攻，被我们的军队给打退了。

为了最后向巴格达发起攻势，我们曾用了好几天的时间来筹备。其间，我方空军采取了有效行动，令在伊拉克北部机场中的德国空军无法出动。随后，一支意大利的战斗机队赶来，仍旧是无功而返。5月23日，希特勒发出指示，预备在当地做出一番成就，但已经来不及了，轴心国这时失去了干涉所有事务的时机。

我军自5月27日晚间开始进军巴格达，但行进得非常缓慢，因为洪水四溢，敌人又炸毁了多座灌溉沟渠上的小桥。5月30日，我们的先头部队到达了巴格达近郊。尽管我们的部队人数并不多，但希德·阿里还是惊慌失措，连日向波斯逃去。到了第二天，也就是5月31日，我们与伊拉克签署了停战协议，摄政王重新复位，新政府也成立了。不久，我们的陆军及空军部队便占领了伊拉克境内的所有重要据点。

德国本想通过在伊拉克煽动反叛，而以较小的代价来换取对这片广大区域的控制，到了这种地步，也就以彻底失败而告终。

至于其他方面，还有很多问题有待解决，比如德国很快就会攻向克里特岛；在西部沙漠，我们计划攻打隆美尔的部队；埃塞俄比亚及厄立特里亚两地的战争；在叙利亚，我们当需及早做好准备，防止德军前去进犯等。同样的，我们在从伦敦看地中海的全盘局势时，也不可能顾及到全世界范围，不过是看到了所要面临的诸多问题中的次要方面罢了，在这些世界级的次要问题中，有代表性的主要是这几个：来自德国侵入的威胁、潜艇战、日本的反应。要想解决这些问题，冲破层层阻碍，就必须发挥出战时内阁的力量，使之紧紧地团结在一起，不论是政治首脑还是军事要员，都应彼此互为尊重，并且在处理重大事件时保持意见一致，而指挥战斗的各职能机关也得顺利的展开工作才行。自然，在此过程中必然会有所牺牲，甚至是巨大的牺牲。

克里特岛的险情

德国征服希腊后，克里特岛成了希腊国王及其政府最后安身的地方。当然，德国对该岛已有觊觎之意。它对我们又何尝不重要呢？尽管我们当下因为失败和困顿仍处于混乱之中，可我们所有的责任人都在克里特岛的问题上看法一致，认为应当据守该岛。4月16日，韦维尔将军发来了电报，他说："我认为，我们当守住克里特岛。"第二天，他再次发来了一封电报，说："我们已经准备从希腊撤军，去守卫克里特岛。"

克里特岛的情况对我们十分不利。不论是在巴尔干，还是在爱琴海，德军都在空中享有优势，不但获得短时的制空权不成问题，就算是长久地享有这一权利，也并无不可，而如今，他们就是利用了这一点，充分作用于战场。

4月的最后一周，我们收到了可靠的重要情报，知道很快德国就会从海、空两方面对克里特岛发起攻击。我国的联合情报委员会4月28日举行了一次会议。委员会成员一致认为，敌人的行动已经刻不容缓，将会同时出动空运及海运部队攻打克里特岛。敌军在军队和船只方面都很充足，因此，不需要等到空运部和海运部抵达再开始行动，在此之前，他们就会猛烈地轰炸克里特岛，并从海上实施进攻。

我们马上发出电报，通知了在开罗的司令部。我也在当天向韦维尔将军亲自发出电报，重申了时局的紧迫。他马上开始部署军队，并亲赴克里特岛筹备行动。我曾向帝国总参谋长建议过，让弗赖伯格将军出任克里特岛的驻军司令。帝国总参谋长将这个意见告诉了韦维尔将军，韦维尔马上表示赞同。

我和伯纳德·弗赖伯格是老相识了，很多年前就认识了他。一战时，他还是一名新西兰的青年志愿兵，我第一次见到他时，他拿着一封给我的介绍信，辛苦跋涉了很远才来到英国，时间大约是1914年的9月份，我在海军部召见了他，他恳请我能给他个职务。而我在那个时候，正忙着创建英国的皇家海军师，没过多久，就推荐了他。过了几天，他得到了任命，成为一名"胡德"营中的海军中尉。其后，他建立了许多丰功伟绩，在此就不赘述了。

如今，弗赖伯格的好机会来了，此次担任司令官对他来说，具有决定性的意义。弗赖伯格最为人称道的特点是，不管上级将他派至哪里，给他配备怎样的部队，他都会抱着必胜的决心为英王及国家而战。

弗赖伯格上任后，丝毫不惧怕敌军的进攻。当时，他并不相信敌人会出动大规模的空降部队，他所担心的是，敌人会从海上有组织的发动大规模的袭击。虽然我们在空军的力量上没有什么优势，可毕竟还可以寄希望于海军，将敌人阻截在海上。

受克里特岛地形地貌的影响，我们很难做好防御工作。在这座岛上，只有一条公路可供使用，且在北海岸那边，所以在公路沿线部署的据点，很容易被敌人袭击，而各据点也无法做到联合起来建立防御体系，只能单凭每一据点自身的力量来据守。因此，敌人一旦对这条公路下手，切断我们各部队间的联系，并且派重兵驻守在此，我们就很难通过随时调派中央后备军来解除某个据点的危机。除了这条公路，就只剩下一些小路了，不过，纵观南北岸，可以使用的也就是从南部海岸通向北面的斯法基亚和廷巴基那边的几条小路。刚开始，军事领导人并未意识到这是十分显明的事，直到他们清醒的认识了现实情况才开始想尽办法将支援部队向岛上输送，并且把所需补给及武器也尽可能地输送上岛，尤其是战时所需的大炮，可这时候再行动起来，已经来不及了。

德军自5月的第二周起，就出动了空军力量，它们从希腊和爱琴海上的基地启程，飞往克里特岛，并马上实施了有效地日间空中封锁，接下来，每一艘来往于克里特岛的船只就成了它们的进攻目标，并且，敌人还把重点放在了北岸，因为在那里，才有切实可用的一个港口，所以，对它封锁得更为彻底。我们在5月的前三周里，一直在设法给予援助，总共派遣出的重要武器达两万七千吨，可真正上岛的却不足三千吨，因此，余下的物资只得再运回去，然而，在返回的过程中，我们又损失了不止三千吨。

5月9日，海军基地派出的差不多两千名机动保卫队员到达了克里特岛，包括重型高射炮队和轻型高射炮队各一队，他们一登岛便被派去加强苏达湾那里的防御。这只是机动保卫队中的一部分，本来他们其余的三千人也可以支援克里特岛的，但目前埃及还需要这些人员。

我们的守卫军在克里特岛的首要任务是，把力量集中在保护登陆点上。因此，我们部署了两个英国营和三个希腊营去守卫伊拉克林；让第十九澳大利亚旅和六个希腊营守卫在雷西姆农周边；派出了两个澳大利亚营和两个希腊营去守卫苏达湾附近区域；此外，还令一个新西兰旅驻扎在马里姆的机场附近，又叫其另一个旅守卫在它的东面，届时好随时相互接应上。除了这些守军，我们还有一些来福枪队，他们是从希腊撤出来的新编制而成的部队。此次参与保卫克里特岛的帝国部队人数，总计两万八千六百人次。

5月伊始，我们的皇家空军在克里特岛上的情况是这样的："伯伦翰"式轰炸机有十二架、"旋风"式战斗机有六架、"斗士"战斗机有十二架、"海燕"式战斗机有六架、"普鲁斯特"式战斗机有六架，后二者均隶属于海军航空队，不过，并不是所有的飞机都能够作用于战场，我们只能启用半数而已。我们的空军情况就是如此，然而与即将投放到克里特岛的敌方空军相比，我们不过只达到了他们的零头。因此，5月19日，也就是德国发起进攻的头一天，我们已经把在岛上停留的全部飞机都转移到埃及去了。

这时候，不论是战时内阁、三军参谋长，还是在中东战区的总司令们都十分明白，当前唯一可行的办法只有一个，要么继续作战，要么尽快从该岛撤离。然而，我们所有人都决定迎敌作战。

克里特岛之战打响后，我们才知道德军的进攻计划。德军方面负责执行这项计划的是第十一空军军团，它是由第七空军师和第五山地师所组成的，另外，他们派出了第六山地师负责接应。投入战斗的空降部队有一万六千人次，其中绝大多数是空投到克里特岛的伞兵部队，其余的七千人兵力，则由海上登抵该岛。除了这些军力，敌人还派出了第八空军军团在空中做战斗支援。在这场战斗中，敌人所投入的作战飞机总共有一千二百八十架之多，具体情况如下：有两百八十架轰炸机、有一百五十架俯冲轰炸机、"梅塞施密特109"式轰炸机和"梅塞施密特100"式轰炸机共有一百八十架，此外，还有四十架侦察机、一百架滑翔机，以及五百三十架"容克52"式运输机。在海上，德军会通过两支由希腊轻帆船整编而成的运输船队来输送一批军需用品及海运部队到战场上来，这支从海上过来的船队会得到他们的空军掩护，不过也仅止于此，并没有采取其他的护航行动。过不了多久，我们就会知道它们的命运走向了。

我们开始使用暗号"科罗拉多"指代克里特岛时，并称德国部队进攻为"炙烤"。随着时间的推移，德军的进攻越来越近，克里特岛之战即将开始。

克里特岛之战

克里特岛之战从各方面来说，都是前无古人后无来者的。在整个战争史上，这是第一次大规模投入空降部队作战。德国人将所有可以调派的兵力都投入到了这一役。

5月20日的早晨，战斗打响了。德国发起了那么多的战争，然而，哪一次都无法与这次相比。他们头一个目标是马里姆机场，他们以最猛烈的炮火轰炸，并用机枪扫射这个机场的周边据点，长达一小时。轰炸还未止歇，他们又派出了滑翔机，接着又出动了飞机。上午八点，他们开始在马里姆和干尼亚之间的区域投放伞兵。下午，他们又投放了一个团的兵力。在马里姆机场和它的周围，德军的着陆伞兵遇到了第五新西兰旅，双方开战。

德国方面仅在第一天就在马里姆和干尼亚之间的区域，和附近地带投放了总共五千多名伞兵。不过，他们并未讨到什么好处，我们的新西兰作战部队也积极地做出了回应，以猛烈地炮火予以还击，并且，与之拼死展开肉搏战，敌军因而遭到了极大的损失。此外，只要是落在我方防御区内的德国伞兵，基本都被我们击毙。

当天，我们在天黑前始终控制着机场，可入夜后，这支营级部队就因人数太少不足以再驻守机场而撤到了支援部队所在的防御据点了。与此同时，尽管新派去了两个连的力量，却已经赶不及再发起保卫机场的反攻攻势了。好在这个时候，凭借着我军的火力，仍可保有机场的控制权。

可惜交战到第三天，马里姆机场还是落入敌手。5月20日，敌人的首次进攻结束后，德国最高统帅部命令主力军队到苏达湾去，准备进攻那里。

我们接到了空中侦察方面的报告，称在爱琴海上发现了希腊轻帆船。我们预计意大利舰队此时也会参与进来，海军少将罗林斯据此在克里特岛西面，部署了一支强大的舰队监视敌情。5月21日，敌人猛烈空袭了我们的舰船，我们损失很大。

21日当晚，疲惫的将士们看见北边一片火光，照得天空分外明亮，由此，大家便知道，那是我们的皇家海军在与敌军交火。此时，德国的运输船队上正承载着第一批海陆攻击部队驶往克里特岛，他们奉命孤注一掷、冒死也要夺取胜利。从下午传来的报告中看，敌人的小型船只已经一批一批地距克里特岛很近了。坎宁安海军上将当即命令其轻型舰队向爱琴海驶去，好及时阻止住德军，不让他们能顺利趁夜入岛。夜里十一点半时，德国的运兵船队被哥伦尼海军少将所指挥的舰队截在了距离干尼亚北方十八英里处的海域内。最终，这批德军全军覆灭。

21日，金海军少将率领着一支舰队整晚都在伊拉克林附近的海面上巡查。从22日清晨起，金海军少将的舰队就一直处在敌机的轰炸之下。他认为，要是再向北部海域深入的话，整个舰队恐怕就保不住了，因此，他下达了往西撤离的命令。尽管如此，他的舰队还是损失惨重。下午，他的舰队与前来接应的罗林斯海军少将率领的舰队汇合，往西南方撤离。

在5月22日至23日的战斗中，我们的海军蒙受了巨大的损失，失去了两艘巡洋舰，三艘驱逐舰，还有不少船舰被重创。尽管如此，克里特岛的海上防御依然非常稳固。我们的海军确实做到了在克里特岛之战结束前，绝不让任何德国人上岛。

然而，5月27日当天夜里，我们接到消息，成功无望了。

　　展开地面作战后的第四日，弗赖伯格建立起了一条新的战线，即马里姆至干尼亚战区间的一条战线。鉴于德国空军可以在机场上自由起降，因此在兵力上始终呈增长态势。5月26日是一个关键的转折点。敌人冲破了通向内地的一段战线，进而开始向苏达湾挺进。弗赖伯格司令部已经失去了与我们的联系，所以，他便在自己职权的范围内，令其部队横跨克里特岛，向南面的当斯法齐亚撤离。26日当晚，他决定让部队撤离该岛。当部队在穿越山区小路时，发生了混战，幸好遇到了我们的两支突击队。如今，这支队伍也算是岛上的生力军了。在这支突击队和第五新西兰旅，再加上第八澳大利亚营的残余部队的合力拼杀下，总算打了一场有力的后卫战。正因为这样，我们在苏达湾、干尼亚和马里姆三地的几乎全部剩余兵力，才得以找到撤退到南海岸的路。另一方面，德军在伊拉克林机场东面获得了越来越多的援兵，我们的守军却没有相应的兵力支援。

　　面对种种情况，我们不得不让大部队撤离克里特岛。在这个过程中，我们必须再度承受巨大的损失。经过多番努力，还是有不止五千名英国及大英帝国的部队人员被遗留在了克里特岛。韦维尔将军准许他们向敌人投降，可他们中的大多数人并没有投降。其中有一部分人得到了当地村民的救助，可敌人并不想就此放过他们，一找到他们，就将他们残忍杀害，并报复那些帮助他们的村民，将其枪决。

　　尽管在争夺克里特岛时，我们陷入过无序状态，体会过无力感，并在最后也没取得什么战果，可参与到斗争中去的人，包括新西兰军队、英国军队、英帝国军队和希腊军队等等，或许都意识到在这场重要的战事中，他们都努力过，且发挥了一定的效用。之后，这件事在最关键的时刻，帮我们免除了巨大的隐患和忧虑。

　　最终，在克里特岛，戈林并没有捞到什么好处，尽管他取得了胜利，但损失更大。究其原因，是他做了错误的选择。要是他把投注在该岛的武装力量放在攻占塞浦路斯、伊拉克、叙利亚，甚或波斯的话，那么他必然能够轻而易举地拿下这些地方，因为这些国家本就优柔寡断，不会花大力气让部队进行抵抗的，而他则正好可以蹂躏他们。可结果，他却选择与大英帝国的勇士们来一场殊死搏斗，且几乎以肉搏战为主，多么的愚蠢！这么做无疑是把诸多大好的机会全都错过了，还损失了再也无法弥补的军队。由此，德国方面失去了最为优秀的勇士，因而再也无法让拥有强大威力的空降部队及跳伞部队投入即将发生在中东地区的战事中去了。

"俾斯麦"号的覆灭

目前，希腊战线早已全面失手，西部沙漠之战还在继续，大局未定。而在克里特岛，我们因激战而暂处劣势。此时，大西洋也马上就不太平了，德国和英国的海军即将展开一场角逐，这次的事件将波及深远。

我们不但要与德国的潜艇不停地交战，还受到其海上攻击舰所带来的伤害，这种海上攻击，致使我们损失的船只吨位数超出了七十五万吨。

到了5月中，诸多迹象都显示，德国新打造的"俾斯麦"号战列舰可能马上就会参与到战争中来，与它相伴的还有"欧根亲王"号巡洋舰，其配备的都是口径在八英寸的大炮。在大西洋上，这些威力强大且速度超快的船舰协同作战，将给我们的海军带来最大挑战。

在"俾斯麦"号战列舰上所装载的大炮总共有八门，每一门的口径都在十五英寸，它是海上分量最重的装甲军舰。这艘舰船的速率与我们最新式的战列舰难分高下，可在排水量上，却超出我们近一万吨。希特勒称其为"德国海军的骄傲"。

危险将至，总司令托维海军上将为此而对舰船进行了新的部署。不管哪艘船舰单独碰上"俾斯麦"号，都极有可能被打沉。目前，海上的气氛非常紧张，形势却尚不明朗。

我们在5月21日拂晓时收到消息，有两艘巨大的战舰驶离了卡特加特海峡，并伴以强大的舰队来掩护。晚些时候，我们又得到消息，"俾斯麦"号和"欧根亲王"号均已在卑尔根峡湾停靠，而这两艘船也被证实确实是拂晓时离开的那两艘。所有大西洋方面的指挥机构火速开始备战。

23日临近晚上，我们发现了猎物，立即展开追击。海军部对萨默维尔海军上将下达了一项命令，令其负责指挥H舰队，这支舰队包括"威慑"号、"皇家方舟"号和"谢菲尔德"号巡洋舰。24日半夜两点，萨默维尔率领H舰队从直布罗陀离开，去追击猎物。这支舰队自出发起，就决定了"俾斯麦"号的命运。

5月23日，星期五，我动身去契克斯，在那里待到星期一。第二天早上差不多七点，我被叫醒，得知"胡德"号被敌舰炸沉了！这可是我们速度最快的一艘主力舰！我们都感到无比心痛。差不多八点时，我的私人秘书主任来到了我的房里。我问他："咱们打中它没有？"他答道："还没，连我们的'威尔士亲王'号也从战场上跑了。"这个消息真是叫人太失望了。由此来看，难不成"俾斯麦"号已经掉头向北方的本国折返了？

原来当"胡德"号被炸沉后，"威尔士亲王"号很快被"俾斯麦"号的炮火击中。短短几分钟，它被"俾斯麦"号发射的四枚炮弹打中，这些炮弹均出自口径在十五英寸的大炮。船上的利希海军上校做出决定，不再与敌人拼杀，离开现场。"威尔士亲王"号在这场战斗中受了重创，"俾斯麦"号也好不了哪儿去。实际上，它在水下的船身也被打中了，两枚重型炮弹均对它造成了一定程度的伤害，其中有一枚还击穿了它的油槽，它开始不停地漏油，后果严重，速度也已经减慢了不少。随后，德国司令官令其向西南方继续前行，我们可以清楚地看到，"俾斯麦"号所行之处留下的一条油痕。

现在只有"诺福克"巡洋舰上的威克·沃克海军少将能担当得起指挥的责任，他必须在这个问题上做出抉择：要么马上投入新一轮的战斗，要么先把敌人牵制住，然后等总司令率领着"英王乔治五世"号和"胜利"号航空母舰前来参战。在这里，问题的关键是"威尔士亲王"号的情况。它受伤不轻，原本装备在舰上的十门口径在十四英寸的大炮已经有两门无法再使用，是否能再与"俾斯麦"号一较高下很难说。所以威克·沃克海军少将决定，不再继续作战，只密切关注敌人的动向。

眼下，我们都十分清楚，"威尔士亲王"号将"俾斯麦"号打得漏油了。如此一来，它（"俾斯麦"号）号又怎么可能再图谋我们在大西洋上执行任务的商船呢？如今，它不过只有两条路可选：其一，带着已有的战绩乘胜返回，这样，或许还能再图谋东山再起，再来重创我们；其二，接着作战，不过，这肯定会是条不归路。最终，"俾斯麦"号的司令官选择了后者，决定与我们死战到底。

之后，我一直在关注"俾斯麦"号。萨默维尔海军上将正在全速追击。24日晚，大约六点四十分左右，我们与"俾斯麦"号有过一次短暂的交锋，当时，"俾斯麦"号忽然调转了方向，向一路追击它的船舰开火。它这么做，是为了让"欧根亲王"号有机会先逃走。随后，这艘舰船便马上提起速度往南行驶，并在海上补充了燃料。十天之后，它便在没有任何阻碍的情况下顺利地抵达了布雷斯特港口。托维海军上将派出了"胜利"号。到了晚上十点钟，"胜利"号派出了船上的"旗鱼"式鱼雷飞机。九架飞机在四艘巡洋舰的掩护之下起飞了。两小时后，我们找到了"俾斯麦"号的位置，然后与之开战。一枚鱼雷打中了敌舰的舰桥下部。

25日凌晨三点过后不久，我们忽然追踪不到"俾斯麦"号的动向了，所有人都很着急。"英王乔治五世"号判断"俾斯麦"号去了北海，海军部却认为"俾斯麦"号必定是投奔了布雷斯特，可惜这个判断等到六点钟才得到确认。在找不到敌舰的这段时间，我们一度陷入混乱，浪费了宝贵的时间。敌舰趁机偷偷越过警戒线，驶入安全海域，远远甩开了我们。到了晚上十一点，它已经行至英国旗舰所处位置以东的海面上了。"俾斯麦"号上的油槽已经被打漏了，不得不考虑燃料告急的问题，要想加油就得回到本土。

从行动开始到5月26日的早晨，我们的船舰一直在苦苦寻觅。到了上午十点，我们已经不抱什么希望了，却在这时发现了"俾斯麦"号，当时它还差七百英里就要进入港口了。

维安海军上校正在"科萨克"号上，得知"俾斯麦"号的地点后，他马上跑去追击敌舰。萨默维尔海军上将派"谢菲尔德"号跟踪"俾斯麦"号。26日下午，"皇家方舟"号上的十五架"旗鱼"式鱼雷飞机飞到距离敌舰不足四十英里的地方。"谢菲尔德"号为它们指明敌船所在的方位，这十五架飞机便对敌船展开了猛烈的进攻。可以肯定，"俾斯麦"号被我们的两只鱼雷打中了。负责追踪敌舰的飞机发来报告，说曾看见"俾斯麦"号在打转，怕是已经失控了。此时，维安海军上校所率领的那几艘驱逐舰也渐渐逼向敌舰。随后一整晚，它们都在四周围困受创的"俾斯麦"号，只要逮到机会，就会向其发射鱼雷。

"俾斯麦"号上的德国司令官金斯海军上将也不再抱侥幸心理，他在临近子夜时写的报告中说："已经无法操控船舰，但我们必会战斗到底，用尽最后的弹药。元首万岁！"

5月27日黎明，双方再度开火。英国军舰便很快占了上风，以不可抵挡之势猛烈攻击敌舰。"俾斯麦"号中的绝大多数大炮偃旗息鼓，舰身中部开始冒火，整个倾向左边。很快，"俾斯麦"号失去了还手之力，身受重创，还烧起了火，却没有沉没。十点四十分，"俾斯麦"号中了"多塞特郡"号巡洋舰射出的鱼雷，最终长眠于海底，随该舰一同落水的还有两千名左右的德国人，包括舰队司令金斯海军上将。此后，我们开始了搜救行动，救下一百一十名幸存者。随后，一艘德国潜艇出现在现场，英国的舰船只得离开。德国潜艇和一艘气象观测船又救上了五个德国人。西班牙的"卡那利亚斯"号巡洋舰后来也到了事发地，看见的却只是海上漂浮着的浮尸。

至此，大西洋上的交通危机已经解除，恢复了安定。

叙利亚之战

法兰西帝国在海外有着诸多领地，叙利亚是其中之一。法属的这些领地在法国政府投降之后认为，其本身应当与法国政府一样，受投降协议的管束。除了协议，维希当局也一直影响着这些领地。一些德国人在地中海东岸蛊惑阿拉伯人，怂恿他们反英、反犹，导致阿拉伯的这种情绪日益高涨。

而我们直到1941年3月末，才开始留意叙利亚的局势。多德卡尼斯群岛上本就有德国空军的基地，他们利用这一基地发起了对苏伊士运河的攻势，且随时都能攻向叙利亚。一旦让德国人拿下叙利亚，那么不论是埃及，还是关键的运河区域，或是在阿巴丹的炼油厂，都将势必直接受到其空袭的威胁。我们在巴勒斯坦至伊拉克的陆上交通线也将受到威胁。此外，埃及政界也可能会受到波及，而我们在土耳其以及整个中东的地位都会大大下降。

1941年5月9日到当月月底，叙利亚机场共接纳了一百架德国飞机和二十架意大利飞机。我们的中东司令部需要处理的事务已经到达极限，但我们还是要想尽办法帮助叙利亚。

前途凶险异常。5月14日，皇家空军接到命令，准备打击在叙利亚境内的飞机。此外，在法国机场上的德国飞机也被列入此次打击的范围。到了17日，韦维尔将军发来电报说，目前没有多出来的兵力可用，他自己还需要从巴勒斯坦调兵到伊拉克去，所以叙利亚方面就无力再插手，只能让自由法国军队独立承担保卫叙利亚的任务，或再从埃及那边调遣兵力。不过，韦维尔将军觉得自由法国的部队其实也派不上什么用场，还很有可能使形势进一步恶化。参谋长委员会做出回复，说他若没有别的办法，便只能在不妨碍西部沙漠安危的前提下，抽出一支大部队暂为利用，并告诉他要做好准备，尽可能迅速地进入叙利亚。5月21日，韦维尔将军命令第七澳大利亚师前往向巴勒斯坦。

守住克里特岛的希望已日渐渺茫，我们越发关注起叙利亚方面的局势。韦维尔将军已拟定了有关"出口商"作战计划的框架，并于5月25日以电报的形式告知。"出口商"即我们对叙利亚作战计划的行动暗号。

韦维尔将军猜测，德军很可能会在6月的第一周开始行动。德国在地中海的东岸设立了自己的空军基地，他们还很有可能借道土耳其，在地面上采取军事行动，跟空军联合行动。这两股力量加在一起，后果不堪设想。尽管如此，我们仍得先想方设法在西部沙漠取得"战斧"作战计划的成功。

就这样，我们一方面在担心克里特岛难以保住，一方面又得将西部沙漠上的战争作为首要考虑的对象，并把兵力全都其中过去，而同时，我们还得在这种情况下准备展开攻占叙利亚的各种事宜。

为了此番进军叙利亚，韦维尔将军已经调集了所有能够用上的军队。战争一直进行到7月第一周，维希军队眼看就要崩溃了。于是，维希方面在7月12日上午八点三十分派来特使，提出停战。随即，我方表示同意，并与之签署了一份相关协议，这之后，叙利亚就成了同盟国的了。

通过这一次的战斗，敌方共损伤了六千五百人次，而我方则有四千六百多人次的伤亡。在这段时间里，曾有过一件令人不悦的事。英国的俘虏在战斗中是被匆忙送往维希法国的，这样一来，他们很可能在那边被德国人抓住。此事被发现之后，对方并没有做出任何补救，我们只能牺牲当茨将军和其他高级军官，以他们作为人质被扣留下来，而换回了我们的那些被俘虏的人员，最终，我们实现了这一期望，所有的战俘都被遣返回来了。

经叙利亚一役，我们因取得的胜利而在中东极大地改善了自己的战略地位。如此，敌人就再不能妄想从地中海将自己的势力往东面渗透了，而我们也不用再担心土耳其南部边疆上可能存在的隐患了，自此，我们在苏伊士运河上的防线，又向北推移了二百五十英里。如今，土耳其已不怕再遇到敌人的入侵，若是有人来犯，它必定会获得来自一个强国的友好协助。

我们能看到这样的结果：最终，英国及大英帝国军队一定会在中东取得绝对的胜利，这种胜利并非表面意义上的那种胜利，而是真正意义上的成功。而这一功劳属于伦敦、开罗的所有当局责任人。

克里特岛一战，尽管我们损失极大，可相应的，也摧毁了德国空降军团的力量，令他们的攻击力度减弱了不少。另一方面，我们也成功的压制住了发生在伊拉克的反叛势力，仅凭为数不多且临战才集结起来的兵力，就重新控制住了那片广阔的区域。对叙利亚的征战，实在是因为形势所迫，好在该行动确如实际所展现出来的结果那样，我们最终还是阻止住了德国进一步想要进军波斯湾和印度的企图。在此过程中，若是战时内阁及三军参谋长不将各个根据地视为取胜的据点，或者，不叫诸司令员必须按照他们的意志行事，而只为求稳的话，那么在克里特岛一役中，我们只会失去更多，又如何能够换回这场艰苦而理应带来荣耀的战役所值得获得的收益呢？再有，要是韦维尔将军在其疲惫不堪之际，难以再承受新发生的事件及来自我们命令的压力，原本就紧绷的弦就要断掉的话，那么不管是战争的走向，还是整个土耳其的前景便都会受到巨大的影响了，我们难以想象后果将会多么严重。

此外，在西部沙漠中的战斗还没有记述，这同时也是我及三军参谋长都非常重视的一战。尽管我们并没有在这一战中取胜，但它仍然至关重要，拖住了隆美尔长达近五个月的时间。

"战斧"计划失败

在国内的我们，不管是军人还是人民，都没有忘记要打败在西部沙漠的隆美尔军，大家无一例外的认为，此事非常重要。尽管从希腊撤离时发生了惨剧，尽管要平息伊拉克及叙利亚方面的骚乱，我们曾一度遭遇到了惨烈的战斗，尽管在克里特岛一役中，也造成了一定的伤亡，可这一切若与我们寄予西部沙漠的一线胜利的希望相比的话，就都不算不上是大事了。对于这件事，身在伦敦的人看法都是一致的。

韦维尔将军也是这么想的。尽管克里特岛之战正在最为要紧的时刻，但他依然想抓紧时间把隆美尔军消灭掉。因此，他在"老虎"计划的坦克投入战斗前，也就是所谓"虎仔"送到前，就对隆美尔军发起了攻击。

这时，戈特将军正率军沿着壕沟往西北方前进。5月15日，他们攻占了塞卢姆和卡普措堡两地，其后准备攻占西迪安遂兹。敌军很快开始反击，15日下午夺回了卡普措堡。我们的军队被迫撤离。

此后，韦维尔将军发来了有关此次行动的报告，目前，尚可确保我们在塞卢姆所设的前哨据点，而驻守在托卜鲁克的部队也进行了一次攻击，并取得了一定的成功，一度使敌军受到重创。

5月20日，韦维尔将军来电报告说，德国的第十五装甲师的坦克营已经到达前线。我们失去了在隆美尔得到支援前消灭他的机会。虽然我们在"虎仔"运抵前已经做好了准备工作，可要想投入使用，还是耽搁了不少的时间。

没过多久，灾难来临。一周后，我们发现敌人开始频繁地调动装甲车辆。原来为了缓解托卜鲁克的局势，隆美尔正在筹划着对我们发起猛攻。我方的处境愈发艰难。等到第十五装甲师到达后，隆美尔将他们中的大部分人员都部署好了，将主力汇集于卡普措堡和希迪厄玛间的边界处，留下一小支侦察部队去南面驻守。据守在哈尔法亚的部队，是一个由康斯特瑞姆警备队第三营、一个炮兵联队及两个坦克中队组合而成的混合营。我们的边界守军，除侦察巡逻队还在南面据守之外，都已经往后方撤了。

5月26日，敌人开始进军哈尔法，就在当天晚上，他们便占据了位于隘口北面的高地，拿下该地区对其十分有利，可以据此看清楚全部康斯特瑞姆警备队布下的阵容。我们曾一度尝试过抢回这一地区，但因遭到了敌人的反攻，未能成功。

次日一早，敌人便发动了攻击，最起码也动用了两个营及六十部坦克发起联合攻势，在如此猛烈的炮轰之后，我们的这支本就人数不足的部队就一下子陷入了困境，而他们又无法与后备军队联合起来抵抗，因为后备军当时距离他们甚远，无法迅速投身于战场，所以，只能当机立断，让这支部队撤离现场。尽管后来他们顺利的撤了出来，可也相应地付出了沉重的代价。目前，我们手里只剩下两辆可用的坦克了，而康斯特瑞姆警备队那边则失去了八名军官及一百六十五名士兵。敌人的目的显然是达到了，于是，他们接下来就想要在哈尔法亚落地生根了。结果，就像他们之前所计划的那样，他们确实在该阵地站住脚了，而对我们而言，三周后就不得不面对这一巨大的阻碍。

当前，我们依然在筹备"战斧"作战计划。韦维尔将军在5月31日的电报中报告说，他们那里正忙于第七装甲师的改编工作，不过，在技术上碰到了很多问题。要启动"战斧"作战计划，最早也要等到6月15日才行。同时，他也意识到了另一个问题，要是将启动的时间往后延迟的话，势必会让敌人趁机对托卜鲁克发起猛攻，这很危险。不过，他觉得此事也可以从另一个角度来看，接下来要进行的战斗，基本上会以坦克战为主。因此，他势必要创造机会让那个装甲师取得胜利，争取在等待的过程中获得更多的时间是十分必要的，这样能"成倍增加成功概率"。

我们另外多耗费了两周的时间来让第七装甲师熟悉运用"虎仔"。这段时间，我们得知，德国方面已经将第五轻装甲师和第十五装甲师派往昔兰尼加。另一方面，德国部队中的大多数已经迅速将班加西及其港口投入使用了，而我们的表现却很一般。

6月15日，我们开始了"战斧"作战计划，总共投入了差不多两万五千人。担任此次战斗总指挥的是贝雷斯福德·皮尔斯将军。起初，战斗十分顺利。下午，我们的警备旅拿下了卡普措堡，并俘虏了数百名敌军。接着，该旅中的一部分兵力继续朝西推进，向位于塞卢姆西侧的防御地带挺进，不过，被敌军给阻挡住了。而第七装甲旅的行动就顺利得多了，他们成功掩护外翼到达了卡普措堡西侧阵地。

6月16日，战场上的形势没有太大变化。6月17日，整个战场的形势都被敌方扭转了。敌人的力量一直在增加，我方的压力越来越大。为避免被敌军围困，我方只能马上撤离。幸好我方部队在撤退时得到了战斗机的掩护，撤离行动顺利完成。

这场战争持续了三天，跟以往发生在地中海一带的战争相比，规模要小得多，但这次战争的失败给我的打击却无比沉重。本来，我们若是能够在沙漠之战取得胜利，无疑就会摧毁隆美尔的那些气势汹汹的军队，而且我们原本也有机会使托卜鲁克脱困，将敌军给打退，逼得他们不得不像来时那样，快速地朝班加西的西面撤离。按照我的想法，我们之所以甘冒危险采用"老虎"作战计划，就是为了这一点。

目前担任印度总司令的是奥金莱克将军。我把中东的任务交给了他。7月2日，奥金莱克将军当上了中东司令。他决定延迟所有在西部沙漠对隆美尔的攻击，开始是延迟三个月，最后延迟了超过四个半月，后果很严重。奥金莱克就任中东司令的同时，韦维尔将在印度司令部任职。韦维尔将军正要动身飞到埃塞俄比亚去，他知道我的决定后十分平静，表示愿意担任印度总司令一职。

翻脸：希特勒突击苏联

　　二战中，斯大林及共产党领导人所做的那些错误决定，在此前的历史上是否有类似的例子，我们表示怀疑。他们在巴尔干无所作为，放弃了所有机会，对德国将要对自己展开的猛烈攻势，也没有及时察觉。过去，我们都认为他们是只为一己私利着想的谋略家，如今看来，他们除了自私自利，还非常愚蠢。可以断言，在当时，斯大林及其人民委员会全然被骗。

　　1940年12月18日，希特勒下令展开"巴巴罗萨"行动，也就是说，他已将进攻苏联的事情都布置好了，包括将部队集结在一起做总体的部署及分配主要的作战任务。由于兵力安排得很分散，德国在东部集结兵力的进程必然会受到影响，这么做显然不够理智。接下来，我们很快就能见到，在巴尔干所做出的抗争是如何改变德国方面的这次意义重大的军事活动的，尤其是在南斯拉夫发生的革命事件，德国人因而不得不延后了五周才发动了对俄攻势。我们有理由相信，正因为这样，莫斯科才保住了。

　　我一直都没想到希特勒一心要对付的是苏联，就是到了3月末，也还是难以相信他要与苏联来场殊死之战。1941年的1月到3月间，从我们所获的情报来看，各种详尽的材料都表明了这样一个情况：德国派出了大量军队前往巴尔干地区，且逐渐进驻到巴尔干诸国。

　　在1940年11月的柏林三方会谈中，我们不清楚希特勒和莫洛托夫、里宾特洛甫之间究竟主要谈了些什么，并且，也不清楚会后他们所进行的谈判及提出要结下怎样的协议条款。我们只知道，在英吉利海峡，德国不但没有减少与我们抗衡的力量，反而空袭不列颠所用的飞机增多了不少。对于德国将自己集结起来的部队派往罗马尼亚及保加利亚的情况，苏联政府方面始终对此秘而不宣，看来，他们必是认可了。

我们曾得到情报，证明苏联曾将为数众多的珍贵供需品输送到了德国。显然，所有的情形汇集在一起，不管怎么看都像是德国和苏联已经取得了一致的利益目标，那就是以牺牲我们来做交易，也就是说，希特勒和斯大林打算合力侵占和瓜分英国的东方属地，而他们之间并不打算交火。如今，我们算是弄清楚了，这两国间之所以达成交易，多半是斯大林的意思，他是有目的地与之合作。

1941年3月末，有可靠的消息称，德国的装甲部队正在通过布加勒斯特到克拉科夫之间的铁路调动。而后，随着贝尔格莱德革命的爆发，德国那三个装甲师部队又被召回罗马尼亚去了。他们如此快速地把准备用在巴尔干的军队往克拉科夫调动，只可能说明一件事，就是希特勒已经图谋攻打苏联，5月里就会采取行动。然而，贝尔格莱德突发革命，敌人不得不先将部队召回罗马尼亚。因此，事实摆在眼前，他们只得将攻打苏联的日程安排往后延迟，估计要从5月拖到6月去了。

我希望能以适当的方式让斯大林知道这件事，让他留心自己所要面对的危险。可惜我写给他的电报，始终未能送达。假使我有机会直接与斯大林联系，那他说不定不用损失那么多飞机了。

4月22日，苏联方面鉴于德国飞机持续不断地入侵苏联边界，且数量越来越多，向德国的外交部提出控诉。然而，德国只是提出了一系列反指控，说这么做是为了防范苏联飞机入侵。

在同一时间里，德国正将其最为杰出的一百二十个师团沿着苏联的前线方向呈三个集团军群的形式汇集。虽然攻俄的行动一拖再拖，最终定在了6月22日，可这支集团军仍旧迫切地需要整顿及核查，因为在巴尔干之战中，他们的装甲车辆耗损程度不轻。

　　身在莫斯科的舒伦堡于4月13日回到了柏林。28日，希特勒与他进行了一次会晤。4月30日，舒伦堡返回了莫斯科。此番与希特勒的会面让他意识到，原来希特勒一直想要对俄开战。舒伦堡始终坚持想让苏联和德国达成和解。

　　我们不清楚莫斯科方面的具体想法。5月16日，我给史默兹将军发去一封电报，说："看样子，希特勒目前正在将准备攻打苏联的部队全都集中起来。他们接连不断地从巴尔干一带将自己的军力、装甲部队及飞机向北部调遣，并准备将其由法国及德国往东方调动。"斯大林必定是还对希特勒政府抱有不切实际的想法，觉得能够维持与对方的友好关系。随后的一个月，德军一直在紧锣密鼓地进行调动及部署部队的事宜。希特勒成功骗过了苏联，自然很得意。

　　6月22日凌晨四点钟，苏联大使收到了里宾特洛甫呈递的正式宣战书。天刚亮，舒伦堡就在克里姆林宫与莫洛托夫进行了会晤。在德国大使宣读宣战书的过程中，莫洛托夫一直默默地听着。

　　现在一切都来不及了，我也不必再以私人的名义做什么努力，提醒斯大林小心危险了。事实上，连美国都时常地把更精确的情报送到苏联政府那里。可斯大林始终固执己见，愚昧地坚信希特勒不会进攻苏联。

　　德国估计，在苏联的边界上可能集结了一百八十六个师级部队，其中正对着德国前线战场的就有一百一十九个师级力量，可尽管如此，苏军还是被突袭了，军力多半受损。在战场的前沿地带，德军并未发现什么对方准备发起攻势的迹象，且事实上，用来掩护作战的苏联军队没过多久就败下阵来。此时，苏联的机场迎来了一次比1939年9月1日发生在波兰空军中的那种灾难更大的危机，而德军此番发起的轰炸规模远胜于那一次。等天亮之后，数百架苏联飞机已被炸毁，它们还尚未执行什么飞行任务呢。事情就是如此，午夜时分，苏联还在用自己的宣传机器散播着仇视英美的言论，而天才刚亮，这声音就被德国的炮火声替代了。可见，行不义之事的人偶尔也会犯蠢，而独裁者也不一定就永远是对的。

在记述这一篇章的时候，我必须还得做出以下说明：为了制服新的敌人，希特勒做出了一项极其狠辣的决策，而这个决策在实行的过程中，其实也并不容易。要想按照这一策略行动，需要在那片荒漠的土地上，或者说，得在那片辽阔的业已被毁的地方与敌人决一死战，而战斗是在最为寒冷的冬季里进行的，当时，对双方来说，都要承受很大的压力。

6月20日晚上，星期五，我一个人坐车去了契克斯。我十分清楚，也就在这几天，德国就会发起对苏联的攻势了，兴许过不了几小时就会发生。

到了星期天，也就是6月22日，一早醒来，我就听说希特勒开始向苏联进攻了。此前所相信的便由此而成为现实。

第八章　结成伟大的同盟

我们的苏联伙伴

这场战争的价值和关联因为希特勒攻击苏联发生了变化。苏联的偏见遮住了他们的眼睛。他们因为被打了个措手不及，在战争开始的时候严重受创。

从波罗的海到黑海整条边界，都是被德国划出的战线，德国派出了一百六十四个师向苏联压过来。而苏联为抵抗入侵的大军，派出了一百一十九个师，以及起码五千架飞机。另外，在芬兰、高加索和俄罗斯中部，还有六十七个师可供调派。尽管苏联的部队和德国的部队数量在数量上近乎相同，可德国的装甲兵团一深入推进，苏军就马上撤退了，他们的空军也遭到重创。其他被德国侵略的国家都被攻占了，只有苏联拥有地域广阔这一无以伦比的优势而幸免于难。德国大军在第一个月所向披靡，深入苏联国境三百英里。在激烈的战斗之后，斯摩棱斯克沦陷，不过列宁格勒守住了，基辅也还在苏军的掌控之中。

在被希特勒攻击之前，苏联政府好像只关注自身。他们曾在经济上为纳粹德国提供了很大帮助。现在遭遇欺骗和突袭后，德国金光闪闪的利刃也悬在了他们头上。他们的初衷和长久的策略是让大不列颠及其帝国提供所有可能的支援。在过去八个月里，苏联一直被斯大林有机会和希特勒分享大不列颠帝国的蓝图所迷惑，没留意德国在东欧集中兵力的进展。

现在，苏联强烈呼吁不列颠——它正持续地遭受敌人侵袭——将英国部队极其缺少的武器交给他们。他们极力催促美国将我们正等待着的大量军需物资给他们运过去。更重要的是，他们甚至在1941年夏天就高喊，英国应当无视危险和伤亡让部队在欧洲登陆，建立第二战场。这种极其可怜也无耻的事，我们并不曾让其干扰我们的心绪，我们关注着苏联民众因为苏联的政府带来的灾祸而做出的无畏牺牲，这能弥补一切。

敌人守卫森严的海岸，想让一支部队登陆并提供援助，免不了要打一场登陆战，而这种战斗的性质，苏联人完全不懂。发动攻击的地方，除了一定要在海上占上风，空中也必须占上风。另外，还有至关重要的第三个要素。大批专门的登陆艇，特别是各种样式的坦克登陆艇，想在强悍的敌军阵地上成功登陆，这是基本要素。就像上文已经描述过，下文还将描述的那样，我们早就为了建一支这样的登陆艇部队而做出了最大的努力。就算是数量有限的小型登陆艇部队，也没办法在1943年夏天之前就准备好，至于它的实力，就像眼下一般民众所知道的那样，得等到1944年才可以彻底显露。

如今这个时间段，也就是1941年秋，我们尚未拿到欧洲制空权，只拿到了德国防守最严密的加来海峡的制空权。至于登陆艇，还仅仅处于制造之中。在英国，我们甚至连一支如同我们在法国的土地上要抵抗的敌军那种强悍的、经过严格训练、配有精密武器的部队都没建成。可是关于第二战场这件事的荒谬的言论和错误的论调仍旧如同瀑布一般倾泻下来。确实，这一点，想在此时，或者所有其他时刻，让苏联政府相信，都不可能。斯大林之后甚至跟我提议，要是英国人没有胆量，此事他可以派三四个军团来完成。因为船舰以及别的物质资源的不足，我们无力按照他的说法行动。

我给斯大林发了电报，表示只要我们能力所及，我们会全力帮助苏联民众。我们刚开始互通消息，苏联就极力催促建立第二战场，且在我们之后的信件交流中，一直无视物质资源限制，一再说起这件事。

我从一开始就尽量以武器和军用物资来援助苏联。9月初，我们用英舰"阿尔戈斯"号将几乎等同于两个"旋风"式战斗机中队的飞机送去了摩尔曼斯克，帮助苏联守护这一海军根据地。这些战斗机中队到了9月11日就已经行动起来，战斗了三个月。橡胶稀缺而珍贵，可苏联对橡胶的需求极大，为此，我们甚至动用为数不多的储藏。

我用尽所有力量，试图借助频繁亲密的私人通信，跟斯大林建立起如同我和罗斯福总统间建立起的那种让人欣喜的关系。在和莫斯科的频繁的联系里，我遭遇了不少挫折，偶然才能听见一句顺耳的话。发过去的电报有不少次都没得到回应，或者被放置了很多天才看到回复。

苏联政府有种观点，觉得他们在自己的土地上，为了自身的存亡而战，是赏赐给我们的极大的恩德。这场仗他们打的越久，我们欠的债就越多。这种看法并不公正。在长时间的通信里，有两到三次，我必须要以坦率的言辞进行抗议，可我近乎一直在遭受恐吓和指责。不过，斯大林和他坚忍不屈的俄罗斯民族所承受的压力，我可以理解。

入侵苏联的德国大军已经深深插进苏联领地。然而，希特勒与总司令勃劳希契7月末产生了本质矛盾。勃劳希契觉得，布置在莫斯科前方的提摩盛科集团军群是苏联的主力部队，因此一定要先将其打垮。勃劳希契坚持占领莫斯科，因为它是全俄的军事、政治和工业的神经中枢。希特勒完全不认可。他想夺得土地，并在最广泛的战线上打垮苏联部队。在北方，他提出要夺取列宁格勒；在南方，他提出要拿下顿涅茨河流域的工业区、克里米亚半岛和通往苏联高加索石油产区的通道，而夺取莫斯科的活动可以等一等。

希特勒的陆军将领的意见都被希特勒压下来。在得到了中路的支援后，德国北路集团军群奉命迅速进攻列宁格勒；而中路集团军群则奉命采取防守之势，按照指令，这一集团军群派出了一个装甲兵团去包围因龙德施泰特所率部队追赶而渡过第聂伯河的俄部侧翼。德军在此次行动中所向披靡、无往不利。

到了9月初，苏联的部队在科诺托普—克列米安楚格—基辅这一三角形地区设立一个庞大的袋形阵地。在9月整整一个月的拼死战斗中，苏联战死或被抓的人数达到五十多万。这样的成绩，德军在北边就拿不到了。虽然德军围住了列宁格勒，但却没能将其攻占。希特勒的策略是错误的。此时，他又决定调回中路。包围列宁格勒的军队接到指令，调遣机动部队和一部分援助的空军去声援再次展开的对莫斯科的攻击。那个曾经被派去南方声援龙德施泰特的装甲兵团，又返程参与此次攻击。过去曾被舍弃的从中路突破的方案到了9月末，又再次预备施行了。南方的各集团军此时则朝顿河下游向东进发，进而窥探高加索。

苏联加入战斗我们是欢迎的，可是苏联的参与并没有马上就帮到我们。德国的部队如此强悍，看上去，他们在不少月中都能以便保持了入侵英国的威胁，一边向苏联境内深入推进。差不多每个掌权的武装人员都觉得，用不了多长时间苏联的部队就会被战胜，且大多数将会被打垮。苏联政府使得自己的空军在地面忽然遇袭，苏联的武装筹备又远没到完善的程度，这让他们在一开始就身处逆境之中。苏联部队严重受创。虽然做了顽强的反抗，战斗也指挥得精干又独断，对于人命的伤亡完全不顾虑，还在德国部队推进的地区进行了无情的游击战，但是，列宁格勒以南一千二百英里长的整条苏军战线，仍旧出现了后撤四百到五百英里左右的全面败退。这一切：苏联政府的实力，苏联民众的顽强，在人员上，他们不可预计的潜能，他们辽阔的土地，苏联冬天的寒冷，都是让希特勒大军最后被毁的要素。可1941年这些要素还没显露出来。1941年9月，罗斯福总统曾表示，苏联部队的战线可以守住，莫斯科丢不了，那个时候，大家觉得他胆子真大。苏联人民的神圣的实力和爱国之心证明了这一观点。

因为苏联参战，德国撤走了对大不列颠的空袭，而且入侵大不列颠的危险也变小了。因此在地中海一域我们得到了极大的救援。不过在另一边，我们必须做出最多的牺牲，并且送大量资源出去。我们的武装总算精良起来了。我们的武器制造厂总算持续制造出了各式军用产品。在埃及和利比亚殊死战斗的我方的军队，对新型武器，特别是飞机和坦克的需求非常紧急。英国国内的部队，正殷殷期盼着很早就对他们承诺过的新型武器。现在我们总算能将种类日渐增多的新型武器持续不断地提供给他们了。就在这个时候，我们却必须把大量的武器和包括橡胶、汽油在内的种种重要资源分出去。我们肩负着筹备英国供应物资，特别是美国供应物资的运输舰队迎着北极航线的各种危险和寒冷开赴摩尔曼斯克和阿尔汉格尔斯克的责任。实际上，这一切的美国供应品都调拨于已经或者即将顺利渡过大西洋提供给我们自身使用的供应品。为了大量抽调这些资源，为了在美国日渐增多的援助资源无法持续运到的背景下，我们在西部沙漠的战斗不会受到影响，我们只能对那些因谨慎而不得不做的准备工作进行约束了，这些准备工作是因为日本的危险日渐增大，所以要对马来半岛和我们东方国家及其附属地区予以保护。

苏联的反抗摧毁了德国的力量，且对日耳曼民族的有生力量造成了致命伤，对于这个历史即将证实的结论，我们是完全认同的。可是仍旧要明确指出：在苏联参与战斗之后的一年多的时间里，是我们的负累。尽管这样，我们仍期待这个强国和我们一起战斗。而且，我们全都认为，就算苏联大军退至乌拉尔山，苏联发挥的作用也还是非常大的，并且它若持续战斗，它将起到最关键的作用。

英美签订大西洋宪章

在我们刚见面的某次会谈里，罗斯福总统曾同我说，在他看来，我们最好能制定一个联合声明，对一些一般准则进行界定，好让我们的政策可以顺着同一条路的指引。这是一个非常有益处的提议，我也愿意听从。于是，第二天（8月10日），我给了他一份声明大纲的初稿，原文如下：

英美两国有关准则的共同声明

为探寻和商议如何在纳粹和德国入侵面前，守护自己国家的安全，并消除因德国侵略而引发的全世界各国人民的灾难，美利坚合众国总统与联合王国国王陛下政府的代表首相丘吉尔先生召开会议。在他们看来，应当宣布一些双方均认可的准则，指引他们制定策略，并借此希望世界的未来更加光明。

第一，他们的国家不会在土地和别的方面进行扩充。

第二，非民族自愿表述的土地变动，两国不予支持。

第三，在哪种形式的政府下生存，各国人民有选择权，两国表示尊重。它们只关注确保言论自由和思想自由的权利，若没有这种权限，就谈不上选择。

第四，两国会努力让首要产品得到公正恰当的划分，至于划分的范围，将涉及到世界上的各个国家，而非仅仅是它们自身疆域之内。

第五，两国探寻和平。这种和平除了要将纳粹的暴政永远消除，还会借助有力的世界机构，让所有国家和民族能在本国的土地上使人民丰衣足食，在远渡重洋的时候，不用担心遭遇非法攻击，也不必去扛起军事装备的重担。

8月11日早上，我们谈话的时候，总统拿了份改动稿给我，我们以这份稿件为基础展开磋商。和我的原稿出入较大的只有第四条（有关资源获取的事）。总统想把这句"不歧视，且在公正的前提下"加进去。总统又额外加了两条：

第六，两国探寻在公共海域能保证安全的和平。

第七，两国坚信，世界所有国家都必须听从不用暴力的宗旨。因为只要那些在国外恐吓或者有机会恐吓付诸暴力的国家，仍在使用陆军、海军和空军，未来的和平就维系不了。两国坚信，解除这种国家的武装非常重要。两国会采用更多切实有效的办法，以减轻崇尚和平的各国人民在武器装备上的重担。

我们认真探讨了如何改进这份声明。双方没花多少力气就认可了几个小变动。到了8月12号，声明终稿完成，即《大西洋宪章》。

美国总统和英国首相的联合声明

1941年8月12日

美利坚合众国总统和联合王国国王陛下政府使者首相丘吉尔先生，曾进行磋商，相信应该将关于两国政策的一些一致准则予以发布，他们期望以这些准则为基础，让世界的未来更加美好。

第一，他们的国家不追求疆域和别的方面的扩充。

第二，非民族自愿表述的土地变动，两国不予支持。

第三，各国人民有权选择在哪种形式的政府下生存，两国表示尊重；两国支持一切被强行夺去主权和自治权的民族夺回这些权益。

第四，在恰当顾及自身现有责任的基础上，两国尽量让所有国家，不管是大国，还是小国，是获胜国，还是落败国，在相同待遇下展开交易，并在整个世界中获取其发展经济的必备资源。

第五，为了让每个国家都能改进劳动规范，繁荣经济，拥有社会安全，两国愿意在经济层面上推动所有国家实现最全面的协作。

第六，两国希望在纳粹暴政被彻底打倒之后，看见这么一种和平被构建出来，可以让所有民族能在自己的土地上丰衣足食，确保所有地方的全部民众都能过上没有恐惧、富足的日子。

第七，这种和平应该让任何人都能在公海上顺利航行。

第八，两国认为，全球所有国家根据现实和精神上的理由必须舍弃对暴力的使用。要是在本国疆域之外恐吓侵略的国家，或有机会做出侵略恐吓的国家，仍旧使用陆军、海军、空军装备，就无法确保将来的和平。两国认为，这种国家的武备，必须在构建更普遍和更长久的一般安全体制之前消除。为了减轻崇尚和平的各国民众的武器重担，两国也将支持和呼吁所有别的切实有效的举措。

这份联合声明，对未来有很大影响，其意义重大不言而喻。明面上，美国仍然属于中立国，却和一个参战国一起公布了一份这种声明，只说这一实情，就让人震惊了。声明里含有"在纳粹暴政被彻底打倒"的句子（这是按照我原文里的那句所写），这是一种挑衅，平常时候，这种挑衅代表着战争行为。最后，最末尾那条的现实价值不可小看。这一条明白且显著地宣布，战争结束之后，美国会和我们团结一致，共同维系全球秩序，直至构建出某种相对不错的局势。

总统和我自己也拟定了一封共同署名的电报给斯大林。

1941年8月12日

从莫斯科回来之后，哈里·霍普金斯上交了份汇报，借着分析这份汇报的机会，讨论在你们正顽强地和纳粹进行抗争的时候，我们要怎样声援你们才最有效果。如今，我们正全力协作，尽可能地为你们提供最迫切需要的资源。不少装载了供应物资的船舶已经从我们的口岸开走，用不了多久，开出去的货船会更多。

由于在彻底获胜之前，我们还有一段既长且艰辛的路要走，所以，眼下我们不得不思考一个时间更久的政策。要是不能彻底获胜，我们的拼搏与付出，就是徒劳。

很多战线都在开战，并且，除非战争终结，否则还有机会产生更多的战线。尽管我们有不少物资，可也不是无穷无尽的，所以，这些物资到底什么时候用，用在哪里，才能让我们最大限度的一致努力，这种问题一定会出现。在军事物品和原材料上，也一样适合。

除非完全清楚我们下决定时候要考量的要素有哪些，否则是没办法确定你们军队和我们军队的种种需求的。我们提议在莫斯科准备一场会谈，以便快速对我们整合的资源怎样划分进行界定。为了直接同你商量这些事，我们会派高级使者参会。你要是不反对召开这个会谈，我们得跟你说，在这一会谈有结果之前，我们会继续及早将军用产品和原料运过去。

对于打败希特勒主义来说，苏联勇敢而坚定的反抗有多要紧，我们完全了解，所以我们认为，不管在什么情形下，我们都一定要快速行动，马上把以后划分我们整合到一起的资源的计划制定出来。

对苏联的援助

苏联的战事已经进行了两个月，德军发动了多次激烈的攻击，事情的另一面开始显现出来。苏联虽然受了重创，但仍进行着不屈不挠的反抗。游击队兴起，在激烈的战斗里，持续攻击运输线。事实上，德军占领的苏联铁路体系并不够用。三个月之后，苏联的寒冷的冬天就要来了。在此期间，能打下莫斯科吗？何况就算打下来，也不会就这样止步。德国的命运就此被决定了。尽管希特勒还因基辅战斗的胜利志得意满，可德国的将军们或许已经发觉，他们一开始的顾虑是有道理的。在已变成成败关键的前线，行动被拖延了四周。到了秋末，苏联更加急迫地向我们提条件。

比弗布鲁克勋爵成了战时内阁里极力支持对苏联进行援助的人。我极力地维系着那个在我脑海中公正地呈现出来的首要比例，并同我的同事们一起就我侧重的条目进行磋商。我们的新伙伴，或许会让对我们自身非常要紧的安全失去屏障，我们的种种计划可能会落空，这些让人郁闷的事，我们只能忍下来——这个新伙伴，任性、火爆，还贪心不足，而且不长时间之前，还完全不在意我们的生死。

针对8月12日共同提出的物资条目的详细情况，我们曾费尽心血商量过。军事单位觉得这像是一块块割它们的皮肉，可是我们仍然在能力所及的范围内尽力搜罗资源，还许诺将美国供应给我们的物资里分出一大块，帮助苏联的战事。8月28日，我建议我的同事派比弗布鲁克勋爵去莫斯科。内阁完全赞成让他去同斯大林说这件事。我在发给斯大林电报里，以笼统的言辞对形势进行了概括，以此作为这次派代表的前期行动。9月4日，我收到了苏联大使麦斯基送来的斯大林的回信，这是我在7月之后收到的斯大林的第一封信。他表示："出路只有一条，就是在今年之内，在巴尔干一域或者法国某一个区域建立第二战场，好让德国从东部战线撤走三四十个师，与此同时，还得确保在今年10月初能运三万吨铝给苏联，一个月起码支援四百架飞机、五百辆（小型或是中型）坦克。"

可是眼下我们还无法开辟第二战场，但是可以先想办法把苏联所需的铝、飞机、坦克运过去。我发电报把这些告诉了斯大林。可是斯大林依然坚持："为了我们一致的事业，建立第二战场是让局势好转的最基本的办法。你在回复电报里，又一次重申，眼下建不了第二战场，作为回应，我只能再次强调，没有第二战场，只对我们一致的对手的阴谋有好处。"有那么多的军事权威做顾问，苏联政府的元首居然还能生出如此荒谬的见解，这太让人无法理解了。看上去，要跟一个异想天开的人辩论，是不会有结论的。

我们向苏联派出了英美物资供应使节团。9月28日，我们的使团到达莫斯科。他们遭到了冷遇，谈判的氛围完全不友善。看上去，苏联人近乎以为苏联那时陷入的困境是我们的错。苏联的军官和大臣们什么消息都不给他们的英国、美国同僚。他们甚至不跟我们的使者说苏联对我们珍贵军用产品的需求量，他们是按照什么标准得出来的。我们的使团几乎等到停留期限的最后一晚才得到正式招待。当天晚上，他们受邀去克里姆林宫赴宴。对心绪烦闷的人而言，这种场所毫无帮助，若这么想，就错了。恰恰相反，这种场所中众多的个人来往，能形成一种可以签订和约的氛围。可那时没这种想法，我们去莫斯科，就像是求他们施恩似的。

　　美国未来制造飞机坦克的计划，我是10月2日从总统那儿知道的。美国自1942年7月到1943年1月，每个月将分给英国和苏联坦克一千二百辆，而且在之后的六个月里，每个月会分两千辆。美国告诉它派到莫斯科的使团，可以同意从7月1日开始，每个月为苏联提供坦克四百辆，而且，在跟我们的使者商量过后，还能调高那个时限之后的供应量。由于那时美国的坦克产量扩充一倍，一个月将超过二千五百辆，所以美国应该可以践行这个提高坦克支援量的工作。总统又跟我说，他已经同意从1942年7月1日到1943年7月1日，为苏联前线提供飞机三千六百架。

　　最后，我们在莫斯科签订了一个友善的协定。相关方面签了一份议定书，罗列了从1941年10月起到1942年6月为止这段时间，英国和美国援助给苏联的物资。我们的军事计划本就因为武器不足受到了影响，因为它更受打击。我们不仅得将我们自己的产品拿出来，还得舍弃美国原本可以为我们提供的最要紧的武器，我们得扛起一切。

　　尽管伊斯梅将军有绝对的权限和资质将变幻莫测的军事形势介绍给苏联的领导人，并和他们展开磋商，可是比弗布鲁克和哈里曼不愿意使工作因为无法达成共识的事变得更加曲折，所以在莫斯科没有谈及这方面的事情。私下，苏联人继续提马上建立第二战场的要求。看上去，一切表示无法建立第二战场的说法，他们都完全不能认可。他们会提这个要求，就是因为他们遭受的磨难。如此，我们的代表就只能身先士卒了。

此时已是秋末，10月2日，博克统领的德国中路集团军群再次朝着莫斯科推进。两个集团军自西南径直朝着这个首都进发，一个装甲军团朝两侧扩张。10月8日，奥勒尔沦陷，一周之后，处在莫斯科—列宁格勒段的公路上的加里宁城被敌军攻陷。提摩盛科元帅的部队，一方面遭受此种危机，一方面还处于德军中路进攻的强压之下，提摩盛科元帅将自己的队伍退到莫斯科西面四十英里的敌方，预备迎击敌军。此时，苏联的形势已经糟到极致。苏联政府、外交代表团和所有能搬走的工业机构都从莫斯科撤到了东边的古比雪夫，它据莫斯科五百多英里。10月19日，斯大林宣告都城被围，且下了一条仅限于当天的指令："拼死捍卫莫斯科。"苏联的军队和人民忠实地听从了他的指令。尽管自奥勒尔出发的古德里安装甲兵团已经开到了图拉，尽管莫斯科这个城市此时已经被围住了三面，还受到了敌方战机的轰击，可苏军的反抗在10月末显著增强了，可德军的推进却确实被制止了。

希特勒和斯大林演的这场戏，我们可以暂时写到这儿结束。此时，冬天替苏联的部队设了一道关卡。

我的夫人意识到，德国大军潮涌般流过苏联草原，可我们在军事上帮不了苏联任何忙，数个月之后，全国人民的焦躁情绪日渐增长。我跟她说，绝不可能建立第二战场，所以在一段不短的时间里我们只做得到一件事：大规模输送种种物资。艾登先生和我激励她，看看能不能以自愿捐献的形式筹集医药救助基金。此事，英国红十字会和圣约翰医院已经着手办理了，因此我的夫人就受这个联合机构之请，领头倡议"救援苏联"。10月末，在他们的支持下，她首次发布倡议书。

人们马上慷慨解囊。在之后四年的时间内，我的夫人积极、认真地做着这份工作。从富有的、穷苦的人家中，共筹集了近八百万镑。不少有钱人都仗义疏财，不过大多数基金都是广大民众从每周的薪水里省出来捐的。如此，虽然北极运输队遭受重创，可借助红十字会和圣约翰医院的庞大的机构，药物和外科设备、各类犒劳物资和特定仪器却源源不断地穿越浮冰遍布、有着无法预料的危险的大海送给勇敢的苏联部队和民众。

波斯与中东的情况

因为我们需要把各式武器和物资送交苏联政府，北极航线危险莫测，以及波斯未来或许存在的战略意义，所以我们非常想建立一条取道波斯去往苏联的最完美的运输线。波斯的油田是引发战争的首要原因。

在德黑兰，德国已经建立了一个使节团，这个使节团有不少成员，动作频频，所以德国在当地呼声极高。希特勒已经取消了朝东方推进的方案。我们向苏联人提议，一起行动。关于是不是开启波斯之战，我是有些犹豫的，可是我们有充分的开战依据。我非常欣慰，将在印度统御这次武装行动的是韦维尔将军。

1941年7月11日，内阁一个委员会问三军参谋长，波斯政府要是不同意赶走如今给它打工的德国人，那和苏联一起展开武装行动还合适吗？他们在7月18日提议，我们应以强硬的态度对待波斯政府。韦维尔将军也极力要求采取这种态度，我和他的看法基本相同。

　　我们的三军参谋长提议，行动不应该超出南部，为了在一小队空军的辅助下拿下油田，我们起码得有一个师。这支部队只能从伊拉克调，然而，我在伊拉克留守的部队，连维持其国内秩序都不够。他们得到的结果是，要是在未来三个月里一定要派部队进波斯，这支部队将只能从中东调来部队撤换。

　　虽然在波斯的行动方案，已经成了夺取最终胜利所必不可少的严密计划，可我对此仍不满意。所以，我在7月31日，在去普拉森西亚湾的头一天晚上下达了一个指令：由枢密院长主持，为此事设立一个特事委员会。

　　我觉得伊朗（Iran）和伊拉克（Iraq）这两个称呼有雷同的地方，会导致混乱。于是，我要求在方便的情况下，用"波斯"替代"伊朗"。

　　我们跟苏联方面商定，展开行动。一旦波斯的反抗比我们想象的凶狠，我们就一定要顾及深入支援中东战区的可能。

　　考虑到波斯政府绝不妥协的态度，驻伊拉克的我军方司令魁南将军接到指令，预备在7月22日攻占位于阿巴丹的炼油厂和油田，并夺下在北边二百五十英里临近哈纳金的油田。对于8月17日英苏共同照会，波斯的回复让人无法接受，于是英苏大军拟定于25日进攻波斯。28日，我们取得了胜利，战事结束。

　　波斯的反抗这么快就被制服了，这让我们和克里姆林宫的来往，又成了近乎全是政治上的。我们那时会提出由英国和苏联一起在波斯展开行动，主要原因是为了开辟从波斯湾到里海的运输线路。我们也期望英俄部队的直接携手能让我们和新盟国的关系更加亲近和友善。自然，我们两方曾答应过将波斯国内的全部德国人赶走或者抓获，清除德国在德黑兰和别的地方的力量和阴谋活动。而关于石油、共产主义还有波斯战后的命运等长期但微妙的事项都是潜在问题，不过，我认为用不着因为这些事影响我们之间的友情。

这时，韦维尔将军被派去德黑兰。既然他俄语说得流畅，我就想让他成为和苏联最高司令部沟通的桥梁。我们很快跟苏联方面签订了和约。停止所有反抗；驱赶德国人；战时中立；让同盟国借助波斯的运输线为苏联运送军工产品，是向波斯政府提出的首要条件。在和平的情形下，深入夺取波斯的行动告成。在友善亲近的氛围里，英俄大军会合。9月17日，两方部队夺取了德黑兰。波斯国王已在头一天将王位禅让给了他二十二岁的儿子。新国王在同盟国的劝说下于9月20日重新确立了君主立宪体制。我方部队已经大部分撤出波斯，仅为守护运输线留了几支分遣队，英国和苏联的部队也在10月18日从德黑兰撤了出来。之后，在魁南将军的统领下，我们的队伍一边为了防范德军从土耳其或高加索发动的可能的攻击进行防御活动的筹备，一边为了便于在德军发动进攻的时候能接待大量援兵，进行后勤工作的筹备。

建立从波斯湾通往苏联的重要运输线是我们此时的首要任务。因为德黑兰那里的政府友善，港口得以扩建，内河航运得以推进，公路得以建成，铁路也得以改造。这一工作，英国部队从1941年9月开始启动和推动，没过多长时间就交给了美国政府，由他们完成。因此，我们才能在四年半的时间里，运五百万吨供应物资给苏联。

现在，让我们再来说说地中海这个首要战区的情形。

敌人和我们都用夏天来对利比亚沙漠的部队进行支援。从我们这边讲，最重要的是增强马耳他岛的防务。坎宁安海军上将的船队因为克里特岛的沦陷丢了一个基地，这个基地能让我们在近处补充原料，让我们守护马耳他岛的海军势力得以起效。敌方海上运输部队此时从意大利或西西里岛进攻马耳他岛的机会增多了，可是我们之后才知道，直至1942年希特勒和墨索里尼才让这类计划通过。敌人在克里特岛和昔兰尼加的空军据点，对我们运输舰队自亚历山大驶向马耳他岛航路产生了重大威胁，因此，我们运输物资的时候，只能全都依赖西面的航路。在这一使命的完成中，萨默维尔海军上将带领的驻守于直布罗陀的H舰队功勋卓著。海军部曾断言说，这个航路特别险恶，却成了仅有的能使用的通道。好在因为攻打苏联所需，希特勒此时只能将他的空军撤出西西里岛。马耳他岛的形势因此得到了缓解，我们也因此得以再次拿到马耳他海峡的制空权。这除了对从西边过来的运输舰队的航行有好处，还能让我们重创为隆美尔提供兵丁和物资的运输船。

经过战斗，有两支巨型运输舰队顺利抵达马耳他岛。里面所有运输舰队的航程都是一次海军的大型行动。7月，一支有六艘物资供应船的运输舰队到达马耳他岛，驶出的空船有七艘。意大利人在过了两晚之后，派出了大概二十艘快速鱼雷艇和八艘小型潜艇对瓦莱塔港展开猛烈进攻。守卫此港防御点的基本都是马耳他岛人，他们近乎全歼了敌军。

9月，在"威尔士亲王"号和"罗德尼"号战列舰、"皇家方舟"号航空母舰以及五艘巡洋舰和十八艘驱逐舰构成的强悍的护卫队的保护下，另一支运输船队——有九艘运兵船，抵达马耳他岛，运送士兵的船舰，只有一艘被毁。不算这几支首要的运输舰队，抵达这个岛的，还有不少供应船。有三十四艘船舰驶向马耳他岛，平安到达的一共有三十二艘。因为这些给养，这一要地不仅得以存续，还打退了敌军。截至9月的三个月的时间，马耳他岛上驻守的英国飞机、潜艇和驱逐舰打沉的轴心国的船舰一共四十三艘，共有十五万吨，除此，还有非洲航路上的六十四艘相对小一些的船舰也被击沉了。10月份，运给隆美尔的供应物资有百分之六十以上在运输途中沉没。这点很可能在1941年的沙漠战斗中起了决定性的作用。

我依旧非常担忧沙漠之战的延迟和敌军对隆美尔的支援，甚至催促海军部在勤勉一些。我极想派一支新的海上舰队去马耳他岛驻守。

这个政策得到了相关方面的认同，不过推行还需要用一些时日。10月，在马耳他岛，由"曙光"号和"佩内洛普"号巡洋舰及"长矛"号和"活力"号驱逐舰组成了一支名为"K舰队"的攻击型舰队。没过多长时间，这支舰队就立了大功。

战争中，虽然未必都能先行拟订计划，但到底还是可行的。奥金莱克延迟攻击的决议和波斯之战取胜带来的间隙形成了一个机会。不管从哪个角度来讲，我期望此时能将运输实力用到极致以支援东方。日本的危险，还有它对澳大利亚和新西兰的所有潜藏的威胁始终都在。我想再往东方派两个英国师。这两个师要是能在年末前后绕开好望角，那我们手中就有些可以抵御突发情况的力量了。这两个师实际上会变成一支机动储备部队，一支"机动大军"，我们仅靠这支军队就能在需要的时候，有不小的调兵空间。

所以我很想再派两个师去沙漠战斗队，为了让我们成功的机会更大，还要留一个储备部队做机动之用，以应对中东的需求或者突发情况。我们那时没有运送这支部队的船。能从大西洋战争里调出的所有的船，都用到了绕过好望角的运输船队或者从澳大利亚、从印度驶出的运输船队上。

于是，我向总统求助，得到了最大的支持。美国海运委员会还额外派出十或十二艘船舰开往北大西洋，在美国的各个口岸和大不列颠中间行驶，如此，我们就可以省出十或十二艘货船开赴中东。总统说："我借给你们的是我们最先进的运输舰。再说一句，你们支援中东让我觉得非常开心。"

我们都时刻挂念沙漠地区的情况。8月第一周我去普拉森西亚湾的路上，曾针对即将来临的西部沙漠攻势写了份备忘录，我现在再将其复述一次。原稿我曾拿给帝国总参谋长瞧过，还拿给本土军队的总司令布鲁克将军看过。除了少量与准则无干的小变动，他们说绝对支持。

　　自10月7日开始，我将这份文件拿给了各个高级指挥官传看。第四条里说到的有关陆军和空军司令的条款，发电报给奥金莱克将军和特德空军中将推行。这个条令对两者间的联系进行了解说，且在对空军的适用上，陆军司令不管是在战斗的时候，还是筹备的时期，权限都是最大的。这个条令自此在英国部队施行，之后美国又单独做出改进。

英国的力量不断增强

　　当冬季来临，必须按照新的局势考察一下1942年陆军的数量和编制。我们无法断定希特勒在10月攻击的最初阶段，在战败、击退了苏联部队以后，是不是会遵照他那一大群将军们本来劝诫的那般，突然暂停，夺取一个据点过冬。既然他已经抓紧时间筹备妥当，他就有可能会借助他掌控的横穿欧洲的众多通路，调二十到三十个师回来，以便在春天的时候，进攻大不列颠。甚至没有人知道，他是不是还有充足的精兵留在西方战区。德国空军看上去仍有机会以极高的速度再从东方返回西方。不管怎么样，对于这种骤变，我们一定要有准备。

　　本地武装总司令艾伦·布鲁克爵士极其正确地阐述了本地防御的需求。他请求得到大量兵力，否则作战军队的力量就会大大削弱。对我们数量已经极为有限的兵力进行正确分派的任务，就压到了身为国防大臣的我和三军参谋长身上。同时，我会尽全力提升本土武装的功用。

　　派尔将军统御的高射炮对和别的空中防御部队，自然是我们机动部队能够得到人员补充的重要渠道。因为大家忧心未来空袭的级别甚至会更高，所以在防空上要求做出切实的扩张。我抑制了这些趋向，而且又讨论起了那些前提为进占危机的事，我心里仍旧潜藏着进占的危险。

　　此时，我方战斗机力量已经得到极大的加强，而且，除了防御上给予的安全更高了，在战策的制定上，也拓展了其余各种可能。

　　我始终在持续尽量想办法让轰炸机的制造得到发展，制造得更多一些，那些坚持提高它产量的人的最低指标，其制造甚至也差得很远。

　　与此同时，我们某些最可信的大臣以他们本有的热情给出的意见，我却只能压下。空中海防总队因为我们必须减少它预计的扩增而遭到了非常重大的伤害。此时，我的工作就是在同一时间战斗在全部的行政阵线上，并在众多的彼此矛盾的需求下，为内阁提出建议。

　　眼下，对于我们期望陆军在1942年拥有的力量和特征，还有维系陆军必备的关于人员分派的举措，我已经有了大致的意见。以下计划和因此要推行的举措，我已获得了相关部门的认可。

　　为此，我详尽介绍了我军在国外的情形，包括在那些逼迫美国参与战争的特殊事项出现之前，我们所拥有的军用物资和部署的力量。此时在为部队配兵之外，在人力上，正扩大的兵工厂和制造厂提出的需求也更高了。要想保持住整个国家的气势，那就一定要让人民也得到充足的给养。在人力中心与兵役中心，贝文先生作为一个阅历丰富的工会领导者，通过他所有的学识和声望去搜集有用的人。在对我们的军事和经济资源进行衡量的时候，显然，人力同样是一个环节。人力供应者文先生和枢密院长约翰·安德森爵士一起制定了一种体系，直至战争结束还帮了我们很大的忙，因为这种体系，我们为国内或者战场上的工作，召集了大量男女——其在总人口中的占比，高于全球任何国家在这场战争或之前随便一场战争里所召集的比例——去从事支援战争的工作。

11月，战时内阁拿到了这种有关人力考察的首次汇报。对于枢密院长在汇报里问我们的那些重点问题，我将自己的意见告诉了我的同事。此时，我们明显只能将重担压到女性身上。

德国入侵这整件事免不了被再次拿出来讨论。我越来越相信这件事不会发生。与此同时，这是个完善的措施，他能让我们对能够调配的兵力进行重大合适的部署。此时，国内的司令部提议大规模提高装甲配置，而且有关德国大批制造坦克登陆艇的谣言也被视为可能性极高。那时的形势有多危急，下一些不幸被真相证实为部队的决议，有多容易，要是不读读那时写下的文件，人们是理解不了的。

对于我们这个岛的防御情况，美国的军事领导者们十分关注。这个岛在他们眼里已经是美国的安全屏障了。

当1941年即将终了——并且无法预料的高潮也将消逝之时，我们也能真正放下心来，回想一下那个关乎生死的抗击德国潜艇的战斗。6月末，我在国会机密会谈里指出的那些有益的趋向，一周比一周显著。我们的资源越来越多。对于在北大西洋的各个地方，还有开赴弗里敦的航路的运输舰队，我们等到7月就能为其建立虽然脆弱，但连绵不绝的护卫船队了。在德国正尽其所能去增多自家潜艇的时候，我国和美国的密切协作正变成现实。

我们的新型武器虽然仍处在它前行的初级阶段，还有在毁灭潜艇上，我们的海军和空军展开的有力的战术合作，都在完善中。军事上，我们十分有效、适合在大海上使用的雷达装置已经投产，这并非没有失败的可能，而且这种可能是从制板开始就有的。我们防范的首要方法仍是仰仗海面躲避。我们距离可以挑衅敌军，让其来攻击我们的那天，还有很远的距离。德国此时派出的潜艇的数量虽然是1940年的五倍，可是我方船舰的损耗却少了很多。

随着苏联加入战斗，攻击我国沿岸船只的德国飞机少了点。"福克乌尔夫"式轰炸机能飞去很多地方，可我们专门为对付这种危害设计的配备战斗机弹射机的船舰如今正在建造，而且用不了多久就获得了不少成绩。从直布罗陀和塞拉利昂到我国的航路，成了德国飞机和潜艇袭击的目标，8月和9月这段时间，我们因此失去了商船三十一艘、护卫舰三艘。9月，英舰"勇气"号开始服役，它是第一艘能从一个飞行甲板上派出六架飞机的真正的护航航空母舰，而且，此种军舰的功效马上得到了证实。在之后的很多年里，在和潜艇战斗的战争，以及未来的两栖战斗里，美国制造了大量发挥巨大效用的船舰，这些船舰都是用"勇气"号当范本制造的。

在大西洋，我们的处境因为德国派潜艇去地中海去的决议，得到更多的改善。在直布罗陀海峡，德国有五艘被击沉，有六艘因为负伤只能撤了回来，不过有二十四艘顺利穿过，而且成了地中海一大害。

我们的海上商业活动也在持续遭到乔装的德国商船的攻击。不过，我方因遭遇德国潜艇攻击而遭受的损失，在1941年11月减到了自1940年5月开始的最小值。虽然希特勒炫耀，虽然德国的潜艇和空军的实力增强了，虽然我们海上的运输舰队在持续增加，可1941年英国和同盟国损耗的船舰数目并没比1940年多。而我们击毁的德国潜艇的数量（意大利潜艇的数量也在其中）却增加了，1940年是四十二艘，1941年是五十三艘。

如此，在迎来战争里最重大的一次变更的前夕，我们的军事实力已经有了极大的提升，而且，在切实力量和对不少事情的掌控上，仍在平稳增长。我们相信自己有守护我们这个岛国的实力，而且，能以我方船舰可运载的最高额度送部队去国外。未来会如何，我们并不清楚，可是在解决了所有难题之后，不会再惧怕未来。侵略并不恐怖，而且，我们渡过海洋的生命线与此同时却变得更安全、更辽阔、更多，更有收获了。对于这个岛国的大门，我们的掌控每个月都在加强。德国恐吓将要采取的那种限制已被戳穿，而且敌军已经被赶到了离我们海滨很远的地方。食物、武器和供应物资持续不断地被日渐增多地运至我国。我们自身制造厂的制品每个月都在增多。虽然地中海一域、北非的西部沙漠和中东仍身处险境，可在11月即将终了的那几天，从陆地、海面和天空这三点而言，对于战争截至目前的进展，我们觉得还是幸运的。

与苏联的来往更加密切

此时，掌控着我们和苏联关系的中心有两个：一，在军事上，我们的谈判处在混沌和让人不快的境况里；二，苏联提出条件，让我们和芬兰、匈牙利和罗马尼亚——轴心国的卫星国决裂。就像我们已经看到的那样，在不久前的莫斯科大会里，前者几乎没有收获。我就这点拟订了一份备忘录，11月1日交给了外交大臣。我意识到，只要建立一个军事谈判的组织，就能就共同行动展开磋商。

就像我们曾看见的那样，我们和芬兰绝交的事，最开始是9月4日，麦斯基先生和我会面的时候，他提起的。我明白此事是苏联人在对其显露强硬的态度。1941年7月，芬兰人曾借着德国攻打苏联的时机，在卡雷利亚前线再次展开对抗活动。一年之前签署莫斯科协议丧失的那些土地，他们想拿回来。在1941年秋，除了列宁格勒，他们的武装行为还对自摩尔曼斯克和阿尔汉格尔斯克到苏德前线的那些物资运输线路，产生了不小的威胁。这种形势可能导致的结果，自8月开始，我们和美国政府都曾以严苛的措辞警告过芬兰人。他们则认为，为了防范苏联，保证自身的安全，他们得拿到正被争执的东卡雷利亚省，并且，他们的这种想法，因为前两年的经历被强化了。然而，苏联眼下正和德国一决雌雄，同盟国明显不能让芬兰成为德国的卫星国，把苏联和西方来往的北方的重要运输线切断。

罗马尼亚的情况和芬兰差不多。1940年6月，苏联人已经侵占了罗马尼亚的比萨拉比亚省，进而掌控多瑙河河口。如今，安东内斯库元帅率领罗马尼亚部队和德国形成同盟，不仅已经重夺比萨拉比亚省，还直插进苏联黑海地区的众省市，就像在东卡雷利亚的芬兰人那般。匈牙利地处横贯中欧和东南欧的交通枢纽上，所以匈牙利人对德国在战争上下的工夫，给予了直接的援助。

可是在我看来，应对这种形势，开战绝不是什么好办法。波兰因为我们和美国的施压，仍有机会接受公正且合乎情理的和平条款。至于罗马尼亚的事，起码按照种种因素，我们可以相信，安东内斯库的独裁统治不会一直坚持下去。所以，我决定给斯大林元帅发电报，讨论军事方案与携手之事，还有尽量不和这几个轴心国的卫星国战斗的事。

11月11日，麦斯基先生将斯大林对这份电报的冷漠、言辞模糊的回电，拿给了我。斯大林的这份电报，就连他自己过了一段时间好像也觉得口气太差。对于这份电报，我是不想回复的。沉默就能表达我的想法。

斯大林的电报明确表示，按照苏联领导者们眼下的看法，纯粹的军事谈判是无法带来任何切实的结论的。芬兰这件事，斯大林电报里的口吻近乎撕心裂肺，证明在达成谅解上，我们两国有着不同的看法。所以，我建议派艾登先生携令出访苏联，再次为缓和我们的关系做出努力。11月21日，我发电报给斯大林先生的目的，就是如此。

两天之后，斯大林先生回复了电报，和之前相比，口气镇定了点。因为斯大林急切的倡议，最后，立即决议予以部署，发了一份带有时限的最后通牒给芬兰人，也给了罗马尼亚和匈牙利。而我是被逼的，十分不情愿。此时，在我看来，在苏联政府知情和同意下，同芬兰领袖曼纳海姆元帅本人最后一次发出倡议，是有价值的。于是，我给他发了电报。

我于12月2日接到了曼纳海姆元帅的回复电报。这个回复明确显示，芬兰不准备将它的部队退回1939年的疆界，所以，英国政府就展开了宣战的布置。随后对罗马尼亚和匈牙利展开了一样的行动。

艾登先生的莫斯科之旅就是在这种情况下筹备的。帝国副总参谋长奈将军会和他一道过去。莫斯科会议将会对战争进行军事和普遍层面上的整体追溯，而且，要是有机会，会签署一份正式书面的联盟协议。

我在12月5日，写了份总的训示交给外交大臣，就我们这边的意见，对军事形势的一些层面进行了检验。

苏联前线军事情况的危险性，在这些联系展开的时间里，已经不那么紧张了。希特勒曾决定再狠狠地努力一次，11月13日，他下达指令启动"秋季攻势"好在年末之前拿下莫斯科。博克和古德里安并不认同这一计划，按照他们的意思，德军冬天应该挖壕沟严守。他们的提议未被接受。德军11月下旬在两翼曾有了一点斩获，可是，驻军和民众的拼死反抗，以及此时已经来临的酷寒，德军在12月4日启动的中路首要攻势均彻底失败。自动武器失灵；飞机坦克的马达打不着火。因为缺少过冬的衣物，德国的将士都被冻得半僵了。

　　如同在他之前一个世纪在这条路上走过的那个无与伦比的军事神人一般，此时，希特勒知道苏联的冬天代表了什么。严酷的实情按下了他的头颅。因此下令让部队退往后边的一个好一点的战线上，尽管他们在同一时间还得抵御苏联的攻击。这种攻击很多。苏联在那年剩下的时间里一直在发动攻击，位于莫斯科南边和北边的德国装甲部队于是不得不后撤，直至12月31日，才在一条自北向南的战线上停下来，那里距莫斯科城有六十英里；可德国部队曾经走到了离莫斯科城不到二十英里的地方。在北方的德军，他们的际遇也没有更好。列宁格勒和苏联后方的来往的确曾经被彻底斩断，还被南边的德军和北边的芬兰部队死死围困，可是所有的攻击都被打退了。在南边，德军的斩获就多了一些。龙德施泰特曾到过罗斯托夫，还换方向抵达了高加索。在那，他因为走得太急被打退了四十英里。虽然这样，但他已经前进了五百英里。他已经走到了苏联南方工业区和乌克兰的富饶的麦田的前边。尚未被赶走或者消灭的苏联人，只有克里米亚还有一些。

　　如此，在六个月的战斗力，德军已经有了极大的斩获，他让对手遭受的损失是一切其他国家都承担不了的，不过，他们试图夺取的莫斯科、列宁格勒和顿河下游这三个首要目标，仍被苏联人坚实地掌握着。还有很远的距离才到高加索、伏尔加河和阿尔汉格尔斯克。苏联部队不但未被打垮，还越来越强悍，而且到了明年，它的力量肯定会有更大的提升。

　　冬天已经到了。战争显然短时间定然无法结束。反抗纳粹的一切国家，不管是大国，还是小国，看见德国闪击战第一次失效，全都欢天喜地。德国部队只要在东方死战，那攻打我们这个岛国的危险就没有了。谁也不清楚，那场战斗会打多长时间。起码在希特勒看来，前景仍旧乐观。总司令勃劳希契，因为他秋天的时候和他的将领们争执了很多次，他们也没能让他长久的目标得以实现，而被罢免了。龙德施泰特也辞职了。自此，希特勒亲自调度东方的大军，他对自己的军事才能信心满满，一心期望能在1942年及早将苏联打垮。

随后，我要叙述的是奥金莱克将军在西部沙漠展开的进攻。日本12月7日在珍珠港攻击美国的事，使得谈判和进攻都走入了不一样的进程。在全球各类势力有了截然不同的结合的背景下，我们将在合适的时间段，重提这些项目。

战局发展

当前，英国需要拟订自己的战斗方案：如何才能以实际可能的最大规模来调集我们的部队与希特勒战斗；怎么用军需制品和最少的限制措施去支援苏联人；最要紧的是，怎么活下去。

我心里已经有了一个成系统的，大部分也得到了三军参谋长认可的有关1941年内剩余时间和1942年的规划。这个时间段的这个方案的制定，自然是按照美国仍未参战，却为我们提供国会同意的所有支援的这种情形来的。

我期望我们能在西部沙漠夺取一次关键性的胜利，将隆美尔赶出利比亚和的黎波里达尼亚。要是没什么意外，突尼斯、阿尔及利亚和摩洛哥或许能逃出维希的掌握，连成一线，可能甚至连维希自己也会参与进来。这个目标只是一个希望，而这个希望的基石也是个希望。可是在联合王国中，我们却筹备了一个装甲师和三个野战师，而且在德国空军被苏联牵制着的时候，船舶实力足以将运去地中海西面所有地方。我们若能夺取的黎波里，法国又能不采取措施，那既然我们拥有了马耳他岛，我们因此就能攻打西西里岛，如此，就能在我们独自在希望努力的时候，在能力范围之内建立仅有的可能的"第二战场"。不算挪威，不论我们在战场上有多好的运气，我也不觉得在1942年，我们能做什么别的事。三军参谋长和规划委员会认真拟订了进攻西西里的计划，我们管它叫"鞭绳"。

只要打败隆美尔，消灭他数量有限的鲁莽的部队，且我们又拿下了的黎波里，在我们看来，要让我们四个师的最精良的军队（大概八万人）登上西西里岛，并夺取这个岛屿，是可以实现的。此时，西西里岛上的德国大军已经没有了，曾经起航于西西里岛上的机场，让我们遭受众多损失的德国空军已被调去苏联。我们的远征军，在海上行进，且已经开进地中海以内的时候，敌军自然会发现它们，可是敌人不会知道我们要去的哪里，是法属北非的比塞大、阿尔及尔、奥兰，或是西西里岛，或是撒丁岛。这就是海军国家拥有的有优势的选择自由。大不列颠和英帝国，在1942年内，还能独自进行哪些其他的主动进攻计划呢？我们怎么做才能和德国人展开大范围的战斗？什么计划能在战争变化莫测的情形下，为我们提供大量值得期待的选择呢？这或许在我们可独自承担的力量范围之外。或许还会遇到什么不测。但不管怎样，这到底不会损害我们通过大西洋的生命线，或危及我们国内反抗侵略的防守力量。看见了前行的路和可以踏上这条路是两回事，不过有个宏伟的蓝图总比没有强。

所有的事都得从属于奥金莱克将军筹备了很长时间的那个西部沙漠进攻的胜利。所有的事，都得考虑到因为德军或许会突然攻进里海地区，或者顺着相同方向越过土耳其或者开进中东——叙利亚、巴勒斯坦、波斯和伊拉克——导致我们遭受的那些麻烦的危险，不过，我一直觉得这全部的事都不太可能会发生，最后证明这么想没错。我分析的这些设想方案的每一步，都得到了三军参谋长、国防委员会和战时内阁里的，我的各部官员同事的肯定和赞成。最终，全部的事都切实遵照预订顺序做完了，可是落实却一直等到了1942年和1943年。

我们在机密圈里的人，尽管受到了这所有的推断的影响，我却坚持不能放松攻打欧洲的大陆的工具和计划的筹备。海军统帅罗杰·凯斯爵士此时已经七十岁了。为了大众的利益，应当派一个新的年轻人选去统帅那个海外机构。我选择了路易斯·蒙巴顿勋爵。

奥金莱克将军提出再给他近两周的时间，以便完善自己的布置，这让我感到心烦。最后，如奥金莱克将军所愿，时间定在了11月18日。

我在奥金莱克在西部沙漠展开大冒险之前，写信把我的整个思路告诉了总统。这些计划，我也借助国务大臣详细地告诉了中东众总司令，让他们明白，他们将去施行的"十字军战士"那场战斗，能为我们铺就一条继续前行的路，并且，这也是为了再一次强调他们攻击的紧迫性。这份文件说明了一个不一样的地方，它显露了我写给总统的那封信里的一致看法——得到了艾德礼先生的绝对认可——的另一面。

开罗那些总司令却不这么想。在他们看来，尼罗河三角洲和苏伊士运河、巴士拉和高加索，还有"陶鲁斯山堡"的防守才是主要目标。他们觉得夺取西西里岛机会不大，或者没有需要。他们的思绪在右，且朝东，而且假设决定朝西行动，我们的付出也得到了回报，他们对西西里岛也没什么想法，宁肯夺取比塞大。我详细询问了他们的理由，这个理由，在印度的韦维尔将军也十分赞同。10月27日，他们在一封表明了我说的那些依据的电报里阐述了他们的结论。最后，我舍弃了夺取西西里岛（"鞭绳"战斗计划）的想法。

先不说舍弃攻打西西里岛的计划，在得到一致意见上，我并未遇到麻烦，因为没有人放弃我们对种种价值和时机的预估。所以若一切顺利，我们是这样规划的：打败隆美尔军并剿清昔兰尼加的敌人；推进到的黎波里；还有，若法国帮忙或者发出请求进驻法属西北非洲。攻打西西里的计划，其前提条件是前边两个计划没有遭遇不测，而且能够取代第三个计划。不过我不想在战略上，和中东司令部接着争论，因为这全部的事推论的成分极高。

接下来我们看看敌军那边的情况。德国战斗规划部1941年7月曾经讨论过一个名为"东方"战斗计划的未来武装行动，目标是颠覆英国在中东的地位。在秋天打败苏联是他们的首要假定。这是个宏大的"假设"，一个装甲兵团自高加索出发，在1941年年终到1942年年初的冬天，取道波斯一路朝南推进。在土耳其妥协的情况下，一支大军——有十个师，其中五成是装甲和摩托化部队——将自保加利亚穿过安纳托利亚开至叙利亚和伊拉克。土耳其若是反抗，那需要的军事就再翻一番，所以，这个计划就必须留到1942年再施行。非洲的德意大军仅位列第三。在1941年夏天和秋天这两个季度，他们的工作完全是防守性质的，只有夺取图卜鲁是例外。到了冬天，他们需要填充兵力和配备上的损耗，之后，利比亚那边的轴心国大军，会在我们的视线和部队因为波斯和伊拉克遭受全力攻击而散开的时候，攻打开罗。

在非洲冒险，德国最高司令部由始至终都不支持。德国只是因为不想意大利部队被打垮，才派兵去非洲。等遏制了意大利部队的溃散，德军的目标也完全没因为这种成果而发生变化。他们不看好穿过地中海的海上航行，因为可能会被自马耳他出发的潜艇和飞机的攻击。因为"相比于同盟国，轴心国在支援上的难度更高"，所以北非战区一直都无关紧要。在德国人心里，在陆海空上和意大利人携手，也没有很大的吸引力。隆美尔军的缺失，德国指挥部勉强才答应予以填补。敌军要是有心，他们是能在可承受的牺牲范围内，抽出所需兵力，并将其运过来，让我们失去地位的。很快就能看见，马耳他岛，这个他们的首要妨碍，做了什么才从未受到攻击的。毫无疑问，在克里特岛遭受重创，是他们没这么做的原因之一。

1941年8月初，德国陆军部发了封信给统领西、北、南各路集团军群的将军们，简述了击败苏联之后的目标，攻下图卜鲁格，夺取直布罗陀港，攻打叙利亚、巴勒斯坦。

对我们来说，秋天和冬天的各月是不错的机会。德国空军已经自西西里岛撤走。意大利海军想要的能源在苏联前线耗干了。为隆美尔提供的供应品和援兵，8月消耗了百分之三十三。这个重大的数额在10月增加到了百分之六十三。意大利人逼于无奈打造了一条运输线取代空运。9月末，墨索里尼开始按照一个月空运一万五千人的量将援兵送往的黎波里，可到10月末，送到的仅有九千人。与此同时，通过海路前往的黎波里的航运却停了下来，仅有有限的运输舰队从我们的隔离线溜过去，开到了班加西。可是10月的损失逼得德国最高指挥部为意大利海军提供了汽油。他们迈出了远为这关键的一步。邓尼茨海军上将被逼无奈答应自大西洋战役里抽出二十五艘潜艇驶入地中海。这是一个切实的危害，其结果很快就显露出来。

我们以马耳他岛为据点，在这段时间的侵占起了关键作用，并且海军部依照我的意思在那打造的"K舰队"的行动成果显著。11月8日晚，按照飞机上报，它们攻击了自再次航行起的首批意大利运输舰队，这批运输舰队有七艘商船，六艘驱逐舰、两艘护航的巡洋舰，另外，还有作为增援的驱逐舰四艘。没多久就歼灭了全部的商船。我们的巡洋舰打沉了一艘驱逐舰，另一艘被打坏了。意大利巡洋舰不曾参战。这个好消息我发电报告诉了总统。

轴心国的运输舰队不得不又一次停下来，让隆美尔有了足够的借口去和德国最高指挥部抱怨。可是此时，我们无灾无祸且占有优势的时间告终。德国潜艇加入这一战场。11月12日，在"皇家方舟"号派更多飞机动身飞往马耳他之后，在返回直布罗陀的路上，被一艘德国潜艇发出的鱼雷打中。所有试图救下这艘船的努力都白费了，因此，在航行至距直布罗陀只有二十五英里的时候，这艘在众多战争里立下赫赫战功的老资历的军舰沉没了。这是我们在地中海船队遭受的一连串重创的开始，我们以前从不知道那里存在缺陷。可是此时，我们推迟太久的进攻的所有预备工作都准备妥当了，所以现在我们只能转向西部沙漠那边。

"十字军战士"行动

由于现代战争发生的地域十分辽阔，而且胜负通常要几周之后才能确定，可在历史上那些著名的战场中，国家民族的命运，在数小时之内，方圆数平方英里之间，就确定了，所以现代战争的讲述极易缺少戏剧性。在西部沙漠的战争中，动作迅速的装甲部队和摩托化部队将古今的这种对照展现得淋漓尽致。

以往战争中的骑兵，已经被一种力量远为强悍，行动空间远为广阔的武器——坦克取代了，而且在很多地方，坦克的灵活使用类似海军战斗，只是用沙海代替了咸水海而已。取胜特征是装甲纵队的作战特点，就像一支巡洋舰队的作战特点，无关他们遇敌时所处的地方，或者敌人出现在地平线的哪部分。坦克师或者坦克旅及更微小的体系，形成战线的效率这么高，致使被围，或者受到来自后方的攻击，或者被切断这种危险的关键性极大地减小了。另一边，所有的事都随时取决于能力和弹药，而且装甲军而言，这两样东西的供给远比海上靠自己供应船舰和舰队麻烦。所以，那些军事理论依从的准则有了新观点，并且每次战斗都能得到关于自身的经验。这种沙漠作战里含有的战争努力如此强劲，绝对不能小看。尽管各方部队中，进行战斗作战部队的只有九万或十万，可这些队伍，却需要两三倍于他们的人和物为他们的顽强战斗提供帮助。希迪列格的剧烈的争斗，代表着奥金莱克将军开始进攻，从整个局势而言，展现了战争的众多最鲜明的特色。和古时候一样，两方总司令亲自参加，起到了主宰和关键作用，并且所冒的风险，也和古时候差不多大。

在西部沙漠的战争中，奥金莱克将军的工作如下：第一，重夺昔兰尼加，且在这一进程里毁掉敌方的装甲装备；第二，若全部实现，就得攻下的黎波里达尼亚。

隆美尔前线的身后七十英里的地方驻扎着保卫图卜鲁格的部队，它有五个旅团和一个装甲旅。他时常留意这个堡垒，而且，因为这个堡垒的战略威胁，直到今天还防阻碍着一切攻击埃及的行动。德国最高指挥部已经议定了瓦解图卜鲁格的原则，所以所有能做的准备工作都做好了，11月23日就要着手对这一地区展开攻击。

虽然要做很多准备，但纯粹战略上的突然进攻还是实现了。轴心国的部队为了能在11月23日攻打图卜鲁格，正夺取新的阵地。莱科克上校派潜艇将苏格兰突击队的五十个人送去了敌军战线后边二百英里的海滩上的一个地方，以便在此重要时刻，攻打敌人的大脑和神经中枢。

在波涛涌动的海面上登陆的三十个人，被分成了两队，一队去切割电话线和电报线，另一队由凯斯中校——其父是凯斯海军上将——统领，去攻击隆美尔的住处。他们在17号夜半时分，冲进了德军指挥部的一幢房子，射杀了很多德国人，可是隆美尔并不在那儿。期间，凯斯牺牲了。

开始的三天，我们没遇到任何麻烦。21日和22日这两天的全天，重点在机场极其周边展开了一场激战。其实，两方全部的装甲部队都被扯到了这场战斗之中。德国坦克的配置更强一些，而且开到交火地的数量更大，所以占了上风。在坦克方面，我们损失很大。22日晚，统领第三十军的诺里将军三分之二的装甲部队都牺牲了，于是为在阿普德小道北边的地区整顿队伍，下令全线后退二十英里。这是一次重大的失败。

11月21日，看到敌军的装甲部队有打一仗的意思，坎宁安将军下令第十三军朝前进军。在此次交战中，双方都遭受重创，战争尚未决出输赢。此时一个富于戏剧性的插曲出现了。隆美尔下定决心要拿到战术上的主动权，所以让装甲兵团强制向东行进直抵疆界，试图借此制造极大的骚乱和恐慌，好引诱我方指挥部没有开战就自动撤走。结果隆美尔的这一冒险策略失败了。

坎宁安将军因为我方受到的重创和隆美尔侵袭致使我方战线后方出现的动荡感，同总司令说，我们的进攻要是不停，或许会造成我们坦克兵团的全军覆没，进而危害到埃及的安危。这将代表着对战败和行动整体落败的接受。奥金莱克将军在这一关键时刻亲自插手了。因为坎宁安的要求，11月23日，他和空军中将特德坐飞机去了沙漠地区驻兵指挥部，或许会发生的危险，他都十分清楚，但仍下令让坎宁安将军"接着猛烈攻打敌军"。就这样，奥金莱克以自己的行动拯救了这场战争，并且显露了他这位战区司令的优异才干。

25日，奥金莱克回了开罗之后，发电报跟我说："我已决议暂时让我如今的副参谋长里奇将军替换坎宁安将军。"这位总司令的决议，国务大臣奥利弗·利特尔顿曾经予以说明，且坚定地予以支持。我也发了封电报，对此表示支持。

这时候，斩断隆美尔的能源供应也很重要，于是我给奥金莱克将军和那地中海舰队总司令坎宁安海军上将发电，竭力催促攻击敌方运输线。

战事仍在继续，电报接连不断地发过来。奥金莱克26日在电报中说："隆美尔还没垮台，不过我认为我们已经取得了主动，并且我深信我们能主动下去。"

30日，奥金莱克在电报的末尾处说："29日早上，我们的物资分队到了图卜鲁格。'到图卜鲁格的走廊已经肃清，并且安全。图卜鲁格同我一样得到解救。'"

奥金莱克12月1日亲身去了前线的指挥部，我方军队此时已占了上风。12月10日，这位总司令告诉我："敌军明显正在朝西边全面后撤。我已经夺取了艾德姆。在那儿，南非和印度部队同图卜鲁格出来的英军会合了，所以我觉得眼下可以宣告图卜鲁格之围已经解了。我们正和皇家空军展开最密切的配合，以追赶敌军。"

如今，我们按照德国那边的记录了解了在"十字军战士"战斗里，敌人遭受的损失，算上此时在拜尔迪耶、塞卢姆和哈尔法亚被斩断，然后又被俘虏的防守部队，大概是一万三千人的德军和二万人的意军，总共三万三千人，还有三百辆坦克。能和它对照的是，相同时间段里（11月18日到1月中旬）不列颠和英帝国部队的损耗：牺牲将士二千九百零八人，负伤七千三百三十九人，失踪七千四百五十七人；总共是一万七千七百零四人，以及二百七十八辆坦克。这一损失，九成出现在此次攻势的头一个月。

就在我们将隆美尔的军队推到濒临毁灭的边缘时，在这紧要关头，我们在东地中海的海军力量却因一系列的灾难，而实际上被消灭了。

在地中海，德国潜艇的影响深重。"皇家方舟"号已经没了。"巴勒姆"号在两周之后被三枚鱼雷打中，没过三分钟就沉没了，超过五百人牺牲。之后发生的事更多。一艘意大利潜艇12月18日晚开到亚历山大港附近，发了三枚"人控鱼雷"，两人控制一枚。他们借着港口大门打开放船通行的机会进了港。他们布置了定时炸弹，就是19日午夜，这些炸弹在"伊丽莎白女王"号和"勇敢"号战列舰的下方爆炸。两艘军舰都严重受损，有好几个月都一直是没有用处的累赘。如此，身为一支战力的我们的东方战列舰队，不过几周就被剿灭了。在其他战区损失的"威尔士亲王"号和"击退"号，我也得予以说明。战列舰的损耗，我们曾经顺利地瞒了一段时间。很长时间之后，在机密会议中，我和下院说："不过几周，我们失去或长时间丧失战力的大型军舰就有七艘，也就是超过了我们战列舰和战列巡洋舰的三分之一。"

然而，"K舰队"也遭到了攻击。马耳他在亚历山大港之难发生的那天接到情报，说敌军的一个重大的运输舰开向了的黎波里。"海王星"号、"曙光"号和"佩内洛普"号巡洋舰带着四艘驱逐舰，当即动身追赶。在开到的黎波里港附近的时候，我们的船舰驶进了一个新的雷区。"海王星"号碰到水雷，严重受损，剩下的两艘巡洋舰也全都受伤了，不过还能开走。没过多久，"坎大哈"号驱逐舰为了救"海王星"号军舰上的将士，开进了雷区，可是它也碰到了一颗水雷，而无计可施。在雷区漂浮中，"海王星"号又碰了两颗水雷，之后覆没。在它上面的将士有七百多人，只活下来一个，他乘着木筏，在四天之后，被敌人抓获，他的舰长奥康纳和别的十三名将士，死在了木筏上。"坎大哈"号仍在海上浮着，最后飘出了雷区，"美洲虎"号驱逐舰第二天晚上将它找到，把它上面的大部分将士都救了下来。

对于此事，德国参谋部的评述耐人寻味："对于坚守的黎波里达尼亚而言，'海王星'号的覆没可能有着关键的决定性的意义。要是此事没有发生，英国舰队可能已经把意大利的运输舰队消灭了。无疑，危险已经到达了顶点，没有什么比在这个时候失去了这些供应品产生的结果，更加重大了。"

就这样，"K舰队"失去了光辉。"加拉提亚"号巡洋舰也让德国的一艘潜艇打沉了。英国东地中海舰队剩下的所有船舰，只是几艘驱逐舰，还有三艘海军上将维安的船队的巡洋舰。

我们在海陆空上的共同努力，截至11月末，曾在地中海取得了胜利。如今，我们在海军上，已经遭受了重创。这时，在12月5日，希特勒总算明白了隆美尔的危机是关乎生死的，于是下命令，将整整一个空军大队自苏联调去了西西里岛和北非。由凯塞林将军率领，再次对马耳他展开空袭。这个岛遭受的攻击又上了一座山峰，为了存活，马耳他只能努力奋战。到了年末，德国空军掌控了通向的黎波里的航线的上空的制空权，隆美尔的军队因为他们，得以在落败后重整旗鼓。海陆空战的彼此影响，表现得像在这几个月的事情里那么明显的，并不多。

不容小觑的日本

日本人没有任何背景，只有久远的历史，可他们用时还不足两代，就从武士的双手剑发展到了装甲舰、来福线大炮、鱼雷和马克沁式机关枪，而且相似的改革在工业上也出现了。在英国和美国的指引下，日本从古代到现在的进程即迅疾又猛烈，还打败了中国。

1905年，大家看到沙俄不仅在海上落败，在陆地上，也被运去大陆在满洲赢了几场大战的"优异"的部队打败了，这全都让人觉得惊异。此时，大国强国的行列就有了日本的名字。

　　1936年，日本曾和德国订立了反共和约。这虽然还不算结成了同盟，却为结成同盟奠定了基础。1939年8月，日本一边继续着始于1937年7月的和中国的战争，一边陷入了刚建成的满洲国和外蒙古的疆界问题这一地方性的和苏联对峙的活动里。顺着这一战火仍在燃烧的战线及其后方，两方部署了大批兵力。在欧洲战争开战前夜，德国没和自己的反共同伴日本商量或者进行告知就和苏联签署了互不侵犯协议，日本人觉得受到了忽视。英国曾经因为支持、同情中国，跟日本的关系前趋于紧张。可是日本对德国也几乎没什么，或者就是没有亲近感。

　　1940年初，日本政府还对欧洲保持中立，继续跟中国交战。可是不久之后，巨大的动荡撼动全球。随着希特勒的进攻，法国、比利时和荷兰相继失守，英国在1940年秋，有被进攻和沦陷的危险，因此某些想了很久的辉煌的计划从想象走进真实。在远东有大量属地的法国、荷兰，还有英国极可能垮掉，在这中间，日本什么都得不到吗？它的历史机遇是否已经来临？在陆军和民族主义政治人物心中，深重的激情被激发了出来。他们让日本马上朝南进军，拿下法属印度支那、马来亚和早就渴望的荷属东印度。为了逼着推行这一策略，陆相畑俊六大将离开内阁，进而逼迫米内海军大将离开首相的职位。

　　某些别的大事在这个阶段已经更加显著了。到1940年11月末，不列颠战役的结局，还有希特勒放弃了侵占英国的战争"妄语"，都被日本视为最要紧的事。意大利停靠在塔兰托的舰队因为英国空袭得手，以致若干艘现代的一流战列舰几个月都无法战斗的事，让日本海军极大地认识到新型空军的力量和它可以实现的事，尤其是在突然袭击的时候。日本于是改变想法，觉得英国还没完。毫无疑问，它会接着战斗，且确实正进行着更加强悍改变。那里广泛认为日本不该签署三国协议。在那，隐隐约约一直有一种担忧——怕英国和美国协同作战，将海上最强劲的两支海军凝聚到一起，万一它们把资源用起来了，将无法预计、不可战胜。这种危险看上去日渐临近了。

1941年7月果断推行的经济制裁让日本政局之中的危险到了引爆的时刻。保守派人士惊诧异常，温和派的领导者们十分恐慌。这件事已经关系到在拟订日本政策的时候，日本陆军身为一个成因在国内拥有威信。在这之前，海军曾经起到了自己的制约作用。可是美国、英国和荷兰采取的禁运策略，切断了海军的，并且其实是日本所有战斗力量仰仗的所有的石油供给。日本海军马上只能依赖自己的石油储备予以维系，所以太平洋战争开始的时候，十八个月的供额中，已经被使用了四个月的。这明显是一种约束，对日本而言，摆在他们眼前的选择有二，要么和美国签订协议，要么开战。按照美国的意思，日本不仅得从刚刚从印度支那夺取的新势力上撤走，还得从他们已经耗费了庞大、一直进行了如此长时间战斗的中国境内撤走。这个要求，虽然符合公义但并不宽松。在此种情形下，除非能外交上得到一个可接受的条约，否则，海军在战争的方针上就会和陆军拧成一股绳。此时，在海军的努力下，海军飞行队已经有了强劲的攻击力，这个实情，增加了他们采用这一政策的意愿。

日本掌权者的圈子里展开的激烈争论一直延续到夏天和秋天这两个季节。现在我们清楚了，宁可和美国开战的这个最重大的问题，讨论的时间是紧临禁运之后的7月31日。全部的日本领导人都明明白白地看到，选择的时间很短。可能日本还什么企图都没达成，德国就在欧洲胜利了。日本政府和美国政府还在进行磋商。至于日本政坛里的保守派成员和皇室，他们期望拿到一些能让他们掌控国内主战派的规条。和我一样，美国国务院也觉得在美国占有绝对优势的实力面前，日本或许会让步。

自战争爆发的第一天开始，对日本的担忧就在我们心里压着。日本的野心和机会都非常鲜明。让我们奇怪的是，法国垮台的时候，它怎么没发动攻击。此后，我们松了口气，可是，我们一直紧锣密鼓地忙着守护不列颠岛，让它不会被毁，让它接着展开西部沙漠之战。我得说，在我看来，与我们的其他需求相比，全日本的危险都处于不吉的混沌之中。我觉得，假设日本进攻我们，美国会参加战争。假设美国不参与，我们就守不住荷属东印度，并且，事实上也守不住我们自身在东方的国度。另一边，假设日本的入侵将美国扯进了战争之中，我宁可如此。我深信这一点。1941年，我们战策部署的前后顺序是：一、坚守不列颠岛，包含侵略威胁和潜艇战；二、在中东和地中海的战斗；三、6月之后提供应品给苏联；最后，抵制日本的攻击。可一直觉得这件事是自然而然的，也就是，假设日本攻打澳大利亚或者新西兰，我们应该舍弃中东去守护我们自己的亲人和同族。由于马来亚、暹罗，特别是荷属东印度，足够日本展开很多次更加轻松，也更有诱惑力的侵占，所以我们所有人都觉得这种意外情况遥远也不一定会成真。要是马来亚命运的进程走向了它途，我坚信我们此时可以用尽所有能量，将形势拯救回来，就算甚至是中东战区完全落败或者不为苏联提供支援。在另一边，美国参与战争，却能将所有加在一起的灾祸都压下去。

11月初，我收到蒋介石发来了一封言辞激烈的警告信，说日本人将在中国继续行动。据他看，日本人已决议自印度支那发动攻击，攻占昆明，并将滇缅公路斩断。除了将这一示警转发给总统，我做不了更多了。11月9日，总统回复说，尽管轻忽这种危险的严重性。他认为按照日本的情况，一切"新的空口白牙的口头警告或者劝告"起码有着相等的起反作用的机会。

我尽力以反复强调这一慎重回复的关键点的办法来劝慰蒋介石。我们只能继续推行我们在远东的海军计划，并且让美国试着用外交手段尽量让日本在太平洋上处于长期安稳的状态，这是唯一的策略。

日本11月20日将它的"最后的话"送到了华盛顿。尽管通过这些建议能清晰地发现，其实日本只是妄想不战斗就得到战果，可美国政府认为必须要进行一次最后的外交建言。

总统11月25日发电给我，说明了美日磋商的情况。日本政府曾建议在中国问题被整体解决或者在太平洋地区整体恢复和平之前撤出印度支那南部，作为交换，日本预备完全撤出印度支那，美国应该为日本提供石油，避免插手日本在中国重建和平的工作，帮助日本拿到荷属东印度的制品，并且在正常的基础上展开日美贸易。两方应答应绝对不在东北亚和南太平洋地区展开"军事进程"。

之后，美国预备给出一个反建议，日本照会里的要求予以一般认可，并简单地列出特别条款，加在日本撤出印度支那南部的条令之后，至于中国的形势，则不予提起。美国准备承认对原来的禁止指令进行修改的一个限制性经济协议。比如石油只能按照每个月供应民众的用量提供。美国这一提议的时效是三个月，而且以这种谅解为基础，也就是在这段时间内，将探讨包含太平洋整个地区在内的整体处置办法。

这个原本名为"临时协议"，如今也仍是这个名字的初步回复，当我看到它的时候，我觉得并不妥当。荷兰和澳大利亚政府，特别是蒋介石，都这么看，蒋介石曾经送了一份言辞锐利的抗议到华盛顿。可是在我们只因为美国来决断是否行动的事对他们的策略横加评判的时候，我极大地感觉到那些我们不得不承受的制约。我感觉到了和"英国人正努力将我们扯进战争之中"这种观点，一起出现的危机。所以我不碰这件事，即任由总统来处理这件事。

东京12月1日召开的一次御前大会决议开启和美国的战争。在接受审判的时候，遵照的证词，天皇什么都没说。在之后的一周里，太平洋安静得就像死了一样。有机会起效的外交手段全都试过了。此时，任何武装侵略行为都没出现。最让我担心的就是日本人会攻击我们或者荷兰人，还有美国会因为宪法的制约无法宣战。

没过多长时间，警醒的英国情报机关和空中侦察就发现某些调动和行为显示日本即将攻打暹罗，并且这一攻击还有海运部队的一次长途攻击，以抢占克拉地峡的战略要地。这件事，我们将其告知了华盛顿。为了讨论我们应不应该先行一步以守护克拉地峡，我们和我们的远东总司令，还有和澳大利亚和美国政府，都进行了一连串的长篇电报沟通。因为军事和政治方面的原因，我们决定为了不让事情变得更加麻烦，不应在一个重要性稍差的战区率先进行进攻，这个决定是对的。12月6日，伦敦和华盛顿都清楚正有一支日本舰队，大概有运输舰三十五艘、巡洋舰八艘和驱逐舰二十艘，从印度支那开过暹罗湾。在海上，还有一些别的日本舰队正在从事另外的工作。

日军偷袭珍珠港

那是1941年12月7日周日的晚上，和我一同在首相别墅用饭的只有怀南特和艾夫里尔·哈里曼。膳司索耶斯接到消息，过来说："日本人已经对美国人展开了进攻。"大家都没说话。我曾经在11月11日伦敦市市长府的午宴上宣布，日本人要是攻打美国，"不出一个小时"，英国就会宣战。我自桌边起身，穿过客厅走到办公室，我时常在这个办公室里工作。我提出把电话给总统接过去。那个使者跟在我身后也出来了，他猜测我会做一件无法挽回的事，于是说，"难道你不觉得最好应该先予以核实吗？"

过了两三分钟，罗斯福先生接了电话。"总统先生，关于日本的这件事是什么情况？""非常准确。"他回道。"在珍珠港，他们已经对我们发动了攻击。我们如今是患难与共了。"我让怀南特来听电话，他们说了几句，开始的时候这位大使说，"好的，""好"——之后明显更加肃穆了，喊了一声"啊！"我接着又说，"事情肯定因此变得容易了。上帝保佑你。"或者一些意思差不多的话。之后为了适应这件已经出现了的全球最大事件，我们回了客厅努力地对我们的想法进行了整理。这件事的属性如此耸人听闻，连那些临近核心的人都惊得呆若木鸡。我的两个美国友人以让人敬佩的果决承受这次震惊。美国海军遭受了怎样的重创，我们尚不清楚。他们美国哀叹自己的国家已经身处战争旋涡。实际上，人们近乎能够觉得他们从长时间的痛苦里脱身了。

议员们分散在岛国各地生活，那时又有种种交通难题，以致直到周二，国会才得以开会。我让办公室想办法给下院议长先生、国会各个党派的领导人以及别的相关人员打电话，要在第二天召开两院联席大会。我给外交部打电话，让他们及早处理对日宣战的事（在这件事上有些程序要走）以便不耽误国会开会，而且必须集合并通知所有的战时内阁成员，还有三军参谋长和陆海空军各大臣，我觉得他们已经得到消息了，这是对的。

做完此事，我发电报给蒋介石说：

1941年12月8日

英国和美国已经遭到了日本的袭击。我们素来是朋友，而如今，我们有了相同的敌人。

　　要是我声明说，对我而言，再没有什么比有了美国站到我们这边更让我欣喜的了，没有哪个美国人会觉得我错了。我没有预知事情发展进程的本领。我没有自作主张地评判过日本的力量，可是如今，就在此时，我清楚美国这场战争已经绝对加入了，且会战斗到底。所以，我们最终取得了成功。希特勒的命途已成定局。墨索里尼的命途已成定局。而日本人则会死无葬身之地。我认为英国、苏联，如今又有了美国，他们同心协力，风雨同舟，他们的力量是其对手的两三倍。我们凝聚到一起，能打败世界上任何敌人。尚有不少的灾祸和无法预计的损耗和困苦在我们前方，可是结果已经很清楚了。

　　我一睡醒就决定立即去探望罗斯福总统。我们中午举行会议的时候，我将此事交付战时内阁商讨。在得到他们的支持之后，我写了份奏章给国王，请求出访华盛顿，国王批准了。第二天，我接到总统发来的电报。他说我在路上会很危险，应该慎重考虑此次行程。

　　战时内阁批准，我们马上对日宣战，所有程序都完成了。艾登先生奉命前往莫斯科。

　　下午三点，国会召开会议，虽然下达通知没多长时间但国会大厅里到处都是人。依照英国宪法，国王按照内阁成员们的意思宣战，所以摆在国会眼前的是已经成了事实的定局。于是，我们得以践行我们对美国的承诺，而事实上是在美国国会还没展开行动的时候，就先和日本宣战了。除了我们，宣战的还有荷兰王国政府。

　　除了珍珠港事件，我们的美国盟友国还遭遇了其余一连串的糟糕事件。

　　11月20日，菲律宾群岛司令麦克阿瑟将军那边曾经接到示警，说外交关系上会发生巨变。为了在荷兰领海上和他将来的伙伴一起收拢一支进攻舰队，哈特海军上将——他统领的美国亚洲舰队力量较小——曾经和近处的英荷海军政府商量，并依照个人的战斗计划，将自己的船舰朝南分散开来。他能指挥的船舰只有一艘重巡洋舰和两艘轻巡洋舰，除此，就只剩老式驱逐舰十二艘和各种辅助船舰了。他的力量基本全靠自己总数为二十八艘的潜艇。哈特海军上将12月8日上午三点拦截的一份电报说起了袭击珍珠港这一让人震惊的消息。没等华盛顿那边核实，他当即对所有相关方面进行示警，告知已经出现了对抗活动。天刚亮，日本的俯冲轰炸机就发动了攻击，空袭在之后几天里，强度持续增高且从未间断。卡维特的海军基地10日被彻底烧毁，同天日本人第一次登上了吕宋岛北部。灾祸飞速加剧。在作战中，或者在陆地上，美国的大多数空军被毁，到了12月20日，美国剩余的空军已经撤到了澳大利亚的达尔文港。哈特海军上将的船舰已经在几天以前开始向南散开，只留下潜艇来同敌人在海上较量。日本首要攻击大军12月21日在林加延湾登陆，马尼拉于是出现直接危险。从此，事情的进程就像在马来亚已经进行的那般，不过坚守的时间稍长一些。

就这样，在一片成功的火光中，日本筹谋已久的计划展开了，但这不是结局。

9日晚十点，我在内阁的战斗间开会总结海军形势，参会的大部分都是海军部的大臣。我们大概有十二人。我们试着评判在我们和日本的战争局势里造成这一本质改变的结果。在大西洋之外，我们丢了所有的海上控制权。澳大利亚和新西兰，还有它们下属的首要岛屿全都容易受到攻击。我们手中掌控的决定性武器只有一种。"威尔士亲王"号和"击退"号已经到达新加坡了。之所以派它们来这片水域，就是因为想让踪迹不定能量最强的主力舰将可以施加到敌方身上的所有海军战斗计划里的那种无法估算的威胁力展现出来。此时，我们应该如何运用它们呢？它们明显必须起航，然后藏身于不可胜数的岛屿中间。这种做法得到了普遍的支持。

我个人的意思是它们应该穿过太平洋和美国剩下的舰队会师。

这在这里会展现出一种豪放的态度，并且将英国国家凝聚到一块。美国海军部想将他们的主力舰撤出大西洋，我们已经诚挚地答应了。如此，不用几个月，美国的西海岸或许就能有一支舰队，能在需要的时候打一场关键性的海战。对于大洋洲的我们的同胞而言，再没有什么保护比这种舰队和这种实情的存在更好的了。对于这种主张，我们所有人都非常感兴趣。不过因为时间已经不早了，这件事我们决定留到晚上再想一想，然后等第二天早上再研究如何处理"威尔士亲王"号和"击退"号的事。不到两小时，它们就沉到了海里。

10日，我床边的电话响起。打来电话的是第一海务大臣，他的声音很奇怪。开始的时候，我没怎么听清他在说什么。

"首相，我必须同你汇报，日本人把'威尔士亲王'号和'击退'号都打沉了，我们觉得是飞机做的。汤姆·菲利普斯已经淹死了。"

"真的？你确定？"

"完全确定。"

我于是放下了听筒。好在只有我自己在。在整个战争进程中，没有那次惊诧是比这次更直接的。读过此篇记述的人会知道，和这两艘军舰一起沉浸大海的是多少的奋斗、期望和规划。这个消息实在太恐怖了，这种感受在我在床上翻来覆去无法入眠的时候极大地进入了我的心里。若是不算美国自珍珠港残余的，正飞速撤回加利福尼亚的主力舰，在印度洋或太平洋里，就既没有英国的主力舰，又没有美国的主力舰了。日本在这片广阔的大海上称王，可我们却处处有弱点、处处都是防务空白。

此时，我14日动身出访美国的所有计划都在暗中展开。中间的九十六个小时事情非常多。我必须在11日对新的形势进行详细介绍。人们对在利比亚耽搁了很长时间，明显还没决出输赢的战争，有非常多的担心，并且还有很大的不快之感。日本手里有非常残酷的刑罚在候着我们，我对这一前程给予了完全的坦诚。另一边，苏联的数次获胜已经显示了在东方之战中，希特勒犯了关乎生死的大错，而且冬天的威力还会继续显露。短时间已控制住了潜艇战，我们的损耗极大地降低了。最后，此时全球五分之四的人正站在我们这边战斗。一定能得到最终胜利。我在这一宗旨下发表了演说。我用的办法是以最大镇静去讲述实情，不对初期的取胜进行任何承诺。

12月12日，我给艾登先生发了一封电报，说：

首相致艾登先生　　　　　　　　　　　　　1941年12月12日

　　日本的战列舰队因"威尔士亲王"号和"击退"号被毁、美国在珍珠港受创，赢得了太平洋的所有控制权。他们可以派任意一支海外船队去袭击任意地区。好在他们只能发挥出一部分力量和并非无限的力量，因为地域是这样的广阔。在我们看来，他们会攻击菲律宾、新加坡和滇缅公路。还需要几个月的时间，英国和美国才能建好新的战列舰，进而重占事实上的上风。因为太平洋上灾祸和宣战引发的动荡，美国眼下已经停运所有供应物资了。我希望在这件事上能够有所缓解，可是以如今的情形，既然苏联获得了战斗胜利，我们又出现了新的危机，所以没办法在约定的供给数之外，做出更多承诺。你应该说明，以我们而言，虽然东方对战机有这所有的需求，但飞机极其稀缺；另一边，美国参与战斗，弥补了所有的事，因此再给一些时间，静心等候，将势必取胜……

前往美国途中

我始终坚信，任何其他事情都不会比英国和美国之前的绝对谅解更加重要，我必须马上带领能够抽调出的，最强劲的权威顾问们去华盛顿。人们觉得在这个时节飞往一个不好的方向，冒的风险太大，所以我们就于12日航行到了克莱德河。"威尔士亲王"号已经没有了。"英王乔治五世"号正在监视"提尔皮茨"号。负责运送我们的是刚刚诞生的"约克公爵"号。战时内阁的比弗布鲁克勋爵、第一海务大臣庞德海军上将、空军参谋长波特尔空军中将，以及蒂尔元帅——此时蒂尔元帅帝国总参谋长的职务已经由布鲁克将军接手，是我们此行的首要人员。有些大事等着布鲁克处理，所以我非常期望他能留在伦敦。我邀请蒂尔代替他，跟我一起去华盛顿，因为蒂尔既了解我们事情内幕，又得大家信赖和尊重。1941年开始成为我常年医疗顾问的查尔斯·威尔逊爵士也随我一起出行。

通过无线电，我们的大量电报翻译人员自然有很多工作要做。在一定程度上，我们可以发出回复电报。从亚速尔群岛新派来的护航舰艇与我们集合之后，我们将电报用摩尔斯密码翻译成密电在白天交给它们，之后，它们会在我们后边距我们大概一百英里的地方，将这些密电发出去，以免泄露我们的方位。虽然这样，我们仍旧感受到了无线电不畅的恐慌。

在航程中，我们也在分析我们全部的情况，我的心和外交大臣同在，他也正在旅程之中，不过是按照不同的方向全速进发。再没有什么事比我们让苏联政府对日宣战的这一策略更加紧急了。

　　艾登先生没过多久就到达了莫斯科，我们在旅程中收到了他发来的一连串电报，介绍他到达之后对遇到的苏联那边其他事务的见解。苏联提出的条件中，最重要的就是在战争开始的时候苏联攻占的波罗的海国家应该收归苏联。还有其他很多有关苏联主权扩充的要求，和无条件支援与无法实现的武装行动的强烈要求结合到了一起。一读完这些电报，我马上对吞并波罗的海国家的事提出强烈反对。战时内阁和我看法一致，我据此回复了艾登先生。

　　艾登先生记述了自己跟斯大林在莫斯科磋商的过程：

　　　　我们彼此道别的时候，氛围十分友善。斯大林先生在我进行了很多说明之后，好像已经完全明白眼下我们没办法在欧洲建立第二战场了。对于我们在利比亚发动攻击的近况，他表现出了极大的趣味，而且觉得再没有什么事，比按照瓦解最弱一环以让轴心国即随之覆灭的方针去打败意大利更合心意的了。

　　　　在和德国持续战斗的同时引发同日本的战斗，他认为他眼下的力量还不足以这么做。他曾经逼于无奈调了远东军的一部分力量去西方，他期望到了明天春天能让其力量恢复到调遣之前。他并未承诺会在明年春天对日本宣战，仅答应那时会再次考虑此事。

　　战斗在这段时间在新老一众战区展开着。在香港，日本的力量占有绝对的上风，所以对于它的命运，我完全不抱希望。可是英国如果反抗得更厉害，对大家更有好处。香港被日本袭击的时间和珍珠港差不多。摩尔特比陆军少将统领的驻军在最初要承担的工作就超过了他们的能力所及。日本人的军力是三个师，可我们算上两个加拿大营，仅能聚集六个营的军力。另外，还有稀少的机动炮兵、商民自卫队两千余人，以及守护港湾的海岸炮和高射炮。日本人在围困攻击的时候，一直占有无法抵抗的制空权。在当地民众里有一支"第五纵队"活动频繁为敌军帮了不少忙。

驻军里的三个营，因为要将来犯之敌在九龙港被毁之前拦截住，带领十六门大炮在陆地上铺开。没过多久，他们就受到了激烈进攻，12月11日接到命令朝岛上撤退。这在之后两晚，他们在极其艰难的情况下，高明地实现了这一目标。

敌人用了几天时间去准备穿越陆地和香港岛中间的那段宽一英里的海面，这几天，他们以确定的顺序用大炮轰炸、攻击以及用迫击炮轰炸我方阵地。12月18日晚，他们第一次登陆，陆续而来的支援军队极力朝腹地进军。因为攻击的军力持续增多，守军被逼一步步撤退，因为损耗巨大，他们降低了很多。虽然没有得到支援或者救助的可能，可是他们依然坚持作战。

还有一连串灾祸降临在马来亚的我军身上。12月8日，日军在这个半岛的几个敌方上了岸，与此同时，对我方机场展开了毁坏性的空袭，我方已经力量不足的空军因为这些空袭，遭受重创，北边的一众机场当即就无法使用了。尽管我们的陆上部队和空军曾经对日军给予重击，可是日本人仍旧让一个师的大多数兵力登上了哥打巴鲁，那里的海岸防御共事有我们一个步兵旅在顺着一条长三十英里前线坚守。在三天的激战之后，敌人已经在陆地上站稳了脚跟，他们已经掌握了周边的机场，所以严重受创的那个旅的接到命令朝南撤离。

12月8日同天，日军曾经登上了更北的地区——北大年和宋卡，没有遇到反抗。他们的几艘船舶被英勇出击荷兰潜艇打沉。12月12日之前，没有重要的战斗出现，12月12日当天，在亚罗士打以北地区，敌人以他们的一个最优异的师攻击第十一印度师，使其严重受损。

在这本书里是没办法将这个故事讲到极致的。新加坡的惨剧势必很快浮现。此处只说印度师在这个月之后的时间里，对沿着这个半岛西海岸往南推进的敌军主力给予了一连串拦截战就行了。敌军在12月17日攻进槟榔屿，抢到了很多完整的小型船舰。敌人因为这些船舰得以数次用少量两栖战斗部队，从侧面发动攻击。到了这个月月末，数次遭受猛攻的我方部队在临近怡保一域战斗，这里距他们起初坚守的阵地足足有一百五十英里远，日本当时登上此岛的军队，算上禁军，起码有三个整师。敌军在天空也极大地增加了自己的力量。我们受创严重，只能防守。12月16日，婆罗洲北面遭到进攻，并很快就被占，不过在这之前，我们已经顺利地毁掉了那些庞大且珍贵的炼油设施。在这所有的战斗中，荷兰潜艇消灭了不少敌军船只。

在我们旅行期间，奥金莱克将军在沙漠地区的战斗进展顺利。轴心国部队高明地绕过了种种围攻行动，顺利地撤到了自加柴拉向南的一条后方战线。第八集团军12月13日开始进攻这一阵地。此时这一集团军拥有第七装甲师，第四装甲旅和增援部队、第四英印师、护卫旅（摩托化的）、第五新西兰旅、波兰旅团和第三十二陆军坦克旅。第十三军司令部对全部这些军队进行调度。至于第三十军，则不得不应对被斩断和丢弃的，守在塞卢姆、哈尔法亚和拜尔迪耶的敌人——这伙敌军反抗激烈。在加柴拉的敌人打得不错，可是我们的装甲军团包围了他们在沙漠的侧翼，隆美尔于是开始由德尔纳朝阿杰达比亚和阿盖拉撤离。他们这一路遭到了我方所有能在这片广阔的地域进行活动和给养的军队的追逐。

敌方空军自12月的第一周明显开始变强。德国空军第一军团已撤出苏联战区，开往地中海。按照德国的记载显示，11月15日，这个军团的飞机数量是四百架（有二百零六架能用），过了一个月，增至六百三十七架（三百三十九架能用）。其中大多数飞机被派去西西里岛守护通向北非的海上航路，至于沙漠地区，则有日渐增多的俯冲轰炸机在高效的"梅塞施密特109"式战机保护下冲出来。皇家空军已经丢掉了在开战首周获得的上风。随后我们会看见奥金莱克如此努力夺取的，且期望已久的战果，是如何被这种情况——敌军在12月和第二年1月重塑地中海上的空军实力，以及在数个月内我方制海权事实丢失——夺走的。

在"约克公爵"号缓慢地朝西行进的时候，我们这些人里的所有人都在忙碌地工作，并且我们所有的心神都凝聚于我们不得不处理的那些新的大事上。我们热情而急切地盼望着和总统及他的政治、军事顾问们作为伙伴的首次直接沟通。出国之前我们就知道，美国民众因为日本人在珍珠港的恶行非常愤慨。我们接到的官方文件和报刊梗概都告诉我们，整个国家的怒火都会投向日本。我们担心民众无法理解整个战争切实的紧迫之处。我们意识到一个严重险情，就是美国或许会在太平洋攻打日本，而将在欧洲、非洲、中东和德国意大利战斗的事交给我们。

之前，我曾经说过英国的力量不断增强。我们深信我们能够维持我们大西洋航路的畅通。我们深信希特勒若妄图进攻我们这个岛国，我们可以击败他们。苏联抗击的实力激励了我们。我们曾经过于期待利比亚之战。可是美国各类供应品的输入，如同眼下这般持续不断地穿过大西洋送进来，是我们以后的所有方案的根基。特别是飞机坦克和巨型的美国商船的制造，都是我们期待的。截至目前，美国身为一个中立国，总统所以能，也愿意将美国部队的武器交给我们，是因为美国的军队没有参战。如今，既然美国和德国、意大利，特别是日本，处在了作战状况中，这种行为会受到制约是理所当然的。自己国家所需有什么理由不占据首位呢？苏联遇袭之后，为了支援他们，我们舍弃了我们的制造厂艰难制造出的大多数装置和物资。现在我们担心在美国军队大批出击之前，会有一段极长的时间，在这个筹备阶段，我们必然会非常艰难。

战争局势的演变

日常工作的强制减少，以及不用去内阁开会或者同谁会面，这八日的行程中，我得以根据我按照战争忽然扩张情形的见闻对全部战争形势予以盘查。我想起拿破仑曾经说过，能将事情长时间不厌倦地聚集到心中思索的用处，他说："长时间且不厌倦地将事情放到一处思考。"我努力这么做，像平常一般，通过口述用打字机将我的想法写下来。为了和总统见面，以及和美国进行磋商，我根据我认为的应当如何展开这场战争，针对这场战争的将来的进展写了三份稿件。在拟订这些稿件的时候，因为两位参谋长庞德和波特尔以及蒂尔将军就在我的身边，而且霍利斯将军和秘书可以对一些相关真相适时地进行核实，所以确实有信心。一份文件用四到五个小时，总共用了两三天的时间。因为这场战争的全貌就在我心里，所以全部都想出来难度不大，不过快不起来。实际上，要是用平常的方法去写，在相同的时间里，能写两三遍了。文件每完成一份，在核实完之后，我就会将它当成我的个人意见拿给我工作上的同事们。同一时间，为了联合参谋大会，他们也正筹备自己的稿件。尽管比较而言，我的中心笼统一些，他们的则更有针对性，但我发现我们在方针和评判上有着素来拥有的和谐，这真让我高兴。完全没有能够引起争议的不同看法，并且几乎没有需要修改的论据。如此，在所有人都没有受到切实或者严苛限制的情况下，我们共同得到了一条有真知灼见且我们全都确实认可的方针。

第一份文件整体介绍了一些原因，解释为什么由英美大军去夺取的非洲的整条海岸线和自达喀尔到土耳其疆界的地中海东部海岸应当是1942年我们在欧洲战区作战的首要目标。第二份文件说的是，要采取哪些行动才能重新在太平洋掌握主动权，还指出了1942年实现这一目标的月份——5月。它十分详尽地分析了要以短时间大规模制造的办法去得到更多的航空母舰。第三份文件指出，为了解放欧洲，由大量英美部队在德国占区里最合适的地点登陆是最终目标，并表示这次最重大的进攻的时间是1943年。

这三份文件，我在圣诞节之前交给了总统。我表示参谋们完全可以进行正常的意向沟通，不用受到这些文件的影响，就算它们是我个人见解也一样。我将它们写成备忘录的式样，交给了英国参谋长委员会。我又同总统解释说，这些文件并非专门写给他看的，可我认为有一件事非常关键，就是他应当知道我在想些什么，还有我期望能够实现的和以大不列颠来说会竭力推行的事。他拿到之后当即翻阅，且在第二天问他是不是能留下这些文件的副本。对此我完全认同。

我有种感觉，在法属北非采取措施的事上，总统以和我一样的脉络想了许多。10月我能告诉他的是我们英国人仍在独自战斗的时候持有的见解和计划。如今我们成了同盟，采取的措施自然是共同的，规模也更高的。我深信他和我的看法大体相同，这一根基已经有了。所以我非常有信心。

我素来都不赞成大规模在欧洲大陆展开武装行动，对于这件事曾经有不少谣言在世间流传，所以有必要重点解释一下真实情况。我一直认为获胜的办法只有一个，就是尽量以最高的程度对德国征服的国家展开关键性的攻击，而且实现这个目标的时间应当定为1943年夏天。读者会发现，还是1941年年末之前，我制定的行动方案，其规模就是以四十个装甲师和一百万别的兵种的军队为最初时期里基础需求的部队。

　　将日后出现的情况当作对比并将它当成整体去看，会发现英国和美国在1942年和1943年的战斗中，切实展开的工作和它们是十分相近的。总统总算答应我，进行远征西北非（"火炬"战斗计划）了，如此，我们得以首次大举发起共同登陆的袭击。我十分期待的穿过海峡且解救法国（这一战斗计划那时名叫"围剿"，后来更名"霸王"）之事，在1943年夏天得偿所愿。

　　筹划将来虽然要紧，且有时候也能在一些层面上估计到将来，可是谁也无法担保敌人的活动和反抗不会干扰到这种至关重要的大事件的进程。英国和美国部队按照此间规定的顺序将这些备忘录里的全部目标都实现了。我指望奥金莱克将军能在1942年2月实现对利比亚的清剿，结果没能实现。他遇到了一连串重创，相关情况很快会说到。可能就是因为此种成绩的鼓励，希特勒才决定去竭力为了守护突尼斯战斗，因此，没过多久就取到意大利并穿过地中海，朝这里调集了二十多万的生力军。英国和美国大军于是就被扯进了一场比我筹谋的更加宏大，更长时间的北非战斗。进度表因为这个被逼延迟了四个月。到了1942年年末，英美盟国尚未掌控"所有的法属北非和法属西非，以及由英国深入掌控自突尼斯至埃及的全部北非海岸"（第一部分，第十一条）。这些成果直至1943年5月我们才得到。所以，当年夏天，我曾经十分期待和尽量展开的穿过海峡救出法国的这一最要紧的计划，没能施行，直至1944年夏天，被逼延迟了一个整年。

　　我因为之后的回想和我们如今得到的所有掌握的情况而坚信，对我们来说，这个计划没能实现，反倒是件好事。在当时往大里说也只是个非常危险并且或许会成为一场引发震动全球灾祸的险行那场远征，因为被耽误了一年，我们才没能施行。希特勒要是智者，就该降低自己在北非的损耗，在新建的美国部队和人手的工作还不够熟练和精良前，在大批登陆艇和那些飘动的港湾（"桑葚"）尚未被特定建好的很早之前，就用他在1944年存有的兵力的两倍，同我们在法国开战。如今我敢说，"火炬"行动就算像我期待的那般在1942年告终，或者就算从没准备这么做过，1943年穿过海峡的努力也会引发一次最惨烈的失败，而且给战争的结果带来无法预料的危害。这一点我在1943年整年都越来越有体会，因此接受"霸王"战斗计划的延迟避无可避，尽管我完全清楚我们的苏联伙伴的恼火和忧虑。

等我们得到1944年才能穿过海峡这件事明确下来之后，要逼敌军在地中海战斗的事就变得十分清晰了。我们不登上西西里岛和意大利，是无法和敌军大打一场的，而且起码得将轴心国同盟里稍弱的那个打残。就是因为要确保这个决议施行的这一显著的目标，总统才答应让马歇尔将军在1943年5月跟我从自华盛顿赶赴阿尔及尔。等事情切实发生，会对所有这些进行详述。

华盛顿之行

我们原计划坐船顺托马克河逆流而上，再坐汽车去白宫，可是在海上过了近十天之后，我们都急着结束旅程。所以我们重新布置，改成在汉普顿停靠时改坐飞机，12月22日傍晚，在华盛顿机场降落。总统已在那里等候。我们很快到了白宫，这都是我们未来三周的家。在这里，我们得到了罗斯福夫人的招待，为了让我们住得舒服，她花了很多心力。

每天，我会跟总统共处几个小时，而且总在一起吃午饭，哈里·霍普金斯时常陪同我们。我们只说工作，在不少事上（大事小情都有）签订了很多协定。晚餐就有些社交性质了，不过亲近和友善的氛围是一样的。出于礼节，总统亲自调制了开场饮用的鸡尾酒。基于敬重，也是想起了瓦尔特·雷利爵士将自己的外套铺到伊丽莎白女王跟前的事，我将总统从客厅推进电梯。这位出色的政治家将他的意向浇筑到美国实际生活中长达近十年，而对于那些触动我心弦的牵动力，他的心好像都有回应。我对他生出了一种十分浓烈的情感，这种情感随同我们相交的时代变得更加浓厚。

我们两个人因为需求，也因为习惯，很多工作只能在床上做，因此，他但凡想要见我，就过来我的房间拜访，而且让我也这样做。我卧房对面的屋子就是霍普金斯的住所，而我旅程中的地图间很快就在他的隔壁布置妥当了。由皮姆上尉完成的这一布置，总统十分感兴趣。他乐于到这潜心研究迅速挂满几面墙的众战区的大地图，船队和部队的派遣被快速精准地记在了地图上。没过多久，他也布置了他个人的十分高效的地图间。

有关我们在22日晚首次磋商的一份记录曾得以保留。当时，我跟总统和他请来参加会议的人说起英美插手法属北非的计划。我在船上写好的稿件，总统还没看过，这些稿件我等到第二天才能给他。不过，他看过我之前发来的文件，我们发觉我们的态度十分相近。我们抵达的当天晚上，就对最重要的问题进行了深刻的讨论。

过了一两天，总统对我提的首个重要计划就是草拟一份肃穆的由全部对德国、意大利或者日本宣战的国家署名的声明。我和总统再次用我们拟订大西洋宪章的办法各自将声明稿件筹备好，再将它们整合到一块。不管是原则方面，还是情感方面，或是切实的用词上，我们都一模一样。预备建立的大联盟的范畴让国内的战时内阁马上感到了吃惊和震动。那时曾经有不少电子讯息的往来，而且有关哪些政府和朝廷将在声明上署名，还有署名的前后顺序也遇到了一些麻烦。我们心甘情愿地将第一的位子留给了美国。战时内阁并不赞成让印度以一个主权国家的身份参与其中，这相当正确。赫尔先生不同意使用"朝廷"这个字眼，我之所以用这个词，是希望算上"自由法国"运动的机构，可那个时候，这个机构并不讨美国国务院喜欢。

这是我和科德尔·赫尔先生的首次会面，我和他协商了几次。在我看来，那时他和总统并不绝对一致。在众多的大事里，他好像被一件小事控制了思路，这让我感到惊讶。戴高乐将军在我还在英国的时候曾经告诉我们，他准备去解放由维希总督洛贝尔海军上将坚守的圣皮埃尔岛和密克隆岛。这项工作"自由法国"的海军舰队绝对有力量去完成，而且英国外交部也没有不赞成的道理。可是就像之后发生的情形，美国国务院的意思却是派一支加拿大远征军予以攻占。所以我们呼吁戴高乐放弃，而他也确实说过他会这么做的。可是他却给他的海军上将密赛里埃下令，让他将这些岛屿拿了下来。人民热情欢迎"自由法国"的水兵们，而且一次公民表决显示对维希的抵制占了九成的多数。

此事并没有影响到赫尔先生。在他看来，这已违背了国务院的方针。在圣诞节的时候，他发表宣言，说"我们的初期信息显示，所谓'自由法国'，其船舰在圣皮埃尔岛和密克隆岛展开的行动是种独断行为，它违背所有相关层面的协议"，而且确实没有事先告知美国政府，或者得到任何有价值的承认。他想把"自由法国人"从他们自维希政府手里解放的那两个岛屿上赶出去，可是美国的言论却强力地持有另外一种意见。他们见这两个岛屿在这个紧要关头被解救出来觉得十分开心。因为，从此之后建在这些岛屿上，正朝全球传播维希的谎话和毒瘤的，而且有很大机会给此时正追击美国船舰的德国潜艇发机密信号的可恶的电台，终于能安静下来了。所谓"自由法国"这个词，近乎引发了广泛的怒火。

　　我清楚赫尔先生的实际才华，对他，我抱有最高的尊重，可是在我看来，他将最多只是一个单位的事，提高到了远超它自身领域之外的地方。我们平时的谈话告诉我，总统对于这整件事并不赞成。总而言之，有不少别的麻烦缠着我们，或者将要降临到我们身上。在外交部激烈的催促下，戴高乐将军和所谓的"自由法国"得到了认可。美国和法国的书刊曾经有很多文章说起过这件事，可是此事完全没有影响到我们首要的磋商。

　　海军部长诺克斯先生一天下午来了我的房间，看上去十分烦恼。他说："你曾经遭遇很多灾祸。你能告诉我，下面的情况，你觉得如何吗？我们曾给我们的舰队下令，让他们去和日本人打一仗将威克岛解放出来，可是，还没航行几个小时呢，指挥官就决定掉头返回了。遇到这种情况，你会怎么处理你的舰队指挥官呢？"我答道："舰队指挥官们若是说他们无法完成什么工作的时候，干扰他们可不安全。他们始终有种种辩解的理由，气候啊，能源啊，或是其他什么。"在少量的美国海军陆战队殊死坚守之后，当天，威克岛就失守了，这些陆战队在牺牲或者被抓之前，让日本人死伤了比他们更多的人。

　　我们一定要尽可能注意澳大利亚政府因日本战争体系可怕的发展速度而产生的感情。丢了对太平洋的掌控权；他们最强的三个师都在埃及，还有一个师在新加坡。他们清楚新加坡遇到了关乎生死的险情，他们怕意大利自身也会受到确实的侵犯。他们全部大型城镇都在海边，拥有的人口在全洲五成人口以上。摆在他们面前，他们急需去做的就是全部退往内陆，在没有兵工厂或者供应品的情形下筹建游击队。国家的支援山高水远，美国的武装力量只能一点一点地在大洋洲的海面上兴建。在荷属东印度和马来亚，日本人有那么多肥美的猎物握在手，他们会穿过三千英里的茫茫大海去进攻澳大利亚？我个人是不信的。可澳大利亚内阁却不这么看，他们全部都因为浓重的不祥之兆非常忧虑。就算是这种紧要关头，他们也不放弃派系斗争。工党政府只拿到两票的多数。他们就算为了守护本地的强制兵役制度都不认同。尽管同意让反对党参与军事会议了，可却没建立全国联合政府。

圣诞节当天，我和总统一起去了教堂，在质朴的仪式中，我得到了宁静，还品鉴了著名的赞美诗。

圣诞节的大多数时间，我都花在了筹备我的讲稿上。12月26日，参众两院的领导们陪我一起从白宫赶往国会议事厅，在出发的时候，总统祝我好运。顺着那些宽广的道路好像有大量民众，可是出于安全考虑采取的防御手段（在这方面，美国远远超过我们惯常的手法）却将他们远远地隔离开了，两三辆汽车，装满了便衣警察，在我们身边守护。下车之后，我因为一种浓烈的兄弟之情，想走去欢呼的民众跟前，可大家并不同意我这么做。议事厅里的景象感人又不同寻常，视线穿过那排喇叭，我看见那个半圆形的大厅已经被人挤满了。

大家用最大的好意和专注来听我演讲。在我演讲的过程中，人们欢笑和鼓掌的地方，正是我希望他们那么做的地方。我谈及日本人的恶行时，有人问："在他们眼里，我们是哪种人？"。此时回应的动静最大。在这个肃穆的聚会里，我始终能感觉到美国这个国家的力量和意志。一切终将好转，对此没有人会质疑。

在华盛顿，大家正处于忙碌之中，我通过这些天持续的来往和讨论推测，总统和他们的门客和参谋们正草拟一份要对我提起的重大意见。美国人的想法在军事、商业或者制造范畴里，趋向于确切的、整体的、有逻辑的最大限度的定论。他们的现实中的想法和行为就是以这些定论为基础建立的。在他们看来，只要将基础依照现实和普遍的原则拟出计划，一切别的阶段自然而然会，并且近乎是避无可避地会紧随其后。英国人的想法却完全不是这样。在我们看来，在飞速发展和无法确定的局势下，符合逻辑又确切的方针对于应当去做事情而言，未必就是仅有的钥匙。尤其是在战斗的时候，我们更看重见机行事和临时部署，我们试图遵照正发生的事去存活和取胜，而不指望用一些基础决议去掌控事情。有关这两种看法，有不少地方可供讨论。

哈里·霍普金斯告诉我："除非你清楚我们选的人是谁，否则总统即将向你提出的意见，你别轻易否决。"从这件事上，我察觉到将要在东南亚组建同盟军最高指挥部和划分疆界了。

第二天，我得到消息，美国人提议选择韦维尔。可是我认为，在日本人的攻击下，这位司令统领的战区用不了多久就会被攻破，他统领的部队也会被消灭。三军参谋长知道这件事后，反应也是一样。

在12月26日的一次会议上，我曾经跟大家说，我觉得这一部署既不可行，也不妥当。"那里的形势是，某些特别的战略要地一定要坚守，所有地方的司令都绝对明白他该做什么。难点是运抵那里的原料该怎么用。这些事只有那些相关政府才能处理。"尽管这样，我们明显一定要合乎美国的心意。

出访渥太华

我乘坐12月28日到29日的夜班车出访渥太华，在总督阿斯隆勋爵那里留宿。29日，我参加了加拿大战时内阁会议。然后，总理麦肯齐·金将反对党——保守党的领导者们介绍给我认识，还让我和他们待在一块。在忠心和意志上，没有人比这几位先生更加出色了，可是与此同时，他们却在哀叹，没能得到亲赴战场的荣耀，于是只能听从他们的反对党——自由党党众的显露的很多被他们一生拥戴的主张。

30日，我给加拿大议会演讲。要在连绵不绝的行政工作里，将我那两篇穿越大西洋去讲演，且向整个世界公告的演讲词，这个工作非常艰苦且费劲。身为一个刚毅的政界精英，演讲并非什么重担，可是现在空气中电流涌动，选择该说和不该说的话，却让人忧心和难办。我竭尽所能地进行准备。在加拿大发表的演说里，谈及维希政府的部分最为成功，加拿大和这个政府仍有往来。

（1940年）他们去北非，既是因为责任，也是因为利益，在那，他们原本会处在法兰西帝国领袖的位置。在非洲，他们在我们的帮助下，能握有占绝对上风的制海权。他们将获得美国的认可，且能够使用他们留在海外的全部的黄金。他们若是这么做，在1940年年末，意大利或许就已经无奈撤离战场了，法国将在同盟国的大会里，在获胜国的谈判桌上，保住它作为国家的身份。可他们的将军们将他们带上了错误的道路。在我告诫他们，不列颠无论他们如何做，都会独自继续战斗时，他们的将军们告诉自己的总理和支离破碎的内阁："英国在三周以后，会如同一只鸡崽子一般，把自己的脖子掰折。"哎！什么鸡崽子，什么脖子，这话太恶毒了！

在演讲词里我是这么写的，"那个伟大的老滑稽剧作家"。在将要说到这里的时候，我想起了"吟游诗人"这个词。这个改动太棒了！知道他当时也在聆听，而且因为得到了引用而欢喜，我真高兴。这个人的歌曲让人心潮澎湃，他一生英勇无畏，对苏格兰民族和英帝国做出了不可胜数的功绩，能为他找到一个对的词汇，这让我感到极其欢喜。

在演讲的末尾，我对于战争的前景进行了大胆的预测：

眼下的战争，我们可以看到三个首要的时段或进程。开始的时段，是强化、联合和展开最终筹备。在这个必然以众多激烈的战斗的存在为特点的时段，我们仍需要将我们的力量集中起来，以抵挡敌军的攻击，并得到必需的绝对占上风的空中优势和船舰吨位，好让我们的陆军不管要用多少人，都能穿过将我们和敌军分开的大海（苏联的情形不在其中）。只有在美国已经得到了这么大的发展，你们正在强力支持的那个宏伟的船舶制造方案开展到顶点的时候，我们才能将我们所有的男性和现代科学设备的力量瞄准对手。我们放在军工产业和船舶工厂里的努力制造的全部激情决定了这一时期所持续的时间。

随后开始第二个时段，可以将其叫作解放期。在这一时期中，我们目标一定要是将已经沦陷的或者还没沦陷的土地抢回来，我们也一定要期望，被制服的民族在解放和救援他们的队伍和空军大量地在他们的国家里出现的时候，发动起义。

被敌军夺取的国家或者地域，这制服的政府或者政权，为了这个目标，为了那个获得解放的之日，万勿放松灵魂和物质方面的努力和筹备。侵略者（日本人也好，德国人也罢）在各个地方，都一定要视其为应该尽量绕开和被隔离的传染病患者。在无法主动反抗的时候，一定要保持被动反抗。一定要让侵略者和独裁者们意识到，他们的胜利长久不了，将会遭到恐怖的审判，他们是通缉犯，他们的工作命定无法成功。那些当了敌人爪牙的卖国贼和背叛者，将会受到特殊的处罚，会把他们留给他们的同胞们去判决。

　　第三时期——对欧洲和亚洲这两个洲的犯案国的城池和境内进行攻击，也需要进行谋划，如此，我试图以几句话来说明将来的灰暗和无法预知的奥义。可是，对于我们应该竭力顺着它前行的道路，在我们如此进行预估的时候，我们一定要铭记，敌人的实力和行动在所有时期都能左右我们的命运。并且你们应该留意到，对于每个时期，我都完全没有给出时间上的限制。由我们的努力，我们的成绩和危险又莫测的战争的发展决定了这些时段的长短。

　　我运气非常不错，在华盛顿和渥太华发表的这些演讲都十分妥当。这两篇演讲发布的时间，正好是我们大家因为同盟的确立和它引发的绝对上风的潜能而觉得精神振奋的时候，而且，也是日本在长时间的，难以想象的筹备之后，展开攻击让我们遭受了一系列创伤之前。甚至我在用自信的口吻发言的时候，我已经预感到了很快就会击打在我们裸露的肉体上的鞭子。在太平洋和印度洋上，还有这些大洋浪涛所及的所有亚洲的大陆和岛屿上，牺牲惨重不仅仅是英国和荷兰，连美国也没能幸免。呈现在我们眼前的这个时段，势必充满了数之不尽的军事灾祸。我们不得不承受过众多晦暗和让人厌烦的遭遇失败和创伤的月份，之后，才能重见阳光。元旦之前，在我坐火车回华盛顿的时候，我受邀去了一节坐了很多美国的首要新闻记者的车厢。我过去，并非是心怀期待，祝大家过个荣耀的新年。"1942年将至。这会是个苦年——努力与苦难的年份，而且会朝胜利迈一大步。这一年，我希望我们所有人都能平安而荣耀地度过！"

英美同心

　　当我再次抵达白宫的时候，所有的在联合国公约上署名的程度都预备妥了。华盛顿、伦敦和莫斯科间有不少的电报沟通，不过这个时候，已经没有任何问题了。总统曾用最高的热情力劝最近因为局势变更而再次出头的苏联大使李维诺夫，让他认可"宗教自由"这个词。所以特地将他请到了总统的房间，同我们一起享用午饭。他在自己的国家有过艰难的经历以后，必须谨慎行事。之后总统用了不短的时间独自和他讲，触及其灵魂和地域火焰这样险峻的问题。有几次，罗斯福先生曾经同我们说起他和这个苏联人的谈话，让我们印象深刻。真的，有一次，我对罗斯福先生承诺说，下次总统选举的时候，他要是落败了，我会举荐他出任坎特博勒大主教①。因为1944年他在选举中取胜，这件事没发生，所以在这点上我们完全没有正式同内阁或者国王举荐过。"宗教自由"这件事，李维诺夫汇报给斯大林的时候明显处在惊恐和颤抖中，可斯大林却把它视为理当如此的事认可了。战时内阁也拿出了他们有关"社会保障"的论点，作为首次的失业保险法的草拟者，我真心地予以了认同。大批电报在一周的时间里在世界各地来来往往，随后，一切的大联盟里的国家达成共识。

　　"联合国"这个名字是总统起的，用以取代"协约国"这个名字。在我看来这迈出了关键一步。拜伦那首诗《柴尔德·哈罗德游记》中几行是这样的，我指给我们的朋友看：

---

　　① 英国国家宗教的最高领袖。——译注

此处，联合国拔刀的地方，

那天，我们的同胞们在战斗！

这是很多将万古流芳之事——且一切都将万古流芳。

总统在1月1日清晨坐着轮椅被推到了我这儿。我走出浴室，接受了声明的草稿。各场战斗并不能只靠声明自身就获得成功，可是它表明了我们是哪种人，还有我们为了什么在战斗。当天晚些时候，在总统的书房，罗斯福、我、李维诺夫和中国代表宋子文在这个肃穆的文件上签了字。

在我对总统发出的其他倡议中，最引人注目的是派三四个美国师去北爱尔兰。在我看来，有六七万美国军队开赴厄尔斯特，将是美国决议直接插手欧洲的事的明证。这些新召集的部队的训练可以在厄尔斯特做，就像在美国境内一般，与此同时，还成了一种战略要素。这一行动落在在德国人眼里，肯定就变成了又一个遏制进攻不列颠群岛的布置。我期望他们会高估登陆部队的数量，如此就会接着关注西方。另外，穿过大西洋过来的所有美国师，将让我们能够调一个久经训练的英国师离开英国开赴中东，或者去北非——这自然是我心里一直想着的。尽管这么想的人（就算是有）不多，实际上，这却是满心期待的，让同盟国大军对摩洛哥、阿尔及利亚或突尼斯发动突然袭击的第一步。这点总统十分了解，因此对于这个理念我们尽管没有给它切实的形式，可我已经意识到了，我们的思路是顺着相同的方向走的，尽管我们两个人全都还没到有需要探讨详细举措的时候。

进入爱尔兰的举措，在陆军部长史汀生先生和他的专业幕僚看来，是符合他们及早出击欧洲的意愿的。所以，全部的事项进展顺利。这一战略举措，我们非常想让敌人知道，因此宣告了实情，部队的数量自然是没说的。我们也期望德国的部队会因此留在西方，所以也能对苏联的战斗有所助益。

我们代号为"阿卡迪亚"的华盛顿首次会议最珍贵和最长久的战果，在将来的史学家眼里，有很大可能是建立了眼下声名卓著的"联合参谋长委员会"。此委员会的本部在华盛顿，可是由于英国的三军参谋长只能在临近英国政府的地方居住，因此，常驻华盛顿的高级将领就成了他们代表。每天，其实是每个小时，这些代表们都会和伦敦来往，所以可以在一切时间，不管是白天，还是晚上，将英国三军参谋长对一切战斗问题的看法，告知他们的美国同事。在全球的各个地方：卡萨布兰卡、华盛顿、魁北克、德黑兰、开罗、马耳他和克里米亚半岛，军官们自己被聚集到一处频频开会，有的时候有两周那么长。战争时期，联合参谋长委员会召开的二百次正式会议里，在这种会议里举办的超过八九十次，并且多半的最关键的决议就是在这些大型的会议中得到的。

通常的步骤是，各方参谋长委员会各自开会。两方在那天稍晚的时段聚到一起开会；他们通常在晚上再开一次共同会议。他们对战争的整体调度问题进行分析，将商议的见解汇报给我和总统。自然，借助电话和电报，此时我们自身的直接的讨论也在进行，我们和我们自家的参谋人员也是频频联系的。可是，专门幕僚们的意见经过全员大会的考虑之后，就将指令下达给了全部的战场上的指挥官。在联合参谋长的大会上，无论主张有多矛盾，不论辩论有多坦诚又甚至是激烈，对一致事业的诚挚和忠实高于国家和个人的权益。决议一旦制定，且得到了政府领导者们的认同，众人，尤其是那些原本的主张被否决了的人，就会绝对忠实地执行起来。从没出现哪次会议没得到对行动有用处的结论，或者能给各个战区指挥官下的确切的指令。所有受命的将领都清楚，他得到的指令包含和两方政府共同的意志和权威的威信。在同盟国里建立的所有战斗组织中，再没有那个组织比这个更有用处，它虽然有外观上的变动，可实际上却直到今日都一直存在，为此，我感到欣慰。

苏联人不曾派代表加入联合参谋长委员会。对他们而言，参谋部整合一是没有用处，二是施行不了，因为他们的战场不仅遥远、只有一个，还是独立的。他们行动的普遍区域和时间，我们能够了解到，而我们的，他们也能清楚，这就行了。在这种事上，我们尽可能在他们能够接受的程度上和他们保持紧密往来。我几次亲自出访莫斯科，在合适的时候，我会进行介绍。在德黑兰、雅尔塔和波茨坦，三个国家的参谋长们全员聚在一张桌子的边上开会。在英国和美国的所有磋商中，语言相同自然是最大的有利条件。避免了使用翻译时会有延迟和经常发生的局部误解。可是，开始的时候，因为说法不一样，还引出了一件趣事。英国的顾问们拟订了一份准备及早处理的文件，于是告诉他们的美国同僚们说，他们期望能"加入议程"。可这对美国的顾问们而言，这句话意味着将文件放到抽屉中忘了它。两方在长时间甚至是剧烈的争论之后，才明白对于这件事好坏，他们的想法是相同的，并且呼吁的是一件事情。

我曾经说过，蒂尔元帅虽然离开了帝国总参谋长的职位，却和我们一块坐着"约克公爵"号过来了。在所有的磋商中，他都起到了绝对的作用，不仅是在海上的时候如此，在我们和美国的领导层会面的时候更是如此。我马上意识到，在他们跟前，他的威信和影响力已经到了极致。战争时期，我们派去大西洋彼岸的所有英国将领，没有任何一个人在美国人那里得到了和他相同强度的敬重和信赖。他的人格、慎重和睿智，让他几乎是马上就得到了总统的信赖。与此同时，他又和马歇尔将军达成了一种诚挚的同僚之情和个人友谊。

在棕榈海岸休养

　　时常需要和总统与他的首要幕僚们及我个人的幕僚们讨论，我那两篇讲稿与加拿大之旅，再加上接踵而至的需要决断的急事和全部与国内同僚们的彼此联系的电报，使得在华盛顿的这段时间不仅繁忙、劳碌，甚至耗光了我所有的力气。我的美国友人们觉得我需要休息，因为我看上去很累。于是，斯退丁纽斯先生出于极大的善意将他临近棕榈海岸的一处安静的小别墅交给了我，因此，1月4日，我坐飞机去了那里。

　　在我出发之前的晚上，我白宫房间的空调忽然坏了，温度非常高，让人觉得透不过气来，在我试图将窗子打开的时候，我的心脏忽然加速跳动，致使接下来的几天都觉得难受。不过，我的医药顾问查尔斯·威尔逊爵士的意见是，不必耽误去南方的行动。马歇尔将军和我一起坐飞机过去，我和他愉快地聊了几次。在斯退丁纽斯的别墅里，我们待了五天，我们在遮阴的地方，或者阳光下躺着，在让人振奋的海浪中冲凉，虽然有次见到了一只非常大的鲨鱼。不过他们告诉我，那只是一只"海底鲨"①，可我还是有点担心。不管是海底鲨，还是别的种类的鲨鱼，被吃掉都一样糟糕，所以从那开始我就待在浅水区了。

　　我的踪迹是机密信息，白宫曾告知新闻界，说我和总统的所有活动，都应该像是对待美国的战列舰的活动一般对待。所以，报纸上没

---

　　① 一种生活在海底的慵懒的鲨鱼。——译注

有任何只言片语。在另一边，在佛罗里达却有不少接待我的人，而且有不少和我有过融洽谈话的新闻工作者和摄影记者在我们休息的地方的门口，可在出现报纸上的消息，一条都没有。

亚历山大港受到意大利"人控鱼雷"的袭击，"伊丽莎白女王"号和"勇敢"号没有了战斗能力的消息传过来的时候，我正在"棕榈海岸"温和的阳光下躺着。这个惨剧紧随此时我们其余战舰的损耗之后出现，再没有比这更让人恼火的了。我马上看出此事关系重大。短时间内，地中海上已经没有了战斗舰队，我们守护埃及，让其免受海上直接进攻的海军势力已被截断。在这个危急时刻，好像需要从英国南部海岸将能够搜集到了鱼类飞机全都分派出去。之后，这引发了让人不快的结果。

这段时间，印度总督和内阁那时提出了一个设想——要为印度拟订一个新的宪法，好让国民大会党凝聚在这个宪法之下，专注于一致事业和自身安危。这种想法一点好处都没有。

艾登先生自莫斯科得到的有关苏联对疆界的欲望（尤其是对波罗的海国家）的消息，让我十分紧张。两百年来，彼得大帝的制服的这些国家一直被沙皇控制着。他们自苏联革命开始，变成了欧洲抵制布尔什维主义的先锋。它们即是如今那些叫作"社会民主主义国家"的国家，可是极端积极和残暴。在1939年战争开始之前，在希特勒和苏联来往的时候，曾经将它们作为人质扔掉了。那里曾经出现过一次残酷的苏联和共产人的清剿。经过各种办法之后，一切有权有势的人和势力都被消灭了。从此之后，这些坚毅的民族，它们的活动就转到地下了。就像我们即将看见的，希特勒很快用一种纳粹的形式进行了反清剿。最终，在全盘获胜的情形下，这些国家有一次被苏联控制了。如此，爱沙尼亚、拉脱维亚和立陶宛，被致死的木梳来来回回梳了好几次，可正义在哪，是毋庸置疑的。波罗的海国家应当独立。

　　我在"棕榈海岸"期间，我自然能通过电话和总统及在华盛顿的英国顾问们频繁沟通，并且在需要的时候，我还能和伦敦打电话。出了一件有意思的事，尽管在当下是让人尴尬的。温德尔·威尔基先生曾经提出想和见一面的要求，他那时和总统间关系不太好。对于我和反对党的名人见面的事情，罗斯福好像完全不积极，所以我始终没这么办。可是想着，一年之前，在1941年1月，温德尔·威尔基出访英国的事情，还有我同他结成的友好的关系，我认为离开美国海滨之前，我应当同他见一面，我们的大使也是这个意思。所以，在5日的黄昏，我给他打了电话。一些时间之后，我得到消息说，"你的电话已经通了。"我于是说，"和你通话我非常开心，我希望我们能见一面。明晚我得坐火车返程。你能在某个地方上车，跟我一块游览几小时吗？下周六你在哪儿呢？"一个声音回答说，"啊，在我眼下所在的地方，书桌的边上。"我答道，"什么意思？""你觉得你在和谁通话？"我答道，"难道不是温德尔·威尔基先生吗？"回答是，"不是，和你通话的人是总统。"我没太听清，又问，"是谁？"回答说，"和你通话的人是我，富兰克林·罗斯福。"我说，"我原本没打算在这个时候打扰你。我想同温德尔·威尔基通话，不过你们的电话交换机出了点状况。"总统说，"我期望在那儿，你生活得不错，并且开心。"随后就高兴地说了些个人的活动和规划，我最后问，"我猜你应当不会因为我想和温德尔·威尔基谈话而感到不快吧？"对此，罗斯福说，"不，我不会放在心上的。"就这样，我们的通话结束。

　　有一点不能忽略，即，这是我们亲密往来的初期，因此在我回到华盛顿之后，我觉得我应当问问哈里·霍普金斯，有没有引起冒犯的地方。于是，我给他写信说：

请你跟我说说，由于我的确觉得对一位社会要人应当予以礼遇，我是依照我的职责在做事，所以我期望和我们说起的那个人通话这件事不会被视为有一丝一毫的不合适；因此，在你给我不同的说法之前，我仍准备那么做。

霍普金斯表示没有引起任何阻碍。

现在，是时候回国了。9日晚，我坐火车起身回华盛顿，11日到达白宫。路上一直在为公事忙碌着。

休养期间，我草拟了第四份备忘录，是写给参谋长委员会并呈送给战时内阁国防委员会的。我草拟的这份文件，也想给美国人看。它和之前的三份文件的区别在于写成的时间是在我同总统及他的幕僚们，还有合作的三军参谋长彼此在华盛顿磋商之后。随后，等我回了伦敦，我就将这全部的文件拿给了战时内阁传看，让他们作为参照之用。我们两个国家已经有了不少的约定，事实上，给我们的事项限定的方向，战时内阁的认可度是很高的。

回国途中的波折

我返回白宫后，发现联合参谋长会议的工作取得了不少成果，而且大多数都跟我意向相同。

1月12日，总统举办了一次会议，此时对于战争的总体方针和目标，大家都达成了绝对共识。矛盾只是前后顺序和侧重点，并且全都受到了船舰这一严苛且霸道的要素的限制。英国的记录显示，"总统十分关注'超级健将'行动，也就是美英一起远赴北非作战这一行动的实施。派九万美国部队和九万英国部队，以及一支巨型空军开赴北非的暂定日程表，已经制定好了。"美国决定派两个师去北爱尔兰。总统私下里告诉我，在需要的时候，他会及早往澳大利亚和那些支配着日本人通道的岛屿调派五万美国部队。有二万五千人的部队会及早派出去，夺取新喀里多尼亚和位于美国和大洋洲之间的别的落脚点。在"首要战略"上，参谋们全都认同"在和德国的战争中，只能抽出必需的最少的部队去捍卫其余战区的关键利益"。

　　如今已经到了我们不得不从白宫和美国民众的热情好客和振奋人心的氛围里离开的时候了。尽管我十分期待回去伦敦，而且坚信最终的胜利必将属于我们，可是我始终有这样一种感觉：势必将延续很多个月的大灾难就要到来了。我曾经指望在西部沙漠取胜，进而消灭隆美尔，现在这个指望没了，隆美尔跑了。奥金莱克在希迪列格和加柴拉取得的战果并非关键性的。在我们制定英美对法属北非展开突然袭击的所有计划中，这些战果带给我们的声威的确没那么高，所以这一行动明显延迟了数月。

　　14日，我去跟总统辞行，他很担心我此行的安全。全世界都知道我们正在华盛顿，在我们回国的航道上，有超过二十艘德国潜艇。那个晴朗的日子，我们坐飞机从诺福克去百慕大，"约克公爵"号统领护航的驱逐舰正在等候我们。我们坐的那架巨型"波音"式水上飞机给我的感觉很好。我和飞行员凯利·罗杰斯上尉在飞行的三小时里成了朋友，他看上去才华出众且很有经验。我学会操纵这些机器设备有段时间了，尝试了一下这个三十吨或者超过三十吨重的巨型设备。我越来越喜欢这架飞机。我问这位上尉："从百慕大开到英国怎么样？它能运载足够的汽油吗？"他激动地说："自然，我们能这么做。据眼下的天气推断，我们后边吹来的风时速是一小时四十英里，不用二十小时就能到达英国。"我问距离是多少，他答："大概三千五百英里。"我不由得担忧起来。

等我们降落之后，我对波特尔和庞德提及此事。马来亚有重大事件正在发生，我们都应该尽早回国。空军参谋长却说，他认为完全没道理冒这种风险，他无法对此事负责。第一海务大臣和他的同事看法相同。"约克公爵"号及其驱逐舰都在那里，什么都帮我们预备妥当了，它会让我们安稳又舒服。我说："那些德国潜艇呢？它们怎么样了？"这位海军上将摆了个藐视的手势。我意识到，这两位将领都觉得我的方案是我单独坐飞机，他们则乘"约克公爵"号回国。于是，我说："自然，我们人人都有椅子坐。"听见这句话，他们两个的表情显然变了。安静了很长时间后，波特尔说，这件事可以研究一下，他们将和飞机机长认真商讨，并和气象局分析天气变化。

过了两个小时，他们两个回来了。波特尔说，他觉得这件事行得通。在条件合适的情况下，那架飞机肯定能完成使命；因为是很强的顺风，天气也十分有利。快点回国是十分紧要的。庞德说，那个机长的确有着极其充足的经验。这自然是在冒险，可是德国的潜艇也不能忽视。因此我们决定只要天气没变糟，就坐飞机。启程的时间定在第二天下午两点。人们觉得我们必须将行装减至只剩几箱重要文件。蒂尔将待在华盛顿，担当我和总统联络的个人军事大使。我们这行人将只剩下我自己、两个参谋长和马克斯·比弗布鲁克、查尔斯·威尔逊、霍利斯。剩下的全部人会坐"约克公爵"号回国。

当天下午，我对百慕大议会发言。我劝他们答应在这个岛上建立美国的海军、空军据点，并尽量提供支援，他们觉得有些难办。眼下整个国家的生存都受到了威胁。虽然路途遥远，但我们和美国同盟的成功发展，早晚会带来最终的胜利。对此，他们是认同的。当晚，我们去休息时，已经很晚了。

第二天，我醒得非常早，感觉肯定睡不着了。我不得不说，我十分恐惧。我想着海面的辽阔，想着在接近不列颠群岛的土地之前，我们要飞行一千英里之远。我想这件事我可能做得鲁莽了，这件事要看运气。我素来害怕在大西洋上飞行，可是此事已经商量好了。尽管这样，我不得不说，要是在用早饭的时候，或甚至在用午饭之前，他们来向我汇报，天气已经变了，我们只能从海上返回，要是这样，我会毫不犹豫地登上我们那艘豪华的战舰回去。

绚烂的阳光洒落在这座岛上，天气情况非常不错。中午，我们坐汽艇去坐飞机。由于去"约克公爵"号那拿行李的那艘值班艇耗费的时间超过了预期，所以在船埠，我们耽误了一个小时。飞机所有油箱都装满了汽油，想脱离水面飞起来并不容易。因此，我们滑行到了距离码头很远的另一端。我觉得我们无法从那些环绕着港口的矮小的山头飞过。可我们其实没遇到什么险情。我们有机长这个技艺出众、能够信赖的人。在距离珊瑚礁四分之一英里的地方，飞机笨拙地飞起来，这让我们不用升至几百英尺的高度。这种巨型飞机上的设施无疑会让人觉得舒适。在飞机的后端我的双人间里有张豪华的大床，两边都安装了非常大的窗户。向下穿过所有房间去客厅和餐厅，要经过一段三四十英尺长的走廊，餐厅里有很多食物。

飞机飞得很稳，晃动并未让人感到不适。飞机包含两层，从一个普通梯子上去，能抵达操控间。天黑了，所有汇报都不错。此时，我们正在七千英尺的高空穿越浓重的大雾。大家能看到机翼的前侧，以及流泻到翼面上的大面积的高热输出气流。此时，飞机上有一只时胀时缩的大型胶皮管，用来防范结冰。机长告诉我它是如何发挥作用的，我时常看到冰块在它膨胀的时候破裂掉落。

这天夜里，我到床上安睡了数个小时。我醒的时候正好天要亮了，我去了操控间。天色越来越亮，我们下方的云层近乎连在了一起。坐在副驾驶位置上一个小时以后，我发觉大家开始担忧。我们应当自西南方飞向英国，我们应该已经过了锡利群岛，可是它们并不在我们的视线范围内。因为我们已经在雾里飞了超过十小时，而且这段时间里只见到了一颗星，所以有很大机会已经脱离了原先的航行路线。无线电沟通自然因为战时原则受到约束。从正发生的争论来看，我们明显不清楚自己的位置。始终在分析位置的波特尔跟机长说了句话，之后告诉我说："我们会马上调转方向朝北飞。"在云层中飞了半小时后，我们看见了英格兰，很快到了达普利茅斯上空。在这里，飞机绕开那些闪烁的空中防御气球，平安着陆。

机长在我下飞机时说："我这辈子最高兴的时刻，就是让你平安降落在港口时。"那时，我们还不知道他这句话代表了什么。后来我才知道，我们若是没有改变方向朝北飞，而是顺着原来的方向继续飞，那再过五六分钟，我们就会飞到德国在布雷斯特的炮台上空。在夜晚飞行时，我们朝南偏离过多。过了几周，我得到消息说，有汇报说我们乘坐的飞机是自布雷斯特飞过来的一架敌人的轰炸机，因此，德国战斗机总队的六架"旋风"式战斗机接到命令，要将我们打下来，不过它们没有完成此项任务。

我发电报告诉罗福斯总统，说："我们自百慕大开始进行长途飞行，借助一股每小时三十英里的顺风到达了这里。"

第九章　日本折戟东南亚

太平洋作战委员会

1942年以全新的形势出现在了英国面前，对于第二次世界大战而言，这也是全新的一年。此时的英国，由于有了两个强大的盟国，因而不再是孤军奋战了。这两个盟国将与英帝国密切合作，并肩战斗，直至胜利。他们就是美国和苏联。不过，对于他们而言，选择与我们合作的原因却各不相同。在这种形势下，除非德国人掌握了某种新武器，或者因某种压力的干扰让我们的合作分裂，否则我们必将因这种合作取得最终胜利。事实上，掌握某种新武器并非不可能，因为参战双方都在紧锣密鼓地研究着。如同后来发生的事实表明的那样，已经占据有利形势的同盟国，又掌握了原子弹的机密。虽然我们谁都无法预测面前的这场浴血奋战的进展，但我们有十足的把握取得理想的结果。

日本经过长期充足准备的攻势，是我们这个"伟大同盟"在此时此刻必须面对的难题。日本将英美前哨作为猛烈攻击的目标。由于日本的进攻，美国在太平洋、菲律宾群岛和其他岛屿损失惨重，而英国和倒霉的荷兰则在东南遭遇失利。尽管没人相信美国会被日本打败，但是，至少目前来说，日本占据着上风。同一时期的苏联正在和德国拼命，他们面对的是德军主力，因此，他们因日本的攻势而损失的，无非是英美向其他方面挪用了本打算给它的援助。长期来看，英美的失利不可避免，尽管对两国人民而言这是不能接受的，但战争最终的结果并不会受到影响。面对日本的攻势，英国几乎毫无应对之力，因为受到了其他战场的掣肘。由于还处在组织的起始阶段，同一时期的美国，虽然有取之不尽的资源，也显得应对不及。虽然形势还在不停地恶化，但是英国的民众只要认真地想一想，就会知道我们必胜。

新的前线似乎是澳大利亚和新西兰——至少这两个国家有这样的感觉，因此，相比于我们身上新增的责任，英国本土面临的危险却没有增加。澳大利亚和新西兰发现，敌人有直接进攻他们的领土的可能。这样的话，在援救祖国的危机时，战争就变得简单多了，因为没有带着装备和物资穿越茫茫大海的必要了。澳大利亚的沿海地区分布着所有的大城市，而海岸线又很漫长，无法处处设防，在攻击澳大利亚和新西兰本土时，新敌人就更加游刃有余了。至于澳洲的军事力量——他们几乎没有空军，陆军最优秀的军官、仅有的四个受过训练的义勇师和新西兰师，又都在大洋对岸，离得很远。于是，只几乎在顷刻间，日本便掌握了太平洋的制海权，根据目前的情况看，夺回制海权遥遥无期。

澳大利亚被恐惧不安的气氛所笼罩，面对这种形势，内阁的精力倒是很集中，但考虑的只是他们自己的安危。我们看到这种情况时，已经不足为奇了。现在已经到危及存亡的时刻了，连澳大利亚联邦自己的政府官员和顾问团队，都认为联邦有灭亡的可能。然而，此时此刻，出现了一个永远令人感到诧异的现象：他们依然不能团结一致、共同抗敌。控制澳大利亚政局的是顽固的地方主义，这是因为他们力量弱小的政党态度太过僵硬。凭借两个议席的优势，工党将所有的行政权牢牢地掌握在自己手里，导致无法实施征兵政策，连保卫本土的力量都严重不足。由此可见，我们的任务因这些有派系政治色彩的决策而愈发艰巨，而这些决策本身与澳大利亚的民族精神是相背离的。尽量保证他们的安全，同时尽量保持全球战略的平衡，就是我们的任务。

我提议在伦敦组建一个太平洋作战委员会，方便我们在对日作战中始终得到荷兰、新西兰和澳大利亚三国政府的支持，并向澳大利亚总理和新西兰总理通报了这个机构的最终模式。

2月10日，太平洋作战委员会召开第一次会议。审核对日战争中太平洋战区的基本政策，是这次会议的主要任务。我作为主席主持了这一会议，掌玺大臣达夫·库伯、外交大臣、荷兰首相P.S.哥布兰蒂博士、荷兰大臣乔奇尔·E.米切尔·范·维托那先生、澳大利亚政府代表厄尔·帕奇爵士、新西兰政府代表W.J.乔丹先生、印度和缅甸代表埃默里先生、三军参谋长出席了会议。中国政府起初没有参加会议，但后来他们也派了代表。

华盛顿的太平洋作战委员在罗斯福总统的倡导下也成立了，与伦敦的太平洋作战委员会联系紧密。1943年8月，伦敦的委员会召开最后一次会议。对于没有派代表参加常设机构的国家而言，太平洋作战委员会意义重大，尽管指挥战争的还是以前的机构，但他们对战争的意见，可以拿到这个委员会发表。

然而，紧接着发生的众多危机扰乱了这种局面。

放弃班加西

在长时间的准备以后，奥金莱克将军终于在西非的战场上收获了胜利，敌人对图卜鲁格的包围终于解除了。这件事使我有了与他沟通下一步计划的信心。有这个打算时，我还在华盛顿访问。此时的隆美尔也没有闲着，他有序地将部队后撤到加柴拉以南，不幸的是，在加柴拉的新家，他遭到我方第十三军（由戈德温–奥斯汀将军指挥）的攻击，苦战三天之后，他再次后撤。这时的时间已经到了12月16日。为了阻止隆美尔向班加西方向撤退，我方决定从侧翼包围他们。执行这一任务的是机动部队，他们打算从沙漠迂回过去，但不幸失败，因为他们遇到了天气、道路和后勤补给等多方面的困难。虽然第四英印师的追击令敌人狼狈不堪，但敌人还是如愿以偿地撤退到了班加西。在敌人通过梅基利一带的沙漠公路时，我方第七装甲师对他们的装甲部队穷追不舍，后来我方警卫旅加入其中，共同追击敌人。

由于形势有利于我们，因此我们也产生了获得去年那样的战果的希望。此后，我方部队快速挺进至安塔莱特，切断了意大利部队由班加西向南撤退的道路，两军交战，我方获胜，抓获不少俘虏。但是，由于我方无法及时地组织一支强大的部队，因此当先头部队到达安塔莱特时，就停止了前进。敌人担心再次陷入包围，决定顽强抵抗。隆美尔趁着这个机会，将部队全都撤至阿杰达比亚。1月7日，他又将部队撤退到阿盖拉，随后修筑起一道坚固的防线，打算在此严防死守。

第十三军的供应已到极其匮乏的地步，先头部队能得到的供给也是杯水车薪，无法从根本上解决问题，因为班加西港的整顿工作受到恶劣天气和敌机骚扰的影响，没有及时完成，所有供应只得经由陆路从图卜鲁格运来。因为同样的原因，位于班加西的第四英印师无法向南调动。如此一来，我方只有警卫旅和第七装甲师独自与阿盖拉的敌人周旋。一月中旬，从国内抽调而来的第一装甲师替换了第七装甲师。在这段时间，我方处境艰难，无法组织起有效的攻势，防线也修筑不起来。这一切的根源都是因为实力不足。

1月9日，我在白宫的地图室收到奥金莱克将军发来的电报，明白了情况的严重性。此时的隆美尔部队能够及时地得到护航舰队的援助，本来这些护航舰队很难安全通过海面，但是，现在马耳他舰队被摧毁了，而"海王星"号巡洋舰也于12月19日在的黎波里的水雷区沉没。

如果在法属北非地区的魏刚将军愿意接受援助的话，那么我们制订的"体育家"计划就恰到好处。在我们的安排下，英国的一个装甲师和三个野战师随时待命，只等出发通知。与他们一起待命的，还有一个相同兵力的空军分遣队。我们希望尽快打败隆美尔，占领的黎波里，进而直扑突尼斯。只有这样，魏刚和维希才有可能改变主意。

至于"超体育家"计划，则是一项更远大的计划，制订者也是英美两国，目标也是法属北非。在12月16日，我发出提议，将它当成英美在1942年的西方战役中主要的两栖作战计划，在我看来，罗斯福总统同意这一提议。因此，从"超体育家"计划的角度看，相比于敌人在沙漠地区对我军的阻挠，他们坚守阿杰达比亚和撤退至阿盖拉更有意义。我和总统都将这些视为不利之处，但好在事实并非如此。奥金莱克将军来电称，很快就能实施关键步骤了。

在阿盖拉的阵地上，从1月12日到1月21日之间的九天里，隆美尔始终毫无动作。为了加强防范，敌人在地中海往南到一处名为"利比亚沙海"的地方，用地雷和铁丝网加强了防御工事，那条战线上多数地形便于守卫，而现在却出现了一条长达五十英里的缺口。因为这些缘故，奥金莱克将军的意见是，2月中旬以前不能攻击这里，只能派零星部队袭扰他们。为此，他派出了警卫旅的两个主力营、第一装甲师的后备部队。至于第一装甲师的大部队，则在梅塞维将军的指挥下驻扎在他们背后九十英里之处，地名为安塔莱特。后来，他们成了由戈德温—奥斯汀将军指挥的第十三军的一部分，一起被编入第十三军的还有第四英印师。由于第四英印师驻扎在班加西及其以东地区，导致十三军分布太广，不便后勤补给，又远离援军，力量薄弱，也没有巩固防线。因此，隆美尔如果发动反攻，我们的先头部队除了后撤，别无出路。不过，奥金莱克将军认为，他有足够的时间派遣援兵和补充补给，也不相信隆美尔能发起反攻。

第十三军很快就有好消息传来了：他们接受了巴尔迪亚、塞卢姆和哈尔法亚及一万四千名敌军士兵的投降，此外还缴获大批物资，解救一千一百名我方战士。在此过程中，我军的伤亡在五百人以内。

直到回国以前，我再也没有收到重大消息。在离开华盛顿前夕，我意识到，在北非大冒险的想法上，我和总统想法一致。后来的事实证明，这是正确的认识。回到伦敦以后，还是好消息不断。通常来说，在新的战役打响之前，往往有一段平静期。只是，相比于我们的预计，这段时间可是太长了。

隆美尔卷土重来的可能被奥金莱克将军低估了，这给我们造成了不幸。在空军少将劳埃德的指挥下，意大利的舰艇和港口遭遇马耳他岛的皇家空军"秋季攻势"的袭击，与此同时，我们在陆地战斗中也获得了胜利。不过，这些成功并没有维持多久，在12月份就丧失了，敌人为此动用了西西里岛最强的空军力量。海军上将坎宁安率领的舰队，由于近期在海战中频遭不幸，力量已经有所削弱，因此，在一段时间内，他们无法切断敌人通往的黎波里的补给线。这样一来，隆美尔可以源源不断地得到补给了。实力有所加强以后，隆美尔在1月21日发起侦察，派出每队由一千名坦克支援的摩托化步兵组成的三个纵队。由于我军部分部队缺少坦克的掩护，因此迅速被敌人突破了。戈德温—奥斯汀将军令部队退守阿杰达比亚，顺势切断了敌人通往莫苏思的道路。

23日收到一条坏消息，隆美尔在21日向东部转移了。我军第一装甲师后备部队的几个纵队撤退时，在阿杰达比亚东南遭受损失，死伤数人，失去了七门大炮和一百辆战车。在接下来的两天里，我又接连收到消息，我军已经退到了莫苏思以东。

将主力部署在莫苏思后，隆美尔的选择更加丰富了，既可以向西北进攻班加西，又可以向正东进攻梅基利。他的决定是同时进攻这两个地方。事实上，他向东北方向派出的只是佯攻部队，目标是我方的交通线，而向西北占领班加西才是他真实的意图。他的这一计划获得了成功，我们本来计划抽调班加西的第四印度师一部和装甲师、察鲁巴的警卫旅向南反攻，得知他的动向后，只得停止反攻，从班加西撤出。于是，第十三军全军后退到了加柴拉—比尔哈坎穆一线。

更坏的消息随之传来，奥金莱克将军认为必须放弃班加西了。

世人再一次见识了隆美尔在沙漠战术领域的造诣，与我们的指挥官相比，他才是高明的行家。在他重新占领昔兰尼加大部领土以后，我们败退三百英里，我们放弃的不仅有班加西，还有希望。为了实施盼望已久的2月中旬的进攻，奥金莱克将军集中了大批物资，如今全都丢失了。起初，隆美尔只是在能够纠集的部队的支援下，派遣了三支小纵队发动进攻，现在他一定很惊讶，因为取得了出乎意料的绝对胜利。第十三军的残部和从加柴拉、图卜鲁格一带调上来的其他部队，在这里得到里奇将军的重新整编。此后，战役进入对峙阶段，因为不论是追击者还是被追击者，都筋疲力尽了。隆美尔要等到5月底才能再次发起攻势。

　　我方从敌人最近的文件里获悉，在坦克的性能方面，他们远胜我们。事实上，不仅性能比我们强，数量也比我们多。我军第一装甲师只有一百五十辆坦克，他们的非洲军团有一百二十辆坦克，意军也至少有八十辆坦克。在这样的劣势下，我方虽然有一个装甲师，却没有利用起来，除了奥金莱克将军在电文里所说的"该师刚刚从联合王国而来，缺乏沙漠作战的经验"之外，我至今不知原因。在电文里，奥金莱克将军概括称"我军比德军差的不仅仅是作战坦克，在作战时的机械性上，巡逻坦克也远逊敌人。不仅坦克差，机械又靠不住，再加上反坦克武器少于敌人，情况日趋糟糕也在情理之中"。

新加坡失利

　　陆军中将希思指挥的第三军（由第九英印师和第十一英印师组成），在新年伊始就在东西两侧的海岸同时遭受打击。此时，原本驻扎在哥打巴鲁的敌人，已经由海岸公路向南挺进至关丹，我军驻扎关丹的是第九师的一个旅团。在西面的金宝驻扎着我方的第十一印度师，他们部署在一个坚固的山头阵地上。在山头左侧的霹雳河一带，驻扎着我们的一个旅。为了避免敌人从丰盛港海滩登陆，实现挺进至我军先头部队身后的目的，我们在柔佛邦部署了第八澳大利亚师的两个旅，其中一个旅就驻扎在丰盛港。敌人在宋卡集中了大量船舰，由此可知，除了已经派出的至少三个师，他们还会增派兵力。但这不至于引起我们的担心，因为我军苦苦等待的援军也要来了。英国第十八师的主力旅——第四十五印度旅——将在1月中旬到达，同期到达的还有五十架"旋风"式战斗机。该师的剩余部队和另一个印度旅也将在1月底到达。

只有派出我方除小型舰艇以外的全部海军力量和几乎所有残存的战斗机，我们才能在新加坡以南的海面上为这些运输船队提供保护。但这样的行动有一定的风险，我方部队和交通线将遭到日本空军的肆意攻击。为了切实履行协议，为了保住新加坡，荷兰派来四个飞行中队。遗憾的是，他们的到来不但没有改变局势，反而遭遇了重创。最终，他们只剩下几架轰炸机，处境跟我们的空军中队相差无几。由于没有掩护他们的战斗机，剩下的轰炸机没有用武之地，变得毫无用处。在这种形势下，我方部队需要做的，就是将敌人尽力吸引到北面的阵地上，以便争取等待援军到来的时间。在此期间，为了给新加坡本岛的保卫战保存实力，他们还不能恋战。

为了实现沿西海岸攻击敌军身后的目的，我们在临近12月底时计划派遣一支两栖作战小分队。12月27日，这支小分队实施了一次极为成功的突袭。然而，我们没能扩大战果，我方力量薄弱的海军迅速被敌人压制，根本无法到瑞天咸港外参加战斗，因为制空权似乎全在敌人之手。在新年的第一天，我们就遭遇打击。拥有六艘快速登陆艇的一支小舰队被敌人消灭了，要知道他们可是刚刚从美国来到这里的。在此之后，我们无计可施，如果在海面上遇到敌人，只能迅速躲避。

第十一印度师承受着敌人长达四天的持续猛攻，好在始终没有丢掉金宝阵地。到了1月2日，情况发生了变化，情报显示，他们有被敌军切断后路的可能，因为霹雳河河口一带已有敌人登陆。得到消息以后，希思将军从瑞天咸港发动了一次两栖反击战，执行这一任务的是皇家海军陆战队的一个小分队。希思将军的猜想是，敌人将对距离后方只有几英里的瓜拉雪兰莪一带发动海上攻击。遗憾的是，反击毫无收获。后来又有情报显示，瓜拉雪兰莪一带在1月3日夜晚至1月4日凌晨有敌人登陆。但是，我们的情报只限于此，因为我们截获的情报不仅很少，而且还很混乱，因此并不掌握这部分敌人的实际情况。事实上，抛开情报因素，我们也没有兵力阻止他们的行动。我们只好撤退到斯林河一带，在那里组建新的防线。为了预防敌人从后方发动袭击，又在西南方部署了一个旅。

异常猛烈的希伽默—麻坡之战持续了整整一个星期。为了堵住敌军，戈登·贝内特将军将大部分兵力部署在通往希伽默的道路上。驻防麻坡河下游的兵力，主要是第四十五印度旅和先后赶到的两个澳大利亚营。战役期间，我军在希伽默前线的一次伏击战中大获全胜，日军因此损失数百人。尽管后来的战斗越来越激烈，但总算完成了拦截敌军的任务。1月15日，日本调动整个禁卫师团对麻坡实施围攻，而我方的兵力只有四个营。敌军不仅从正面发起冲锋，还不断地从侧面发起登陆战。我军抵挡不住，多次向南撤退，又多次被包围。后来，为了成功突围，他们只好分散成小分队，丢掉沉重的运输设备。虽然最终得以突围，但伤亡惨重，包括旅长邓肯、各级副指挥和各营营长在内的三千多人牺牲，这支原本有四千人的部队，活下来的只有八百人。这支人数极少的部队，抵挡住了数倍于己的敌人，抵挡住了握有制空权的敌军，保护住了希伽默的侧翼和后方，为希伽默驻军赢得了撤退的时间。英国第五十三旅的两个营也被调动起来参加这个任务。为了阻止敌人在本加兰港以南海岸登陆，正在后方休整的第十一英印师也被调了过来。

现在，我们的部队分布在九十英里长的战线上，从丰盛港延伸到本加兰港，遍布马来半岛南部。敌人死死缠着我们，在丰盛港、居銮和西部海岸激烈交战。在这些战斗中，西海岸的激战最为关键。驻防本加兰港的只有两个英国营，在直接出口全被封堵的情况下，他们坚守了五天，后来后退二十英里，才在夜间由海军协助撤离。

1月15日，宋卡来了一支大型护航船队，为敌人送来了两个师的生力军。至此，日军获得了强有力的支援，在马来亚的兵力达到五个师。这两个师很快就挺进到了居銮，给我军防线的中心带来极大的威胁。尽管我方的空中侦察力量极其薄弱，但他们表现得却很勇敢，他们在1月26日报告说，兴楼一带的海面发现两艘运输舰、两艘巡洋舰、十一艘驱逐舰和许多小舰艇。当时，我方能集中起来的参战飞机有二十三架，在得到消息后立即行动，对它们实施空袭。然而，由于它们有战斗机的保护，我军失利了，损失极大，老式"牛羚"战斗机损失更大。不过，我们也击中了他们的两艘运输舰，击毁至少十三架飞机。在这次英勇的行动中，我们的空军有了重整雄风的迹象。

第二天晚上，从新加坡方向驶来两艘驱逐舰，我军出面拦截，有一艘被击沉了。成功登陆的日军迅速自兴楼南下进攻丰盛港。至此，在1月17日这一天，在我军战线中心居銮、丰盛港战线右侧以及已经暴露的左翼，都发生了大规模的激战。珀西瓦尔将军下令退守新加坡岛。要登上新加坡岛，需要逐人逐车地通过一段长堤。就在这个阶段，我军再次遭受挫折，损失了一个旅的大部分兵力。所有部队直到1月21日早晨才完全通过长堤。之后，长堤被炸毁了。

得知我们在新加坡遭遇惨痛失利后，国内立即展开正式讨论。我军能够参与战斗的舰艇的力量，只能勉强保证增援运输舰队的安全，使他们能够畅通无阻地到达新加坡。这是我们应该承认的事实。除了一些经过改装的装备着简单武器的商船和几只装备简陋的小舰艇之外，我们再没有能够用于沿海防御的力量了。面对敌军强大的空军优势，我们如此薄弱的海军，坚强地坚持了下来。由此可见，他们缺乏的是克敌制胜的方法，并不缺乏战胜敌人的勇气。

　　最终的意见是，英国第十八师继续开往新加坡，在继续援助新加坡的问题上，我的同僚们同意或默许。事实上，英国第十八师的先头部队已经登陆了。

信任投票

　　人们希望我能就前往华盛顿的使命详细地向议会作个汇报，当然，在我离开英国的五个星期发生的事情也在汇报之内。我下意识地想到两点显而易见的事实。其一，战争的胜利终将属于同盟国一方；其二，在接下来的一段时期，我们将因日本攻势面临众多灾难。不过，由于关乎英帝国存亡的威胁基本不存在了，因此，这个国家不会有任何危险，每个人都看到了这一点，都能因此感到欣慰。在这种情况下，不论是善良的评论家还是别有用心的评论家，在评论过去的错误时，都能毫无保留。他们中的一些人甚至认为自己肩负着某种使命，即通过改进指挥方法达到缩短战争进程的目的。但是，我的心情却不是这样。我们遇到的各种失败使我感到不安，因为它们预示着更大的灾难即将来临。然而，在这种时候，我感到周围的政治氛围是无法让人舒服的。当我来到议会时，总能感觉到周围充斥着目光短浅且肤浅片面的议论，压得我喘不过气，又无法回应。构成这种气氛的，有澳大利亚政府的态度，有毫无根据的报纸评论，有二三十位议员的嘲讽攻讦。

　　我向身边的人明确表示，我不允许任何人削弱我的权力和职责。

我之所以有如此表态，也是形势所需。包括舆论在内，没有人反对我继续担任首相和发表演说，他们只是希望我委托他人负责具体指挥战争。我不愿意接受这种意见，所以我决心承担起所有责任，绝不向任何人让步。我向下议院提出要求，对我进行信任投票。

我认为有必要通过议会向全国发出警告，告诉人们灾难就要来了。作为从事领导工作的人，最大的错误就是提出一个瞬间就会破灭的虚假的希望。勇敢乐观的英国人民向来无法容忍公仆让他们生活在假设之中，因为他们有面对任何灾难的能力。我认为，不论是从我自己的地位而言，还是从指挥整场战争的角度考虑，为了显得蔑视即将降临的灾难，我有必要利用悲观的语调描述眼前的处境。由于此时情况特殊，因此，这种做法不至于对军事局势产生影响，也不至于对人们取得最终胜利的信念产生影响。这段时间几乎每天都有噩耗传来，沙漠地区的失利也让我感到了迫在眉睫的危险，但我依然决定花费十几小时的时间，集中精力写一篇内容新颖丰富的报告，依然对我们的处境做好了分析。

我在1月27日向下议院提交了问题，辩论就此开始了。他们都很生气，这是显而易见的。回国后，为了方便在大英帝国和美国的广播里播放我即将要做的汇报，我提出给我录音的要求，他们表示反对，理由却与当时的局势没有半点儿关系。我知道，这种请求在这个世界上的其他任何一个议会都能得到支持，但我还是放弃了。我就是在这种背景和气氛中开始发言的。

由于议员们不知道在迅速征服的黎波里达尼亚后，英军即将执行的计划，因此，对于隆美尔反攻的意义，他们也毫无体会。所有人都知道班加西和阿杰达比亚失守的消息，但这并不要紧，沙漠战事中没有常胜将军，这只是一个例证之一。不论发生了什么情况，也不论是因为什么发生的，连我得到的情报都不准确。

　　我觉得必须对隆美尔提出表扬。我对隆美尔的赞扬在当时没有引发任何后果，后来才听说有人对我指出敌人指挥官的优点感到不舒服，他们对我的这一行为的态度是不解。他们不理解我，我倒是能理解他们。但是，即便是能理解，我还是要指出，他们的意见与获得战争的胜利、建立持久的和平的目标不符。之后，我谈到了一个更严重的问题：在远东地区，我们已经到了手无寸铁的地步。

　　由于我的长篇大论，下议院被迫受累两个小时。尽管他们接受了我讲的每一句话，但他们的表现是沉闷的，毫无激情可言。对我来说，我必须这样做。他们有什么反应吗？在我的记忆中，他们是有反应的。在我的演讲即将结束时，我认为应该对未来做一番悲观的预测，因为灾难很快就要来了。虽然我的预测不会让人们绝望，但也不会向他们保证什么。

　　辩论持续了整整三天，但是，在我看来，议员们对我的语气很友善，这是我没有想到的。对下议院而言，有些事情是非做不可的，政府的工作得到了以艾德礼先生为首的战时内阁的支持。我在29日结束了辩论。我担心只有辩论而没有表决结果。为了迫使对我们持批评意见的人到投票走廊发表意见，同时拉拢那些放弃反对的人，我甚至想过使用激将法。然而，在我有勇气说出口的话里，却找不到一句可以对工党、保守党和自由党中心怀不满的人构成刺激的。独立工党在信任投票交付表决时提出不同意见，但他们势单力薄，只有三个议员，其中两个还是点票员，只有一人投反对票。最终的表决结果在我的预料之内，四百六十四比一。少数派的领导人詹姆斯·马克斯顿非要将这件事彻底弄清楚，说实话我很支持这种做法，也很感谢他。

　　由于新闻界的持续宣传，我收到了来自四面八方的祝贺电报和慰问电报，美国白宫的朋友表现得最为积极。罗斯福总统在六十岁生日那天给我回复电文，称"能和你生活在同一年代是件美妙的事情"。

新闻界里有些人天生喜欢唠叨，不论什么结果，他们都能找到话题，在当墙头草时更是敏锐。他们声称没有必要进行信任投票、没有人试图挑战联合政府，等等。在我看来，这些噪声预示着灾难要来了。

英国政府部门的动荡

信任投票带来的安慰只有短暂的作用。我知道大的灾难就要来了，虽然我无法阻止它，但我已经发出了足够的警告。果然，灾难在2月份到来了。与此同时，政局的紧张形势似乎也在发展，相继有人提出要求，或"加强政府"，或给政府注入"新鲜血液"。显然，在这种形势下，"新鲜血液"指的应该就是斯塔福德·克里普斯爵士，因为他就摆在眼前，每个人都看得见。在下议院的辩论中，谈到此事时，我发表过一些强硬的意见，因为我不愿意因为压力而被迫做出变动。但是，在2月份以后，从形势上看，要想设立制造部，无论如何都要有所变动了，而且还得是类似改组内阁那样的变动。毫无疑问，政治斗争会给英国带来极大的危害，这一点已经为全世界的人所知晓，派驻世界各地的新闻人士已经做了报道。在这种形势下，我们明显地感到，处理好棘手的人事变动问题，真的是当务之急。虽然可能可以用激烈方式设立制造部，但相比于温和的方式，它就不算好了。

2月4日，我正式向议会宣布设立制造部的决定，同时宣布比弗布鲁克勋爵原来的职务由安德鲁·邓肯爵士接替，他转任制造部大臣。不过，这只是一项对外任命，在幕后还要妥善安排一些重要的细节。

　　我将军事运输部划归正在筹建中的制造部，这是比弗布鲁克勋爵的要求，也征得了莱瑟斯勋爵的同意。本来我不打算进行这项合并，但莱瑟斯勋爵表示希望与比弗布鲁克勋爵一起工作。我认为这种合并是有利的，因为莱瑟斯勋爵认为，既然主要领导是比弗布鲁克勋爵，那么和谐共事就不成问题。

　　艾德礼先生是个无比忠诚的人，在面对这种局势时，他的忠诚尤为宝贵。我建议由他担任副首相，并领导自治领事务部，将掌玺大臣及下议院领导的职务交给克里普斯先生。他接受了我的建议。由于没有变动组织结构，因此这并不是实质上的变动，只是形式上的变动。

　　我又做克莱勃恩勋爵的工作，请他由自治领事务部转任殖民地事务部。原来担任殖民地事务部大臣和贵族院领袖的人是一位受我尊敬的朋友——默因勋爵。对他而言，不在政府部门任职称得上是一个不小的打击，说实话，我也是于心不忍。他在后来发生的一系列事件中遭遇不幸，在开罗被一个以色列刺客杀害。默因勋爵接受我解除他在内阁的职务的建议。在面对这个问题时，他态度严肃，心情愉快。

　　正当我们为应付政府部门出现的动荡而焦头烂额时，又发生了来自国外的灾难：2月15日，新加坡宣布投降。这场预料之中的灾难让十万名英国士兵成了日本的俘虏。事实上，在新加坡失守的三天前，即2月12日，还发生了一个小事故。虽然在我看来它只能被称为小事故，但是在英国人民看来却非同小可，足以令他们感到不安和愤怒。这个小事故是，德国的"沙恩霍斯特"号和"歌奈森诺"号战列巡洋舰、"欧根亲王"号巡洋舰闯出英吉利海峡，逃离了布雷斯特。英国人民得到的消息称，尽管它们遭到多佛尔炮台和我方空军、海军的猛烈攻击，但仍然完好无损地逃脱了。由此看来，内阁指挥战争能力不被人们信任，也是有依据的。

　　从实际情况上看，政府内部进行的不仅仅是调整，似乎更像一次改组。不论是调整还是改组，起因都是新组建了制造部，以及给带来新力量的斯塔福德·克里普斯爵士安排职务。我决定借着这次调整的机会，再进行一些变动。陆军部的常务次官詹姆斯·格里格爵士被我提名为陆军大臣，至于他的前任玛杰森上尉，不再担任这一职位。不论是效率方面还是意志方面，格里格都能称得上是位明星官员。他曾经当过我的秘书，那时我还在担任财政大臣，他为我服务了整整五年。事实上，他一直表现出色，不仅有财政部的经历，还担任过印度总督行政会议的财政委员。他不仅很熟悉陆军部的工作，还深得陆军部同僚的拥护。为适应政治家广泛多样的交际范围和灵活的手段，在必要时他得获得一个选区的支持，因为他不肯在上议院担任议员，又没有在下议院担任议员的经验。必须承认，他在多个方面——毅力方面、勇气方面和奉献方面——表现出色。如果让他成为大臣级的长官，那么，我就失去了一位能干的文职官员。

我对飞机制造部也做了调整，委派卢埃林上校顶替穆尔—布勒勃宗上校的职务。卢埃林上校在美国的工作很出色，现在，我们的飞机制造已经完全跟美国接轨了。至于穆尔—布勒勃宗上校，则接受了贵族爵位。我必须说服财政大臣退出正式内阁成员的行列，目的是为了缩减战时内阁的规模。最终，格林伍德先生接受了我的安排，为了缩减战时内阁的规模，同意退出。他的爱国精神和无私精神在此事件中得到充分证明。

在一切都落定以后，比弗布鲁克勋爵提出辞职的要求。他觉得负担不起新加在他身上的沉重的职责，因为他的健康状况更加不好了。我不希望他辞职，于是竭尽全力地劝说他，结果却无济于事。就在我面前，他和其他几位大臣展开了长时间的讨论，我为此感到气恼，觉得最好的选择就是不要再勉强他。于是，我接受他退出战时内阁的决定。之后，我将他派到了美国，尽管他依然担任着职务，但并没有明确的职责。要知道，即使在美国他依然能够给我们提供帮助，他可以给罗斯福总统身边的人施加影响。这样的安排对他的身体也有好处，他可以到西印度的岛屿上休养。他辞职以后，一些人——不了解他的品行或不了解他对战争的贡献的人，以及与他结怨的人——感到很高兴，只有我除外，因为感受到的只有失落。我打算等他疾病痊愈、心情平静之后，再将他召回内阁。不过，我的同僚们并不知道我的这个想法。

比弗布鲁克勋爵辞职以后，制造大臣的职位就空缺出来了，需要再找一位继任者。但是，在我看来，这并不难办到。在我童年的时候，我结识奥利弗·利特尔顿先生，在经过长期的考验以后，我确信他是一位能力过人、经验丰富的人。在我的帮助下，他于1940年从平民中间脱颖而出，不仅担任贸易大臣，还进入议会。在贸易部任职期间，由于赢得了各个党派的一致信任，得以转任驻开罗国务大臣。不幸的是，中东战事的失利让他遭受挫折。后来，他被调到大后方，负责行政工作和铁路工作。在此期间，他提出或主持了众多改革。这段经历使他与艾夫里尔·哈里曼先生产生了交集。当我决定让他接任制造大臣以后，就开始了另一项工作：寻找一个合适接任驻开罗国务大臣之职的人选。我中意的人选，是澳大利亚驻华盛顿代表R.G.凯斯先生。

我们于2月19日宣布改组战时内阁，尽管又增加了两位新成员，但内阁成员总数却不增反减，由八人缩减为七人。是的，我完全实现了我的目标。战时内阁的成员不是相应部门的挂名顾问，不是无所事事的闲人，是掌握着实权的部门领导人，除了考虑问题、发表演讲、根据中间方案或少数服从多数原则作出决定外，还有很多工作。这个结果完全出乎舆论的预料。

各种问题不可避免地出现了。上议院议长克莱勃恩勋爵认为，他应该在战时内阁成员名单里，即使不能进入内阁，至少也要享有参加内阁会议的地位。他的目的是想在上议院加强政府的力量，使政府能够赢得上议院的辩论。虽然宪法里没有强制规定，但是通常来说，至少两位国务大臣应该是上议院议员。我想到了詹姆斯·格里格爵士，他有贵族身份，可以给他一个新职位。

在一些非重要部门，我也做了一些调整。在这个过程中，我得到很多帮助，有九位部门次官表示，我可以随意调整他们的部门。依靠这些帮助，这个过程不再那么艰难了。几个星期以后，所有的调整都被落实了。

经过调整之后，名单发生了如下变动：

1942年2月22日

殖民地事务大臣	克莱勃恩勋爵，接替默因勋爵
飞机制造大臣	卢埃林上校，接替穆尔—布勒勃宗上校
贸易大臣	道尔顿先生，接替卢埃林上校
经济作战大臣	塞尔伯恩勋爵，接替道尔顿先生
陆军大臣	詹姆斯·格里格爵士，接替玛杰森上尉（辞职）
公共工程大臣	波特尔勋爵，接替里斯勋爵（辞职，1942年3月4日）
主计大臣	威廉·乔伊特爵士，接替海基勋爵
副总检察长	马克思维尔·法伊弗少校，接替威廉·乔伊特爵士

我用前文提及的方法，解决了战时内阁的上议院代表这一问题，虽然其中的几位大臣不是正式的内阁成员，但可以经常参加内阁的会议。完成这些工作以后，我终于赶在月底之前，让内阁进入了正常轨道。

对于主要方面的改组措施，舆论和人民能大体满意。经过这次重大的调整以后，议会认为政府部门应该保持稳定。我们就这样得到了应付已经出现的种种灾难的时间。

新加坡失守

我在判断后得出结论：由于人力、时间、精力方面的困难，不可能在战斗正激烈进行时，就新加坡失守的原因委派皇家委员会展开调查。议会同意我的看法。但是，我已经决定，战事停止以后，就立即对此展开全面调查，以便对有关人员有一个公正的评判。事实表明，这个想法没有被后来的政府执行。这件事已经过去很多年了，很多见证人也已经离世了。或许我们永远都不会对这场英国历史上最大的失利和投降作出公正评判，因为我们没有一个负责任的法院。

在华盛顿会谈决定组建美、英、荷、澳联合司令部时，博纳尔将军成为设在新加坡的远东司令部的总司令。他本来要被派去担任珀西瓦尔将军的职务，联合司令部成立以后，他最终在韦维尔将军那里当参谋长。

通过地图可以知道保卫新加坡岛时珀西瓦尔将军的兵力部署。贝克维斯—史密斯少将的英国第十八师，以及基少将的整编了第九师剩余部队的第十一英印师，组成了希思上将的第三军的主力。其中，贝克维斯—史密斯少将的部队是在1月29日到达那里的。第三军的防区沿着北部海岸向长堤延伸（但不包括长堤），戈登·贝内特少将的澳大利亚第八师守卫长堤。几天前刚刚到达这里的第四十四印度旅也由戈登·贝内特少将指挥。组成这个旅的是只接受过部分训练的新兵，这个情况与第四十五印度旅相同。西蒙斯少将指挥的包括两个步兵旅和马来亚义勇队的要塞部队，负责守卫南部海岸。

在对付集结于密林中的敌人时，尽管部署在海岸上的重型大炮可以向北射击，但是它们炮弹不足，因此作用有限。留守在岛上的空军部队是一个战斗机中队，可供他们使用的飞机场只有一个。最终集结到位的守卫部队只有包括基地后勤人员等非战斗人员在内的八万五千人，由于经历了大量的伤亡和消耗，数量远远低于陆军部估计的十万六千人。在这八万五千人当中，被武装起来的有战斗能力的大概只有七万人。虽然在修筑野战防御工事和布置障碍物时动员了大量当地居民，但是，由于即将承受敌军猛烈攻势的前线实际上还没有固定的防御工事，因此工人的数量依然无法满足目前的需求。而且，在经历了艰难的长途撤退和岛上的苦战之后，部队的士气极其低落。

宽度在六百码至两千码之间的柔佛海峡，可以作为北部海岸和西部海岸的屏障，减缓敌军攻势的威胁，遍布河口的栲树丛生的沼泽也可以充当掩体。植被繁茂的植物园将大部分陆地遮盖住了，人们根本看不到远处的情景。由于无法观察到对岸敌军的活动，因此必须对长达三十英里的海岸线加强防守。物资仓库和三个供水水库都分布在武吉智马村一带，那里因此变得极为重要。再往后是居住着大约一百万不同种族的居民和大量难民的新加坡市区。

在国内的我们，已经没有了长期保卫新加坡的打算，讨论的问题只有新加坡还能坚持多久。1月21日，三军参谋长开始留意破坏工作。他给珀西瓦尔将军发电报，告诫称，如果局势危在旦夕，一定要做好新加坡的破坏工作。他在电文里要求："'焦土政策'应该全面彻底，绝不能遗漏任何可能被敌人利用的物资。"

巡逻队在2月8日早上报告说，新加坡岛西北部的种植园出现大批敌军，同时我方各个阵地都遭遇炮轰。当晚十点三刻，日军第五师和第十八师在科利斯河以西袭击了第二十二澳大利亚步兵旅，敌人还从柔佛海峡派来了装甲登陆舰。敌人的登陆艇为什么来得这么迅速呢？原来，他们为此做了充足的秘密准备，战前就将登陆舰运到了下水点。很多舰艇在激烈的战斗中沉没，但敌人还是在很多地点完成了登陆，我方在岛上的兵力太少，根本无法阻止他们。登陆以后，敌人赶在我方部队恢复战斗力之前，迅速占领了交通交汇点阿玛肯村。第二天早上八点，敌军对登嘉机场发起进攻。此时，第二十二澳大利亚旅和第四十四印度旅奉命退守科利斯河上游和裕廊河上游，利用那里较窄的一道地沟组织防线。为了配合他们的行动，司令部后备队派出了两个营。

敌人于9日夜间对科利斯河至长堤之间的防线发动与之前类似的进攻，守卫这段防线的第二十七澳大利亚旅被打败，敌人则站稳了脚跟。这标志着，在第二十七澳大利亚旅和科利斯河—裕廊河防线之间出现了缺口。由于这道防线没有修筑防御工事，因此西边的两个旅奉命撤退至此补防。结果，他们迷失了方向，敌人趁机越过防线。为了收复戈登·贝内特战线上的失地，我方先后派出第十一印度师的一个旅、英国第十八师的三个营，但为时已晚，日军于10日晚逼近武吉智马村，在坦克的掩护下连夜推进数十英里。

整个新加坡战场在2月11日这一天掀起一片混战。敌军在麦克里奇水库和武吉智马公路之间撕开了一道缺口，为了补防这个缺口，司令部后备队派出一支混合部队。敌军破坏了靠近他们那侧的一段长堤，只要我军撤出掩护部队，他们就会立即修好它。当晚，日本禁卫旅越过长堤向义顺村挺进。第三军在第二天——即12日——撤退至环形阵地，驻守在武吉智马公路和第五十三师驻守的两个水库之间，后来又扩展至坎兰和巴叶利巴村。在这一线的后方，是由章伊岬调来的要塞部队。

　　12日的激战集中在武吉智马公路以南地区。尽管敌军在长达四十八小时的时间里，对驻守武吉智马村以南阵地的第二十二澳大利亚师展开持续围攻，但该师仍然坚持，未见退缩。不过，他们最终还是撤退到了东陵，因为他们早已陷入孤立无援之地。他们的防线交给了第一马来亚旅和第四十四印度旅，这两个旅又向南延伸了防线。

　　日军在13日没有取得大的进展，在重炮轰击两个小时后，他们的第十八师团向巴施班让山岭发起攻势，反倒被马来亚团打败。

　　由海路将三千名指定人士转移到爪哇的计划，是从13日开始实施的。这三千人包括负责指挥要塞空军的蒲尔弗德空军少将、负责指挥要塞海军的斯普内海军少将、重要人物、技术人员、军事参谋、医护人员和有特殊战争价值的人员。不幸的是，由于途中遭遇一支日本海军部队的袭击，这次海上航行成了他们生命中最后的旅行。这支日本部队的任务并不是袭击他们，而是保护进攻苏门答腊的舰队。在执行任务途中，他们袭击了大约八十艘从新加坡出发的各种小船。

　　直到战争结束，我们才得知他们遇袭的详细经过。蒲尔弗德和斯普内这两位少将在13日深夜离开新加坡，在海面航行一天后，于2月15日遭遇袭击，被迫停靠在一个小岛上，整船四十五人顺利登陆。他们当中有位年轻的新西兰军官，决定独自驾船出海。在历尽艰难险阻之后，他于2月27日到达巴达维亚。尽管当时爪哇的局势也很混乱，但当局仍然决定营救他们。遗憾的是，营救行动没有成功，他们只好继续滞留在小岛上。后来，他们染上了疟疾，尽管没有敌军的袭击，活下来的希望也很渺茫。包括蒲尔弗德少将在内的十四人在3月底前死了，斯普内少将等四人在4月份也死了。5月14日，空军中校艾特金斯决定投降，带着七个人去了苏门答腊。日军接受了他们的投降，派人接走了小岛上的其他人。最终，他们被关进新加坡的俘房营，饱受磨难。

　　武吉智马公路的南段在14日发生激烈战斗，我军失利，被迫继续后撤，直至最后一道防线。此时，新加坡市区发生了令人震惊的动乱。工人纷纷溃逃，饮用水的供应被迫中断，军粮和军火也用完了。此时，仓库已经被敌军占领，因此也无法补充。在这种情况下，预先制订的破坏计划开始全面实施，被销毁的有绝密文件、秘密装备、航空汽油、空投炸弹、永久防御工事的大炮和所有的野战炮、高射炮。但海军基地的破坏工作有些缓慢，很多计划都没有完成，只毁掉了浮船坞、干船坞的铁浮门和抽水设备。

　　他们是在2月15日这一天投降的。当时，他们只有足够两三天食用的粮食，饮用水更少，只够维持一天。其他方面，军火弹药几乎没有了，汽油则完全没有了。在这种情况下，高级军官提议，或者反击突围，或者向敌军投降。毫无疑问，部队早已筋疲力尽，根本不具备突围的能力。珀西瓦尔将军只好决定投降。新加坡的敌对状态在当晚八点半结束。日本人终于等来了无条件投降的那一刻。

德国开启潜艇战

　　对于美国的参战，我们的心情是轻松的，情绪是激动的。从此以后，一位拥有无限资源的盟友，将与我们共同挑起重任。我们现在就能预料到，从此以后，敌军的潜艇将迅速在海战中屈服。在接下来的一段时间，由于盟友还没有动用全部的力量，我们还会遭遇损失，但是，我们在大西洋的供应线将在美国的协助下，得到有效的保护。不仅如此，在欧洲和中东战场，我们的"反希特勒战争"也能打响了。灰暗的形势只会在远东战场出现，而且还是暂时的。

许多令人震惊的事件仍然会在1942年发生。1942年这一年，是大西洋战区在整个战争期间最艰苦的一年。邓尼茨海军上将在1941年年底报告称，德军的潜艇数量已经增加到了二百五十艘左右，有战斗力的超过一百艘，不仅如此，他们还在以每月十五艘的速度增加。尽管我们最初的联防力量比单独作战时强大，但还是无力应对敌人的攻势，因为敌人可以攻击的目标变多了。在长达半年的时间里，在美洲的海面上，敌军潜艇如入无人之境，无人能挡。如果形势一直这样下去，我们必然会陷入无止境的战乱之中。除非我们放弃联合作战计划，否则我们不仅不能停止在大西洋上的航运，也不能采取临时的限制措施。

在12月12日举行的有德国元首参加的一次会议上，敌人作出在美洲沿海一带发动潜艇战的决定。不过，德军的大部分潜艇和能干的指挥官都集中在地中海，再加上希特勒要求邓尼茨必须在挪威和北极海面部署一支强大的潜艇部队，因此，德军只派出六艘七百四十吨型的潜艇，不过这只是他们最初的规模，后来就远远不止这个数了。12月18日至30日期间，这些潜艇离开比斯开湾港，到达纽芬兰和纽约之间沿海航线的北端，随即埋伏在供返航运输船队汇合的港口附近。很快，它们的行动就取得了成功。美国和加拿大沿海截止到1月底被击沉的船只有三十一艘，合计二十万吨。在此之后，它们的攻势向南推进，最终越过汉普顿海峡和哈特勒斯角，来到佛罗里达海岸。在它们行进的这条海上大通道上，有很多毫无防备的盟国和美国的船只，甚至还有往返于委内瑞拉和墨西哥湾之间的数量繁多的运油船队。我们的整个战时经济和全部作战计划将因为这条交通线的被截而深受影响。

德国潜艇在加勒比海面上最喜欢袭击的对象是运油船只，他们袭击的范围不仅有盟国的船只，也有中立国家的船只。总之，只要是跟同盟国的船只同时出现，不论是哪国的船只，都会惨遭袭击。每过一个星期，它们的袭击范围就会扩大一些。在2月份的大西洋海域，被德国潜艇袭击的船只多达七十一艘，共计三十八万四千吨。在这七十一艘船只当中，有六十九艘是在美洲遇袭的。自开战以来，这次遭受的损失最严重。不过，这种局面很快就会过去。

尽管德国潜艇造成的破坏还没到最严重的1917年那个程度，但已经是这场战争中最严重的了，远超历史记录。这些破坏都是德军潜艇在这个区域造成的，始作俑者是十二至十五艘德军潜艇。美国海军在连续几个月的时间里提供的保护远远不够。令人惊讶的是，在过去的两年里，虽然战火正在向美洲蔓延，但我们对于来自潜艇的打击却是准备不足，甚至没有丝毫准备。美国总统提出的"支持英国的战斗，但我们不参加战斗"政策帮了我们很大的忙，我们拿出价值极大的西印度群岛基地，从美国人那里交换来五十艘旧驱逐舰和十艘缉私船。可是，还没过多久，他们又惦记上了这批船只了。对于美国海军而言，珍珠港事件之后的太平洋地区是他们压力最大的区域。我们在防御方面的情报，不论是在战斗之前还是在战斗期间，他们也能完全掌握。但是，令人困惑的是，在保护护航船只和增加小船方面，他们居然没有制订任何计划。

在针对海岸线的防空方面，美国也没有制订具体计划。虽然几乎所有的以海岸为基地的军用飞机都在美国陆军航空兵的控制之下，但这些飞机缺乏反潜艇作战方面的训练；虽然美国海军拥有水上飞机和水陆两用飞机，但又不具备反潜艇作战的办法。因此，在经历犹豫不决和种种麻烦之后，美国才在这几个极为重要的月份里逐步建立起针对德军潜艇的有效的防御系统。在这个过程中，不论是美国还是盟国，在船只、运输和人员生命方面都遭受了极大的损失。如果德国人在大西洋动用重型水面舰艇，这个损失还会加倍。

希特勒很重视挪威北部的局势，在那里部署了所有可以调动的水面舰艇和大部分潜艇，因为他认为我们会在近期进攻那里。然而，这一部署使得他错过了在大西洋上取得更大成功的好机会。关于这个问题，他说道："挪威将决定这次战争的命运。"读者固然明白挪威地区的重要性，但德国此时此刻的好机会却在大西洋。德国的海军上将敏锐地察觉到了这一点，纷纷主张在大西洋采取海上攻势，但希特勒固执己见，没有采纳将军们的主张。后来，由于缺乏燃料，希特勒的战略决策显得更加有理有据了。

挡不住的德国舰队

到了1月份，他将"提尔皮茨"号战列舰派往特隆赫姆。"提尔皮茨"号战列舰是当时全世界最强大的一艘战列舰，没有之一。

"沙恩霍斯特"号和"歌奈森诺"号这两艘战列巡洋舰，被希特勒选定为防御计划的组成部分，因此要被调回德国。在此之前的一年里，它们一直被封锁在布雷斯特，一直威胁着我们海上运输船队的安全。为了调它们回德国，德国方面于1月12日召开特别会议，讨论了相关问题。

"沙恩霍斯特"号战列巡洋舰、"歌奈森诺"号战列巡洋舰和"欧根亲王"号巡洋舰是在2月11日夜间逃离布雷斯特的。离开布雷斯特之后，它们迅速穿过英吉利海峡，再次进入德国港口的保护范围。就像我在前面提到的那样，由于冬天时我们在地中海遭受了损失，再加上整个东方舰队暂时无法发挥作用，为了防范发生在埃及的海上攻势，我们几乎派出了所有的鱼雷飞机。

尽管如此，在监视布雷斯特方面，我们依然有足够的准备。在我们的计划里，如果敌军胆敢突围，我们将动用鱼雷和炸弹，从海面和空中两方面坚决打击。此外，我们还沿着荷兰海域和英吉利海峡的可能航线，布置了水雷阵。我们的防范措施是万无一失的，但是，由于海军部的失误，它们最终还是成功逃脱了。海军部认为，它们可能会在夜色的掩护下通过多佛尔海峡，但德国海军上将的决定并非如此，他选在白天冲出多佛尔海峡，在晚上躲避我方的巡逻。总之，它们就这样逃离了布雷斯特。

我方的巡逻飞机是在12日早晨发现那三艘德国舰艇的，如果我方能立即采取措施，还不算太晚。但是，就在那个瞬间，飞机的雷达突然失灵，它们又从眼皮底下消失了。尽管还有地面雷达作为补充，遗憾的是，等地面雷达发现它们时，已经为时已晚。我们将飞机机载雷达的突然失灵认定为意外事故，后来才发现不是意外，是德军的有意为之。我们在战役开始后得到情报，为了加强雷达干扰方面的能力，德国雷达总监马蒂尼制订计划，添置了大批新式设备。但是，为了在关键时刻发挥作用，为了避免被我们怀疑，他们没有同时启用所有新式设备，而是慢慢地逐步启用的。在我方看来，在雷达干扰方面，除了德国的干扰在一天天增强以外，没有其他异常，因此也就没有发现异常。

这种干扰在2月12日变得异常强烈，最终导致我们的沿海雷达系统陷入瘫痪。但是，海军部直到这一天的十一点二十五分才得到相关报告。然而，那时为时已晚，在护航飞机和驱逐舰的保护下，那几艘德国巡洋舰已经行驶到距离布洛涅不足二十英里的地方了。多佛尔海峡的重炮台在中午过后集体开火，由五艘摩托鱼雷快艇组成的第一梯队则奉命出海追击，此外，肯特郡麦斯顿的六架"旗鱼"式鱼雷飞机也加入战斗，在埃斯蒙特少校的指挥下发起攻击。他们本来应该得到"烈焰"式战斗机的支援，但是，不幸的是，他们没能等到"烈焰"式战斗机，只得孤军奋战，结果遭遇敌机的反击，在付出沉重代价之后，完成了投掷鱼雷的任务。最终，六架"旗鱼"式鱼雷飞机全都坠毁，五位飞行员获救，埃斯蒙特少校阵亡了。

此后，又有大批轰炸机或鱼雷轰炸机加入战斗，对敌人展开持续不断地攻击。这场直到傍晚才结束的激烈的空战，最终以我方的失败告终，我方战机的数量远远落后于敌人，损失自然也大于敌人。下午三点半左右，这些巡洋舰终于驶离荷兰海岸。但这并不代表它们安全了，因为他们又被五艘来自哈利基的驱逐舰纠缠住了。这五艘驱逐舰冒着猛烈的炮火，在距离敌舰三千码的地方发射鱼雷，表现得异常顽强。然而，这些德国舰艇在多佛尔海峡炮台的炮火打击下，在鱼雷的袭击下，竟然安然无恙地继续前进着。13日上午，它们终于完成航行，顺利抵达德国。

消息传到英国国内，人们为此感到惊讶不已，一些不明真相的人甚至认为英吉利海峡已经被德国控制了。事情的真相当然并非如此。我们的间谍人员很快发来消息：我们的军事行动没有失败，"沙恩霍斯特"号和"歌奈森诺"号被我们的鱼雷击中，损失极其惨重。情报显示，"歌奈森诺"号完全报废，再也没能回到战场；而"沙恩霍斯特"号则用了六个月的时间才重回战场。但是，我们不能公开这些消息，只能任由国内的愤怒情绪不断蔓延。

我们用一场正式调查缓解国内的愤怒和指责，但是，被写进调查报告里的，仍然是一些可以公开的消息。不过，从后来发生的事情看，如果从整体局势的角度分析，国内的愤怒和指责倒并非全是坏处。

两个多月以后的4月23日，我才在下议院的一个秘密会议上宣布了这些事实。

横行无忌的德国潜艇

在驻扎在布雷斯特的德国舰队经由英吉利海峡逃回德国的同时，德国潜艇依然肆无忌惮地骚扰着美国的大西洋沿岸。德国的一位潜艇司令在给邓尼茨的报告中称，德国潜艇在大西洋海域不缺目标，即使再投入十倍的潜艇，也能搜寻到大量目标。白天，它们静静地潜伏在海底，到了晚上则全速出击，追击它们认为最有价值的目标。它们从不浪费鱼雷，每一枚鱼雷几乎都能击中目标；即使用完了鱼雷，大炮也能发挥同样的作用。每天晚上，那些曾经灯火通明的位于大西洋沿岸的城市，都能听到海岸附近传来的战斗声，都能看到海面上的船只起火或者沉没。美国人和英国人在此时有了一些共性：对政府有同样的愤怒和失望。好在虽然美国人很容易发怒，却不容易退缩。身在伦敦的我们，只能以焦急和苦闷的心情看着这一切。

我们于2月10日给美国海军提供了一批舰艇，有二十四艘设备齐全的反潜艇拖网船、十艘驱潜快艇，当然也包括相应的船员。3月份时，第一批反潜艇拖网船和驱潜快艇到达纽约。尽管数量很少，但我们已经尽力了，派出了能够抽调的全部力量。由于缺少必需的组织，而且也没有集中最低限度的护航舰艇，因此沿海运输船队还不能投入使用。目前能依靠的只有舰艇和战斗机，但它们的作用也很有效，只能对有威胁的地带加强巡逻。然而，敌人依然能够到其他区域袭击没有设防的船只，因为躲过巡逻太容易了。

荷属西印度群岛阿鲁巴岛的大油港外，于2月16日出现一艘德国潜艇，它先击毁和击伤两只小油船，然后又对港口的设施发起攻击，万幸的是造成的损失并不大。之后，它试图向旁边的一艘大油船发射鱼雷，但没有成功。与此同时，同一海域的三只油船被其他德国潜艇击沉了。之后不久，英属圣卢西亚岛的卡斯特里港口也出现一艘德国潜艇，在击沉两艘油船后大摇大摆地离去。起初，定期向远东运送部队的邮轮一直在这个港口补充燃料，发生这次袭击事件后，我们被迫给它更改了航线。当包括"玛丽王后"号在内的其他大型邮轮在经过这一地区时，始终没有遭遇攻击，或许我们应该因此庆幸。

在圣那泽尔，我们在3月底时终于获得了伟大的胜利。当"提尔皮茨"号在大西洋沿岸活动时，圣那泽尔是唯一能给它提供修理的地方。圣那泽尔拥有世界上最大的船坞，当"提尔皮茨"号打算离开特隆赫姆前往大西洋时，如果这里被毁掉了，就将面临极大的危险，因此完全没有必要冒险。这是一项与战略构想紧密地结合在一起的伟大的任务，任何一支突击队都希望能得到执行这个任何的机会。最终，我们选定了由埃塞克斯团纽曼上校协助、由皇家海军的莱德中校指挥的一支部队。他们是一支拥有两百五十人的由驱逐舰和轻型舰艇组成的部队，于3月25日从法尔默思出发。为了完成任务，他们不仅要通过由敌军密集巡逻的四百英里海面，还要经由卢瓦尔河口逆行五英里。

毁掉大水闸的闸门是这支突击队的任务。在密集的炮火的掩护之下，装载着三吨烈性炸药的美国旧式驱逐舰"坎贝尔敦"号，径直冲向闸门里。按照预先的安排，它在到达闸门后会就地沉没，等到一定时间，舰上转载的大型引爆装置就会引爆炸药，从而炸毁大水闸闸门。指挥它执行这一任务的是贝蒂少校，而其他的登陆部队则在科普兰少校的指挥下，由甲板登陆，破坏岸上的船坞及设备。遗憾的是，他们的目的没有实现，遭遇强大的敌人的阻击，经过一番激战，伤亡惨重，只有五个人得以生还。在遭遇失利以后，舰艇上的残存兵力在莱德中校的指挥下撤退，最终死里逃生，经由大海平安回国。由于爆炸装置出现故障，炸弹没有立即被引爆，"坎贝尔敦"号的残骸就一直停留在闸门处。

第二天，德国军官率领大批舰艇研究人员登上"坎贝尔敦"号。就在那时，炸药突然被引爆了。最终的结果是，大水闸的闸门不仅被炸毁了，数以百计的德国军官及军工人员也被炸死了。整个第二次世界大战期间，这道大水闸始终都没能修复。

美国海军从4月1日起落实对部分沿海地区的护航计划。起初，这个计划只能保证几个有护航力量的船队在白天穿行于戒备森严的停泊港口之间，总行驶里程也不过一百二十英里；到了夜间，还是无能为力，所有船只还得停航。然而，这样的护航制度远远无法满足需求，因为每天往返于佛罗里达州和纽约州之间的船只当中，需要护航的多达一百二十艘。需求不足引起了船只的延误，而船只的延误又引发了另外的问题。直到5月14日，这个问题才得到彻底解决，因为出现了一支由汉普顿海峡驶往基韦斯特的力量充足的护航运输船队。也正是从那时起，护航计划迅速向北推进，到达纽约和哈利法克斯。又过了半个月，一条由基韦斯特沿东部海岸向北延伸的防线形成了。从此以后，局势有了好转，尽管我们没能大批消灭敌人的潜艇，但损失的船只却大幅减少了。

当时，加勒比海和墨西哥湾还没有落实护航计划，于是，邓尼茨海军上将马上将那里视为重点攻击对象。也就是在那时，加勒比海和墨西哥湾的油船损失迅速飙升，德国也扩大了潜艇的活动范围，最远甚至到达巴西海岸及圣劳伦斯河流域。由这一护航计划构筑的遍布所有海域的防线的全面形成，是这一年的年底事情。不过，在6月份时，形势并未完全改变，只是稍有好转而已。至于发生在美洲沿海地区的由德国潜艇主导的这场灾难，直到7月下旬才宣告结束。读者可以借助图表看出，在1942年的前七个月里，在大西洋战场上，因德国潜艇造成的盟国的损失在三百万吨以上。其中，护航船队的损失不足十分之一，英国损失船只一百八十一艘，计一百一十三万吨。

至于敌人付出的代价，在7月以前只损失了十四艘潜艇，而且还是在整个大西洋和北冰洋海域损失的，北美洲海域只击沉了六艘。7月份以后，形势有所好转，我们逐渐占据了主动权，敌人才付出了更大一些的代价：在7月份，仅大西洋海域，我们就击沉五艘德国潜艇。总体而言，在这一个月里，我们总计击沉十四艘德国潜艇，其中有一半是护航舰队击沉的。这是一个令人激动的消息，在此之前，我们还没有在潜艇战中获得如此胜利。然而，德国的潜艇实在是太多了，相比于被我们击沉的潜艇数量，新服役的德国潜艇数量更多。

最大的威胁

盟国不仅在潜艇数量上不占优势，在作战策略上也慢敌人一拍。在得知盟国即将在某处实行反潜艇措施的消息后，邓尼茨海军上将就会立即行动，调走那里的潜艇。由于海洋给潜艇的活动提供了宽敞的场地，因此，在我们赶到以前，德国潜艇又会在新的地盘安全地活动一段时间。5月份时，在爱尔兰以西大约七百英里的地方，一支运输船队遭到德国潜艇的袭击，七艘商船遭受损失。在横渡大西洋的航运方面，虽然我们有过安全、自由的时光，但是，从那以后，这份安全与自由已经不复存在了。此后，我们在直布罗陀和弗里敦也见到了德国潜艇的踪迹。

在这个关键时刻，为了粉碎盟国占领亚速尔群岛和马德拉群岛的企图，希特勒执意组建一支备用潜艇部队。他的这一决定再次帮助了我们。从某个角度讲，希特勒的这一考虑不无道理，只是，即使他有备用的潜艇部队，也不可能依靠潜艇阻止我们占领亚速尔群岛和马德拉群岛的行动。当时，美洲沿岸的宁静刚刚被打破，雄心勃勃地邓尼茨海军上将准备卷土重来，再次攻击主要航线上的运输船队。因此，当他得知希特勒的决定以后，只好无可奈何地放弃了野心。

我们面临的最严重的威胁就来自于德国的潜艇，从这个角度来看，不惜一切代价地发动潜艇战是德国人最明智的选择。在我的记忆中，父亲说过"一旦抓住政治上的机会，就绝不能轻易松手"这样的话，现在看来，这个原则也同样适用于军事领域。潜艇战的作用因不断出现充满诱惑的猎物而变得不再重要，形势也因此有所缓解。在1940年的不列颠战役中，戈林不停地更改空袭目标，也是犯了这样的错误。即便如此，对我们而言，在运气不佳时遭遇潜艇战，也是很恐怖的。

我认为可以在这里对其他地方的局势做一番叙述，也可以对直到1942年底大西洋战役取得的进展做一番叙述。

到了8月份，特立尼达一带和巴西北海岸吸引了德国潜艇的注意力。对德国潜艇而言，在那里航行的为美国航空工业运输铁矾土的船只，以及满载战略物资的中东船只，都是充满诱惑的猎物。除了这些德国潜艇，在弗里敦及其周边还有一些行迹不定的德国潜艇，在向南直达好望角、甚至深入印度洋的地区也有它们的踪迹。我们曾经因南大西洋的局势感到不安。到9月和10月份，在南大西洋海域独自航行的五艘大邮船被德国潜艇击沉了，它们之所以惨遭不幸，也许是因为没有护航舰队的保护，只要是有护航力量的船只——比方所有前往中东的运送部队的船队——都能安全通过这个区域。

北大西洋的主要航线上，这段时间发生了一些重要的战斗。此时的德国潜艇终于知道了我方飞机的威力，长了教训，将新一轮的活动区域选定在远离我方冰岛和纽芬兰基地的地方，那些地方我方飞机保护不到。在8月份，两支护航运输船队在那里遭到攻击，损失惨重。在整个8月份，我们损失了一百零八艘、共计五十余万吨的船只。德国潜艇在9月和10月份故技重施，在光天化日之下搞海底袭击，继续给我方造成损失。

在这段时间，我们眼睁睁地看着船只遭遇袭击却无计可施，因为德国投入的兵力越来越多，远远超过我们的护航能力。在这种情况下，我方空军海防部队拥有的超远程飞机无法满足战斗需要的问题，引起了我们的重视。在本书附带的大西洋地图上，读者可以清楚地看到，空军掩护能够覆盖的范围，距离海岸上的基地不到六百英里，距离纽芬兰也只有四百英里。因此，在通过地图中央那块广阔的没有设防的区域时，飞机根本无法保护水面上的护航舰艇。

对我们的空军海防部队而言，1942年最初的几个月真是一段倒霉的日子。大量飞机和飞行员被派往远东和地中海一带增援，不仅如此，他们还要支援其他地方，导致他们的力量分散得很开。虽然我们希望通过增加超远程飞机的数量，达到增强他们的力量的目的，但是最终还是放弃了这个愿望。我们的空军部队为了应付紧张的局势，动用了所有的力量。

　　尽管海军护航舰队在应对德国潜艇白天发起的袭击时，为运输船队提供了可靠的保护。但是，对距离运输船队较远的地区，他们就显得力不从心了；而且，如果敌人从运输船队两侧发起攻势，他们也是应对乏力。在敌人的潜艇发起联合攻击时，我们的防御也会被他们利用数量优势冲破。针对这种情况，我们想到一个补救办法：为了及时发现游弋在运输船队附近海面的潜艇，同时逼迫它们潜入海底，除了在海面上派遣护航舰队，还要在空中提供足够的飞机支援。为了给运输船队打通畅通无阻的航道，我们必须让飞机和护航舰队协同作战。在对付德国潜艇时，如果依靠只有护航舰队的单纯防御，是不可能取得胜利的。只有海空协同行动，多方搜寻，发现目标就立即实施攻击，才能取得胜利。尽管我们没有足够的飞机、飞行员和空中装备，尽管我们还没有决定性的优势，但是，为了尽快采取行动，我们已经组成了一支分遣队。事实上，很早以前就有人提过这一战术，之所以迟迟没有落实，是因为我们没有手段。

　　在后来的潜艇战里成长为一支强大舰队的第一支分遣队，起初只有两艘海岸炮艇、四艘驱逐舰和四艘刚刚投入战场的快速巡洋舰。它之所以能迅速成长起来，也是有原因的，原因就是有经验丰富且训练有素的船员，有数量充足且性能优越的武器。它的任务是，在脱离护航舰队保护下，前往被敌军威胁的任何地点，搜寻、追捕和消灭敌人的潜艇。追捕德国潜艇时，它可能在跟踪一艘潜艇过程中发现大批潜艇，进而发现一个潜艇群。它之所以能大获成功，主要原因在于实现了与飞机的密切配合。飞机搜寻到德军潜艇后引导他实施围捕的战术，在1943年得到广泛应用。

　　我们注意到运输船队需要空军在海上的支援。我之前提到过第一艘护航航母"勇气"号，虽然它的生命很短暂，但取得的成就很伟大。遗憾的是它在1941年12月遇难了。一年以后的1942年年底，战场上出现六艘跟它一样的航空母舰，后来美国也有了很多航空母舰。在今年9月，英国的第一艘"复仇者"号开始给苏联的运输船队护航。一个月后的10月下旬，它又为"火炬"运输队护航，期间首次与德国潜艇交手。为了适应形势的需求，为了实现在全面深海侦察时不借助陆上基地、密切配合海面护航舰艇的目的，我们给它们配备了"旗鱼"式飞机。经过一系列机智精妙的完善，在反潜艇作战方面，我们取得明显进步。但是，我们要应对的困难并没有因此减少，因为敌人也在进步。

如果忽略德军损失的潜艇数量，那么，在1942年1月到10月的十个月里，德国可以用来作战的潜艇的数量，从九十艘增加到了一百九十六艘。在1942年的秋天，我们在北大西洋的运输船队遭到数量更多的德国潜艇的袭击，损失更加严重，这是因为在那个秋天，有接近一百艘德国潜艇在北大西洋频繁活动。另一个原因是，为了支援非洲战场的主要战斗，我们必须不断地削减北大西洋海域的护航力量。在整个战争期间，盟军11月份的海上损失是最大的，除了其他原因造成的十万吨损失，仅德国潜艇就让我们损失了一百一十七艘船只，总计超过七十万吨。

由于空军无法为外围海域提供掩护，因此那里的局势显得更加糟糕。为了解决这个问题，11月4日，我亲自召集、成立了一个反潜艇委员会，这个委员会在潜艇战争中作用极大，因为它有权作出一切有深远影响的重要决定。为了增强有雷达设备的"解放者"式飞机的航程，我们决定对它进行一番改造，于是让它们暂时退出战斗。在我的要求下，罗斯福总统同意给我们提供美国飞机，他甚至将所有的装备有最新雷达的飞机调给我们。有了这些美国飞机，我们的设备更先进、实力更强了，又能在比斯开湾执行任务了。直到1943年，我们才看到这个措施的成果，同时看到的还有1942年11月的其他措施的成果。

　　我们和加拿大之间最大规模的合作开始了。德国潜艇的攻势因我们的防御有所减弱，气焰没有之前那样嚣张了。整个10月份，我们击毁十六艘德国潜艇，这个数据是整个战争期间单月击毁德国潜艇的最高记录。然而，在1942年年尾，亚速尔群岛的一支运输船队遭到二十艘德国潜艇的围攻，我们在三天之内损失了包括十二艘英国船只在内的十五艘船。到了1943年，虽然德国潜艇依然占据着优势，但是我们依然让它遭到强有力的挑战。

　　我们因为冬季的到来，得到了休整的机会。

日本进攻爪哇

　　英国、美国、荷兰、澳大利亚、新西兰、印度、中国等国的政府的联络方式，是用最安全的密码拍发电报，这些电报数量惊人，多达数万字。各国政府商定，在最高统帅之下成立由海、陆、空三军人员组成的美、英、荷、澳联合司令部，组成人员由各国按照要求的比例委派。但是，这个过程并不轻松，在诸多问题上——如怎样让美国和英国做出全面部署、海军是否应由一位来自荷兰的高级指挥官统领、澳大利亚能获得什么利益——经过漫长而艰难的争论，才达成一致。然而，当我们终于在所有问题上达成共识时，才发现日本已经占领相关的大部分区域。不仅如此，在爪哇的一场海战中，盟国联合舰队再次遭遇失利，被日军击沉。

　　韦维尔将军到达巴达维亚的时间是1月10日。随后，他将总部设立在万隆附近，那里同时也是荷兰司令部的所在地。事实上，他搬迁到那里的只能算是一个指挥核心，距离增援地有些偏远。当他为建立盟军的第一个战时司令部而专心工作时，激烈的战斗正在那条五千英里长的战线上的许多据点展开。他就在这种状况下进行复杂而急迫的工作。

在接连取得几场胜利之后，日军对马来亚南侧包括苏门答腊和爪哇在内的诸多岛屿形成威胁。苏门答腊和爪哇是这些岛屿中面积最大、地位最重要的两个岛。它们的东面是菲律宾的巴丹半岛，但那里的形势更加危急，麦克阿瑟将军在没有支援的状态下苦苦支撑。它们的西面是大部分地领地早已失守的英属马来亚。此外，新加坡也危在旦夕。敌军的一个分队穿过形似迷宫的荷属诸岛，经由已经受到威胁的盟军两翼的主要防线向南挺进，位于婆罗洲和席里波斯的两个荷兰油港、文莱、沙捞越等地，全都失守。为了巩固占领地区，同时为攻占下一个目标做准备，敌军每到一处就着手建立空军基地。他们的活动始终在以海岸为基地的空军掩护范围和航空母舰的掩护范围之内，从不越界，也从不脱离。通过这些战略行动，日本完成了军国主义国家的所有远大计划。

增援部队的到达时间决定着韦维尔将军的所有行动。现在已经没法对守卫中部岛屿上重要据点的荷兰部队实施救援了，至于新加坡的情况，已在掌握之中。荷兰人在一开始就动用了全部的家底，现在只能眼看着这些力量慢慢地减少，因为德国占领了荷兰本土，因此也不可能再从荷兰召集兵力。中东战场派来两个澳大利亚师和一个装甲旅，但目前还没有到达。在爪哇空空如也的机场上，急匆匆地赶来三个高射炮团，但他们注定不会有什么作为。"无畏"号上的四十八架"旋风"式飞机正在飞往苏门答腊，还有两个轰炸机中队也从埃及经由印度飞往那里。此外，爪哇也得到八架轰炸机。我们派出了能够派出的所有力量，美国也尽力了，给盟军司令部调集到一批飞机，但是由于距离太远，不能发挥明显作用。此外，为了加强英国海军和荷兰海军的力量，美国还将亚洲舰队从菲律宾群岛抽调过来。

席里波斯岛的肯达里和东婆罗洲的大油港巴厘巴板在1月底先后失守，安汶岛及其重要机场也失守了。位于美、英、荷、澳战区以东区域的新不列颠岛和所罗门群岛也遭到日军攻击，拉包尔和布干维尔岛失守。占领这些地区，是日本切断澳大利亚通往美国的联络线计划的第一步。新几内亚的芬什哈芬在2月初出现日本的第一批登陆部队，但是在其他地区的干扰下，短期内他们还不能控制这些地区。此时，位于大洋另一端的缅甸，也是战斗不断。

为了应对这场危机，韦维尔将军付出最大的努力，将一支空军的主要力量部署在巨港。进攻婆罗洲东西两面的敌军，遭到美国和荷兰的潜艇的坚决打击。此外，侵犯巴厘巴板的日军也遭到顽强抵抗，四艘运输船被四艘美国驱逐舰击沉，还有一艘运输船被荷兰飞机击沉。我方面临的问题是空军消耗太大，补给只能补充消耗，并不能增强实力。2月4日，一支敌军的运输船队自望加锡海峡而来，我军的一支小型海军航空队试图拦截，结果遭遇失败，只得被迫放弃拦截。

有情报称，阿南巴斯群岛有一支力量强大的日本部队正在集结。我方部署在巨港的空军，以几个澳大利亚空军中队为主，拥有六十架轰炸机，五十架"旋风"式飞机，但是面临地勤力量、弹药和高射炮力量的不足。在2月13日时，他们主动出击，派遣全部轰炸机袭击由阿南巴斯群岛开来的一支日本运输船队，这支船队拥有至少二十五艘甚至更多的运输船。但是，我们的出击没有得到决定性胜利，不仅如此，还损失了七架轰炸机。第二天上午，日军派遣伞兵争夺巨港的机场。当时，有七百名日本伞兵空降巨港，与我方地面部队展开长达一整天的激战。如果敌人不支援这些伞兵，我们就能将他们一举歼灭，但意外出现了。15日，日本登陆艇将一支强大的先遣队运送到河口。为了抵御敌人的这次强行登陆，我们派出了所有的飞机，他们因此遭受重创，被迫停止进攻。不过，我们知道，敌人还是会卷土重来的，因为我们的空军力量进一步削弱了。经过这一战，我们在巨港的空军只有四十架轰炸机和二十架"旋风"式飞机了，不仅数量少、大部分没有作战能力，而且机场也没有地勤设备。当天晚上，我们只能撤退，日本人马上就能占领整个南苏门答腊了。新加坡在那时也失守了。

日本人对爪哇这块我们最后的根据地的攻势是在2月底以前开始的，这出乎韦维尔将军的预料。依照目前的力量和可能得到的援助来看，我们根本没有取得胜利的希望。因此，他提出建议，把还在途中的澳大利亚部队调往缅甸。18日这一天，爪哇的东邻、美丽的巴厘岛失守。几天之后，帝汶岛也失守了。帝汶岛是我们控制的与澳大利亚保持空中联系的唯一基地，我们与澳大利亚的空中联系被就此切断。此时，由四艘大型航空母舰组成的一支日军舰队，在战列舰和巡洋舰的簇拥下来到帝汶海海域。这是一支快速航空母舰舰队，在珍珠港事件中名声大噪，指挥官是海军大将南云忠一。他们在19日对达尔文港发动狂轰滥炸，无数船舰被毁，我军伤亡惨重。在经历了这场时间极短的战斗之后，达尔文港失去了军事基地的作用。

日本人是在2月28日对爪哇发起进攻的。我们组成一支包括五十六艘运输船和一艘护航舰艇的西方战斗分队，于18日驶离法属印度支那的金兰湾；一天之后，我们又组成一支包括四十一艘运输船只的一支东方战斗分队，也驶离苏禄海的和乐岛，前往巴厘巴板。四天之后的2月23日，他们顺利到达目的地。韦维尔将军是在21日接到联合参谋部发出的通知的，得知他们不再向爪哇派遣援军，而那里的现有部队要抵抗到底。与此同时，他还接到将司令部搬离爪哇的命令。他反对搬离司令部，建议解散美、英、荷、澳司令部。我们同意了。

　　局势在不断向前发展，我的眼前已经有了结局。我在电报中建议韦维尔将军离开爪哇，回到印度，他决定服从我的安排。

荷属东印度群岛失守

　　现在担任日益减少的盟军海军部队指挥官的是荷兰海军上将哈尔弗里克。这是一位性格刚强的荷兰人，不论处境如何，他从未感到过绝望，始终坚持发起猛烈的攻势，既不惧怕敌人在兵力上的优势，也不惜付出任何代价。他是荷兰历史上一位著名海员的后裔，他的行为也能配得上这一光荣的身份。他组建了两支主攻部队，以应对敌人派遣大批运输船队从海上进攻爪哇的威胁。其中，东线部队由海军上将图尔曼指挥，驻守在苏腊巴亚（泗水）；西线部队由英国舰队组成，驻守在巴达维亚的丹戎不碌港。西线部队由“龙”号巡洋舰、“丹纳”号巡洋舰、澳大利亚的“霍巴特”号巡洋舰和“侦察”号驱逐舰、“坦尼多斯”号驱逐舰等舰艇组成，由于丹戎不碌港燃料不足，而且总是遭到敌人的空袭，因此他们在28日经由巽他海峡撤退至科伦坡。如果他们没有撤退，就会被编入东线部队，但结果不会有什么不同。

　　26日下午六点半，在图尔曼海军上将的率领下，英国的“埃克塞特”号重型巡洋舰、后炮失灵的美国“豪思敦”号重型巡洋舰、荷兰的“爪哇”号轻型巡洋舰、澳大利亚的“珀斯”号轻型巡洋舰及四艘美国驱逐舰、三艘英国驱逐舰、两艘荷兰驱逐舰纷纷从苏腊巴亚出发，执行哈尔弗里克海军上将"持续进攻至敌人崩溃"的命令。他们的攻击目标是日本的运输船队，危险小，收获大，从这个角度讲，这是一个正确的命令、明智的行动。但他们恰恰忽略了敌人占据着压倒性优势这一事实，而且制空权在敌人手中，而西线部队已经撤退到科伦坡了。此外，图尔曼海军上将的任何一道命令都不能直接发送给各个舰艇，必须经过"德累特尔"号上的一位美国联络官翻译，因为他们没有共用的电讯密码。在遭遇敌军猛攻时，他向苏腊巴亚求救，希望留在那里的战斗机能赶来支援，但没有得到回应。他在26日夜间四处搜寻敌人，但一无所获。然而，当他回到苏腊巴亚为驱逐舰补充燃料时，却接到了袭击巴韦安岛以西敌人的紧急命令。

当时，图尔曼海军上将的舰队已是疲惫不堪了，但他仍然率领着他们出发了。他们于下午四点钟遭遇敌军，战斗随即打响。起初，双方没有因远距离炮战遭受损失，日本驱逐舰虽然发射了鱼雷，但没有起到作用，敌我双方势均力敌，不分胜负。半小时后，一艘日本舰艇被击中起火。接着，我方"埃克塞特"号的一个锅炉房也被击中，被迫减速，随之掉头退回港口。跟在后面的舰艇见了，纷纷掉头回去了。就在这段时间，"科多纳"号荷兰驱逐舰被日军鱼雷击沉。图尔曼海军上将见势不妙，只得停止战斗，向东南方撤退。此时，坚持战斗的只有"伊列克特拉"号驱逐舰，他们企图在烟幕的掩护下用鱼雷袭击敌舰，结果在三艘日本驱逐舰的截击下沉没。图尔曼海军上将的指挥舰"埃克塞特"号被迫停了下来，过了一段时间才再次起航，在残存的荷兰驱逐舰的保护下，以十五海里的速度回到苏腊巴亚。

经过这一场打击，图尔曼海军上将的舰队数量有所减少，力量有所分散，为此，他重新整编了舰队，又率领他们绕到敌人侧翼，试图袭击敌人的运输船队。但他的计划又落空了，因为敌人不仅补充了实力，而且还通过空军掌握了他的意图和行动。在用尽所有的鱼雷以后，美国驱逐舰被迫回到苏腊巴亚。英国驱逐舰"丘比特"号则倒霉多了，他们碰到了荷兰舰艇敷设的水雷，很快沉没。向前挺进的图尔曼海军上将在十点半以后遭遇两艘日本巡洋舰的拦截。在这场激战中，荷兰的两艘巡洋舰被鱼雷击沉，图尔曼海军上将牺牲了。他是一位勇将，在敌众我寡的局面下仍表现出色。美国的"豪思敦"号重型巡洋舰和澳大利亚的"珀斯"号轻型巡洋舰则成功脱险，于第二天下午返回巴达维亚。

美国巡洋舰和澳大利亚巡洋舰当晚在巴达维亚补充燃料之后又出发了。他们打算通过巽他海峡，结果闯到日本西线部队的主力舰队当中。当时，日本运输船队正停靠在爪哇西端的班滕湾，船上的部队正在那里登陆。"机不可失，失不再来"，他们决定趁机袭击这支运输队，结果获得胜利，两艘日本运输船被击沉。但他们的行为不能算是立功，只是在毁灭之前为自己报仇罢了。他们很快被日本西线部队的主力打垮了，两位舰长跟着舰体沉入海底，幸免于难的将近七百名士兵被俘。

在同一时间段，"埃克塞特"号和"迎敌"号英国驱逐舰返回到苏腊巴亚，虽然"迎敌"号幸运脱险，但"埃克塞特"却身负重伤。不过，他们还得继续撤退，因为苏腊巴亚也要失守了。虽然敌人已经完成了对苏腊巴亚的包围，堵住了所有退路，但他们还是驶离了港口。已经在一天的战斗中用完了所有鱼雷的四艘美国驱逐舰仍然冒险前行，于2月28日晚穿过狭窄的巴厘海峡。在此期间，他们遇到一艘敌人的巡逻舰，他们没有理睬，奇怪的是敌舰也没有发动攻击。黎明时分，他们终于走出危险区域，向南驶向澳大利亚。这条航线总体而言还是很安全的，但是并不适用于"埃克塞特"号，因为它的吨位太大了。"埃克塞特"号选择的航线是经由巽他海峡前往锡兰。2月28日夜间，它联合"会战"号、"波普"号一起出发。很不幸的是，敌人在第二天一早就发现了他们。在飞机和驱逐舰的配合下，四艘日本巡洋舰向他们发起攻击。最终，由于敌人占据着优势，在1939年的普拉特河口战役中立下赫赫战功的"埃克塞特"号很快就被击垮了，还没到中午就遭到来自鱼雷的致命一击。它的同伴"会战"号和"波普"号也被击沉了，船上的五十名军官和七百五十名士兵及幸存者成了日军的俘虏。

敌人就这样毁灭了我们的海军，现在，他们随时可以实现对爪哇的三面合围。我们的空军也在迅速衰竭，为了迅速补强实力，运载着五十九架战斗机的两艘美国舰艇正在赶来。在即将到达目的地是，它们遭到敌人的空袭，那艘名为"兰利"的旧的飞机供应舰被击沉，另一艘则安全抵达。但是，即便有战斗机运来，我们也没法让它立即投入战斗，因为我们想不到能将装载它的箱子运到岸上的办法。荷兰人在最高司令部解散后接过了指挥留守爪哇的所有盟军的大权。留守爪哇的主要是由普尔顿将军指挥的两万五千名荷兰正规军，由西特韦尔少将指挥的英军分遣队后来也加入进来了。不过，这支分遣队是临时拼凑起来的，其中既包括三个澳大利亚营、第三骑兵旅的一个轻坦克营等正规军，也包括英国皇家空军的四百五十名后勤人员和美国炮兵部队的后勤人员。空军方面有十个荷兰空军中队，但战斗力有限，因为他们的许多飞机已经不能使用了。英国皇家空军在撤出苏门答腊后改编为五个空军中队，但他们能用的飞机只有四十架左右。此外还有大约二十架美军留下的轰炸机和战斗机。

这支力量极其羸弱的守卫部队，担负着保卫爪哇的重任。在爪哇长达八百英里的北部海岸上，遍布着数不清的适合登陆的海滩。日本的运输船队从东西两个方向向这里运送部队，已经运送来了四五个师的兵力。敌我双方兵力悬殊，再也不能坚持抵抗了。荷兰在3月8日决定投降，包括空军指挥官摩尔特比、五千名空军、八千名英军和澳军在内的所有人，向日军投降。

即使不可能获得胜利，但是我们依然决定与荷兰人在爪哇并肩作战，坚持到底。由于我们的坚持，敌人被迫推迟攻击新目标的时间。

此后，荷属东印度群岛完全被日本占领。

缅甸保卫战

日本人对仰光的空袭在还没到12月底时就开始了。这出乎所有人的预料，因为人们普遍的看法是，在马来亚没有取得胜利之前，日本人不会大举进攻缅甸。事实表明，这种看法是不对的。日本空袭仰光时，我方部署在仰光的空军只有两个战斗机中队，一支来自英国，另一支来自美国的空军志愿队。而且，美国空军志愿队并不是为缅甸而建的，是为了援助中国而建的，之所以能留在仰光，是我向罗斯福总统提出的要求。

坦白地讲，这些部队的力量并不强大，但在战斗中发挥的作用却很重要，能让实施空袭任务的日本飞机吃尽苦头，遭受严重损失。日本的空袭没有在军事上造成重大损失，却在城市里造成混乱，导致大量平民的伤亡。在这种形势下整个仰光人心惶惶，政府部门的基层公务员和工厂工人四散逃跑，导致港口受到极大的影响，虽然还能正常运转，却无法保证效率。我方空军在1月和2月对日军的空袭予以顽强阻击，只要他们发起空袭，就会给自己造成一定损失。

日军决定由暹罗进犯缅甸。他们于1月16日开始进攻土瓦，没有遭遇太大的抵抗就得手了。在日本发动进攻以后，我方负责守卫南方丹老的部队经由海路撤走了，因为他们人数太少，根本不可能抵挡得住日军。两军于1月20日在高加力激战，结果，我方的印度旅被日军的一个师击败。随后，日军从东逼近毛淡棉，只用几天的时间便占领了毛淡棉。

与占据优势且不断有援兵支援的日军激战两个星期之后，第十七师的三个英印旅被迫后撤至萨尔温江，随后在米邻一带继续与敌人激战，但处境依然是敌众我寡。2月20日，我方的劣势更加明显。为了避免全军覆没，他们再次被迫后撤，撤退到锡当河一带。锡当河是一条宽达五百码的水流湍急的大河，只有一座桥梁。在第十七师的主力到达桥梁之前，一支强大的日军部队便对桥头堡发起进攻。与此同时，我方纵队在后撤至桥梁时，也遭到一支刚刚增援到位的敌军的袭击，双方在我军侧翼展开激战。桥头堡前线的指挥官认为，在遭到敌人四面开花式的打击后，我军正在后撤的三个旅已经遭受重创，甚至落入了敌人的包围圈。于是，他请求炸毁桥梁，师长批准了他的计划。当第十七师冲破敌人的包围准备渡河时，桥梁已经被炸毁了，挡在他们面前的是湍急的河水。但他们没有后退，依然设法顺利渡河而去。最终，第十七师得以生还的兵力只有三千三百人，而且还损失了大部分武器装备，只剩一千四百支步枪和几挺机关枪。对我们而言，这是一场惨痛的失利。

至此，能够阻挡日本进攻仰光的只剩勃固河这一道防线了。驻守这道防线的是第十七师的余部，还有印度派来的三个英国营、中东派来的英国第七装甲旅。英国第七装甲旅本来的目的地是爪哇，韦维尔将军将他们临时调到缅甸。驻守在北面的是缅甸第一师。他们原本驻扎在南掸邦，后来中国的第六军接替了他们，他们就被派来守卫通往曼德勒的公路。

　　缅甸的命运似乎是由锡当河的失败决定的，但是，在物资的调配方面，由于造成严重短缺和重大失误，英国也负有责任。然而，日本人占据着兵力方面的优势，还掌握着制空权和制海权，可以随意选择进攻的地点。只要知道这些事实，每个人都会相信，如果日本打算占领美、英、荷、澳战区的所有区域，只需要短短几天时间。

　　仰光被敌人包围了，但是我们似乎无计可施，因为我们能够调动的部队都无法及时赶赴仰光。我们认为，既然不可能派出一支部队，那么应该能派出一个人。于是，为了解救这个即将受难的首都之城，我们决定派遣亚历山大将军赶往那里。

　　亚历山大将军是在5月5日到任的，他的任务是尽可能地守住仰光。当然，我们并没有要求他死守仰光。万一仰光失守，他将向北撤退，在守卫上缅甸的同时，保持与左侧的中国部队的联系。到达缅甸不久，他就意识到仰光的失守只是时间问题。日本在进攻勃固的同时，为了切断仰光通往贝谬的公路，又分兵包围我方的北翼。如果让日军的企图得逞，仰光在陆地上的最后一条退路就会被切断。

　　仰光的炼油厂已经被亚历山大将军炸掉了，不仅如此，他还实施了更多的破坏计划。在完成破坏以后，他命令全军经由通向贝谬的公路撤退。日本人计划从西面进攻仰光，他们担心我方袭击他们的包抄部队，在公路上部署了一支精锐部队，在保护包抄部队的同时，还截断了公路。这支敌军让我方吃尽苦头，最初的几次突围行动全都失败了。我方只好集中所有有战斗力的部队，实施强行突围。两军展开持续不断的激战。日本军官在执行命令时大都很古板，这场激战的指挥官也是如此。在认定实施包围的部队已经到位以后，他认为自己的任务已经完成，进攻仰光的战斗就要打响了。于是，在激战二十四个小时以后，他停止阻截公路，转而率部参与围攻仰光。亚历山大将军才得以率部继续前进，炮兵和运输队也逃离了仰光。由于日军在连续作战中伤亡较大，而且处于长途跋涉的疲惫期，因此没有追击我方部队。

最终，我方缅甸师顺利撤回东吁，第十七师和装甲旅也陆续抵达贝谬。

在亚历山大将军、蒋介石和美国的史迪威将军三人之间，困难最大的问题是指挥权问题。史迪威将军已经离开了中国，指挥着目前在缅甸的由六个师组成的中国第五军和第六军。我方希望亚历山大将军能掌管实际驻扎在缅甸的所有部队，这一要求得到蒋介石的满足，缅甸部队的最高指挥权因此在亚历山大将军手中。但是，总统有不同意见，他认为最好的方式是保持双重指挥权，即亚历山大将军和史迪威将军都有指挥权。我不打算在艰难的时刻为此事争执。

整个缅甸因为仰光的失败而失守了。接下来的战斗与我们无关，将在日本人和即将到来的雨季之间展开，这也是一场残酷的竞赛。因为我们没有可供援兵登陆的港口，因此亚历山大将军已经不能指望得到援兵了。我们的空军原本就少的可怜，在为陆军的撤退提供掩护和追击实力强大的敌机以后，被迫撤退到连警报设施都没有的地点，离开了设施完备的仰光基地。事实上，它们的大部分力量在3月底以前的陆地上就被消灭了。为我方投放军需物资和药品的是来自印度基地的飞机，此外他们还协助疏散了包括两千六百名伤员在内的八千六百人。至于其他的部队和非军事人员，要在山路上步行六百英里才能完成撤离。

敌人在3月24日继续发动进攻，中国部队与他们激战一个星期，最终还是丢掉了东吁。占领东吁四天后，敌人经由伊洛瓦底江岸进攻贝谬，最终于四月底进抵曼德勒。至此，我方部队与中国部队保持联系、守住滇缅公路的希望完全破灭了。中国部队在遭遇失利后，一部分撤回国内，一部分在史迪威将军的率领下，经由伊洛瓦底江翻山越岭到达印度。英国部队在亚历山大将军的率领下到达伽里瓦。印度的东部国界在外被一支沿钦敦江北上的日军纵队威胁，在内被印度国大党骚扰，只有做出这种部署，史迪威将军和亚历山大将军才能确保守住印度东部。印度东部的道路就像林中小径一般，沿途都是或伤或病的难民，全都饿得发慌。为了将这些难民带到安全地带，在印度政府的支援、总督及其夫人的参与和阿萨姆邦北部农场主的支持下，亚历山大将军联合缅甸的民政部门推行政策，终于实现了目的。他在雨季到来之后的5月17日报告说，尽管丢掉了多辆坦克和所有的运输车，但他们已经安全抵达英帕尔。

这场战役是亚历山大将军首次独立指挥的战斗，虽然失败了，但体现出他的过人才干和优秀品质。正是因为具有这些品质，后来他终于成长为盟国一流的军事指挥官。

前往印度的通道被阻断了。

印度洋的形势

依靠海军和空军方面的绝对优势，日本继续远征，在袭击荷属东印度群岛上的军事据点之后，又扑向暹罗和英属马来亚全境。在占领缅甸南部和安达曼群岛之后，印度终于处在他们的威胁之中了。在这种形势下，印度沿海、锡兰沿海及更西的地区，还有我们为中东部队提供支援的唯一海上通道，随时可能遭遇袭击。这些情况使我们感到不安。指望维希法国守住马达加斯加是不可能的，他们曾经在印度支那有过让步，再次让步对他们而言并非难事。

派遣一支相当数量的陆军部队给印度提供支援是我们当前最紧迫的任务，他们不仅要增援印度，同时还要控制印度洋和孟加拉湾的制海权。锡兰有科伦坡和亭可马里两个港口，因此可以作为基地，供正在组建的东方舰队使用。为了在日本的进攻来临以前在锡兰部署足够的飞机，我们尽了最大的努力。在这个万分紧急的时刻，"无畏"号航空母舰放弃了战舰的职能，奉命全速返航，充当运送飞机的运输舰。为了守住锡兰，澳大利亚也做出贡献，同意由沙漠返回的两个旅在锡兰停留，等待英军的到来。尽管这只是一条临时举措，却受到广泛好评。

海军部对印度洋进行过长期的研究，他们如此煞费苦心，只是为了给我方舰艇寻找战时的隐蔽场所。距离锡兰西南六百英里处的马尔代夫群岛南端，有一个名叫阿杜环礁的环状珊瑚岛，可以临时充当科伦坡的替代者。这个岛的四周环绕着与斯卡珀湾面积相似的深水盐湖，要上下岛屿，必须经过遍布暗礁的四条海峡。更妙的是，这个岛远离主要航线，如果敌人要袭击它，必须经过长途航行。对于我方舰队而言，当科伦坡遭到攻击时，就可以隐蔽到这里，舰队不仅能保证安全，还能得到补充。我们在盐湖里停泊补给舰和修理舰，又将炮台和探照灯部署在周围满是丛林的陆地上。为了便于飞机起降，还在修建机场和水上飞机基地。我们将它称为"Ｔ港"，在印度洋有重要的战略价值。在很长一段时间内，敌人都没有发现它。

为了在印度洋组建一支能够保障我们的利益的舰队，海军从年初就开始行动了。在直布罗陀指挥H舰队时战功赫赫的萨默维尔海军上将接替了汤姆·菲利普斯将军的职务，乘坐"敬畏"号航空母舰于3月24日抵达科伦坡。到任以后，他麾下的舰艇包括：在十个月前的克里特战役中遭受重创的"沃斯派特"号战列舰（已经在美国修复）、四艘老式"皇家"级战列舰、十六艘驱逐舰、"赫莫兹克"号等七艘巡洋舰、"赫尔米兹"号等三艘航空母舰。

将这些远道而来的舰艇整编成一支协调性极强的舰队，需要一些时间训练，但我们最缺的就是时间。于是，这些来不及训练的舰艇很快被一分为二，分别驻守科伦坡和"T港"。印度的工作历来进展缓慢，但是，建设空军基地的工作他们不能再磨蹭了，因为孟加拉湾的西部海岸已经迎来了一些飞机。我们只好不停地催促他们，甚至一再告诫他们，所有的工作早已协商确定。

在采取防范措施时，不能每次都根据最糟糕的分析，否则必然导致不能更好地使用资源，事实上，我们资源有限，根本浪费不起。对于海军的情报部门而言，他们完全应该更加谨慎，但是，在我看来，即使一个计划被证实错了，还得坚持下去。我们不应该过分紧张，不仅我们的海军发展晚于书面计划，日本的情况也是如此。我们已经知道了这些事实。

如果我们能做好阻止日本攻击澳大利亚的准备，或者说，必要时做好防御准备，那么，他们就不会攻击澳大利亚。对日本而言，最好的策略是尽快战胜中国。

科伦坡的局势在3月底时的确有所好转。在我们的努力下，此时的科伦坡，拥有近七十架有战斗能力的战斗机和若干短途轰炸机。有了这些空军力量，我们至少能狠狠地反击敌人的空袭。

守卫锡兰

　　一件惊心动魄的大事即将在印度洋和孟加拉湾上演。萨默维尔海军上将在3月28日得到消息，日军将在4月1日前后出动包括航空母舰在内的强大部队进攻锡兰。他迅速做出反应，于3月31日将舰队集中到锡兰以南待命。完成战备部署以后，他派出六架"卡塔丽娜"式水上飞机，巡视距科伦坡一百二十英里的海面。与此同时，锡兰总司令莱顿海军上将疏散了滞留港口的商船，传令全军戒备待敌。当时，"多塞特郡"号巡洋舰正在重新装备，接到命令以后，即刻到萨默维尔海军上将的舰队报到。与它一起报到的，还有"康沃尔"号巡洋舰。

　　锡兰在3月31日至4月2日期间始终处在焦虑不安之中。舰队在备战区域来回巡视，除了在锡兰东南方发现日本的巡逻潜艇之外，一无所获。2日傍晚，萨默维尔海军上将意识到，或者敌人在等待我方舰队因缺乏燃料后撤，或者之前得到了错误的情报。在他想到这些时，"皇家"级战列舰的确需要补水了。虽然他不愿意让舰队撤回六百英里外的"T港"，但又别无选择。舰队撤退以后，"多塞特郡"号和"康沃尔"号也撤回到科伦坡。

　　4月4日，萨默维尔海军上将的舰队来到阿杜环礁。正在这时，一架"卡塔丽娜"式水上飞机发现敌情：大批敌舰正扑向锡兰。遗憾的是，没等这架水上飞机侦察清楚敌军的详细情况，敌人就击落了它。由此看来，之前的那个情报是正确的，只是日期有误。到了第二天，锡兰就会遭遇猛烈攻击，情况万分紧急。当天晚上，萨默维尔海军上将就率领"沃斯派特"号、"无畏"号、"敬畏"号及两艘巡洋舰、六艘驱逐舰出发了。在"皇家"级战列舰补水完毕之后，其余舰艇将在威利斯海军上将的率领下出发。

莱顿海军上将在4日夜间多次接到巡逻飞机的报告，称敌人的舰队即将发动攻势。4月5日是复活节，还不到早晨八点钟，敌人发起进攻，战斗打响了。日军派出近九十架轰炸机轰炸科伦坡，我军发起反击。九十分钟后，激战停止。最终，我军损失十九架战斗机、六架"旗鱼"式飞机，日军损失二十一架轰炸机。我方港口设施遭受轻微破坏，由于提前疏散了滞留港口的商船，因此其他方面的损失更小。被击中的商船只有一艘，但"坦尼多斯"号驱逐舰和武装的"赫克特"号商船被击沉了。

萨默维尔海军上将再次征调了"多塞特郡"号巡洋舰和"康沃尔"号巡洋舰，它们将随他的舰队行动。担任"多塞特郡"号巡洋舰舰长的是艾加海军准将，尽管多次收到敌人近在眼前的警告，但他仍下令全速前进。整个上午，"多塞特郡"号和"康沃尔"号都没有遭遇攻击，只发现了一架日本飞机。刚刚过了正午，情况就发生了剧变，遭到敌人的猛攻。敌人的俯冲式轰炸机以三架一组的队形，轮番轰炸他们，几乎每隔几秒钟就要被轰炸一次。只用了十五分钟，他们就被击沉了。大批船员掉进了海里，他们紧紧抓着海面上漂浮着的舰艇残骸，等待着战斗结束以后的救援。第二天傍晚——大约三十个小时之后——"企业"号航空母舰和两艘驱逐舰拯救了他们。在这次战斗中，我们的二十九位军官、三百九十五位士兵阵亡了。

遭遇了一场失败以后，萨默维尔海军上将才明白，日本舰队的实力远在他的舰队之上。直到现在，我们才知道，我们的舰队在4月2日以前等待的对手，就是指挥过袭击珍珠港战役的日本海军大将南云忠一。他指挥的舰队包括五艘航空母舰、四艘快速战列舰、若干巡洋舰和驱逐舰等。对我们的舰队而言，与敌人这样一支舰队较量，将是一场必败无疑的灾难。因此，萨默维尔海军上将决定撤退。在救起"多塞特郡"号和"康沃尔"号的幸存者之后，我方舰队于4月8日早晨回到"T港"。

所有人都认为，应该将"皇家"级战列舰尽快调离危险区域。在这个问题上，我跟第一海务大臣没有分歧，他很快下达了命令。不仅如此，将萨默维尔海军上将的舰队撤到两千英里外的东非一事，海军部也没有异议，他们甚至允许萨默维尔海军上将自己决定。这样的撤离行动对保护通往中东的联络线是有利的。为了保护我们同印度及波斯湾的海上联络线，萨默维尔海军上将没有撤离，而是亲自率领两艘航空母舰和"沃斯派特"号留在了印度洋。他将孟买选定为在印度洋的基地，得到海军部的支持。新计划很快就开始实施了。由此看来，海军部跟我们有相同的意见。

然而，就在此时，从最高指挥部传来了惊慌的情绪。在守卫锡兰的问题上，我不同意立即从孟买撤走两艘航空母舰和"沃斯派特"号，至少目前它们在孟买很安全。

将锡兰建造成舰队主要基地的主张得到了三军参谋长的赞同，他还同意将英属东非海岸的基林蒂尼建成东方舰队的高速舰艇的基地。在两个星期之后，萨默维尔海军上将到达基林蒂尼。至此，我们放弃了印度洋，只保留了非洲海岸。

我们因将要失去——虽然只是暂时的——印度洋和孟加拉湾上的制海权而感到无比焦虑，但局势的发展很快就冲淡了这一焦虑。此时，日本向西扩张的势头有所减缓，我们就站在他们的最西端。由于他们的攻击范围远远超出政策划定的范围，所以他们停止了大规模的正式进攻，在跨海进攻锡兰或印度南部方面也没有具体计划。但是，如果他们知道科伦坡并没有足够的防御，一定会发动真正的进攻。在此期间，他们可能会与英国舰队交战，并取得胜利。如果这些假设变成现实，那么，不论他们实施什么行动，都不会被阻止。由于在科伦坡遭遇顽强抵抗，他们发现，如果想获得更大的战果，就必须付出更大的代价。后来，他们的空军遭受最大损失，使他们进一步相信，自己遇到了强劲的对手。当然，我们必须承认，在这个过程中，重新在太平洋上崛起的美国海军也发挥了重要作用。此后，印度洋再也没有出现大规模的日本海军，只有少数单独行动的潜艇。他们是突然来到这里的，现在又突然消失了，留下一个没有硝烟的真空区域。

当时，我们没有预料到锡兰空战在战略上产生的重要影响。南云忠一的那支著名的航空母舰舰队，在过去的四个多月里顺利地取得无数令人震惊的胜利，却在这场空战中遭受重创，三艘航空母舰被迫撤回日本本土休整和补充。当日军在一个月后进攻新几内亚的莫尔斯比港时，他们参战的航空母舰只有两艘。如果他们能够全员参加后来的珊瑚海战役，那么，对美国而言这不是好消息，因为日本很可能扭转这场遭遇战的局势。

缺少船只带来的困难

潜艇战时刻威胁着我们，令我们感到非常担忧，这种担忧甚至不能因其他重大情况的发生有所缓解。我在3月上旬写给罗斯福总统的信件中提到，为了协调好与进口预算的关系，在使用海上运输力量时，要用战略的眼光。我们计划再向东方运输两个师的英国部队，但我们没有运输船只，因此希望美国能借给我们一些。我希望在东方战场部署一些机动部队，因为东方战场范围太广，谁都不能预测那里将会发生什么意外。要想得到这样一支部队，就需要两个师的兵力在5月或者6月间经过好望角。到那时，如果埃及、波斯、印度或者澳大利亚需要支援，他们就能迅速到位。

3月8日，我收到了总统的答复。事实上，这是经过参谋长联席会议长期研究的一个答复。在答复中，总统写道：

> 我们在收到你的电文后，就一直在开会研究。在印度洋战场，你们的确有重大的问题，对此我们是知道的。就像看待、关注我们在太平洋的问题那样，我们同样看待、关注着你们的问题。

总统还告诉我，他们已经将太平洋舰队的大部分力量投入到了澳洲和美、英、荷、澳战区。但是，目前太平洋的局势也很严峻，因为日本依然有强大的攻击潜力，正在通过巧妙的部署继续扩张。如果为了继续向印度运送部队而将船只借给英国，那么，将大大降低他们攻击其他地区的可能。美国愿意在向澳大利亚和新喀里多尼亚派出两个师的基础上，再向澳大利亚和新西兰各派一个师。不过，这样做有个前提：澳大利亚政府和新西兰政府决定给中东留下两个师，同时又同意随时将他们调往印度。完成这项增援计划以后，就会有一支九万人的美国部队驻扎在大洋洲。不过，经由红海向中国运输物资的船只，将因这项计划而暂时减少，这部分物资经过租借协议的规定。澳大利亚和新西兰是否将两个师留在中东，是是否需要执行这些计划的关键。同时，这也是提高船只利用率的唯一办法。

对于我提出的主要建议，总统都表示接受。美国将为把我们的两个师的兵力和装备运送到好望角提供船只，4月26日前后将派出第一支船队，5月6日前后派出剩余船队。不过，在满足这一要求的同时，总统也提出了一些条件。不过不论总统提出什么条件，对总体结果我感到很满意。在这次世界大战期间，我一直有这样一个原则：为了实现主要目的，要尽力留出空间。这个原则的例证之一就是：有了总统后续借给我的船只，我才能继续向好望角运送几个师。

总统和他的顾问提出一些数据，与我们的合作运输部队的能力有关。为了更好地继续提及此事，我们得记住这些数字。总统说过，1944年6月以前造船计划的最大值不会在上升，因为似乎现在已经到顶峰了。我了解到，英国不准备增加船只的总数，没有这方面的计划，而现在新造的船只的运输量，是二十二万五千二百五十人。现在能用来运送部队的美国船只的运输量，大约是十三万人。不过，在经过1942年的改造以后，运输量有了显著提升，至少增加了三万五千人。1943年6月以后新造的船只，运输量也有了提升，增加了四万人；这一年年底能增加十万人，1944年6月能增加九万五千人。到那时，美国船只将拥有四十万人的运输量，当然，前提是没有遭受损失。

决定英美两国的战略方针的，正是以上情况。

在接下来的电文中，总统详细介绍了暂定的美国空军在1942年底的计划。他说道，1942年如果要同时攻击德国的部队和资源，那么，准备执行"体育家"计划和"磁石"计划的部队，就有必要尽量在联合王国驻扎。

船只是支撑我们的战略的唯一基础，在此基础上，缺少船只就成了困扰我们的最大难题。在日本参战以后，英美两国新建造的船只只能补充我们在船只方面的损失，这也是我们有效的军事力量的倚赖。英国和盟国在1942年上半年被击沉的船只总数，与1941年全年的总数相当，即使将盟国的造船计划全加起来，距离这一数目也差三百万吨。在这种情况下，不断增加的美国陆军和海军的需求，又让这一难题雪上加霜。在3月份时，我们得到一个好消息：美国在1943年的造船计划将达到一千二百万吨。这意味着，美国现在的损失在1942年5月就能被新造船只补回；到8月底，盟国现在的全部损失也能被补回；一年以后，连之前的损失都能补回。我们将接近三百万吨的美国船只留在了我们的部队当中，我得承认，我们的这种行为没有顾及美国的压力，事实上，他们的压力也在逐渐加重。然而，由于英国海军的损失还在增加，美国的大方也无济于事，不能补回这些损失。

克里普斯访问印度

　　印度的形势因日本不断向西扩张而不断恶化，这使得印度人民惊慌不已。与此同时，我们也因珍珠港的失败陷入慌乱。香港沦陷以后，我们在亚洲的威信进一步降低。在这种情况下，日本越发嚣张，孟加拉湾成了他们随意出入的地方，印度次大陆受到他们的直接威胁。自从被英国统治以来，这是印度第一次面临亚洲国家入侵的威胁。

　　在这种情况下，印度政界的局势变得微妙而紧张。一方面，由苏巴斯·鲍思领导的极少数极端主义分子声称支持轴心国，还发起企图颠覆政府的动乱。另一方面，明确表示拥护甘地的实力派人士表示，印度应该以消极中立的态度应对这场战争。这种悲观的意见由于日本人的不断进逼，被越来越多的人接受。有人认为，阻止日本入侵印度的方法是打消日本的动机，切断与英国的联系就能实现这个目的。他们甚至认为，印度之所以遭遇危险，就是因为与英国有联系，如果切断这种联系，印度将会成为下一个爱尔兰。毫无疑问，这种观点不能说服任何人，但并不妨碍它的逐渐传播。

新加坡是在2月15日投降的。就在此时，印度教和穆斯林之间的争执成了印度政界和新闻界关注的焦点。国大党的一些领导人提出承认印度主权地位的要求，还提议成立全印国民政府。他们的目的，是建立某种联合战线。这些要求得到了战时内阁的重视，在审议期间，印度事务部与印度总督之间沟通频繁，留下大量文件。在这件事上我当然负有责任。几乎所有的同僚都意识到，战争结束以后，必须将自治领地位给予印度人民。

为了逐日研究印度的情况，也为了给战时内阁提供建议，我在2月25日召集一批部长组成了一个委员会。会议由1930年的西蒙调查团成员艾德礼先生和大法官西蒙勋爵主持。其余成员都有直接的印度知识。斯塔福德·克里普斯勋爵与甘地和尼赫鲁有深厚的友谊，熟悉印度政治；约翰·安德森勋爵担任过五年的孟加拉省省长；詹姆斯·格里格爵士曾经在印度总督府担任执行经济委员。除了印度事务大臣埃默里先生之外，其余成员都来自工党、自由党或无党派。在通常情况下，他们和我有相同的意见，因此我不必亲自参与讨论。但是，如果我认为有必要，将立刻加入进去。战时内阁接纳了这个委员会的大多数建议，因为他们对它很信任。

日军是在3月8日这一天进驻仰光的。我的大多数同僚一致认为，只有打破如今的政治僵局，才能在印度组织有效的防御。在这段时间，战时内阁的大部分会议和讨论都与印度问题有关。派遣斯塔福德·克里普斯爵士到印度与各派领袖展开直接对话，是英国政府对这一问题的最重要反应之一。

3月22日，斯塔福德·克里普斯爵士抵达印度德里。他组织了一场辩论，这场辩论持续了很长时间。英国政府将作出保证，如果战争结束以后，立宪会议提出给予印度完全独立的地位，将满足他们的要求。这是英国的建议的要点。斯塔福德·克里普斯爵士在给我的电报中说，我们的建议被国大党拒绝了，丝毫没有达成协议的希望。

我必须拿出勇气和力量接受这个结果。即使身处持续不断的紧张斗争之中，即使要给无依无靠的四亿人口提供保护，让他们脱离战乱的苦海，我也得接受。事实上，我对这个结果有心理准备，在最初的阶段我就通过哲学方法推理出了这个结果。我还要安慰斯塔福德·克里普斯爵士，他一定很难过，因为任务没有取得成功。

罗斯福总统在第一时间就收到了我的一份电文，这份电文包括斯塔福德·克里普斯爵士在4月11日发来的第一封电文及我的回复。他也因为我们的失败感到难过，但他希望我们再最后努力一次，因此建议推迟斯塔福德·克里普斯爵士的回国行程。

这种狂热的做法终究没能落实，事态的变化使它受到了干扰。的确，如果这个世界上没有理想主义，人类也就不会进步。但是，如果有一种理想主义，既要让别人牺牲自己的利益，又不顾及成千上万无辜的家庭将要承受的痛苦，它肯定不是高尚的。总统的思维停留在美国独立战争时期，在他看来，与十八世纪末十三个殖民地和乔治三世的战争相比，印度问题没有明显区别。而我跟他不一样，我肩负维持印度大陆和平的责任，肩负保卫占世界总量五分之一的人口的安全的责任。因此，我们不能逃避这些责任，不能任由古老而广阔的印度遭到毁灭，要知道，我们统治这里已有将近两百年的时间。

我的同僚们在对与印度有关的问题作出研究以后，跟我达成一致意见。这是值得高兴的事情，因为，如果结果不是这样，我会辞去职务，因为压在我肩上的责任太重了，重到一个人根本承担不住。坦白地说，如果必须辞职，我会毫不犹豫地立即行动，在这种时候，只有毫不犹豫的态度能给予我安慰。战时内阁和我在信念上有一种惊人的默契，这一点读者在后面的叙述中也能看到。

斯塔福德·克里普斯爵士是在4月12日乘坐飞机离开德里的。在两个星期后召开的全印度国大党委员会会议上，国大党继续坚持工作委员会与斯塔福德·克里普斯爵士会谈时提及的要求，称国大党不会对"任何使英国保留或部分保留控制印度的权力的建议"予以考虑，称"英国必须放弃在印度的势力"。

尼赫鲁决心抗击日本，这一点符合斯塔福德·克里普斯爵士的预言。他在斯塔福德·克里普斯爵士离开印度的第二天表示，"不论之前发生了什么，我们不会屈服于侵略者，也不会对英国在印度做出的战争努力制造障碍""怎样把我们自己团结在一起，是我们面临的问题"。然而，由于国大党的大部分领导人支持甘地的绝对和平主张，因此几乎没有人响应尼赫鲁的讲话。

5月10日，甘地在自己的报纸上发表谈话，称："对印度而言，英国的存在就是向日本发出的一张战争请柬，只有英国撤离印度，这张请柬才会自动作废。不过，即使它没有随着英国的撤离而作废，那么，在抵抗侵略者时，由于真正的不合作主义能够发挥作用，由于印度是自由的，我们会更有力量。"

占领马达加斯加

由于印度洋的存在，马达加斯加和锡兰被远远地分开了。尽管如此，在人们的脑海中，依然害怕日本的突袭和维希的叛变。面对这种局面，我们不能在第一时间有所反应，因为我们不仅有些招架不及，而且资源吃紧。

我在1942年2月7日得到消息，维希对马达加斯加的控制可能得到美国的认可，因为他们之间的会谈迟迟没有结果。于是，我马上发电报给罗斯福总统询问情况。在罗斯福总统给我的回复中，他向我作出保证：

> 我们不会承诺不占领马达加斯加或留尼汪岛。你大可放心。

早在日本宣布参战不久的1941年12月16日，戴高乐将军便提议发动一个行动，即由自由法国出兵占领马达加斯加。两个月之后的1942年2月19日，我再次收到他催促我做决定的来信。这一次，他又提出一个远征计划，但这个计划需要英国海军和空军的配合。

自由法国占领马达加斯加的这一行动，我始终表示赞同。三军参谋长认为，除非有大批的部队，否则我方不可能单独占领马达加斯加岛。但是，如果为此动用大量英军，又会使印度、锡兰和印度洋基地的增援行动受到破坏。

我不主张强攻，现在没有，在最初阶段也没有。

我们最终作出了占领迭哥苏瓦雷斯港口的决定，因为锡兰即将失守，而孟加拉湾的危险也在加剧。从战略层面上看，除了港口以外，这座岛屿上的其他领土并不重要。但是，如果任由日本人将潜艇基地建在马达加斯加岛上，我们将被迫面对巨大的威胁。我们一直有部队绕过好望角增援印度，因此似乎可以将这个任务交给他们，因为他们不必浪费太多时间就能顺路完成。我们决定，由英国部队执行所有进攻任务，不让自由法国参与。这是因为我们还记得发生在达喀尔的事情，不愿意让局势复杂起来。

我们想到的事情别人也想到了。希特勒在当天也召集了一次总部会议，他的意见是，日本占领马达加斯加的行动不会得到法国的支持。

我们必须要求美国在大西洋给我们提供暂时的帮助，因为海军的行动影响范围太大，而且内海还有来自"提尔皮茨"号的威胁。怎样让这个计划与总统的一些本身问题相互适应，我还没有想好。但我很清楚一点：为了帮助我们，他愿意竭尽全力。

我的实际方式不同于海军部的希望，但这并不影响我得到满意的回复。尽管总统不肯在直布罗陀部署美国舰队，但他愿意向我们的国内舰队增派新式战列舰和多艘先进舰艇。

我们已经着手为"铁甲舰"计划制订细节了，这个计划的目的是对远东战场实施广泛的增援。参与这一计划的部队，包括有两栖作战训练经历的一个突击队和第二十五独立旅，还有第五师的两个旅。他们将听命于斯特奇斯皇家海军陆战队少将。他们本来要在3月23日离开英国，现在已经随前往中东的运输船队出发了。

接下来就是紧张的筹备。为了适应战况，需要二次分装舰船上的物资，只有这样才能确保最后的准备工作严谨周全。为了适应这项不太熟悉的特殊任务，攻击部队在经过了长途跋涉以后，还要接受特殊的训练。事实上，达达尼尔战役结束以来的二十七年间，我们从来没有发起过大型的两栖作战，这次还是第一次。战术已是今非昔比了，不过参与行动的所有人——包括最高司令官、参谋人员和普通士兵——都没有经验。

运送陆军物资和运输设备的普通船队是在4月28日之前驶离德班的，而进攻部队则在4月28日搭乘快速船队出发。指挥这次行动的是希福来特海军司令和斯特奇斯将军，他们搭乘的是"拉米伊"号。进攻部队在六天后的5月4日全部进入攻击范围。

迭哥苏瓦雷斯湾位于马达加斯加岛的东北海岸，大体上切断了岛屿北端与岛屿其他陆地的联系。迭哥苏瓦雷斯湾入口处是安西朗港，正是这个有驻兵的港口控制着迭哥苏瓦雷斯湾的入口。事实上，这个港口的防守力量也很薄弱，只是与岛内城区相比算是有防守罢了。当我方部队从东面靠近迭哥苏瓦雷斯湾时，发现那里有坚固的防线。至于东面的峡湾，虽然很难接近，但能停靠大型船只。岛上驻军在这里的防守很薄弱，如果在晚上发动袭击，必能获胜。因此，我方将进攻的起点定在西海岸的科雷尔湾，为此，运输船队必须借助黑夜的掩护，在向导的指引下经过曲折的浅水峡湾，前往敌人固守的海岸。在这段行程中，可能会遭遇敌人的水雷袭击，还要面对尚未掌握情况的敌人。5日凌晨四时许，在没有遭遇抵抗的情况下，第一批部队成功登陆，随后迅速占领了可以攻击海面的唯一的炮台。半小时后，东侧的"赫米昂"号巡洋舰发起佯攻，迭哥苏瓦雷斯机场和港口内的船只也遭遇我方舰载飞机的袭击。对维希法国而言，我方的行动是意料之外的，尽管如此，他们依然不甘心失败，仍然坚持抵抗。到5日下午，我方第二十九旅完成登陆，不仅所有士兵顺利登陆，而且几乎所有的设备也登陆了。与此同时，第十七旅开始登陆。

完成登陆的第二十九旅迅速推进，很快，突击部队就到了安德拉卡半岛东端。在大炮和十二辆坦克的掩护下，他们的前锋部队占领了安西朗以南的两处阻截阵地，在此之后遭遇敌人防线的阻拦。这道阵地横跨公路，筑有水泥碉堡，是敌人的一处主要阵地。激战很快打响。我方南兰开夏团在6日清晨占领敌人的左翼阵地，然后在他们的后方修筑工事，对敌人展开持续攻击。

由于斯特奇斯将军并没有及时得到这一进展，因此，他建议派遣海军陆战队的一支分队登陆安西朗，希福来特海军司令采纳了这一冒险的建议。在"安东尼"号驱逐舰的运送下，傍晚时分，"拉米伊"号上的五十名皇家海军陆战队员巧妙地进入港口，并顺利地在码头登陆。之后，他们在普赖斯上尉的带领下，连夜进入市区，又迅速占领海军弹药库。在那里，他们不仅找到大量步枪和机关枪，还解救了大约五十名英国俘虏。与此同时，在第十七旅的协助下，第二十九旅的行动也获得成功。敌人被逼无奈，只得在7日黎明到来前放弃安西朗，我们占领了这里的大部分防御工事。7日清晨，"拉米伊"号对港口入口处的要塞实施炮击，要塞里的敌人在短暂抵抗以后宣布投降。

7日上午十一点钟，所有战斗全都结束了，我方陆军仅伤亡三百余人。正午时分，英国舰队开入港口。

希福来特海军上将是我的好朋友，当我在海军部任职时，他是我的秘书。对于占领塔马塔夫和玛仁伽的计划，我要求他暂时放弃。不仅如此，还要尽可能地减少迭哥苏瓦雷斯的驻军，只要留下足以保障安全的部队就行。史默兹将军不同意我的意见，向我阐述了应该继续作战的理由。外交部支持继续行动，但这并不是我的态度，因为我还要照顾韦维尔将军的要求，还要顾及印度面临的来自日本的威胁。

马达加斯加的这段故事，现在到了收尾的时候了。英国部队占领迭哥苏瓦雷斯以后，我们希望法国总督能改变亲近维希的立场，于是留给他一段时间，希望考虑清楚，接受我们的建议。遗憾的是，他的态度没有改变。我方的东方护航队在莫桑比克海峡经常遭遇潜艇的骚扰，我们决定控制这个海峡，为达此目的，马达加斯加的西海岸的港口对我们而言，就有了利用价值。这两个原因促使我们决定继续战斗。负责指挥这一阶段战斗的是东非司令普拉特将军。在遭遇并不坚决的抵抗以后，英国第二十九步兵旅于9月10日占领玛仁伽。此时，刚刚完成登陆的第二十二东非旅加入到战斗中，越过第二十九旅的阵地，经由公路直扑塔那那利佛。塔那那利佛是马达加斯加岛的首府、法国总督办公地。与此同时，第二十九旅再次被船队运送至东海岸的塔马塔夫，于9月18日轻松地占领该地。之后，第二十九旅也直扑塔那那利佛，协助第二十二东非旅，对塔那那利佛形成合围。9月23日，我方占领塔那那利佛。

高高国际　出品

MEMOIRS
OF
THE SECOND
WORLD WAR

第二次世界大战
回忆录

下

[英] 温斯顿·丘吉尔 著

姜玲 译

中南出版传媒集团

民主与建设出版社

第十章　英美联军在远东的胜利

珊瑚海战役

现在，太平洋上发生了足以使整个局势都为之震动的大事件。日本在3月底完成了第一阶段的计划，顺利程度连他们自己都感到惊讶。如今的日本，已经成了香港、暹罗、马来亚以及荷属东印度群岛广大地区的主宰。在缅甸，他们正在向腹地挺进，而美国并不能给菲律宾群岛解围，因为他们依然深陷克里奇多尔的僵局之中。

日本决定将占领区的面积向外扩大，他们选定的目标包括斐济、萨摩亚、中途岛、阿留申群岛西部、新喀里多尼亚和新几内亚的莫尔斯比港。这是东京政府再三考虑之后制定的更富野心的计划。值得注意的是，这项计划将对珍珠港构成威胁，而珍珠港是美军的主要基地。如果任由日本人得逞，他们不仅会切断美国通向澳大利亚的直接交通线，甚至会建立起实施未来的军事计划的基地。

在制订计划和执行计划上，日本的最高指挥部显得极为巧妙而勇敢。但是他们也有个缺陷，不论是制订计划还是执行计划，在评估世界力量时，他们从不使用正确的比例，换言之，美国的潜力始终被他们忽视。他们在此期间依然寄希望于希特勒，认为在欧洲战场获胜的一定是德国人。为此，他们认为他们一定要征服亚洲，成为亚洲的主宰。这种激情无限的心情使他们更像赌徒：胜利能延长一年的优势，否则也会在同等的时间毁灭。最终，他们依靠已经获得的强大的利益，占领了大片土地，只是控制力并不尽如人意。占领过多的土地并非好事，尤其是在外围遭遇失败时，这种感觉更加强烈。那时，他们才会意识到，他们已经无法在内线和主要领地之间构筑防线了。

日本最高指挥部是从1942年4月下旬开始新扩张计划的。对所罗门群岛南部的图拉吉岛和莫尔斯比港的占领是这项计划的一部分。图拉吉岛与更大一些的瓜达尔卡纳尔岛隔海相望，而占领莫尔斯比港能够巩固他们在新不列颠岛的海军基地，是征服新几内亚的第一步。占领新几内亚或所罗门群岛之后，进而可以对澳大利亚形成包围之势。

日军在上述海域集结兵力的情报很快传到了美国人耳中。美国观察得知，正在拉包尔集结的日军有向南进军的可能，这部分日军来自加罗林群岛的海军基地特鲁克。美国人甚至还断定他们会在5月3日发起进攻。日本之所以选择在这一时期实施这项计划，也许正是料到此时美军的航空母舰被其他任务牵制到了其他地区。事实的确如此，美军正在执行的任务，就包括4月18日在杜利特尔将军指挥下的对东京的空袭。

尼米兹海军上将在意识到南面有遭遇攻击的可能后，果断下达命令，将能调集的最强大的舰队调往珊瑚海。根据命令，"约克顿"号航空母舰和三艘重巡洋舰在该海域巡逻，指挥官是福莱彻海军上将。从珍珠港赶来的"莱克星顿"号航空母舰和两艘巡洋舰于5月1日与他们会合，指挥官是菲奇海军少将。5月4日，克雷斯海军少将率领的一个包括澳大利亚的"澳大利亚"号和"霍巴特"号巡洋舰、美国的"芝加哥"号巡洋舰在内的海军分队也赶来了。参加了轰炸东京的"企业"号和"大黄蜂"号航空母舰，是其他航空母舰中仅有的有即战力的，他们正在赶来的路上。但是，他们终究没能在战役开始前赶到，因为他们要到5月中旬才能到达。

福莱彻海军上将在5月3日得知日军已经在图拉吉岛登陆，当时，他率领的舰队正在瓜达尔卡纳尔南部四百英里处的海面加油。日军的企图很明显，要尽快建立一个海上空军基地，以便监视东面进入珊瑚海的入口。驻扎在那里的澳大利亚部队势单力薄，两天前就撤退了。

福莱彻海军上将立即下令，菲奇海军少将的舰队继续加油，而他自己的舰队则向敌人发起攻击。"约克顿"号航空母舰在第二日拂晓时分派出大批飞机对图拉吉岛狂轰滥炸，但战果并不显著，因为敌人在留下一些驱逐舰和小舰艇后撤离了。

此后的两天时间始终风平浪静，但是这种平静正是大战即将打响的预兆。在补充了油料和弹药以后，福莱彻海军上将将三个小舰队部署在新几内亚西北的海面上。正在此时，他得到消息，从拉包尔出发的攻击莫尔斯比港的日军将在7日或者8日经过约玛德峡。约玛德峡位于路易西亚德群岛。另一条情报显示，附近海面还有三艘日军的航空母舰，但并不清楚具体位置。此外，空中侦察得知，日军从特鲁克岛出发后沿所罗门群岛东海岸向南进发的主攻部队"吉祥鹤"号、"翔鹤"号航空母舰（由两艘重巡洋舰护卫），在5日出现在了珊瑚海东侧。第二天，日军的所有舰艇合并一处，向我方的舰队靠拢。到这天黄昏时分，两军距离达到最近，只有七十英里。福莱彻海军上将在7日的拂晓时分进入预先计划的迎战地点，即路易西亚德群岛以南海面。由于敌军可能在约玛德峡南部出口出现，因此克雷斯海军少将的舰队继续前行，计划控制那里。然而，敌军察觉了这一计划，当天下午，敌军派出大批陆地起飞的鱼雷轰炸机围攻他们，战斗异常惨烈，只有击沉"击退"号和"威尔士亲王"号的战斗能与之"媲美"。好在克雷斯海军少将指挥得当，再加上好运气，他们竟然没有大的损失。不过，由于敌军已经折回，他们也只好无功而返。

福莱彻海军上将因为一直没有掌握敌军航空母舰的具体位置而辗转反侧。他决定在黎明时分发动一次大范围的搜寻。"工夫不负有心人"，他在早上八点一刻获得情报，敌军的两艘航空母舰和四艘巡洋舰在路易西亚德群岛北部！但是，他们只是护航舰艇，并不是主力舰队。尽管如此，福莱彻海军上将依然决定予以消灭。我军只用了三个小时，就将两艘航空母舰中的"飞凤"号被击沉了。在击沉"飞凤"号后，敌军的主力舰队没有了空中掩护，被迫撤回。在下达撤退命令之前，原本计划前往莫尔斯比港的运输船队由于不能经过约玛德峡，只得在路易西亚德群岛北部等待。

福莱彻海军上将目前的处境极度困难，随时可能遭遇攻击，因为敌人知道了他的位置。对此，他有些无计可施，因为他的舰队要想参加接下来的战斗，得到下午才行。好在他运气不错，因为天气转遭了，没有雷达，敌军也不能发起攻势。福莱彻海军上将不知道的是，他苦苦搜寻的日军主力舰队就在他们东面，而且还在攻击范围内。下午时他们发起过空袭，只是因为浓雾和狂风的干扰才无功而返。在返回途中，我方的雷达发现了他们，福莱彻海军上将立即命令战斗机出击。经过一场混战，我方损失不小，派出去二十七架战斗机，只有少数几架能继续战斗。

此时，敌我双方都知道敌人就近在咫尺，于是都想到了夜袭，又都认为这是冒险举动。最终的结果是，在夜色的掩护下，双方分道前行。天气情况在8日早晨又有了变化，我方舰队暴露在晴空之下，而日军却被云雾掩盖。"莱克星顿"号的一架侦察机在八点半时发现了敌人，与此同时，截获的情报显示，日军也发现了我方的美国航空母舰。一场大战就此开始了。

美军在九点之前组成了一支拥有八十二架飞机的部队，在九点二十五分率先出击；日军在同一时间也派出了拥有六十九架飞机的部队飞向目标。大约上午十一点，美军向目标发起进攻；二十分钟后，日军的进攻也打响了。激战在十一点四十分全部结束。美军在云雾的干扰下，攻势受到了干扰，日军航空母舰在意识到自己暴露后，会立即躲避到云雾之中，美军战机只得另寻目标。最终，他们只击中了"翔鹤"号航空母舰，但给它造成的伤害并不大，只要自行返回国内修理，就能恢复战斗力。另一艘主力"吉祥鹤"号航空母舰则毫发无损。

日军战机的攻击目标是我方的"约克顿"号和"莱克星顿"号航空母舰。"约克顿"号很幸运，在舰长的出色操作下，成功避开了所有致命的打击，仅仅被落到周围的一些炮弹"误伤"，战斗力完好无损，只是短暂地发生了火灾。与"约克顿"号相比，"莱克星顿"号就倒霉得多了，因为它太笨重了。最终，它被三枚炸弹和两枚鱼雷击中，左舷倾斜，锅炉室被淹没，甲板上则燃起了大火。直到战斗结束，我们才扑灭大火，矫正倾斜。好在很快它就恢复了"健康"，时速达到二十五海里。

这场战斗意义重大，它是历史上首次航空母舰之间的对抗。在战斗中，日本损失四十三架飞机，美国仅损失三十三架。

珊瑚海的战役如果就这样结束，毫无疑问，取得击沉及重创日军"飞凤"号与"翔鹤"号航空母舰、逼退企图攻击莫尔斯比港的日军的美军，是获胜的一方。而他们自己的损失却很少，除了在前一天里被日军的航空母舰击沉的一艘油船及其驱逐舰之外，再没有其他损失，两艘航空母舰几乎完好无损。但是，战役没有就此结束，他们遭遇了一个突发情况。"莱克星顿"号航空母舰在战斗结束一小时后，因内部爆炸产生震动，导致下船舱失火。船员们立即抢救，但于事无补。火势一直蔓延到傍晚，在万般无奈之下只好放弃，用鱼雷将其炸沉。美军和日军在撤离珊瑚海后，又在宣传上打口水战，宣称己方获胜。日本称他们击沉了福莱彻海军上将的两艘航空母舰、一艘战列舰和一艘巡洋舰。但是，他们在战后的行动却出卖了他们，因为他们直到7月份才向莫尔斯比港挺进，事实上那条线路早就在迎接他们了。他们放弃了之前的计划，转而由新几内亚基地向陆地推进，因为形势在此时发生了大变。这一时期也代表了日军经由海路推进至澳大利亚的可能。

日本的计划

美国有必要保存航空母舰方面的实力。北方马上会发生规模更大的事件，尼米兹海军上将明白，他需要为此拿出所有的力量。很快，他就将包括"企业"号和"大黄蜂"号在内的所有航空母舰召回珍珠港，命令他们迅速编入福莱彻海军上将的舰队。这一举动表明，他很满意阻拦日军进入珊瑚海的结果。日本人并没有得到"莱克星顿"号航空母舰沉没的消息，尼米兹海军上将巧妙地隐瞒了这个消息，直到中途岛战役结束之后才公之于众。

与战术的重要性相比，这场遭遇战的影响与之不成正比。它的战略价值在于，是美国参战以来第一次对日军取得胜利。在这场战役中，水上舰艇第一次没有互相攻击，这样的海战前所未有。正因为如此，它让战争的危险与机会上升到全新的台阶。听说过这场战役的人——尤其是美国人、新西兰人和澳大利亚人——全都得到了鼓舞和安慰。被应用在随之而来的中途岛战役的战术经验，则是用极大的代价才换来的，当然得到的结果也是极大的。

　　中途岛战役的大幕逐渐拉开了。

　　进军珊瑚海只是中途岛战役的开始，事实上，日本海军联合舰队总司令山本五十六在进军珊瑚海期间，就在积极准备占领中途岛。占领中途岛以后，日军可以向东威胁、甚至占领一千英里外的珍珠港，因此，日军此举的真正目的是与美国在中太平洋较量。在准备占领中途岛期间，山本五十六还向阿留申群岛派出一支牵制部队，目的是抢占那里的优势地形。他在详细地计划了采取行动的时间表后，为了方便地向中途岛战场投入主力舰队，决定先吸引美军到北面的阿留申群岛去，解除那里的威胁。如此一来，日军就可以赶在美军有精力处置中途岛的战事之前占领中途岛，进而做好迎击美军的准备。在美国人眼里，中途岛是珍珠港的前哨基地，地位极其重要，因此山本五十六也很清楚，日军的行动必然引发一场大规模的会战，但他也相信，美军在日军的逼迫下，一定会与他们展开一次大决战，在大决战中，他有很大的把握战胜美军，因为在高速战列舰等方面，日军占据着压倒性优势。尼米兹海军上将会不会上当，是山本五十六的这套计划能否成功的关键；另一个关键是，美军是否会突然袭击他。

　　事实上，尼米兹海军上将是很警惕的，他甚至事先知道了日军采取行动的预计时间，因为他有着消息灵通的情报网络。他猜测日军进攻中途岛只是佯攻，他们是为了转向美洲大陆而占领阿留申群岛的。但是，考虑到中途岛是最容易遭遇危险的地方，所以他还是坚定地将兵力部署在了中途岛方向。山本五十六的部下南云忠一有作战经验丰富且战绩突出的四艘航空母舰，这成了尼米兹海军上将的心腹大患，因为他的航空母舰完全不能与之相提并论。南云忠一的四艘航空母舰，除了有一艘负伤外，另外两艘正在前往珊瑚海途中。美军航空母舰的情况不容乐观，"莱克星顿"号已经沉没了，"约克顿"号丧失了战斗力，"大黄蜂"号在地中海附近解救马耳他岛，"萨拉托加"

号虽然完成了修复，但还没有编入舰队。如此算来，能参加战斗的，只有正从南太平洋赶回来的"企业"号和"大黄蜂"号，以及可能按时恢复战斗力的"约克顿"号。除了旧金山的战列舰可以指望之外，其他的战列舰不是距离太远，就是因速度慢而无法协助航空母舰。相比之下，日军有包括世界上速度最快、实力最强的三艘战列舰在内的十一艘战列舰。对美军的利好消息是，来自中途岛的飞机可以在空中援助他们。

日军的主力舰队在5月底的那个星期里陆续驶离基地。计划于6月3日攻击荷兰港的牵制阿留申群岛的舰队率先出发，他们的目的是吸引美军的追击。计划占领阿留申群岛西侧的阿图岛、基斯卡岛和阿达克岛的登陆部队随后出发。到了第二天，南云忠一亲自率领四艘主力航空母舰驶往中途岛，按照他们的计划，他们将在不遭遇顽强抵抗的情况下，于6月5日占领中途岛。为了应对美军的抵抗，山本五十六的舰队驻扎在后方的西面。

中途岛战役

中途岛战役的重要程度仅次于珍珠港事件。美军此时正在积极备战。5月26日，"企业"号与"大黄蜂"号航空母舰从南太平洋回来了，而原计划需要修理三个月的"约克顿"号航空母舰也在5月27日回到舰队之中。毫无疑问，"约克顿"号的修理速度被加快到了四十八小时内，为的就是赶上这场大战。为了保证战斗力，它拥有了全新的空军大队。5月28日，斯普伦斯海军上将率领两艘航空母舰率先前往中途岛，5月30日，"约克顿"号航空母舰被编入他的舰队。混合舰队的指挥官仍然是福莱彻海军上将。

中途岛进入了最高的警戒状态，不仅地面部队严阵以待，轰炸机也全都做好了起飞准备。为了尽早地获得情报，连续的空中侦察从5月30日就开始了。在海面上——中途岛西面和北面的海面上，负责监视敌情的是美国的潜艇。他们就在这种紧张焦虑中度过了四天时间，直到6月3日才发现敌情。当天上午九点，一架巡逻的"卡塔丽娜"式水上飞机发现有十一艘日军舰艇出现在中途岛以西七百英里的地方。得到消息的美军立即发动猛烈攻势，但收效甚微，只击中了对方的一艘油船。这场小小的遭遇战揭开了整个中途岛战役的大幕。根据情报，福莱彻海军上将断定，中途岛的西北方向将出现日军的航空母舰。但他认为，最先被发现的肯定是敌军的运输船队，因此没有立即出击，而是继续前往计划中的地点——中途岛以北二百英里处，只要南云忠一的舰队经过这里，美军就可以迂回猛攻他们的侧翼。4日黎明，福莱彻海军上将到达目的地。

6月4日清晨五点三十四分，中途岛派出的侦察机发回消息，称发现数艘向中途岛驶来的日军航空母舰。紧接着，侦察机又发回数条消息，大批飞机向中途岛飞来，大批航空母舰的支援舰向中途岛驶来。一个小时候，日军正是发动猛攻，由于美军的顽强抵抗，日军不仅没有占到便宜，还损失了三分之一的兵力。虽然中途岛上的机场遭到严重破坏，好在还能保证运转。南云忠一的舰队遭遇沉重打击，原本的优势并不那么明显了，而美军还能向他发动一次反击。美军对这次反击抱有极大的失望，但结果却是令人失望的。

南云忠一被美军的反击打得有些晕头转向，索性听取飞行员的建议，对中途岛发动了另一波攻击。为了应对突然杀出来的美军航空母舰，日军保留了相当数量的飞机。如今，他认为不会有美军航空母舰突然杀出——事实上，日军的侦察能力一般，并不能给他的判断提供帮助——便决定让这批飞机重新编队，准备对中途岛的第二波攻击。为了给执行第一波攻击任务的飞机腾出降落空间，日军的航空母舰清理了飞行甲板。后来的事实表明，这是个错误的举动。正当补充燃料和弹药的轰炸机停满飞行甲板时，南云忠一得到消息，在他们的东侧出现一支拥有一艘航空母舰的美军舰队。此时的南云忠一已经来不及后悔了，只能等着挨打。

按照之前的冷静分析得到的判断，福莱彻海军上将和斯普伦斯海军上将早就做好了相关部署。在当天早上，他们就得到很多情报。"企业"号和"大黄蜂"号航空母舰在七点钟时发动了一次进攻。参与这次进攻的飞机，是除了自卫机以外的所有飞机。负责侦察敌情的是"约克顿"号航空母舰的飞机，由于执行进攻任务的飞机要率先出发，它们因此受到了影响，在九点钟才全都飞离飞行甲板。也正是在九点钟，进攻飞机已经接近目标了。起初，俯冲轰炸机在云层的干扰下没有找到目标；而"大黄蜂"号航空母舰的飞机则错过了参战机会，因为他们也没能发现目标。这样一来，攻击任务就落到了鱼雷轰炸机的身上，然而，由于敌机的顽强抵抗，他们的攻击又失败了，不仅遭遇失败，损失还极其惨重，参战四十一架，返回的只有六架。

但他们没有白白牺牲，这也是有价值的。当他们吸引了日军的所有注意力和所有飞机之时，三十七架来自"企业"号和"约克顿"号这两艘航空母舰上的俯冲轰炸机来了，南云忠一的旗舰"赤城"号和它的搭档"伽赫"号完全暴露在炮火之下，只能乖乖挨打。几乎与此同时，另外十七架来自"约克顿"号航空母舰上的飞机攻击了"黑龙"号。"赤城"号、"伽赫"号和"黑龙"号的下舱在几分钟内就着火了，甲板也成了战火纷飞的战场，被点燃或者被炸伤的飞机就堆在那里。很快，它们将遭遇灭亡的命运，这是注定的了。之后，日军海军大将南云忠一只好逃到一艘巡洋舰上，但他没能扭转局势，只能眼睁睁地看着他的剩余的四分之三舰队覆灭。

美国的飞机收获极大，他们在中午以后才返回，损失的飞机只有六十架左右。此时，日军完好无损的航空母舰只剩"翔龙"号，但它并没有退缩，反而决定发动猛烈还击，只为捍卫日本部队的名誉。美军得到"翔龙"号发动还击的消息时，刚刚从战场上回来的美军飞行员正在"约克顿"号聚会，谈论刚刚结束的任务。情报显示，发动反击的日军飞机有大概四十架，他们在大炮和战斗机的反击下，仍然击中了"约克顿"号。被三枚炸弹击中的"约克顿"号虽然负伤较重，但在扑灭大火以后，依然继续航行了两个小时。两个小时后，它在"翔龙"号的第二次袭击中遭遇致命重创，漂浮在茫茫大海上，两天后被日军潜艇击沉。

在"约克顿"号漂浮的两天里，美军实施了复仇行动。他们在当天下午搜索到了"翔龙"号的踪迹，随即从"企业"号上派出二十四架俯冲式轰炸机袭击它。正式的攻击是在下午五点钟开始的，只用了几分钟，"翔龙"号就成了一片火海，第二天一早就沉没了。

这场战役是在6月4日结束的。至此，南云忠一的四艘航空母舰全都被消灭了，损失的不仅仅是航空母舰，还有永远无法弥补的训练有素的空军部队。我方将这场战役视为太平洋战场上的转折点，是有道理的。

尽管南云忠一的舰队战败了，但也许日军无敌的舰队正在山本五十六的率领下向中途岛挺进。如果山本五十六继续前进，遭受了重大损失的美国空军将无力与之抗衡，因为他们缺少重型舰艇。简言之，尽管战胜了南云忠一，但美军仍然有另外的危险。此时，担任航空母舰舰队总指挥的是斯普伦斯海军上将，他决定不再向西追击残敌，因为不仅缺少支援的重型舰艇，而且军情不明。他的这个决定很好理解，不好理解的是，山本五十六为什么没有设法挽回败局。起初，山本五十六决定继续前进，还在6月5日时向中途岛发动袭击，为此还派出了威力最大的四艘巡洋舰；与此同时，还命令一支强大的舰队向东北前进。斯普伦斯海军上将如果下令追击南云忠一，那么在那个夜晚他很可能遭遇惨败。也是在那个夜晚，山本五十六改变决定，下令全军撤退。我们不知道山本五十六决定撤退的原因，但是，我们认为，其中重要的一个原因，是受到主力舰队在意外之中遭到毁灭之事的影响。但失败没有就此结束，他还要遭遇失败。为了避开美国潜艇的攻击，山本五十六派去攻击中途岛的两艘重型巡洋舰相撞了，由于在撞击中遭受重创，他们没能与大部队同步撤退。6月6日，他们被美军战机攻击，一艘当场沉没，另一艘（名为"最上"号）濒临沉没，后来逃回日本。

日本人是静悄悄地到来的，在占领了阿图岛和基斯卡岛——位于阿留申群岛西部的两个小岛——之后，他们又静悄悄地退回去了。

对美国而言，这场海战的胜利值得纪念。事实上，不论是对美国还是对同盟国，这场胜利除了具有纪念意义，还有其他更重要的意义。首先，它广泛而及时地影响了士气；其次，消灭了太平洋战场上日本的优势，在过去的六个月里，敌人仰仗这些优势挫败了我们在整个远东战场上的努力，从此以后，他们失去了这些优势。从此以后，我们对由守转攻有了更强的信心。我们考虑的是，为了收复他们迅速占领的土地，我们应该在哪里反击他们，而不是他们会在哪里进攻我们。尽管如此，我们的未来也不轻松，为了在远东战场取得胜利，我们需要做很多准备，在满足太平洋战场需求的同时，不至于让美国在欧洲战场上的努力受到制约。不论如何，对于结局我们充满信心。

北极运输船队遭到攻击

希特勒开始对苏俄发起进攻。提供武器和供应品便成为了我们和美国唯一能够帮助苏俄的事。这些武器和供应品大多数都是美国和英国所产，或者是美国送给英国的一些军需用品。但是我们对装备的需求同样迫切，因此我们部队的武装受到了很大的影响，想要同时对抗日本即将发起的攻击很难做好充分的准备。

1941年10月，比弗布鲁克—哈里曼美英代表团走访了莫斯科，并商定给苏联提供大量物资，这一建议很快便得到了两国政府的首肯。海运是将这些供应品输送给苏联军队的最直接的途径：这就需要选择走北极海航线，其间要绕过北角才能到达摩尔曼斯克，然后再转到阿尔汉格尔斯克。协议中声明，不管是在美国的港口，还是在英国的港口，苏俄政府都需要用自己的船队接收物资，然后运回本国。但是，我们所提供的物资数量非常大，他们的船只根本就不够用，因此，有四分之三的物资运输是由美英的船只承担的。在最开始的四五个月里，除了损失一条船，其它一切都非常顺利，但是到了1942年的3月，运输船队开始受到各种干扰，有德国的潜艇，还有起飞于挪威北部的德国飞机。

在希特勒的指挥下，德国是如何将海军的军力汇集到挪威的，我们已经非常了解。他这样做一面是为了防止英国的突袭，一面是为了阻止有船队向苏联运送军需品和物资。同时，他并没有把所有的潜艇都用于阻碍横贯大西洋和大西洋的航运，还留下了一部分用于挪威的保卫。希特勒这样的决定完全是错误的，这我早就说过。不过，在这个紧张的时期，德国快速战舰并没有用来使战争的局势更加紧张，要知道德国快速战舰的攻击力量是非常大的，这一点令我们和我们的美国盟友们长舒了一口气。然而，即便是这样，我们在北极的运输船队仍旧遭受到了接连不断的攻击，英国海军的负担也日益加大起来。

"提尔皮茨"号于1月驶向特隆赫姆。没过多长时间，驶来的"舍尔"号与之会合，到了3月，"西佩尔"号巡洋舰也来到了这里。其中，"歌奈森诺"号和"沙恩霍斯特"号是战列巡航舰，它们来自布雷斯特，很早就来了，随之一起的还有和它们一同脱险的"欧根亲王"号，它们都在这组水面舰只群中。"歌奈森诺"号和"沙恩霍斯特"号曾经遭受过我们鱼雷的轰击，休战了好几个月，而且在修理的过程中还遭受了飞机的二次轰炸，境况非常糟糕。"歌奈森诺"号在基尔的船坞于2月27日夜里遭到轰炸，当时境况不明，但这艘军舰一定受到了难以挽回的重创，因为在之后的海战中再未见到它的身影。"欧根亲王"号是唯一幸存下来的军舰，后来被调派到了"提尔皮茨"号的队伍中，陪同它一起的还有"舍尔"号。虽然"欧根亲王"号也遭受到了英国潜艇"三叉戟"号的鱼雷，但是还是将就着驶回了特隆赫姆。并且经过简单的修复最终返回德国，它再次参加战斗的时候已经是10月了。与希特勒原本打算的部署相比，特隆赫姆的海军力量也就只有原来预期的一半，但就是这部分力量也足够引起我们注意。

3月1日，P.Q.第十二号运输船队从冰岛起航，"提尔皮茨"号收到命令后前往堵截。它的行踪后来被一艘英国潜艇发现。当时，托维海军元帅正率领"英王乔治五世"和航空母舰"胜利"号负责保护运输船队，得到消息后立即前往拦击。后来，运输船队没有被德国的侦察机发现，"提尔皮茨"号便返回去了。前去拦击它的托维海军元帅也没有把它截住。"胜利"号上的飞机于3月9日发现了"提尔皮茨"号的踪迹。于是立即启动鱼雷飞机前去攻击。但是所有的攻击还是被它躲过了，并且在西佛尔特港找到了隐蔽之处。P.Q.第十二号运输船队就此安全抵达目的地。4月，德国的驱逐舰队和飞机对P.Q.第十三号运输船队进行了猛烈的攻击，以致十九只船只剩下了十四只。战斗中我方的巡洋舰"特立尼达"被鱼雷击沉，而德国的一艘驱逐舰也被我方击沉。同样是4月，达斯科帕湾迎来了美国的特种舰队，其中有航空母舰"黄蜂"号，六艘驱逐舰和两艘重巡洋舰，还有新战列舰"华盛顿"号，我们的力量顿时强大起来，这真是一件令人高兴的事。这样，我们想要攻击马达加斯加也不再是不可能。但是运输船队也就此一日比一日危险，一日比一日困难。又有三组船队在4、5月间驶向苏联北部。第一队深入到了冰岛北部的巨大流冰群中，二十三艘船只有八艘抵达了目的地，剩下的十四艘被迫返了回来，还有一艘沉没。第二队和第三队运输船遭到的袭击日益严重，一共有十条船丧失。安全通过了五十条船并没有让人们多兴奋，因为在这过程中巡洋舰"爱丁堡"号被潜艇击沉。

　　1942年3月末，我们的海运力量已经不能够支撑起美、英两国所提供的物资数量。这就导致了供应物资滞留和货运阻塞的情况大量增加；为此，莫斯科和华盛顿同时提出紧急要求，力求让我们尽可能多地承担运输任务。虽然我们也非常想这样做，但是我们根本不可能达到这些要求。

护航运输船队

我们的努力逐渐达到高潮，这时，有了P.Q.第十七号运输船队的消息。这支船队是6月27日从冰岛起航，开往阿尔汉格尔斯克的，总共有三十四艘商船。这支船队的护航阵容有两艘防空舰，六艘驱逐舰，还有两艘大潜艇和十一艘小潜艇。其中海军少将汉密尔顿指挥了两艘美国巡洋舰，两艘英国巡洋舰以及三艘驱逐舰，主要负责紧急援助。在挪威的北部海岸，沿着海岸线布置了十一艘潜艇，有两艘是苏联的，剩下的九艘是英国的，这样就有了有效的武力示警，一方面可以防止他们靠近，一方面可以在适当的时候对"提尔皮茨"发起攻击。我方的主要掩护力量由海军总司令托维率领，在西部进行警戒巡逻，有航空母舰"胜利"号、战列舰"华盛顿"号、"约克公爵"号、一小队驱逐舰，以及三艘巡洋舰。

穿过熊岛北部之后，也就离德国的空军基地三百英里远，护航船队和运输队遭到了流冰群的阻碍。密尔顿将军接到海军部的命令——倘若护航运输船队真的遇到了敌方水面舰的武力威胁，且护航船队完全可以与之对战，这时候再令巡航舰前往熊岛东面也不迟。下达这样命令的目的很明显，就是不打算派他去攻击"提尔皮茨"号。同时，在距离熊岛西北一百五十英里的地区，海军司令率领的重型舰只潜伏在哪里，准备对"提尔皮茨"号发起突袭，其中航空母舰"胜利号"上的飞机就是先行攻击部队。7月1日，运输船队的行踪暴露，此后经常遭受敌人空军的尾随攻击。第一艘船被击沉是在7月4日的清晨；紧接着，在同一天晚上，运输船队距离熊岛一百五十英里远的时候，又有三艘船只遭到了敌方飞机的袭击，并被鱼雷击中。利用他的自由决定权，密尔顿将军始终和运输船队在一起。虽然报告声称"提尔皮茨"号已经在3日的午后就离开了特隆赫姆，但是它具体的行动消息以及其他德国重型舰只的行踪都得不到确定。

运输船队的行程和安危始终是海军部关心的重点，他们也为此陷入了焦灼的情绪之中。由于敌方正在实施追踪，海军部必须尽快对其情况进行研究，而且必须要依靠海军部当时所掌握的情报。我们在7月4日得到确切的消息，"提尔皮茨"号以及它的僚舰已经补足了燃料，现在正在去往拦截运输船队的路上。这次的攻击规模相当大，已经形成不可阻挡的趋势，与以前的空中袭击和潜艇袭击相比，这次的危险系数要比每次都高。面对德国人的雄厚兵力，汉密尔顿将军的巡洋舰根本不值一提，所以，运输船队只能在敌人未到达之前尽可能地分散船只，这或许是保存一部分船只的唯一希望。每小时七八海里是商船的普遍速度，不过，现在敌舰大约十个小时就能从出发的港口抵达这里，所以时间非常紧张，监管分散的方法很起作用。第一海务大臣认为袭击即将到来，所以在当日的晚上，便以个人名义直接向汉密尔顿将军发出紧急通知。

这已经是下了死命令，指挥巡航舰的司令根本没有选择的权利。这是必须坚决执行的命令。虽然这样让他很不甘心，但也只能放弃这些悲惨的运输船只，没得选择。根据出事地点所在的位置，我们的舰队又不能及时赶往支援。更不幸的是，负责掩护运输船队的驱逐舰也撤离了，就当时的情况来讲，这样的决定非常明智，他们不但要在后续的航程中将散开的船只重新组织在一起，而且还要在后续的航程中负责整个运输船队的保护工作，抵御潜艇的攻击和空袭。

庞德海军上将之所以会发出这样坚决的命令，是因为当时涉及的船只不仅仅是英国一方的船只。面对这场由英国指挥的大规模英美联合行动，庞德海军上将还是非常紧张的，他非常担心美国的两艘巡航舰和自己的战舰在第一次联合行动中就遭到灭顶之灾，是以才发出这些让人大吃一惊的命令。当然这都只是我的一些推测，不过也是基于对朋友的了解而作出的。这些问题我从未与他讨论过。这些命令是由第一海务大臣发出的，而且得到了海军部的审批，是非常秘密的事情，所以这些事情的具体细节直到战争结束后我才知道。

美国的巡洋舰对已经经过指定地点待命。它们将在此静待一小时左右，如果没有海军部下达的新命令，他们将按照原来的命令迅速撤离，不管发生任何事情。事实上，战术上的形式并没有受他们最开始的行动影响。但是按照后续的发展来看，决定分散船只是非常轻率的做法。巡洋舰撤离的非常仓促，使得目睹这一切的运输船队顿时惊慌失措起来；倘若汉密尔顿将军能够在附近的地区盯着运输船队分散完毕，然后再撤离，那上述的混乱情况就会完全避免。"提尔皮茨"号很有可能随时出现在他们面前，这是他根据收到的信号唯一能做出的假设。

护航取得良好效果

下面来让我们谈谈德国的情况。在阿尔塔，敌军集结了"舍尔"号、"提尔皮茨"号和"西佩尔"号，还有一些附属的驱逐舰组成了庞大的舰队，离开港口的时候已经是5日的中午。这时，他们的空中侦探传来情报，英国的巡洋舰已经撤离，运输团队已经飞散航行。没过多长时间，一艘苏联潜艇就第一个发现了德国舰的踪迹。这艘潜艇宣称对"提尔皮茨"号进行了袭击，并且打中了两处，不过事实证明这仅是谎报军情。紧接着，一艘英国的潜艇也发现了"提尔皮茨"号的踪迹，并且向上级报告了它的去向——东北方，并言明它的行驶速度极快。德国海军上将深知自己的行踪已经暴露，并处在空袭的范围之内；不害怕被英国空军袭击是不可能的，但是为了完成任务，他别无选择，只能极速前进。对于这个问题，德国的最高统帅部提出异议，并决定将这支舰队撤离，因为他们想起了"俾斯麦"号一年前的遭遇。经过正确的分析，他们认为用潜艇和飞机来袭击那些分散了的运输船队会更奏效。因此，当晚德国的重型舰就接到命令返回了港口。不过他们所营造出的巨大威胁却成功地分散了护航运输船队。这次巨大的成功对德国来讲实在是太容易了，只是在这些航线露个面而已。

　　但是我们却尝受到了痛苦的后果。在潜艇和拦截飞机的轰炸下，那些分散了且没有任何保护的运输潜艇根本就不堪一击。这些船只的悲惨经历几乎都可以写成一部传奇故事，它们或是一小队商船，或是一艘商船，还有的伴随着较小的一艘或一艘以上的护航舰。其中有一部分为了避难躲到了新地岛冰冻的海岸。离开冰岛的时候有三十四艘船只，但是途中却被击没了二十三艘，这些船员或是在冰冻的海上死去，或是遭受冻伤，在痛苦和伤残中难以忍受。①其中抵达阿尔汉格尔斯克港的有六艘美国商船，两艘英国商船，两艘苏联商船和一艘巴拿马商船，总共卸下了七万吨货物，在冰岛装载的时候有二十万吨。美国的商船总共损失了十四艘。在整个战争时期，这次海军的遭遇是最惨不忍睹的事件之一。

　　另一支运输船队开始往苏联北部进发已经是9月了。此时的护航计划已经做出了修改，这次，运输船队的护航队由十六艘驱逐舰和一

---

① 同时随从运输船队出发的，还有三艘救援舰。其中一艘沉没了。——原注

艘第一次服役的新型护航航空母舰——"复仇者"号组成。驱逐舰将船队严密保护起来，而"复仇者"号则装载了十二架战斗机。除此之外，英国舰队还做好了支援的准备，这一点和以前一样。而德国的水面舰此时则心生退意，只留下了潜艇和飞机负责袭击。最后，我们在这里展开了一场非常恐怖的空战，敌人前来空袭的飞机一共有一百架，被我们击落了二十四架。而我们的运输船也在这场战斗中失踪了十艘，此外，还被潜艇击沉了两艘。但值得高兴的是，我们不但成功地将航道打通，而且还有二十七艘船保留了下来。

当时我们不但要承担运输队的所有重担，而且还要尽量为苏联提供大量的飞机以及数量巨大的坦克，要知道，当时的我们资源也是十分紧缺的。因此，在面对那些讽刺我们在苏联危难之际不施以援手的人们的时候，我们的这些数据就是最好的实证。面对着艰难险阻依旧英勇无畏的同盟国，我们已经将我们的心血交付给了你们。

1942年，皇家海军所做出的努力都是徒劳的，没有一丝的胜利希望，我们只能对未来的日子满怀希望。P.Q.第十八号运输船队于1942年9月抵达，而后派往德国的运输队又出现了断档。没过多久，北非大战一触即发，几乎牵制住了我们在内海的所有海军力量。不过，我们一直都在研究如何囤积供应品运往英国以及加强对未来运输船队的保护。所以，下一次的运输船队直到12月底才开始起航。这次，运输船队分成了两批，由六七艘驱逐舰护航，本土舰队负责掩护。

第一批运输团队非常顺利地抵达了，但是第二批运输团队却遇到了阻碍。12月31日早晨，船队行驶到了距离北角大约一百五十英里的海面，这时，驱逐舰"奥斯洛"号上指挥护航舰队的海军上校R.萨布鲁克发现了三艘敌方驱逐舰的踪迹。于是他马上调转船头对其进行攻击。战斗刚刚开始，德国重型巡洋舰"西佩尔"号便出现在海面。英国的驱逐舰与这艘威力强大的德国重型舰战斗了将近一个小时。受到炮火闪光的吸引，二十五英里外的海军上将伯纳特以及两艘英国巡洋舰"牙买加"号和"谢菲尔德"号纷纷赶来。这支舰队直冲南面，迎上了德国的袖珍战舰"鲁佐夫"号，交火没多长时间，"鲁佐夫"号便趁着夜色未消向西方逃遁。德国的舰队司令误以为这两艘英国巡洋舰只是作战舰队的先头部队，便急忙撤退。这次战斗非常短暂，其中一艘德国驱逐舰被"谢菲尔德"号近距离击沉。紧接着便展开了一场追击战。其中，在萨布鲁克保护下的运输船队遭到了两艘德国重型军舰以及六艘保护它们的驱逐舰的袭击，不过安然无恙。

最后，运输船队安全抵达了苏联领海，中间只损失了一艘驱逐舰，还有一艘运输船受了一些轻伤。战斗中，海军上校萨布鲁克的伤势十分严重，有一只眼睛失明，但是他仍旧坚持作战，并亲自指挥战斗。由于其出色的领导力，他最后获得了维多利亚十字勋章。

这场战斗在德国最高统帅内部引起了非常大的反应。当时的电讯延误，英国最高统帅部第一时间知道这件事是通过英国的广播。为此希特勒勃然大怒。此时戈林也是止不住地抱怨浪费德国空军队去保护海军的主力舰只是非常错误的做法，本来这些舰只他就曾建议过要退役的，这无异于是给正在焦急、愤怒地等待战斗结果的希特勒火上浇油。接到命令，海军上将雷德尔立马作出报告。1月6日召开了海军会议。对于德国海军过去的成就，希特勒进行了抨击，在这番长篇大论中言词非常激烈。"元首决定将一些较大的船只废弃，并不是对它们的贬低和压制。相反，如果撤销一支具有很强战斗力的舰队，那才是对它们真正的贬低和压制。这一点在陆军上的体现就是将所有的骑兵师撤销。"对于违反规定擅用退役主力舰的情况，雷德尔依照命令给出了书面报告。这份报告被希特勒收到以后便受到了他的大肆嘲笑，同时，希特勒任命邓尼茨作为雷德尔的继任者，并让他给出合乎要求的具体计划。就德国空军和海军的前途，雷德尔与戈林在希特勒的周围发生了激烈的冲突。自1928年以来，就他主持下所做出的贡献，雷德尔进行了顽强地辩护。他曾多次提出建议成立一支独立的海军航空兵部队，但是由于在海上空军比海军更容易完成任务，所以这件事一直被戈林拖到现在。最后，戈林取得了胜利。1月30日，雷德尔辞职。继任者邓尼茨是非常有野心的潜艇司令。自此以后，潜艇便霸占了一切新舰的有效建造。

在这一年的年底，英国皇家空军就是这样终结了德国想要建立一支公海舰队的想法。同时，在保护驶往苏联的一支同盟国的运输船队的战役中，直接导致了敌方海军在海军政策上的严重危机。

雷达及情报战

1941年冬，据我方情报部门报告，德国人很可能在运用一种新型雷达仪器，并用在测量我方飞机的航向和距离上，好为他们的高射炮瞄准。这种仪器听说是钵形的，像是一个特大号的电热器。不过我们的谍报人员也有空中摄影设备和对空听音设备，很容易就能探测出其方位，首先探测出的是有很多电台分布在欧洲北海岸，而设置在离勒阿佛尔不远的安蒂斐尔角上的那一座电台很可能就是他们的新设备。我们对这件事的怀疑在1941年12月的时候得到了来访的摄影侦察部队的某中队长的验证。翌日，他亲自开着飞机去测定那座电台。12月5日，他再次对该电台进行了探测，并成功地拍摄了一幅非常棒的画面。这些东西是我们的科学家非常渴求的。该电台设在高达四百英尺的悬崖上，不过不远处却有一片可供飞机降落的浅滩。因此，我们组织突击队进行突袭的计划便悄然而行。

1942年2月27日夜里，雪花漫天，一支伞兵在午夜时分从德国电台后面的崖顶上降落，将守军团团包围。跟伞兵一同前往的还有一队工兵以及一名皇家空军无线电机械师，他们都接受了详细的指令，如果可能的话尽量把设备拆卸带走，剩下的设备也要绘制草图或者拍摄图片，当然，能俘获一名德国报务人员就更好了。由于时间表上出现误差，使得他们的整个工作时间由半个小时缩减到十分钟，不过这并没有影响到他们任务的完成。他们找到了大部分设备，并且在火光中进行拆卸，运回了沙滩。早已在此等候的海军立即把这队人马带走。就这样，德国雷达防务中的关键性设备的主要部分被我们获取，此外，我们还额外获得了许多情报，对我们展开空中攻势极为有利。

我们的间谍网通过搜集雷达情报迅速扩张，再借助于一些中立国家的友好人士带来的被占领的国家的情报，使得我们在1942年对德国的防务知识了解的越来越多。提到"中立国的友好人士"以及"间谍"，比利时人所做出的努力功不可没。1942年，有关"谍报"这个题目，他们所提供的线索高达百分之八十，其中还有一幅地图，关系十分重大。这是一幅偷来的地图，源自比利时境内德国雷达部队和探照灯部队指挥官，位于德国夜间战斗机北部两个战区的航线内。根据这份地图以及其他的情报，我们的专家完全可以破译德国防空系统中我们不理解的部分。1942年年底，我们已经对敌对系统的操作流程以及我们对付它的计划有了充分的准备。

但是，还有一个细节我们尚不清楚，等我们察觉到的时候已经是很多个月以后的事情了。也就是在1942年的年底，林德曼（现已成为彻韦尔勋爵）教授向我传达了一个信息——德国人已经在他们的夜间战斗机上安装了一种新装置。这种雷达装置的设计主要是为了追踪我方的轰炸机，但是我们除了知道它被称为"火石"之外对其他一无所知。所以，在我们即将展开空中攻势之前，有必要对这种装置的情况做出详细的了解。1942年12月2日晚上，为了引诱敌人，我们派出了第一百九十二中队的一架飞机。这架飞机几次遭到了装有"火石"发射电波的敌方夜间战斗机的袭击。机组的所有人员几乎全被击中。听取敌方飞机辐射电波的特殊技术人员头部受伤，不过仍继续进行仔细观察。无线电报人员也伤势严重，不过他最后选择在拉姆斯哥特上空跳伞降落，这也使得一些重要的观察资料以及他自身的性命得以保存。剩下的机组人员最后把飞机开向了海面，这主要是因为飞机的受损程度已经不足以支持地面降落了。最后他们被一艘来自迪尔的小船搭救。正是这次行动让我们对德国夜间防御的知识有了全面的认识，补齐了我们的短板。

1940年的时候，林德曼教授就对我方轰炸的准确度提出质疑，为此，我特别在1941年对轰炸司令部的调查工作中命令由他负责的统计处全权负责。调查显示，正如我们所担心的那样。据我们了解，很普遍的情况就是轰炸司令部认为自己发现了目标，但是却有三分之二的机组人员连目标周围五英里以内的地区都不能投中。通过空中摄影我们也可以认识到，我们对敌人造成的伤害微乎其微。我想机组人员对此也应该有所感知，所以，冒着非常大的危险取得那么一点点的战果实在让人有些灰心丧气。如果我们在这方面没有什么改进的话，那继续进行夜间轰炸肯定也是徒劳的。

对于如何让我们的轰炸机飞临目标，之前提出过好几种用无线电来引导的设想，但是我们始终没有去尝试这个非常复杂的问题，因为我们在这之前根本就没有意识到我们的轰炸是多么的不准确。不过现在我们已经开始高度关注这个问题了。在此之前，我们曾研究过一种叫作"向前"的方法，利用这种方法让英国国内三个相距很远的电台向外发出电波。这样就可以通过所掌握的准确电波传到某架飞机的时间来给飞机测定位置，能使其误差缩小在一英里以内。这种改进了的技术在袭击了布伦艾瓦将近十天以后便开始大规模运用。凭借这一技术，大多数鲁尔地区的目标都被我们扫荡，只是想要深入德国依旧很难。这一时期，我们还轰炸了罗斯托克与吕贝克，值得说明的是，在这里我们并没有用"向前"这一方法，而使用的"欧波"，这是与"向前"非常类似的一种方法，只不过要比之更加准确有效。但是这种方法也是有弊端的，那就是需要在一段时间内作直线飞行，如此一来遭受高射炮袭击的危险就大大增加。除此之外，它还和"向前"一样，都不能沿着地球表面的弧线进行传递，因为所设计的无线电电波实在是太短了。所以它只能限制在飞机高出地平线的一定高度和距离才能使用，大约要高两万五千英尺，距离两百英里。这就使得我们的攻击区域大大减小。所以对更好的方法的需求仍然很迫切。

这种想法自1941年被证明切实可行之后，林德曼教授就做出论证，他认为把雷达安在飞机上，就可以把飞机飞经地面的地图映射在座舱的荧光屏上。这种情况下，轰炸机如果再借助"前进"的方法进行导航，那么完全可以在距离目标大约五十英里处就将这种雷达的开关打开，在云雾中投放炸弹，这样发生误差和受到干扰的情况将大大降低。这就完全解决了距离的问题。飞机可以随时随处带着雷达眼，而雷达眼又可以在黑暗中作为眼睛，探测整个地面。

后来用"硫化氢"作为密码代号的方法就是这种方法，不过它在很长一段时间里都是非常坎坷的，甚至总会有人泼冷水说这必然会毫无成就。但是，我们始终没有放弃，就像备忘录中记载的一样，我们最终取得了巨大的成果。我们利用的是一种超短波。飞机荧光屏上图像的清晰度会随着电波的变短而逐渐越来越清晰。人们称这种电波为微波，其开发和研制全权由英国负责，是海陆无线电战争中的一大变革。后来，德国人通过某种途径获得了它，并进行仿制，这就与现在没太大关系了。现在是非常紧急的时期，我们只专心于科学研究，其他都暂置一旁。首先我们要做的是打造一个模型，让它能够进行实际操作。它如果能够切实运行，我们会进行大规模的生产，并安装在我们的飞机上，让我们的每一个机组人员都学会使用它的方法。但是试验所要花费的时间不定，一旦花费的时间太多那必定会拖延整个制造过程，如此一来，我们会在很长一段时间不能够进行准确的轰炸。

这种装置开始用于作战是始自1943年。当时有个导航机组，是几个月前模仿德国的第一百战斗小组编制的，我们将这种装置发了下去。效果非常明显。同时，它还能代替空中对海面搜索雷达，而不仅仅限于地面的轰炸。曾经有很长一段时期我们都是以飞机携带空中使用的雷达为主，用来对海上的水面舰只进行探查。这种被称之为空中对海面的搜索雷达。不过，到了1942年的秋季，德国人在他们的潜艇中安装了一种收波器。这种收波器是特别制作的，专门用来查知这种仪器所发出的信号。这样一来，德国舰艇便可以通过潜入海底来躲避袭击。这一动作的直接表现就是，我们空军海防总队击沉敌方潜艇的数目越来越少，相反，我们的商船损失数目越来越多。而换下空中对海面搜索雷达，以"硫化氢"取代，其效果相当明显。1943年，在使用"硫化氢"来击败敌方潜艇的战役中，"硫化氢"的功劳很大。但是它仍旧在赶制中，因此在这之前我们不得不向罗斯福总统请求援助，最后，他慷慨地伸出了援助之手。

"窗户"战术

对潜艇的侦察并不是我们在这一地区的唯一问题。为了能使潜艇和飞机进入到比斯开湾以及西部入口，德国人建了两座定向电台，相互之间的距离很长——一个建在西班牙北部，还有一个建在布雷斯特。西班牙电台的消息已经被我们的驻马德里大使获知，不过我们并没有让西班牙将这座电台查封。因为如果那样做的话就会让我们陷入无穷无尽的外交争端和法律中。所以，我们最后听取了R.V.琼斯博士的建议，对它进行利用。利用这种装备的摄影，我们可以了解到它的用法。这样一来，我们的战舰就能够与敌人共享同一个定向装置了，而且还是一流的装置。事实证明，德国人在利用这一装置上并没有我方的空军海防总队广泛，而且这一装置的效果非常好，甚至后来我们还在太平洋以及澳大利亚也建立了好几个与之相似的定向电台。

我将这个故事提前说说吧。1943年的空中轰炸开始后，我们一切顺利，"欧波"的精准更是让敌人惶惶不可终日。在一个阴云笼罩的夜晚，我方更是准确无误地击中了鲁尔区的几个工厂，这个消息很快让苏联境内司令部的希特勒得知，他马上命人把戈林和德国空军信号总监——马蒂尼将军——叫了过来。针对此次事件，他对戈林和马蒂尼进行了大声训斥和责备。他说道，英国人有这样的本领而德国人却没有，这简直就是奇耻大辱。但是马蒂尼却说德国人不仅能做到，而且已经在闪击战里通过"X"和"Y"发射系统做到了。但希特勒说他只相信实际行动，光说空话是没用的。在安排好采取的措施之前，着实费了一番工夫。也正是在这个时期，我方轰炸司令部借助"欧波"

的优势，给鲁尔区造成了巨大的损失。

不过，敌人的夜间战斗机我们仍要继续对付。因为在我方所有损失的轰炸机中，有四分之三的损失是由这种飞机造成的。德国的每一架战斗机的活动范围都很小，有指定的空中区域，并且受各自地面电台的掌控。这些地面电台横跨整个欧洲，形成一条长线——卡姆胡贝尔线，这名字是为了纪念创建德国的将军起的。最初我们的想法就是或越过这条线，或从这条线的两侧进行包抄，而敌人的应对方法就是增加这条线的深度和长度。以柏林为起点，北到斯卡格拉克，西到奥斯坦德，南到马赛，这样的电台差不多有七百五十座，就像是藤蔓一样将整个欧洲覆盖。但是我们只发现了六座，这样为数众多的电台我们很难进行全覆盖式的销毁。如果不对其加以抑制，我们的轰炸机想要从北海出发抵达目标区就得穿过数百英里的夜间战斗机的封锁线。虽然不一定会对我方轰炸机造成多大的损失，但是肯定会有所损失的；而且极有可能会在以后影响我们的轰炸攻势。我们现在所需的方法就是既方便又能彻底对敌人的整个系统进行干扰的方法。

1937年的时候，林德曼教授就曾建议我将一项简单的建议提供给防空研究所。我当时建议的内容是将一些锡箔片或者传导体切成规定大小的碎片，然后在空中进行撒布，这样就能使敌方雷达的荧光屏上出现轰炸机的假象。当我们的飞机撒出的箔片范围大而密集的时候，敌人就完全分不清飞机和锡箔片了。后来人们以"窗户"来称呼这种方法。

1942年，我们终于研究出了一种非常巧妙而简易的方法来对这种箔片进行加工。后来称这种加工后的箔片叫"和谐的两极"。"和谐的两极"是一面涂了金属的纸条，与包巧克力糖的糖纸差不多，但是其大小恰好能对无线电电波进行强烈的反射。如果从一架飞机中向外撒几次几磅重的这类纸条，这些纸条就会如云雾般笼罩一片区域，将数码空间占据，而从雷达上的显示上就会有轰炸机出现的效果。当有很多架飞机一起向天空撒布这样的纸条的时候，所产生的无线电反应就会以假乱真，让敌人很难分辨出真正的飞机。我们也正是希望通过这种手段达到扰乱德国雷达的目的。但是就理论而言，飞机的时速有数百英里，与纸条所产生的反应肯定不同，而且这些纸条很快便会随风消散。不过做出几分钟的干扰还是行得通的，虽然不能做到彻底，但是足以让敌人的高射炮在短时间内失去准头；不仅如此，还会使德国的雷达操作人员很难指挥防卫战斗机对轰炸机进行有效的攻击。这个消息被我方的司令部得知以后，司令部为了保全他们的飞机立刻想将此方法投入使用。但是在操作的过程中，显然还是有很多的顾虑。因为这种方法极为简单，很容易被敌人效仿，所以也很可能成为敌人对付我们的手段。1940年的时候就有过教训，如果再次被那样轰炸的话那我们也将无法抵御，因为按照我们的防御体系，我们的战斗机同样起不到什么效果。因此，战斗机的司令部提出了要求——这种方法要在我们找到了防御之法以后才能投入使用，而在此之前一定要保密。对此，各方争论不休。

1943年6月22日，我召开了参谋会议，参加人员主要是战斗机司令部以及轰炸机司令部的领军人物。此次会议的重点就是解决"窗户"在轰炸作战中的使用问题。我曾经猜想过，这种方法或许也已经被德国人想到，不过我方的轰炸机对其造成损害后，他们即便也想用这种方法，此消彼长之下我方的空袭能力加强也会对我方大有益处。我们的专家认为，我方的战斗机会在这种方法大规模使用的情况下减少三分之一以上的损失。所以我们确定，"窗户"的使用并不会影响到西西里岛的战局，所以并不怕被德国效仿，便决定立刻投入使用。此后，在我国研究、创造及装置防御措施的时候，都给予了优先的绿色通道。

这项工作得到了约翰逊博士的支持，并在他的主导下取得了很大的进展。"窗户"在1943年7月21日第一次试用，用来空袭汉堡，所取得的效果完全超出了预期。其中，德国战斗机驾驶员和地面控制人员的一些激烈争论被我们截听到，由此可以证明我们所使用的这种方法对敌方造成了严重的混乱。所以在此之后的很长一段时间里，我们的轰炸机的损失几乎减少了一半。在整个战争中，德国的战斗机增加了四倍，但是我方战斗机的损失仍旧低于"窗户"使用之前。"窗户"的使用给我们带来了非常大的优势，同时在其他的战术以及无线电防御措施的帮助下更加稳固。

据战后了解，原来德国的一些技术人员也曾提到过与"窗户"类似的建议。而这种方法对防御的危害戈林立马就感觉到了。所以，他将有关此事的所有文件都封存了，并且对此事下了禁令，谁都不能提及。同样，我们在面对这种方法的时候也曾首鼠两端，不敢轻易使用，原因和他们是一样的。1943年冬季和1944年春季，德国人终于使用了这种方法，但是，当时他们的轰炸力量已经非常薄弱，所以只是动用一些火箭和无人机。

马耳他岛的困境

1942年，沙漠与马耳他岛作战的依赖关系是最为清晰的时候。在这一年里，马耳他岛进行了英勇的防卫战，对我方在中东以及埃及的地位形成了重要的影响，同时也给长期的战争奠定了坚定稳固的基石。西边沙漠的战斗非常艰苦，每个简短的战役都非常紧迫，无论胜败，而胜败往往就取决于物资的运输速度。也就是说，我方要绕过好望角，进行长达三个月的航程来运送物资，而这必定要用一些高级船只，而且还要时刻准备接受潜艇的袭击。而敌人就相对容易得多了，只需从意大利横跨地中海就能到达，航程只有三天，数量适当的一些小船只就能完全胜任了。在通往的黎波里的航线上，马耳他岛的要塞是必经之路。在前一卷中，我们曾经了解到，马耳他岛其实就是个马蜂窝，在1941年末，德国人迫不得已只能尽全力来抑制我们在这个岛上的活动，并且取得了一定效益。

敌人在1942年的时候开始加大对马耳他岛的攻势，使得该岛随时都有可能沦陷。1月，隆美尔的反攻奏效，凯塞林开始对马耳他岛的袭击以空袭为主。迫于德国的压力，意大利海军开始对的黎波里的运输船队予以军舰支援。我们在地中的舰队由于受挫（在前文中有提到过），所以对他们的打击力度也很有限。但是我们从马耳他岛出动的空军力量和潜艇还是给予了敌人很大的伤害。

2月，海军上将雷德尔的威望达到顶点，他力图让希特勒知道在地中海战役中取得决定性胜利是非常重要的。2月13日，德国战列巡航舰顺利通过马耳他海峡，雷德尔发现希特勒有采纳其建议的意思，所以从某些角度上讲，他的游说是取得了一定的成果的。在一开始，德国介入地中海和北非纯粹只是为了防御，目的是给同盟者以军力上的支持，避免懦弱的他们惨遭失败；不过现在他们的想法变了，他们想要反守为攻，作为一种攻击手段来摧毁中东的英国势力。对于日本势力入侵印度洋以及亚洲事态的发展，雷德尔上将都给予了详细的描述。他在谈话中说道："支持英国在东方地位的两根西部支柱就是巴士拉和苏伊士。如果轴心国能够通过一致的行动给予这些据点以压力，并最终致使其崩溃，那么英帝国必然会遭受惨痛的后果。"雷德尔的这番话深深地触动了希特勒。他很少关心支援意大利人的事情，因为在他看来这是件徒劳无功的事情，不过现在他却赞同了雷德尔的计划，企图派雷德尔去征服整个中东。海军上将雷德尔认为，马耳他岛是征服中东的要塞，所以立即调派运输船只，对该岛发起猛烈的进攻。

从1940年起，德方就有了长期进攻英国的计划，一直拖延到现在，不过最近元首取消了这一计划。在克里特岛，他最珍爱的空降部队于一年前被全歼，这着实令他心灰。但是这次他却对攻战马耳他岛的计划完全认同，而且德国的军队也应该参与进来。不过希特勒还是有所保留的，他始终希望能够通过用空袭的全面压制来迫使马耳他岛投降，即便不投降也要让该岛的攻击、防御以及各种活动一致处于无休整的状态。

我们开始想方设法从东方向马耳他岛运送供应品。1月，四艘船只到达的非常顺利；不过到了2月，敌人的空袭使得由三艘船只组成的运输船队受到了严重的损失。3月，"水上仙女"号巡航舰挂着维安海军上将的旗帜，遭到了敌人潜艇的袭击，被击沉。5月，马耳他岛很可能会出现饥荒。

我方海军部打算为马耳他岛输送给养，这就意味着不可避免地面临各种危险。3月20日，在亚历山大港开拔了四艘商船，负责护送的有四艘轻巡洋舰和一只小舰队。这时，在"克利奥帕特拉"号上，由海军上校维安任指挥官。22日清晨，敌方的空袭部队降临，同时来的还有意大利的重型军舰。其中四艘军舰立马被"尤利鲁斯"号发现，英国的海军上将便马上调转船头前去迎战，运输船队则是借着烟幕的掩护向南遁去。敌方巡洋舰见势撤回，但是两小时后它们又返了回来，随之一起的还有战列舰"李特利奥"号和另外两艘巡洋舰。在接下来的两个小时里，虽然英国的维安舰队面对着为数众多的敌人，并且又遭受了敌人轰炸机的猛烈袭击，但是在整个战斗过程中仍旧表现得非常英勇和出色。烟幕的掩护非常奏效，而且无论是近距离的护航船队，还是商船本身都进行了竭力地防卫，所以我方的舰只都完好无损。敌方舰只在傍晚的时候才离去。我们的一支舰队有十一艘驱逐舰和四艘巡洋舰，当时正当暴风雨的季节，最后我们把一支最强大的战列舰队打得十分悲惨，值得声明的是，这支战列舰队还有一艘轻巡洋舰、两艘重巡洋舰和十艘驱逐舰作外援。其中有三艘驱逐舰以及"克利奥帕特拉"号都遭受了敌方的攻击，不过却始终坚持到战斗结束。

在前往马耳他岛的路上，这支运输船队只能独自航行。不过，维安海军上将的船只在那里没有燃料供应，因此想要继续护送是不可能的了。运输过程中，到达马耳他守军手上的宝贵物资非常少。而且在船靠近马耳他岛的时候，又招致了敌人的猛烈空袭。其中"布雷肯郡"号和"克兰坎贝尔"号在距离目的地八英里的时候被敌人猛烈的炮火击沉。剩下的两艘终于抵达港口，不幸的是在卸货的过程中也被炸沉了。就这样，两万六千吨物资用四艘船来运输，但上岸的只有五千吨左右。在之后的三个月里，马耳他岛没有得到持续补给。

对此，我们做出决定，如果不能以战斗机对马耳他岛进行支援，就没必要再向那里派遣任何运输船队。3月，有三十四架战斗机从"鹰"号飞出，但是根本不够用。德国人通过维安海军上将的行动可以确定，意大利的海军已经斗志全无，所以最终还得靠自己。自4月初开始，马耳他岛港内的舰只和码头都在凯塞林的袭击下遭受了巨大的损失。马耳他岛已经再不能作为海军舰只的基地，而且在4月末之前，所有能行驶的船只都撤离了。

最后在马耳他岛留下来驻守的是英国的皇家空军，他们选择留下来进行战斗，是为了自身的生存，也是为了全岛的生存。在接下来的几周内，我们能够参战的战斗机数量非常少，所以情势非常紧张。为了避免自身的毁灭，我方的守军用尽了一切办法不断地坚持，以确保那些飞往埃及又不得不在马耳他岛中途暂歇的飞机得以顺利起飞。

飞行员负责战斗，地勤人员负责下一次战斗的地面勤务工作和加油，而士兵们则是负责对炸毁的飞机场进行整修。在这种危机重重的情况下，马耳他岛终于熬了下来，同时我们的国人也不禁为之捏了把汗。

坚守马耳他

4月至5月间，"鹰"号和"黄蜂"号航空母舰已经成功将一百二十六架飞机平安送到马耳他驻军的手上，这实在是非常令人满意的结果。4月，空袭达到了一个高峰，但是由于5月9日和5月10日这两天的空中大战，使得这一高峰逐渐减弱；六十架"烈焰"式战斗机刚刚运到便加入了战斗，目的是给敌人以毁灭性的打击。而另一场大范围营救马耳他岛的行动则在6月份展开，这回，我们将从该岛的东西两侧同时进行运输。6月11日夜，九艘驱逐舰和拥有防控装备的巡洋舰"开罗"号保护着六艘商船进入了地中海。与此同时，由海军上将柯蒂率领的航空母舰"阿尔戈斯"号和"鹰"号，战列舰"马来亚"号以及八艘驱逐舰前去助阵。

14日，敌人对撒丁岛近海地区进行了迅猛的空袭，其中巡洋舰"利物浦"号被打得失去了行驶能力，还有一艘商船被击沉。当天夜里，在运输团队快要抵达突尼斯海峡的时候，便开始有大批的护航舰撤离。没想到，第二天清晨，运输船队快要抵达班泰雷尼亚岛的南端的时候，遭到了敌方两艘意大利巡洋舰、多艘驱逐舰以及辅助飞机的袭击。敌方舰只大炮的射程远超英国舰只，这导致在战斗过程中"佩脱英"号驱逐舰被击沉，还有一艘驱逐舰遭受了严重的创伤，不过最后还是将敌方舰队击退了。不过，这一天的损失却是不可避免，空袭的持续不断致使我们又损失了三艘商船。运输船队遭受的损失非常严重，最后，在当天夜里抵达马耳他岛的商船只有两艘。

东面由十一艘船只组成的运输船队境况更为不妙。这次的指挥官将再次由维安海军上将担任，而且在可供调遣的力量上比3月份要强上许多，无论是驱逐舰还是巡洋舰都是如此。值得担心的是，能够对他进行支援的航空母舰和战列舰非常紧缺，此外，在迎战他的时候，意大利舰队很可能会动用主力。11日，运输船队开始起航，在14日即将抵达克里特岛以南的时候，遭到了敌方接连不断的空中轰炸。维安得到消息。当日夜里，敌方的舰队开始向塔兰托地区撤离，其中有两艘是"李特利奥"战列舰，我想他们是想进行截击吧？维安建议，驻扎在马耳他和昔兰尼加的空军以及英国的潜艇应该同时出发，并对敌方舰队发动先手进攻，力求将其彻底毁灭。其中，有一艘意大利巡洋舰遭受攻击，并最终沉没。不过这是远远不够的。敌人的舰队一路南行，我们的船队必将在15日清晨遭受敌方舰队的袭击，而且是压倒性的局面。最后，运输船队和护航队只能返回了埃及，因为这组舰队不但因为地方潜艇的袭击而损失了"赫米昂"号巡洋舰，而且还在敌人空袭的过程中损失了两艘商船和三艘驱逐舰。英国皇家空军也遭受了巨大的损失。同时意大利也付出了一艘战列舰受伤，一艘巡洋舰被击沉的代价，不过，他们依旧掌握着自东面前往马耳他岛的航线，这使得我们的运输船队直到11月都没有通过这条航线。

我们在这个过程中付出了非常大的努力。在派往马耳他岛的十七艘供应船中，只有两艘抵达了目的地，所以马耳他岛的危机并没有得到彻底解决。

通过查阅德国的档案，我们了解到，马耳他岛的战斗与非洲沙漠的战斗在敌人看来是存在紧密联系的。一旦马耳他岛的小型战舰和空军对敌人的交通线造成威胁，便对他们在沙漠的作战造成很大的影响。所以，他们的想法是，要么将马耳他岛打得自顾不暇，要么就直接攻破，占为己方根据地。为了实现这一目的，在西西里岛机场，德国开始大量汇集空军力量。此外，如果在隆美尔开战的话，需要在的黎波里驻扎的空军的支援是必不可少的。不过，一旦对马耳他岛的袭击稍一松懈，它就会立即恢复所有的力量，而且还会把这一力量用来重创敌方运输船。所以，敌人想要彻底解决这一问题，只有将马耳他岛占领一途。现在，隆美尔对援军和汽油的需求都非常迫切，其中汽油是最主要的一项。3月到4月，马耳他岛开始遭到敌人倾尽一切力量的狂轰滥炸，日夜不停，残酷至极，这也使得马耳他岛的守军疲乏至极，濒临沦陷。

陆军元帅凯塞林在4月初对非洲的前线进行了调查，随后便会见了卡瓦勒罗将军和墨索里尼。凯塞林指出，马耳他岛受最近空袭的影响，已经在一段时间内失去了海军基地的作用，所以相应的空中威胁也减少许多。他在报告中强调，为了将德国的兵力摧毁，以获取图卜鲁格，隆美尔计划将在6月份开始启动。如果在马耳他岛失去战斗力的同时，他们还能够获得源源不断的额外补给，那他们的目的很可能会就此达成。

攻占马耳他岛的所有准备工作都在进行着，墨索里尼决定要进一步提速。于是，他向德国寻求支援，并提出建议在5月底便开始出击。这就是被称为"赫尔克里士"的作战计划，在4月后期的电报中，几乎全是与它有关的信息。最后，经过卡瓦勒罗的许可，意大利得到他五个炮兵连、一个工兵营和两个伞兵团的供应。后来，在希特勒的命令下，德国提供了一个工兵营，两个伞兵营以及装载一个营兵力的运输机；此外，还由德国海军准备了一定数量的驳船。

　　斯塔福德·克里普斯爵士已经从印度出发踏上回国的旅程，当他路过开罗的时候，我觉得应该将奥金莱克即将采取的行动通知给他，这无疑是最为重要的事情！对于他第一次前往开罗商谈的结果，我们是非常不满意的。

　　马耳他岛的求援日益强烈，很多据点都是顶着超负荷的压力死命坚持。多比将军此时心急如焚。3月份的时候，他就报告过危急的形势；4月20日，他又报道："现在所面临的压力已经完全超出了我们所能支持的，此外，我们一些急需的供应品已经严重匮乏，尤其是军火和面粉，如果这些东西还得不到供应，难以想象的一幕将会很快降临，这是生死存亡的大问题。"几天后他又说道，他又将面包的消耗量减少了四分之一，不过这也只能维持到6月中旬左右。

　　最后我决定命海军去迎战，哪怕是顶着绝对严重的危险。海军部完全赞同我的想法。我们开始筹备，其中一个方法是派遣萨默维尔海军上将前去，率领"沃斯派特"号和所有的航空母舰，并带上一支运输船队，通过运河进入地中海，最终抵达马耳他岛。非常希望能够在途中与意大利的舰队遇上，然后大干一次。我向罗斯福总统发出请求，希望能够用"黄蜂"号运一批喷气式飞机前往马耳他岛。"我想如果没有这样有力的支援的话，马耳他岛很快就会沦陷。而马耳他岛坚挺的防御使得敌人的空军力量不断消耗，这也间接地使得苏联减轻负担。"罗斯福总统给出了我想要的答复。4月25日，他回道："很高兴告诉你，'黄蜂'号再次装运'烈焰'式飞机前往马耳他岛是完全没有问题的。"

　　现在，我把"黄蜂"号的所有故事讲一讲吧。"黄蜂"号于5月9日成功地向马耳他岛运送了一批"烈焰"式飞机，这批飞机非常重要。我们便向该舰致电"黄蜂完全可以蛰敌人两次！"为此，"黄蜂"号也给我们致电表示感谢。不过非常不幸：9月15日，"黄蜂"号正从危险的地中海前往太平洋，正好被日本的鱼雷击中，最终沉没。值得庆幸的是英勇的海员们没有一人遇难。而这件事情则成为了构成一连串因果事件中的重要一环。

现在，隆美尔的进攻计划正准备执行。他说时间是这样安排的："装甲集团的军将在马耳他岛被攻陷之后应该尽可能的有所动作。倘若在6月1日以后再进攻马耳他岛，那装甲集团就无须对该岛进行攻击了。"根据他拟定在4月30日的计划，他们准备在第二天夜里对英国部队进行毁灭式攻击，然后再突然袭击图卜鲁格，趁机占领该地。但是在这个过程中，军火、石油、食物、车辆和一些必要的增援是必不可少的。海军和空军方面能够给他提供多少援助他曾询问过，此外，他迫切希望意大利的突击舟和重型海军舰能够将驻亚历山大港的英国舰队完全压制。

5月6日，卡瓦勒罗前往非洲，对将要进行的出击略作商谈。他也认为轴心国家想要进一步向前推进，攻占图卜鲁格岛是必然的事，这与我们在伦敦时的想法几无二致。倘若放弃攻占图卜鲁格，那他们在加柴拉一线或者该线以西将再无所进展。6月20日之后，驻昔兰尼加的某些空军受其他地方战斗行动的影响，会撤离该地，所以一切行动都必须在6月20日之前结束。每天，班加西的进口数有两千吨，或许可以满足隆美尔的需求，不过，想要从意大利或者德国获取更多的物资是不可能的了。

"围剿"计划

　　马歇尔将军和霍普金斯于4月8日抵达了伦敦。他们带来了一份西欧作战计划的备忘录，内容十分详细；是美国参谋长联席会议拟定的这项备忘录，并且得到了总统的批准。

　　霍普金斯在这次旅行之后大病了两三天，可见他已经是身心俱疲；不过，马歇尔立即与我方的三军参谋长进行了商谈。在14日，也就是星期二之前，我们无法安排与国防委员会举行正式会议。所以在这段时间内，三军参谋长和我以及我的同僚们进行了交谈，主要是针对整个局势。很明显，美国已经忍不住想要介入欧洲，在他们看来，将希特勒击败是重中之重。我们为此感到无比畅快和欣慰。我们战略思想的基础一直是这一点。此外，在1943年夏末之前，我和我们的军事顾问都不能拟定出具体可行的计划，使得英、美部队跨过海峡在法国登陆。还有美国的一个新的想法摆在我们面前，即1942年发动的一场规模极小，但是在预备性紧急登陆上却拥有很强力量的战役。对于这项新的计划以及其他的牵制计划，我们都非常愿意研究，这是为了苏联也是为了战斗的普遍进行。

　　这项作战计划已经得到命名——"围剿"，说明一下，这个名字不是我定的。所有人在工作中都怀着善良的愿望以及最大的信心。

　　霍普金斯先生所提出的意见我完全同意，即"1943年，在法国的北部对敌人发动一次正面的进攻。"不过在发动攻势之前的这一段时间里，我们该做些什么？要说准备工作，主要军队在发动这项攻势的时候是不会只是为了这项任务而做出准备的。在这就出现了分歧，而且还很明显。马歇尔将军提出意见，建议我们在1942年的初秋尽一切可能的手段将布雷斯特或者瑟堡占领，能够将后一地点占领才是最好的，如果能够两个地点都占领就更好了。这次的作战行动肯定是要由英国全部担任的。我方提供的是空军、海军以及三分之二的陆军，还有所有的可利用的登陆艇。而美国提供三个师已经是极限。值得我们留意的是，这些部队都是刚刚应招的。要知道，最少要有两年的时间和一位非常专业且强干的干部才能塑造出最优秀的部队。所以，这项计划的实施要借鉴英国参谋部的意见。显然，在这一问题上，我们需要进行非常严密的技术研究。

这种想法我始终没有提出反对。不过，就这种情况，我还有其他的可以替代的方案。其中之一是在法国所属的非洲西部和北部，即摩洛哥、阿尔及利亚以及突尼斯登陆，当时，这个作战计划被称为是"体育家"计划，后来又发展成为了"火炬"作战计划。而第二个可以替代的方案是我非常向往的，在我看来，这个方案是完全可以付诸实施的，就像是攻进法国所属的北非一样。这个计划被称之为"丘比特"计划，就是将挪威的北部解放。这样对苏联的援助才足够直接。这是唯一一个可以使苏联的海陆空军进行直接配合的方法。这样的方法可以将欧洲北部的尖端占领，进而能够向苏联源源不断地运输给养。由于这一军事方案的战场在北极地区，所以在兵力、供应品和军火上都不需要大量的消耗。在通过北角占领这些地区的时候，德国人本就没有付出什么代价。按照目前的战斗规模，我们完全可以用极少的代价重新占领这些重要的地区。对于"火炬"作战计划，我个人来讲还是非常赞成的；当然，如果能够完全按照我的意愿行事，我一定会在1942年尝试一下"丘比特"作战计划。

我想，在瑟堡建立桥头堡是非常困难的。从时间上讲，它不能立马起作用，而且也不招人喜欢，最后所获得的效果也非常小。所以最好的方式就是一边注意法国所属的北非，一边注意北角，然后静待一年，对德国在英伦海峡对岸设立的防线进行硬攻是非常冒险的事情。

上面就是我当时的一些看法，哪怕是到现在我也始终中意这些看法。不过，我非常希望计划委员会能够对"锤击"计划（指攻击瑟堡的军事行动）和其他方案做出讨论。我完全可以肯定，这个计划越是进行深刻的讨论，越会使得这个计划不为人们所认可。倘若发布命令的权利在我手上，我一定会选择"丘比特"作战计划和"火炬"作战计划，并且在秋季适当的时候，同时将这两项计划执行，而"锤击"计划则可以作为牵制行动，通过虚张声势的准备工作和谣传泄露出去。但是我们还是要通过政治影响以及外交来进行工作，因为我们不得不顾及我们的同盟国，进而使得我们达成和谐而一致的行动。没有盟国的帮助，我们的世界必将面临毁灭。也正是由于这个原因，在14日的会议上，我没有提出上述任何一个可替代的方案。

面临如此重大的问题，我们最终以愉快而放心的心情接受了美国的取决定性的建议，即通过英国，对德国展开大规模的进攻。

无论如何，我都一直坚持我在1941年12月致罗斯福总统的备忘录中提出的理论，这表明：

（1）英美的解放军队将在1943年登陆欧洲。但是，除了能够在英国的南部进行登陆以外，我们实在想不出他该如何向欧洲运输他们全部的力量。在这一行动实施的过程中，我们坚决不去做对其产生阻碍的，而对其起促进作用的，我们一定要去做。

（2）同时，当苏俄与德国陆军正在进行主力战的时候，我们必须要加入到与敌人的战斗中，绝不能袖手旁观。这种决心和罗斯福总统的思想正好一致。不过，在横渡海峡的巨大攻势发动以前，我们会有一年或者十五个月的空档，这段时间我们该干些什么？占领法国所属的北非计划既符合总的战略计划，又明显是正确、可行的。

能够将登陆挪威和上述的作战计划联合起来是我非常希望看到的事情，而且我一直相信，我们完全可以让两项计划同时执行。但是，当对这些紧张地讨论无法加以衡量的时候，我们很可能会丧失目的的唯一性和简单性，这是十分危险的。虽然我希望"火炬"计划和"丘比特"计划同时执行，但是我觉没有让"丘比特"计划破坏"火炬"计划的意思。在同一场激烈的战斗中，让两个强大的国家的全部力量来彼此配合是一件十分有难度的事情，所以那些使情形变得更加含糊不清的词是决不允许存在的。

（3）所以，1943年，英美两国共同在欧洲与德国交手以前，唯一填补空缺的方式就是利用英美部队来占领法国所属的北非，同时，配合那些穿越沙漠，从西边向的黎波里和突尼斯进军的英国部队。

最后，所有的其他论点和计划都会消失，这个时候，同盟国的共同决议也就是上述的计划。

莫洛托夫访问英国

苏联政府在艾登先生1941年12月访问莫斯科时提出一项特殊要求，即：承认苏联西部边界的现状。关于苏联占领波罗的海沿岸国家和与芬兰的新边界问题，他们希望在一项一般性同盟条约中得到明确承认。基于其他原因及英国向美国作出的在世界大战期间，不签署任何与领土变动有关的秘密协定的原因，艾登先生拒绝了这一要求。不过，在会谈结束时，艾登现在也做出一些让步，同意向美国及英国内阁转达这一要求，同意将来英苏双方签署正式条约时考虑这一要求。这些情况美国政府也接到了通报。在美国人看来如果同意这种要求，就是对大西洋宪章原则的直接违背，因此，美国政府的态度是明确拒绝。

在美国宣布参战后的第二天，我来到华盛顿。在那里时，艾登先生告诉我，苏联有吞并波罗的海国家的想法。关于这个问题，我的态度是不支持的。但是，在三个月后的今天，我认为我无法再坚持这一态度了，因为我感受到了局势带来的压力。我认为，不能让从事伟大事业的人士在一场事关生死的斗争中再履行他们无法承担的责任。尽管我始终没有改变对波罗的海沿岸国家的态度，但是，此时此刻，不能继续拖延了。遗憾的是，总统和美国国务院并没有因此改变立场。好在最终我们还是达成了不错的共识。

为了讨论这个问题，斯大林决定派莫洛托夫访问英国，他之前也访问过美国。

直到5月20日莫洛托夫才到达伦敦。在到达之后的第二天上午，双方便开始了正式会谈。在这次会谈和之后的两次会谈中，苏联人不仅没有改变之前的立场，还更进一步地要求我们承认他们对波兰东部的占领。由于这一要求违背了英国和波兰在1939年8月签订的协议，我们理所当然地拒绝了。苏联人又退一步，要求我们在一份秘密协议中承认他们对罗马尼亚的领土要求。但这一要求同样违背我们与美国的共识。由于这些接二连三的分歧，尽管由艾登先生主持的这些会谈气氛很友好，但还是不可避免地进入了僵局。

莫洛托夫肩负的第二个使命是打探我们关于在欧洲开辟第二战场的意见。5月22日上午的正式会谈就涉及这一问题。

艾登先生在5月23日提出一个建议，英俄双方不再签订领土协议，转而签订一份二十年期限的可公开的一般性条约，其中并不涉及领土或边界问题。意识到英美两国政府有一致意见的苏联人在当晚就有了妥协的迹象。斯大林在第二天上午批准莫洛托夫以艾登先生的建议为基础展开谈判。对于艾登先生的草案，斯大林提出了一些修改意见，涉及的都是次要问题，如强调联盟的长期性。5月26日，英俄双方正式签署了这份不涉及领土的协议。相比于我想象中的结果，真实结果真是好极了，我感到了很大的欣慰。艾登先生的做法很高明，因为他及时地提出了一个好建议。

签署协议之后，莫洛托夫就去了华盛顿。他在华盛顿的任务，是与美国政府商讨开辟第二战场的问题。出发之前，我们商定，在听取了美国的意见之后，莫洛托夫应该立即返回伦敦，就开辟第二战场这一问题与我们再做商讨。

在访问美国以后，莫洛托夫回到伦敦。此时的他，对在1942年以跨海作战开启开辟第二战场的计划之事计划颇多。那时，我们还在与美国参谋长们研究这一计划，但是我们面临诸多困难，却毫无进展。我们认为，虽然在此时发表一份声明并不会危害到计划，却能引起德国人的警惕，使他们不敢轻易调动西线的部队。因此，在征得莫洛托夫的认同之后，我们于这一年的6月11日发布了一份包含"对于1942年在欧洲开辟第二战场之事，已通过会谈达成充分共识"这一内容的公开声明。

虽然我们在努力将敌人引上错误的道路，但是，在我看来，不要将我们自己的盟友引上错误的道路更重要。因此，当我们在内阁大厅拟定声明时，在众多同僚的注视下，我交给莫洛托夫一份备忘录。在这份备忘录里，我明确表示，我们只是在努力制订计划，但是在执行计划方面不作承诺，因为没有这个义务。后来发生的事情果然如我所料，苏联政府为此指责我们，连斯大林都亲自指责我们。在这种时候，这份备忘录就被我们拿出来，告诉他们，我们没有作出任何承诺。

当莫洛托夫冒险飞回莫斯科的时候，他一定很满意此次出访的收获。我们之间已经有了友好的氛围。对于访问华盛顿的经历，似乎也让他充满兴趣。当时，所有人都对那份二十年期限的英俄协议寄予很大的希望。

东线的战事在会谈期间就爆发了。在苏联人的逼迫下，德国人在今年上半年的几个月里就撤离了许多据点。在冬季的攻势中，德国人又吃了大亏，损失惨重，因为他们没有做准备。

希特勒在春季到来的4月5日作出全新的指示，认为曼施坦因的第十一集团军应该占领塞瓦斯托波尔，进而从克里米亚赶走苏联人。这是为主要的战事所做的准备。为了执行这一任务，南方集团军群又得到了大量援兵。此后，他们的总兵力达到五个集团军共一百个师，除了大约六十个德国师和八个装甲师外，其余兵力都来自意大利、匈牙利或罗马尼亚。此外，南方战场还得到了东线的空军支援，东线原有德国飞机两千七百五十架，其中的一千五百架被调往南方。

由于苏联人的"先下手为强"策略，这场原本计划在5月底才开始的大战提前打响了。

迪默申科于5月12日在哈尔科夫以南发起了旨在插入德国战线深处的攻击。但是，他最终被迫撤出了部分已经占领的地盘，因为德国持续猛攻他脆弱的南翼。苏联人虽然因这次"破坏性"攻势损失惨重，但是德国人也受到了极大的影响，不得不将计划往后推迟一个月。如果消息属实，那么从后来的形势看，苏联人争取到了宝贵的时间。

德国第十一集团军对塞瓦斯托波尔的攻势在这场战役还没有结束时就开始了。这个要塞在苦苦坚持了一个月以后沦陷了。

专家们在莫洛托夫离开伦敦之后热情地提出了他们的看法，这种状态持续了好几个星期。"锤击"作战计划花费了我所有的精力，我要求他们继续发表意见。不论是在我们英国人当中，还是在我们的美国战友当中，都有一种不自主的缺乏信心和热情的表现。"锤击"作战计划因为自身的缺点而终止了，因此我也不必反对它了。

于是，一个被称为"大将军"的替代计划被提了出来，这是一个在对敌人实施大举袭击以后又立即撤退的计划。不过关于"大将军"计划，后来我们没有再听说了。

参谋长们的讨论一直持续到了夏季。最终，我们只达成了一点共识：在1943年发动主要的跨海攻势。"锤击"计划作废，"大将军"计划被人们遗忘了。这样一来，在眼下这段时间我们就没有什么可做的了，这并不符合英美两国的习惯，因为只有沙漠上的战役我们可以不必插手，其他地区的战役我们不可能完全置身事外。最终，总统决定，要在这一年发动对德国的最大规模的战役。战场选在了法属北非。每次提到法属北非，总统都会露出微笑。我们可以提出很多计划，但是，能存在下去的一定是最合适的。

于是，我静下心来等待答复。

隆美尔的攻势

在等待敌人发起进攻期间，奥金莱克将军显得信心百倍。但是，在他心里，他明白自己还没有夺取主动权的实力。在他的敦促之下，第八集团军的指挥官里奇将军在加柴拉至比尔哈坎穆之间的海岸上布置了一道防御阵地。负责守卫加柴拉的是南非师，而比尔哈坎穆在沙漠正南方四十五英里处，由卡尼斯将军的自由法国第一旅守卫。由一个旅或者更多的兵力驻守的被称为"岗哨"的据点，是我们为守住这道防御阵地设计的体系。除此之外，还铺设了用以掩护阵地的大片雷区。阵地后面部署的是后备部队，由第三十军和所有的装甲部队组成。

除了阿拉曼战役，其他所有的沙漠战役都是以装甲部队从侧翼发起快速迂回包抄打响的。在夜色的掩护下，隆美尔于5月26日深夜至5月27日凌晨发起进攻。在他的指挥下，敌军的装甲部队绕过比尔哈坎穆，直扑我军装甲部队，企图在速战速决之后，于28日傍晚占领艾德姆—希迪列格一线，进而实现绕到我军阵地背后。他们全速前进，在打败了一个印度摩托旅之后，遭遇我军装甲部队的顽强抵抗。事实上，抵抗他们的除了装甲部队，还有等待多时的专门对付隆美尔这种攻势的其他部队。

两军连续苦战数日。这时的隆美尔才发现自己的企图无法实现，不仅计划没有任何进展，而且还面临诸多麻烦，绕过比尔哈坎穆使战线拉得过长，进而导致运输枪支弹药和军需物资困难极大。他决定开辟一条便捷的运输通道，在工兵的努力下，他在雷区有了收获。不过，在这两条便捷的通道两侧，便是第五十努森伯兰师第一百五十旅的"岗哨"。31日，敌军的装甲部队和运输车队进入这两条通道。他们在那里建立了一个足以围困第一百五十旅的"岗哨"的"桥头堡"。我们把这种包围称为"大锅"。毫无疑问，我们的空军立即将它视为目标。

隆美尔最初的那个计划很大胆，但如今已经失败了。在他将部队部署到我们的雷区以后，我们的雷区反而被他利用，帮助了他的防御。他让部队安心休整，伺机反扑。

6月2日，我在下议院提到了在5月30日和31日空袭科隆的事情，由英国飞行员驾驶的至少一千一百三十架飞机跨过大海参与了这次规模浩大的行动。我报告道："英国皇家空军派出的一千零三十六架飞机在昨天夜里再次来到陆地上空，参与了在埃森地区的行动。这是英国皇家空军的第二次大规模空袭。在这次空袭中，有三十五架飞机没有返回。两次大规模空袭的意义在于，英国空军与德军的较量进入了一个新阶段。将来，我们将与美国空军联合作战，发动规模更大的空袭。"

我虽然很满意最初的战局，但又很担心马耳他岛的情况。

六月初的战斗主要在桥头堡和比尔哈坎穆进行。为了避免完全输掉战役的局面，隆美尔只有一个选择：在缺乏饮用水和物资的条件下，彻底消灭驻守桥头堡的第一百五十努森伯兰旅。只有消灭这个旅，他的运输车队才能通过桥头堡，他的部队才能获得补给。他决定在6月1日消灭这个旅。

虽然我们袭击了敌人的交通线，但是要不了多久，他们就会再次从桥头堡实施突击。这样一来，突破桥头堡也成了我们的关键。在之后的几天里，我们将时间浪费在考虑其他的计划上。几天之后的6月4日，我们又因为没有支援和处置不当遭遇了失败，一个印度步兵旅和四个野战炮团被隆美尔打败了。在此之后，主动权重新回到隆美尔手中，我们不仅失去了机会，还连累了里奇将军的部队。这场失败被奥金莱克将军称为"整场战役的转折"不无道理。

敌人的装甲部队很快突出桥头堡，继续发动进攻。尽管自由法国的部队的防守做得很好，但最终还是放弃了比尔哈坎穆。对我们而言，又遭遇一次沉重的打击。相比于第一阶段，由于皇家空军都未能阻止我们的溃败，因此第二阶段最初的情况更为糟糕。

在占领比尔哈坎穆以后，隆美尔获得了新的行动自由，再加上得到了足够的支援，便指挥装甲部队从南方发动攻击，很快突破了"大锅"。这时，我军已经转移了侧翼，一直坚守在战线北端阵地上的第一南非师和第五十师的余部则可能被敌军切断。

为了争夺连接艾德姆和"骑士桥"的山脊，敌我两军从6月12日起连续激战两天。经过这场激烈的坦克大战，我军的装甲部队损失严重，敌军则获得了胜利，占领了山脊。负责守卫"骑士桥"这一交通枢纽的是警卫旅，战斗打响以后，皇家骑兵师的第二团也被派来协助他们，但未能扭转失败的结局，全部部队被迫撤退。幸好有皇家空军的大力支援，第一南非师和第五十师才得以及时撤退，正是因为撤退及时，他们才没有全军覆没。

不过到了14日，这场战役的形势发生了巨变。

我们很有信心，因为我们已经有经验了。除此之外，从理论上讲，相比于1941年，我们的处境有了极大的好转——的确如奥金莱克将军所言。在邻近图卜鲁格的一条防线上，我们部署了一个集团军的兵力，给他们提供支援的是最新刚刚修建的一条宽轨铁路。在部署兵力时，我们可以依据传统的战争原则，用直角将前线的中心和主要基地连接起来，不再像过去那样主要依靠海洋交通的侧翼，不再局限于这样的方式。由于过去发生过很多不幸的事情，所以现在我仍然有些担忧，但我仍然坚信局势一定会好转，因为双方的兵力发生了巨大的变化，而且隆美尔供应方面有极大的困难。

如果我们在主要战役上遭遇失利，那么我们也得再次像守卫孤堡那样守住图卜鲁格，那时，第八集团军应经由图卜鲁格的交通线退守马特鲁港。这是我们的意图，我们以为总司令也能接受。如果能实现这个意图，图卜鲁格将仍然能给敌军的侧翼施以威胁。隆美尔必然不会对此置之不理，他必然不惜拉长自己的战线以围困图卜鲁格。这样一来，敌军的处境就更加艰难了。我认为，从长远来看，即使双方都动用了最大的兵力，那么我们也不必担心，因为新西兰师离图卜鲁格很近，海上也有强援赶来。

华盛顿还有一些需要处理的事宜，因此我决定按照原定计划第二次访问华盛顿，以解决这些影响整体战略的重要问题。同僚们都支持我的出访。

再访华盛顿

敲定1942年和1943年里的作战计划是我此次访问美国的主要目的，我要跟美国方面商定最后的决定。史汀生先生和马歇尔将军等人——他们代表了美国当局的一般意见——为了确保美国能在1942年里在地面和空中大规模地与德国作战，倾向于立即决定某些计划，否则，美国的三军参谋长就可能修改"德国第一"的战略考虑。"金合管"是使我担心的另一个问题。所谓"合金管"，就是原子弹的早期密码代号，现在我必须跟美国签订明确的协议，因为我们的研究和试验已经达到这一步了。关于此事，人们认为非得我出面才行。对于解决眼下的一些重要的战略问题，我们是相当重视的，因此，战时内阁才会决定由帝国总参谋长和伊斯梅将军陪同我在沙漠战役的关键时刻离开伦敦。

我放弃了乘船只由海路前往美国的路线，决定乘飞机走空中航线，因为，在这种困难时期，形势紧急，危机无处不在。在飞行途中，我们只有二十四个小时无法得到充分而及时的报告。为了避免耽误作出对形势的预判和对事实的决策，我们做好了充分的准备，确保埃及发来的电文能及时传来和我们作出的指示能快速发出。

　　为了让总统对我方的意见做到心中有数，在我到达之前做好准备，我提前向哈里·霍普金斯先生透露了我方希望达成的协议的要点，请他转告给总统。在诸多问题当中，最复杂的是"合金管"，后来的事实证明，这是一个极其重要的问题。

　　三军参谋长的意见是，在优先的条件下立即遵照彻韦尔勋爵的建议行动。于是，为了指导这项工作，在科学和工业部门，我们成立了专门的机构，为了保密，这个机构被称为"合金管局"，负责人是从卜内门公司借调而来的W.A.埃克斯先生。由于约翰·安德森爵士在这项工作上有极其出色的表现，因此，在卸任枢密院长之后，我安排他担任财政大臣，继续主管这项工作。为了给他提供必要的帮助，我还给他组建了一个负责顾问的咨询委员会。

　　总统在1941年10月11日给我的信中建议，应该在这项工作上采取联合努力。此后，英美两国就联合工作了，这个研究计划扩大了，部分英国科学家还被派往美国。1942年夏季，之前的各种预测终于得到了更确切、更普遍的肯定。下一步的讨论方向是，是否有必要成立能够大批量生产的工厂。

　　我和总统在海德公园见面时，也提及了这一问题。由于总统要等待来自华盛顿的更多情报，因此，虽然我随身带着相关文件，讨论还是又往后推迟了一天。20日的午饭后，会谈开始了，就在楼下的一间小的突出的阴暗的房间里。尽管天气酷热，但我的美国朋友们——总统和哈里先生似乎并不在意——总统坐在跟房间差不多大小的写字台边上，哈里在他身后。

　　我首先向总统介绍了我们取得的巨大进展，又告诉他，科学家坚信，我们能够在世界大战结束前制造出原子弹。总统回答说，他们也有很大的进展，但是没有人能预料在实践中会发生什么，因为还没有进行全面试验。说到这里，不论是我还是他，都觉得很可能劳而无功。情报显示，德国人正在想方设法得到"重水"（这一可怕而特殊的名词我们已经能够在的秘密情报中看到了），因此，如果第一颗原子弹被敌人抢先造出来，局面会有什么变化呢？虽然科学家的推断总是招致人们的质疑，虽然科学界也为此争执不断，但是，这毕竟是一个令人恐惧的范围，我们不敢冒险，不敢被敌人抢先。

因此，我提出我的主张：立即搜集所有情报，共同公平地工作，公平地分享所有结果。下一个问题是在哪里建立研究工厂。总统的表态令我高兴，他认为美国有建立工厂的决心。于是，我们达成了协定，作出了共同决定。我认为，总统之所以能作出这一决定命运的重大决定，是因为我跟他提到了英国取得的进展和科学家对成功的信念。我对此深信不疑。

总统派自己专车在20日的深夜将我们送回华盛顿，到达华盛顿时，已是第二天上午八点钟了。接着，我们在重重保卫下来到白宫。在那里，我住进了一间有空调的宽敞的房间里。我终于有了舒适的感觉，尽管室温有30°，但是相比于白宫大部分房间，温度已经算低了。在吃早饭前，我花费了一个小时阅读电报和新闻。早饭后，我在走廊里见到了哈里，然后与伊斯梅将军一起去了总统的书房。我们刚到书房不久，总统就收到了一封电报，他什么都没有说，只是将电文递到我手上。我看了电报的内容，很简短：

图卜鲁格失守，两万五千人成了俘虏。

令人震惊的消息，我甚至不敢相信这是事实。我告诉伊斯梅，立即向伦敦求证。伊斯梅很快就给我带来了哈弗得海军上将[1]的电文。

---

①哈弗得海军上将于该年5月31日接替坎宁安海军上将，担任地中海舰队司令。——原注

　　图卜鲁格已经失守，局势因此更加恶化，亚历山大港随时面临着大规模的空袭。为了应对意外，在月圆时节到来之际，我已经命令东方舰队前往运河南岸。希望在本周末英王陛下的军舰"伊丽莎白女王"号能离开船坞。①

　　在我能回忆起来的世界大战期间遭遇的打击中，这是最大的打击之一。图卜鲁格的失守，在军事上不仅有严重影响，对英国军队的声誉也有严重影响。之前，八万五千名新加坡守军向数量少于自己的日军投降，现在又有两万五千名——实际数量是三万三千名——图卜鲁格守军向数量可能只有自己一半的敌人投降，要知道他们可是久经沙场的部队。如果沙漠上的部队的士气都是如此，那么，我们必然不能应对非洲东北部即将到来的危机。

　　马歇尔将军表示，愿意提供一些"谢尔曼"坦克和一百门105厘米口径的自动榴弹炮给他们。为了完全确定此事，我立即表示，与承诺相比，美国人的行动更好。很快，美国派出速度最快的六艘运输船前往苏伊士运河，船上装载的除了那一百门自动榴弹炮，还有三百辆"谢尔曼"坦克。这批坦克是在匆忙中上路的，匆忙得连发动机都没有完全安装好。倒霉的是，在百慕大附近，装载坦克发动机的船只被敌人击沉了。得到消息，总统和马歇尔将军不等我们提出要求，就立即调配了新的发动机，让一艘快船运送到中东。

　　布鲁克将军和哈里·霍普金斯也加入到关于未来战略的讨论之中。6月21日，在哈里的引荐下，我见到了艾森豪威尔少将和克拉克少将。在此之前我并不认识他们，不过他们很快就给我留下了深刻的印象。谈话持续了一个多小时，过程也很愉快。

① 由于此时的亚历山大港即将遭遇由战斗机掩护的俯冲式轰炸机的袭击，哈弗得海军上将因此作出此决定。——原注

另一次会谈于晚上九点半在总统办公室进行，美国三军参谋长也在场。会谈谈论了海军的形势，还谈论了德军潜艇在美国东海岸一带袭击船只之事。我认为，护航范围应该立即扩大到加勒比海和墨西哥湾，并向金海军上将提出这一主张。金海军上将对此没有异议，但表示不能立即落实，需要等待适合的可以利用的护航船只。

我和总统在两个小时后的晚上十一点半又会谈了一次，马歇尔、金海军上将、阿诺德、蒂尔、布鲁克和伊斯梅也在场。会谈的重点是中东局势的不断恶化，美国已经向那里派出了接受过沙漠作战训练的第二装甲师，未来是否可以再派遣更多美军？结论是：是否继续派遣美军应该结合航运形势慎重考虑。在总统完全同意后，我可以告知奥金莱克将军一个好消息：8月份时他有望得到增援，增援部队是装备有"李"式坦克和"谢尔曼"式坦克的训练有素的美国装甲师。

我在25日会见了印度和自治领的代表，之后又参加了太平洋作战委员会的会议。25日晚，我赶往巴尔的摩，因为我的水上飞机停在那儿。我的美国朋友——总统、哈里·霍普金斯和艾夫里尔·哈里曼——或者在白宫与我道别，或者赶来为我送行。一天两夜后，我回到了位于伦敦的内阁办公室。

第十一章　扭转非洲局势

第八集团军投降

2月时，奥金莱克将军曾经下令说："这个城市如果被敌人包围了，此地就不能继续防守。一旦无法避免这种情况，在撤出这里之前就需要摧毁它。"

里奇将军向奥金莱克提议：将图卜鲁格西面的防线接入向东南延长到艾德姆的总防线，同时联合在总防线南部地区活动的机动部队，阻止敌人的包围。他同时说明，这样做可能会让敌人短期内包围图卜鲁格，但如果不采取这个策略，唯一的办法就只有撤掉全部的防御力量。一开始奥金莱克不赞成这个提议。6月14日，他给里奇发电报说："绝不能让敌人包围图卜鲁格，必须守住它。我的意思是，第八集团军必须守住阿科鲁马到艾德姆的战线及这条战线的南面地区。"过了一会儿，他又打电报强调说："调动兵力时，要把图卜鲁格和其他险要据点的防御当作中心，切记绝不能让敌人把第八集团军围困在图卜鲁格。"

这两位司令官竟然计划从图卜鲁格撤退，这是在国内的我们完全没有想到的。

6月16日，歇息了仅仅两天的隆美尔重新发动一波迅猛的攻势，攻占了艾德姆、波尔罕穆德和阿科鲁马。6月17日，我们在希迪列格的第四装甲旅被他击溃到只剩下二十辆坦克。两天后，敌人包围了图卜鲁格，那里的守军在增援坦克赶到之前只能孤军作战，得不到任何外部支援。6月20日早上六点，由第十一印度步兵旅驻守的图卜鲁格环形阵地东南地区，被敌人的大炮和俯冲轰炸机凶猛轮番轰炸。这时，我们布置在图卜鲁格外面的装甲部队已经全军覆灭，因此半个小时后，隆美尔决定投入德军全部兵力进行攻击，他的兵力包括：冲锋在前的第二十一装甲师及作为辅助的第十五装甲师，另外还有意大利装甲师和一个摩托化步兵师。进攻开始不久，敌人就击破了由一支印度营据守的防御最薄弱的地方，并由此深入。我们根本无法用战斗机掩护我们的部队，因为空军撤到了非常远的飞机场。

科罗普将军组织了一次急匆匆的反攻，但失败了。原因是时间上的紧促，进行反攻的两支力量——他的坦克部队和部分康斯特瑞姆警备队没有达成时间上的统一。

在一个叫作"国王十字碑"的交叉路的东南处有一片锅形宽阔地带，那里，被德军击退的英国坦克余部正联合剩余的印度步兵拼死抵抗敌人，结果也失败了。正午时分，我们的坦克所剩无几，支援炮台也被敌军占领了。之后，敌人主力部队向"国王十字碑"挺进，坦克部队则分别向西北两个前进。下午两点，隆美尔一到达便派出部分兵力直攻图卜鲁格。在被我军大炮重创的情况下，这部分兵力仍于下午三点三十分攻到了索拉罗山脊，下午六点他们便抵达图卜鲁格近郊。隆美尔的另一部兵力被派到"国王十字碑"正西方，试图走山路向皮拉斯特略前进。我们没有料到他们会走这个方向，因此，驻守在那里的警卫旅没有做好准备，匆忙之中打了一仗。

警卫旅有了炮兵的大力援助，和敌人从下午战斗到了晚上，虽然损失惨重——有些地方让敌人夺去，旅部营地也失陷了——但敌人在傍晚时已无法前进。阵地呈环形的西线和南线还未受丝毫损失，廓尔喀部队正在保卫最左面的防线。不过，形势依然危急：敌人已经攻陷了图卜鲁格大部分地区；他们还紧盯着我们的后备部队，致使后者无法脱身。部分基地设施守不住了，我们只能下令摧毁。比如图卜鲁格内的一些后备交通工具，虽然十分有必要把它们留给剩余守军，以便他们撤退时使用，但是我们也禁用并准备摧毁它们。

　　6月20日晚上八点，第八集团军司令部收到科罗普将军的汇报："环形阵地上的步兵正在奋力抵抗围困了我司令部的敌军，我也正在作战，但不知道能坚持到何时。请求予以指示。"第八集团司令部回复他："明天晚上能冲出包围最好不过，不行的话就今晚。"然后，科罗普召开了高级军官会议，征求众人意见。他得到了两种不同意见：一部人认为，由于敌人已经夺走了弹药等主要物资，继续作战只会使伤亡更惨重，没有任何意义，因此应让所有有能力的部队突围出去；另一部人则支持继续作战，让所有力量集中在环形阵地的西南角抵抗敌人，他们的理由有二：一是在我军撤退时交通工具已落入敌手，二是一支救援纵队很可能从南面赶来。月亮隐去的半夜二点，从布雷区突围出来的可能性变成了零。在同里奇将军的无线电话会议中，科罗普将军说"现在是任人宰割的形势"。虽然前方还在奋战中，但继续战斗只会带来毁灭性的伤亡。里奇将军跟他说："每一天乃至每一个小时的战斗对我们的整体抗战来说都意义重大。不过，由于我不清楚前方的战况，所以还是得由你来决定是否投降……你们的英勇，整个第八集团军一直看在眼里。"

　　科罗普将军在21日黎明提出投降，德国军官接受了投降请求，并于早上七点四十五分到科罗普的司令部。德国档案显示，我们当时被俘人数是三万三千。这一投降命令对很多人来说都是难以接受的，一些没真正上过战场的人也对此感到沮丧，有的甚至还不相信这是真的。那些指挥官更难以接受投降了，科罗普只能亲自向他们传达这一命令。纵然如此，当时也有人不顾投降命令，试图突围，但几乎没有成功的。企图突围的几个小股部队中，只有较多人的一支队伍获得了成功，这支英勇的部队就是由一百九十九名官兵和一百八十八名南非士兵组成的康斯特瑞姆警备队。他们首先找来了一些卡车，然后冲出环形阵地，最后从一片宽阔的地带走了出来。他们到达七十英里外的埃及国境线时，已是黑夜。

守军本抱着会有救援部队到来的希望，但希望破灭了。在南方沙漠中进行休整的第七装甲师于20日受命派出了一支部队前去救援，但他们未出发便已经晚了，或者说隆美尔的速度实在是太快了。

奥金莱特的反攻

轴心国原本计划在攻下图卜鲁格后，让隆美尔暂时驻扎在埃及的国境线上，然后伺机派出空运部队和海运部队攻夺马耳他。事实上，墨索里尼在6月21日时还重申这一计划。如今，眼见攻占图卜鲁格如此顺利，他们的计划改变了。隆美尔在22日的报告中称，他的军队士气正盛，而英国士兵士气不佳，且如今他的军队拥有大量军资用品，所有这些优势都利于他们向埃及的中心挺进，他因此提议全部歼灭残留在国境线上的英国部队，打通前往埃及的道路。希特勒接受了隆美尔的提议，并给墨索里尼写信，试图强迫他批准行动。

　　希特勒不相信这支意大利军队作为远征主力有攻陷马耳他的能力，认为他们若是进攻，八成会失败。图卜鲁格被攻陷虽说令人难以置信且痛心疾首，但是如今看来，正是因为它的陷落，这个岛才免遭了一次严峻的考验。对于这种事情，只要是真正的军人——不管他有没有参加过这次战斗，都会感到不好受。该承担这个责任的不是科罗普将军或者其部下，而应该是最高统帅部。

　　里奇将军确实既有参谋能力，又兼备军官素质，但是，将他从奥金莱克的副参谋长职位升格到第八集团军司令官这一安排并不是很妥，因为这两个职位有所不同，应该明确分工。指挥官在激烈战争中必须有自主发挥的权力，而里奇将军受其和奥金莱克之间私人关系的影响，失去了自主发挥的自由。此外，他和奥金莱克在职位上分工不明，使得兵力调配出现了问题，结果导致这场战斗成为了英国军事的黑暗历史。那时候我们的指挥官们已经在图卜鲁格被敌人俘虏，我们也无法判定这件事情。现在所有人都知道了，那其中的缘由就不能再隐瞒了。这时，第八集团军的余部已经撤退到国境线的后方。

　　迅速展开追击的隆美尔在6月24日穿过国境线，虽然中途遭到了我们的阻击，最终进抵埃及。阻击他们的，是我们的轻机动纵队和皇家空军的战斗中队——这支卓越的战斗机中队曾掩护第八集团军撤退到马特鲁。第八集团军在那里的阵地防守薄弱：城市周围虽然建立了一个有组织的防御网，但它的南边只有几条不连贯的布雷区，且防守兵力薄弱。我们要想守住马特鲁防线，就必须派一支精锐装甲部队驻守在它的南边——就像在已放弃的国境线阵地驻守时所做的那样。我们派出了第七装甲师，这个师当时有近一百辆坦克，但它也没能完成这个防守任务。

　　我早在5月就曾提议奥金莱克将军替换里奇将军指挥第八集团军，他当时就该听取我的意见。最终，他在6月25日到达马特鲁后才这么做。

　　于6月21日从叙利亚出发前往马特鲁的新西兰师，直到26日才加入战斗，在密凯姆附近的山脊上作战。也就是这天晚上，第二十九印度步兵旅失守了，敌军突破他们布雷不足的阵地后，汹涌而入，去到新西兰军的后方，展开了三面夹击。经过一整日的殊死搏斗后，新西兰师的覆灭似乎已无法避免。在弗赖伯格将军受重伤后，英勇的英格利斯准将接替了他并决定在午夜过后突围。是夜，第四新西兰旅各营队分开行动。他们拿上配着刺刀的枪支，在田野中安全无恙向东前进了一千码才遇到敌人。炮火一响，原本分头前进的各营队便集合成横队，冲向敌人。在这场月光刀影的激战中，始料未及的德国人被打败了。与此同时，新西兰师的其他部队则迂回向南。

　　新西兰师就是这么突围出来的。他们随后在八十英里以外的阿拉曼阵地附近集合，并表现足够强的纪律性以及昂然的斗志，也因此马上便被派去巩固阿拉曼防线。

　　在马特鲁周围的第十军的两个师，在克服重重困难后也到达了安全地带。他们在6月27日向南攻打突破防线的敌人，但遭到了敌人猛烈的反击，最终未能阻止他们前进。受敌人进攻的影响，沿海道路也不能走了，第十军最后只能向东撤退。他们一路抗击敌人，在最后关头又被敌军一支部队挡住去路，只能改向南突击。不过，他们最后还是成功穿过沙漠，到达了阿拉曼。第三十军也是撤到了阿拉曼，不过到达时间比第十军早得多。两军会师后的6月30日，他们的部队有的被派到了新战线上，有的被派到了战线的后方。这一遭下来，士兵们的情绪倒也称不上萎靡，确切地说应该是被吓到了。

　　第八集团军若得不到强大的空军支援，不可能有秩序地摆脱敌人。这一点，我是清楚的。前方机场上，我们的空军源源不断起飞，加入战斗，他们一直坚持到敌人已经飞过了机场。现在，他们正从基地安全性较高的埃及飞过来，阻止敌人前进。

　　对于我们驻阿拉曼防线的部队来说，起自阿拉曼车站，向南延伸三十五英里到无法穿越的卡达拉盆地的这一条防线，不得不说非常长。我们在这条防线上做了很多准备，但已完成的工事都是互不关联的，位于阿拉曼附近的堡垒也只是半完成而已。好在的是，它的两边还算牢固，且援军也已赶到，给第八集团军注入了更多的力量。打了那一场完美的胜仗的新西兰师仍保持很强的纪律性，而即将到达那里的第九澳大利亚师则盛威显赫。第八集团军的调整在很短的时间内就完成了，这是因为交通线距离亚历山大港只有四十英里。

　　奥金莱克在率领第八集团军进行重要战斗的时候，还能同时防备叙利亚和波斯暗藏的危险，这让他像一位足智多谋的指挥官。现在看起来他有些不同了。为了取得战略先手，他在7月2日组织了一波持续到七月中旬的反击，使得隆美尔的优势也受到了威胁，几乎把他拉到和我们一样的水平线上。不过在此时，在图卜鲁格的一个由南非指挥官率领的南非师投降了。

　　隆美尔的确最大化地发挥了其部队的交通运输功能，不过他的士兵力量也因此消耗殆尽，能上战场的坦克只有十二辆。英国的空军也再次占据上风，战斗机方面尤其具有显著优势。隆美尔已暂时转攻为守，整顿军队，休养补充体力。他在7月4日向上级报告了这一情况，不过同时说明他仍有信心攻下埃及，墨索里尼和希特勒也仍相信他。事实上，在没有征询意大利方面和他自己海军统帅意见的情况下，德国元首已决定在完全攻下埃及后再进攻马耳他。

　　7月的头两个星期，隆美尔几乎无力应对奥金莱克猛烈的反攻，后来他才接受了我军这种强势。他在7月15日到7月20日试图打破英国的围攻而不得后，在21日向上面汇报说仍然处在困境中。26日，他打算撤到国境线。他是有怨言的：军力补充太少，无论是士兵还是坦克、大炮都严重不足，而且英国的空军活动还非常频繁。在八月到来之前，敌我双方就处在势均力敌、互相制衡的状态中。第八集团军在奥金莱克将军的指挥下突破了困境，在与敌人的奋战中他们还俘虏了七千名敌兵。埃及如今安全了。

"火炬"作战计划

整个7月，我看不到这场战役有胜利的可能，政治方面我的立场也举步维艰。我被迫同意美国提出的在未来两年中实行的作战计划，虽然说不上会有什么样的结果。1942年横渡英吉利海峡的计划被否决了，美国的作战计划就是，在秋冬两季派出强大的英美联合远征部队去攻夺法属北非。我用了很长时间分析罗斯福的想法以及这个计划引起的各方面反应，我确信他非常希望实行占领北非的计划。在1941年12月的文件中，我提到我一直想实现这个计划。但现在，英国方面和大西洋两岸的军事家都对1942年横渡英吉利海峡的计划抱悲观想法，前者认为它会失败，后者也不打算推荐实行此计划或者承担起相关责任。最终，英国方面的大致意见是：在1943年以前不会进行大规模的横渡英吉利海峡的军事行动，不过会继续投入最大力量，做好渡海战役所需的一切准备工作。

在6月11日的会议上，战时内阁批准了筹备"锤击"战斗计划——其目的在于攻打布雷斯特或者瑟堡——的一切工作，不过提出了一个条件："只能在有十足的取胜把握的前提下才能发动进攻。"下个月初，三军参谋长再次讨论这些情况。他们在7月2日拟出了一份报告，其中有针对战士内阁此前每次讨论的意见：

"首相在6月11日的战士内阁会议中提的意见已得到众人同意。1942年的战斗计划要想实现，也就是要想1942年在法国进行大规模的登陆，必须具备两个条件：其一，我们必须做好登陆后坚守阵地的准备；其二，德军因被苏联人打败而士气颓丧。不过，我们认为这两个条件不会实现，所以在今年几乎不可能找到时机实行'锤击'战斗计划。"

如此看来，放弃已经没有实施机会的"锤击"计划已成必然，必须将我们的策略简单化。

美国访客在星期六，即7月18日，到达了普勒斯特维克，上岸后再乘火车到伦敦。一到伦敦，他们便马上会见了驻伦敦的艾森豪威尔、克拉克、史塔克和斯帕茨这几位美国三军长官。接下来又是一场关于"锤击"计划的辩论。除了总统似乎赞成我的观点，其他美国领导人都是强烈主张实行"锤击"。

我非常清楚，为了使当前相聚在伦敦的美国军方领导人相信我们的意见是唯一具有可实行性的，我们仍须做他们的思想工作。我和周末到达契克斯的霍普金斯讨论了双方有分歧的地方，当然，这种讨论是非正式的。星期一即7月20日早上，在内阁办公室，我又向美国代表大概说明了英国政府的态度，双方进行了讨论。我们还简单讨论了两项内容：一是关于缅甸战役的"安纳吉姆"计划，二是我们将采取什么步骤协助太平洋战役。

在7月22日下午举行的第二次会议上，美方中的马歇尔将军第一个发言，他说，由于双方的会谈已陷入僵局，他以及他的同僚们必须向总统请示意见。

罗斯福总统的回电来得很快，他在复电中说他并不奇怪伦敦会谈的失败。他给出的指示是：既然英国方面不赞成执行"锤击"计划，那么美国代表团也不要继续坚持了，而应该力求在1942年美国陆军参加的某一场对敌战役上，和我们达成统一。

这么一来，"锤击"计划就被暂时搁置了，"体育家"计划被众人重视起来，当然这种重视本就是应该的。虽然难免有些许失落，但马歇尔和金还是服从了他们总司令的决定。美英双方之间的气氛重归融洽。

现在，我迫切地想要给我重视的"体育家"计划另起新名，在密码代号中不再用"体育家""超体育家"和"半体育家"这样的字眼。7月24日，我给三军参谋长作指示，那时我就用了"火炬"这一精妙的新名称。总统在7月25日致电霍普金斯，他指出"最迟不能晚于10月30日"执行的北非登陆计划，现在就应该立即做准备了。也就是在这天的晚上，我们的美国朋友返回了华盛顿。

我感到非常高兴的是：在经过这样一个过程后，众人同意了我和我的军政同僚们思考了很久的意见并作出最终决定。在让人感觉最没有希望的时刻，这一局面的出现无疑更令人愉快。

整改司令部

各种途经传来的消息让我不得不更加怀疑中东最高司令部，因此当前最重要的事情便是马上去一趟中东，处理一些具有决定意义的重要问题。7月28日那天晚上，在唐宁街十号一个临时搭建的花园餐厅内，我和战时内阁其他成员与国王共进晚宴。我和英王陛下私下里谈起我的出行之意，他表示同意。待他离去后，我便立刻邀请那些兴致不错的同僚们到内阁会议室商谈出行一事，也就是当时，我确定了无论如何都要去一趟开罗，同时向斯大林提议与之会晤。

这段时间里，阿拉曼阵地上的战事仍在继续，隆美尔仍在集中计量攻击卢维塞特山脊。不过，他的进攻力量已趋向于不足，而我们的防守力量还非常充足。谁胜谁败，仍未可知。

8月3日早晨，我们在直布罗陀安全降落。在经过一整天的对要塞附近各处进行视察后，我们又于下午六点起飞，直奔开罗。这次的航程长达两千多英里，若想躲开在沙漠战场周边活跃的敌机，我们只能绕远路。为尽可能地保存汽油，范德克路特不等天黑便直接飞过西班牙地区和保持中立的维希属地，不再向地中海飞了。这么一来，在傍晚之前，实际上有四架"勇士"战斗机护送。也就是说，这两个地区原本持的中立态度被我们动摇了——飞行中，我们没有受到任何阻挠，当然，我们的飞机也都是远离这些地区的炮弹射程的。

到了开罗之后，我必须要弄清一个问题：奥金莱克将军或他的人员是否还相信沙漠地区的作战部队？如果他们已经没有信心了，那么就应该让另一个人来代替奥金莱克，只是，让谁来呢？

亚历山大和蒙哥马利都曾和布鲁克共同作战过，我们由此想到了1940年5月的敦刻尔克战役。负责在缅甸指挥的亚历山大表现卓越，打赢了一场本无望获胜的战斗，令我和帝国总参谋长十分佩服。蒙哥马利同样具有很高声誉。如果决定换人，亚历山大无疑是接替奥金莱克，担任中东指挥的人选。

8月6日，我整日都是与布鲁克及史默兹在一起，我们共同草拟了将要发给内阁的电报。我们当前要解决的问题既涉及到某些高官，还涉及到这个大战场的整个指挥机构。对于我突然调整最高司令部，且行事作风之迅猛这一事，战时内阁站在了支持的立场上。他们尤其赞成我调任亚历山大将军，并告知他马上就从英国出发。他们反对我将中东司令部划分为两个独立司令部，因为他们认为目前需要一个统一的司令部，且需要的理由比1941年12月决定成立它时还要充足。至于由蒙哥马利代替亚历山大指挥"火炬"作战计划这一决定，他们也是赞成的，且已立刻召他到伦敦。他们让我处理上述问题之外的其他任何问题。

最终，战时内阁同意我的提议并将批准相关行动。同时，他们明确指出，让奥金莱克将军担任波斯和伊拉克的战区司令后不宜还保留他中东总司令的头衔，因为那样将会导致混乱。我觉得所言极是，因此接受他们的忠告。

8月7日，第五十一苏格兰师一到达，我便访问了他们。我在大使馆用过晚餐后上楼，偶遇的雅各布上校跟我说："倒霉的戈特。"我询问出了何事。"今天下午飞往开罗的途中，他的飞机遇难了。"我感到痛心疾首。一位优秀的将领牺牲了，而我已决定好了要任命他为最直接的战斗指挥，让他负责即将来临的一场战役。

我所有的计划都因此需从长计议。原本想着将奥金莱克调离最高统帅部，然后让威望十足且沙漠作战经验丰富的戈特将军到第八集团军司令部，由此平衡力量。由此同时，因为任命亚历山大为中东战区的总指挥，形势的严峻也会得到缓解。然而现在，一切都乱了，怎么办？由谁来代替戈特呢？答案很显然。

首相致副首相

　　史默兹与我都认为必须立刻填补第八集团军统帅的空缺，而帝国总参谋长已果断推荐蒙哥马利，请尽快用专机送他上任，并在他到达后就通知我。

　　8月7日上午11点15分，战时内阁可能是在对我当天发的，刚被翻译的电报进行集体商议时收到一位秘书送去的另外两封电报。这两封电报也都是我写的，比较早发出的一封讲的是戈特已阵亡一事，后发的一封讲的是我要求马上让蒙哥马利前来。后来我听说，那个时候，我在唐宁街的朋友都十分悲痛。不过，他们亦如以往一样，表现得十分坚强，毕竟他们遭遇了太多这样的时刻。会议照常进行，讨论持续到了第二天黎明，他们最后都同意了我的主要提议，并且对蒙哥马利下达了相关命令。

　　在给战时内阁发去关于戈特死亡的电报时，我同时在电报中提出了一个要求：我们打算让蒙哥马利代替亚历山大的这一消息，不要透露给艾森豪威尔。但是我的要求提出得太迟了，他们已经把消息透露出去了。计划又被打乱了，这意味着"火炬"计划也会跟着乱套，准备工作进一步被影响。亚历山大本来已被选为英国第一集团军的指挥官，他已经开始和艾森豪威尔并肩作战，为促成那项伟业而努力。他们的关系仍如以往一样和睦友好。如今，亚历山大不得不为了中东的事业而离开他。在这件事情上，我对艾森豪威尔是有歉意的。我让伊斯梅替我向艾森豪威尔传达了这一歉意并说明我们迫不得已这么做的理由——当前的战争形势要求我们必须这么做。在与艾森豪威尔的谈话中，伊斯梅对其作为战地指挥官的才能和品质给予了充分的肯定。蒙哥马利也几乎是在同时快速赶到了艾森豪威尔的司令部，他当时甚至不顾这种情况下该有的礼仪——一般说来，执行同一个任务的不同国家的军队指挥官会时要遵循各种程序和形式。

　　不过，第二日，即8号的早晨，艾森豪威尔仍是接到了必须让蒙哥马利即日飞往开罗担任第八集团军指挥官的命令。蒙哥马利在与伊斯梅同往飞机场，准备赴任，在一个多小时的飞行中，他从伊斯梅嘴里知悉了为何要突然进行调整的原因。

前往开罗的道路崎岖不平，在经过漫长的行使后，汽车于下午五点前把我带到了市内。

我现在必须把已解除奥金莱克的指挥官一职这一消息告诉他本人。以往的经验告诉我，最好用写信的方式通知别人这种坏消息，而不要口头告知。这次，我让雅各布上校充当信使。结果表明，这次调动对奥金莱克来说是个打击，虽然他当场表现出了军人应有的气节，但他根本不愿意接受这次任务调整，还打算第二天来见我。

8月9日上午，我和帝国总参谋长以及刚到的亚历山大将军共进早餐。奥金莱克到开罗是中午之后的事，我和他长谈了一小时。整个谈话过程就像白开水一样，没什么味道，也没什么可挑剔的。

当晚，我与来见我的亚历山大将军共同拟定了指挥人员调整的最后决策。

初见斯大林

8月10日晚，我们和各个知名人士在开罗大使馆用餐。深夜，我们——包括帝国总参谋长、会说俄语的韦维尔将军、空军中将特德和卡多根爵士等人——搭乘三架飞机前往莫斯科。

莫洛托夫带领着一批苏联将军和各国外交使团迎接了我们，当然，在这种场合，摄影记者和新闻记者是不会缺席的。此外，还有一支穿着华丽的庄严的仪仗队，他们的军人礼节表现得十分到位。我也检阅了他们。

　　我在克里姆林宫第一次会见了斯大林——一位伟大的革命领袖，一位深思熟虑的苏联政治家家，同时是一位足智多谋的战士。此后的三年，我们一直保持着密切而严谨的关系。在这种关系中，我们的相处有时是激烈的，但时而也会有和睦的亲切。由于布鲁克、韦维尔和卡多根乘坐的另一架飞机没有到达，出席这次持续了将近四个小时的会谈的人员，只有斯大林、莫洛托夫、伏罗希洛夫以及哈里曼、我们的大使、译员，还有我本人。

　　在前两个小时，会谈气氛十分阴沉。我一发言就提出关于第二战场的问题。在伦敦时，我曾跟到访的莫洛托夫透露，我们正在策划如何在法国牵制住敌军。如今，为了实行这个计划，已决定1943年春天时在联合国的集合地点齐集一百万美国军队。届时，这些士兵将作为远征军，被编成二十七个师。而英国政府还打算补充二十一个师到这支远征军中。我们打算让这支军队的近一半兵力配备装甲武器。目前已有两个半美国师到达联合王国集合点，接下来的10月、11月和12月将会运送剩余的大部分兵力过去。

　　对于1942年的苏联来说，这个计划毫无用处，我向斯大林坦承了这一点。斯大林的样子更加阴郁了。他说，在他看来，我们的立场就是：不可能用大量兵力来开辟第二战场，甚至，派出六个师来登陆都不愿意。我回答大意是：的确如此。我们可以派六个师去登陆，但这么做会对计划在明年发动的大规模战役有很大的影响，结果是有害无益。战争不是胡闹，不能在战争中引发无益于任何人的灾祸，那样做太无知了。我只怕到时我带来的是坏消息。而如果苏联能从我们的另一种行动中获得好处——我们投入十五万到二十万的兵力，可使在苏联战场上的大量德军撤离——那么，我们一定会采取这个行动，不会害怕遭受损失。相反，如果一项行动无法让德军从苏联战场撤出一个兵，而且还会损害到1943年的计划，那么这个行动就是错的，而且是大错特错。

最后，斯大林表示，如果我们心意已决，那么他也无权要求我们今年在法国登陆，他也不再坚持。只是，他无论如何不赞成我的观点。表明最后一点的时候，他态度十分坚决。

接着谈到轰炸德国的事情，这部分的讨论令众人满意。斯大林说他极其重视轰炸德国，打击德军斗志的重要性，他同时表明，他深知我们当前对德军的空袭所具有的重要意义。

这番讨论缓和了此前的紧张气氛。然而，在这段长时间的讨论后，斯大林却产生了一种误解，他认为，"锤击"计划以及"围剿"计划都是不是我们真正打算执行的，我们决定轰炸德国也不过是在敷衍搪塞。这无疑是最糟糕的误会，我决定先解除这一误会，同时营造一种有利于我说明那项计划的氛围。所以，我先不管双方之间的那种不和谐，而是直言说，共患难的朋友之间应该坦诚相待，如今我们的会谈却处处都是客套的礼节。

现在该谈谈"火炬"作战计划了。在我言简意赅地介绍"火炬"作战计划时，斯大林一直饶有兴趣地听着。然后他问了第一个问题：对这个行动，西班牙和维希法国会作出什么反应？稍后他又说，他认为这一计划从军事角度而言是对的，但从政治角度而言，他恐怕会影响到法国。他特地询问了计划落实的日期，我说我和罗斯福总统争取在10月7好落实行动，最迟不会超过10月30日。听了这个回答，在场的三位苏联领导人似乎得到了极大的安慰。

然后，我还谈到了下述问题：解放地中海之后，我们还可以在那里开辟别的战场，这是一大好处；9月份我们要争取埃及战役的胜利，10月份要争取北非战役的胜利；必须时刻控制法国北部的德军；今年年底我们若能成功占领北非，意味着希特勒的欧洲腹地将会受到威胁；应该明确，这次战役与1943年的战役是相辅相成的。最后我说，我们和美国人决定进行的战役就是这样的。

斯大林这时好像意识到了"火炬"计划的各种战略优点，并说出了四项：其一，可在隆美尔的背面发动袭击；其二，将能对西班牙造成威胁；其三，使得法国成为德军和法军的战场；其四，会迫使意大利先冲到前头。

他的这四点领悟让我深有感触，这表明，这位苏联的专权领袖对此前他一直怀疑的问题，已经有了深深的理解。为了这些理由，我们争论了这几个月，少有人能在几分钟内吃透，而他在一瞬间就了理解透了，而且是全部理解。

不过，还有第五个理由——可缩短地中海的海程。我补充了这一点。斯大林怀疑我们能否通过直布罗陀海峡。我回答说当然可以。

我接着谈到法国士气不足的问题，我说应该给他们打打气。马达加斯加和叙利亚两个地区事关重要，法国人是知道的。看到美国军队加入后，法国也会加入我们这边。佛朗哥将会被这次战役吓到。届时法国人也可能立马被德国人恐吓说："交出你们的舰队和士兵。"如此，维希和希特勒之间就会出现裂痕和对立。

我还谈到了将英美的联合空军调到苏联军队南翼的好处——既可以保卫里海和高加索山脉，还可以在此和敌人进行一次常规的战役。不过，我没有详谈细节，因为在此之前，我们先要获得埃及战役的胜利。况且，我们也不清楚美国总统对他们空军参与战斗做什么样的具体安排，无从详谈。不过我表示，斯大林若是也同意此计划，我们就该制订具体方案了。

接着，我们围绕着一个大地球仪进行讨论。我告诉斯大林，消灭掉地中海地区的敌人对我们大有好处。最后我跟他说，只要他愿意，我可随时来拜访。他回答说，主随客愿是俄国的习俗，如果我愿意前来，他随时准备接见我。他已明了最糟糕的情况。不过，大家分别之时，双方之间的气氛还是和睦友好的。

不愉快的会谈

8月13号，为了更清楚、全面地说明我们计划中的各项军事行动的宗旨，我早已约好中午十分到克里姆林宫拜访莫洛托夫。我指出了我们放弃"锤击"计划的后果：随之而来的指责会迫使我们公开指出反对它的原因，这么做将大大地损害盟国之间的共同事业。"火炬"计划有什么样的政治背景，我也详细地跟他说明。他听得很认真，很谦虚的样子，从头到尾也没有发表意见。我最后向他提出在晚上十点会见斯大林的请求，他在傍晚时回复我说十一点比较方便，还问我是否愿意叫上哈里曼——这是因为今晚的讨论内容和昨晚的一样。我回应他"没问题"。结果，当晚我还偕同了乘坐苏联飞机从德黑兰飞达的卡多根、布鲁克、韦维尔和特德等人。要不是我这么做，他们可能就会在"解放者"飞机里遭遇一次致命的火灾。

晚上十一点，斯大林、莫洛托夫以及翻译员在克里姆林宫接见了我们，会谈就这么开始了。

这是我所经历过的最不愉快的一次会谈。这期间，斯大林说了很多谴责我们的话，而我则非常礼貌地一一予以反驳。"我们不能这么争论不休了。"斯大林最后如此说，然后他突然邀请我们参加明晚八点的宴会。我接受了斯大林的邀请并告知他我将在15号即后天乘坐黎明时分的飞机返程。斯大林似乎有些紧张，问我能否再待几天。"如果留下来有有益于我们，我当然愿意多停留一天。"我说，然后大声谴责他对我们的无情。翻译官在翻译我的话之前先说明了一点：他十分喜欢我这番话的语调。之后的谈话就没有那么紧张了。

　　谈到苏联两门用来发射火箭的追击炮时，他非常专注，称赞它们的效果极具毁灭性。他建议我们的专家们再等候些时日，说是届时可以给他们演示这种追击炮。不过他同时提出：既然他让我们了解这种追击炮，那我们能否也给他们某些东西的情报呢？也就是要制订一个双方互相交换科学发明的有关协定。我告诉他，我们可以无条件地提供各种情报给他们，但是不排除这种情况：有些新武器是要由飞机运载的，而飞机在飞过敌方地盘时有可能被敌军击毁，所以这些新发明在行使轰炸德军的任务时可能不会那么顺利。他接受了我的说法。我又提出，俄方的军事要人应该与我们的将军会面。他也同意了。我们安排在当天下午举行双方军事人员的会谈。

　　我在最后问了他高加索有关问题，其中包括形势如何、他是否准备保卫这一地区、又打算派多少兵力到那里。他叫人拿了一个立体模型来解说，语气听来是坦诚的，解说中不时用一些明确的数字，比如谈到这条防线上的兵力时。他说，目前准备派二十五个师过去防守。接着，他向我详细介绍了他们集中在巴统的黑海舰队的力量。

　　这一轮的会谈十分顺利。然而，当最后和哈里曼谈到一项计划时，斯大林的态度却又变得冷淡起来。此前，美国一再催促苏联同意一项计划，即通过西伯利亚运送美国飞机，苏联人是最近才同意的。当哈里曼询问起这个计划时，斯大林敷衍答道："战争不是靠计划来获取最后胜利的。"整个会谈中，哈里曼完全站在我的一边。一言以蔽之，我和斯大林都没有做出退让，但也没有让对方脸红过。

　　8月14日晚上，我出席了在克里姆林宫的正式宴会，连同几位司令官、政治局委员和其他高级官员在内，出席人员大概有四十人，我们得到了斯大林和莫洛托夫真挚热情的款待。

　　在斯大林和我都赞成的情况下，8月15日，英俄双方最高军事当局再次召开会议，当日进行了两次会谈。

　　会谈的过程中，苏联领导人很多时候表现出的态度令我愤怒。我对他们正处于紧张形势中表示理解，我知道他们的士兵正在将近两千英里的漫长战线上和敌人厮杀，不断有人在流血牺牲，我知道距离莫斯科仅五十英里的德军正在向里海靠近。然而，与我对他们的体谅相反，他们对我们的态度却是——比如，在进行军事技术问题的讨论时，面对我们将军的询问，苏联人的回答是无权答复这类问题，他们总是提他们唯一的要求——现在就开辟第二战场。布鲁克最后都有些恼火了。沟通如此不顺畅，这次军事讨论也就戛然而止。

　　我们打算在16号的清晨离开。15号晚上七点，我和斯大林进行临别前的会谈，这是一次重要的、有积极作用的会谈。我特地再次询问他：你们守得住高加索山脉的隘口吗？能够阻止德军攻入里海吗？能够攻占巴库附近的油田以及其他重要地区，然后绕道土耳其或波斯向南推进吗？他摊开地图说："我们会阻止他们的，他们将无法越过高加索山脉。"语气十分自信。接着他又说："有谣言说土耳其军将要在土耳其斯坦对我们发动袭击，果真有这事的话，我照样能够击退他们。"我否认了这个谣传，因为土耳其不想掺和进来，他们不可能与英国有冲突，这种危险也就不存在。会谈进行了一小时，之后斯大林又邀请我到他的家里喝了一次酒。

　　凌晨五点半，返程的飞机起飞，我在机舱内酣然入睡。飞机飞到里海南段后将越过厄尔布鲁士山脉，然而此前的景色完全没有在我脑海里留下任何印象。到达德黑兰后，我没有去公使馆下榻，而是前往一座可以俯视城市的、位于丛林中的消暑别墅。很多电文都送到这里，等待我阅览。我原计划第二天在巴格达会见波斯和伊拉克的大部分高级官员，但想到巴格达8月份的中午极其酷热，我可能受不了，因此果断将会谈地点改为开罗。

其他地区的形势

　　我十分关注的几件重要事情，在我走访莫斯科的时候发展到了巅峰。6月期间，运输船开往马耳他岛失败了。这表明，想要守住马耳他岛这个重要的地理位置，救助工作必须快捷，而且规模要庞大。7月期间，苏联北面的运输船只遇上了灾害，被迫停运，于是海军部只能从本地抽调出大量舰船。8月9日，海军上将希福来特搭乘"纳尔逊"号，同时指挥多艘船舰驶入地中海以加入"基石"计划，其中包括"罗德尼"号及三艘巨型航空母舰、七艘巡洋舰和三十二艘驱逐舰。为了让飞机方便飞去马耳他岛，增加了"暴虐"号。同时，敌人亦在撒丁岛和西西里岛增强了空军力量。

　　8月11日，十四艘快捷商船装满了军用物资，由海军上将希福来特的舰队护航，驶离了阿尔及尔。敌军的一艘潜艇击沉了航空母舰"鹰"号，然而，在"暴虐"号上的"烈焰"飞机已顺利抵达马耳他岛。第二天，不出所料，敌人开始了空袭，击沉了一艘商船和一艘驱逐舰，致使航空母舰"无畏"号受损。敌人的损失是：飞机毁坏了三十九架，一艘意大利潜艇损坏。当天晚上，护航队渐渐靠近，根据之前的部署，海军上将希福来特带领战列舰撤离海峡，海军少将巴勒与运输船队则保持行进状态。次日晚，敌方潜艇和鱼雷快艇展开越来越猛烈的攻击。到清晨时分，我方七艘商船沉没了，巡洋舰"曼彻斯特"号和"开罗"号也沉没了。同时受到损害的还有两艘巡洋舰以及三艘商船——其中一艘商船是美国油船"俄亥俄"号，它上面载满了重要的货物。

　　只有仅存的几艘舰船依然无畏地驶向马耳他。空袭直到13日白天仍没有停止。"俄亥俄"号和一艘商船再次被袭击，没办法再前进了。此时此刻，其他剩余船驶入了马耳他防御设备能援助的范围内。所以当晚，三艘船终于抵达了港口，它们分别是"查默斯港"号、"墨尔本之星"号和"罗彻斯特堡"号。我军还以勇敢、努力的行动，将三艘本漂浮于海上的、损害严重的舰船拖了回来。第二天，"布里斯本之星"号成功进入港口。"俄亥俄"号是被拖带回来的，在敌军持续不断的空袭下，越发难以控制它，不过，它仍于15日被顺利拖到了港口。最后的结果就是：十四艘商船的五艘勇敢无畏地将宝贵的货物运到了目的地；十分可惜地损失了很多优质商船和英国皇家海军的护航舰船，另外还有三百五十名官兵。不过，获得食粮、弹药和其他重要物资的马耳他也因此增强了力量。英国潜艇回到了马耳他岛，皇家空军突击力量同时给予援助，如此，我们又得以重新控制地中海。

　　显然，敌方很希望毁灭这队运输船，他们原本也完全有这实力。当时，船队损伤非常厉害而且已经分散了，13日清晨，两支意大利巡洋舰中队开到了攀泰莱尼亚岛的南面，试图拦住它们。有效的空军支援对于船队而言是十分重要的，这有利于它们能在靠近马耳他的海面作战，而海军上将维安曾在3月份的时候与意大利舰队交手过，在这个时候，他们初期交战的影响体现了出来。德国空军一心想独自发动攻击，不愿再和意大利海军合作，总部因此吵得十分激烈。一位德国海军上将记述，他们向墨索里尼提出了申诉，双方的争执得到调停，结果，在驶入西西里海峡前，意大利巡洋舰便撤退了。在撤退途中，这些撤退的巡洋舰中有两艘遭到英国潜艇的鱼雷攻击。德国将军继续记录："大量的战斗力就这么随随便便地浪费掉了，情况糟糕至极，令人震惊。英国海军并没有被击溃。他们的确遭受了巨大损失，而这完全是因为轴心国在一开始的进攻中犯了战略错误，它的影响将来总有一天会显露出来。"

印度地区在我离开伦敦的那段时间出现了一场危机。国大党挑起事端，故意挑衅，他们的手段是破坏铁路，同时制造混乱以及其他各种闹事。大片的农村地区出现了群众暴动，且暴动之势还在蔓延。对于正受日军进攻威胁的印度来说，这种情况对战争筹划工作的危险极大。总督行政会议上只有一个英国人出席，与会人员一律提出要拘禁甘地、尼赫鲁以及国大党的主要成员。虽然手段激烈，但经过印度事务委员会发表了意见之后，战时内阁立刻同意采取此手段。

一系列危机同时爆发，但是，危机并没有带来更多的难题。因为，新的不利局势可能会让旧的不利局势有所好转，甚至可能和后者互相抵消。美国方面考虑到对日战争的关系，在印度问题上表示沉默。总督所提出的措施已得到战时内阁批准，马上就会生效。从此可见，国大党只不过能在表面上影响一下印度人民群众。印度人恐惧日本的入侵，希望得到英王兼印度皇帝的保护。与国大党的领导们直接较量时，志愿参加印度陆军的士兵不断增多，最后有好几千新兵加入。这种情况让我们隐隐担忧，恐怕将会发生一场自1857年印度兵叛变以来的最严重的叛乱。好在几个月后，事态平息了，整个过程几乎没有任何人命损伤。

袭击迪耶普的消息，是在17号传到我这儿的。早在4月份的时候——在对圣那泽尔展开了大无畏的袭击后——就拟定了这项计划。当时，这项被称作"路犁"的作战计划，其大纲于5月13日得到了参谋长委员会的批准，后者的意见是，将之作为武装部队司令官的具体作战计划的基础。三军的兵力是一万多人。在我们计划的军事行动中——进攻德军占领的法国海岸的行动——这样的规模算是最大的了。情报传回来说，敌人只用一个营的兵力防守迪耶普，加上支援部队，他们的兵力也不到一千四百人，力量薄弱。计划中的攻击日期是7月4日，在怀特岛港口，我们的部队已经登船，但受天气影响，攻击日期推到了7月8日。德军飞机趁机袭击了我们已集中的船只，迫使我军只得离船登陆。在这种情况下，这次军事行动也只能取消了。有关部队接到命令后已经分头上岸，东南战区总司令蒙哥马利这时极力主张停止这次进攻——尽管他一直在监督这个计划的落实。

我始终坚持，在今年夏天发动一次大规模的军事行动是至关重要的。而且，其他军事要人也一致赞成，在进行这么一次大规模行动前，相关的将领不再插手有关主要进攻计划的策划事宜。但是，事实上，我们在整个夏天都没有时间来筹划一次新的大规模战役了。而这一点，我是在和蒙巴顿海军上将讨论后才明白的。同时我还明确了，迪耶普的军事行动（新给它起了秘密代号——"庆典"计划）若能得到保密，它可以在一个月内付诸实践。

登陆军队的主力是驻在不列颠的加拿大陆军，他们迫不及待，早就想打一仗。不管是武装部队，还是英国突击队、登陆艇队及其护航队，都英勇作战，表现出了极大的忠诚，也获得了很多卓越的战绩。然而，惨重至极的伤亡结果让我们对这次渡海战役失望了。参加这次行动的第二加拿大师共有五千名士兵，其中被俘虏了将近两千人，而阵亡的占百分之十八。

现在看来，这次战役的伤亡情况与其最终结果极不相配。但是，仅从一个标准来衡量此战役是不恰当的，我们不能因为伤亡数据的惨烈而认为这是一次失败的战役。迪耶普登陆在战争史上的影响不可忽略。它让我们付出了巨大的代价，但从武力侦察的结果来看，它并非一无是处。而从战术角度而言，它的经验教训也极其宝贵。它让我们看到了我们在判断上的诸多不足，同时告诉我们，为做到有备无患，必须建造各类新式船艇和设备。通过这次战役，我们还清楚了，在进行先发制人的登陆行动时，让海军重炮给予登陆部队强有力的支援是十分重要的。也因此，我们在以后改进了海空军轰击技术。我们从这次行动中得到的最重要的教训是：必须要有效地组织部队并对他们进行联合作战训练，否则，个人再英勇，再有战术，也是无用的。配合一致，才能获取成功，所以，成功的秘诀在于，必须有效训练陆海两栖部队在作战时的组织协调。所有这些教训，我们都将铭记于心。

从战略角度而言，这次袭击减轻了苏联的压力。这是因为，德军在这之后更加意识到，被占领的法国整个海岸面临的危险是很大的，德军因此必须将更多军队和物资调往西欧。

访问开罗

我在8月19日再次访问了沙漠前线，亚历山大和我同去，我们搭乘他的汽车从开罗出发。途中他告诉我各种情况，使我兴奋无比。汽车先经过了金字塔，然后在沙漠上行使了大概一百五十英里，再经过海边的阿布西尔，傍晚时分，它把我们载到了位于布尔杰阿拉伯的蒙哥马利的总部。

蒙哥马利显然在几天内就掌握了所有情况，因此熟练地给我们讲解了整个形势。他对隆美尔下一次的攻击做了很精确的剖析，同时说明了他将如何应战。他侃侃而谈，接着说起他的进攻计划。他说，要想让第八集团军做好所有准备，得需要六个星期的时间。他要将"师"改编成一个完整的单位。他说，我们要一直等到新的师团开到前线并能够熟悉操作"谢尔曼"坦克。届时将有三个军，每个军的指挥官都是富有经验的，而且他们的为人以及能力为蒙哥马利和亚历山大所熟知。最重要的一点是，要使我们的大炮发挥出应有的威力，虽然在此前的沙漠战中它们没能发挥出来。我对他说的执行此计划的日期——9月底，略微感到失望。不过我也理解，无论什么日期，都还须根据隆美尔的行动来确定。根据我们得到的消息，他准备发动进攻。我所获得的很多情报都表明，他为了推进到开罗，将试图在我们的沙漠侧翼迂回前进，而且他们这次的运动规模很大，另外，这次运动式战役将在隆美尔的交通线上进行——正是这是我迫切希望的。

令我高兴的是，大家的意见是统一的。的确，我很迫切地想要先发制人，不过，我更希望隆美尔在我们发动重要攻击之前就对我们发动猛攻。只是，我们现在才开始在开罗展开防御工作，这来得及吗？从各种情况来看，那个距离我们仅有十几英里的嚣张跋扈的敌人，在8月底前，将会以其司令官的身份发动他的大规模部队，向我们猛扑过来。我的朋友们的观点是：这段时间里，他为了继续保持优势，可能在任意一天进攻我们。推迟两三个星期的话，形势就会大大有利于我们。

8月20日一大早，我们去到了卢维塞特山脊的东南区域，这里是我们的未来战场、主要阵地。我们来此视察的同时还看望了在此防守的英勇战士们。这是一片高低不平的沙漠，质地硬。我们的大批装甲部队隐匿在各条弯曲的沙漠线后，虽然看起来布局零散，不过从战术角度而言是一体的。在这个主要阵地上，我碰到了罗伯茨准将，这位年轻的将领负责指挥我们的全部装甲部队，比如最优良的坦克部队都归他统率。蒙哥马利向我介绍了各种大炮的部署情况，他说，我们做好伪装的炮队隐匿在沙漠地的每一处罅隙之间。在我军发动进攻之前，将先用三四百门大炮疯狂轰炸德军的装甲部队。

　　我于8月22日访问了开罗附近的图拉洞，这些山洞的石块曾用来建造金字塔。不过，现在的石块开采比以前方便了好多。现在那里正在修理工作。很多技工在日夜赶工，正出色而有效率地完成工作。不过，我根据手中的图表和数字，还是难以满意这样的成效。感觉规模还是太小了。这天的其他时间，我们巡视了各个机场的设施情况，来回飞行，还和地勤人员说了一些事情。有一处地方集合有两三千的空军人员。刚刚登陆的高地师，我也对他们进行了访问，一旅一旅地视察。回到大使馆时已经很晚。

　　访问的最后几天，我的思考集中在一个问题上，即如何应对即将来临的战役。隆美尔随时可能发动进攻，而一旦他发动，他那大批的装甲车辆可以摧城破地。他八成会从金字塔附近发起进攻，直驱而入，几乎不受任何阻碍。他唯一的阻碍，就是在进抵流经总督府草地前的宁静的尼罗河时，会被一条运河挡住去路。

　　亚历山大将军和帝国总参谋长与我取得了一致意见，我得以开始着手制定一系列特别举措，确保防护好开罗和北流入海的那些水路。这些措施包括：建筑战壕和机枪阵地，将地雷隐埋在桥梁底下，在桥梁两端布置电网，放水淹没广阔的前线地区。给开罗的数千名参谋人员和部队职员都配备好步枪，并命令他们在必要时在设防的水道沿线上做好防御。被鉴定还不能"适应沙漠作战"的精锐第五十一高地师也分派到了任务，即防守尼罗河的新战线。驻守在尼罗河三角洲一带阵地的力量较强，这是因为这一带到处是运河，容易被水淹，而又只有少量的堤道横贯其中。不过看来，我们因此也完全可以阻止装甲部队沿堤道冲进来。

　　一般情况下，统率埃及军队的英国将军会同时负责开罗的防务事项，如今他的所有队伍整装待发。不过我认为，若有突发情况，防务工作最好交给梅特兰·威尔逊将军，也就是"琼博"。此人已受命去主持波斯—伊拉克战区的工作，不过由于这几星期情况危急，他在开罗的总部才开始筹建。我已指示他要全面整个防卫计划，一旦收到亚历山大将军发出的提到开罗事态危急的通知，他就要立刻接管防务工作。

国内还有很多关系到方方面面的关键问题需要我回去处理，因此在战争的前夜，我必须返程回国。内阁已批准了我将要发给亚历山大将军的指示，即要他作为中东事务的最高负责人。现在，蒙哥马利和第八集团军也由他指挥。必要时，梅特兰·威尔逊和开罗的防务自然也由他负责起来。"亚历克斯"——我很久前就开始这么称呼亚历山大了——本人和他的总部业已迁往金字塔附近的沙漠地区，这位已全面了解情况的冷静、乐观的将军正四处走动，鼓励他的士兵要英勇沉着，要具备必胜的坚定信念。

8月23日下午七点半，返程飞机从沙漠机场起飞了。

最后敲定"火炬"作战计划

在我离开伦敦，开始我的开罗和莫斯科的任务之旅前，我们还没有定下来由谁担任"火炬"作战计划的指挥官。我在7月31日提了我的看法：如果任命马歇尔将军为1943年横渡英吉利海峡军事行动的最高统帅，那么就应该让艾森豪威尔将军在伦敦担任他的副手和先行官。与此同时，艾森豪威尔还应同时统筹"火炬作战计划"，而亚历山大将军将作为其副官。这个提议后来逐步取得了美国方面的认可。

　　我于8月24日从开罗飞回到了伦敦，那时，我们的计划还没有进入收尾阶段，许多问题都还悬而未定。在第二天与艾森豪威尔和克拉克两位将军共进晚餐时，我们一起讨论了有关这次作战行动的问题。

　　9月22日，我主持召开了三军参谋长会议，艾森豪威尔也参加了此次会议。我在会议上对"火炬"计划的执行日期作出了最后的决定：确定为11月8日。

　　就在我们讨论作战计划的时候，隆美尔已果断向开罗发起最后一次进军。蒙哥马利估计隆美尔的计划是这样的：让装甲部队穿过英军阵线南部防守薄弱的布雷地带，之后向北移动，从两侧和后方包围我们的阵地。他的预测是对的。为了不让这次作战的重要地带即阿拉姆赫尔法山脊落入敌手，他做好了一系列部署。

　　德国非洲军团的两个装甲师在8月30日的晚上突破了布雷地带，并在第二日清晨攻入了道尔拉基尔。在敌军侵入前，我们的第七装甲师已经逐渐撤离，此时此刻在东面的侧翼防守。另外，德军的两个意大利装甲师和一个意大利摩托化师，在那两个装甲师的北面行动。他们也试图穿过布雷阵地，不过只有一小撮人胜利了。他们没有想到我们的布雷阵地比他们预想中的深，此外，他们在行动后才发觉我们的新西兰师的攻击如此猛烈，纵射炮火不断喷出。然而，他们的第九十轻装师还是成功突破了我军的阵营，为其装甲部队打开了北进之门。另一端的战线情况则是这样的：我们的第五印度师和第九澳大利亚师遭到了敌军旨在牵制我们的攻击，在长时间的双方激战后，他们被迫撤退。德意装甲部队计划穿过道尔拉基尔，向北进击阿拉姆赫尔法山脊或者向东北进军，攻入哈马姆。蒙哥马利希望可以在他选中的山脊地区战斗，他希望敌军不会采取后条一路线。隆美尔被一张地图蒙蔽了。从这张地图来看，走山脊地区路线的话，坦克进攻可以畅通无阻，再向东进的话就困难了。这个假情报起了它应有的作用。两个月

后被俘的冯·托马将军也如是说。看来，战事正在按蒙哥马利的计划
进行。

31日晚上，我军击退了敌人向北的进攻，他们的装甲车群进入车
阵。这天晚上，我们的大炮和飞机持续不断对他们进行轰炸。第二天清
晨，当他们向英军战线的中部进军时，又遭到了我们第十装甲师的集中
攻击。他们没有想到沙漠地区如此坚硬难行，没想到我们的抵抗如此顽
强。他们下午试图发动的进攻又失败了。意大利已经溃不成军。隆美尔
因为用了所有力量，如今已无法援助他的冲动莽撞的装甲部队——这些
部队的燃料本就不足，而整日作战又导致了大量的损耗。另外，在地中
海，他又有三艘游沉没了。他可能是听说了这个消息，因此在9月2日这
天命令装甲部队只守不攻，只能准备应对我们的攻打。

蒙哥马利没有被敌军的诱惑举措所迷惑，所以隆美尔只能选择撤
退。他的撤退行动在9月3日开始，途中，他的部队侧翼被英国第七装甲
师袭击。他的一些运输车没有进行装甲，因此遭受了我军重创。英军的
反攻在这天晚上开始，目标不是敌军的装甲部队，而是第九十轻装师
和的里雅斯特摩托化师。要是能打败敌军的这些力量，那么，在德国装
甲部队回来之前，就有可能堵上我们布雷阵地的缺口。新西兰师对德国
非洲军团的攻击十分猛烈，不过，也遭到了同等程度的反击——敌军反
击后就逃走了。现在，蒙哥马利停止了追击，他打算在合适的时候主动
进攻，如今还不是这个时候。他对自己的这一战绩还是满意的：击退了
隆美尔最后一次向埃及的进军，重创了隆美尔的力量。第八集团军和沙
漠空军和敌军的较量结果也是不错的：我方付出的代价较小，而敌人的
损失较多，而且我们还给敌人制造了供应上的难题。后来缴获的文件表
明，隆美尔那时已经身陷绝境，一直在提出援助请求。通过这些文件我
们还得知，他那时身心俱疲，非常苦恼。两个月后，我们将可见到这次
名为阿拉姆赫尔法战役的战斗有什么成效。

苏军的胜利

　　整个冬季都十分紧张，不过，有赖于阿拉曼战役、"火炬"作战计划以及斯大林格勒战中苏军的获胜，局势还是有所缓和。北极那边在今年年底前有一次军事行动，如果那支船队能够安全到达，那同样将是一次伟大的胜利。现在想想，苏联在某种程度上是因为抱有"熬过了冬季，就没必要接受西方的任何援助了"这种想法，才会有那样的反应和举动。他们觉得接受援助会导致连带的关系建立，这会削弱他们的威望。这样一个政府——在被希特勒侵犯到国家几乎沦陷时，他们才放弃和希特勒合作的念头——接连侮辱我们，而我们对之仍耐心十足，我不禁都佩服我们自己。

　　在这里应该简单讲述一下，苏联陆军是如何取得辉煌的、具有决定意义的胜利的。

　　德军首先必须占领罗斯托夫并消灭在顿河下游弯曲地带行动的苏军，这样才可以从东南挺进高加索地区。5月28日，他们从库尔斯克和别尔哥罗德北面展开了第一次挺进行动。从库尔斯克北面出动的一支队伍于7月7日进抵罗斯托夫郊外，不过没有成功占领此地。在奥廖尔到沃罗涅日的这条漫长线上的侧翼，驻守着负责主要防御任务的匈牙利军队。顿河西岸，德国第四装甲集团军顺河南下。敌军后来发动了一次进攻，突破伊久姆前的苏军防线后便和向南挺进的部队会师。他们最后是从斯大林诺发动进攻的，经过三次进攻后迂回到达了罗斯托夫以北的顿河下游地区。虽然行动比预料中的慢速，但他们基本上是照计划行事。苏军进行了猛烈的抵抗，但由于阵地三番五次被敌人的装甲部队和摩托化部队侵犯，他们的行动受阻，只得进行全面撤退，绕到了顿河后面。

敌军第一阶段的进攻持续了三个星期，之后希特勒命令开始第二阶段。南路集团军群现在分成了两个集团：分别由里斯特和博克指挥的A集团军群和B集团军群。希特勒7月23日下达的任务指令要求A集团军群占领整个黑海东岸。一支机动部队将在占领迈科普油田后继续攻占格罗兹尼，"然后沿着里海向巴库进军，占领该地。"已于顿河沿岸建好侧翼防线的B集团军群将继续向斯大林格勒推进，"肃清集中在此的敌军并占领该城"。

他们的机动部队的任务是沿伏尔加河直下，径直攻入阿斯特连；中央集团军群的任务是，在局部战线上行动以使得苏军无法从那里撤走。在占领塞瓦斯托波尔后，他们可以从第十一集团军抽调出五个师。希特勒为了在9月初攻下北方的列宁格勒便命令这五个师与北路集团军群会合。他没有想到，这将会使得他的主要攻击力量变弱。因此，虽然及时赶到了那里，但他们只能在被苏联突破的德军战线上进行防御，无法展开攻击。

德国A集团军群由克莱斯特的第一装甲集团军中的十五个师打先锋，向高加索进军。他们过顿河之后的行进非常顺利，因此速度很快，在8月9日便到达了迈科普，发现那里的油田已经完全被破坏了。8月25日，另一支纵队攻下了莫兹多克，行进到捷列克河时受阻，止步于格罗兹尼油田前方。距离他们超过三百里的巴库油田，才是所有油田中最大的。9月10日，黑海岸边的新罗西斯克被攻陷——苏联黑海舰队在塞瓦斯托波尔陷落后曾在此地驻扎，现在他们赶到了图阿普谢那里并做停留。希特勒曾下令攻下黑海沿岸所有地区，看来他未能如愿以偿。而中路那边，德军也只是到达了高加索山脉脚下，无法再向前推进。在得到经由黑海西岸铁路运达的军力援助后，苏军的抵抗才有效果，这时全部战线的形势逐渐稳定下来。克莱斯特分散兵力攻打斯大林格勒，这使得他的力量减弱了，因此一直作战到11月，才在2号攻下纳尔奇克，接着就是冬季，这时他就再也没有办法了。

在德国B集团军群的前线发生了一件比失败还惨的事情。斯大林格勒这个城市凭借它的名字对希特勒所产生的挑衅作用，引诱了希特勒。作为工业重镇，它无疑是防止希特勒的一个强大的据点，由于它的存在，希特勒很难突破高加索的侧翼防线。因此，为了对付这个城市，德国的陆军和空军都被调拨过去了，这个城市像磁石一样吸住了德军的主力。

A集团军群渡顿河时，德国第四装甲集团军为了给予帮助而改向南面前进，他们这么做的后果是严重的。由于进攻斯大林格勒的日期推迟，他们只得又转向东面，然而在他们再度转变方向前，退守在顿河对岸的苏军正在休整待命。在苏军日益顽强的抵抗下，德军直至9月15日才获得在顿河和伏尔加河的战役的胜利，进入了斯大林格勒郊外。10月份，德军的攻城之战取得了些许的进展，却是以付出巨大代价为前提。不过，即便城市已成废墟，不畏牺牲的苏联士兵也是打不到的，他们仍进行着顽强的抵抗。

德军的将领们早就有焦躁不安之感，如今更是火上浇油。因为，三个月过去了，他们仍拿不下他们这次行动的主要目标，即高加索、斯大林格勒以及列宁格勒三大城市。在伤亡惨重而又得不到足够补充的情况下，希特勒非但没有派新兵去代替伤亡之人，反倒让这些新兵在不受训练的情况便组成师团。军事专家们提议暂停行动，但"这个啃地毯的人"依然我行我素。9月底，他还辞去了反抗他的参谋长哈尔德，敦促部队继续前进。

德军在10月中旬的时候已经明显处于不利之势。B集团军群的正面战线扩延了七百英里。将全部力量都用在了斯大林格勒的保卢斯将军，如今所率领的不过一个有气无力的第六集团军，其侧边虽然有盟邦军队在保卫，但该部队的战斗力令人质疑。渐渐进入了冬季，这意味着苏军必然的反击要开始了。高加索那里，德军要想确保安全无患，必须守住顿河前线。然而，希特勒坚决不撤退。早就做好准备的苏军在11月19日发起了反击，从侧翼给德军来了个措手不及——主要是驻守在斯大林格勒南北两面的防御不足的德军。经过四天的拼搏，苏军形成了钳形夹攻之势，将德国的第六集团军围在了顿河和伏尔加河间。这时，希特勒仍然不顾保卢斯所提的突围建议，下令他坚守作战。保卢斯的阵地一天比一天缩小。异常寒冷的12月12号这天，德军奋力从苏军的包围圈中杀出条路来，以解救第六集团军，然而他们没有成功。虽然保卢斯及其部队在可怕的困境的中又坚持了七个星期，但他们已经无法改变灭亡的命运。

血战阿拉曼

虽然发生了中东指挥部门首长调整之事，但在这几个星期中，开罗及前线包括拟定计划和训练部队的工作并未因此中断。所有准备工作都在落实中，进攻的日期渐渐近了。

空军开始行动了，敌人的部队、机场和交通线，尤其是运输船队，是他们的主要目标。9月间，我们击沉了向北非运送供应物资的轴心国的三成船只，这个功劳在很大程度上属于空军的。10月，这个击沉数字上升到了四成，与此同时，敌军的汽油损失高达六成。轴心国的船只在整个秋季即四个月里损失多达二十万吨以上，这重创了隆美尔的军队。

当时，可供蒙哥马利将军随时调遣的兵力，包括三个装甲师和相当于七个步兵师的兵力。兵力如此之多，要想将他们集中起来，就必须躲过敌人的耳目。前期进行防范很重要，过程中采取的措施还必须要巧妙，最重要的是，要防止敌机在上空窥探我们的行动。我们成功地做到了所有这些要求，也因此给予了敌人一次猝不及防的袭击。

在月光朗朗的10月23日晚上，将近一千门大炮开火了，先持续二十分钟轰炸了敌人的炮兵阵地，然后接着轰炸他们的步兵阵地。集中的炮火轰击形成了掩护，同时空军也在进行轰炸，在这种情况下，由里斯特将军担任军长的第三十军和由霍罗克斯将军担任军长的第十三军发起了进攻。进攻敌军防线时，第十三军遭到了驻守在那的敌军四个师的兵力反击，但他们全员奋力拼搏，试图在敌人的防御工事中打开两个缺口。为了获得更大的战绩，由莱姆斯登将军担任军长的第十军也加入了战斗中。在敌人猛烈的炮火中，两军坚持拼命向前推进；黎明时分，他们深入到了敌人的战线内部。这时，先锋部队后面的地雷已被工兵部队扫清。不过，敌人布雷区的纵深地带未被攻破，我军装甲部队也还不可能马上冲破敌人的阵线。更南面的地区，第一南非师和第四印度师也在奋力作战：前者拼命向前，以便保护突出部的南翼，后者从卢维塞特山脊发起进攻。与此同时，第十三军所属第七装甲师和第四十四步兵师突破了敌军防线，完成了它的任务：当北面的主要战役进行时，把敌军的两个装甲师牵制在战线后方，使他们三天内无法脱身。

然而，一直都到现在，我军都无法在敌军布雷区的纵深地带和防线上打开任何一个缺口。蒙哥马利召集他的高级将领们在25日凌晨进行讨论，他在会议上敦促装甲部队务按照此前命令，在天明前再次发动猛攻。经过激战后，这天我军确实取得了一些战果。在这一天里，我军和敌军的第十五装甲师、爱利尔特装甲师主要在一个俗称"腰子岭"的地带战斗，敌军的反扑一波接一波，进攻十分猛烈。第十三军为了将第七装甲师的力量留到战争进展到高潮时，没有在战线上继续推进。

敌军司令部发生了恶劣的混乱。9月底，隆美尔返回德国治病，接替他的施登姆将军在战役还没进行一天时便因心脏病猝发而死亡。希特勒要求隆美尔回归岗位，隆美尔于是出院，在25日傍晚再度担任指挥官。26日，在已被我军入侵的敌军防线纵深地带，双方仍旧在激烈交战，而其中最激烈的地方仍是腰子岭。敌人的空军在此前两天一直没见着影儿，如今也加入了战斗中，毫不客气地发起进攻，挑战我们占据优势的空军。经过多次交战后，我们的空军优势更大了。

敌人的行动因受到第十三军的阻挠而推迟，不过，德军还是得以把他们的装甲部队调到了重要地区——他们刚刚才知道这属于他们的防线。当然，我们空军在他们进行调动时进行了有力的袭击。

与此同时，由莫沙黑德将军统率的第九澳大利亚师发动新一轮的进攻——从突起地带向北面的大海方向发起——并取得了很大的战绩。蒙哥马利趁机行动，意图扩大这次胜利的战果。他下达了两个命令：新西兰师停止向西前进以及澳大利亚部队继续向北前进，这两个行动对在北边的部分德国步兵造成了威胁，使他们退路受阻。他这时觉得，敌军阵地密布地雷和强大的反坦克炮，使得我军难以向前，进攻势头减弱，不如重新集结部队和后备兵力，以便下次进行更有效的猛攻。他的确也是这么做的。

为了争夺腰子岭，我军和德国的第十五装甲师及第二十一装甲师在27日和28日激战了整整两天。刚从南部地区调过来的这两个师接连不断进击腰子岭，但都被我军击退了。

　　10月26日和28日这两天，我方空军击沉了敌军三艘非常重要的油船，一直没有中断的空中战斗获得了最大的成果，更加说明陆地作战是少不了空军作战这一辅助的。

　　这时，蒙哥马利已经做好计划和部署，准备进行一次突破行动，即"加压"作战计划，这将是一次具有决定意义的突破。他从前线撤回了第二新西兰师和英国第一装甲师；在腰子岭战役中，英国第一装甲师为击退德军装甲部队做出了显赫的功绩，因此尤其需要休整。与此同时，英国第七装甲师、第五十一师以及第四十四师的一个旅合编成了后备部队。充当此次行动的先头部队的，是第二新西兰师、英国第一百五十一和一百五十二步兵旅以及第九装甲师。

　　在经过一系列艰苦卓绝的战役后，澳大利亚的猛士们直驱而入，取得了赫赫战果，整个战争形势这时十分利于我方。"加压"在11月2号的半夜一点启动了。隶属于第二新西兰师的几个英国旅由三百门大炮掩护，突破了敌人的防线，接着，英国第九装甲旅打头阵，直接攻入敌人阵营。当他们沿着通往拉曼的道路行进时，敌方的一条新防线阻止了他们，这条防线上配备有强大的反坦克武器，使得他们在长时间的苦战后付出了巨大的代价。不过，他们最后为后续部队杀出了条血路，通过此路，英国第一装甲师得以继续前进。紧接着发生的战役，是这次行动中的最新一次坦克战，也是一场决战。敌军发动了所有苟延残喘的坦克，对我军突出部的两侧发起猛攻，不过都被我方击退了。

　　次日，即3号这天，空军传来情报说敌军已经开始撤退。然而，在通往拉曼的道路上，得到掩护的敌军后卫？部队仍然和我方装甲部队的主力周旋，将其牵制在原地。德军得到希特勒的命令——不能再后退了，然而，他们现在已经身不由己了。我们离成功，只差在敌人的防线上再撬开一个口。

　　11月4日早晨，在特雷阿戈吉尔以南五英里，第五印度旅成功发起了一次如闪电般迅猛、让敌人猝不及防的进攻。由此，在广阔的沙漠上，我们的装甲部队终于劈开了一条追击敌人的道路。

隆美尔正率部全面撤退，不过，他的运输工具以及汽油不足。这时，在作战中表现勇猛的德国士兵也不"示弱"，抢先登上了撤退的汽车，将六个意大利师的上万士兵丢在沙漠里。被留下的意大利兵缺少食物，又无处可逃，只能投降。战场上到处是被毁坏的或者被丢弃的大炮、坦克和车辆。根据德国的资料，11月5日，德国的装甲师团只剩下三十八辆坦克，而在战争爆发时，这个数字是二百四十辆。面对占上风的我空军，德国空军自觉没有希望，连抗争都不做了，我空军现在几乎是自由扫荡，全力对付向西撤退的狼狈敌军及其车辆。隆美尔也曾高度赞评了我们皇家空军。①他的部队已经全面失败了，我军俘获了他的助手冯·托马将军以及九名意大利将领。

使敌军的这次惨败升级为全局惨败，看来还是有希望的。奉命追击的第二新西兰师在11月5日到达了富凯，这时敌人已经从此地离去。不过还有一个机会，可在马特鲁港阻断敌军。英国第一装甲师和第七装甲师现已出发，赶往该港。6日傍晚，他们就要到达目的地了，而此时，我军对敌军的包围越来越紧，而敌军仍试图抵抗。这时却下起了雨，另外，缺少足够的汽油支持。于是，七日一整天，我们的军队停止了追赶，因此也未能形成对敌军的彻底包围。但是战果仍然显赫：击溃了四个德国师和八个意大利师，俘获了三万名俘虏，以及数不清的各种军资。隆美尔对我们的炮兵在击败德军方面的贡献作了如下评价："英国炮兵以其特有的优势而出名，而这次它同样不负盛名，它的高度机动性尤其值得赞许，另外，还有它的进攻部队的迅速反应力。"②

阿拉曼战役无疑是英国战争史上永远让人难忘的光荣之战。此

---

① 德斯蒙德·扬著《隆美尔》，第258页。——原注

② 德斯蒙德·扬著《隆美尔》，第279页。——原注

外，这场战役标志着命运的转折，这也是他可以永垂青史的一个原因。可以这么说："在阿拉曼战役之前，我们屡战屡败，在它之后我们屡战屡胜。"

点燃"火炬"

当前很有必要选出一位有威信的法国人，而吉罗将军无疑是英美两国人心中最好的人选。现在，吉罗获得了一个代号，叫"要人"，他肩负着我们的厚望。海上旅程十分跌宕，好在有惊无险，吉罗和他的两个儿子现已安全到达直布罗陀。

这期间，我们的大规模舰队离目的地越来越近，我们做好了为保证它们的顺利行进而不惜一切代价的准备。由英国港口开出的护航队的大多数舰艇的路线是这样的：在驶过比斯开湾后，将进入一片有很多德国潜艇的地域。所以，必须给予他们强有力的护航。此外，我们还必须做到两件事：一是从10月开始就将在克莱德湾和其他英国西方港口的大量船只集中起来；二是绝不能让敌人知道我们护航队的准确出航时间。

事实证明，我们取得了显著的成果。德国人得到了错误情报，以为达喀尔仍是我们的目标。到10月末，在亚速尔群岛的南面和东面，已经有大概四十艘德国和意大利的潜艇部署在那里。我们的一支大规模运输船队——此船从塞拉利昂开回英国——遭到了敌军这些潜艇的攻击，十三艘船只被击沉，这个损失数据在当时属于可接受的范围。

10月22日，第一批"火炬"运输船队从克莱德湾出航；26日，所有速度快的运兵船只都出发了，与此同时，美国也派出部队开往卡萨布兰卡。现在，由六百五十多艘舰只组成的这支远征军开始了征程了，所有部队躲过了德国潜艇和空军的耳目，悄然渡过比斯开湾或大西洋。

现在，我们不留余力地行动了。为了防止敌人海上舰只的侵袭，我们的巡洋舰正在遥远的北方监视着丹麦海峡和北海的出口。在亚速尔群岛附近的美国部队必经之路上，也驻守着其他巡洋舰。在法国大西洋沿岸，英美的轰炸机编队在适时对德国潜艇基地发动攻击。11月5日和6日这两天，我们的先头舰船在晚上驶入地中海，已集中开往直布罗陀海峡的德国潜艇这时还未发觉它们。7日，不用一天便可以驶达阿尔及尔的那批运输船队才被敌军发现，不过它们只有一艘船只受到了攻击。

11月5日，艾森豪威尔冒险飞达我令他指挥的要塞重地——直布罗陀。负责统率英美首次大规模战役的临时司令部，也是设在此地。此时此刻，正是直布罗陀的战斗高潮来临之时。直布罗陀对这场战争最重要的意义在于它建成了新飞机场并投入使用。这个飞机机场满是"火炬"计划所用的大量飞机，其中战斗机中队就有十四个，他们已经整装待命。我们是在德国人的监视下进行这一切活动的，目的就是争取给他们造成一种假象：这些飞机是为了支援马耳他岛而部署在此的。显然，他们的确把假象当成了真相。

吉罗准时到达计划中的目的地。吉罗本以为，他此行之重任是将要担任北非最高司令官并指挥美英两国的军队。他在这之前并不清楚联军的力量是多少。在很长一段时间内，他都以为他执着的观点是可行的，这个观点就是：不在北非而在法国登陆；或者在北非登陆后又在法国登陆。艾森豪威尔将军用了两天来说服这位英勇的法国人，最终让他明白当前最重要的事情。的确，在这位"要人"身上，我们寄托了太大的希望。不过，他比任何人都清楚他对在北非的法国省长以及将领们（特别是军官团）的影响到底有多大。

战斗终于打响了。从11月7日晚上开始直到8号以及之后的几天，艾森豪威尔将军都处于焦虑不安的状态中，他在回忆录中生动描述了当时的情形。一直以来，这样的紧张对他而言是可以承受的。然而这次，由于情况复杂：这场战斗的赌注过大，决定胜败的天气又变幻多端，各种情报太零碎，此外还有法国人非常复杂难测的态度以及西班牙方面的危险等——这位肩负直接重任的司令官因面临严峻考验而产生了前所未有的焦虑。

11月8日半夜一点过后不久，阿尔及尔的东西两面，由皇家海军巴勒海军少将指挥的英美军队开始在多个地点登陆。在此之前，他们仔细做了准备工作，以便能使登陆艇在选定的海滩上登陆。英国第十一旅的先头部队在西面登陆，取得了全面成功；在东面登陆的载运美军的舰船和登陆艇意外遭遇大浪，被冲到了离计划登陆地点几英里之外的地方，黑夜中乱成一团，还耽误了些时间。好在，在沿海地区的登陆并没有遭遇太严重的袭击和反抗。我们在天亮后又掌控了主动权，这是因为增援到了。海军航空兵部队的一架飞机后来得以降落于布里达机场，后来还占领了该机场，在那里等待赶来支援的海滩盟军。一开始，这架飞机得以降落只是因为发现地面某一处发出示以友好的信号，而能够占领该机场则是有赖于当地法国指挥官的帮助。

阿尔及尔港才是交战最激烈的地方。英国的两艘驱逐舰"布罗克"号和"马尔科姆"号出动了，他们的目的是进入该港后防止法国人袭击我们的舰只，以便为美国突击队在防波堤上成功登陆创造条件。登陆后，这支队伍将会占领该港口及其炮兵阵地。这一举动是狂妄冒险的，结果也十分惨烈：抵抗的大炮以直接平射的方式轰击这两艘英国军舰，"马尔科姆"号很快便受损，"布罗克"号三次进港均被击退，不过到底驶入了该港。美国突击队终于得以登陆。不过，在撤退时，"布罗克"号又受重创，终于还是沉入大海了。很多士兵上岸后，只得投降。达尔朗于上午十一点半再次发电报给他的领导，电报中说："今晚可能就会失去阿尔及尔。"下午五点，他又发出了一封，说："我军已竭力进行抵抗，但最终没有阻止美军进入市区，我已给当地驻军司令朱安将军发令，让他和对方谈判有关阿尔及尔城投降的问题。"这时，重获自由的蓬达先生拿着法国人给他的一张通行证，奉命去见美军司令。下午七点，阿尔及尔投降了。自此后，美国人控制了达尔朗海军上将，朱安将军直接受盟军的领导，但已重掌大权。

在英国受训练和上船的美军"中央特种部队"负责在奥兰的进攻。11月8日凌晨一点左右，英国海军支援它在东面的阿尔泽湾发起攻击，同一时间，有两个位于奥兰以西的地方也受到了小规模的攻击。比起在阿尔及尔，法国军队在此的反抗更加激烈；参与反抗的有很多法国的正规部队，它们曾在叙利亚和英国军队作战；也有法国海军部队，它们记恨曾在1940年攻击密尔斯克皮的英国军队。因此，相比其他地方，美军一点儿也不意外会在此遭遇到更大的反抗。尽管如此，原本的登陆计划照样实施。

清晨，在奥兰湾，法国的驱逐舰和潜艇虽然渐渐活跃，但被依然处于优势的我军舰船击沉或者驱逐了。海岸炮兵仍顽强抵抗登陆部队，拥有"罗德尼"号战舰的我皇家海军不甘示弱，炮轰它们。这场战役持续到10日上午，登陆的美军实行最后的攻击。中午时分，法国军队投降。

与此同时，在奥兰和阿尔及尔的法军停止了反抗，德军反而在北非沿海一带反抗得越来越激烈。海上供应线是我们的重要支柱，而由于受到大批德国潜艇的攻击，这一重要支柱很快陷入了险境——其中，从登陆滩头返程的我方三艘巨大空船就被它们击沉了。当然，我方也有进行反击，在强有力的反潜艇措施下，我们于11月底击沉了这片海域的九艘德国潜艇。

初步胜利

由美国部队全权负责的登陆摩洛哥的任务，有望获得当地的积极支持。11月7日，休伊特海军上将的旗舰从伦敦和华盛顿都接收到了提示天气差的气象预报。他必须在两个选择中做出果断决定：一是一切按照原计划进行；二是采取另外的计划——带领整个舰队穿过直布罗陀海峡，让巴顿将军指挥登陆，登陆地点是同时靠近纳姆尔和西属摩洛哥的一片无名海滩。姑且不论这个计划存在的其他问题，只需考虑它导致登陆严重延时，由此可能引发致命问题。值得庆幸的是，休伊特海军上将最终做出了正确的决定：命令这支舰队在原计划的当天天黑前出发。促使他做出这一决定的关键是他的参谋人员，他们预料当地天气会暂时转好，而他自己也冒险支持他们的判断。

11月8日天亮前，这支"西方特种部队"到达了摩洛哥海岸，他们确定的登陆时间，比在阿尔及尔地区的登陆迟三小时，这是考虑到航程比较远，而且是在夜间行驶。巴顿将军不满推迟时间，他认为这会让摩洛哥的守军有时间做好防范，因为，原计划就在该日的半夜一点——在阿尔及尔的登陆行动此时正开始——广播总统的告北非法国人书。他的意见自有道理。不过，后来证明这次广播对摩洛哥并没有产生多大影响，当然，如前所述，那里的守军确实也得到了"警报"。这次登陆行动有三个地点，一是在卡萨布兰卡附近的斐达莱，这里是中央地带，也是主攻地区；其余两处是在卡萨布兰卡以北的里奥德港和南面的撒非，此两处登陆作为侧攻。那天早上虽然雾气多，但海浪没有预想中的凶猛，算来还是好天气。不过，海浪后来变得凶猛了，好在各处的登陆部队都已经牢牢立足下来。在其他的地点，先头的登陆部队遇到了从无到有，从有到猛的抵抗，在里奥德港附近的战斗尤其激烈。

激烈的战斗同样在海上进行。新战列舰"让·巴尔"号还没有完全制造完成，不能开航，此刻正停泊在卡萨布兰卡。不过，它可以就地发射它那四门十五英寸口径的大炮，因此不久将投入战斗中——和美国战列舰"马萨诸塞"号来一场炮火较量。阻止我们登陆的还有法国舰队，它们由巡洋舰"普利马戈"号掩护，和正好碰上的整个美国舰队展开了厮杀。厮杀结束后，美军击毁了它们的七艘军舰和三艘潜艇，致使法军伤亡达到大概一千人。与此同时，"让·巴尔"号因内部起火而毁于沙滩上。9日这天。美军在巩固根据地的同时向内地挺进，11月11日上午，接到达尔朗命令的诺盖将军投降了。他汇报说："三天的激烈交战致使我们的全部战舰和飞机遭受了全面损失。"

有关战斗情况已经传到了艾森豪威尔将军在直布罗陀的司令部，他们从片面得知了法军已经正式抵抗登陆的盟军。现在，摆在这位盟军最高统帅面前的是一个严重的政治问题。吉罗此前提议说，由他自己担任那些或许会投靠盟国的法国部队的司令官。艾森豪威尔此前答应了吉罗，然而现在突发这种情况：偶然冒出了这么一个人，只要这个人一发话，北非的所有法军都将有组织地站在我们这边。众人对吉罗寄予厚望，但还没有机会证实他是否有能力让这厚望如愿以偿，而从登陆地区的初步反应来看，这确实很难说。鉴于此，吉罗将军在11月9日晨飞往阿尔及尔，他劝服当地法国当局命令立刻停止对抗行为。与此同时，艾森豪威尔将军也派出了他的私人代表克拉克将军飞往阿尔及尔。在阿尔及尔，吉罗受到了当地法军高级将领极其冷漠的对待。美方和英方的特工人员曾费心很久才在当地组织起抵抗团体，然而这个团体现在解散了。由克拉克充当主持人的当晚的会谈没有成功，达尔朗和吉罗未能在两人的首次会议上达成一致意见。所有掌握重要权力的法国人都拒绝让吉罗担任法军最高司令官，这是肯定的。克拉克在11月10日上午为这位海军上将安排了第二次会谈，在和艾森豪威尔通无线电时，他说只有和达尔朗达成协议才可能解决此问题，当前没有时间和伦敦及华盛顿方面进行电报商讨了。然而，吉罗这次没有出席，而没有得到维希的任何指示的达尔朗也有些迟疑。克拉克让达尔朗思考半小时后再决定，最终，这位掌握着法属北非领土的全部权力的海军上将"以贝当元帅之名"，命令北非全面停止对抗，所有官员在原岗位上待命。

在阿尔及尔的登陆成功后，安德森将军马上照原计划代替美国莱德将军进行指挥。11月11日，由他派出的第三十六步兵旅攻占了布日伊。该旅是从海路进攻的，整个占领过程没有导致任何流血冲突。11月12日，由来自海上的突击队给予援助，两连英国伞兵在博尼降落。16日，在苏戈埃尔巴机场降落的其他伞兵攻向巴杰，前进路上遇上了德军的阵营。而经由公路快速攻入突尼斯的第三十六旅也在11月17日碰上了德军，两军相遇的地点是阿比奥德山。15日在尤克斯盐沼的美军伞兵于两天后抵达加夫萨。

我军此时势如破竹，很快攻占了阿尔及利亚东部各个机场。我们必须拿下这些机场，因为，这时与我们相距八百多英里的直布罗陀，已经无法为我们的地面部队提供援助和掩护了。以如入无人之境的速度取得如此成绩，足以可见我军的勇猛。不过，由于碰到了敌人，且他们迅速采取了对策，我们现在只得放慢了进程。11月9日，敌军首批部队飞抵此地，在这批部队中的两个团的伞兵原本是计划用来支援隆美尔的，如今他们联合四个营的援军，准备竭力阻止我军前进。之后，敌军投入的兵力还包括：德军方面是第十装甲师的先头部队，意军方面包括两个贝塞戈里利营和苏培尔加步兵师的六个营。月末时，轴心国在突尼斯的兵力已有一万五千名，此外还配备有坦克一百辆、野战炮六十门以及反坦克炮三十门。将基地设在突尼斯的，拥有便利地理位置的敌军俯冲轰炸机也开始行动了，我军受到的干扰又加一层。尽管如此，正是有赖于我们，苏军的压力得到了减轻。为了给地中海战区提供装备，德军在整个11月从东线战场上撤走了四百架作战飞机，且大多数是远程轰炸机。现在，他们在后一个战区部署的空军就占总数的四分之一，而在十八个月以前这个数字是十二分之一。

"火炬"作战计划取得了阶段性的辉煌战果，堪称一次出色的行动。当然，我们能以小的代价攻下阿尔及尔和卡萨布兰卡，离不开达尔朗海军上将，他的干预对我们是有帮助的。另外，我们最终不能获得全面胜利，则是因为突尼斯的法军将领优柔寡断。在有关报告中，坎宁安海军上将是这么说的："一开始进攻博尼时，敌军阵脚大乱，我们当时若能一鼓作气，大获全胜是有希望的，然而我们当时却没有那么做，这不能不令我终身遗憾。"

达尔朗插曲

　　艾森豪威尔将军于11月13日自直布罗陀起飞，他要到阿尔及尔作为直接指挥人，承担起克拉克刚和达尔朗协商好的那件事的责任。若问法国人当中谁才能将西非和北非争取到盟国这边来，当地的盟国将领和官员们回答是一样的：只能是达尔朗。现在已经很显然："吉罗能让法国人绝对听命于他"是种不真实的、站不住脚的神话。因此，当听闻德国已经入侵法国未被占领的区域时，吉罗就表明愿意和达尔朗合作。达尔朗下达"停火"令后，在奥兰、摩洛哥和全阿尔及利亚的部队照令行事了，这足以证明他的权力。

　　同一天，艾森豪威尔和达尔朗签订了最后一份正式协议。在伦敦的我于次日，即11月14日给他发出一封电报，我在电报中说："当务之急是解决军事问题，政治问题留待日后解决，这是必须的。"也就是说，我认为艾森豪威尔有完全的军事理由做出此行动。

　　与达尔朗的协定公示出来后，英国国内舆论哗然，到处是不安的情绪，甚至让人觉得有日益激烈之势。世人皆认为，我们与自己有着深仇大恨的敌人进行了一笔龌龊的交易。如此，我们这次最大规模的战役所取得胜利以及阿拉曼战役所取得胜利，在他们看来都不怎么光鲜了。觉察到这一点，我相当痛心。不近人情，没有看到战争的残酷以及没有考虑士兵的生命，这是我对他们整个批评态度的评价。也因此，我的愤怒随着这种批判声音变得愈来愈高而变得愈来愈强烈，我甚至因他们的目光短浅而有些瞧不起他们。不过，我理解他们的愤怒缘何而来，我自己也是有些同感的。在美国，虽然也有不少人情绪激昂，但整体来说反应没英国的强烈。对国人的这种激昂，罗斯福总统并不怎么在意，更不提激动的英国人会让他有何想法。

这位海军上将自知手中有权，并自认为他对于当时北非的盟军统帅部而言必不可少。这才是他还继续任职的唯一原因。按照11月22日签订的所谓克拉克—达尔朗协议，在这个地区成立了临时的管理机构。同时，达尔朗进行游说。两日后，布瓦松总督在法属西非和重要基地达喀尔起义，使这两地归附了盟国。

在英国，与达尔朗签订的协议引起了民愤，我的一些朋友同样异常愤怒。曾经，签订慕尼黑协议时，也导致了这些人的义愤填膺。就是在战前的这危急关头和公愤昂然的情况下，我采取了行动。他们发出一问："原来这就是我们进行战争的目的吗？"那些和我有着共同想法的人因此十分苦恼。对我们搬弄是非，意图分裂我们的人，还有以戴高乐为首脑的组织委员会以及一些报纸。想想也可以理解：这显然是个可以大搞噱头的话题。然而，不仅是议会，全国上下都弥漫着一种难以置信"戴高乐被排挤，达尔朗得到重用"的氛围。尽管如此，还是无法公开真相或者进行辩驳。

1942年底，北非政局迅速地变得越来越糟。在反对吉罗并同时争权争宠的达尔朗、诺盖、布瓦松以及相似的起义人士之间，激烈的排挤出现了。另一方面，在曾于11月8日协助盟军登陆的这些人之间，以及那群少数的拥护戴高乐的积极分子之间，也充满着不满的情绪。同时，有人还主张请出隐居于丹吉尔的巴黎伯爵，让他担任暂时成立的、和维希政府敌对的北非战时政府首脑。那份在之前东拼西凑出来的协议曾造就了达尔朗和吉罗的地位，即让前者成为民政首脑，让后者成为驻北非的法国武装部队司令。然而，如今这份协议已经濒临被撕毁的边缘了。

12月24日下午，达尔朗从他的别墅出发，乘车前往夏宫。到达夏宫后，就在他的办公室门口，他被枪击了，凶手是一个名叫波尼埃·德拉希培尔的二十岁青年。这位海军上将被送入了附近一家医院，然而不到一小时他便死在了手术台上。吉罗将军下令军事法庭审判这个行凶的年轻人，但是，他自己也没有料到，12月26日天刚亮不久，行刑队就枪毙了此人。

达尔朗被刺的消息传来后，原本在突尼斯前线的艾森豪威尔将军立即赶回了阿尔及尔。在那个时候，唯一能做的就是让吉罗将军来代替达尔朗了。达尔朗的职权最后顺利交给了美国当局在11月和12月所主张成立的那个组织，吉罗接替了他。

卡萨布兰卡会议

11月28日，在进攻并占领了迈杰兹之后，一个英国步兵旅和美国第一装甲师的部分部队紧接着又差点推进到基德达——和突尼斯只有十二英里之遥的一个城市。这时，冬季的交战发展到了巅峰。

圣诞节前夕召开了一次会议，艾森豪威尔将军在会上作出决定：不再按照原定计划立即攻占突尼斯，而是牢牢守住已占领的阵线上的前进机场。在海上，德军遭受了重大损失；不过，在突尼斯，他们的兵力却不断得到补充，以至于12月底时已有大概五万人。

在这些军事行动开展的同时，第八集团军的进展是显著的。隆美尔终于从阿拉曼撤走了残余部队，率部退至阿盖拉。隶属于远程沙漠空军大队的一支巡逻队，早就在阿盖拉隐匿着，他们一直关注着沿途动态并做好计算和报告。我方对隆美尔的后卫部队发起了猛攻，试图将他们阻挡在班加西以南，但最终失败了。经过长途进军的蒙哥马利正面临着他的前任曾遇到过运输和供应难题——这些困难在此前导致了作战失败——隆美尔这时便在阿盖拉做了短暂停留。12月13日，第二新西兰师发起大规模的迂回行动，隆美尔被赶出阿盖拉，同时后路差点被切断。隆美尔遭受了巨大损失，他在海岸公路上的车辆被我沙漠空军重创。一开始，蒙哥马利只能派出轻装部队追击，而第八集团军自从阿拉曼战役以来已向前进军了一千二百英里。我军在圣诞节攻占了苏尔特及其机场，年底继续展开行动，目标是隆美尔在彼拉特附近的第二个主要阵地。

11月26日，总统给我发来一封电报，提议三国参谋部选派代表举行一次会议。通过讨论，我们认为需要举行一次三国首脑会议才能解决问题，然而斯大林回复我们说，他无法参加这次会议。总统和我只好决定单独会晤，并把地点定在卡萨布兰卡北部的一个地方，时间定在1月15日左右。

这是一次非常重要的会议，我们当然不是什么都没准备就去参加了。亚历山大和蒙哥马利此时做好了他们将要挺进的黎波里的计划。占领的黎波里无疑是最令人期待的胜利，因为，在这之后，第八集团军可以向突尼斯逼近二百英里，这对北非战局的改观来说是有重大意义的，也是非常有利的。

1月12日，我出发前往北非。总统是在我和我的参谋人员到后两天才到达的。我的儿子伦道夫从突尼斯前线也来到这里。要考虑的事情很多，参谋人员每天进行很久的讨论，两天很快就过去了。

我和总统都没有出席参谋人员会议，但每天都有收到他们发来的关于整个会议的报告，因为，我们每天也都和自己的军官进行讨论。会议出现的分歧主要来自联合参谋长委员会和联合计划委员会之间，而不是英美两国之间。虽然我和联合参谋长委员会都认为下一个目标应该是西西里，但是，联合计划委员会以及蒙巴顿勋爵则认为，先攻打撒丁岛可以提前三个月行动，所以应该首选该岛而非西西里岛。在蒙巴顿极力说服霍普金斯等人支持他那边的观点时，我以联合参谋长委员会作为强大的后盾，也极力主张我的观点。联合计划委员委婉却又十分强硬地表示，不可能在8月30日以前办成此事。于是我当着他们的面计算了一下日期。最终，我和总统指定了进攻之日期：首选7月中或者6月中的某个好日子。结果，7月7日晚，空降部队开始行动，次日早开始登陆。

1月，当我们的会议在进行中时，我接受了驻英国的美国空军部队司令埃克将军提出的谒见我的请求，和他讨论了一项计划——美国人用装甲飞行堡垒在白天轰炸德军。对于这个计划的可行性，我是抱有怀疑的。我对他说，现在已是1943年的开头了。在参战一年多以来，美国的确一直在英国保持着拥有一支空军的状态，但是迄今为止，他们貌似只对德国进行过一次白昼轰炸，而且那次只投下了一颗炸弹，还是在有英国战斗机掩护的情况下，轰炸的时间也非常短。我们有上当的经历：去年，在华盛顿，我们本以为美国在四五个月内一定会对德国进行大规模轰炸，结果，他们没投下一颗炸弹，我们浪费了大量人力物力。埃克仍坚持辩护，他很聪明地承认了他们的确还没有扔下一颗炸弹，不过他说，再给他们一两个月的时间，他们届时一定参战，而且规模只会越来越大。

我最终还是决定支持埃克。之所以扭转我的态度，是因为考虑到美国的确在这件事上耗费了很大的人力物力，而且，他们又是如此执着于这个计划。看到我不再反对他们用空中堡垒进行白昼轰炸，埃克十分高兴，如释重负——他原本恐怕他的政府也不怎么看好白昼轰炸这一方法了。这实在令人难以接受：他们做了很大的部署和安排，然而，在1942年下半年的整整六个月里没有任何成果出来，甚至都没有给德国扔过一个炸弹。当时，最少有两万人和五百架飞机部署在东英吉利，但是他们看着却毫无行动。我原本揪着这个关键问题不放，一再问他们理由何在。当我态度发生一百八十度的转变，也不再追问到底时，他们都觉得松了口气。自此之后，英方也不再批评他们的计划，他们得以继续执行此计划。虽然他们很快就拿出了成绩，但我仍然坚持这个看法：倘若最初时他们采取夜间轰炸的措施，把钱力等用在这个行动上，那么，本有望更早地迎来轰炸高潮。行动过后，埃克将军多次表示对我的感谢，说我的及时支持使得美国政府最终没有放弃飞行堡垒，让这支空军得以大显身手。即便他说的是真心话，我也只是觉得，他所谓的支持和拯救本质上是我的消极应对——不再反对他们的计划了。

这时，戴高乐方面出现了问题。我在当时非常希望，且总统业已基本同意，让他到卡萨布兰卡来一趟。我甚至请总统发电邀请他。这位非常高傲的将军三番五次拒绝了总统。我让艾登给他施压，甚至以最大后果威胁他——如果他不听令，我们将设法让别人接替他设在伦敦的法国解放委员会主席的职位。

1月22日，戴高乐终于抵达，他被带到了他的专属别墅里。虽然这座别墅紧挨着吉罗所住的，但他一开始拒绝拜访吉罗，经过几小时后的百般游说后他才被迫同意与之会晤。我十分严肃地和他谈了谈，我明确指出，如果他仍坚持拒绝前来，我们将果断与之彻底断交。他礼貌、昂首挺胸地大踏步走出别墅，到花园去了。虽然是逼不得已才和吉罗举行会谈的，但在这次长达三两小时的会谈中，双方都表现得十分有兴致。同一天下午，他和总统会晤了，我对他们能够友好相处既深感意外又十分高兴。他那"闪耀着智慧和光芒的眼神"迷住了总统，可惜，两人的意见却无法取得一致。

　　联合参谋长委员会用了十天来研究各项主要问题，最终达成了统一意见。对于他们的工作，总统和我每天都有去了解，同时也是支持他们的。联合参谋长委员会的计划是：先集中力量攻打突尼斯，这就要使用到沙漠集团军、英方所有兵力以及艾森豪威尔的部分兵力；任命亚历山大将军为艾森豪威尔的副司令官，让他亲自负责指挥所有战斗；海军和空军方面的作战，分别任命坎宁安海军上将和特德空军上将为指挥官。现在的情况是：若该战场上能够获得第八集团军的六七个师的兵力，那么，加上安德森将军率领的英国第一集团军的四五个师后，英方的兵力能达到大概十二个师；美方这边，参加突尼斯决战的只能有三四师，这是因为他们的部分兵力已用来驻守在摩洛哥和阿尔及利亚。对于这种情况，马歇尔将军感到震惊。不过，这是他两年后在马耳他才跟我说的。这种情况就是：在突尼斯战场上，英国比美国付出了更多的兵力，然而，竟没有人提出将艾森豪威尔的兵权转交给一位英国指挥官。我自己也根本没有想过这么做，因为，若是那么做，就违背我和总统合作的整个原则了。在后面，我接下来就会提到艾森豪威尔和亚历山大二人的关系。他们都能够大局为重、无我无私，且彼此坦诚相待。艾森豪威尔将作战指挥权全部转交给了亚历山大。

　　会议快要进入尾声了。1月23日，我们和参谋长们举行了最后一次正式全体会议。参谋长们向我们两人递交了关于"1943年作战方针"的最终报告，得到了我们的批准。

第十二章　意大利投降

与土耳其总统会晤

地中海的战略形势有了改观：盟军占领西北非就等于在地中海南岸有了一个牢固的基地，进攻敌人的可能性就有了。早在此前，总统和我就想着要开辟一条便于攻打德国南翼的通道。在所有这些计划中，土耳其是关键，因此这几个月以来我都力争让土耳其加入我们。现在，这件事看来更有希望且比以前更具有紧迫性了。

一直到卡萨布兰卡会议召开，才正式展开了有关这个问题的讨论，它是会议的主要内容之一。在争取土耳其参战这个问题上所达成的常规协约，我们已经将它们列入联合参谋长委员会的报告以及关于该报告的说明中。为了彻底解决掉这个问题，我非常希望前往土耳其与伊诺努总统会晤。

不久后我接到了一封电报：关于会晤建议，土耳其总统伊斯麦特·伊诺努同意了。

关于会晤的时间和地点的建议有好几个，其中一个是我亲自去到安卡拉，但外交部十分反对这个建议。最近发生了德国大使巴本被人试图扔炸弹进行谋杀的事情，这让外交部觉得飞到安卡拉有危险性。土耳其总统提出的建议是，我们于1月31日在塞浦路斯会晤，先让我和他的首相萨拉齐奥洛先生见面，他当天在德国大使馆用过晚餐后再前来。土耳其方面的另外一个建议是：只要我们认为合适，在土耳其境内的任何地点都可以，届时，就在他们的总统及随从所乘坐的专车秘密会晤。这自然更方便。于是就敲定时间是1月30日，地点是阿达纳——它所处的海岸同时靠近土耳其和叙利亚边界。我立刻将这个决定通知给总统和斯大林。

那架C-46式飞机载着我启程了。地中海上空的飞行只用了四小时，在大部分时间里，巴勒斯坦和叙利亚都未曾脱离我们的视野，我们很快就在阿达纳降落。卡多根以及布鲁克、亚历山大、威尔逊三位将军及其他军官也随同前来，不过他们乘坐的是另一架飞机。抵达阿达纳的当日傍晚，我和土耳其总统举行了首次会谈，地点就在他的专车上。

之后举行的一系列会谈围绕两个话题，一是重建战后世界的问题，包括构架以及国际组织的安排；二是土耳其和苏联的未来关系问题。我只是重申了我曾对土耳其领袖说过的一些事——有记录可查的——比如我曾和莫洛托夫和斯大林会谈过，我认为他们二人都愿意和英国及美国和平相处。我说，英美这两个西方大国可以给予苏联很多经济方面的援助，帮助苏联弥补所遭受的损失；虽然无法预测二十年后会有什么情况，但我们还是签订了二十年的合作协约；我认为苏联在未来的十年会努力拼搏，力求复兴；当然，由于一些事情的改变，各种变化可能还是会出现的，但我觉得和苏联保持有关系很有必要；至于英美双方的关系，我认为我们若能够齐心协力地合作，一直拥有一支强大空军力量的话，那么局势就可以在一定时期内保持稳定。苏联甚至也可以从英美的合作中获得好处。苏联未被开发的领土还有很多，比如西伯利亚。

土耳其总统表示，我曾说过苏联或许会变成帝国主义国家，因此土耳其必须谨慎行事。我回应他，我对此并无恐惧，因为届时会成立一个比国际联盟更强大的国际组织，这个组织就是用来保证各国安全的。

在和土耳其方面进行这一系列的政治会谈进行中，我们还进行了军事会谈。我方出席军事会谈的有帝国总参谋长以及其他高级将领，他们和土方围绕两个主要问题展开讨论：一是为土耳其提供装备的问题，只要它采取政治行动，我们前后都会给予支援；二是制定英军如何援助土耳其的计划——只要它参战，英军肯定会援助兵力。这些会谈形成的结论列入了一项军事协约中。

我之所以和土耳其方面会晤，本想是为了让该国在1943年秋天加入我们作战。然而，土耳其最终参战是在意大利崩溃之后，那时苏联人已经步步逼近黑海北岸的德军。之所以这么晚，是因为这年的下半年在爱琴海发生了一些不幸事件。

我们想当然地认为，胜利之后一切都会好转，然而实际情况却是，我们面临新一轮的艰苦卓绝的斗争。如果我当时一切都按照我的意愿进行的话（我已坦白了我的所有想法），我本可以争取同时做到有利于盟国和土耳其——尤其有利于后者。也就是说，我本可以让土耳其在1943年年底加入战斗，同时又保证我们的主要计划不受影响。现在的情况也没有太糟——美国已经在全力对土耳其提供支援，所以这些错误在战争发生后都被纠正了过来。不过还是得回想当年：正是因为我们在巴尔干作战时没有得到土耳其的援助，1944年初的各种不幸才会发生。

各集团军进展顺利

12月，我们征服突尼斯的行动失败了。这时，我们用以对西北非发动初步攻击的力量已经用尽，所以德军最高司令部又掌控了突尼斯并让局势暂时稳定。希特勒为了对付从东、西两方进攻的盟军，下令在突尼斯建立一支新的陆军部队，为此他甚至不顾这么一个事实：他根本无法用海空军来防卫西西里岛和突尼斯之间的那条超短通道。隆美尔的非洲军团已被打败，但英国第八集团军仍穷追猛打，他们不得不节节后退。

至于中地中海，获得粮食和物资等方面支援的马耳他又变得生机勃勃了。负责保卫航运的我海军和空军仍保持战斗状态，它们从阿尔及利亚和昔兰尼加的新基地出发，在一大片航运地带巡逻的同时，它们还肩负着重创敌军的供应线和支援线的责任。在突尼斯，由于德军那里的力量仍十分强大，我们只能对该地进行封锁。抛开这个情况不说，我们的部队是可以进抵意大利本土港口的。在力量得到加强后，巴勒莫、那不勒斯以及拉斯佩齐亚都差不多成了我们的囊中之物，与此同时，英国皇家空军的轰炸机还从英国本土发动攻击，意大利北部岌岌可危。意大利舰队本来就存在燃油不足的严重问题，所以他们也不敢再有什么行动了，更别提英国舰队出场后他们有多害怕。在一段时期里，整个西西里岛都掏不出一吨燃料给运送物资到突尼斯去的舰只。

至于陆军方面，艾森豪威尔将军了解到他在西北非的军队必须进行一次整顿，以便进行改变和增强力量。在北边的英国第七十八师和第六装甲师必须巩固好他们已经占领的地区；在南边的战线上，法国第十九军和美国第二军的一部分别在中央和右侧进行防守，这部分兵力明显不足，而阵线又是十分薄弱而漫长的，这种情况会容易引发敌人发起进攻并试图包抄盟军的所有阵线。盟军部队的组成本来就十分杂乱，现在这个问题更严重了，因为吉罗将军不让英方来指挥法国部队。但是，法国第十九军在1月中旬遭受猛攻时，英美方面却不得不派大部队去协助他们。在这件事之后，艾森豪威尔只好下令全线都必须听从英国第一集团军司令安德森将军的指挥。吉罗也只好接受了该命令。

英国第八集团军虽然在1月的月初时曾因彼拉特敌军的抵抗而无法深入阵地，但他们在这个月的行动整体而言是顺利的。蒙哥马利将军认为必须推迟进攻，一直等到有充分的理由表明可以迅速获得战果时再行动。第八集团军的物资取自于班加西、图卜鲁格和的黎波里，其中，的黎波里又是一开始的供应来源。1月15日，蒙哥马利发起了进攻，他的部署是：第五十一师沿着海岸公路发起进攻，同时，第二十二装甲旅在中线出击，第七装甲师和第二新西兰师则负责在沙漠侧翼形成对敌的包围圈。1月23日，英军如计划中的一样成功攻占了的黎波里。该地的港口已严重损坏，沉没的船只完全堵住了入口处，航道上到处都是水雷。不过，我们之前就估计到会出现这样的情况。也正因此，直到2月2日，我们的第一艘供应船才驶入港内。一星期后，港口每天接受的物资能达两千吨了。虽然第八集团军还要行进很长远的一段路程，但好在，给予他们的供应一直没有断过。从阿拉曼开始的一千五百英里的路程中，他们就一直保持着能够获取给养的状态，在的黎波里港口迅速开放之后，他们所能获得的给养更是达到了史上之最。能在供应链上做到如此的成就，这都归功于林塞尔将军和罗伯逊将军，他们作为第八集团军的后勤，在开罗做了出色的工作。

　　勒克莱尔将军及其部队对蒙哥马利言听计从，因此，在本月末，他率领着一支自由法军混合部队出发了。该部队大概有两千五百多名兵员，他们从法属赤道非洲出发，穿越沙漠，又行军了一千五百英里，最终和第八集团军成功会师。在突尼斯战役的后一阶段中，勒克莱尔将军及其部队所起到的作用相当重要。2月4日，第八集团军从边境进入突尼斯，成功实现了大不列颠征服意大利的目标。现在，按照卡萨布兰卡会议所做出的安排，艾森豪威尔将军指挥第八集团军，亚历山大将军为艾森豪威尔将军的副总司令，负责指挥陆地的军事行动。

突尼斯大捷

　　在2月份的最后一个星期，亚历山大将军开始担任全线的总指挥。同时，根据卡萨布兰卡的约定，让空军上将特德担任盟军空军的指挥。这时正是突尼斯的作战发展到巅峰的时候。

　　隆美尔在3月6日发动了四次大规模的攻势，动用了他所拥有的总共三个德国装甲师。不过，我们重创并击退了他的每一次进攻。结果，他们只能将被炮火击损的五十二辆坦克留在战场上并进行撤退，而我们这边则没有损失一辆坦克，伤亡人数也只有一百三十。在和装甲部队进行过的所有战斗中，这次的反坦克炮的爆发力是最密集强大的。隆美尔这次所遭受的失败，恐怕也是他在非洲的所有征战最惨烈的一次，而这次战斗甚至可能是他在该地区的最后一次战斗。后来不久，他便被以病人的身份遣送回德，冯·阿尼姆接任了他的指挥职责。

　　正在向前推进的第八集团军的计划是围攻敌军的主要阵地，即马雷斯防线。这条防线是法国人在战争开始前修筑的，目的是为了防备可能会入侵突尼斯的意大利军。它长达二十英里，防御设备十分严密。滑稽的是，现在在该防御系统上进行防守的却是意大利人，而防备对象变成了英国人！面对这种防守牢固的阵线，要想进行一次谨慎的攻击，得好好准备两个星期。就在这时，美国第二军收复了加夫萨并向东挺进，虽然他们后来无法进抵到沿海平原地区，但是却将德国第十装甲师牵制在了马雷斯战场上。

　　在马雷斯防线的沿海地区，第十三军发动了一次主要进攻，第五十师突破了瓦帝基佐并且站稳了脚跟。瓦帝基佐的防守比预想中的还要顽固，工兵尝试了很多种方法，但结果都无法让坦克或者反坦克炮越过去。第二天用了一整天，第五十师在阵地站稳了脚，然而到了22日由于受到德国第十五装甲师和德国步兵的猛烈反攻又撤退，晚上时退到了瓦帝基佐的对面。

　　尝试从正面进攻而不成后，蒙哥马利迅速调整作战计划：一面命令在马雷斯阵线和敌军对抗的部队牵制住敌人，一面将主力调到了左翼。他还命令第十军和第一装甲师的司令部前往狭道和弗赖伯格会合，他们要走的是一条漫长而危险的道路。第四印度师则在梅德宁以西的迈特马泰山地上开辟出了另一条道路。

　　虽然得到了强有力的支援，但对于弗赖伯格来说，要想突破峡道前往哈马仍是一项十分艰难的工作。这时，西部沙漠空军又做出了非常有价值的努力，亦如他们曾帮助第八集团军应对各场战役一样。包括八个美国中队在内的三十个空军中队，对在这个隘口上驻守的敌军接连进行了猛烈的轰炸，轰炸在3月26日下午时达到了巅峰：轰炸机和低飞的战斗机交替袭击，轰炸持续了两个半小时。凭借这种猛烈的炮火支援，新西兰人和第八装甲旅得以突破了敌军防线。第一装甲师也随之深入并在夜晚来临时赶超了他们，黎明时分，哈马已经近在眼前了。该师和新西兰人一个在后一个前对敌军展开攻击。敌军作了不见成效的奋力抵抗，战斗力大大损失，还导致七千人被俘。

部署在沿海地区的英国第四十六师在3月底时开始行动了，在和敌人交战了几日后，他们收复了此前的所有沦陷地区。在巴杰以东，英国第四师和第七十八师发起的进攻也获得了成功。可以设想，用不了两个星期就可以收回迈杰兹以北的所有地盘，然后一直推进，直至抵达最初撤退时所占领的阵地。3月31日，美国第二军再一次沿着加夫萨和加贝斯湾的公路前进，从后方威胁瓦迪阿卡利特的敌军。虽然他们没有获得突破进攻的胜利，但是这次他们成功诱使德国第二十一装甲师来增援它的第十师，这个结果是非常有意义的。在这两个师发动进攻时，美国军队将他们牢牢牵制在了瓦迪阿卡利特。与此同时，战术空军持续性攻袭敌人空军的降落场地。这几次袭击取得了可以说是非常成功的战果：将敌空军赶出了突尼斯。

亚历山大在4月5日给艾森豪威尔提交了一份周详的计划，紧接着，也就是次日，第八集团军又做好了发动新一轮攻势的准备。瓦迪阿卡利特本身就是一个十分强固的防御阵地，因其背面有很多高山，地形天然地十分有利于守军。蒙哥马利再次运用他独特的战术，即以炮兵的密集炮火为支援。在这种支援下，英国第五十一师、第五十师以及第四印度师，不顾敌人当时猛烈的对抗，在黎明前发起了进攻，敌人自然拼命反击。一直到傍晚，才打赢了这场战斗。

第二天，在这两条通向北方的道路上，追击敌人的行动又展开了，撤退中的敌军纵队遭到了我们可用的所有英、美飞机的袭击。4月7日，第四印度师的一个巡逻兵和美国第二军的一个巡逻兵相遇了。事实证明，美国人的那句无人听懂的"嗨！林米"被视为亲热的招呼而得以广泛通行了。这样，这两支本来相距近两千英里的军队终于会合了。同一天，英国第九军、英国第六装甲师以及第四十六师的一个旅，再加上美国第三十四步兵师，都试图冲过冯杜克隘口，以便阻止敌军向北撤退。虽然早就占领了皮西翁，但那个装甲师直到9日才越过防线，11日，它和德国第十装甲师和第二十一装甲师打了一仗，得胜后才进入凯鲁万。

毫无疑问，由于我勇猛的第六装甲师所做的努力，敌军只能加速撤退。不过，在第八集团军前面撤退的敌军仍具有出色表现。的黎波里如今已远在后方的三百英里以外，如此，有港口设施的斯法克斯便变得十分重要了。4月10日，司法克斯被攻占，两日后，苏塞也被占领了。4月13日，在敌军位于安菲达维尔北部山区的最后一片阵地上，我们和敌人进行了试探性的较量。这次初攻证明他们的防守十分严密牢固。

由于占领了前沿飞机场，现在艾森豪威尔将军可以进一步封锁突尼斯的海上和空中领域了。加强对海上的封锁，则敌军便得更依赖空中进行运输，于是每天他们都在用战斗机护送大队运输机前来。这对英国和美国的战斗机来说无疑是种引诱，也成了他们要攻击的目标。4月10日和11日有消息传来说，击毁了他们七十一架运输机。18日，在邦角外，敌人的一支大规模运输机大队——由一百多架飞机组成，遭到了我们的"烈焰"飞机和四个美国"战鹰"航空中队的迎头痛击。在他们落荒而逃的过程中，我们击落了他们五十多架飞机。第二日，南非的"小鹰"飞机击落十八架敌机中的十五架。最后，在4月22日，又有三十架被击落到海里，其中很多装载有汽油的还起了大火。德国的飞机已经用尽了，事实上可以说，我们击碎了希特勒的白日梦。运输机是不敢在白天行动了。不过，有赖于这些飞机，自12月至3月的四个月中运送了四万人和一万四千吨物资到非洲，所以说它们也获得了巨大的成果。

　　亚历山大已经看清了安菲达维尔阵地的形势，他决定在西面展开对突尼斯的主要进攻。四月的上半个月中，从南线抽调了已脱身的美国第二军到这里，让它代替英国第五军驻守自巴杰到海边的地区。第八集团军中的英国第一装甲师虽然被调到了第一集团军，但第八集团军的任务仍然没变，即牵制住在安菲达维尔前线防守的敌军。4月19日，做好主要出击准备的该军由炮兵和空军掩护，发动了三个师进行猛攻。经过两天的激烈战斗后，它取得了显著进展，不过也清晰地意识到，只有付出巨大的伤亡代价才有可能从这个方向上获得进一步的突破。

　　4月22日，第一集团军开始了主要的进攻。第九军连同第四十六步兵师、第一装甲师和第六装甲师在右侧即古拜拉特南侧向前推进；第五军连同第一、第四和第七十八师在北侧推进，跨过了迈杰尔达河后又向芒锡考特推进。敌我激战了五天后，敌军仍有余力继续作战，不过他们的损失也十分惨重。另外，我军占领了一些重要据点，这些据点的重要作用在一个星期后就发挥了出来。在英军作战地区的南侧和北侧，分别是法国第十九军和美国第二军在行动，前者攻占了佛基林山，后者在23日发起进攻，向马特尔逐渐推进。遭遇地形困难的美军仍然对德军保持着持续的压力，以至于使他们不得不步步后退。

　　现在很明显，要想使敌军土崩瓦解，还须给他们一次沉重的打击。安菲达维尔阵地实在太牢固了，唯有重创此地才能攻克敌人，这一事实已经由在4月24日进行最后一击的第八集团军证明。正如我们所知，第八集团军中的那三个一开始便是在沙漠作战的经验丰富的师，被亚历山大将军调到了第一集团军。5月6日，最后的进攻开始了。在迈杰兹至突尼斯的公路两边的狭窄战线上，第九军发动了主要进攻。充当先锋步兵的英国第四师和第四印度师在前，第六和第七装甲师在其后，左侧是进行掩护的第五军。这一天，盟国空军出击了两千五百架次，再次表现了卓越的作战能力。面对这一大危机，轴心国由于空军力量已经逐渐衰颓，只能出击六十架次进行抵抗。战斗的高潮眼看就要到来。已经毫不留情地封锁了海上和空中，敌人在两个领域的活动都被迫终止了。

第九军在敌军前线取得了一次十分干脆的突破。两个装甲师穿过敌人的步兵阵地，到达了突尼斯后面的芒锡考特，然后在第二日即5月7日继续向前推进。已进抵突尼斯的第七装甲师转而向北进发，打算和美国军队会合。这时候，美军前线上的战斗业已胜利结束，他们的第九步兵师挺进了比塞大。如此，盟军对三个德国师形成了包围，并使他们在5月9日投降。

第六装甲师及其右侧的第一装甲师，还有后来的英国第四师共同向东突进到突尼斯外更远的地方。在该城东几英里，当前两个师行进在一条靠海岸的狭窄道路上时碰到了敌人，敌人匆忙抵抗。5月10日的黄昏时分，他们冲破了敌方的抵抗，到达东岸的哈马马特。在他们后面的第四师在邦角半岛展开了扫荡行动，这期间没有遇到任何抵抗。敌军的残余部队已经在南面被肃清了。

坎宁安海军上将已准备好要使得轴心国完全崩溃。为防止轴心国企图再次进行"敦刻尔克式"的撤退，他在5月7日命令所有海军在海峡中巡逻。这次作战计划被称为"报复"。他在8日发出了指令："击沉、焚毁、歼灭所有敌船，不许任何一只通过。"最后差不多是成功完成了这一目标，只有几只小船试图逃跑。不仅是皇家空军，驱逐舰和海防舰艇也在日夜作战，无情地扫荡敌人。最终，算来共计八百七十九人向海军投降。已确认逃脱的敌兵有六百五十三人，他们大多数是乘坐夜间的飞机逃脱的。我们虽然也有伤亡，不过是不值一提的。

一个月后，我访问了阿尔及尔。直到这时，我才能公正的指出海军各部门对这次胜利之战起到了多大的作用。

1943年5月17日，一支运输船队从直布罗陀出发了，它将在地中海的整个航线上行驶，这样的行驶还是自1941年以来的第一次。5月26日，这支船队在毫无受损的情况下驶进了亚历山大港。现在，常规的物资运输船的可以节省大概四十五天的航行时间，这是因为打通这条航线后航程缩短了将近九千英里。

5月12日，第六装甲师与第八集团军会师了。在已合拢的严密包围下，敌人不得不投降。

突尼斯之战的胜利所具有的重要意义，想必是任何人都不会怀疑的。和斯大林格勒战役相比，这一战役的重要性同样作用。我们俘获了将近二十五万敌兵，重创了敌人实力。此外，击沉了他们三分之一的用来供应物资的船只。实际上，我们肃清了非洲的敌人，解救了一个大陆。伦敦沸腾了，这样的场面是这次大战以来第一次出现的。议会以十分的热情和关心迎接各个大臣，向各个指挥表示热烈、真挚的感谢。我下令各个教堂都鸣钟庆祝。遗憾的是，由于我彼时还在大西洋的另一岸处理要事，所以没有听到它们的声响。

对华盛顿的第三次访问

一旦非洲的局势确定下来，我就十分有必要立刻前往华盛顿了。我们在胜利后该做什么呢？是只满足于在突尼斯顶端地区获得的战果，还是争取把意大利拉出战争，并让土耳其加入我们？只有亲自和总统商讨解决，才能这些重要的问题，这也是我前往华盛顿的重要理由。重要性仅次于这些问题的是在意大利战场的军事计划。我觉察在这个问题上，我们内部实质有严重的分歧，若不解决这个问题，这一年剩下的时间里它将会引起很多难题，致使我们在行动上有心无力。正因此，我决定有可能的话召开一次最高级会议。

5月4日，我们从伦敦启程，次日在克莱德河口登上"玛丽王后"号。

"三叉戟"会议这个名字是我以前起的，在接下来的十四天里，这个会议将会讨论关于战争的各种情况。有很多事情是不能留到华盛顿的，我们在到那之前必须先内部解决。我们现在都位于一层甲板上；联合计划部和情报参谋部基本时刻都在开会，参谋长委员开会不是一天一次就是一天两次。我通常习惯每天早上将自己的意见写在备忘录给他们看，或者直接下达指令，接着我们会在下午或者晚上进行一次讨论。航行过程中，我们持续不断地讨论、研究和策划，最后做出了经过再三思量的重要决定。

我们在5月11日到了斯塔滕岛，在那里迎接我们的是哈里·霍普金斯，接着我们立刻乘坐去往华盛顿的火车。总统去到了站台欢迎我，见面后他马上把我带到我的白宫"老巢"——我曾住过的房子。第二日即5月12日的下午两点半，我们就着他的椭圆办公室围坐下来，先进行全面的讨论和计划我们的会议安排。

总统首先致辞欢迎我们。他说，卡萨布兰卡会议使"哈士奇"作战计划出炉，他希望这次战役的计划也会同样顺利。他认为，争取运用所有人力和武器打击敌人，是我们目前所有计划中的重点，必须避免出现作战力量闲置的情况。

总统认为，在生产方面，同盟国的优势大于德国和日本，所以非常重要的一点是，让大量陆军和海军部队积极地参加战斗。对于土耳其，他同样乐观地认为，使该国加入战斗就可以为空军建立重要的基地，以便他们攻袭通往苏联战场的德军的交通线。"在西西里后我们去哪儿"的确是一个急需考虑的问题。可以肯定，必须二十个以上的师驻守在地中海地区。占领意大利后，必须根据在地中海将会发生的任何战役情况，仔细研究同盟国在人力和物力方面的使用问题。不管怎样，可以确定在完成"哈士奇"作战计划后仍有充足的人力——应该立即将他们用来加强"波莱罗"计划。他认为，每个人都会赞成这点：不可能在今年内横渡英吉利海峡作战，不过必须在1944年春进行这一活动，而且要以最大规模。

总统说，至于太平洋地区，日本人的力量正不断减弱。美国人已经登陆阿留申群岛，而且，已经在所罗门群岛和新几内亚展开作战行动。集中力量攻打日本的供应线，这是尤其重要的。日本自战争开始以来已经损失了一百万吨船舶，若长此以往，他们的军事活动的范围必定会受限。此外，他们的空军力量同样受损严重。为能够继续在海上展开进攻，十分有必要在中国建立空军基地。总统说，会议不应该忽略中国有崩溃的可能，所以，在1943年和1944年必须把中国放在第一位，让空军直接援助中国。光是收复缅甸还不行。不惜代价地保证阿萨姆机场的安全，才能做到上述所说的。派更多的空军在中国基地活动，这等于是给日本航运施加更多的压力。总统在最后说，我们必须对抗德国人才能帮助到苏联，而正是因为考虑到这点，他怀疑德国军队在我们攻占意大利后是否会抽身出来。他认为，横渡英吉利海峡时所展开的攻势，才是迫使德国作战的最佳办法。

我回答说，既然我们都同意无法在1944年前展开横渡海峡的作战行动，那么就应该派我们的大部队去攻打意大利。我觉得并没有必要攻占意大利。若意大利瓦解了，同盟国一定会想要攻占港口和飞机场，以便进一步在巴尔干和欧洲南部作战。控制意大利的最恰当方法就是使它处于同盟国的监管之下。

现在，我们的联合参谋长以及他们专家要彻底讨论并解决所有这些问题。

　　应众议院议长的邀请，我在19日即星期三的中午到国会发表演说，这一次距离我上一次在这个庄严的国会发表演说有十七个月了。这次演说转播到了世界各地，有记录可查。国会非常喜欢这篇报告。总统也从广播中听到了我的发言。我回到白宫时觉得他看起来非常满意。

初步讨论战后问题

　　三军参谋长仍在不停地讨论，有时一天就要讨论四次之多。看起来，意见分歧是无法避免的，而且好像根本无法协调冲突的双方。这期间，美国的高级军官将会议内容透露给了民主党和共和党的参议员，这在参议院引发了一次激烈的讨论。最终，我们的难题因为不厌其烦的坚持而被逐个解除。在5月20日对国会发表的演说中，我谈及了所有可以公开的有关整个局势的问题，包括事情的轻重缓急以及未来的命运。众所周知,总统和我的意见是一致的，仅从我们生活在一起且能经常见面这点上便可看出。只不过，总统打算在最后再亲自决定。另外，霍普金斯在做的工作有着重要意义。如此，在参谋人员讨论的过程中始终有着一种力量在起到影响作用，这种影响是循序渐进的，却能起到决定效果。即便最严重的分歧也因为双方军事要人的关系极为融洽而消解了，所以到最后，在进攻西西里问题上我们几乎达成了统一意见。

　　缅甸那边的军事行动毫无进展，这令华盛顿方面以及我们都非常不满。我想调整指挥部：让韦维尔任印度总司令，奥金莱克任他的副司令；同时，东亚战场的总司将由一位较年轻的最出色的军长担任。我认为，如果真的重视这一战场，想要解决它的各种问题，那就十分必要进行这样的调整。

另一个非常大的难题是关于大西洋的岛屿。战时内阁愿意搬出古老的同盟条约来和葡萄牙政府谈判，要求它给我们提供各种有利条件——在联合参谋长委员会的敦促下，我和总统都十分重视这些条件。据专家的预测，若事成，可以保全住百万吨的船舶以及无数人的性命。我非常尊重葡萄牙的权利，不过，我同时觉得，我们的战斗不仅是为了它的独立自主和生存，也是为了我们自己。在经历遭受重大损失的六个月后，我们终于获得了这项我们急切盼望的援助。不过，在此之前自然还须进行长时间的友好谈判，而且还有一个前提：我们的军事活动获得了支援，而这些支援让我们普遍获得了战果。

我在常规讨论时提到，一定要杜绝日本和德国在未来还会发动战争，这是我们最优先考虑的事情。我觉得应该成立一个包括美国、英国和苏联在内的联合机构，用以达到以上的目的。当然，我非常乐意看到美国允许中国也成为这个三国联合机构中的一员；不过，中国无法与这三个国家相提并论——不管它的重要性有多大。这些大国的肩上担负着维护和平的任务。这样的世界最高理事会应该由它们和其他一些国家共同组成。

同时，还应该分别建立分别属于欧洲、美洲大陆以及太平洋的区域性理事会，这三个理事会将由世界理事会管理。

当战争结束之后，我觉得欧洲的区域理事会可以由大约十二个国家或联邦组成。在地图上，处于英国和苏联之间的国家都不是非常强盛，这种状况是比较糟糕的，所以现在最主要的事情就是将法国重新变得强大起来。而且我提到，我料想美国不可能永远派大批人马到欧洲承担起防备任务，英国也做不到这一点。但可以肯定的是，欧洲的秩序必定需要美国以及英国采取某种方法来共同维护。

这样的一个区域理事会，美洲的各个国家也可以成立。在这个理事会中，代表英联邦的加拿大肯定是成员之一。还应该成立一个太平洋区域理事会，我认为苏联应该加入这个组织。解除本国西部边疆的压力后，苏联将会更关注远东地区。世界理事会将领导这些区域理事会。一个国家若是世界理事会中的一员，那么它就应该同时加入和它有直接关联的特定区域理事会，应该兼顾两级理事会的事务；我希望，美国一视同仁，即对美洲区域理事会、太平洋区域理事会以及欧洲区域理事会都派遣代表参加。所有区域理事会处理不了的事情，肯定会由世界理事会负责解决，所以说，世界理事会拥有最高权力。

武力肯定是维持和平的必要因素。我建议所有同盟国之间制定一项协议，将各个国家的武装力量维持在一个适当的限度范围内——最低是多少，最多是多少。每个国家的武力可以分成这个国家的国家部队以及国际警察部队两部分，区域理事会要在世界最高理事会的指导下指挥国际警察部队。这样的话，假如欧洲十二个国家中的一个国家对和平产生了威胁，那么有必要处置这个国家的时候，就可以使用其他十一个国家的国际警察部队。根据世界理事会的决定，各个国家所派遣的国际警察部队队员，除了自己国家以外，有义务执行对任何国家的战斗任务。

我另外谈到，在战争结束后，我们应该将联合参谋座谈的方式继续下去；为保障外交政策的主要方针得到紧密合作，我们应该频繁地进行沟通，利用所有必要的手段。他们都非常同意这两点建议。

在"三叉戟"会议期间，我们就有关战争策略重要问题召开了六次全体会议，我和总统都参加了这六次会议。联合参谋长委员会为了让他们的不懈努力获得成果，每天都要我们解决他们提出的问题。所有工作都进行得很顺利。5月25日上午召开了最后一次会议，我们收到了联合参谋长委员会上交的报告书。他们对我提出的一些修改建议表示赞同。这份修改后的报告正式得到了我和总统的批准。

很多问题都取得了很好的进展。不过，有关征服西西里后进攻意大利的问题，联合参谋长委员会还没有表示具体的建议。

我在5月25日亲自向总统提出一个请求：让马歇尔将军和我一同前往阿尔及尔。于是，总统在最后一次会议上就说，首相不久将有机会和北非总司令讨论"占领西西里后的"政策，而他之前就建议马歇尔将军同去，因为这一定会大有帮助。然后，他便直接问马歇尔将军是否可以推迟巡视东南太平洋的活动，答应首相的请求。马歇尔将军回答当然乐意。

进军意大利

5月26日，我们——我和马歇尔将军、帝国总参谋长、伊斯梅以及其他随行人员——一大早就乘水上飞机出发了。罗斯福总统来到飞机的起飞地点波托马克河，为我们送行。

在阿尔及尔和突尼斯的这八天，是我在战时最快乐的时光。我致电邀请艾登和我一起参加我们计划的吉罗和戴高乐间的会面，以及共同决定我们所有的其他事情。我向内阁解释了邀请他来这里的重要性和必要性。

既然觉得应该攻占西西里，我决心，在离开非洲前，必须就攻打意大利这个问题作出决定。布鲁克将军和我将我们的想法说给了亚历山大将军、安德鲁·坎宁安海军上将和特德空军中将听，后来又说给蒙哥马利将军。他们这些人都倾向认为，应该在最近的战斗中采取大规模的形式，并认为，从阿拉曼战役以来我们所取得一系列胜利来看，征服意大利是自然而言的。只是，我们伟大的同盟国同不同意是关键。艾森豪威尔将军非常谨慎地倾听了我们所有的论点，我百分百地肯定他是同意我们的意见的。马歇尔的意思就猜不透了，他一直保持沉默，直到最后一刻也是如此。

5月29日下午五点，在艾森豪威尔将军的阿尔及尔别墅中，我们召开了第一次会议。

第一项讨论内容是名为"小鬼"的作战计划。艾森豪威尔将军解释说这个代号指的是攻打潘泰莱利亚岛，该行动日期暂定为6月11日。从地图上一眼就可以看到这次战役具有有利的军事条件。攻占该岛的飞机场是必需的，这是为了袭击西西里的南部，而整个进攻也是为了肃清西西里海峡。

应我的请求，艾森豪威尔将军简短说明了一下进攻西西里的计划。他提到，应该可以及时运送所有人力物力并且保证数量。之后我们就谈到非常重要的问题。艾森豪威尔说，在他和艾伦·布鲁克爵士进行过的一次长谈中，布鲁克特别指出：苏联陆军是唯一可以在1943年取得决定性成果的地面部队，所以我们陆军的行动应该都围绕着一个宗旨——使得德军不得不从撤出他们在苏联战线上的兵力；如此，苏联军队才可以让德军遭到决定性的失败。

马歇尔将军多次强调，唯有在法国北部，才能让大规模的英国本土空军和在联合王国的美国空军，联合进行可以全力以赴的战斗。我认为马歇尔所说极为正确。我强调指出，英国陆军乃至所有英国人都迫切想渡过海峡作战。

　　马歇尔将军说，在横渡海峡的作战计划上，英美联合参谋长委员会不仅已决定了明确的行动日期，而且还计划好了要使用五个师发动袭击。之后，帝国总参谋长报告了整体的国际形势。眼下马上就会在苏联人和德国人之间发生异常激烈的战斗，我们应该尽己所能援助苏联并分散德军。使他们分散兵力正符合我们横渡海峡的作战计划，我们应该争取他们的兵力更分散一些。除非法国海岸的防守十分牢固以及德国人在进行反攻的时候会派出机动型后援部队，否则，要攻打那里的防御工事还是很容易的。

　　艾森豪威尔这时宣称，他的问题现在看来已经十分清楚了。要是西西里的行动成功了，比如说不用一个星期就成功进军，他就须立马渡过海峡并建立一个桥头堡。相比西西里，或许更容易攻破意大利南部的海岸防御。

　　虽然还有很多问题都没有确切解决，但我还是很满意这次讨论，因为所有将领看起来都是勇猛无畏的。我觉得，这些莫名其妙遗留下来的问题，迟早随着我的愿望的实现而消解掉。现在我拟好了一份名为"和背景有关的备忘录"的文件，里面概述了进攻意大利的所有情况，还附录能用来作战的部队列表。在5月31日即星期一前——我们计划这天再次会谈，我把这份文件发给大家传阅。

　　我们在5月31日又召开了会议，地点是艾森豪威尔的别墅，艾登先生也出席了。我极力抓住事情的核心。在我提交传阅的文件被提及之后，我指出，我一心关注着在意大利南部的进攻，但是我们的选择可能会因为战争的命运而改变。意大利可能有两三种崩溃方式。很多事情将会发生在现在到7月之间。我想要进攻意大利的态度，马歇尔、艾森豪威尔以及联合参谋长都充分理解。但是，"哈士奇以后"的战斗计划能够取得最好的结果，所以他们想选择的只有这个计划。

　　6月3日，我们举行了最后一次会议，主要围绕有关轰炸罗马的火车货运的集结场地的问题展开讨论。大家一致认为，对那些结集场地进行轰炸是必然的，它们太重要了，因此，当在白天进行不会损害到其他地方的袭击同时，一定要轰炸这些集结场地。马歇尔将军和我都清楚使各自政府授权批准这一行动的重要性。

我认为，讨论进展到此显然可知大家的意见倾向于攻打意大利。我最后以比较柔和的语气进行了总结，同时向艾森豪威尔将军表达我的敬意。我说，当我回国的时候，这种足以表明我们在这一战场的信任的伙伴情谊也会传达给国内的。这一次访问中的协作上的默契给我留下了最深刻的印象，这种契合对于一项任务的进行来说无疑是最好的兆头。我说，我必须再次表示我充分相信艾森豪威尔将军，以及十分佩服他处理许多重大问题的方式——在离开这里前我必须重申这点。艾森豪威尔将军说，赞誉之词属于在座的所有军官。他又说，即便他的总部也有提出异议的时候，但所有的意见分歧都无关于国家有别的思想。马歇尔将军和布鲁克将军都表示极度的赞成。我们就是在这种非常友好和睦的气氛中分别的。

攻陷西西里岛

卡萨布兰卡在1月下定决心，攻占突尼斯之后，向西西里岛发起攻击。这项伟大的谋划因"哈士奇"这个密码代号而广为人知。在北非之战中，我们登陆前并未考虑过会遭到殊死反抗，如今，出于护卫祖国的目的，数量众多的意大利陆军也许会拼死一战。德国的地面军队和空军十分强悍，肯定会强化他们的实力。尚且持有六艘装备精良的现代化战列舰的意大利舰队，参战的概率很高。

2月，艾森豪威尔将军的总部就开始制定计划。第十五集团军群（美国第七集团军与英国第八集团军都被包括在内）交由亚历山大指挥；盟国的空军交由空军上将特德指挥；盟国的海军交由海军上将坎宁指挥。艾森豪威尔将军是海陆空三军的总指挥官。

蒙哥马利将军以及他的第八集团军指挥英军的突击行动，几乎在同一时间，美国的第七集团军任命巴顿将军做指挥官。海军上将拉姆齐在"火炬"之战中策划过英军登陆，美国海军上将休伊特与巴顿将军协同执行过卡萨布兰卡的登陆任务，所以，海军的指挥权交由他们两个。在空军上将特德之下，有几个主要的空军司令官，他们分别是斯帕茨将军、科宁厄姆和布罗德赫斯特，前两位分别是美国陆军的空军部队司令和中将，最后一位是空军少将，他指挥军队配合第八集团军，以便在空中展开作战行动。

我们在7月3日发动了一场凶猛的空中袭击，把西西里岛和撒丁岛的飞机场轰炸得很多都瘫痪了。在这种压迫下，敌军的战机只得开始防守，他们的远程轰炸机不得不把基地撤回意大利。墨西拿海峡共有五艘火车渡轮，但是四艘都被击毁。空中优势在我们的船队逼近这个岛屿时已经定了下来，轴心国的军舰和飞机并没有做出太大的努力阻击从海上来的袭击。敌人在整个战斗过程中都不清楚我们的攻击点在什么地方，因为我们的攻击策略是声东击西。在埃及，我们对海军做出调整，对军事进行了准备，就好像向我们传达了一个信息——将远征希腊。他们在突尼斯被占领以后往地中海调派了更多的飞机，空中中队增加了，却没有被调往西西里岛，而是被调往地中海东部、意大利西北部和撒丁岛。船队向目标逼近，在这紧要关头，艾森豪威尔将军组建起自己的司令部，地点在交通便捷的马耳他岛。在这个地方，他与亚历山大将军以及坎宁安海军上将相聚。空军中将特德在迦太基的周围留了下来，联合空军的战斗就由他指挥。

大舰队从东方和西方开来，于7月9日清晨在马耳他岛南面汇聚。是时候出发了，所有舰队全速行驶，向西西里岛的海滩开进。海军上将坎宁安发电报说："这次船队的集结十分少见，显现出极高的准确性，只有一点儿不够完美——潜艇击毁了船队中的三艘船只。大多数船只都逃过了敌机的侦察，船队的航线得到了良好的保护。"

在战机的掩护下，这次登陆处处传来捷报。英军前线的锡拉库萨、帕齐诺与美军前线的利卡塔、杰拉都被攻占。12日，奥古斯特被第八集团军攻占。德军的一些装甲师向美军前线的美国第一师展开迅猛的反击。形势相当严峻，敌军最终在一场苦战中败下阵来。为了把杰拉东面具有重要地位的飞机场攻占下来，我们的盟军向前进发。

如今，已经有十二个飞机场被我们攻占，岛上在7月18日时仅剩下二十五架德国飞机可供驱使。共计一千一百架敌军飞机掉落在战场上，有的被击毁，有的受到了损伤，一多半都是德国飞机。敌方军队意欲离开意大利，转而向墨西拿进发，我方空军竭力阻击。它们与凶猛的高射炮对抗，仅获得了部分胜利。

亚历山大将军于7月16日指挥第八集团军向埃特纳火山的西侧发起攻击，第七集团军向恩纳周边的公路发起攻击，还把佩特哈利亚东西方向的道路截断。英国的第五十师行动迟缓，德军把支援部队从意大利调来，第一伞兵师的六个营也在其中，他们作战非常凶悍。在它的左翼，我们攻克了某些地方，但是就形势上看来，做出新的部署并增派援军都很有必要。英军前线在第七十八师从突尼斯调来之前可以获得短暂的宁静。

意大利南部的交通线、机场与那不勒斯港口都在受到盟国空军的袭扰。罗马火车站的停车场与罗马飞机场于7月19日被一个强悍的美国轰炸机队轰炸。这是一次破坏性十分强烈的轰炸，使人陷入深深的惊恐之中。英勇的巴顿将军指挥着美国军队在西西里岛不断取得胜利。这个岛屿西端的肃清工作由第三步兵师和第二装甲师负责，在那个地方，如今只有意大利的军队；他们的第二军由第一师和第四十五师组建而成，接到命令后，他们开始向北面的海岸发起攻击，再顺着通向墨西拿的两条首要公路一路向东进军。7月22日，巴勒莫被攻克，美军在月末时抵达尼科西亚到圣斯特凡诺的一线。他们的第三师已经把西西里岛的西部工作做好，作为援军被派遣过来，沿着海岸线追击敌军，第九师也在这个时候从非洲被调回。正如我们的第七十八师，这支军队也是后备军，一直在北非驻扎。

在这个时候，决战场已经部署完毕。这定是一场惨烈的激战，参战方不只是意大利的防守军，还有超过三个师的德军，德军的指挥官是具有丰富作战经验的胡贝将军。意大利极有可能溃散，而且溃散的速度也会很快。在白厅中，我方人士在情绪上的变化非常明显。为了攻克那不勒斯，我们已经下定决心，直接向意大利的西海岸发起攻击，这个计划更大胆一些。

7月25日，局势因墨索里尼的下台而变得好起来。向意大利发起进攻的呼声明显很高。费了很大的力气，"雪崩"作战计划才顺利完成，多亏我们增派了英国海军和空军。在我们看来，只有增加船舶的数量，才能在登陆后使整个部署变快，假如我们可以运用这些船舶，就不会遇到太大危险。美国并未在这些地方听从我们的建议，很多美国船舶在战斗还没打响时就已经撤退，某些英国攻击舰也被调到印度。

8月5日，攻占了卡达尼亚，整个英军战线从此延伸到埃特纳火山的南面和西面的山坡。美国第一师经历了一场殊死搏斗，6日，他们成功攻克特罗伊纳，在1日那天，他们的第九师从第一师穿过，在8日那天，他们抵达切萨罗。美国第四十五师沿北海岸向前进发，第三师也随后而至，小范围、灵巧的两栖战斗分两路包抄，提供了援助，于8月10日抵达奥兰多角。13日，兰达佐被攻下，在每一条战线上，敌方都采取了避让策略，为了掩护撤退，在墨西拿海峡，他们发出了凶猛的防空炮，于几天后的晚上往本土方向逃窜。我们的军队以很快的速度朝墨西拿方向进发。敌军从卡达尼亚开始，把那里的海岸公路摧毁掉，第八集团军因此步履迟缓，在相差很小的情况下，美国人抢占了胜利的果实。8月16日，他们将墨西拿攻克。

这场灵巧的战役最后以胜利告终，前后共历时三十八天。开始时，敌人十分惊讶，等他们缓过神来，也进行过顽强的抵抗。地形使得困难重重，军队只有通过徒步的方式才能从狭窄的田野道路上通行。埃特纳火山上的崇山峻岭挡住了第八集团军的去路，我们的活动都处在了敌人的监控之下。在卡达尼亚平原的洼地上，一直驻扎着第八集团军，疟疾在此处盛行开来。就算处于这种情况，假如我们的登陆行动顺利实施，我方空军就能利用攻克的机场采取行动，也就很容易确定胜负。在马歇尔将军的报告中指出，有十六万七千人丧失生命，在他们之中，德国人占三万七千名；盟军总共有三万一千一百五十八人或死，或伤，或失踪。

墨索里尼下台

多年来，墨索里尼对意大利实施统治，最终陷国家于危难之中，如今，他负有不可推卸的责任。他无法让王室、议会、法西斯党或总参谋部担负责任，因为他始终都是个独裁者，理应担负所有责任。在意大利，认定战争会以失败告终的情绪在消息灵通的人之间盛行，那个导致国家误入歧途、走向失败的人理应受到惩罚。这些信念于1943年的前几个月中慢慢形成，盛传于各个地方。独裁者掌握着至高无上的权力，在战役中以失败告终，以及位于苏联、突尼斯和西西里岛的意大利人惨遭杀害等事件，都意味着将要向意大利发起直接攻击。

高潮在7月到来。寡言少语的立宪国王小心翼翼，他最终意识到，可以委托巴多格里奥元帅来掌控国家大权，因此做出了一个清晰明了的计划，准备在7月26日把墨索里尼抓捕起来。对于寻找人完成这一计划，埃布罗西奥将军表示同意，还创造条件来完成这项任务。没想到一些法西斯老兵也支持埃布罗西奥将军的计划，他们蓄意使法西斯党再次兴盛起来，在他们之中，很多人都不会在再次兴盛的过程中沦为失败者。法西斯大委员会自从1939年以来始终都没有召开，这是法西斯党的最高组织，他们准备通过召开这种会议的方式向他们的领导发出最后的通告。他们于7月13日会见了墨索里尼，规劝他在7月24日召开大委员会的正式会议。从表面上看，上面所说的两个运动彼此没有任何联系，是相互独立的，不过它们的意义非凡，因为二者在时间上保持一致。

在意大利内部，政治局势十分紧张，我们那个时候对此并没有一个确切的认识，不过有时候，盟军总部会接到报告，听说那里士气衰落与政治局势多变的现象一天比一天更严重。我们向意大利北部的各个城市展开空中袭击，在此以后，罢工与骚动在这些城市爆发。我们得到消息，意大利的铁路瘫痪了，粮食运输一天比一天糟糕。我们在登陆西西里岛时召唤意大利人民，如今已经到了合适的时机。

24日下午五时，法西斯大委员会召开。很明显，为了预防会场受到暴力袭扰，警察的最高领导已经做了防备工作。枪兵团作为墨索里尼的私人卫队，不再负责威尼斯宫的守卫工作，在那个地方，军警随处可见。

这个时候正在秘密进行着一项谋划——抓捕墨索里尼。宫廷大臣阿奎罗拿公爵指派埃布罗西奥完成这项谋划，埃布罗西奥在警察和军事警察中的负责人与亲信即刻采取行动。警察局和内政部的办公组织悄无声息地控制了重要的电话接线站，进展得十分顺利。在王宫别墅的周围，一小队军事警察将岗哨安排在暗地里。

7月25日上午，墨索里尼留在办公室中，接着巡查了罗马的一些被炸毁的地方。他请求朝见国王，国王在下午五点时接待了他。国王在门口站着，身上穿着大元帅制服。他们二人迈入客厅。国王说："我敬爱的领导啊！现在形势很糟糕。意大利就要土崩瓦解。军士们士气低落，不肯再参加战斗……法西斯大委员会的决议令人十分恐惧，竟然高达十九人支持戈兰迪，其中四人都获得过天使报喜勋章！……你如今在意大利成了最让人憎恨的人。你至多只剩下一个朋友可以依赖，我就是你的那个仅剩下的朋友。所以我要让你知道，你无须忧虑自己的安全，我一定会保护你。我想让巴多格里奥元帅来接替你如今的职位……"

墨索里尼回答说："你现在做出的抉择非常严峻。在当前的危机下，人们会因为宣战者被解雇而想当然地认为和平就要到来。对于军队的士气而言，这是致命的打击。丘吉尔与斯大林一方——特别是斯大林一方——会被别人想当然地以为是最终的赢家。关于人们的愤恨，我能意识到。我在昨晚的法西斯大委员会上轻易地察觉到这一点儿。我被人怨恨是可以理解的，因为在很长一段时间内，都是我一个人统治着，还给大家带来深重的灾难。无论怎么样，我都向如今的执政者致以问候，希望他比较走运。"在国王的陪伴下，墨索里尼来到门口。墨索里尼写："他的脸色煞白，与往常相比，身材显得更小了，就像一个侏儒。他和我握了握手，道别之后就走了进去。我从台阶上走下来，朝着我的汽车迈步。一名国家警察上尉此时拦住了我的去路，告诉我：'接到国王陛下的命令，由我来保卫您的人身安全。'我朝自己的汽车走去，周围停着一辆救护车，那名上尉此时指着它告诉我：'不行，我们一定要乘坐那辆车。'我与秘书登上了那辆救护车。那名上尉、一名中尉、三个国家警察，以及两个便衣警察都上了车，手中拿着机关枪在车门口的位置坐下来。救护车在关上车门后就飞速开走了。我依然觉得他们这样做是想要保障我的人身安全，正如国王许诺的那样。"

国王在那天下午晚些时候令巴多格里奥组建了一个新内阁，其中包含军界的领袖与文职官员，巴多格里奥在那天晚间把这个新闻通告了全世界。巴多格里奥元帅在两天后发布命令，把这个法西斯领袖囚禁在蓬察岛的上面。

在意大利，墨索里尼专制了二十一年，最终走向覆灭。

如今，我们面对着一些繁杂的问题。意大利以很快的速度土崩瓦解，我们一定要想一下，拿出什么样的态度来对待这件事，一定要草拟出投降条件的细则，牢记意大利与德国内部的反应。这些事变具有什么样的战略意义，我们一定要想清楚，还要计划好如何在爱琴海和巴尔干半岛采取进一步行动，这些地方并非意大利领土，但是如今还在意大利军队的掌控之下。

罗斯福总统于7月27日寄给我一篇广播稿，那是他帮艾森豪威尔将军拟定的广播稿，要向意大利人民做出宣传。美国参谋长联席会议支持这篇广播稿，在这篇广播稿之中，有这样一段话："你们的士兵可以继续过平常人过的生活，做回他们以前做过的生产性工作。在我们的战俘营中，意大利俘虏有数十万之多，他们将重返那些期待着他们的一个个家庭中。你们的国家还会重新回到往日那些历史悠久的自由和传统。"

我很在乎这份联合宣言的草案，也非常在乎我们的那些由意大利人控制的俘虏前途会怎么样。

艾森豪威尔提议不向敌军宣告停战的条件，罗斯福总统对这个提议予以支持，但是他特别希望把提出条件的权利交给艾森豪威尔，以防意大利政府要求艾森豪威尔必须拿出停战的条件，也预防意大利做出一些本可以避免的以及要付出很大牺牲的斗争。艾森豪威尔的军队只在西西里岛才与敌人直接接触，并且仅与德军直接接触，我搞不懂意大利政府坚持向艾森豪威尔提出这种要求的原因。我觉得意大利政府经由梵蒂冈、土耳其或瑞士进行谈判的概率更大。为了尽快结束战斗，我支持采纳下面的方式：假如某个代表告诉艾森豪威尔，他们要求和解，艾森豪威尔回复时理应拿出清楚明了的条件，其中包括无条件投降。

也许，意大利人会让我们提出和解的条件，不过，我们怎么对待巴多格里奥领导下的新意大利政府，决定着我们什么时候提出条件。

这些都是为将要举办的魁北克会议服务的。

"四分仪"会议

西西里岛就要取得胜利，受到意大利局势和战争发展的影响，7月，我觉得应该和罗斯福总统再次会晤，再次启动英美会谈。罗斯福建议把会谈地点定在魁北克。麦肯齐·金先生支持这个建议，我们也觉得这是最好的选择。因为一切主要问题均与英国和美国有关联，所以我个人坚持认为，这次会谈的主角应该是我们和美国。将来可以举行三巨头会谈，与会方是三个大国的首脑，而如今，这次会谈的主角只能是英国和美国。我们给这次会谈取了个名字，叫"四分仪"。

我于8月4日晚上乘火车从伦敦出发，然后在克莱德湾乘坐"玛丽皇后"号前往诺瓦斯柯夏的哈利法克斯港。8月9日，我们抵达哈利法克斯港，登陆后就上了火车。虽然采用了所有能用的保密方式，人们依然聚拢过来。我们在二十分钟左右的时间中一直握手、合照和签名，才往魁北克方向驶去。

罗斯福总统和哈里·霍普金斯于8月17日抵达魁北克，艾登和布伦丹·布拉根也乘飞机从英国来到这里。各个代表团汇聚一处，在这个时候，我们听到意大利深入的媾和运动的消息。在我们看来，意大利不日就会投降。我们抱着这样的态度，展开了会谈。从8月14日开始，英国三军参谋长和他们的美国同僚们始终在城堡工作，还起草了一份详细的战争进展汇报，主题是，1943年和1944年战争的发展趋势。"四分仪"大会其实是一种参谋会议，探讨一些技术类问题，在这两次大会中，罗斯福总统、我们的三军首脑们和我共同审定讨论结果。

8月19日首次召开全体会议。很长一段时间内，"霸王"作战计划一直是讨论议题。在会议上我提出，是否完成相关力量中的某些条件，决定着"霸王"作战计划能不能取得胜利。我提议全力以赴，最起码要在原有力量之上提升百分之二十五。登陆舰的数量要有所提升。计划将于九个月之后实施，在此之前，我们还有很多事情要做。海滩的选择已经很好，不过，如果在康坦半岛的内部海滩也实施登陆，会变得更好。我提出："巩固好原先的据点才是至关重要的。"

美国享有非洲战场的指挥权，因此罗斯福总统起初与我达成一致，决定由英国人担任"霸王"作战计划的指挥官。我建议让帝国总参谋长布鲁克将军担任这一职务，以实现最初的目标，罗斯福总统给予了支持。

我们就远东战斗策略问题进行了激烈的讨论。三军参谋长在今后的几日内会一直把重点放到这个问题上。只有注重海军实力，才能捣毁日本这个岛屿上的帝国。我方陆军在没能将日本的海域掌控在手中之前，不能参加战斗。

还有一项计划，就是向日方位于太平洋中部和南部的岛屿堡垒发起直接进攻。可以将这项工作交给海军和海岸空军，由他们做主力。美国人只要再次控制住菲律宾，日本就只得与自己的很多供应地彼此分开，还会切断自己驻守在荷属东印度的偏僻岛屿上的军队，从而无法得到外援。最终，我们不需要付出很大的代价投入战斗，他们自己也会一点点走向覆灭。

在最终的几次三军参谋长会议之上，我特别期待能就此问题发表我自己的看法。英国的作战计划人士提出建议，在今年冬天时，令温盖特将军的部队将作战活动一直开拓到缅甸北部。我觉得要把苏门答腊岛的尖头区域攻下来，以协助本次行动。向苏门答腊发起攻击有什么意义，我着重说了下。我预测它会转化成什么样的形势，把它和1915年向达达尼尔海峡发起攻击做了一番类比。我们计划于1943

年到1944年将所有两栖力量投入到印度洋，在我看来，这种做法并不合理。

我们于8月23日傍晚时分召开了第二次全体会议，针对英国和美国联合参谋长委员会做出的最终汇报预案展开讨论。在首次报告中，我们把探讨并修正后的一些关键点列出来，这份文件里提了很多遍，它还为远东之战的部署提出了一些详尽的建议。

就这样，我们做出了自己的决定，我对这个决定非常满意，所有工作都在有条不紊地开展。

意大利投降

英国和美国两个国家的政府就意大利也许会投降的问题作出了详尽的计划。7月末之前开始拟定结束战争的条件的相关文件。在魁北克"四分仪"会议上，我们经过商讨提出某些条件，作为最终的军事投降条件。

双方于8月19日在葡萄牙首都中的英国大使馆举行会谈。我们已经向意大利的卡斯特拉多将军传达，当艾森豪威尔将军接受意大利政府的无条件投降时，会遵循刚交到他手中的条件。外交是灵活的，很难让严肃的军事谈判与其相适应。这位意大利将军肩负使命，却只能陷入里斯本令人绝望的处境中。他强调自己的到来旨在探讨如何让意大利发动军队，抵抗德国的进攻。但是却得到这样的回复：无条件投降是唯一要探讨的话题。

谈判的那天，也就是向西西里岛发起最后攻击的那天。

卡斯特拉多提出请求，允许他再次向他的政府请求指示。我们向他坦露，这个条件已经是最终的结果，并且时间也已经到了，考虑到当下的讨论结果，盟国将时间推迟到9月1日到2日的午夜，时间一到，一定要给出一个明确的答复：是完全接受，还是拒绝。当天夜晚，卡斯特拉多就回到了罗马。

罗斯福总统与我此时都在白宫里，我们向艾森豪威尔将军发出了电报，内容如下："你提议继续实施'雪崩'作战计划，从所描绘的条件来看，要将一个空降师投入到罗马周围，我们十分支持这一提议。我们已经意识到一点，军事在这个重要时刻一定要放于重中之重的地位。"当天，战时内阁在伦敦召开会议，准许了这项提议。

卡斯特拉多将军已经返回西西里岛，他得到了政府的正式授权，在有关投降的军事条件上签字。签字仪式于9月3日在锡拉库萨周围的一个橄榄树林中举行。英国第八集团军于9月3日还没天亮时从墨西拿海峡渡过，攻入意大利领土。

如今应该将意大利的投降条件与我们的军事策略相互结合。9月7日，第八十二空降师的美国泰勒将军被调派到罗马。他带着一个密令：和意大利的总参谋部协商，计划于9日夜晚将首都周围的机场攻占。卡斯特拉多向盟国寻求保护，从那个时候开始，形势变化了很多。在附近，德国人有强悍的军队，也许他们已经把机场攻占下来。意大利的陆军没了斗志，弹药也十分匮乏。各不相同的意见包围着巴多格里奥，无休无止地争吵，泰勒向他提出会见的请求，所有的东西都摇摆不定。意大利的领袖们如今害怕一点，如果他们宣布那份已经签字的投降条件，德国人势必将罗马攻克下来，巴多格里奥政府会因此垮台。泰勒将军于9月8日半夜两点与巴多格里奥约见，巴多格里奥觉得飞机场已经被攻克下来，所以提议推迟广播终止战争的协定。他实际上已经向阿尔及尔发出电报，机场的安全得不到保障。空降计划因此搁浅。

此时，艾森豪威尔一定要在最短的时间内下定决心，计划在二十四小时后向萨勒诺发起进攻。

当天下午六点时分，艾森豪威尔将军将停战协定公告天下，随后又把停战宣言的全部内容都广播出来。巴多格里奥元帅近一小时之后也在罗马宣告停止战争。意大利终于完全投降。

德国的军队于9月8日到9日的晚上将罗马团团围困。巴多格里奥和王室转移进陆军部的大楼，警备开始。氛围一点点紧迫起来，令人焦虑不安，他们随即紧急商讨。一个车队由五辆汽车组成，它们半夜时分从罗马的东面城门穿过，开往亚得里亚海岸的佩斯卡拉港。意大利王室、巴多格里奥、他的内阁阁员，以及他的高级官员，都在其中。他们乘坐两艘驱潜快艇，于9月10日早晨时分抵达达布林迪西的盟军控制地，很快设立了一个对抗法西斯的重要机构，归属于意大利政府。

军事停战协议于9月11日签署，双方的敌对状态宣告终结，纳粹师团能够在城市中随意穿梭。

为了不打乱盟军在意大利踵形地区和罗马周围实施登陆的时间安排，要向巴多格里奥元帅施加压力，强迫他投降。签订了停战协议，主要步骤也就完成了，在这场令人恐惧的战役中，还获得了一些别的胜利。意大利舰队要开到盟国的港口，还要保障途中的安全。很多意大利师团驻扎在东南欧，对于正在和纳粹德国展开战斗的盟军来说，他们的装备非常珍贵。地中海东部还有一些意大利基地，它们的地位更加重要。千万不能让敌军将这些岛屿攻克下来，这一点非常重要。

就是在这段时期，意大利舰队的主力军听从盟国的命令，于9月8日夜间从热那亚和斯佩西亚离开，前往马耳他岛接受投降。

我非常希望能够对意大利海军好一些。我在9月10日向坎宁安发去电报："假如完全按照停战协议上的规定，当他们惨遭德国轰炸机的报复性轰炸，进驻我方港口时，为了亲切、宽容地接待他们，我希望你与艾森豪威尔将军一起探讨一下。我坚信你在情感上支持这么做。"我当天晚些时候给他发去电报："有关意大利舰队的投降，英国人亲切接待他们，并且体贴地救助伤员等这些情形，假如条件允许，可以拍成电影。"

意大利曾经是最大的战胜国，如今它的所有舰队都被我们掌控，变成了值得我们炫耀的战利品。我们把它们掌控在手中，一定要充分利用它们。

自从法西斯政权瓦解之后，意大利上上下下都变得局势不稳。因为缺少领导，现在一个地下解放委员会组织着抵御德国人的工作，游击队在半岛各个区域内活动频繁，而且呈上升趋势，他们二者彼此联系。在解放委员会的成员中，有些是政客，二十年代被墨索里尼夺走了政权，剩下的是一些集团代表，对法西斯的统治充满愤怒。一小部分法西斯主义的主力，妄图在败下阵来之后再次发起进攻，一切都被这种威胁笼罩着，德国人的这种趋势也越来越明显。

7月26日之后，墨索里尼先是被关押在蓬察岛，又被转移到相距撒丁岛海岸很近的拉玛达勒纳岛。巴多格里奥担忧德国人会发动一次突然袭击，所以就在8月末把他以前的首长转移走，前往意大利中部阿布鲁齐高山之上的一个小休养地。从罗马逃亡时非常慌乱，所以巴多格里奥没来得及向看守这位下台的独裁者的便衣警察和宪兵做出清晰的指示。九十名德国伞兵于9月12日那天的周日清晨乘坐滑翔机降落，降落地点是关押墨索里尼的旅店旁边。还没引发任何伤亡，一架德国轻型飞机就把墨索里尼送到慕尼黑，与希特勒进行了又一次的会谈。

德国人把墨索里尼营救出来，就可以在北部组建一个政权，让它与巴多格里奥政府相对抗。在加尔达湖滨，一个名存实亡的法西斯政权被设立起来，墨索里尼在此处上演了一幕"百日丑剧"。德国军队侵占并摧残着罗马北面的地区，在罗马成立了一个没有人支持的伪政府，在那个地方，德国军队可以随便进出。盟国委员会监视着意大利国王和巴多格里奥。在布林迪西，意大利国王和巴多格里奥组建了一个残余政府，只能在市区行政大楼内行使他们的职权。我方军队从半岛的趾形地区出发，一路往前进军，所以统治解放地区的任务就交由盟国的军政府接管。

如今，意大利迎来了空前惨淡的时期，在这场战争中，它将沦为几场激烈战役的战场。

再次访问白宫

8月24日，魁北克会议闭幕，我们那些有名气的同僚们均从这里离开，分别前往各地。他们正如炮弹的碎片那样往各个地方飞去。

我乘坐火车从魁北克离开，在9月1日抵达白宫。在魁北克，会议进行的那段时间中，意大利的形势已经往前推进了一步。我在前面已经说过，在这段急迫的日子里，罗斯福总统曾经和我一块，对与巴多格里奥政府进行的私密停战谈判做出了指导，对于有关登陆意大利的军事部署也急切、紧密地注视着。在与意大利登陆相关的紧要关头，为了和我们的美国伙伴们联系紧密，我特意在美国待得更久一点儿。对于盟国出具的投降条件，巴多格里奥已经同意，这个正式消息清楚明了，在我抵达华盛顿的那天传入我的耳中。在"四分仪"会议上，大家争辩的战略部署建立在意大利溃败的基础之上，我们这几日最关注的就是这种形势。

我将正式的会议总结交到各自治领的总理手中，这样做遵循了往常的事例。史默兹陆军元帅看到我们做出计划所依赖的规模，还有计划得明显不紧密的时间表，觉得非常失望。读者们都清楚一点，我发现我们拥有完全相同的意愿，这令我感到欣慰。在眼下这个至关重要的时刻，我们彼此发出的电报真实、详尽地说明了战争中出现的重大问题。在这个至高无上的位置上，我凭借自身吸取的所有知识，向我非常了解的那个人做出详细的说明，绝不是一种负担，反而让我觉得负担减轻了。

向意大利发起攻击的战役在这个时候也已经打响。隶属于第八集团军的英国第五师和加拿大第一师于9月3日拂晓时分从墨西拿海峡渡过。我们的军队其实没遇到任何抵抗。我们以很快的速度将勒佐攻克下来，部队顺着卡拉布里亚的山间小道一路往前进军。9月6日，亚历山大发来电报说，"德军正在展开后卫战，与它的战斗相比，它进行的破坏活动更大。勒佐今日清晨没有传来一声警报，也没有发现一架敌人的飞机。在夏天这个可爱的季节中，各种类型的海军舰艇装载着士兵、必备物质，以及武器弹药，在西西里岛和大陆之间来回穿梭。这种活跃的氛围不像是战争时期的激烈征战，而像是和平时期的一场快艇比赛。"

第八集团军各个师级部队在几日内就拓展到洛克里和罗萨诺。在皮佐，一个步兵旅从海上登陆，却只看到了德国军队的押后人员正在撤离。那里的自然条件产生出很大的阻碍，加上敌军制造的破坏，以及灵巧的小规模后卫战，虽然双方并没打起来，但是部队还是在前进的途中受到了重挫。

亚历山大发来回复电文，说他必须要更改一下，因为意大利政府没有公布停止战争的协议。无法把第八十二美国空降师通过空中运输的方式输送到罗马地区，因为意大利人并没有准备好接待工作，而且德国人估计已经将飞机场攻克下来。依然要遵循计划实施"雪崩"之战，但是空降部队并没有参加战斗。在第一空降师，将近三千名士兵乘坐海军舰只去塔兰托，可能会在9月9日抵达，至于他们会得到什么样的接待，没有人知道。他期望往意大利增调援军，因为塔兰托港也许会打开得早一些。

为了将罗得岛和爱琴海上的别的岛屿攻克下来，此时也已经开始做出努力。

我们和罗斯福总统于9月9日在白宫召开了一次正式会议。几日前，帝国总参谋长与空军参谋长已经乘飞机返回伦敦，蒂尔陆军元帅、伊斯梅，以及英国三军参谋长在华盛顿驻守的代表陪同我共同参加了会议。罗斯福总统也在莱希、马歇尔、金和阿诺德的陪同下参加了会议。一些电报拉开了会议令人高兴的序幕，是有关意大利舰队向我们投降的。我把自己的期许说了出来：意大利舰队所到之地，那里的盟国理当按照礼节招待他们。

第二天，罗斯福总统从华盛顿离开，抵达海德公园的家里。他将白宫提供给我当作寓所，或者是召开各种会议。9月11日，我在白宫将大家汇聚起来，又一次举行了会议。有关眼下的每一个问题，我们都进行了一番探讨。马歇尔将军把那不勒斯地区的战斗情况做出汇报，又介绍了德国军队师团支援的进展。阿诺德将军说，在意大利上空的参战飞机如今已经高达三千架左右，相比各战线上的德国空军之和，它甚至更高一些。有一个令人怜惜的提案，提出在意大利国土之上强化我们的兵力，我让大家把目光都投向这个提案。我宣告，到了12月1日，我们只能集结起十二个师的兵力，这是一个令我非常惊讶的数字。调派所有可供调派的师，快速补充我们在意大利的军队，是当前的重中之重。就算只有一个师，仅提前两周抵达，也会产生翻天覆地的变化。对于我的观点，马歇尔将军给予了肯定，他建议大家竭尽全力。

　　他向我们透露，美国空军在南太平洋战场实现了空降登陆，十分优秀地完成了任务。他们降落的地点在马克汉姆河谷，攻击行动也是从海上进行的，日本卫戍部队的人数有八千到一万，其实已经被孤立起来。美军正向萨拉马瓦开炮，迫近莱城。用不了多长时间，我们就可以把飞机场攻克下来，进而把敌军的其他飞机场也都攻克下来，这肯定会影响到海上的整个战局。用不了太长时间，日军位于新不列颠岛的阵地就有被攻陷的危险，日军也显现出撤退出所罗门群岛的趋势。

第十三章　轴心分裂

大获全胜的9月

亚历山大于9月8日晚上发过来一封电报。盟国的庞大舰队在这天晚上向萨勒诺海滩靠近，在这个时候，英国的广播播报了有关意大利投降的新闻，并传到他们的耳朵里。听了这个消息，那些充满战斗激情的士兵十分震惊，激昂的情绪松弛下来，心中也蒙上了一种灰暗的色彩。很多士兵都觉得他们明天不费吹灰之力就能够完成任务。对于这种情绪，军官们即刻责令改正，他们说，德国军队不会去考虑意大利人展开的任何行动，他们肯定会誓死抗拒。大家已经意识到，战争就快结束了。就像坎宁安海军上将说的，假如不赶快把结束战争的协议公布于众，就等于背叛了意大利人民。

在一支强悍的英国舰队的护送下，突击船队开往萨勒诺湾，只碰到了一小部分的空中袭击。敌军已经意识到它们在迫近，然而要想判断出会在何处进行打击，只能等到最后关头。

天还没亮，克拉克将军指挥第五集团军展开登陆。美国第六军与英国第十军发动突然袭击，向北翼发动进攻的是英国突击队和美国突击队。敌军发现了在海上行驶的护航船队，周围的德国军队前一天晚上听到艾森豪威尔将军的广播，即刻采取了行动。他们将意大利军队的武装摧毁，接收了一切防御工事，在刚登陆时，现代化武器为防守的一方提供了卓越的条件，他们很好地运用了这些条件。炮火定位得很准，我们的士兵涉水登陆时将其击中，伤亡惨重。我们的很多战斗机都要从遥远的西西里岛起飞前来参加战斗，所以很难为他们提供适合的空中掩护，不过，航空母舰上的飞机为他们提供了支援。

美国的第六军刚从海滩上穿过，就一路向前进军，在11日晚上之前就把军队往前推行了十英里，不过，它的右翼又撤退到海边了。英国第十军碰到了更加强硬的抗争。他们顺利将萨勒诺和巴蒂帕利亚攻克下来。虽然我们已经攻克了蒙特科尔维诺飞机场，也非常需要加油站，但是还不能让它为我们的战斗机提供油料，因为敌人的炮火依然还在进行。德国军队做出了快速的反应。英国第八集团军正在意大利的趾形区域进军，德国军队的一些士兵与他们展开战斗，如今已经以很快的速度进入新的战场。把三个师的大多数士兵从北边调派过来，把一个伞兵团从东边调派过来。我们在船舶，特别是小型舰艇上特别匮乏，所以调派增援部队时速度非常慢。虽然德国的空军在西西里岛上蒙受了损失，实力有所下降，但是如今却非常努力，他们运用了一种新式炸弹，叫滑翔炸弹，由无线电控制，给我们的航行运输带来很大危害。盟国空军动用所有力量，防止敌军的支援部队迫近，还把他们的军事集结点轰炸掉。我们的军舰向萨勒诺湾进军，调派出它们的最大型号的大炮前来援助。第五集团军背负着巨大的压力，为了联系到它，蒙哥马利监督、催促英国第八集团军，以很快的速度向前推进。这一切努力都有利于打败德国军队，一个德国的高级军官说，德国空军实力不再，当我们的海军向其开炮时，他们没有一点儿防御能力，这种种因素都起到了决定性的作用。

当猛烈的战斗还在萨勒诺继续时，亚历山大与担负重要执行责任的坎宁安海军上将，一起向塔兰托发动了一次突然袭击，并取得了优越的成果。他们在这次冒险活动中取得胜利，应当被授予至高无上的荣誉。他们精挑细选出六千名士兵，乘坐英国军舰展开行动。这些军舰在9月9日——也就是萨勒诺海滩登陆的那一天——向塔兰托港毫无畏惧地驶去，非常顺利地把军队输送到岸上。我们的海军仅损失了一艘巡洋舰，它是因为触动了水雷而被炸沉没的。①

一些未能乘坐飞机回到英国的人员与我一起遵照原先的计划，走海路回国。

连日来，萨勒诺一直都在打仗。电报接连涌入。我在亚历山大的好心帮助下了解到所有的情况，看了他发出的那些形象的电报之后，我对战斗的全局有了整体上的了解。

这种危机四伏的局势已经持续三天，不过依然不知道结局如何。巴蒂帕利亚再次被攻克，第五十六师损失惨重，实力有所下降，但是，当敌军从那儿又一次向海滩进军时，他们依然抵挡下来。美国第六军和英国军队在美国第六军的战线上防守很弱，敌军趁机从北面冲了上去，从塞累河渡过，好像要前往美军后方的登陆海滩。当敌方进军时，美军用于防御的炮队很快抵御住敌人。在形势严峻的紧要关头，盟军保护了战线。最初，美国的第四十五师被用作后备部队待在船上，此刻正竭力奋战在第六军的前线上。援军已经抵达。我们采取海上输送和空中输送的方式把我方的第七装甲师和美国的第八十二空降师输送过来。我们度过了六天猛烈的战斗，虽然也经历了严峻的形势，但是德国军队一直没能让我们退到大海上。凯塞林于15日了解到自己无法取得胜利。在萨勒诺之上，有一个高地，它的右翼被他当作中心，他继续将整条战线往后转移。第五集团军在第二天与第八集团

---

① 我家里珍藏着一面英国国旗，它曾经飘扬在塔兰托的上空，被亚历山大将军当作礼物馈赠给我。我们从法国被赶出来之后，在欧洲的天空上飘扬的众多国旗之中，这面国旗就是其中的一面。——原注

军汇合一处。我们取得了这场战役的胜利。

我们只要赢得了萨勒诺之战，就可以直接面对那不勒斯和福贾的飞机场。英国第十军与它右翼的美国第六军，打败了敌军位于维苏威火山周围的后卫部队，一路往前进军，从庞培和赫鸠娄尼恩的废墟中穿过，抵达那不勒斯。敌人具有丰富的破坏经验，已经把那不勒斯港口破坏掉，所以如今要投入很大的力量把它修好。美国人在这种修复工作方面是行家里手，已经有了很大的进展，它在两周内每天都可以装卸五千吨供应品。用不了多长时间，这个城市周围的两个飞机场也能够投入使用，这种支援对我们的战斗机中队帮助很大，因为往日只是在临时的小型飞机场上起起落落。9月15日，东海岸上的第一空降师也在这个时候飞往遥远的乔亚和巴里，担任巡逻之责。在第一空降师之后，第七十八师与一个装甲旅成功登陆，和第五军的总部一起会合了第八集团军。在这个时候，六个皇家空军中队开始在乔亚的飞机场活动。9月25日，敌军从福贾飞机场撤退。突击队从海上成功登陆，把特尔莫利攻克下来，他们得到援军的支援，坚决抵抗敌军发起的激烈反击。

10月1日，英国和美国的第五集团军将那不勒斯攻克了。

此刻，我们的两个集团军在逼迫下不得不停了下来。在那不勒斯北面的沃尔图诺河周围，第五集团军遇到了敌军的殊死抗争，想要摆脱这种局面，只能靠时间和补给。在意大利趾形地带，当第八集团军向北进军时，蒙哥马利将军不顾后勤上的危机，竭力前往萨勒诺战场。此刻，他不得不把自己的基地迁离趾形地带的勒佐，转到踵形地带的塔兰托和巴里。第八集团军完成此项工作后已经无法发挥优势，要想使用飞机场，满足重轰炸机的需求，就要先把福贾攻克下来。这项任务十分巨大，要一点点地把千吨、万吨的必需物资输送过去。德国军队在10月中旬时有十九个师驻扎在意大利，但是盟军的兵力仅有十一个师。必需调派很多支援部队，才能守护我们以很快的速度抢占的胜利果实，使我们的战线得以强化。这些任务都在很大程度上冲击了我们的航行、运输。

9月确实是一个大获全胜的月份。英国和美国的海陆空三军之间的合作达到了空前的水平。在意大利的第十集团军，一位德国的司令后来说，德国人特别羡慕，我方海陆空三军被一个最高统帅指挥着，做出了特别一致的合作。我们已经掌控住意大利的舰队，由于德国人的阻挠，意大利的空军和陆军无法加入到我们的队伍中，但是他们也不会成为我们的敌人。在两军对垒的战役中，敌军已经吃了败仗。意大利的领土像只靴子，我们已经把自己的军队在上面开进了三百英里。我们攻克下来的机场和港口就在我们军队的后方，它们可以在扩展修建之后达到我们需求的水平。有一个人在参谋长委员会上极力提倡把撒丁岛攻克下来，而不要向意大利发起攻击，9月9日，没耗费多大力气就把撒丁岛攻克下来，真是出乎意料。法国军队在两个星期以后将科西嘉岛攻克下来。我们进行了一番激烈的讨论，才确定实施向意大利发起攻击的计划，现实告诉我们，这项行动是正确的，它还超过了那些长期强烈炫耀这项计划的人们的预期。

和戴高乐将军关系恶化

英国政府在1943年夏天与戴高乐的关系变坏。以前，为了团结起在阿尔及尔的各党派的法国人，我们下了一番苦功，我常常催促美国人，让他们接受戴高乐将军，使其变成其中的一个领导人，领导我们双方都想办法促成的那种政治局面。当签订过克拉克—达尔朗协定，以及出现吉罗之后，一种紧张的氛围笼罩着法国，戴高乐受到这种氛围的影响，比往日更加倔强了。他的地位在近几周内得以强化。盟军控制了突尼斯，在那个地方，有很多人支持他。消息从法国首都传过来，在那个地方，中央委员会也悄无声息地成立起来，这些都说明他的威信很高，戴高乐运动变得风生水起。吉罗答应在此种情况下与他的对手在北非约见。

戴高乐于5月30日抵达阿尔及尔，为了组建一个统一的临时委员会，便于管理"战斗法国"的相关事情，双方的谈判就此展开。双方在谈判时用语相对尖刻，一个个怒发冲冠。他们针对三个首要问题展开讨论，其中有：民政和军事方面的最高权力由吉罗要掌控；戴高乐下定决心，正式确立"战斗法国"的主权，1942年11月，达尔朗和马克·克拉克将军签订了一份条约，这样肯定会与这份条约中的条文相违背；还有如今在北非担任重要职务的前维希政府行政官，特别是诺盖、佩鲁东和布瓦松这些人的问题。在这些人中，布瓦松是一个特殊的目标。1940年，他在达喀尔发生的事件，始终没能得到戴高乐的谅解。

阿尔及尔的形势因为这些始终都在进行的激烈讨论而逐渐紧张。双方最终在6月3日下午达成共识，还组建了一个法兰西民族解放委员会，吉罗、戴高乐、喀特鲁将军和乔治将军，以及来自伦敦的戴高乐委员会的一些成员都被包括在内，戴高乐从伦敦离开，去往北非时，这个委员会被解散掉。这个新组建的机构不包括前维希政府任命的地方长官，如今已经变成"战斗法国"和它的帝国的中央临时政府，这种局面会持续到战争结束。

法国军队的最高统帅由吉罗担任，对于此事，戴高乐坚决反对。吉罗希望北非法军能够独立，不被"自由法国"约束。戴高乐在军事指挥方面表现出来的态度，促使美国更加讨厌他、疏远他。

一周又一周的时间流逝，戴高乐和吉罗出于争权夺利的目的，依然在激烈地战斗，在民政人员和军事人员的很多问题上，双方常常爆发冲突，戴高乐并非总是不占理。9月9日晚上解放科西嘉岛，当地的"自由法国"人员将阿雅克肖攻克下来，这种事情本来是没有必要的。过了两天，吉罗把一只远征军调派到这个地方，倒霉的是，指挥军事的官员与支持戴高乐的领导人产生了冲突，双方的关系更加紧张。在军事上，解放这个岛屿的过程非常漫长，不过最终赢得了胜利。

出于拓展法国政权基础的考虑，10月份将召开临时协商会议。吉罗的地位逐渐下滑。只有那些想要和美国保持和睦关系的陆军人士才向他提供支援。民族委员会有两个主席，他是其中一个，没过多久，别人便已经不再援助他。戴高乐说他是一个更强势的人，没有谁能够比得上。协商会议于11月3日首次在阿尔及尔召开。法国的政治正在朝着以后的政府慢慢过渡。11月8日，也就是北非登陆一年后，吉罗从民族委员会中辞职离开，不过他依然是法国军队的总司令。这些事件会造成什么样的后果？我想到此处就内心焦虑。应该平衡这些具有不同意见的人的势力，这对法国以后的统一是至关重要的。

在我参加德黑兰会议的途中，我希望在经过开罗时，利用好检阅法国新陆军这个机会，将两个彼此对抗的将军联合到一块。

"自由法国"政权在叙利亚举止野蛮，影响很坏，导致我的想法不能够成为现实。1941年年末，"自由法国"宣布叙利亚和黎巴嫩正式独立。我们对这些共和国给予了认可，1942年2月，我们把爱德华·斯皮尔斯爵士调派过来，请他担任英国公使。一年内却没有取得任何成绩。两个国家都已经重新组织内阁，不过并没有举行选举。抵御法国的呼声逐渐上扬。两个国家都在1943年3月组建了临时政府。通过7月和8月的选举结果，我们看到，这两个共和国里的民族主义分子在数量上都占绝对优势，大部分人都表示要把托管宪法彻底修改掉。当地的政治家不相信在战争结束后，法国会履行它的承诺，让他们独立，因为"自由法国"政权实力非常弱，没有什么能力。黎巴嫩政府于10月7日提出建议，希望撤销法国在共和国的地位。位于阿尔及尔的"自由法国"委员会在一个月之后觉得这种行为不妥当，因此，他们觉得黎巴嫩人没有权利采取这种行动。埃勒先生从阿尔及尔回来，他代表喀特鲁将军发布命令，把黎巴嫩总统和大多数阁员抓起来。这导致社会动荡不安，特别是在贝鲁特，最终造成了流血事件。英国内阁非常担忧这件事。

我们与法国人、叙利亚人和黎巴嫩人之间达成的协议，因为法国人的举动而被全面推翻。这与我们发布的大西洋宪章，以及很多宣言都背道而驰。就形势而言，在中东和阿拉伯的每一个地方都会被曲解，任何一个地方的人都会说："法国成了什么样子？它向敌人屈服的同时，又想让别的国家屈服于它。"

为了在必要时把英国部队调派过来，让他们去管理黎巴嫩，建立一种新的秩序，我必须向威尔逊将军发布命令，让他准备好，幸运的是，并没有这方面的必要。11月16日，喀特鲁将军从阿尔及尔赶来，与法国当局进行交涉，促使他们在11月22日把囚禁起来的政治家释放掉，为了使叙利亚和黎巴嫩最终取得胜利，一段持续很长时间的谈判拉开了帷幕。

我们与自由法国委员会以及戴高乐将军之间的关系因为这些事件而留下印痕。为了在保持友谊的前提下，拿出一个适用于美国、英国和"自由法国"领导人的一致的政策，我们一年以来做出了很多努力，不过却没有得到我们想要的结果。

四分五裂的轴心

自从签署了停战协议，意大利舰队忠贞、勇猛地加入盟军开始，我就意识到有必要与意大利国王和巴多格里奥元帅联合起来，至少在盟军将罗马攻克，有能力和我们一道组建一个拥有很大的基础的意大利政府，从而共同投入战争之前，我理当这样做。相比那些由意大利流亡者和反法西斯政权分子组合而成的意大利政府，我敢肯定，维克多·伊曼纽尔国王和巴多格里奥对那些已经变为我们的共同事业的种种活动能够做出更大的贡献。意大利舰队的投降就是一个例子，充分证明了他们的权势。对于那些和墨索里尼一块工作过，或者帮助过他的人，仍然有一些人反对与他们交往。在罗马六七个左派政党之中，一个又一个阴谋相继出现，他们为了掌握大权，就想把国王和巴多格里奥除掉。考虑到战争非常严重，以及促使意大利心甘情愿地与我们协同作战至关重要，我看到这些趋势时，赶快予以阻止。斯大林信奉苏联的一句名言："在你下桥之前，始终都在和魔鬼结伴而行。"所以他在这方面支持我。

墨索里尼重获自由之后，于9月14日首次会见了希特勒。在接下来的几日内，他们两个人进行了一番探讨，商量怎样在德国军队攻克的意大利区域中，使意大利法西斯继续存活下去。意大利法西斯领袖在9月15日宣布，法西斯党的领导权再次落入他的手中，作为新共和的法西斯党，把那些叛乱的人摧毁掉之后，变得精神高涨，计划在北部再次组建一个忠心耿耿的政府。如今，旧制度带着一副革命的伪装，似乎在短期内就可以使生命之火再次燃烧起来。不过，德国人看到结果后大失所望。那个时候，戈培尔作出评论，把这个消息揭露了出来。

这种局面是不可扭转的。墨索里尼一面推辞，一面又迎上去，拉开了"百日丑剧"的序幕。他在9月末把总部设在加尔达湖畔。这个名叫"萨罗共和国"的影子政府，无人不知。它是一场笨拙的悲剧，一直在此处上演，直到散场。这个统治意大利长达二十几年的立法人，把他的情妇带在身边，成了德国人的奴隶，生活被他们限制住，按照他们的想法生活。德国精心挑选出一些卫兵和医生，监视着他，把他与外界的所有联系都切断了。

别的政治纠纷在这个时候出现了。

巴多格里奥元帅在9月28日从布林迪西出发，乘坐一艘意大利巡洋舰向马耳他岛驶去，目的是签订一份长时期的投降协议。为了对他进行接待，艾森豪威尔将军、艾森豪威尔的参谋长比德尔·史密斯将军、戈特勋爵，以及亚历山大将军，在"纳尔逊"战列舰上举行了正式的礼仪。有关无条件投降的建议，巴多格里奥希望把它删掉，不过盟军司令们态度强硬，他们觉得这是一场正式的会议，已经获得了盟军政府的签字，所以不需要就此问题进行商讨。

当双方签过字之后，针对宣布向德国开战的问题，巴多格里奥和艾森豪威尔将军做出了简短的商讨，这位意大利元帅提议向德国宣战。当参观了在马耳他港停泊的意大利舰队之后，一天的行程宣告结束。

如今，斯福尔扎伯爵已经迈入意大利的政治领域。他在法西斯党尚未发动革命之前，曾经担任过外交大臣和驻巴黎大使的职务。他在墨索里尼掌权时代一直处于流亡状态。一些意大利人在美国居住下来，在他们之中，他算得上是一个非常卓越的人才。他发表过言论，支持意大利加入盟国进行战斗，近期，他向国务院的一名高级官员写了一封信，信中说他希望与巴多格里奥展开合作。形势变得紧迫起来，他觉得是时候把意大利的主权掌控在自己手中了，他坚信自己有资格获得此项权力。很多美国人都支持他，一些美籍意大利人也推选他。在意大利战役中，我们建立起来的军事思想，是根据意大利国王和巴多格里奥而来的，所以罗斯福总统想在不推翻意大利国王和巴多格里奥的基础之上，让他成为新政府机构中的一员。

我抓住斯福尔札伯爵从伦敦路过的时机，与他聊了很长时间，我觉得我们两个已经达成共识。我们会尽快解放罗马，组建一个非法西斯主义的政府，使之具有广泛的基础，在此之间，他会依据此项协议，忠心耿耿地与意大利国王和巴多格里奥在一起工作。所以，我坚定我们的政策。只要意大利还没有得到解放，我们就决心一直支持君主政权。让意大利政府加入我们的阵营，与德国展开战斗。吸纳一些颇具代表性的，以及抗拒德国的人物，通过此种方式来强化这个政府。我们此时对意大利的事情做出的部署，要让苏联人加入进来。

10月13日，意大利王国政府向德国宣战。

错失获胜机会的岛屿

我们因为意大利的投降而获得了机会，也许可以以最小的代价，换取爱琴海上的战利品。对于意大利国王和巴多格里奥元帅的命令，意大利的驻防军表示顺从。在各个岛屿上，假如在德国军队采取威胁手段，并把他们的武装解除之前，我们就可以到达那里，他们会选择向我们投降。虽然德国军队的人数特别少，但是他们已经不再信任他们的同盟国，并且采取了应对之策。在不太重要的作战地带，我们始终把罗德、莱罗斯和科斯这三个岛屿看成首要的战略目标，因为它们都是堡垒。罗得岛有非常好的飞机场，它是这群岛屿的钥匙。为了对那些有可能被攻下的岛屿实施防护措施，并使这片海域全部落入我们的海军之手，我们的空军会在那个地方起飞。将一些英国空军从埃及和昔兰尼加调派出来，迁移到罗得岛，可以防御埃及，甚至会取得更好的效果。我觉得假如不攻占这些地方，就会失去一次很好的机会。在控制爱琴海的领空和领海方面，我们拥有足够的实力，进而对土耳其产生决定性的作用，因为在这个时候，意大利已经崩溃，这对土耳其的影响特别深远。一旦将爱琴海和达达尼尔海峡攻克下来，海军就找到了一条通往苏联的捷径。北极护航队也就不会拥有很大的风险，不会付出很大的代价，无须维系那条从波斯湾经过的漫长的、讨厌的供给线。我起初就已经觉得有必要准备好，从而充分抓住意大利溃败和德国被围攻的每一个机会。

早在几个月之前，中东司令部就已经做出抢占罗得岛的计划和准备工作。为了赢得这场战役，第八印度师于8月份展开了训练和演习，计划于9月1日乘船出发。在去年5月份，华盛顿会议做出决定，为了使这项决定付诸实施，联合参谋长委员会于8月26日向中东司令部发布命令，把那些船舶调派到印度。原打算用这些船舶把第八印度师输送到罗得岛去，从而向缅甸海岸发起进攻，而且这个师正在准备着加入地中海的盟军部队。

戴维·斯特林中校获得过三级特殊功勋章，他组织特殊空中防务团插入敌人后方，在敌后两三百英里的地方向敌人的机场发动了一场场大胆的袭击，并且赢得了胜利，近期，甚至还把攻击范围扩大，以至于已经到达沙漠之外的某些地带。陆军少校杰利科勋爵是杰利科海军上将的儿子，也是这个冒险队的指挥官，为了逼迫罗得岛投降，他在9月9日晚上，带着一个小队空降到这个岛上。假如我们将一个港口和一个机场攻克下来，以很快的速度把英国军队调派到那里，就会对意大利军队产生鼓舞作用，促使他们控制住远比他们更少的德国军队。德国军队非常强悍，面对他们，意大利军队不得不选择屈服。杰利科只得以最快的速度撤退。罗得岛上已经有六千名德国士兵把守，从此以后，想要把它攻克下来，需要更多的兵力，这超过了中东司令部的承受能力。

我们如今已经知道，德国人预料出我们会出现在他们的东南翼，威胁到他们的安全，所以感到惊魂不定。德国元首总部在9月24日召开的一次会议上，陆军和海军的代表们表明，趁如今还有充足的时间，赶快撤出克里特岛和爱琴海上的别的岛屿。他们声称往日是出于向东地中海发动攻击的目的，才把这些地方攻克下来，不过现在的局面已经产生了很大的不同。军队和物资对防守大陆具有非常重要的作用，所以他们强调一定不能让它们有所损耗。对于他们的观点，希特勒给予了驳斥。他态度强硬，觉得如果撤退，肯定会对政治产生很坏的影响，所以拒绝下达撤退的命令，更不肯下达从克里特岛和多德卡尼斯群岛撤退的命令。他声称："我们的东南欧盟国和土耳其对我们的实力是否有信心，决定着他们对我们采取的态度。假如把这些岛屿丢掉，将会导致非常恶劣的影响。"他最终下定决心，要捍卫爱琴海岛屿，事实表明这个决定是对的。在一个不重要的战区中，他打了一场大胜仗，并没有对重要的战略地位造成太大的损失。他在巴尔干半岛做出了错误的决定，不过在爱琴海战区却做出了正确的决定。

我们做出了正确的选择，不准备将克里特岛攻克下来。驻扎在岛上的很多德国军队，以非常快的速度将意大利军队的武装解除，把防守的工作掌控在自己手里，短期内，我们在外围的一些小岛屿上还能够进行特别顺利的作战行动。调派军队的工作将在9月15日通过海上和空中两种方式展开。为了提供支援，英国皇家海军会把驱逐舰和潜水艇调派过来。像小型沿海航船、帆船和汽艇等这些运输工具，也一并被征集过来。三个营的兵力在月末将科斯、莱罗斯和萨摩斯这三个岛相继攻克，一些小规模的分遣队在很多岛屿上顺利登陆。他们遇到的那些意大利驻防军都拥有非常和善的态度，不过，那些令意大利驻防军炫耀的海岸防御工事和防空设施都十分粗陋。我们的船舶匮乏，所以没能力把自己的重武器和车辆输送过去。

同罗得岛一样，科斯岛在战略上也占据至关重要的地位。只有科斯岛这一个地方拥有一个飞机场，我们可以让战斗机在那个地方开始行动。很快就把这个机场修好了，随即投入使用，为了守护好这个机场，还调派过来二十四门"博福斯"高射炮。敌人展开反击，首先把这个岛当成他们的目标，他们从9月18日那天开始，以越来越高的频率向这个岛发动空中袭击。据我们的侦察机汇报，敌军的一个护航队正在靠近，德国的降落伞部队在10月3日拂晓时分降落到中央机场，因为我们在机场的防御兵力只有一个连，所以被他们打败。我们部署的那个营的剩余兵力都驻扎在这个岛屿的北部，敌人在此处成功登陆，把这些兵力打乱了。我们最多只能调派出一个营的兵力，岛屿上的战线有三十英里那么长，我们被敌军左右夹击，很显然，这点兵力根本起不了什么作用。科斯岛被攻陷。敌军的护舰队向科斯岛驶去，皇家海军竭尽全力去阻止它们，却以失败告终。这是因为发生了一件意外事件：只剩下三艘驱逐舰没有被调到别处。海军的重要战舰要在马耳他岛汇聚一处，不过这件事对时间的要求并不迫切，我们的两艘战列舰也是其中的一部分，接到命令之后，也向马耳他岛的方向驶去，剩下的所有舰只都担负护航的职责。

八个月之后，罗马才被攻克。在秋季和冬季，要把英国和美国的重型轰炸机的地基从非洲撤出，搬到意大利，所需的船舶数量，相比原先在两星期中将罗得岛攻下所需的船舶量，要多二十倍。罗得岛依然像一根刺，扎在我们的肉里。因为土耳其看到它的盟军只待在海岸周围按兵不动，就不再服从管理，还拒绝我们使用他们的飞机场。

科斯岛被攻克时，海军部下发命令，让强悍的海军支援部队从马耳他岛出发，一直开到爱琴海，其中包括五艘巡洋舰。艾森豪威尔将军采取了临时性的举措，调派出两个大队的远程战斗机，一直赶赴中东。它们到那个地方没多长时间，就把自身的威力显现了出来。敌军的一个护航队运送着支援部队前往科斯岛，于10月7日遭到海空军的两面围攻，最终被摧毁。海军在几天之后又把敌军的两艘运输舰击沉。11日，远程战斗机撤离了。两年前，克里特岛爆发了战斗，海军又一次遇到那种情景。制空权被敌人掌控住，我们的舰只为了不付出惨痛的代价，只得在晚上进行活动。

莱罗斯岛因战斗机的撤出而前途堪忧。敌人没了滋扰，运用分散的小规模船队，再次把兵力汇聚起来。我们如今已经获悉，敌军在船舶运输上进入危急关头。敌军害怕盟军向亚得里亚海发起进攻，所以延缓了进攻莱罗斯岛的时间。我们在10月27日获悉，德国阿尔卑斯山部队的四千名士兵和很多登陆艇已经抵达雷埃夫斯，很明显，他们是想去莱罗斯岛。刚进入11月，一份报告显示，敌军正在调动登陆艇，这意味着他们开始发动攻击。到了晚上，德国的军队和飞机为了逃脱我们的驱逐舰，就在各个岛屿中躲起来，到了白天，凭借着强悍的战斗机，他们能够以小队的形式移动，一点点汇聚一处。它们悄无声息地朝前方逼近，我方海军和空军面对这种形势，竟然束手无策。

虽然驻扎在那里的防守军队一直都提高警惕，但是数量不多。两个狭窄的地方将莱罗斯岛分裂成三个坎坷不平的山区。在所有山区地带，我们都调派出一个营的兵力驻防。德国军队于11月12日早晨在这个岛屿的东北顶端实施登陆，与此同时，又在莱罗斯城东南的海湾实施登陆。在开始阶段，敌军向这座城发起攻击，却被打退，不过，到了那天下午，六百名伞兵空降在安林达湾和戈纳湾之间的区域，将我们切割成两部分。往日的一份报告指出，这个岛屿不适合伞兵空降，所以没有人能够想到敌军此次的空降行动。以前付出很大代价才抢回这个地方。在萨摩斯岛驻守的皇家希肯特第二团在最终阶段被调派到莱罗斯岛，不过一切都结束了。他们自身也迎来了末日。三个营的兵力驻扎在岛屿上进行防守，来自空中的援助微不足道，但是敌军的战机却进行了狂轰滥炸，它们一直拼死抗争，直到11月16日，终因过度劳累而无力抵抗。面对敌军的威力，这一个旅的强悍兵力最终退缩。

既然莱罗斯岛已经沦陷，短期内，我们在爱琴海也就没什么希望了。在萨摩斯和别的岛屿之上，驻扎着一小部分军队，我们即刻就想办法把他们撤出来，再把那些残兵败将从莱罗斯岛上解救出来。有一千多名英国和希腊的士兵撤退，还有一些态度和善的意大利人，以及一些德国军队的战俘，不过我们的海军再一次付出了惨痛的代价。敌军的战机和水雷击毁了六艘驱逐舰和两艘潜艇，击伤了四艘巡洋舰和四艘驱逐舰。希腊海军与我们共同承担了这次损失，从开始到结束，他们一直作战勇猛。

希特勒的“秘密武器”

在战争还没有打响之前的几年间，德国人的火箭和无人机已经进入了发展阶段，为了完成这项工作，还在波罗的海海边的佩内明德设立了一座实验站。虽然这次正在展开的活动属于高度机密，但是他们却无法彻底掩盖住。我们的情报机构在1939年做出的汇报中，已经发现各种不同类型的远程武器的相关资料。战争爆发，开始的几年内，各个地方都向我们透露了与这一问题相联系的一些谣言和点点滴滴的情报，通常情况下，这些谣言和情报都彼此矛盾。

对于这项计划，希特勒非常看好。1943年刚进入6月，内阁的重要成员陪同他参观了佩内明德。相比对无人机的了解程度，我们此时对火箭发射的导弹更加了解。这两种方法都处于积极的准备阶段，规模都很大，所有的研究和实验都围绕着佩内明德展开。德国人在原子弹的研究上并没有取得任何突破性进展。"重水"没能起到积极的作用，不过，希特勒和他的各个顾问都相信，可以通过无人机和火箭这两种方式向英国发动一场新的进攻，也许，这是一次毁灭性的进攻，英国和美国妄想大规模从海峡横渡过去，进而返回大陆的计划可能会被打破。当获悉佩内明德的那些现状之后，希特勒觉得无比欣慰。这是一项新的希望，可能也是最后的希望，他将德国的主要力量都倾注其中。

国内安全大臣对报告做出研究，感到非常不踏实，他常常过度夸大危险。他有一项特殊的责任：确信自己没有小看这种危险。彻韦尔勋爵却对此产生怀疑，在他看来，就算德国人有能力生产出庞大的火箭，也是一件划不来的事情。几个月以来，他和赫伯特·莫里森先生经常展开讨论，有时，这两个主要人士会产生不同意见，分歧点在于，这些自动武器展开的袭击是产生毁灭性的效果，还是没那么严重。其实和以往的情况没什么不同，争议的关键点并非"是否"，而是"多少"。

我们的行动没有因为这些讨论而被延缓，也没有无休无止的讨论。虽然向佩内明德发起进攻有一些麻烦，但是又不得不这么做。哈利斯空军中将是轰炸机司令部的司令，他于8月17日晚上调派出五百七十一架重型轰炸机，突然发动一场袭击。每一座建筑物都在沿着海岸的一条狭窄的区域内分散，还有烟雾提供保护。发射自英国的无线电领航电波无法抵达它们那个地方，我们的飞机上带着的仪器也无法准确定位它们的位置。虽然德国的夜间战斗机就在周围，而且要想调派我们的夜间战斗机，在距离上又相距太远，但是我们不得不在晚上进行轰炸。飞行员接到命令，展开轰炸时，停留在八千英尺的高空中，与他们往日的高度相比，这个高度已经非常低了。哈利斯空军中将向他们宣称，在夜间展开的首次空中袭击一旦失败，一定要在第二天晚上再展开一次空中袭击。在接下来的一段时间内，只要碰到合适的晚上，就要一遍又一遍地进行下去，哪怕付出再大的代价，也不用去想敌军在遭到首轮袭击之后一定会加强防御这件已经确定的事情。同时还要竭尽全力给我们的飞行员提供指引，并且令敌军产生迷惑。领航飞机飞在最前方，指示航行的线路和分散的标志，一架主轰炸机以目标为中心环绕飞行，对结果进行测定，以无线电话的形式指挥我们的飞机。在航行线路问题上，本次采取的路线与轰炸柏林那次没有多大差别，为了让敌军产生迷惑，还调派出一小队形式像蚊子的飞机，往柏林方向飞去。

这次轰炸具有非常重大的意义。与我们的计划相比，虽然在物质上造成的损失非常小，但是，这是一次可以对整个形势造成很大影响的袭击。每一张构造图都是最新绘制的，刚要下发给车间供其使用，却被烧掉了，大规模的生产计划不得不延缓很长时间。炸弹击中了佩内明德的母厂。德国人害怕别的生产火箭的工厂也遭到攻击，就在哈尔茨山脉的地下工厂集中开展生产工作。这一切变化都延缓了这种武器的改善和生产。德国人还下定决心，要将他们的实验活动转移到波兰领土上的一个部门中，那里超出了我们轰炸机的航程。

向佩内明德发起攻击，虽然让我们付出了一些代价，但是对整个战争却影响深远。假如没有展开这次空中袭击，在后来也没有攻击法国区域内的发射地点，那么1944年初，希特勒可能就要用火箭去轰炸伦敦。事实上，这个时间被延缓到9月。蒙哥马利将军的军队攻克了法国北部已经准备妥善的发射地。最后只能在荷兰的临时基地发射飞弹，从那里向伦敦发射，距离将近多出一倍，而且准确性也非常差。因为战争的原因，秋季的德国交通变得十分拥挤，不能像往日优先将火箭输送到发射地点。

我们在1944年的前几个月采取了对付飞弹进攻的计划。我们下决心把防御工事分作三大块：把一个气球阻隔网放到伦敦的郊外，把一个高射炮阵地放到它的外围，把战斗机的活动区放置到高射炮阵地以外区域。假如开始轰炸，电子高射瞄准器和无线电控制的近发引信都可以协助高射炮兵将大多数飞弹打掉，所以我们又督促美国提供以上设备。

英国和美国的空军继续向法国北部的将近一百个"滑雪场"发起进攻。这种轰炸起到了很好的效果，在4月末进行的一次空中侦察中，发现敌人已经把这些地区的工程都抛弃掉。不过这种对我们有利的局面并没有持续太长时间，不久后，我们就注意到，敌人开始建造一些不一样的发射场所，它们没那么高深，也没那么繁杂，隐蔽性更高了，想把它们找出并摧毁是非常困难的。不管在哪个地方看到这种新的场所，都要把它摧毁掉。虽然已经摧毁掉大部分场所，但是依然有四十个左右还没有被摧毁或被发现。就是这四十个发射场地帮助敌军在6月展开了火箭袭击。

三军参谋长在1943年4月把备忘录提交给我，从那个时候开始，一直到1944年6月开始发起攻击，前后历经大约十五个月。没有一天空闲的日子，一直都紧绷神经。准备工作需要好几个月才能做好，现在已经开始进行了，不过要付出很大的代价。就像我说的，一旦灾难来到我们身边，我们就要把它打退。虽然我们的生命和财产都蒙受巨大损害，但是事实上并没有妨碍我们的作战能力和将要在法国进行的军事行动。整个事件的前后过程反映出我们的统治机器起到了一定的效果，也表明了所有相关人士都具有先见之明，以及较高的警惕心。

"冬季战线"

刚进入10月，希特勒听从凯塞林的建议，把他对意大利战略做出的决定更改掉。他原本计划将自己的军队撤到罗马之后，只把意大利北部掌控好。如今，他向军队下发命令，让他们竭尽全力打到南面。他选出一条开始于亚得里亚海沿岸的桑格罗河背后，从意大利高低不平的山区穿过，终止于西海岸的加利亚诺河口的战斗路线，也就是所说的"冬季战线"。意大利的山川十分险要，河流非常急促，这些自然特点让这个纵深几英里的阵地更加坚固。德国军队一年中始终忙着从非洲、西西里岛和意大利撤回，这个时候，它扭转身子，重新杀了回来。

10月12日，第五集团军再次发起攻击，它属于英国第十军的一部分。英国第十军和美国第六军历经十天的战斗之后，从沃尔图诺河渡过，组建了坚固的阵地。在加利亚诺河南面，有很多高地使我们的军队无法前行，这两支军队计划向这些阵地发起进攻。还要额外投入一周的时间，才能将这些阵地上的敌人驱赶殆尽。然而，第五集团军与

"冬季战线"前哨防地的敌军在11月的前两周打响了战役。在这条战线上，第五集团军的六个师与同等数量的德国军队相遇，德国军队就像过去，打起仗来依然十分顽强。以尝试的态度首次向德国军队的战线发起攻击，但是收效甚微。在这场战争中，我们的军队已经苦苦支撑两个月，如今的气候条件非常差，军队应该休养生息。为了应对不同的局面，魁北克会议做出了计划，但是执行时却被打了折扣，在地中海的战场上，大多数登陆艇都被调派到别的地方。

在这个时候，第八集团军已经向前方进军，打了几场战役，又向桑格漯河逼近。德国军队在这个地方驻扎着四个师的兵力。亚历山大将军为了掌握主动权，准备先调派第八集团军从河面渡过，立足这条战线，从"冬季战线"寻求突破，尽可能往前进军，一直开到佩斯卡拉—安威柴罗公路，逼迫罗马，将敌军位于西海岸的交通陷入危急之中。在桑格罗河对岸，我方军队建起桥头堡，然而敌军的重要防御工事却建在对岸的高地上。由于天气条件非常差，连日来阴雨不断，路上处处泥泞不堪，河水也涨了很高，所以直到11月28日才开始发起进攻。第七十八师、第八印度师，以及刚刚抵达的新西兰师在这一日展开进攻，赢得了很大的胜利。激战一星期之后，在桑格罗河对岸十英里的地方，它们最终站稳脚跟。加拿大部队在12月20日抵达奥托纳的近郊，历经一番激战之后，于圣诞节后的第三日，才将奥托纳城中的敌人彻底消灭。这是首次大规模巷战，可以从此次巷战中收获很多经验和教训。然而敌军的顽强抵抗并没有就此停歇，继续从意大利北部增派支援部队。12月，第八集团军有了一些斩获，不过并没有将哪个重要的目标攻克下来，频繁的军事行动最终因冬天的气候条件而暂时停下。

克拉克将军指挥美国第五集团军，沿着公路艰难地挺进卡西诺，还向德国军队的重要阵地最前哨的防御工事发起攻击。两边的山成了敌军部署坚固阵地的地方，从这里往下看，可以看到公路。英国第十军和美国第二军于12月2日向公路西面矗立的卡西诺峻岭发起攻击，展开顽强的战斗，并在一周后将敌军消除殆尽。美国第二军和第六军在公路的东面也展开了战斗，并且也是那么激烈。其中美国的第六军把摩洛哥的第二师也包括在内。到第二年之初才将敌军打退，第五集团军便在加利亚诺河和它的支流拉皮多河沿岸拉开全面战线，卡西诺高地和颇有名气的修道院都在它的前方。

我们的战术空军曾经在每一场陆地战斗中充分援助陆军，我们的战略空军也在敌军战线的后方发动了很多次行之有效的进攻，最著名的就是向都灵发动的那次进攻，美国空中堡垒将一座至关重要的滚珠轴承厂摧毁。从另一个角度分析，在这场战役中，德国的空军没起到太大的作用。他们的战斗机和战斗轰炸机很少在白天出现。他们的远程重轰炸机向那不勒斯发动六七次进攻，但是没有获得太多好处。我们在巴里港的船只十分拥挤，12月2日，德军的远程轰炸机突然在那里发动袭击，造成很大的破坏，刚好击中一艘军火船，又炸毁十六艘船，还有三万吨货物被击毁。

在冬天，德国人不想抢夺控制意大利领空的权力，他们在很大程度上减少了空军兵力。我们在英国的上空发起进攻，敌军不得不将一切可供支配的飞机从地中海和苏联撤回来。一方面为了向英国报仇，另一方面为了应对来年春天发动的"小型闪击战"。他们已经将所有位于意大利的远程轰炸机都调走。

苏军的伟大战绩

海洋战争中，大西洋依然具有决定性作用，还保持着它的固有形势，1943年3月期间，与德国的潜艇展开的斗争越来越趋向于十分危险的处境。我们的驱逐舰再也无法承受这种压力。运输船队在3月期间被迫延缓航行的时间，海军部在4月份提出建议，希望暂时停止从这条航线运送物资给苏联，一直持续到秋天黑暗的到来，我对此表示支持。

在苏联的战役之中，德国军队已经损失很大，水平很差的盟军又加入这支军队，使它本身的力量大为消减。战线有上千英里这么长，它对这条战线上的别的地区的安全问题却不管不顾，将大多数实力都汇聚在库尔斯克。苏联军队此时展开猛烈的进攻，它已经没有能力前来抵挡。在库尔斯克，大战十分激烈，德国军队的后备队被牢牢地牵制住，苏联军队在月12日向奥廖尔附近的德国军队的突出阵地展开首轮进攻。为了辅助进攻，苏联军队展开了猛烈的炮轰，在突出阵地的北面展开了主要的进攻，与此同时，在突出阵地的东面也采取了支援性的进攻。不久后，苏联军队就彻底突破防线，虽然守卫的军队在战役中十分顽强，不过他们的那些坚固据点却一次又一次地被两面夹击，最终被攻克。他们展开的反击败下阵来，不得不在精锐之师和先进武器所形成的重压之下彻底屈服。8月5日，奥廖尔被攻下来，已经开进五十英里的所有德国军队的突出阵地在18日都被攻陷。

8月3日，苏联军队展开第二次庞大的进攻，在那个时候，奥廖尔发动的进攻还在如火如荼地进行着。德国军队在哈尔科夫附近的突出阵地此次遭到了突然袭击。哈尔科夫作为一个交通枢纽，占据重要地位，防护着通往乌克兰和顿涅茨工业盆地的各个交通要道。所以哈尔科夫做出的防御工事比往日的更加周全。此次展开的主要进攻主要是在突出阵地的北面进行的，一股兵力从正南面展开进攻，向哈尔科夫发动攻击，另外一股兵力推进到西南的阵地之内，在德国军队的后方形成了隐患。在这两个地方展开的进攻，四十八小时之内已经攻入敌军的腹地，长达三十英里，将别尔哥罗德攻克下来。哈尔科夫在8月11日遭遇三个方向的威胁，其中有从东面展开进攻的苏联军队，与此同时，苏联军队还在西北方向五十英里的地方，以很快的速度一路往前进军。希特勒在这一天发布命令，不管付出多大代价，都要守住哈尔科夫。德国的驻军誓死捍卫阵地，坚持战斗到最后，苏联人在23日才把整个城市都攻克下来。

　　两个月以来，库尔斯克、奥廖尔和哈尔科夫这三场大战相继爆发，位于东线的德国军队最终溃败。他们在任何地方都以失败告终。虽然苏联军队做出了非常大的计划，不过他们的资源能够满足这一计划。在陆地上，苏联军队展现出他们的优势，在空中，苏联军队投入的飞机最起码是德国的两倍，德国的飞机有两千五百架之多，而且已经改进过它的功效。在战争时期，德国空军的实力已经达到最高点，其数量接近六千架。不过能够为这次具有决定性作用的战役提供援助的还不足一半，这向我们表明，从苏联的角度考虑，我们在地中海展开的作战行动，以及以英国为基地的盟国轰炸机，为了日趋增长而做出的努力都有价值。德国军队在战斗机方面最为不足。虽然它们在东线已经处于不利地位，但是为了守护他们在西线的地位，只得在9月份减弱东线的兵力。等到冬天来临时，在西线地带，德国军队调派出四分之三的战斗机。苏军以很快的速度一次又一次地发动进攻，德国军队的空军实力没了用武之地。为了挑战新的危机，空军部队经常从一个战区出发，被调派到另一个战区，不管被调派到哪个地方，总会在他们的身后留下一个缺口，因此总能发现，苏联飞机的实力能够压制住所有力量。

　　德国军队在9月份沿着他们的南方战线，从与莫斯科地区正好相对的地带出发，一直撤到黑海地区。苏联军队以十分猛烈的趋势一路向前进军，竭尽全力一路追打。苏联军队在北面的枢纽地带出发，自威亚兹马一路往前进军，并于9月25日将斯摩棱斯克攻克下来。第聂伯河是第二条大河，德国军队特别想保住这条防线。苏联军队刚进入10月，从基辅北面的第聂伯河横渡过去，又在同一时间从南面的佩列亚斯拉夫和克列米安楚格这两个地方也横渡过去。在距离更加远的南部地区，又在10月25日将第聂伯罗彼得罗夫斯克攻克下来。德国军队仅在第聂伯河河口周围依然坚守在河的西岸，沿着这条河流的所有别的地区都被攻克。彼列科普是从陆地通向克里米亚的通道，已经被攻克下来，从而切断了在克里米亚防守的强悍德军的退路。基辅的两个侧面都被夹击，在11月6日被攻克，很多德国士兵因此成了俘虏，苏联军队一路向前，展开了猛烈的追击，一直抵达科洛斯齐和日托米尔。德国军队的装甲部队十分强悍，他们反攻苏联军队的侧翼，把他们打退，将科洛斯齐和日托米尔这两个城镇攻克。战线在这个地方变得稳定。北面的苏联军队在11月月末将戈梅利攻克，在第聂伯河上游的莫吉廖夫的两边从河面上渡过。

　　俄国中部和南部的德国军队被追击了三个月，最终在12月撤退了二百多英里。德国军队因为无法防守第聂伯河战线而致使前面没了遮拦，很容易在冬天遭到攻击，他们凭借自身的悲惨教训，明白一个道理：他们的对手在这方面非常擅长。1943年，苏联军队取得的伟大战绩就是这样的。

三国会议诞生

　　为了执行"霸王"作战计划，也就是在1944年，从英吉利海峡横渡过去，向欧洲发起进攻的计划，我们急需选派一位最高统帅。这个问题对战争中的军事行动产生直接影响，也引发很多重大、微妙的人事关系。罗斯福总统提议，"霸王"作战计划的指挥由一名美国将领担任，我在魁北克会议上对这种意见给予支持。以前，我曾经邀请布鲁克将军担任这个职务，所以把这个决定告诉给他。罗斯福总统后来告诉我，他计划任命马歇尔将军，我们对这项任命都给予支持。在召开魁北克和开罗会议召开的间隔时间内，我意识到，对于马歇尔的任命，罗斯福总统还没有最终下定决心。不首先解决这个重要问题，就无法进行别的所有安排。美国新闻界在这个时候谣言四起，估计在伦敦的议会上也会引发某些反应。海军上将莱希写了一本书，其中描写了美国的一些彼此矛盾的观点。[①]他在书中写："民众盛传，罗斯福计划将最高统帅之位交由马歇尔担任。报社领域有些人对这种部署给予强烈的反对。那些反对的人指责罗斯福，说他这是借着升迁的名义，把马歇尔从高位上贬谪到一个很低的职位上，这是他给马歇尔下的一个圈套。有人公布出另外一种极端言论，在美国参谋长联席会议看来，任命马歇尔为最高统帅，是对他的升迁，马歇尔令他们眼红了。"

　　针对这个问题，我们双方展开了细致的探讨。在不威胁美国参谋

---

　　① 莱希写的《我曾经在场》，高兰兹出版公司出版，见第227页。

长联席会议和英美联合参谋长委员会的权力的情况下，我迫切希望从各个角度强调马歇尔将军的地位。

10月17日，我向罗斯福总统发去电报，对他说："我觉得从当前局势来看，一天比一天有必要确定最高统帅部的人选。如果德国现在没有溃败，那么到目前为止，1944年爆发的战役是我们经历的危险系数最高的一次。相比1941年、1942年或1943年爆发的战役，我个人更关注这次战役会不会获胜。"

进入11月份，我们才获悉，罗斯福总统和他的顾问们认为，地中海的指挥权也应该交给"霸王"战役的最高统帅。罗斯福总统觉得应该把两个战场同时交给马歇尔进行指挥，留在一个战场中指挥，同时又指挥着另外一个。我觉得指挥作战的司令部会定在直布罗陀。在我看来，应该即刻表现出英国的态度。如今，不应该让我和罗斯福总统直接交涉这件事，我认为应该先对陆军元帅约翰·蒂尔爵士说，邀请他和美国参谋长联席会议主席莱希海军上将一同协商。

蒂尔将我对统一"霸王"战役和地中海指挥权的意见清楚明了地告诉给莱希。莱希大失所望，但是他没有办法，只得说："如果首相确实是这个意思，就什么都不用再说了。"蒂尔与霍普金斯相见了，他说霍普金斯大失所望。蒂尔说："霍普金斯和莱希已经意识到，无论如何都无法让你改变自己的意见，我希望他们不要做这样的尝试。"

我之前已经提起，我在召开魁北克会议期间，前往城塞、白宫和海德公园进行访问，返回后，立即开始思考三国首脑会议，这个会议将要在英美会谈之后召开。每个人都觉得非常需要召开这次会谈，不过不亲身经历这件事情就无法感受到：花费了很多精力，遭遇很多繁杂的情景，才最终确定首次"三巨头"会谈的时间、地点和条件。我们三方在会议地点上有很多分歧，差点就造成这个计划流产。斯大林坚持把会议地点定在德黑兰，而罗斯福总统因为时间问题无法前往，提议把会议地点定为巴士拉。斯大林的态度很坚决，让这个问题一时间陷入困境。直到后来罗斯福总统在宪法方面解决了这个问题，才最终确定，在德黑兰召开三国首脑会议，会议日期为11月27日至30日。在此之前，我和罗斯福总统以及蒋介石会先在开罗进行一次会晤。

　　行程最终确定，旅行开始了。

第十四章　胜局的奠定

开罗之行的苦与乐

我和我的同事于11月12日下午坐"威慑"号从普利茅斯动身前往马耳他岛，16日在阿尔及尔逗留了若干小时，我与乔治将军针对法国在非洲的形势谈了不短的时间。17日，我们抵达此岛。我在同这艾森豪威尔和亚历山大两位将军级别的首要人员见面，并荣幸地授予他们"北非绶带"的荣耀。

我抵达马耳他的时候，因为再次感染了伤风和高热，带病参加了马耳他总督在其战时官邸举办的晚宴。后来，我出席了一次参谋会议，最后去那个被炸得一片狼藉的海军制造厂看了看，职工们热情地欢迎了我。

11月19日午夜，我们开向亚历山大港。罗斯福总统发电过来说开会的地点改为喀土穆，但我经过考察后认为我们在开罗是最妥当的。因此，我发无线电给军舰"依阿华"号——它正载着罗斯福总统穿越太平洋——建议定在开罗。

21日早，"威慑"号抵达亚历山大港，凯斯先生将此间他自己住的那座舒服的别墅交给我随意支配。在半英里之外，蒋介石和他的夫人已经平安惬意地住了下来。罗斯福总统将住在美国柯克大使的宽阔的别墅里。他次日清晨抵达，我为欢迎他去了沙漠机场，还去了他的别墅。

随行的参谋们迅速聚在一处，会议的本部位于米纳大酒店。所有人员均马上展开工作，对需要决断和改动的大批事项进行处理。

英美参谋长们的磋商，被有关中国的那些漫长、繁复和烦琐的情形干扰得很厉害。罗斯福总统因为太关注印度—中国战场，很快就和蒋介石召开了若干次耗时颇长的会谈。他对中国人承诺，将在数个月之内，在孟加拉湾展开一次高强度的两栖战斗。这一计划会抢走太多的"霸王"战斗计划需要的登陆艇和坦克登陆艇，也势必会极大地影响我们正在意大利展开的大范围战斗。等我最终劝服罗斯福总统放弃他的承诺，已经是自德黑兰返回开罗之后了。

这期间，我去蒋介石住的别墅拜访他，这是我和他的首次会面。我对他那种冷静、缜密且能成就大事的特性印象深刻。但我在那时觉得大家过于高估了蒋介石的势力，或者中国在将来的作用。我和蒋介石夫人聊了一次，发觉她是个非常优秀且很有吸引力的人。

在过来开罗的航行中，我草拟了一份文件。事实上，这份文件是有关我们在萨勒诺取胜后的两个月里，对地中海战役统领不当的指控书。我将这份文件交付参谋长委员会，原则上，他们是认同的，不过同时也给出了一些看法。

11月23日，开罗会议首次全体会议在罗斯福总统的别墅召开。此次会谈的目标是将联合参谋长委员会在魁北克会议中制定的东南亚战斗计划的初步方案，正式简洁地告知蒋介石和中国使团。会谈用时极短，议定相关细节让蒋介石和联合参谋长委员会来深入探讨。

罗斯福总统次日举行了我们联合参谋长委员会的二次会议，研究欧洲和地中海的战斗计划，中国使团没有出席。我的发言大旨是1月夺取罗马，2月拿下罗得岛；重新为南斯拉夫提供给养，处理有关指挥部的布置问题，并按照我们和土耳其协商的结论打开爱琴海的通道；在以上地中海方针的范围内，加快"霸王"战斗计划的所有筹备工作的速度。

艾登先生在莫斯科召开的会议结束后返回了英国，此时过来同我们相聚。他和伊斯梅将军在从莫斯科会谈返回英国的路上，曾和土耳其的外交部长还有别的土耳其人士在开罗会面。艾登先生表示我们对安纳托利亚西南部的空军基地的需求十分急迫，也对土耳其加入战斗将引发的好结果进行了详尽介绍。土耳其加入战斗，有机会加快德国及其卫星国瓦解的进程。然而，他的所有观点都没能触动土耳其使团。他们最后说，若供应了安纳托利亚的据点，那和插手战争并无不同，他们若插手战争，德国势必会以君士坦丁堡、安吉塞斯和士麦拿复仇。会议只有一个成果，即土耳其使团同意向他们的政府汇报，土耳其人曾经亲眼看见了爱琴海的局势变迁。

我因为始终没再次听见有关"霸王"和地中海之战的共同指挥部的计划，于是觉得英国的主张已被认可。可是，11月25日，美国参谋长联席会议以正式的备忘录同我们提议建立一个最高指挥部。从这可以看出，罗斯福总统和美国最高指挥部打算统御盟军在地中海和大西洋两地，同德国的战斗活动。他们仍想要一个西北欧战斗司令和一个地中海盟军司令，而且还有个最高指挥官在这两个司令之上。

英国三军参谋长当即对美国的备忘录进行了激烈抗议。他们和我均以书面的形式将自己的看法转达给美国三军参谋长，终于成功说服他们。他们自己也发现，事实上自己的提议意味着终结联合参谋长委员会的统御权，因为这个最高指挥官将在很大的范围内替代他们的权限。我非常支持参谋长委员会的文件，还在次日写了份备忘录，对这些观点进行深入说明。我在我们动身去德黑兰之前，我亲自把这份备忘录交给了罗斯福总统，后来私下听人说，美国三军参谋长彻底明白了我们的联合参谋机关和新的最高指挥官之间在职权上许会出现的矛盾，已经放弃这一计划。罗斯福总统和他身边的人在同我们来往的时候一直都没再和我们说起过此事，所以我认为"霸王"将由马歇尔将统领，艾森豪威尔将军会回华盛顿替他；而我作为英王陛下政府的代表，有为地中海战场挑选指挥官的职责。

11月25日，正赶上感恩节，罗斯福总统坐着的军舰运来了大量为开罗的美国参谋人员提供的火鸡，还邀我去他的别墅共进晚餐。罗斯福总统的客人有，他自己的心腹，他的儿子埃里奥特，女婿伯蒂格少校，哈里·霍普金斯和他的儿子罗伯特。我们宁静又欢快地享用了一顿丰富的晚饭。大家在用餐的时候致辞祖露了热情、亲近的友情。我们在那两小时里放下了所有烦恼。罗斯福总统非常开心，那是我从没见到的。用过晚餐，大家就去了那个我们曾经开过很多次会的大厅，以留声机唱片播放的跳舞用的音乐响了起来。

终于处理了所有的麻烦，美国宪法、罗斯福的身体、斯大林的固执引发的各种难题，还有去巴士拉的行程和横贯波斯的铁路的繁杂的问题，全都彻底清除了。由于眼下急需召开三国会谈，并且除了坐飞机去德黑兰，别的所有的替代办法均已宣告失败，因此，11月27日清晨，我们坐飞机离开开罗。

德黑兰的第一次会谈

　　英国和苏联的军队很快并到一处，把两国紧临的大使馆变成了一个封锁区，而且启动了所有的战时警备手段。负责保护美国大使馆的是美国的部队，而美国的大使馆与我们的距离大概在一英里以上。莫洛托夫先于我们抵达，告诉我有人预备刺杀"三巨头"中的一到两个人，并邀请罗斯福总统马上搬到苏联大使馆，我非常赞同。次日下午，罗斯福总统和他所有的同事搬到了苏联大使馆中。

　　美国有种流言说我曾经全力抵制预备穿过英吉利海峡进行攻击的"霸王"战斗计划，还说我图谋引导盟国大举进攻巴尔干半岛，或在地中海东部展开一次大型的战争，这和事实上跟撤销"霸王"战斗计划没什么区别。虽然我之前已经作出解释，再次还有必要多说几句。

　　那时"霸王"战斗计划正在认真的筹备之中，最晚启动时间将是7月初。参加此战的军队和护送这些军队的船舰拥有的待遇仍旧是最靠前的。意大利战斗的英美部队要夺取罗马，从而拿下这个首都北边的机场，以便从这些机场对德国的南部展开空袭，就必须提供物资和援助给他们。取得这些成果之后，在意大利战场就不必穿过比萨—里米尼线。这些战斗将吸附、绊住极大一批德国部队。

　　相比美大军在法国南部里维埃拉一域登陆，顺着罗纳河谷朝北进发，支援横渡英吉利海峡的攻势的策略，我更希望他们能够借伊斯特利亚半岛和卢布尔雅那山峡，自意大利北面施行右翼攻击，逼近维也纳。德国部队若没有对我们进行反抗，我们就能以非常微小的代价将大面积的关键区域解放出来。但我清楚他们肯定会反抗。

前边的两场战事会用掉我们当前力量的十分之九，而我一定要全力主张的仅仅是将我们力量的十分之一予以有效的运用。地中海东部战线是完全不需要别的地方的人员和物资的。为守护埃及聚集的空军，若能在更往前推进的交火区起航，也同样可以有力地或者更有力地完成使命。我们若拿下了罗得岛，我们的空军就能夺取爱琴海，也能够自海路和土耳其建立直接的往来。

另外一个可行的方法是劝土耳其参加战斗，或者尽可能运用它中立的身份，使土耳其将我们帮它建的飞机场给我们用，我们也一样可以掌控爱琴海。

自然，土耳其是我们要拉拢的对象。若我们可以赢得土耳其，以那里的潜艇和轻型海军军队就能掌控黑海，为苏联提供极大的支援，而且相比于穿过北冰洋或波斯湾航路为苏联部队运送给养付出的代价更小、航程更短、交通也更繁忙。

我每一次都会和罗斯福总统、斯大林果断地说这三个主旨。罗斯福总统被斯大林带有成见的军事参谋影响得很厉害，左摇右摆，最后把这些重要性稍差但很可能成功的机会搁在了一边。

斯大林在罗斯福总统搬到苏联大使馆的新住处之后不久，就去拜会他了，两方展开了亲近的会谈。

11月28日下午四点，首次全员大会在苏联大使馆召开。我们之前已经议定，首次大会由罗斯福总统主持，罗斯福也答应这么办，开启了此次磋商，以美国的视角简要地就战争的局面进行了介绍。他先提起的是对美国有特别的关键作用的太平洋战场。这是个面积非常辽阔的战场，美国采取的方针是耗损敌军力量，截至目前很顺利，日本的船舰均被大批大批地打沉，致使新建造的船舰赶不及填补。之后，他对再次夺取缅甸北部的计划进行了介绍，还提起了我们研究的自曼谷对日本运输线发动两栖战斗的方案。这些计划的目标的是让中国可以继续积极参战，将滇缅公路开通，同时设立基地。为方便明年攻打东京，我们想在中国建立据点。

之后，罗斯福总统说到了欧洲的局势。穿越英吉利海峡进行远征这个决定，一年半之前就曾经作出过，可因为交通和别的难题，还没办法确定发动此战的精确时间。一定要在英国聚集充足的军力，除了用在切实的登陆上，还要用到朝内陆进发上。他申明登陆艇在众多次登陆中始终是个制约条件。他和我在此次军事会谈中，都想听听斯大林元帅和伏罗希洛夫元帅的看法。

然后斯大林讲话，他期待美国在太平洋上的成功，不过，他表示因为苏联的部队近乎全都得拿出来与德国周旋，所以苏联眼下还无法参与和日本的战争。一定要等到德国瓦解时，他们才能来太平洋战场和盟军会合。

关于欧洲的形势，斯大林简要地介绍了一下苏联的作战经历。他们发动攻击的时间是7月，德国人之前就猜到了，但展开攻击的难度很大。之后，他详细介绍了苏联战线最近的局势。战斗在一些战场已经减速，在某些别的战场已经彻底停滞，至于乌克兰还有基辅西部和南部战场，近来三周，控制权已到了德国人手里，但整体而言控制权仍在苏联部队手里。

他说，苏联政府始终相信，意大利战争对于盟国的事业而言至关重要，可是将意大利作为攻打德国的起点并不非常合适。他认为再没有什么地方比法国北面或西北面更适合英美大军展开攻击了。

我说，很早之前，我们就和美国议定将自英吉利海峡打进法国北部或者西北部，虽然没有在1943年发动这场战事，可我们在地中海那边进行了一连串的战事。我们在发动这些战斗的时候，完全清楚它们的次要属性，可它们是我们在1943年可以作出的最大功绩。当前，英国和美国政府给自己确定的使命是，在1944年春末或者夏天施行穿越英吉利海峡的攻击计划。

斯大林说地中海的战斗没有攻打德国本土，我说我和罗斯福总统把这些战斗视为穿越英吉利海峡计划的垫脚石。我们的整体方案是先占领罗马，夺取它北部的机场，进而轰击德国南部，在临近比萨—里米尼线的地方设立一条战线。之后再考虑能不能建立第三战场穿越英吉利海峡的战事。有两个可能，一、开进法国南部；二、如罗斯福总统提议的那样，自亚得里亚海的顶点，向东北朝多瑙河推进。

铁托绊住了德国不少的师，对盟国事业的功绩远大于米海洛维奇旗下的"采特尼克斯"。我们以给养和游击行动对他进行援助明显能有不小的收获。最严重的问题是怎样才能让土耳其参加战斗，以及保加利亚、色雷斯等卫星国的反应和受到的影响。

罗斯福总统此时提示我说说更多的方案，我提议夺取罗马，并消灭亚平宁山以南的意大利狭小地域的德国部队。那样，英美部队就可以朝内陆进军，之后就可以以最少的军队守住我们的战线，让剩下的军队攻向法国南部，或者如罗斯福总统所想自亚得里亚海的顶点朝东北进发。

磋商到这里已经碰到了核心问题。经过一阵集中探讨之后，斯大林问我攻打法国南部的战斗计划。我表示它能够协助"霸王"战斗计划，或者两个计划一起执行。攻击军队将由眼下在意大利驻扎的军队形成。

斯大林觉得将我们的军队派一部分去土耳其和别的地方，又派另一部分去法国南边，并不正确。最妥当的做法是将"霸王"作为1944年战斗计划的基础，至于在意大利驻守的全部兵力，只要夺下罗马，就全都调去法国南部。我完全认同斯大林元帅觉得不该分散军力这点。可是两三个师就能有效地用于达成我们和土耳其的直接往来，而需要参加战斗的空军只要将战线往前开一点就行了，如此就用不着自意大利前线或者"霸王"战斗计划里抽很多军力出来了。斯大林觉得非常值得。

我说，在夺取罗马和启动"霸王"中间的六个月中，我们应该持续对敌人进行攻击。斯大林再次重申"霸王"战斗计划这场战争十分重要，最好能以对法国南部的攻击与之配合。我回复说，就算我们不朝罗马推进，我们的实力也无法更加强劲了，我们不可能不夺取罗马。

罗斯福总统现下提议应该十分谨慎地研究各战事的时机之事，提议军事专家应当按照斯大林说的日期，在"霸王"发动的两个月之前考虑有没有在法国南部展开攻势的可能。

斯大林说从两个或者更多的方向展开攻击是最佳的方案，这将逼敌人分散军力，如果攻击军队彼此同时离得较近，就有沟通的可能，进而提高攻击的整体实力。我原则上认同这些见解，提议稍微支援一下南斯拉夫和土耳其。

最后，首次会谈以对土耳其问题的讨论结束。

德黑兰的第二次会谈

我们在当天的午餐和晚宴上的讨论，似乎之前的商谈更重要，因为大家把发言者的话都听进去了。然而，28日晚在罗斯福总统的晚宴上，我们的谈话很快变得十分谨慎。晚宴结束后，我请斯大林说说战争取胜之后的事，艾登也加入进来。斯大林元帅说德国能从此次战争里缓过来的机会很大，他坚信德国将卷土重来，所以建议为了防范德国而组建一个强悍的系统。

他想在战后限制德国的生产能力，甚至提议关闭德国的钟表制造厂和家具制造厂。我说严格制约即可，他反问："前一次大战之后，没制约过吗？可最后却没能成功。"我回答说："我们那时经验不足，这次情况不一样。"我始终认为应当隔离且压制普鲁士，让巴伐利亚、奥地利和匈牙利构成一个普遍的、和平的联邦。苏联应当有自己的陆军，英国和美国应当有自己的海军、空军。另外，三个国家均要维持强悍的武力，一切裁撤武备的责任都绝不接受。还要引导世界的前景。不管是什么制度，我都绝对不愿意强加在其他国家身上。斯大林再次询问如何处理德国之事，总之他的意见是德国的劳动民众也必须受到压制。

我建议我探讨一下波兰之事。他让我先说，我说请苏联亮明态度，并表示波兰的领土可以向西延伸到德国。在欧洲这个管弦乐队里，波兰这个乐器必不可少。斯大林口头上同意应该保留波兰人民的文明和语言。

我说，三个国家的政府领袖可以共同努力，关于波兰未来的边界议定某种策略，并说服他们答应。斯大林问可以不请波兰人出席吗。我说可以就此事拟订了非正式的和约，再和波兰人联系。艾登先生此时插言，说斯大林那天下午说波兰人朝西延伸直至奥得河是可行的，让他觉得非常吃惊。斯大林表示苏联人会将德国咬下来一块，但别人的东西他完全不想要。

29日清晨，三国军事领袖召开会议。我提议我和总统在当天下午的第二次全员大会之前一起吃个午饭，可是罗斯福却没有同意，我对此觉得有些怪异。在四点召开第二次全体大会之前，我按照国王的命令颁授了一把宝剑，这是陛下为纪念荣耀的斯大林格勒保卫战而专门设计打造的。仪式过后，我们步入会议厅，再次在圆桌周围坐了下来。参谋长们全部到会，过来汇报上午努力研究的成果。

斯大林就决定性问题发问："'霸王'战斗计划的指挥者是谁？"我认为应该马上将人定下来。我说摩根将军得到了我自己和罗斯福总统的认可，但同时认为这个战场的指挥官理当让英国人出任。斯大林说强调要尽可能早些决定，我回应说最晚两周之内将处理此事。

之后我说，摆在我们面前的问题又多又杂，让我有点担心；可是我预备只说少数的特殊问题，并让军事小组委员会去分析。

第一个关键问题是已经在地中海集合的大量军队能为"霸王"战斗计划提供什么帮助？我只代表自己阐述看法说，留在地中海的登陆舰，应该起码能运两个师的军力，那启动"霸王"战斗计划的时间明显必然得延迟六到八周；若土耳其参加战斗，这些登陆艇能让我们拿下罗得岛并打开爱琴海的通路，但这样一来必得撤回派去东方的舰艇，它们在和日本的交战中正承担着攻击之责。所以，我们就落到了进退维谷的地步。这就得衡量所有问题的主次和紧急情况。我诚恳地表示，愿意聆听已经取得辉煌战线的斯大林元帅和伏罗希洛夫元帅发表意见。

南斯拉夫和达尔马提亚海岸之事是第二个关键问题。巴尔干战场的确是一个我们让敌军分散兵力的地点，而且能减小我们将来苦战的压力。我提议莫洛托夫先生、艾登先生和罗斯福总统的代表开个会，并且把没处理的政治问题汇报给大会。

土耳其之事是第三个问题，也是最后一个。我说，我预备代英王陛下政府承诺：英国将尽其所能让土耳其参加战斗。之后我问，如果土耳其对德国宣战、苏联政府会警告保加利亚不得对土耳其开战吗，并提议莫洛托夫、艾登和罗斯福总统的代表研究一下，之后针对敦促土耳其参加战斗的最佳方案这点，给大会提意见。

　　我说了大概十分钟后，斯大林说苏联政府会在保加利亚进攻土耳其之后视保加利亚为敌人的。随后，关于巴尔干半岛众国，他说他的看法和我们一致，并表示绝对支持声援游击队。

　　他坦率地提示说，必须率先探讨"霸王"战斗计划。在对抗德国的神圣战争中，苏联人需要尽快的支援。及早大规模推行"霸王"战斗计划是最佳的援助措施。要确定的首要问题有三：一、时间，时间应当设定为5月，不能再晚了；二、为策应此战，有必要在法国南部登陆；三、选定"霸王"战斗计划的总指挥是第三个应当决定的问题。

　　罗斯福总统说，若5月启动"霸王"，那肯定起码要舍掉一场地中海的战事；假如将登陆艇和别的设施全留在地中海，就得将"霸王"推迟到6月或者7月，但明显会带来危险。他随后谈及我说的关于德国和保加利亚的三十个师团被绊在巴尔干半岛之事。他提议为了增强困住他们的行动，我们应该使用突击队。

　　斯大林说他不赞成将"霸王"战斗计划延迟到5月之后。我说我无法保证不会延迟。不能只是因为想将"霸王"启动的时间提前一两个月，就生生牺牲、舍弃我们在地中海那边的美好前景；不能只让英国强悍的陆军在地中海驻扎，却在将近六个月的时间里按兵不动。我十分期望，英国和美国的大军能通力合作剿灭在意大利驻守的大批德国军队。

　　斯大林问，若德国在法国有十三四个机动师，而且可以自别的战场抽调十五个师以上的军力，那么，情况将怎样？放弃"霸王"吗？我说："不，绝对不会这么做。"

　　我将议题再次转回土耳其。我说，就像罗斯福总统和马歇尔将军所说，我们是否能够得到登陆艇、是否能护送军队过海，决定我们各场战斗的强度、性质和时间，所以应极尽频繁、极尽周密地分析此事，不过，需要的少量登陆艇要是无法留在地中海，或者自别的战场运过来，那不管什么强度的军事措施地中海地区都将无法采取，攻击法国南部也在其中。

我同斯大林说，他提议切实指出军事技术委员会的工作范畴，我答应了。至于各条工作的内容，我提议应当让三个国家的政府领袖各自制定。斯大林说，此事他又研究了一下，认为没必要设军事委员会；就算想做决定，也不必将所有细枝末节的问题全都弄清；重点问题还是之前的几个，全体会议需要就这一切问题予以决断。

罗斯福总统说，他已经以简要的办法试着给军事委员会制定了工作内容，一是由三国参谋长委员会把"霸王"之战确定1944年的首要战事，二是委员会要给出让配合性战斗能够展开的建议。对此，大家都觉得可行。

会议以我回答斯大林是否有决心实行"霸王"作战计划结束。

斯大林举办晚宴款待我们。大家历经会议的劳碌，都兴致勃勃，频频举杯。埃里奥特·罗斯福没过多长时间出现在了门口，很快坐到了桌子边上。按照霍普金斯的说法，斯大林和我说了很多玩笑话，我一点都没放在心上，直至斯大林元帅用平和的语气说起惩处德国人这种庄重甚至是恐怖的事。然而，斯大林或许仅仅是因为玩笑，坚持说"必须枪决五万人。"我十分恼火地回复他，罗斯福总统此时插话了，说枪决四万九千人就行了。艾登也以各种姿势和示意提醒我这仅仅是笑谈。但是坐在餐桌另一边的埃里奥特·罗斯福却站起来表达了对斯大林的真心赞同。我当即站起身离开餐桌，去了旁边那间灯光昏暗的屋子。我才到那儿，斯大林和莫洛托夫紧跟在后面，满脸笑容地解释说他们不过是在说笑，我答应回之前的房间去。那晚其余的时光，我们都非常开心。

德黑兰的第三次会谈

　　11月30日是我六十九岁生日，但我几乎把所有的时间都花在解决我始终关心的一些最要紧的事情上了。罗斯福总统和斯大林元帅维持着私下的往来，从我们离开开罗到现在，他始终不愿意和我单独见面。我觉得有必要和斯大林单独会一次面，好消除他"英国想用攻击巴尔干半岛来取代'霸王'战斗计划，所以才试图延迟后者"的双重误会。

　　若没有罗斯福总统曾让我们在孟加拉湾负责的一次战斗，"霸王"计划要用的登陆艇就够了，还能按计划在5月展开。若我可以劝罗斯福总统同意暂时失信于蒋介石，而且舍弃孟加拉湾计划，地中海战役和如期启动"霸王"要用的登陆艇就是充足的。等我们回了开罗，我成功劝服了他。11月的那个早上，我在德黑兰将首要的实情告知斯大林。

　　最先，我表达了对美国民众感情深邃。但是，英国人在地中海有更多的军力，所以我才希望他们能够持续发挥效力。孟加拉湾之战需要的登陆艇，我们若将其调往地中海，就能完成我们需要完成的所有工作，不仅如此，还能让"霸王"发动的时间变早。然而，最近两个月，地中海之战已经受到了损害，因为美国人非让我们确定"霸王"的开启时间。

　　及早确定总指挥的人选这件事也十分关键。现在委任"霸王"的总指挥的事，是罗斯福总统的职责。只要罗斯福总统选好人，我马上就能指定地中海总指挥和别的指挥。我曾经催他在我们离开德黑兰之前确定下来。

　　我们之后说起登陆艇之事。斯大林元帅两天前曾经发表了一份重大声明，宣告希特勒投降之后，苏联将和日本对战。听闻此事，我当即向美国人提议再多调集一些登陆艇，援助他们要求我们推进的印度洋之战。如此就没人缺登陆艇用了。可是，在太平洋的事情上，美国人十分敏感。

　　到了拟订的5月或者6月的时限，英国将为"霸王"战斗计划召集将近十六个师的部队，再算上军直属部队、登陆艇大军、防空军还有后勤，总人数在五十万稍出点头。大概在施行"霸王"的时候，或者在别的所有合适的时候，我想在法国南部也展开攻势。大规模的战斗即将在意大利打响。斯大林说，他不得不事先说明，我们在对法国北部的攻击中取胜，才是红军期望的。欧洲的战争局势若无法在1944年得到极大的改善，他怕红军会觉得只有自己在战斗。我说，除非敌军调去法国的军队比英美聚集在那的部队多，否则，"霸王"必定展开。在我看来，德国人要是在法国有三四十个师，我们预备的穿过海峡的军队是坚持不下去的。斯大林说，他若知道"霸王"启动的时间会确定在5月或者6月，他现在就可以开始筹备对德国人进行攻击了。德国军队仍持续开赴东方，将没有朝法国调兵的余力。他问"霸王"启动的时间。我说，吃午饭的时候他会得到答案。

　　罗斯福总统约我和斯大林元帅享用"只有三人"的午宴。罗斯福告知斯大林，我们两个都答应"霸王"5月启动，斯大林元帅明显觉得十分满意。此后，我们谈了一些相对比较轻松的话题。

　　稍微休息了一会儿，第三次全员大会在下午四点在苏联大使馆召开。所有人全部参会，大概三十人。

　　罗斯福总统告诉参会者，已经在关键的军事问题上取得了一致。阿兰·布鲁克爵士说，英国和美国的三军参谋长在开过联席会议之后提议，我们5月启动"霸王"。之后，我着重指出英国和美国的联合参谋长委员会得和苏联军事政府保有最紧密的来往，让东方、西方和地中海等战场的战事共同协作。斯大林指出在登陆之后兵力散开的这段时间是"霸王"的紧要关头。德国人为了让"霸王"陷入最大的困境，此时或许会从东方调集更多的军力过来。5月，他会担负起发动一场大规模的苏联进攻的责任，以便遏制一切力量强劲的德国军队自东方调过来。①

罗斯福总统对所有战场彼此策应战斗的时机的关键性予以解释。他已经告知斯大林元帅，"霸王"领导者或许在三四天之后就能有决断。

我又说，剩下的关键问题是想方设法得到更多登陆艇，因为"霸王"启动的时间和现在还有五个月的间隔，而美国和英国的所有物资又在我们的掌控之下。

正式会谈以关于三个国家的配合保护计划的讨论结束。我提议让参谋们给我、罗斯福总统和斯大林元帅写一份关于军事谈判的简报，大家一致认可。

我提出第三次宴会由我来请，在英国大使馆办；我给出了许多理由，而这天是我的生日这个理由，他们尤其无法拒绝。我和我的两个尊贵的客人，在宴会上聊得十分开心。斯大林再三追问"霸王"之战的指挥者会是谁。我说我几乎可以确定是近乎和我们面对面坐着的马歇尔将军。他对此明显非常开心。之后他说起布鲁克将军，觉得布鲁克讨厌苏联人。我说，军人在和他们的同行就战斗事项进行争辩时，粗暴、严苛是平常事。

不少人在宴会中讲话，包括莫洛托夫和马歇尔将军在内的很多要人都发了言。不过布鲁克将军的发言让我印象最深。

布鲁克写道："斯大林话里话外说我对红军没有展现出诚挚的友

---

① 苏联的首要攻击始于6月23日。——原注

善之情，对红军的优良品德知道的不够清楚，他期望日后我能对红军战士给予更加真挚的战友情。我起身回礼，并大体说了如下这些：

"斯大林元帅，请别忘了今天早上丘吉尔先生在我们研究掩护方案的时候曾经说，真理在战争期间必须以假话守护。你自己亲口跟我们说，你一直将经过伪装的坦克和飞机聚集到哪些涉及到有直接影响的战场上，至于你真实的目的，则始终深加隐讳。所以，斯大林元帅，经过伪装的飞机和坦克蒙住了你的眼睛，所以才看不到我对红军的诚挚友善的情感，所以才没看到我对每个红军战士的忠诚的战友情。"

我认真观察斯大林的神情，耐人寻味。不过，等布鲁克说完，他同我说："这个人，我喜欢。他的话听上去是发自肺腑的。我预备日后和他聊聊。"结果，我在会客室到处闲逛时就在一小群人里看到了斯大林就站在布鲁克对面。布鲁克将军在后来的记述中：

"我走到斯大林跟前，重复了刚才说的话，他马上让翻译官巴甫洛夫回复说：'再没有什么友谊，比建立在误解上的友谊更坚实的了。'之后就热情地和我握手。"

我们最后过了半夜两点才分别。我躺倒床上时已经一点力气都没有了，但非常满足，觉得今天做的每件事都非常顺利。

在德黑兰得到的结论

12月1日，罗斯福总统在苏联大使馆里设宴，三国领导人再次共进午餐。劝土耳其参加战斗的事是我们最先谈及的问题。霍普金斯问我们：土耳其若参战，我们能提供哪些必要的援助。罗斯福说在英美双方研究出结果之前，不能草率许诺给土耳其总统伊诺努什么，我说，英国不受英美指挥部调度的二十个空军中队可拿来守护土耳其，另外还有三个高射炮团。

斯大林说土耳其应该交出自己的部分领土供我们使用，我表示赞成，并补充说英军只能提供空军保护，不能派遣陆军。另外，我们不了解伊诺努的态度和反应，他或许不会去罗斯福总统即将前往的开罗。

斯大林说他或许会托病，我建议坐一艘巡洋舰去阿达纳见他，他肯定会去那儿。

罗斯福随后表示，我说的自太平洋抽调登陆艇的提议并不可行。路程太过漫长，并且美国军队在吉尔伯特群岛和马绍尔群岛每天都在朝北前进，去攻击日军的给养线，所以眼下手中的全部登陆艇都要使用。

霍普金斯问要用多少登陆艇才能拿下罗得岛，我说不必非得帮助土耳其拿下什么岛，也没有提供登陆艇的责任。士麦拿和巴德朗地区的空军据点才是我想要的。那些机场全都是我们修的。德国的空军，我们只要得到这些据点，并派空军中队驻守，就能在天上剿灭。"我们若得到了土耳其的基地，就能持续向德国军队施压，这会变成一个推进'霸王'之战的筹备过程。"

这点得到了斯大林的认同。罗斯福总统也觉得，用二十个空军中队和一些轰炸机作为谈判的基础，是个可行的办法，但他不想发动两栖战。

之后，我总结了大家的看法。斯大林问："保加利亚若对土耳其宣战，苏联自然应该对它宣战，丘吉尔先生想让苏联怎么做呢？"

我说完全没有确切的行动要求，但提出如果苏联军队经由敖德萨朝前逼近保加利亚，会重创保加利亚人。我还指出，土耳其部队虽然非常英勇，可是在现代化上严重不足。斯大林说土耳其不参战的可能性很高。罗斯福总统让艾登先生介绍土耳其人在开罗的会谈中的言论。艾登先生说，土耳其外交部长坚信如果土耳其滋事，德国肯定会有所回应，土耳其不想被间接扯进战场。我说，如果土耳其不肯参战，它将和别的中立国一起被一视同仁，英国将再不关心土耳其的事，也将不再提供军火。艾登先生却提醒说，有必要完全了解土耳其会提的要求。我和罗斯福总统决定约伊诺努去一次开罗。

之后，莫洛托夫和斯大林询问了意大利的船舰如何分配与使用，我们表示在跟意大利人部署好之后就能交给苏联人，还会有四到五艘英国潜艇去黑海。斯大林表示感激我们的帮助。

用过午饭，我们在休息一会儿后，进入另外一间屋子，开始讨论波兰。

罗斯福总统说他期望波兰和苏联两国政府可以重新建交，斯大林问跟波兰的哪个政府，并表达了波兰与德国人不断来往和屠戮游击队员的不满。我说波兰之事对我们英国的民众来说是重要的，又用三根火柴来比喻德国、波兰和苏联，重复了罗斯福总统的期望。斯大林说之前只是和我确定波兰战后的边界，没说和波兰政府恢复邦交。他不认为波兰和波兰流亡政府是一回事。他想要得到波兰流亡政府再也不残杀游击队员、不搞任何阴谋活动的承诺。

我阐述了英国想要波兰强悍、独立并和苏联友善往来的愿望，斯大林说波兰人不能占领乌克兰和白俄罗斯的土地，也就是维持1939年的疆界。接下来，我们拿着地图在奥得河线亦即"寇松线"一边比画一边说，斯大林表示只要有波兰人定居的地方都十分愿意舍弃，并在地图上的"寇松线"以西和维尔纳以南地区画了些阴影，直言这些地区基本是波兰人的居住区。我说十分支持这么划分边界，并说我将告诉波兰人他们要是不答应就太蠢了。如此，我们结束了有关波兰之事的争论。

罗斯福总统又问斯大林芬兰的事。斯大林说，苏联政府并不想把芬兰变成苏联的一个省，只要说清楚会不会撤出战场。他认为芬兰人还是想让德国人取胜，起码有一些人坚信德国人会取胜。罗斯福问：美国人政府如果说服芬兰人去莫斯科商谈，是否有用？斯大林回复说：除非他们会带来全新的方案。

我在此时表达了对芬兰向苏联宣战的抵制态度，并认为要求芬兰赔款可能不会很有用。斯大林说他不准备要钱，但需要芬兰人在大概五到八年的时间里提供苏联纸、木头和众多别的东西。我说他们远远赔不起，而且芬兰会在瑞典加入同盟国之后撤出战斗。斯大林说那样就太好了。

接下来，我们就芬兰的战后领土进行了详细谈论，我代表英国表达了兼顾苏联满意和芬兰人独立宜居的愿望。斯大林表达芬兰补偿他们给苏联带来的一半损害就可以了。罗斯福说芬兰前往莫斯科的领导人不全是亲德派，就会有更好结果，斯大林赞同，但也说连恶魔都不怕。在赔偿这件事上，我说："经验显示，巨额赔偿款并不可行。"斯大林说，芬兰人可以以土地代替赔款。

还有德国的事。斯大林不希望德国战后还是个整体，罗斯福总统的认可，我说我原则上支持。罗斯福提出了他和他的参谋们拟定的将德国一分为五的方案。五个地方都会采取自治，但还有两个地方得由盟国来管。我提出我的方案是隔离普鲁士，让巴伐利亚、符腾堡、帕拉蒂纳特、萨克森和巴登加入我提出的多瑙河联邦。

斯大林表示更倾向于罗斯福总统的那种对德国打击更大的方案，因为苏联军人通过和大量德国部队战斗发现每个德国人都能殊死作战。每个德国人战斗都像野兽一般，所以从本质上讲北边的德国人和南部的德国人之间一样的。罗斯福总统积极地予以认同。

我说，如果把德国割裂为五个互相独立的地方，它们再次整合到一起。然而，让这些地方的人民恢复生机并乐于和大德意志帝国分开自立，恐怕五十年实现就很乐观了。斯大林从另一方面说：多瑙河联邦不可能一直存在，德国人迟早会建造一个新的强国。总之，他认为罗斯福总统的方案是最妥当的，尽管肢解得支离破碎的德国还是会整合起来。为避免德国再次变成一个整体，他说一定要动用种种经济手段，必要时也要使用武力。

我争论了一番，没有结果。之后，我又将辩论转向波兰。

我说，原则上应当将被视为波兰国和波兰民族的土地界定在所谓的"寇松线"和奥得河线中间，同时还包括东普鲁士和奥伯雷；但是实际边界线的走向需要仔细研究，可能在某些地区需要解决人口问题。这样一个方案可以拿来劝苏联人同意，主要把这一点告诉波兰人。

斯大林随后说，苏联人非常希望得到科尼希斯贝克这一不冻港，如此就能让苏联掌控德国，他也将十分愿意答应我说的有关波兰的提案。我问怎么解决利沃夫，斯大林说他会认可"寇松线"。

我们在德黑兰召开的耗时颇久的艰辛的会议即将走进尾声。战争五六个月之后的进展，大致由军事上的相关论断确定了：5月穿越英吉利海峡的发动攻击；为策应此次攻势，苏联将再次发起大举进攻；派一些驻意大利的盟国大军去攻打法国南部海岸的建议，美国人和苏联人都认可，我们因此可以得到必不可少的登陆艇，以确保意大利战争成功和夺取罗马；自意大利取道伊斯特利亚半岛和里雅斯特向右进军，最终目标是穿越卢布尔雅那山峡抵达维也纳。

斯大林答应打倒希特勒及其武装之后马上加入同日本的战争，此事的意义极其重大。以最快的速度终结战事，并组建一个以预防另外一场战争为目的世界组织才是将来的指望，而这些的基石则是三个大国团结的力量。

我们在减少芬兰在赔偿款上的压力，截至目前这个措施基本上还在施行。新波兰东西两边的疆界已经基本确定。东面的界限是"寇松线"（还需要说明），西边的界限则是奥得河线。

至于获胜国怎么处置德国的事，只能当成"一个关键的政治问题进行简单的探讨"；此时我们正和强悍的纳粹帝国打一场恐怖的仗。

罗斯福总统将德国肢解为五个自治国并让盟国来掌控两个关键地区的构想方案，自然更得斯大林元帅的青睐。但我还是认为一个大一统的德国的实力，让我们所有人都感到忧心。

看见不少能够选择的重大计划还没丢，我非常开心。我们分别时，洋溢着友善和因为眼下的目标而众志成城的氛围，纵览整体军事局势，我自己觉得非常合心。

从开罗到迦太基

12月2日，我和罗斯福总统先后到达开罗，针对战争的整体形势和与斯大林协商的成果继续展开亲密磋商。

蒙巴顿海军上将奉命制定的"海盗"战斗计划的改进方案，已经从印度发了过来。该方案证明，我们能够完全有效利用自地中海调走的那些登陆艇，所以，我想最后尝试一次让美国人答应另一个攻击罗得岛的战斗计划。可罗斯福先生又已经下定了发动孟加拉湾之战的决心。

我在12月4日下午召开了自德黑兰返回后的首次全员大会，可是一点收获都没有。

为了增强"霸王"战斗计划和"铁砧"战斗计划，我建议裁剪调拨给蒙巴顿的部分力量。罗斯福总统表示，在公义上我们有帮助中国之责，他不预备舍弃。

在占领安达曼群岛这件事上，英国想舍弃这个计划，可罗斯福总统并不赞成。我们没得到定论，只说让两个国家的参谋们周密探讨。

我们于12月5日再次召开大会。罗得岛之战既然无望，我一心想拿到"铁砧"之战和地中海之战需要的登陆艇。

东南亚司令部给出的用在安达曼群岛发动强攻的军队数量，听了让人心惊胆战，罗斯福先生非常恼火，散会后，他通知我他们已经议决舍弃安达曼群岛的战斗计划。次日晚七点半，我们所有人在柯克的别墅再次见面，探讨会谈的最终报告。攻击法国南部的战斗正式获批，罗斯福总统诵读了他写给蒋介石放弃安达曼计划的电文。

针对英国在同日本的战斗中应该承担的战略之责，联合参谋长委员提议东南亚司令部战斗的主力应该位于缅甸，而在海上，英国的实力重点聚集的地方应该是太平洋；可以提前充实太平洋战场的计划，派一支英国分遣舰队，暂时拟订此分遣舰队在太平洋战斗的时间是1944年6月。这份文件，我和罗斯福总统都草签了，但来不及展开详细磋商。

我于12月1日在德黑兰发电给伊诺努总统，提议让他来开罗和我与罗斯福总统会面。土耳其人在12月4日再次抵达开罗，我尽全力想让土耳其参加战斗，详尽地制定了名为"土星"的土耳其加入我们之后的作战计划。土耳其人返国后，其国会答应聚集英国专家将"土星"战斗计划的第一步做完，即维持原来的方针，并且将采取所有防范行动减小敌人的疑心。

就要到达开罗时，罗斯福总统以马歇尔将军离不开华盛顿为由，建议由艾森豪威尔作为"霸王"计划的统帅。当然，我不是说我不欢迎艾森豪威尔将军。

12月7日，我在金字塔边上的飞机场为我罗斯福总统送行。

我和陪同人员于12月11日夜里坐着我们的"约克"式飞机去了突尼斯，次日到达。但我那天在床上躺了整整一天，第二天开始发热，经过诊断，说是肺叶下方发炎了。总领国家大事的职责，我一直不曾舍弃，我该给出的裁决，我也一点不曾耽误。

我让威尔逊将军出任英国在地中海战场上的最高指挥官，将意大利所有战事的指挥权交给亚历山大将军，把威尔逊将军的在地中海战场中的副手之职交给美国部队的德弗斯将军，将艾森豪威尔将军在"霸王"中的副手之职交给空军上将特德，让蒙哥马利元帅作为穿越海峡的攻击军队的实际指挥官，直至日后的最高指挥官将本部迁到法国。

亚历山大将军在1944年12月接替威尔逊将军出任地中海最高指挥官的时候，我提请由美国的马克·克拉克将军作为他的下属对在意大利的所有部队进行调度，他完成得成功又漂亮。

这段时间非常难熬，我一会儿发热，一会儿退热。为了打发时间，我琢磨起战争方案，似乎把病给忘记了。一天清晨，我的妻子出乎意料地出现在我面前。

德国人在东海岸到西海岸中间的八十英里长的战线展开的殊死反抗，使得在意大利的我方部队陷入僵持之中，所以艾森豪威尔将军很早之前就有意在侧翼发起两栖攻击。他曾经拟订用一个师的军力在托雷河南边登陆，朝罗马进军，与此同时，和主力的袭击相互策应。这种享有制海权的国家可以采取的战术，我从未将其顺利地用到我们数次的沙漠攻击里，可是巴顿将军在西西里顺着此岛北边的海岸朝前推进的时候，曾经两次利用海上包抄的优势得到非常好的成果。我在迦太基和马拉柯什的时候，距离战场非常近，所以可以将每个首要的指挥官都叫到一块开会。这个计划，有不少的军事人员是认可的。原则上，艾森豪威尔已经认可了这种做法，可是，他最近在判断轻重上有了新的标准，因为他近来被任命统领"霸王"。亚历山大觉得此战不但没错还是必需的；在所有方面，比德尔·史密斯都十分热切，而且愿意配合。约翰·坎宁安海军上将和空军上将特德负责指挥所有的海军力量，他们也这么看，所以，在地中海的事情上，我有不少强有力的专家。

我开工的时间是12月19日。这天，自意大利的蒙哥马利本部返国的帝国总参谋长，在途经迦太基的时候特意过来探望我。我们聊得非常透彻，在方针上达成了共识，而且决议我和各个指挥官就在这展开协商，他将尽全力解决国内的所有难题。

攻打罗得岛这件事我们曾经和伊诺努总统说起过，我们不想撤销。对于土耳其，我们必须付出更多辛劳，同时要加快推进速度，并且在战争结束之后，为筹备"铁砧"战斗计划撤回登陆艇。可等到12月23日，我已经打算任由土耳其选择中立立场，因为我已经发觉土耳其人若无法参加战斗，我们或许只能舍弃爱琴海方针了，更重要的原因是这个方针要作出的牺牲太大，施行上也得用不少时间。

亚历山大正在此间探望我，他觉得大家说他对安齐奥登陆战不怎么热心的这种说法，并不正确。关键是怎么得到登陆艇。我盘算了一下，认为地中海的大多数登陆艇再继续使上三周，是仅有的解决之道。三军参谋长于24日发了一份详细的电文过来，陈述他们的看法，要求联合参谋长委员会命令攻打安达曼群岛剩余的舰船和潜艇返回地中海；让地中海地区联盟最高指挥官使用一切可以及时抵达地中海中部的登陆艇，发起一场军力为两个师的两栖战；和土耳其在当前的背景下继续磋商，不过爱琴海的两栖战需要舍弃；将以上结论告知蒙巴顿海军上将，并且按照当前持有的登陆艇下令让他起草在这一战区开战最终建言。

值此危急时刻，仅有国防部霍利斯将军在我身旁，他洋溢着旺盛的精力。英国皇家海军鲍尔舰长，还是约翰·坎宁安海军上将的副参谋长也帮了我很大的忙。

我和聚在一处的指挥官们展开了周密的磋商，我们全都觉得，此战的规模起码要有两个师参战才能确保获胜，发起攻击的时间大概是1月20日。假设罗得岛不开战，我们只能先将原本打算在1月和2月1日撤离地中海的所有英国坦克登陆艇（共五十六艘）留下来，至于留的时间，一个月之内。安齐奥之战，那十五艘自孟加拉湾调过来的登陆艇已经赶不及参加了，不过在即将到来的"霸王"之战中，它们仍会大显神通。于是，24日午夜之后，我把这个意见发给国内。三军参谋长们起初并不相信，他们说了各式各样的小细节，我认为起码我们自己一定要在所有关键问题上达成共识，于是去电说服他们。12月27日，三军参谋长们作出回复，他们说了不少忧虑，还补充说美国三军参谋长们知道我们的决定会发出更多责难。

整个圣诞节的清晨，我们都在迦太基接着磋商。我们均觉得，登陆的军力要有两个师才够。此时，我的意思是让第八集团军的两个英国师来发动强攻。另外，在此种情形下，强攻的兵力将变成全都来自英国，而非一半英国一半美国。

任何事都要排在登陆艇之后，已经有好几周了，我们所有的战术都严重受其影响。不过往返的电报显示了我们是怎样从这个泥沼中脱困的。然而我不得不说，我由于将所有的心力都放在了为原则而战上，以致没能顺利拿到"包抄"必需的充足的力量。

我们一定要看到这个残酷的实情——让五十六艘登陆艇回英国的时间推迟三周。和这个实情形成鲜明对照的是5月这个发起"霸王"的时间，这个时间被改在了6月6日。

在迦太基召开的此次圣诞节会谈具有关键价值，我在会谈结束后，发了以下电文给罗斯福总统和英国国内，慎重而坦诚地说明了基本实情。

我焦躁不安地自迦太基坐飞机去马拉柯什的时候，就是这么一个每件事都等待决断的时候。

在马拉柯什休养

马拉柯什是个养病的好地方，我相信我能在这里康复起来。12月27日早上，我首次再穿起军装，非常开心。一份电报送到了我的手上，它说"沙恩霍斯特"号已经被打沉了，我把这个关键的消息告诉了斯大林。

我的新的住地十分舒服，说极其金碧辉煌也不过分。相关人员也都十分可亲，所有的事都非常棒，不过我心里有件事却让我尤其关注，即我的电文，罗斯福总统会怎么回应。只要事关地中海的计划，我遇见的就全是顽固死硬的否决；"霸王"战斗计划需要推迟四周的事，美国人会怎么看呢？

次日，罗斯福总统的回电让我十分开心，不过也夹杂着惊异，因为他说：

让那五十六艘原计划用在"霸王"之战上的坦克登陆艇的

返回时间予以推迟，可以接受；暂时舍弃罗得岛计划和爱琴海计划，未启动"铁砧"之战就不考虑罗得岛之战，这两点也可以接受；最重要的战事仍是"霸王"，而且启动的时间也仍是原先在开罗及德黑兰议定的那个。

为了完成"包抄"，亚历山大在当天把他的方案交给了我们。和马克·克拉克将军、军需长布赖思·罗伯逊将军磋商以后，他决议美国师和英国师各派一个。装甲兵团、伞兵部队和突击队均一人一半，至于全军的指挥权，则交由一个美国将领负责。此次发起攻击时间大概是1月20日。在攻击的十天之前，为了吸附德国的援兵，他将先大举进攻卡西诺，之后让主力部队的先锋军尾随推进。我觉得非常欣慰，事情迄今为止都进展得十分顺利。

我又给三军参谋长发电报：

> 在"霸王"之战的时间上，按照我从艾森豪威尔那儿听到的情况，6月3日的月色和5月5日月色的情况没什么不同，所以我认为这个时间绝对行得通。三军参谋长回复说最好定在5月5日。

亚历山大发来电文：

> 克拉克正规划安齐奥之战，一些常见的难题逐渐显露出来。举个例子，我们看上去无法将美国的第五〇四伞兵旅留下，而艾森豪威尔也没有非常想留下他们。

蒙哥马利将自意大利返国，以接手"霸王"之战新任统帅的职务，我曾经让他路上来这里同我见面。我将这份非常危险艰巨的工作交到了他的手里。

首要事项——有关安齐奥之战需要的登陆艇——虽然已经得到了解决，不过这些登陆艇怎么用，在与此相关的众多小问题上却引发了慎重的争论。所以，我让相关责任人聚集到马拉柯什。在1月7日和8日开了两次会。一切计划的基础都是继续维持"霸王"之战在5月5日，不过，我个人始终觉得，以月亮的圆缺情况而言，6月3日这个时间或许最妥当。艾森豪威尔将军更钟爱这个方案。我已经给罗斯福总统发电报，就所有问题进行了说明，并呼吁他留意我们德黑兰会谈的协定。

1月14日，罗斯福总统回复说他同意延迟，但又指出：在德黑兰的时候，我们曾经说好5月启动"霸王"之战；有关延迟此战的一切决断，当前我们都不应该下，否则将会对心绪产生非常恶劣的影响。

波兰之事在德黑兰会谈中占了很大的分量，我因此在12月20日给艾登发电，要他先代表我和波兰人就波兰的边界问题展开讨论，按照德黑兰会议上的结果晓喻他们。

眼下，捷克斯洛伐克外长和总统贝奈斯正在从莫斯科去伦敦的路上。我请他在返国路上顺路过来马拉柯什探望我。对于东欧的政治形势，他了解得非常透彻，所以，他的看法在有关波兰和苏联人将对如何对待波兰等事情上，非常重要。在出任这二十余年的时间里，贝奈斯始终是法国诚挚的伙伴和西方国家的友人，另一边，他和斯大林也维持着特别的往来。和这位早已相熟的政治上的同事和老练的欧洲政治家聊天，让我觉得十分开心。这是我和贝奈斯总统的最后一次相见。

佩鲁东、布瓦松和福朗丹于12月被"自由法国"的责任人抓获，尽管我们和戴高乐将军因为这件事弄得十分不愉快，不过我仍决定想办法在回国之前，和他重新确立友好的联系。于是，当他1月12日抵达马拉柯什，我邀他共进午餐。午餐过后，夫人们去购物，我、戴高乐还有别的先生们留在花园长谈。我使用了法语，为了让这些难题变得没那么沉重。

　　有传言说罗斯福总统曾在德黑兰会议中许诺斯大林，说会给苏联三分之一的意大利舰队。但英国的三军参谋长们觉得这个说法不合适，他们通常以别的基础来同他们的苏联同事协商。罗斯福总统也把他对当时一时口快的担心告诉了我，并询问我的意见。我回复说不同意"三分之一"，并告诉他他绝对没有说过那话。

　　我预备催战时内阁和海军部让英国付出巨大代价为苏联提供些英国船舰，而不是在当前这个时候刺痛意大利人的心。因为我认为眼下刺痛意大利人会给将来带来恶果。我国内信件来往频密，知道国内的我的同事和三军参谋长们完全支持我的看法，我的确十分开心。美国因为扛起了太平洋战争的所有重负，所以我们不能期望他们给予极大的牺牲。

　　罗斯福总统接受了这个变通办法。美国人负责提供一艘巡洋舰。1月23日，由罗斯福总统和我联名发出电报，将整个问题基本上按照我的建议提交斯大林。虽然我们和苏联盟国互通了很多信函，并且里面有一部分内容还让人有些恼火，不过此事最终仍按照我们期望的那般处理了。就像大家知道的，战后苏联人非常守信，将这些舰艇还给我们了，之后我们也部署妥当，遵照所有相关方面都认可的方式，对意大利舰队中的部分船舰和苏联进行了交接。

　　我决定在奇袭安齐奥之前回国。1月14日，天气状况非常不错，我坐飞机飞往直布罗陀。已经受命地中海最高指挥官一职的威尔逊将军和海军总司令约翰·坎宁安海军上将，均从阿尔及尔飞到了那儿。针对大家一起奋斗的重大武装行为，我们展开了急切但十分积极的讨论，其他人则已经上了"英王乔治五世"号。我回国后受到了热情的欢迎。

铁托元帅和南斯拉夫

1941年4月希特勒攻陷并夺取南斯拉夫之后，猛烈的游击战再次在南斯拉夫山区出现。南斯拉夫国王彼得率领流亡政府到英国避难。米海洛维奇将军作为游击战的重要人物，身边聚集了不少活下来的南斯拉夫的社会要人。他由于纳粹恐怖活动的压力慢慢转变了立场；他的部分将领对德国、意大利部队让步，协商他们在一些山地待着不遭到攻击，作为回报，他们就少对敌人发动，甚至不发动反击。

铁托身先士卒，很快成了游击队的领导人。他本人和他的追随者都视死如归，都对德国充满怒火。因此，德国部队遭遇了一个大麻烦。铁托带领游击队员从德国大军手里抢军火，他们的部队发展得非常快。很快，他们让德国军队遭受重创，并且拿下了辽阔的地域。不管米海洛维奇的下属"采特尼克斯"和敌人签订什么协议，游击队都会蓄意破坏。为了复仇，他把游击队行动的消息泄露给了德军。

除了用飞机扔一些救援物资下去，我们也帮不上别的忙了。我们位于中东的本部负责这一战场的所有军事活动，为了和米海洛维奇的下属保持联络，还设立了一个情报人员和联络员的机构。1943年夏，在打进西西里岛和意大利的时候，我们派到那的人还只是和米海洛维奇所在的军队联络。1943年5月，我们决意派少量英国将领和战士去和游击队取得联系，到6月已经搜集了不少证据。在搜集了所有信息之后，6月23日，我在唐宁街召集了一次三军参谋长大会，对全力援助南斯拉夫抵抗轴心国大军的至关重要的价值进行了着重说明。我下令：

一定要增加对南斯拉夫的支援，其中有再供应少量飞机，如果有需要，缩减对德国的轰击和反潜艇战也行。我们登陆西西里岛的前夕，也就是7月7日，我让亚历山大将军留意这些可能。

我决定在自己动身去魁北克之前，进一步为巴尔干半岛展开的行动扫清障碍，我派一个高级将领带一支规模稍大的使团和战区的游击队联系，并且针对我们将来对游击队展开的行动，并授予他直接向我建言的权利。铁托的行动迅疾、有力，不过数周就抓获了六个意大利师，还有两个师投降，和游击队一块攻打德国军队。现在，南斯拉夫人借助意大利的武器可以实现对八万余人进行武装，而且眼下能夺取亚得里亚海岸线的大多数区域。

铁托和米海洛维奇之间的矛盾越来越大。11月末，铁托在波斯尼亚的亚伊策举办了一场政治代表大会，除设立了一个"代表南斯拉夫民族唯一权力"的临时政府，还声明除非国家解放，否则禁止当时流亡在开罗的南斯拉夫国王返国。因为我们一定要和游击队维持紧密的军事往来，于是劝南斯拉夫国王将米海洛维奇从陆军大臣的职位上罢免了，并于12月初终止了对米海洛维奇的正式援助，调回了在他的控制区活动的英国使团。

德黑兰会谈时，南斯拉夫之事就是按照以上情况分析的。尽管三个盟国决议尽全力支持游击队，可是斯大林却觉得，在战争中，南斯拉夫并不具备首要价值。不过，因为艾登先生的劝说，苏联政府答应派使团去铁托那儿。至于和米海洛维奇的联系，他们也想继续保持。

自德黑兰回到开罗之后，我和南斯拉夫国王彼得见了一面，劝他罢免米海洛维奇，并在游击队深入掌控国家之前尽快和铁托签一个临时协定。事实上他只有这一条路可走。苏联人也表示他们将努力让某种让步可以达成。

　　在伦敦避难的南斯拉夫人间，有关南斯拉夫问题的政治争辩进行了长达两个月的时间。时间一天天流逝，双方得到同等利益及和平解决的可能越来越低。米海洛维奇被罢免的时候都几乎是5月末了。舒巴西奇博士受邀组建新政府，他是一个持重的政治家，曾经出任克罗地亚总督，参加了麦契克博士的农民党。我给铁托去电，说明这一情况，并劝他接受这个新政府，利用所有力量建立一个完整独立的南斯拉夫，将恶毒的希特勒的屠夫和入侵者彻底赶出南斯拉夫。24日，又写信过去，告诉他国王已经驱离了布里奇和他的同党，在我看来，克罗地亚的前总督会以他为中心凝聚某些力量；我认为这一政府应当暂时放权，任局势自由发展。

突袭安齐奥

　　一月份的前两周，我们对秘密代号为“海滩沙”的安齐奥战役展开了密集的筹备工作，同时，第五集团军开始行动，以引开敌人视线及使其后备部队调离滩头堡。为实现这一目标，第五集团军采取了一连串的攻击，试图以此横渡加利亚诺河和拉皮多河，至于法国军团，则自右翼回绕，逼近卡西诺北面的山地。德军明显不想我军穿越古斯塔夫防线；这条防线的中心是卡西诺，是德军纵向防御带的最后阵地，所以战斗异常凶猛。

　　在寒冷的冬季，第五集团军展开了初级进攻，之后它们在1月12日发动了首要攻击，而法国大军则自北面的侧翼朝前压进了十英里。利里河前方的最后一道壁垒——特罗基奥山在三日后，被美国第二军攻陷，美国第二军穿过利里河之后，设立了桥头堡，可惜没能守住。英国第十军此时穿过加利亚诺河下游，占领了明图尔诺和卡斯特福特的外层，不过在试图继续朝北压进的时候，遭到了压制。它的右翼大军也没能攻下圣安布罗吉奥。

不过，这一切行动却在敌人身上引发了想要的结果，它没看到自己临海的薄弱的侧翼将会遇险，为改善形势，从后备军里抽出了三个精锐师。敌人攻击英国第十军，却无法使其后撤。在我们的飞机的保护下，开赴安齐奥的舰队于21日下午顺利起航。对于秘密前行的舰队来说，此时的天气状况非常好。敌人的不少飞机因为我们对它们机场的激烈轰击而无法起飞，尤其是位于佩鲁贾的德国空军侦察机基地，更是遭到了我们的猛击。

我怀着紧张之情——不过我认为是压制的亢奋之情，等候此次重要攻击的结果。没过多久，由美国卢卡斯将军统领的第六军于22日半夜两点在安齐奥海岸登陆，美国第三师在这座城市的南边登陆，至于英国第一师，它的登陆地点是北面。它们遇到的反抗非常少，事实上，连死伤都没有。三万六千人和三千多车辆在午夜时分已经全部登陆。

不过此时突袭的首要目标，却因为遭遇了祸患而完全落空了。卢卡斯将军一心一意地要夺取滩头堡，并且让武装和车辆上了岸。统领英国部队第一师的彭尼将军急于朝内陆进军，可他的后备旅却和第六军团在后方留守。22日和23日发动的攻击，均是针对奇斯泰尔纳和康博利奥尼这两个地方的小型的试探型攻击。这支远征军的指挥官没想发动大举进攻。两个整师和它们的分支军队在23日晚之前均已上岸。滩头堡的防范工程虽然已经在强化之中，可是我们却丢了曾经竭尽所能才创造的这个时机。

面对自己眼前的危局，凯塞林反应得非常快。他的大多数后备部队已经被派到卡西诺前线和我方军队战斗，可是为遏制我方军队的继续推进，他调动了所有能够使用军队，不到四十八小时，就筹措了大概两个师的军力。凯塞林的抗击之心，并没有因为其侧翼遭遇的危险而变小。亚历山大在25日汇报说，滩头堡极其坚固。美国第三师距奇斯泰尔纳四英里，英国第一师距康博利奥尼两英里，两方人马在整条战线上持续交锋。27日时，这两个地方一个都没拿下。亚历山大说，他也好，克拉克将军也好，都觉得部队推进的速度太慢，克拉克打算马上去滩头堡。可是，他们的部队若是被拖在那里，主力又无法自南边压进。

我们此时仍在攻击卡西诺战线的德国军队。英国第十军将敌人援军主力拉到了己方前线，决定攻击更北的地方，进度非常好。在卡西诺上边，美国第二军穿过了拉皮多河，在它右翼共同进军法国兵团则攻占了卡斯特隆山和科勒马约拉。他们从那里朝南推进，攻打修道院山，不过德国部队已经得到支援，而且不顾一切地抗争到底。第二军的力量在2月初已经消耗殆尽。为重新发起攻击，亚历山大将军决意增兵。

发生在两条战线上的更激烈的战斗明显已是千钧一发，所以得增加更多兵力。按照原本的计划，波兰的第三喀尔巴阡师抵达首要战场的时间是2月初。威尔逊将军已经让在北非驻守的第十八步兵旅和第一警卫旅整装待发。美国第一装甲师已于1月30日在安齐奥登陆，美国第四十五师正在路上。这所有的事都得在有很多困难的海岸上展开，或者穿过狭窄的渔港。海军上将约翰·坎宁安发来电报，保证海军将竭尽全力克服困难，为取胜奠基，并且，他把这一承诺变成了现实。

卡西诺的战事正发展到顶峰，安齐奥的第六军首次发动猛攻，并得到了一些成果。不过，攻占奇斯泰尔纳的事美国第三师没能实现，而占领康博利奥尼的事，英国第一师也没能达成。我们的空军虽然对其运输线进行了轰击，可德国部队的援军仍旧来得迅疾而有效。他们得到了加固战线的时间，八个师的主力军队在上面和我们进行着对抗。我们占领的战场非常拥挤，遭到了敌人的炮火的攻击，我们停靠在岸边的船舰也因为敌人晚上的空袭而受到破坏。德军的反抗已经变强了。2月3日，敌人发起反攻，打入英国第一师的突出战线，这明显只是日后更加猛烈的战斗的序曲，这时，亚历山大的发起总攻方案尚未被执行。2月10日晚，威尔逊将军称，我们的空袭因为天气原因无法展开。在巨大的压力下，英国第一师无奈后撤，亚历山大正想办法提供支援。

敌人在2月16日发动大举反攻，妄图在安齐奥驱逐我们下海。一个深邃且危险的楔形插进了我们的战线之内，将我方战线打开了一条口子，我方战线不得不撤回到原本的滩头堡。敌军的炮火从我们驻守滩头堡的战士全部登岸开始，始终在发动攻击，眼下更加无与伦比的凶猛。局势十分危急，身后再没有撤退的空间。英国和美国军队勇敢地破釜沉舟，居然看到了希望。德军无奈停止攻击的时候，希特勒限定三日取胜的时限还没到。此时，我军从侧面攻击敌方突出阵地；还用一切大炮展开轰击，所有飞机都对其发动轰炸，敌人的突出阵地被清除了。这场激战，两方都严重受损，可是这场关乎生死的战斗，我们赢了。

希特勒凭借自己的意志的力量，妄图在2月末再发动一次攻击。德军以三个师的军力对东翼那边的美国第三师发起攻势。美军坚毅地死守战地，德国的攻势不出一天就宣告落败，死伤了两千五百多人。凯塞林于3月1日接受落败。安齐奥的长途进攻因为他遭遇磨难，不过没被打垮。

安齐奥之战的经过就是这样；这个故事，不缺绝佳的时机，也不缺希望的破灭；有我们这边苦心经营的开端，也有敌军迅疾夺回失地的拼搏，还有两方无畏的精神。现在我们清楚了，德军最高指挥部1月初时曾经试图从意大利朝欧洲的西北地区派五个最出色的师。凯塞林表示反对，说在此种背景下，在罗马南面战斗的指令，他无法接受，非撤军不可。争得正凶，就出现了安齐奥登陆之事。德军最高指挥部舍弃了这一方案，不仅没从意大利战场向欧洲的西北地区派兵，还采取了截然不同的措施。自己的第十四集团军没能将盟军赶到海里，使得希特勒非常生气。2月16日，他们发起反攻，之后，他让一个专门的代表团——由二十名来自在意大利战斗的各个军种、各级将士组成——当着他的面汇报前线战况。

我们对那时影响计划的所有状况都全不知情。不过它却证明我方在意大利发动的攻击，尤其是在安齐奥的进攻，对"霸王"战斗计划的达成，的确起到了很大的作用。

意大利政局和卡西诺之战

在新的一年里，意大利的政治形势呈现出更加危险和失序的状况。德军增加了对墨索里尼的影子共和国的重压。在意大利南面，在巴多格里奥身边环绕的统治队伍除了受境内阴谋活动的攻击，还被英国和美国的言论藐视着。

墨索里尼发起了一次报仇雪恨的行动。所有那些曾在7月间投票反对他的旧法西斯政权的领袖们，凡能在德军占领的意大利境内逮捕到的，都在1943年底在维罗纳的中世纪城堡中进行审判，他的女婿齐亚诺也在其中。他们全部被判了死刑。

在意大利南部，曾抵制前期的法西斯主义的反对党残党仍在攻击巴多格里奥。从去年夏天开始，他们建立了一些政治团体，不仅急于组建一个他们可以加入的领域较宽的政府，还妄图颠覆君主制。他们的活动在英国和美国越来越得到民众的支持。1月，六个意大利政党的代表大会在巴里召开，包含此种含义的决议得到批准。

我给罗斯福总统发电，说除非我们两国部队眼下参与的大战已经让我们夺取了罗马，否则起码在这之前，我们同意意大利当前的政府继续施政。他回信说，他已经告知国务院，为了确保意大利绝对维持现状，眼下务必完全不对意大利当前政府进行干预。就这样，我和总统已经在意大利的首要事项上达成共识。

对卡西诺发起的第二次大举进攻始于2月15日对修道院的轰击。这是一个防守严密，难以夺取的障碍。德军虽然没在修道院驻兵，可是他们的据点却和修道院自身的建筑连在一起。修道院掌控着整个战场。弗雷伯格将军作为军长在那指挥战斗，他自然想先让空军轰炸，之后再让步兵攻击。2月15日，在对僧侣们进行过足够的示警后，四百五十多吨炸弹被扔了下去。轰炸并没有带来好的结果，德军可以尽可能使用废墟上的断壁残垣进行防守了。

近日，修道院的北面山梁担负起了原本由美国第四印度师执行的攻击工作。为了攻占位于己方战线和修道院高地中间的小山，它们顽强地打了两天两夜，但以失败告终。2月18日晚，发起第三次攻击。战斗非常凶猛，我们攻上小山的战士无一生还。当天深夜，一个旅从小路绕过小山直取修道院，最后发现走进的山谷满是地雷，而且距离敌人机枪的控制区非常近。这个旅严重受损，无奈停止前进。当这场激战在新西兰前方的山地进行时，美国第四印度师顺利穿越了卡西诺镇下边的拉皮多河；不过还没等它们建好桥头阵地，德国坦克就发起反扑，他们又被打了回去。从前方攻打卡西诺，宣告失败。

因为天气的原因，战争在3月初暂时中止。我们无法冲进卡西诺的首要战线，德军也没办法将我们自安齐奥赶到海里。让滩头阵线切实地坚实起来，整顿军队且派遣援军，储备物资，以抵御事实上的围困且为最终反击积攒实力，是我们的当务之急。时间并不充裕，因为在这个月月中很多登陆艇都将必须调给"霸王"战斗计划使用。

在卡西诺之战正在展开时，巴多格里奥遭遇了众多的政治攻击。因为言论沸腾，罗斯福被迫支持意大利政府的巨大变革。他提议在言论压力下，我们可以作出妥协。这似乎是说，他想违反我们之前商定的事，即维持意大利原来的君主政府。不过，他打消了我的怀疑，说他还是和我站在一边的，只是形势所迫，意大利迟早要组建新政府，而他看到的这个时间比我看到的早，仅此而已。

英美两国的言论压力没什么变化。在阿尔及尔那边，六个反对党派讨论出赶走意大利国王和巴多格里奥、让克罗齐勋爵摄政的结论，最高战事总指挥部表示赞成，威尔逊将军发电报将此种主张告知了华盛顿和伦敦的联合参谋长委员会。我给罗斯福总统去电，请他先不要答应，但他却回复说时局发展太快，是时候做出政治决策了。苏联人现在没和我们商量，就派了正式的使节去巴多格里奥政府，事情因此变得更加复杂。我把英国战时内阁的意见告诉罗斯福：

> 最好等我们夺取罗马，再让意大利国王同巴多格里奥断绝往来，因为没有罗马作基石，是没办法比当前更能构建一个代表性更强的，基础更坚实的政府的。到这儿，此事暂时告一段落。

意大利之战已经持续了不短的时间，可当前最要紧的是将卡西诺战线的僵局打开。恶劣的天气使得对卡西诺发起第三次进攻直到3月15日才开始。第一步是展开激烈的轰炸和炮击，用了将近一千吨的炸弹和一千二百吨的炮弹。德国陆军里，最坚韧的作战军队或许就是德国第一伞兵师了，它们占据了一处布满碎砖烂瓦的地方，和新西兰军、印度军激战到最后。我们的军队在天黑之前已经夺取了这个镇的大多数地区；而自北向南推进的第四印度师一样收获不小，第二天，距离修道院山山顶就剩三分之一的高度了。轰炸出来弹坑很深，我们的坦克开不过去，无法紧跟步兵突进的脚步。坦克几乎两天之后才发挥作用。敌人稍微派了些援兵。天气忽然发生变化，又是风又是雨。我方军队渐渐控制了局势，不过像之前那样的成功就得不到了，也没能在激烈的战斗中压制住对手。

直到23日，在卡西诺残骸上发生的猛烈进攻才宣告结束。新西兰和印度军队都无力继续战斗了。我们夺取了这个镇的大多数区域，可是最后廓尔喀军无奈撤出了位于修道院山高处的堡垒，因为山势险峻，就算用飞机运物资过去，也收不到。

我方军队一定要先进行整顿，之后再次对古斯塔夫防线发动攻击，才有可能赢得胜利。必须将第八集团军主力自亚得里亚海南边调过来。两支陆军一定要一起筹备下次战斗，英国第八集团军得在卡西诺战线聚集，而美国第五集团军得在加利亚诺河下游聚集。亚历山大将军近乎要耗时两个月来调集部队。

这就表示，地中海军队想支援穿越英吉利海峡之战，唯有在6月初通过在罗马南边的发起进攻才能实现。美国三军参谋长仍旧极力要求在法国南边展开一次配合性登陆，至于要给威尔逊将军下达什么指令，我们在此事上争了好几周。最开始是就"霸王"和"铁砧"这两个战斗计划发生争执，之后是就"铁砧"战斗计划和意大利之战发生争执。最后，英国参谋长委员会明确告知华盛顿，"铁砧"计划明显无法按既定日期施行。美国参谋长联席会议觉得确实如此；威尔逊将军预备7月在法国南部登陆，若决心在意大利决出胜负，就得将意大利的德军尽量绊住、消灭掉，对此，他们表示赞成；而且相信6月初肯定已经万事俱备，到时就能确定究竟应该推行哪个计划了。我个人绝对支持在意大利继续推进，4月24日，我在发给罗斯福总统的电报里如此说：

> 在我看来，我们两方已经顺利实现了追求的目标。眼下唯一的不足就是尚未取胜。

意大利南边的政治状况再次严峻起来。退让方案已经按照宪法拟定好了，议定意大利国王将自己的权力移交给他的儿子——王子翁伯托。等赢得最终胜利之后，由民众投票确定君主制的存续。4月12日，王族谕旨已经下达，等盟军开进罗马后正式起效。巴多格里奥在这个月月末对他的政府进行了重组，招募了南部的重要政治人士，其中克罗齐和斯福尔札最有名望。

威尔逊将军在我方军队预备发起攻击时，将他指挥的所有空军调了过来，滋扰、袭击敌军，使敌人也和我们似的，正在抓紧短暂的时间休息、储能，为下次战斗做准备。为了能频繁地斩断敌军的地面运输，强悍的盟国空军也一起进行了轰炸，敌人最终因为供应不足无奈撤离。这一武装行动——我们积极地将其命名为"绞刑"，它以斩断通向意大利北面的三条铁路线为目标，桥梁、高架桥和别的铁路交会处是首要目标。盟国空军试图让德军山穷水尽，撤离意大利中部。

意大利战场有很多事正在发酵之中，我们可以暂时说说其他方面的事。

插曲：希腊的磨难

　　盟军在1941年4月撤走之后，轴心国控制了希腊。希腊大军的瓦解，国王及其政府的逃亡，再次引发了希腊政坛的激烈争辩。由于希腊的君主体制，使梅塔克萨斯将军得以施行独裁统治，进而让希腊自身和眼下已经瓦解的政权直接相连，所以国内国外的希腊人都对这种体制进行了激烈的抨击。1941年5月，希腊国王乔治二世离开克里特岛，和他一起走的政府要员是楚泽罗斯先生所带领的保皇派。国外的希腊人因为他们途经开罗、南非，去往伦敦的长途旅程，获得了足够的争论政治问题的时间。

　　我于1941年10月写信给希腊首相，对他在伦敦对敌占区的希腊进行首次广播演讲表示恭贺，以及高兴地听到希腊声明自己是君主立宪的民主国家。

　　轴心国统治的第一个冬天，希腊遭受了极重的饥馑和战争损害，直到希腊大军分崩离析，这场战争才终于结束。不过投降的时候，他们将武器藏到了山中，打算通过打游击来反抗敌人。1942年4月，自称民族解放战线的组织发表声明，建立人民解放军。次年，尤其是在希腊中部和北部，又多了些小规模的作战部队。那时，位于埃皮鲁斯和西北山区的希腊剩余部队和当地山民都围绕在拿破仑·泽尔瓦斯上校身边。希腊抵抗德国的势力在这两个核心的身边汇聚。两边都没有直接联系在伦敦的希腊政府，也不同情它的位置。

　　我们在阿拉曼获胜的前夕，决心对德军取道希腊通向比雷埃夫斯的给养线发动攻击。迈尔斯陆军中校带领首个英国军事代表团于1942

年秋坐飞机跳伞抵达希腊，和游击队建立了联系，承蒙他们帮忙，毁坏了雅典铁路线上的一座重要的高架桥。与此同时，在比雷埃夫斯，希腊地下工作者为阻碍轴心国的海上运输，展开了优秀且勇敢的怠工运动。中东总部受这些行动的成功的激励，派了更多的英国小分队，送了更多的炸弹和军火。至此，和敌占区的希腊直接进行往来。

为了让敌人觉得，盟军在他们在突尼斯失利之后，正打算在希腊领土展开大举登陆，英国和希腊的联合小分队，将另一座雅典铁路线上的桥梁炸掉了，别的怠工运动也取得了成功。最后，两个原本可能被派去西西里岛战斗的德国师被调来了希腊。可是，希腊游击队在军事上直接有功于大战的情况，再也没发生，这是最后一次，之后全是为夺得战后政权而展开的争斗。

希腊的这三个派系，人民解放军、泽尔瓦斯的民族民主军以及保皇派，看到盟军将是胜利者，在抢夺政权的斗争中更加努力了。1943年3月，雅典一群有名的政治家签了一份声明，警告希腊国王，除非战后公民进行过投票，否则不能回国。国王通过无线电广播向希腊人民宣布他会回国，回国后立即卸任。8月，由六个领导者组建的代表团前往开罗，强烈要求国王回国之前就进行普选，流亡政府的席位要给希腊境内的三个政治家。这些意见遭到了国王和首相的一致反对。

因为意大利1943年9月投降，希腊的人民解放军收缴了意大利的大多数武器，包括整个师的所有装备，所以获得了军事上的压倒性优势。9月29日，我这样训令三军参谋长，并提出了我们或许必须干涉刚解放的希腊的内政的建议。10月，人民解放军对民族民主军发动攻击，驻开罗的英军总部因此彻底停止了对人民解放军的武器供应。这个蒙受战争损害，被侵占的国家已经爆发了内部战争，我们派到那里的所有使团正竭力压制内战的范围，并且希望可以中止内战。

我们心里有个身处在党派斗争漩涡之外的人选——雅典大主教查

马斯吉诺斯。在开罗的时候，艾登先生曾经让希腊国王意识到让此人摄政的好处。国王不同意让人摄政，当他回到伦敦时，人民解放军已经在希腊的中北部山区建国。英国将领于1944年2月让人民解放军和民族民主军成功签订了一个停火协议。民族解放战线政治委员会，于3月26日在山区建成，这是在直接挑战楚泽罗斯政府将来的权利。就这样，一个平起平坐的在共产党的统治下的政权成立，变成了凝聚希腊所有百姓的核心。一群陆军、海军、空军的将领在3月31日到开罗和楚泽罗斯见面，让他离职。4月6日，我国派到开罗的驻希腊政府大使利珀先生发了以下电报过来，说希腊国王正在玩火；楚泽罗斯已经得到了与他的同事们协作的不错的基础，可是这种协定有个前提，就是能劝国王接受那个委任大主教摄政的立宪条令，可是已经过去几周了，国王尚未给楚泽罗斯先生最终答案。当天黄昏时分，楚泽罗斯先生辞职，但工作不会立即结束，并且举荐韦尼泽洛斯先生接替自己的职务。希腊军队4月4日发动叛乱。希腊政府各个大臣均向国王请辞。希腊海军和陆军的情形更糟了，韦尼泽洛斯表示自己无法胜任。

我国大使却希望此种形势在国王不到场的情形下在开罗得到解决，他说国王如果回到那里，肯定会造成新的矛盾，还会让他们处在一种非常尴尬局势里。我将大使的电报拿给希腊国王看，他说他要马上去开罗，我表示支持。

4月8日，我告诉利珀先生希腊国王将在周日晚上动身出发。在这之间，尽忠职守就是楚泽罗斯先生应该做的。等希腊国王到了，英国护卫机构一定要确保他的生命安全。我还交给了他保证军队的稳定和纪律、确保希腊国王的生命安全、劝楚泽罗斯继续工作等任务。

一艘希腊驱逐舰4月8日抗命，拒绝出海，提出除非建立一个含有民族解放战线代表的政府。叛乱的希腊旅在其军营周边构筑了防御战线，估计人员极少的希腊空军里也会出现动乱。我给在埃及统领守军的帕吉特将军发电，让他强力围困这个劫持上级、发动叛乱的旅。帕吉特将军提议直接动手，我表示赞成。4月12日，我再一次对利珀先生和一切别的相关人士作出训示：完全不用和乱臣贼子进行政治谈判。

希腊国王当天抵达开罗，并发布一份声明，说即将建立一个以希腊境内的希腊人为主体的有代表性的政府。韦尼泽洛斯第二天接替了楚泽罗斯的职位，而且通过种种程序，暗中将希腊都城那边的代表请到了开罗。

我现下将整个情况都告诉了罗斯福总统，对于我的看法和希腊国王乔治，他都表示理解。

由于叛乱在亚历山大已经到了顶点，4月17日，我给海军总司令发电，告诉他如果有需要，我们会对叛乱的将士发动攻击。4月22又给帕吉特将军去电，让他先炮击示威。第二天，他把详细方案发给了我，当晚，希腊水军攻占了发起叛乱的希腊军舰。乱军和五十名伤兵被一起送到了岸上。帕吉特将军以谈判的方式让希腊旅投降。这件事解决的十分完美，希腊乱军无一伤亡，不过一名英国军官牺牲了。希腊旅投降、解除武装，之后被押往俘虏营，在那儿，主谋已经被俘。至于海军叛乱者，二十四小时之前就无条件投降了。

这些事的情况，我们曾经发电报告诉过莫洛托夫。对于我们的行动，苏联政府只给予了指责；5月5日，在莫斯科，我们正式邀请苏联和我们一起解决希腊问题。他回答说，苏联不适于参加任何有关希腊政治事宜的公开宣言。

在叛乱问题解决后，组建希腊政府的事紧迫起来。人们觉得韦尼泽洛斯不适合做这个工作，4月26日，希腊国内推选了希腊社会民主党领导人帕潘茨罗乌。第二天，他公布了一份声明；这个声明成了各个党派开会的论题。5月17日，这些代表于黎巴嫩山里的旅游胜地举行会议，激烈地讨论了三天，才达成协定：

在开罗组建政府，首相由帕潘茨罗乌出任，一切团体均有代表参加政府，至于希腊山区，则由一个一致的武装集团继续同德军战斗。这种部署为将来开创了一个大有可为的远景。

5月24日，公布了希腊新政府的消息。当天，我针对这些问题向下院作了汇报。就这样，这个触目惊心的插曲完美结束。

缅甸战事

1943年下半年，日军已经丢了新几内亚的东部地区。麦克阿瑟将军想进攻菲律宾群岛，一定要先将新几内亚所有的北海岸夺回来。美国第四十一师的部分军队朝塞路茅尔推进；别的部队6月末自海上运抵，在其周边登陆。他们与伍沃过来的第三澳大利亚师会师，开始对塞路茅尔发动攻击。对莱城的攻击始于1943年9月4日，9月16日两面夹击而攻下它。几日之前，塞路茅尔已经被攻占，10月2日，芬什哈芬也被占领。

日军在澳大利亚军夺取芬什哈芬后，展开了激烈反攻，在10月的最后两周，展开了多次战斗。及至11月月中，第五澳大利亚师穿过休昂半岛的山脉向前进发，夺取了一连串防守严密的阵地，至于澳大利亚第九师，正在"打扫"俯视马克汉姆河谷的各个高地。

1944年1月初，部分美国第三十二师在赛多尔发起两栖登陆，澳大利亚第五师于2月11日过来和它会师。扫除休昂半岛的敌军用了五个月的时间。

4月，麦克阿瑟将军带领军队从海上和空中两路急速向前推进了四百英里。他绕开了在威瓦克岛驻守的五万日军，让美国的一个师在艾塔佩登陆，其他两个师在荷兰迪亚周边登陆。日本空军严重受创，从此，盟军在海军和空军上拥有了压倒性的力量。麦克阿瑟最后开到了比阿克岛，美国第四十一师和驻守在岛上的近万军队，展开了激烈的战斗。美军在1944年6月末之前攻占了比阿克岛，这代表着耗时两年的新几内亚战争的终结。

在更加遥远的东方，1943年7月初，哈尔西海军上将发起了对新乔治亚的进攻。历经数周的激烈战斗，这个岛及其周边岛屿均被攻占。经过一连串的海战，美军在七八月夺得制海权。日军首要的反抗力量到9月已被瓦解，虽然布干维尔岛和别的岛上还有激战，但1943年12月所罗门群岛的战斗已经结束。

位于新不列颠岛的拉包尔已经成了第二个攻击中心。盟军空军在11月和12月对此地进行了持续的猛攻；1943年最后几日，麦克阿瑟将军的两栖战斗兵团登上了新不列颠岛西面的格洛斯特角。目前准备绕过拉包尔，所以，还需要一个据点来支持美军朝菲律宾推进，而这个据点就是马努斯岛。1944年2月，因为拿下了拉包尔以东一百二十英里的格林岛，这种围困的第一阶段宣告结束。随后又夺取了西边的全部阿德米勒提群岛。3月，哈尔西海军上将攻占了位于拉包尔北边的埃米劳岛。拉包尔因此被彻底隔离。

尼米兹海军上将带领的美国海军主力此时开始聚集，预备越过赤道周边的所有岛群。最东边的吉尔伯特群岛，现在被选定为首个攻击目标。1943年10月，斯普伦斯海军上将被委任为太平洋海军司令。11月，在哈尔西对布干维尔岛发起攻击时，斯普伦斯开始攻击吉尔伯特群岛里的塔拉瓦岛。历经四天的艰苦战斗，虽然伤亡极大，但还是攻下了此岛。

向吉尔伯特群岛西北面的马绍尔群岛进军的路，在塔拉瓦根据地被摆平后，再无阻碍。1944年2月在马绍尔群岛的两栖战斗，是在太平洋地区进行的一次最大规模的尝试。2月末，美军胜利。斯普伦斯停也没停就开始了第二阶段的攻击，即空袭破坏日军在加罗林群岛和马里亚纳群岛的防御工事。

在中国，美军已经打造了一支轰炸机队，向位于中国内陆和菲律宾群岛中间的敌人的海上运输线展开轰击。美国想对此种空袭进行扩展，在中国设立远程飞机据点，以轰击日本本国。滇缅公路已经被斩断了，美国部队正在穿越喜马拉雅山南部支脉——他们称之为"驼峰"——空运他们自身和中国部队的需要的所有物资。这个工作难度极高。美国还想加上地面运输来救助中国，所以提了一个不小的要求给英国和英国所控的印度：从利多的空运起点开始，穿越五百英里的森林和山区，修一条供汽车通行的公路，通向中国领土。从阿萨姆到利多，仅有一条单线的窄轨铁路，这条铁路早就处在频繁的使用中了。

不能只顾中国而忽略其他方面的问题，我极不赞成日后在缅甸北部展开发起大型战事。再没有什么地方比在此地和日本战斗更糟糕的了。自利多修一条公路通向中国这个工作也艰巨且苦难，并且等修好了，或许已经不需要了。综上两个原因，我们争论说，为此消耗大量人员、物资并不值得，不过没能说服他们。

2月25，罗斯福总统将华盛顿那边的意见清楚地告诉了我：

> 我们横渡大西洋朝前进发的首要中间站是台湾——中国大陆——吕宋这一地区；我一直希望中国能变成一个帮我们在太平洋进军的据点；我最紧急的愿望，就是你以最大的实力对即将在

上缅甸展开的一次激战进行声援。

这场战事始于去年12月。史迪威将军带领着两个中国师自利多穿过分水岭，迎着有名的日本第十八师团的反抗，平稳地朝前推进，1月初已经向里推进了四十英里。在南边，自1月19日起，克里斯蒂森将军指挥的英国第十五军顺着阿拉干海岸朝前推进。与此同时，盟国空军更加努力，已经在一定程度上占有了空中优势。

我们的推进在2月4日忽然遇到拦截。日军妄想入侵东印度，并且挑拨那里的人背叛英国。在阿拉干海滩发起的反攻是他们的第一次进攻，妄图占领吉大港，并且将我们的视线和储备部队吸引到那个阵线上去。在海滩正前方，他们拦截驻我们的第五师，包围了我们的第七师。第七师建立袋形阵地，顽强抵抗，食物、水和弹药在两周的时间里都如天上掉落的甘霖一般扔给了他们。敌人却只带了十天的储备，北边又遭受了我们自后备军里调来的第二十六师的猛烈进攻。他们于是化整为零，变成小队，穿越林区，一边打一边退，留下了五千具尸体。第十五军继续推进。他们破除了日军在林区战无不胜的传说。

敌人正打算从中路阵线攻击英帕尔，温盖特兵团斩断英都周边的敌人运输线，进而干扰敌军，尤其是正和史迪威战斗的日本第十八师的供应体系。而且，敌人将不得不抽出兵力解决后方遭遇的危险，因为2月5日英国的第十六旅已经自利多启程。

英国和廓尔喀人的联合大军第七十七和第一百一十一两旅从3月5日起被运往战场。这些军队在会合地点集合后，就开始斩断英都北边的铁路。3月8日，三个日军师不出我们意料的对我方中路阵线发起攻击，退到英帕尔高地迎战的斯库恩将军的第四军也是三个师的兵力。敌人要是将通向迪马普尔后方据点的公路斩断，那在战斗胜利之前，斯库恩就只能依赖空运供给了。

　　3月末，日军已经斩断了通向迪马普尔的公路，在英帕尔平原的三个方向都遭到攻击，北方"钦迪特"也正在远处向他们突进。直至4月20日，日军有四千人被射杀，我们赢得了制空权。5月，在英帕尔平原的圆形区域中，有六万人的英国和印度部队以及所有的现代化武器被围。我使用自己的权限调动了一切可调动力量去支援他们。

　　在这期间，北方的史迪威正迎着日军第十八师的奋勇反抗，急速朝孟拱—密支那一域进发。沿中国疆界分布的敌方第五十六师或许会对他发起攻击，罗斯福总统催促蒋介石再给他一个中国师，可后者直至4月21日才答应派他在云南的部队开赴缅甸。

　　正活跃在敌方运输线上的"钦迪特"4月初又得到了两个旅的支援，他们顺着铁路线朝北进军，给敌人造成极大破坏，可是日军完全没从英帕尔战线撤兵，仅仅从史迪威的战场撤了一个营出来。为了脱困，他们将第五十三师从暹罗调了过去，不过没能成功，有五千四百多人被射杀。

　　5月17日，梅里尔将军带领的美国旅急速前进夺取了密支那机场，空运来援兵开始攻打此城，可是日军殊死抗争，战事直到8月初才结束。"钦迪特"旅的精兵，也就是第七十七旅在5月末困住了孟拱，并最终在6月26日攻占此地。

　　英帕尔周边的局势仍旧非常危险，因为雨季影响了给养的空运。终于，英国第二师和第五印度师于6月22日在英帕尔以北二十九英里的一个地方会合，打通了通向平原的路。事实上，日军入侵印度的图谋已经落空，我们眼前呈现的景象是，英国即将取得首次缅甸大捷。

对日战略的确定

陆空大战的生死之战正在缅甸和太平洋激烈进行的时候，英美之间就日后战斗的整体方针进行着激烈的争论。简而言之，在我们面前摆着如下选择：是以澳大利亚为基地，派遣我们的海军和其他可高度部队，配合美国在西南太平洋的部队的左翼联合作，还是以印度为据点，向东进军去马来亚半岛和荷属群岛。

蒙巴顿的代表团于1944年2月抵达，代表团的领头人是蒙巴顿的副参谋长。蒙巴顿提议舍弃修一条从阿萨姆直通中国的双行道公路的计划，替换成强化当前的空中航线。这个提议若能被接受，他就不用在缅甸北部攻占大范围地区了，他就可以全力冲破敌人控制的马来亚和荷属东印度群岛这片区域，并且沿亚洲大陆海岸向东北方前进，打通去往中国的更好的海上运输线，与此同时，还能直接声援美国自中太平洋和新几内亚向日本本土的进军。

我原本就赞成苏门答腊计划。我仍相信，之前想的苏门答腊计划所需兵力过多，但是如果依照蒙巴顿的提议，在缅甸进行的地面战斗，也不需要那么多兵力了。在这件事上，外交部绝对赞成我的看法，因为他们觉得英国在远东发挥的作用，不应当只是给美国人做陪衬；这种事，英国民众怕也无法认同，并且，相比于对自己至关重要的辽阔的地域，太平洋岛屿对亚洲人来说也没什么吸引力。

不过，不出我所料，美国人有不同见解。3月，魏德迈率领代表团和美国参谋长联席会议在华盛顿会面商讨。美国参谋长联席会议已经作出决定：尽管麦克阿瑟将军应当继续攻打菲律宾，可是尼米兹海军上将却应该自中太平洋对台湾方面发起首要进攻。所以他们相信，在战略上，解放马来亚和荷属东印度用处有限，并且会持续很长时间。他们觉得用不着攻打苏门答腊。他们仍然全心全意想要穿过"驼峰"，空运更多供应品给中国，并修建滇缅公路。美国参谋长联席会议觉得用不着攻打苏门答腊。他们还有一个新计划，就是在中国建造攻打日本的远程轰炸机基地，如此就要供应比之前的吨数更多的资源。

一个至关重要的意外事件忽然在此时发生了。一支强悍的日本舰队，自中太平洋出发，开向新加坡，虽然后来侦察出其目标不包括阵加拉湾，但还是可能给孟加拉湾造成冲击。"大炮"或预备在印度洋展开的其他两栖战斗计划，因为这种可能都被搁置了，我们甚至没保住海军在那儿的优势。

在同一时间，我们和我们的参谋长们展开了长时间的，有时是激烈的争论。3月，我们自己内部好像出现了僵局。三军参谋长们觉得，美国人正等着我们派舰队去太平洋，参加他们或许会在6月发起的战事。所以，我认为需要和罗斯福总统说明此事，并且让他知道整体局势，于是我去电作出说明。

罗斯福总统的回答清楚而直接：

> 在1944年，在太平洋上不会有什么特别的战事，英国舰队的分遣队如果没来参战，我们似乎不至于立即受到损害；你们的支援在1945年夏天之前是不需要的，如果不发生意外的话。

这就解决了我和我的内阁同三军参谋长争执。我认为我有作出决断的责任，于是给所有参谋长都写了一封信，做了如下决定和安排：

（1）如无意外，从现在开始，一直到1945年夏天之前，大不列颠和英帝国都将以印度战场和孟加拉湾作为和日本战斗的中心区。

（2）为穿越孟加拉湾，对马来亚半岛和守护此半岛的所有前哨岛屿发起两栖战斗，并最终夺回新加坡，做好所有筹备工作。

（3）召集一支以锡兰、阿杜岛和东印度群岛的口岸为据点的彪悍的英国舰队，让强大的从岸上起飞的飞机提供保护。这支东方舰队的协助舰艇一定要及早准备好，不过这一筹备工作一定不能影响到"霸王"战斗计划和地中海之战的需要，也不能妨碍依照当前定量对国内的粮食基础供给。

（4）分析、修正、完善东南亚指挥部有关越过孟加拉湾的两栖战斗计划，以便及早和敌军真刀真枪地交火。

（5）派去澳大利亚的考察团，等我审批过它的人员名单后，马上启程。他们应当及早对澳大利亚的当前设备和它北面已经克复的岛屿的状况进行汇报，而且给出详细方案，好让我们任何时候都能依照自己的心意，将东方舰队和它的协助舰艇及需要的所有后备船舰，驶入西南太平洋，并且停靠在澳大利亚的港口。

考虑到形势发展的非常快，我觉得还是不给出最终决定比较好。

"霸王"计划的准备工作

关于"霸王"计划，摩根将军和他的盟军联络参谋部曾在1943年整个夏天的数个月中做过认真地研究分析。摩根将军的意见是用三个师发动突袭，之后马上派两个师增援，这三个师的登陆地点为卡昂和卡朗坦中间的海岸。我自然希望能在更广阔的战线发起更凶狠的攻击，可是那时——开始攻击的头十个月，我们不知道自己能不能拿到充足的登陆艇。

因为这片海滩缺少大型口岸，蒙巴顿的参谋部只能建议修建人工港。魁北克会议决定不仅批准了这种需求，还说清了相关问题。这是个重要的尝试，而众多的人的努力则造就了辉煌的成果。在这里，先从怀特岛到诺曼底再从堂杰纳斯到加来的海底输油管计划，即"冥王"计划也不得不提。蒙巴顿的参谋部是这个设计和众多别的设计的首要功臣。我们有很多奇思妙想以破除敌军守护海岸的有力的障碍和雷区，可是受篇幅所限，就不挨个介绍了。

魁北克会议通过了摩根将军和他的参谋部的建议，这让他们觉得非常高兴。现在可以着手训练军队，同时，也能动手研制他们的专用设施了。摩根于是被赋予了比一个参谋官通常所能拥有的权利更大的权限。

最高指挥官已经确定，就是艾森豪威尔将军，远征军的统帅是蒙哥马利将军。艾森豪威尔的副指挥是特德空军上将。统领空军的是利马洛里空军中将，统领海军的是拉姆齐海军上将。和艾森豪威尔将军一起来的是比德尔·史密斯将军，他被委任为参谋长，至于摩根将军，他受命成了副参谋长。

艾森豪威尔和蒙哥马利认为，为了能够尽快拿下大型桥头堡，之后在这个桥头堡里调动军队展开冲击，要在更广阔的战线上以更多的军力发动突袭；夺取瑟堡一众港口的时间要早于原计划，所以应当用五个师发动初期攻击，而非三个师。可是眼下能从哪里调更多的登陆艇过来呢？直到3月艾森豪威尔和英国三军参谋长们开会，才有最终结果。大会议定，自"铁砧"战斗计划中调出一批能运一个师的兵力的舰艇给"霸王"。而运另一个师的舰艇如何解决呢？将"霸王"的执行时间延迟到6月满月之时，因为那时制造出的新的登陆艇将弥补这一空缺。而另外需要的军队，就美国和英国分别拿出一个师，使总数够五个师。美国还答应让海军为自己另外提供的那个师提供援助。现在，在这个修正过的，得到了极大完善的基础上，部署工作正热火朝天地进行着。

在我看来，应当尤其重视和支持空降部队的攻击计划，所以，我于1月28日给伊斯梅将军和参谋长委员会发去电报，指责了空军工作的不足，敦促他们努力配合。

有关各个指挥官的委任，产生了新动力。已经在地中海战场应用成功，可以浮在水面上上岸的两层甲板坦克，眼下肯定又能派上用场了。另外，为了能让带履带和车轮的常规交通工具靠自身动力，穿过几英尺深的海水上岸，还得为它们安装"防水"装备。经过我的联络和各军官的改进，最后，海军炮击军队包含战列舰六艘、大型铁甲舰两艘和巡洋舰二十二艘，另外，还有大批驱逐舰和小型舰艇；总之，远征军的规模终于确定并落实了。

一个非常大的难题摆在我们面前：怎样找到充足的训练场地。英国部队和美国部队的军营基本不在一起，英国部队在英国的东南部驻扎，英国的部队在西南部驻扎。在各种不适面前，沿海一带的民众表现得非常不错。在苏格兰的莫里湾，英军的一个师和对应海军已经做了所有的初期训练。

新传来的关于敌人的消息使我们不得不对计划进行修正。1月后半个月，敌军的指挥权由隆美尔接手之后，有迹象显示他开始对原本的防御工作进行重大的增加和改进。为了找到应对措施，我们一定对或许会布置的一切新的阻碍展开特别调查。频繁持续的空中侦测让我们知道了英吉利海峡另一侧的活动状况。自然，这并不是仅有的探查敌情的手段。这一切行动都在晚上，悄悄地靠近目标地点，暗中查探，而且得及时返回。

有个盘根错节的问题需要解决，即确定攻击日期和攻击时间。在月色下向敌方海岸推进对我们的船舰和空降兵团有利，所以我们全都支持这么做。在天明之后和计划的攻击时间之前中间，要稍微留些时间，便于告诉小型船舰怎样分散以及怎样发起精确的掩护性轰炸。再来是潮水问题，还有很多别的要素也得考虑进去。最终选定的登陆时间是，大概涨潮前三小时；这个时间并不是所有区域都一样，相差最大的有八十五分钟。

在各个朔望月中，必要条件绝对达成的日子只有三天。艾森豪威尔将军拟定的日期是5月31日，这之后的首个三天的周期6月5日、6日、7日。因此就选择了6月5日。

我们的计划到4月近乎马上就要达成了。在卡昂北边和西北边的滩头，登普西将军统领的英国第二集团军将有三个师登陆。为攻占奥恩河下游的一干桥梁，同时为东翼的军队提供掩护，预备在登陆以前两三个小时，在卡昂的东北方向空降一个师。英军右翼，在维尔河口东海岸，奥马尔·布雷德利将军统领的美国第一集团军将有一个师登陆，而在这个登陆点的北面，也将有一个师同时登陆。后边的这个师将得到事先在内陆几英里的地方空降的两个师的支援。所有集团军在舰艇上都有一个师在等候指令，好展开紧急支援。

首次攻击目标有卡昂、贝叶、伊西尼和卡郎坦。等攻克这些目标，美国将穿过康坦半岛向前进军，并在同一时间向北发起猛烈进攻，好夺取瑟堡。英军将保护美军的侧翼，让敌人无法自东面对其展开反攻，与此同时，还要扩展自己在卡昂南面和东南面的阵地，我们在这一区域可以建机场、用装甲兵团。我们想在登陆后的三周之内抵达法莱塞—阿弗朗什一域，而且将和到时已经上岸的庞大的援兵一起，朝东突进攻打巴黎，朝东北突击进攻塞纳河一域，而且朝西挺进夺取布列塔尼半岛的所有港口。

海军的任务是，护送陆军平安穿过英吉利海峡，且用所有能用的措施，为登陆提供支援；之后的任务是迎击大海和敌人给予的所有危险，确保援兵和供应品的及时运抵。强悍的盟国空军和海军在这些突击部队周围提供保护。

在逼近敌方海岸的过程中，我们尤其关注扫雷工作，因为尽管潜艇和海上的轻型舰艇也有危险，可首要危险来自于水雷。

自然，我们要谋划的不只是我们将切实展开的行动。因为敌人肯定会知道一个大规模的攻击正在筹备之中，所以攻击的时间和地点我们必须严守机密，让敌人觉得我们将在别的地点和别的时间登陆。只这一点就牵扯到大量的筹备工作和切实行动。严禁游客到沿海区域游玩；强化检查体系；在固定的时间点之后，禁止传递邮件；严禁各国使馆拍发电报，就连它们的外交信函也得推迟发送。

集结十七万六千人的战士，两万辆车，还有数万吨的物资的突袭军力，这个任务自身就是个大难题，因为一定要在登陆之后的两天内将它们送过去。此项工作基本由陆军部和铁路当局完成，他们做得非常好。

整个英国南部变成了一个巨大的军营，充满了久经训令、肩负使命、急不可耐想要横渡大海，去和德国人一决生死的战士。

攻克罗马在望

　　在隐秘地完成改编以后，克拉克将军指挥的第五集团军所在的这条自沿海到利里河阵线所拥有的军力超过了七个师；盟军召集的所有兵力超过了二十八个师。和我们的部队对战的德国部队，其兵力是二十三个师，不过凯塞林已经彻底被我们的骗敌手段——预备在罗马契维塔韦基亚海港发起登陆的威胁也在其中——蒙蔽了，他的军队极为分散。

　　我们的攻击重点是卡西诺和海滩的中间区域，敌人只在这儿部署了四个师的兵力，而且后备军不仅分散，离得还远。5月11日，出乎敌人意料的强攻在晚上11点开始。我们两支部队的炮兵，用两千门大炮发起激烈的轰炸，战术空军在清晨竭尽全力提供援助。波兰部队在卡西诺北边极力围攻山梁上的修道院。

　　在激战了三十六小时之后，敌军开始露出疲态，法军夺取了马约山，朱安将军让他的摩托化师顺着加利亚诺河疾速朝上游挺进，攻克了圣安布罗吉奥和圣阿波利纳勒，进而把这条河西岸的所有敌人都剿灭了。第十三军渡过拉皮多河，对着敌人防守严密的区域更深地插了进去，5月14日，第十三军与过来支援的第七十八师会师后，开始有了不错的成果。法军再次向前挺进，冲进奥森特河谷，夺取了奥索尼亚，朱安将军派他指挥的哥姆团①从没有道路的奥索尼亚山林朝西挺进。为了攻占圣玛丽亚方特，美国第二军苦战了很长时间，最终成功。因为要挡住第五集团军的六个师的攻击，在此地侧翼进行防守的两个德国师伤亡惨重，所以利里河南边的整个德军右翼已经处在瓦解之中了。

利里河北边的敌人，无视自己临海侧翼的瓦解，仍借助古斯塔夫防线剩余的守军负隅顽抗。可是慢慢地，他们也扛不住了。第十三军15日逼近卡西诺—皮格纳图罗公路，利斯将军为得到更多的成果，带着加拿大部队也开了过来。次日，第七十八师在向西北方向发起的一次攻击中，冲破敌方防线，开到了第六号公路；17日，波兰军对修道院北边发起攻击。此次他们成功夺取了修道院西北侧的山梁，此处位居高地，能够掌控公路。

5月18日清晨，英国第四师最终剿灭了卡西诺城的敌人，波兰部队此时也在修道院的残骸上成功挂上了红白色国旗。在意大利的第一次重要的战役里，他们打得非常棒。之后，他们在安德斯将军的指挥下，在开赴波河的远征里，收获了很多荣耀。第十三军又顺着整条战线朝前进发，抵达阿奎诺郊区，在同一时间，加拿大部队也到了他们的南边。在利里河的另一面，法国部队已经抵达艾斯佩里奥，并疾速向皮科挺进。美国部队已经夺取了福尔米阿，他们也赢得了辉煌的战绩。局势已经非常明朗——用不了多久，德军就只能全面后撤。

所以，我们的指挥官们的所有考虑，都以如下两点为核心：何时攻克安齐奥阵线，从什么方向攻克；德军有没有可能将公路沿线的阿尔本山和瓦尔蒙托内作为据点，最后在罗马南面坚守。

在利里河谷，第八集团军对阿道夫·希特勒防线进行了多次尝

①　哥姆团是一支由摩洛哥当地人组成的部队，由于法国将领和军官指挥，出了名的擅长山地战斗。这个团的战士大概有一万两千人。——原注

试性攻击，都没什么收获，因为德国守军尽管仓皇迎战，可所有战士都非常英勇，而且他们的防御工事非常坚实。必须分区展开切割式攻击，可是5月23之前，是不能发动此种攻击的。不过，法军在一次激战之后已经拿下了皮科，而美国第二军也开进了丰迪。如此，德国自然对自己的侧翼感到忧心忡忡了。加拿大兵团因此担负了利里河谷主攻任务。这支部队到24日中午实现了全面压制，与此同时，它的装甲师已经朝切普拉诺推进。次日，德军全线败亡，第八集团军的整条战线对其展开了激烈的追击。

亚历山大将军拟定，在同一时间既从安齐奥滩头阵地发起突袭，又让第八集团军展开进攻。此时，美国特拉斯科特将军正让他指挥的集团军（仍被叫作第六军）的两个师攻打奇斯泰尔纳。25日，历经两天的激战，夺取了奇斯泰尔纳，也是这一天，滩头阵地的军队联系上了美国第二军的先锋军，这支先锋军前进时，已经夺取了特拉契纳。历经长时间的战斗，我们所有的军队总算会合了，就这样，我们去年冬天在安齐奥的辛苦耕耘，开始结出了累累硕果。

我们空军的破坏性轰炸虽然影响了海尔曼·戈林大军和别的部队的行进速度，可他们还是率先抵达了瓦尔蒙托内。克拉克将军派去的那个仅有的师还没到地方就遭到了拦截，而敌人的后路仍旧一马平川毫无阻碍。南面前线上的敌人开始败退，在撤退时还保持着秩序，其坚毅的后方警戒部队时常对我方的追踪部队进行持续性拦截。美国第二军向普里韦诺推进，法国部队向切卡诺进军，至于加拿大军团和英国第十三军，则顺着河谷向弗罗齐诺内前进，与此同时，第十军顺着公路开到了安威柴罗。三个美国师从安齐奥战线的缺口冲进来，朝韦莱特里和阿尔本山进发，之后又有第三十六师过来支援。可是他们遭遇了顽强的反抗，接连三天，一无所获。

5月30日晚，他们找到了一处没有敌军坚守的高地。第三十六师的步兵于是用紧密的纵队向前推进，并且夺取了所有要塞。第三十六师整个师不出二十四小时就建造了坚实的防线，而德军在罗马南边的最后一条防线总算被打了下来。

美国第二军于6月2日夺取了瓦尔蒙托内，并且向西进军。当天晚上，德军的反抗崩溃。次日，已经抵达阿尔本山的美国第六军和它左翼的英国第一师、第五师向罗马挺进。6月4日下午七点十五分，第二军第八十八师的先锋军开进罗马城的威尼斯广场。

苏军方面，他们在1943年早冬重创德军，并没有留给他们半点恢复时间，1月中旬，在从伊尔门湖到列宁格勒这条一百二十英里长的战线上对敌人发起进攻，并且冲破了列宁格勒前方的敌军战线。在更南边，到了2月末，德军已经被赶到了楚德湖滨。列宁格勒总算完全突围。并且苏军已经开到波罗的海国家的疆界。德军被迫撤往波兰的旧边界。战火席卷了南方的整条战线，在克尔森，德军被困在一个非常大的袋形包围圈里，近乎全军覆没。

在整个3月间，苏军沿着整个战线并且在空中乘胜紧追敌军。德国侵略者被迫渡过德涅斯特河，并退到罗马尼亚和波兰境内。4月11日，经过了三天的战斗，苏军突破了彼列科普地峡，与在卡兹越过海峡的其他部队会师，并着手消灭德国第十七集团军，同时收复了塞瓦斯托波尔。

及至5月末，希特勒的部队已经陷入绝境。等苏军声势浩大的进攻再次扑来，他东线那两百个师将全无还手之力。

第十五章　德军的顽抗

反击——伟大的"诺曼底登陆"

1944年6月6日，也就是历史上规模最大的一次两栖作战吹响进攻号角的那天，我们谋划了多年的准备工作，终于宣告完成。登陆之前，在敌人毫无知觉的情况下，我们庞大的舰队和保护船舰从怀特岛出发，沿着已扫雷的海峡水道悄悄驶入诺曼底海岸。皇家空军的重型轰炸机投下了五千二百吨炸弹，轰炸敌人掩藏在混凝土内的海防大炮。黎明之际，美国空军也抵达战场，用中型轰炸机和战斗轰炸机轰炸岸上的其他防御工事。仅仅在6月6日这一天内，盟国空军就出动了一万四千六百架次。因为我们有这么大的空中优势，所以敌人白天只能出动一百架次左右的飞机来对抗我们对其滩头阵地的攻击。午夜时分，三个空降师开始降落。英国第六空降师降落在卡昂城东北，争夺城海之间河流上的桥头堡。美国两个空降师降落在卡郎坦北面，既用以阻止敌人后备军进入康坦半岛，又能协助我方登陆部队进攻海滩。这些空降师虽然比原计划散布广泛，但是达到了各项要求。

伴随着黎明的来临，我们的大小船只开始接连不断地进入预定阵地，预备袭击，那场面简直就是一个检阅式。敌人的直接抵抗力非常低，虽然击沉了一艘挪威驱逐舰，但也只能使用一些鱼雷艇反击我们。我们装载在驱逐舰和登陆艇上的大炮与火箭炮，接二连三地轰炸滩头防御工事。海防炮台的炮火被我们在海上远距离的一些战列舰和巡洋舰压制。敌人在地面上的反抗一直薄弱，到我军的首批登陆艇离海岸仅一英里远时，才靠迫击炮和机关枪的火力加强起来。虽然汹涌的海浪和半隐半显的障碍物以及水雷等东西严重危及到了登陆舰，使一些登陆舰受损不得不卸下军队，但是并没有阻止军队接着前行。

步兵走在最前边，他们一登岸就立马向目标冲去，仅仅有一处没有取得太大的进展，其他各处进展都非常大。美国第五军在贝叶西北的"奥马哈"海滩，遭到强烈反击。倒霉的是，这一防区碰巧刚由一个满员德国师接手警戒。我们的盟军打了整整一天，一直没有什么进展。一直打到7日，牺牲了几千兵力以后，终于能往内地前进了。

一批德国潜艇从比斯开湾各港口出发，为了阻止我们的攻击，不要命地冒出海面飞速行驶。我们制定了万全之策来应对这种情况。在最重要的前四天中，德军有六艘潜艇受损，六艘潜艇被空军击沉。而我们的护航船舰损失极小，不受任何影响地接着向目标前行。随后，德军潜艇也慎重小心了，但仍收效甚微。

6月6日下午的时候，我把这些情况告诉斯大林，他回电表示祝贺，同时告诉我苏军将按照德黑兰会议协议在6月中旬之前组织夏季攻势，6月9日又告诉我具体时间是6月10日，第一阶段进攻地点是列宁格勒战线。

1月下旬，在隆美尔接手指挥权时，他非常不满意自己看到的防御布局。在他的领导下，情况大大改善了。一条环形防御线沿海而建，它由混凝土工事构成，布有很多的水雷和各种不易克服的障碍物，深水水位标以下的特别多。海面被固定大炮瞄准，海滩被野战炮兵控制。他们的第二道防线虽然不完整，但有结实的防御工事布置在后方所有的村子里。这样的进展隆美尔还是不太满意，如果他时间能更充分，大概我们的战斗要更艰难了。起初，不管是海上的炮击还是空中的轰炸，混凝土工事都没有被我们毁灭太多。然而，德军已经很难再有所作为了，特别是在警报方面，可以说我们占据了绝对优势；德国的警报系统全都不能正常运行了。

　　这个规模宏大、经过长期准备的攻击，确实是很伟大的。敌人万万没有想到它的时间和地点。"那天天气非常不好，不适合两栖作战。"这是发往德国最高统帅部的报告，并且空军方面最近也没有给他们发几千艘船舰在英国海岸集合的报告。隆美尔在6月5日早晨从他的司令部出发，到贝希特斯加登拜见希特勒。战斗打响时，他还在德国。盟军会在哪个地方发起攻势呢？他们对这个问题的看法不一样。从穿越多佛尔海峡开始，是打进德国内地最好的途径，也是一条最短的海路。所以龙德施泰特一直认为我们的主要进攻会从那开始。隆美尔和他的看法早就一样。但是，诺曼底可能作为重要战场的情报，希特勒和他的幕僚们好像已经收到了。甚至在我们已经登陆之后，他们还将信将疑。是否抽调距离诺曼底半岛最近的两个装甲师支援前线？希特勒犹豫不决。所以错失良机，牺牲掉了关系安危存亡的一整天时间。英国本土上可用的师的数量和可以调动的航运能力，被德国情报部估算得太高了。按照他们自己的估计，盟军搞第二次大规模登陆还有足够的力量，所以，诺曼底可能仅仅是一个开始和辅佐性的登陆行动。隆美尔在6月19日向冯·龙德施泰特报告说："预计海峡前线上，将有一次规模巨大的登陆行动，在松姆河和勒阿弗尔之间，也就是格里内灰鼻角的两边。"他在一周之后又重复了这一警告。就这样，一直到战争开始后的第六周，也就是7月的第三周，敌人才把加来海峡南的第十五集团军后备队调去作战。在战争开始之前和之后，我们制造的各种糊弄敌人的假象，就是为了产生这种错误的认识。这些假象的效果是非常好的，并且取得的成就在战争中具有远大的影响。

长驱直入收复巴黎

盟军诺曼底登陆后，卡昂城变成了我们持续进攻敌人却最拼命反击的战场。敌人的全部交通都被我们强大的空中攻势阻断了。盟军到6月11日，已经在内陆组成一条连接不断的战线。6月17日，美军穿过瑟堡半岛，向西跃进位于西海岸的巴恩维尔，到达该地。同时，他们也往北行进，22日，经过一阵激烈战斗之后，到达了敌人在瑟堡的外围防线。敌人一直顽抗到26日，目的是进行破坏工作。这些工作确实做得非常透彻，所以我们一直到了8月底才能使用这个港口。

6月19日，在阿罗芒什和向西十英里的美军战区内的两个"桑葚"港的工程都有了很好的发展。再稍微晚点，海底输油管道也就开始使用了。与此同时，我们也正把波尔-安-贝散发展成为主要的汽油供应口岸。但是，一场长达四天的、四十年不见一次的风暴，意外地刮起来，我们延迟了卸货进度。同样也延迟了进攻进度。我们到6月23日，才占领了本应11日就到达的战线。

奥东河位于卡昂城南面，我们利用飞机和大炮对敌人狂轰滥炸，使他们严重受损，并趁机在7月8日从北面和西北面猛烈地攻击了卡昂城。狂轰滥炸的有一个坏处是英军步兵的前行也受到阻碍，但在黎明之际，他们还是有了很好的进展。我们在7月10日占领了卡昂城。

盟军有三十个师在7月中旬登陆，德国集中了二十七个师反击我们，结果他们伤亡了十六万人。7月17日，我们低空飞行的战斗机打中了隆美尔乘坐的汽车，冯·克卢格于7月初替代龙德施泰特，做了西线总司令。18日，蒙哥马利准备开始总攻。

英军动用三个军发起攻击，就以求扩展他们的各个桥头堡，并让军队渡过奥恩河。在卡昂城的东边进行得很顺利，后来天阴的厉害才阻碍了它，这也延迟了美军一周的攻击时间。我于20日乘坐一架美军达克塔型飞机，直接降落到瑟堡半岛上的美军降落场。我和美军司令官一起到人造港附近视察。我于在阿罗芒什的最后一天，拜访了蒙哥马利总部，它离内陆有几英里远。我在7月23日傍晚往回飞，很快就到了国内，到时太阳还没落山呢。

德军在此时，撤销了第十五集团军留守于塞纳河后方的命令，调遣了几个师的兵力去支援第七集团军。然而，所以，等他们赶到战场时已经太晚了。

在诺曼底暂时休战时，也就是7月20日，发生了谋杀希特勒的案件。据最可靠的消息称：在一次参谋会议上，施陶芬贝上校往希特勒的桌子下放了一个皮包。桌面又厚又硬，同时桌下还有一些横条，所以很快就减弱了爆炸力，希特勒也因此未受到十足的伤害。

在奥马尔·布雷德利将军的领导下，终于迎来了美军的大规模冲击行动。美军第七军在7月25日，从圣洛出发攻向南方。第八军在第七军右方，第二天也加入了战斗。美国空军尽了最大努力去进行轰炸，所以步兵取得了胜利。装甲师随后也开始了猛冲，对库汤斯这个重要据点进行了大扫荡。我们不仅切断了敌人的退路，而且严重扰乱了他们在维尔河西面的全部防线。阿弗朗什于7月31日破城。去布列塔尼半岛的海角也于不久之后被冲破。加拿大部队由克莱勒将军领导，在同一时刻发起进攻。他们的路线是从卡昂城出发，顺着法莱兹公路向下走。德国四个装甲师非常强烈的反击了他们。当时，蒙哥马利将军是全线的总指挥，他转移了英军的进攻重心，还命令掌管英国第二集团军的邓普希将军再次进攻科蒙至维尔一线。他们先狠狠地空中轰炸了一番，然后在7月30日出发，几天之后抵达了目的地。

在加拿大军队停滞于法莱兹公路时，美军已经开始总攻了。

8月7日，我又一次前往蒙哥马利的总部。美国的一位上校接我去布雷德利将军那之前，蒙哥马利将军通过地图向我生动地展示了一番。我们在四点左右到达布雷德利的总部。这位将军对我非常的热情，然而我却觉得那的战争氛围很重。我压缩了访问时间，坐汽车赶去我自己飞机的停机处。艾森豪威尔居然在我上飞机的那一刻来了，他是专程来阻止我涉险的。

美国第三集团军已经完成编制，并且在巴顿将军的带领下参与战斗了。为了控制布列塔尼半岛，巴顿将军派出两个装甲师以及三个步兵师，迅速出击南面和西面。敌军没有退路了，马上撤往有防卫的几个港口。法国有三万人在这儿抗敌，起到了很大的作用。他们很快就占领了布列塔尼半岛。瑟堡受到了非常严重的破坏，我们在占领布列塔尼各港口之后，肯定要花费大量的时间去修葺它。不过有一位干练的司令官统领着一支十分大的防守军队，驻扎在布雷斯特。所以这很危险，一定要消灭它。在美军三个师的强大攻势下，9月19日这一带的敌军投降了。

巴顿率领的第三集团军的其他部队，在我们控制布列塔尼半岛时，掉头向东进攻。他们直接奔向卢瓦尔河和巴黎之间的空地，顺着塞纳河下游,到达鲁昂。拉瓦尔于8月6日破城，勒芒于8月9日也失陷了。这片区域十分广阔，但是只有很少一部分德军。漫漫长路如何补给前进中的美军呢，这是我们的主要问题。几乎所有东西都要从刚登陆时的几个海滩上运过来，先从诺曼底西经过阿弗郎什再送往前线，只有很少一部分可以空运。所以阿弗朗什就成为了一个重要地段，尽管它很狭窄但来往非常频繁。这就为敌人创造了一个很好的条件，他们可以在法莱兹周围向西攻击我们。希特勒也是这样想的，因此他命令尽一切可能进攻莫坦。接着，再迅速转移到阿弗朗什断掉巴顿的交通路径。但是德军的司令官们都不认同这个计划，他们认为既然已经在诺曼底战败了，就应该有序地撤向塞纳河，而且撤退行动可以受到北方第十五集团军派遣出的四个师的援助。他们觉得在西线投入兵力，根本就是"人为刀俎，我为鱼肉"的做法。但是希特勒一意孤行。所以在8月7日这一天，德国五个装甲师和两个步兵师从东边狠狠地攻击了莫坦。

德军占满了从法莱兹到莫坦的整个凸出地段。在该地南侧，美国第三集团军旗下的一个军向北挺进，穿过阿郎松到达了阿尔让当，那天正好是8月13日。赫奇斯将军统领下的美国第一集团军从维尔向南进攻；与此同时，英国第二集团军攻向孔代；在重型轰炸机的帮助下，加拿大集团军再一次攻向了法莱兹，他们是顺着卡昂城的公路向下进发，于8月17日到达了目的地。敌人的攻击和防守于8月17日失败了，战场变成了死亡之地。8月20日我们控制了这个要塞。

美国第三集团军利用"小转角"侧面进攻的战术，在法莱兹也取得了胜利。他们不但控制了布列塔尼半岛，还在勒芒发动三个军攻向东面以及东北面。他们抵达奥尔良、德勒以及夏特勒的时间是8月17日。

艾森豪威尔当时已经接管了最高指挥权，他决定围攻巴黎，让驻防军队要么投降要么逃命。8月20日行动开始。巴顿的右翼部队抵达枫丹白露，而且他还在芒特那穿过了塞纳河。法国开展了地下武装起义，警察也开始了罢工，爱国分子占领了警察总局。

巴顿下属的法国第二装甲师在勒克雷尔将军的领导下，于8月1日登陆诺曼底，戴高乐也在这时到达了。当晚，艾森豪威尔闻悉了首都内发生巷战的事，于是他决定立即行动，命令勒克莱尔进军巴黎。8月24日，勒克莱派遣之前从诺曼底开到郎布依埃的几个分遣队，从郎布依埃进发到巴黎。就在晚上的9点22分，有一支坦克部队率先到达奥尔良门，进入到了市政府前的广场上。第二天早上，几个装甲师纵队在贝约特的统领下攻占了位于巴黎城对过的塞纳河两岸。到下午，德国司令官冯·肖利茨向法国一位中尉投降，他在默里斯大厦的总部被包围了，自己也被押给贝约特。就在这个时候，勒克莱尔也到了。

人们在巴黎兴奋地举行示威游行活动，拽着汉奸游街示众，欢迎解放大军，激动兴奋充斥在巴黎的每一个地方。戴高乐在第二天下午，8月26日开始正式进城。

我军在8月30日，从不同的地方纷纷穿过了塞纳河，并先后取得成功。

伦敦遭到新式炸弹的袭击

在战争进行了一周之后，也就是6月13日早晨，在我国海岸上飞过了四架无人机。6月15日晚上，敌人开始发起反击，攻击我们的新型飞弹，在二十四小时以内就超过了两百个。后来又有三千多个飞弹在五周之内飞过来。这个后来被我们称作飞弹的东西，希特勒命名为V1号，并期望这仅仅是第一个恐怖武器，以后还会有众多的恐怖武器被德国研究工作所制造出来。它可以装大约一吨重的炸弹，一具小型推进器掌握着它的射程，一个磁性指南针指正弹身的方向。由于弹体一直是在入地前爆炸，所以爆炸的后果十分严重。

随着时间的推移，敌人把伦敦市内的各个区都袭击了一遍。受到损害的房屋大概有七十五万座，其中二万三千座已经修葺不了了。

我们的军事情报，在六个月之前，就已经对这种飞弹的性质，作出了精准的推测。不过部署好高射炮与战斗机的防守工作，在当时我们认为是很难的。我们的及时警戒起了作用，但也只是一点点作用。我们并没有满足于抵御。敌人本来在法国境内建立了九十六个发射飞弹的"滑雪场"，我们在1943年12月，开始用轰炸机狠狠地轰炸它们，基本上把它们全部炸毁了。但是在我们采取了这么多的攻防措施之后，敌人又开始从一些新的隐蔽的地方发射飞弹。

英国政府与伦敦政府都没有被吓倒，我在6月18日告诉艾森豪威尔将军，我们经得起考验，能够坚持到底，他不用改变法国境内的作战计划。

对这些飞弹的发射地，我们持续轰炸了一段时间，这些地方已经不那么重要了。轰炸机司令很快找到了主要的飞弹储存库，轰炸机则把它们轰炸一空。因此，伦敦不用再遭受全部飞弹的袭击了；敌人曾经鉴定过一种不合格的炸弹，但是现在却必须改用它们了。

新的预防措施工作量非常大，却用快得惊人的速度完成了。那时，有大约四百台重型大炮与六百台双筒自动高射炮，需要转移到新地方，并重新安装；铺设了三千英里长的电话线；有两万三千人跟着转移，一周之内，防空司令部出动全部车辆，行驶的路程总计二百七十五万英里。移向海岸的这个工作，仅仅在四天之内就做完了。

紧接着又迎来了第二个威胁。琼斯博士于7月18日向石弓委员会发出通知：可能敌人已经准备好了一千支火箭。火箭的大小、性能以及特征等信息，我们没未获取完全。终于，已收集到的情报，加上对一只意外飞到瑞典的火箭残骸的分析，使我们对它有了确切了解。

　　位于火箭射程之内，也就是距伦敦二百英里内的各个地方的敌军，在8月末时，好像被我军全部打退了。不过海牙与法尔霍伦这两个地方却被敌人千方百计地守住了。德军在停止使用大量的V1武器之后，也就是9月8日，过了一周，又朝伦敦发射了两支火箭。晚上六点四十三分，第一支V2在齐吉科降落。六十秒之后，另一支在埃平降落。海牙被解放的前七个月内，敌人向英国发射了大约一千三百支火箭，只有五百支打中了伦敦，其他的都失败了。在V2武器的袭击中，英国有两千七百二十四人死亡，六千四百七十六人身受重伤。平均来说，都按单支计算，火箭制造的伤亡情况，大约是飞弹的一倍。

　　曾经我们采取了很多反击措施，现在也还在进一步的探索钻研。在降低火箭危害这方面，我们在一年之前空中轰炸佩内明德的办法，比别的办法效果好。要不是这样，V2武器最慢也会和V1武器同时使用，并且还有短距离发射的可能。所以，在6月份的准确度应该高于9月份和9月份之后的其他月份。7月、8月两个月中，佩内明德遭到了美国空军的再一次轰炸，并且一些火箭零部件制造厂也受到了轰炸机司令部的联合轰炸。在德军完成了准备工作，即将发射火箭之前，它就已被我军逼回到射程最近的地方了，因此，我们十分感谢我们的军队。敌人在海牙周边的发射场，遭到了我军战斗机和轰炸机的连续攻击。若敌人用无线电控制火箭，我们就扰乱他们的无线电，并已做好了此种准备。

　　我们的付出改变了敌人的原定战略，他们本来计划每个月使用九百支火箭攻击我们，但现在还超不过四百支。要是火箭发射的话，我们根本就无法抵御。在这样的情况下，我们不仅延缓了敌人的进攻，居然还锐减了他们的攻势。

　　才能出众的德国军火部部长施佩尔认为，为了制造火箭而花费如此大的精力是不值得的。幸运的是德国人把如此大的精力放在了火箭上，而非战斗机上，这样一来我们占据着空中优势。曾经希特勒还奢望拥有其他的"V"型武器。它们是多管远射程大炮，但希特勒如意算盘打错了：这些炮弹在试射过程中就中途坠落了，因此这种炮弹的射程不够、命中率也低。

我们开始着手研制属于我们自己的导弹，战争结束时，我们为这一目标已经成立了永久性的机构。

几个月以来，希特勒一直对这种新式武器的期望特别高，不过英国政府靠远大的见识与各个军种的技能，以及不屈不挠的英国人民打败了这些武器。在这次战役里，英国人民以自己的实际行动使"大伦敦"的骄傲更上一层楼。

关于法国南部行动的争论及结果

在苏军从东部进攻波兰和巴尔干地区的时候，亚历山大的部队也正从意大利南部进攻波河。现在，我们必须决定在地中海的下一个策略。我们有一支很强大的军队驻扎在地中海，我们决定派这支部队去攻打罗马，罗马附近有一些飞机场是我们攻打德国南部所需要的。如果这一计划完成，我准备顺着这个半岛北上，到达比萨-里米尼一带，这样我们就可以把敌人最大的兵力困在意大利北边。另一计划是两栖登陆法国南部，这原本是想假装攻击敌人，把德军困在了里维埃拉，他们就不能去参与诺曼底战争了。美军在开罗会议上认为，应该动用十个师真正地去攻打他们，这个意见在德黑兰会议上得到了斯大林的支持。

　　能否攻打下罗马左右着我们的下一步行动。一旦能快速地夺取，对谁都有益处。

　　我们为了快速攻占罗马而对安齐奥发动了重点袭击，引诱德军的八个师或十个师离开了那个非常重要的战场。1943年底，有一部分在意大利境内的最精锐陆军师被抽调去英国执行"霸王"作战计划。这样就减少了亚历山大部队的实力，增加了凯塞林的实力。德军避开了我们对安齐奥的突然袭击，派军队支援意大利，试图在进攻开始之前抗击我们攻打罗马。这一举动确实为"霸王"作战计划早先的时候提供了帮助，然而，它却严重的阻碍了我军在地中海的进程。许多登陆艇被调派去支持"霸王"计划，这成为了另外一个阻碍。地中海方面的最高指挥官梅特兰·威尔逊将军在3月21日的报告中指出：7月底之前"铁砧"方案不会实施。他后来预测8月中旬可能实施这一方案。同时指出，应集中力量在意大利是帮助"霸王"的最好办法，而不是围攻里维埃拉。

　　到罗马6月4日攻打下来后，需要重新审视这个问题。我们是需要重新制定个新方案呢？还是一切照旧？美国参谋长联席会议支持艾森豪威尔的意见，强烈地认为应该在欧洲西北部这一具有决定性的地方投入最多数量的兵力。但是，意大利境内战事的缓慢进度，改变了所有的一切。

　　马歇尔将军在进攻战事后不久到达了英国。他认为应该让聚集在美国的大批部队尽早地投入战争，但又发现我们的港口不够用。"霸王"方案成功与否主要取决于是否能快速地集合部队。于是，马歇尔将军提议攻占法国西面或南面的新据点，最好是攻占西面，因为美国军队可以最快到达那里。

　　联合参谋长于6月14日做出了决定：实施地中海两栖作战计划。至于从哪里作为行动目的当时还未定。过了三天后，马歇尔将军第一次听到了"霸王"计划，虽然被打动，但仍然是反对"铁砧"行动的。6月19日，他向联合参谋长委员会报告说，尽最大努力进攻波河一带，是他们为完成共同的目标作出的最大的贡献。这一点得到了亚历山大的认可。

我们大家都认同占优先位置的应该是"霸王"行动，问题是意大利部队地处第二战区怎样快速地前来增援进而打败德军。艾森豪威尔的建议得到了美参谋长联席会议的支持，他们认为在意大利北部和巴尔干半岛调用地中海力量进行大规模作战欠妥，而应该执行"铁砧"计划。我们参谋长委员会则持相反意见：最有效地声援"霸王"作战的行动，就是打败在地中海与盟军对抗的德军。

双方本着诚挚的态度对这针锋相对的提议进行了热烈地讨论，于是，我和罗斯福总统的往返的电报就开始了，但一直没有达成一致。总统于7月2日宣布，他与他的参谋长联席会议依然坚信应该早点执行"铁砧"行动，而且请求我们根据情况给威尔逊将军下命令。我只能让步，而且就在当天指示威尔逊将军于8月15日袭击法国南部。此时"铁砧"已更名为"龙骑兵"，这么做是为了预防敌人知道之前代号的含义。

不过诺曼底战场在8月初有了相当大的变化，很快就要有一些重要的突破。我于4日当天再次向总统提出调遣"龙骑兵"去西面的问题。我去朴茨茅斯那儿访问艾森豪威尔的总部，向他说明了打算制止"龙骑兵"行动的最后希望。我建议接着用船运载"龙骑兵"远征部队，经过直布罗陀海峡，在波尔多进入到法国。英国参谋长委员也认为是可以实施的。我把给总统发的没有回复的电报给艾森豪威尔看了看，尽量去做他工作。第一海军大臣和比德尔·斯密斯都支持我。参谋们发表的意见，艾森豪威尔脸上没有表现出不高兴。艾森豪威尔在最高会议上经常鼓舞大家自由地去谈。可是，一旦作出了决定，就得毫不犹豫地忠诚地去贯彻。

即便是这样，我没有办法去说服他；8月8日，我收到了总统回复的电报如下：

> 我已经给我们的参谋长联席会议发去了电报，同意你提出的把调派给"龙骑兵"的部队，由布列塔尼海岸的几个港口运送到法国国内的事。但是，我考虑再三，觉得"龙骑兵"行动应该在能够达到的最早时间内照计划进行，并且我完全有信心它会大获全胜，这将帮助艾森豪威尔把德军赶出法国。

我给罗斯福总统回复说：

> 愿上帝保佑，祈祷你是对的。我们将全力以赴，帮助你胜利！

苏联的胜利

苏联军队在1944年夏季挺进东欧与中欧，关于波兰、匈牙利、保加利亚及罗马尼亚等国家的处置问题，截止到目前，我们还没有和莫斯科达成一致。欧洲似乎正在形成斯大林所期望的战后格局；苏联已经在意大利、南斯拉夫和希腊开展共产主义行动，特别是希腊。艾登先生提议在战时由我们主管希腊的事，苏联主管罗马尼亚的事。帝国会议于5月在伦敦举行，苏联驻伦敦大使于5月18日前往外交部，就这个见解进行谈判。苏联问我们是不是已和美国商谈好，商谈好了他们就接受。5月31日，我以个人名义致电罗斯福先生。美国国务院没什么反应，赫尔先生对任何"有可能让人联想到划分势力范围"的提议都十分敏感。

罗斯福于6月11日回复，建议尽量组建一个协商组织，由这个组织解除各种误会，并且预防排除他国势力范围这种情况的发生。我再次去电，请求美国总统与我保持意见一致，并提议三个月后再由三大国进行商谈。总统在6月13日声明接受这个提议。

外交大臣把这个建议告诉苏联政府。麻烦的是苏联坚决要和美国直接协商。还有，苏联正在罗马尼亚边境列兵，土耳其要加入盟军一方作战，这是最后的时机。它若在此时参与，东南欧的未来将受到重大影响。此时，土耳其甚至还表明要和轴心国断交。

7月11日，我就这件事告诉了斯大林我的见解：

> 我赞同土耳其应宣布参战，不过，我认为应该先让它和德国断交，之后，在敌人实施报复性的空中轰炸时，我们再援助它一批装备。

斯大林在7月15日的回电说：

> 土耳其这种和德国牵扯不断的心态，它一再推脱，最好我们也不管它了，不给它增压了，让它随意发展吧。

我们就划分巴尔干半岛责任一事没有协商成功。苏联于八月初，寻机在意大利指派了代表团，去联络希腊北部的人民民族解放军。在这件事情上，由于美方态度不明，俄方又背信弃义，我们都不再努力取得一致看法了。到两个月之后我和斯大林在莫斯科会谈时，东线出现了翻天覆地的变化。

苏联在夏季采取的进攻，行动迅猛，获取了一个又一个的胜利。我只能在这简单地说一说。

辅助芬兰的进攻，为这场攻势拉开了帷幕。在拉多加湖至波罗的海一带，有一条曼纳海姆防线，芬兰在巩固这条防线之后，组建了固若金汤的预防体系。不过，此时苏军的装备和技能，早与1940年时大相径庭了。所以，在激战了十二天之后，他们就冲破了防线，在6月21日夺取维堡，同一天又开始向拉多加湖北岸进发。苏军在月末就把敌人赶回了自己的老窝，还开通了从列宁格勒至摩尔曼斯克的铁路运输，而摩尔曼斯克正是我们北极运输船队的最后一站。在德军的援助下，芬兰军进行了短时间的抵抗，不过最终还是无法抵挡苏军的攻势，于是在8月25日，发出停战的要求。

德军在维切布斯克至戈梅利一带的防线，也于6月23日受到了袭击。德军本来在这两地与博布鲁伊斯克、莫吉廖夫等众多城市和农村之间创建了牢固的阵地，部署了一圈防御工事。不过，苏军钻进了这些城乡之间的缝隙地段，陆续包围了以上的阵地，并一举摧毁。苏军进展神速，一星期内就挺进了八十英里。紧跟着又乘胜追击，7月6日夺取明斯克，溃不成军的敌人在慌乱之下组建了一条防线，没想到反被苏军堵在了那里。这个防线建在维尔纳以南至普里皮亚特的沼泽地带。来势汹汹的苏军在那里再一次一举歼灭了敌人。红军于7月末挺进格罗德诺与科夫诺，到达尼曼河。苏军用五星期的时间，突进了二百五十英里，于是决定暂停进攻，就地整编一下。德军受到了重创，不仅损失了二十五个师，在库尔兰德还另有二十五个师被困。7月17日，仅仅在这一天之内，经过莫斯科的战俘就高达五万七千人，而且这些战俘的去处，谁也不知道。

位于普里皮亚特沼泽地以南的苏军，进展也非常好，获取了卓越的战绩。他们于7月13日，在科韦尔至斯坦尼斯拉夫一带，展开了一系列的进攻。仅用十天的时间，歼灭了全线的德军。苏军又继续朝西面挺进了一百二十英里，到达了位于桑河河畔的雅罗斯瓦夫。苏军长驱直入，致使伦贝格、普热米什尔及斯坦尼斯拉夫的敌军孤掌难鸣，很快也被攻克了。苏军一鼓作气，7月30日，跨过了赛多梅尔南面的维斯杜拉河。当时因为需要补充供给，所以他们暂作停顿。在华沙的波兰反抗者眼中，苏军跨越维斯杜拉河的举动，吹响了华沙起义的号角。我会在其他的篇章讲述那场悲哀的起义。

这场大战使苏联获得了远远比这多的胜利。他们的胜利之光甚至笼罩了南部的罗马尼亚。德军在切尔诺夫策至黑海的防线，控制了前往罗马尼亚、普洛耶什蒂油田及巴尔干半岛各个国家的交通，而且这种控制持续到了8月之后。不过在此时遥远的北部防线面临崩溃，于是德军抽出一部分兵力去支援，而此处的防线也因此变薄弱了。随后，苏军又于8月22日对此线展开了猛攻，很快就突破了它。因为海上登陆军队增援了苏联人，所以他们迅猛地击败了敌人。德国丧失了十六个师。年轻的米凯尔国王带领自己的势力，于8月23日在布加勒斯特争夺政权，导致整个军事格局产生了本质的变化。罗马尼亚所有的军士都跟着国王一起奋战。在苏军到达的前三天，德军就有一部分人投降，一部分人撤向北部的边境。9月1日，德军完全撤出了布加勒斯特。苏军攻占了罗马尼亚，解散了罗马尼亚的军队，控制了罗马尼亚政府。曾经，保加利亚妄想在最后关头参与反抗德军，最终也失算了。苏军向西进攻，深入到多瑙河流域，穿越特兰西瓦尼亚阿尔卑斯山，抵达匈牙利。同一时刻，苏军在多瑙河南岸的部队，也向南斯拉夫边境进攻，"打开"了大部队向西进发的道路。机会一到，"西进"就会延伸到维也纳。

挺进意大利和里维埃拉

6月4日，罗马解放，混乱之中凯塞林的残余部队都撤向北方。克拉克将军的美军第五集团军，顺着海岸上的公路抵达比萨。而我们的第八集团军横渡托雷河，攻向特拉西梅诺湖。

亚历山大非常想停止在法国南部登陆的"铁砧"行动，他的部队不仅士气高昂，作战经验也十分丰富，他还请求完整地保留这些部队。要是这样做的话，用几个月的时间冲破亚平宁山脉，挺进到波河流域或更远的地区，他都有信心。

不管怎样，前方还有艰难的战役。凯塞林面临的难题是制止我们前行，一直到休整好他的军队，以及守卫好他的下一个安排就绪的阵地——哥特防线。被追击了十天后，德军加大了反击力度。特拉西梅诺湖闻名遐迩，那里的防御十分牢固，敌军坚持到6月28日才从那退出，并撤向阿雷佐。

7月1日，在西海岸，美国第五集团军占领切奇纳，位于它右面的法国部队（也归克拉克将军指挥）很快也到达了锡耶纳。在亚得里亚海岸，敌人撤退了一些，波兰军队立即占领了佩斯卡拉，又立即转向安科纳。

亚历山大麾下的七个师被调去支援"铁砧"计划，但他仍旧用饱满的精神状态去执行他的战斗计划和攻击任务。德国军队在重新编制组建后，在从洛基尼亚诺到阿雷佐、从阿雷佐到安科纳南面的亚得里亚海滨这条战线上跟亚历山大的部队对峙着。阿雷佐在空军和炮兵的双重攻击下，于7月16日被英军占领。美国军队在18日抵达比萨东面的阿尔诺河，第二天攻入里窝那港口。就在这个时候，波兰的部队顺着亚得里亚海岸步步紧逼，攻占了安科纳。美国军队在7月的最后一个星期，控制了从安玻利到比萨的整个阿尔诺防线。佛罗伦萨南面的所有山区都被第八集团军攻占了。敌人在新西兰军队冲破防线之后，不得不退出市区。

盟军在两个月内就前进了二百五十英里。开始的两星期还比较顺利，后来的战争都很艰难，后勤补给也很让人头疼。同样的困难也出现在德军中。他们后方的全部交通都依赖波河上的公路桥和铁路桥，这些架在广阔的河流之上的桥梁多达二十座。临近7月底，盟国空军陆续袭击了这些桥梁，把它们全都摧毁了；即便这样，凯塞林的军队还是能够获得一些补给。

我期待着8月6日或者7日去意大利，并在那停留十天或半个月，和铁托商谈一些政治问题。8月11日，我早晨六点半前后抵达阿尔及尔郊区的白夏机场，在那逗留三小时之后，再立即赶往那不勒斯。同一天下午到达并歇在瑞瓦尔塔的别墅里。铁托元帅于8月12日清晨赶到别墅。我们谈了南斯拉夫的战事部署后，走到了一间小客厅，我强调了我们不想干预南斯拉夫内部事情，只是期望这个国家变得团结、独立和强大的意思。随后，我说实行以农民为基础的民主制度是解决南斯拉夫问题的正确办法，铁托向我做保证道，他已经在公开场合宣布过，并不想把共产主义制度引入到南斯拉夫。我问他能不能重复宣布此事，然而他不情愿。

第二天清晨，铁托会见了威尔逊将军的参谋长甘默尔将军，收到了有关盟军在伊斯特利亚及其附近地区作战计划的备忘录，内容大致是：

1. 只要盟国军队攻占意大利北部、匈牙利或者奥地利，盟军总司令想要在战争开始的时候在原来是由意大利管控的地方建立盟国军政府；

　　2.盟军总司令想同南斯拉夫当局保持最紧密的联络，希望他们一起合作贯彻这一方针。

　　铁托在给我一封信中表达了对上述提议的不满。8月13日的下午，我们又进行了一次会晤，铁托说他不会认可意大利人自建的民选组织，而且认为这里的很多地方早已被他的民族解放势力掌控了，所以，不管怎样也应该让他参与这些地方的管理工作。我们决定短期之内就先不谈这件事了。

　　我们继续协商，我表示我们乐意为他做任何能做到的事，来帮助南斯拉夫建立一支统一的海军，却不会支持他把南斯拉夫的战争演变成纯粹的内战，并把进攻德国的战争变为次要的战争。我们又谈到他可不可以见见彼得国王。原则上他同意会见国王，但现在还不是时候。所以，我们决定让他与苏巴西齐博士在最好的时机自己协商这件事。

　　为了去"铁砧"的战斗现场观摩登陆行动，我于8月14日下午乘坐威尔逊将军的达克塔型飞机抵达科西嘉。以前，我曾经极力制止"铁砧"方案，但现在，我祝它大获全胜！就亲赴前线关注这一计划之事，我有非常好的预感。

　　为展开"铁砧"计划，盟军特意组建了由帕奇将军率领的第七集团军。这次在意大利和北非开展了新的远征，那不勒斯、塔兰托、布林迪西以及奥兰是主要的运输港口。我们用了一年的时间来筹备这个浩大的工程，科西嘉岛变成了空军的进攻基地，阿雅克肖港则成为了一个转运港口，方便来自意大利的登陆舰队在此集合，然后再一起赶往目的地。目前，所有的安排都起到了实质性作用。

　　鉴于敌人牢固的防御工事，我们决定先进行猛烈的轰炸。刚开始的两星期，空军轰炸了沿海地带；而在登陆之前，空军又协同盟国海军，狠狠地轰炸了登陆用的滩头阵地。三个美国师和他们左翼的美法突击队于8月15日早晨，登陆戛纳与耶尔的缝隙地段，于16日正午成功登陆，其中一个师攻向北部的西斯特隆，另外两个师攻向西北部的阿维尼翁。在其后，法国第二军也迅速登陆，攻向马赛与土伦这两个港口。尽管法军有五个师，但这两个港口戒备森严，所以直到月末他们才完全占领了这两个港口。港口的设施受到重创，不过抵抗组织在战斗时保护了布克港，所以它的设备保存较好。军用物资迅速大批量地从港口输入。莱特尔·德·塔西尼带领法军创下的这个战绩十分辉煌。在同一时刻，美军进展神速，在8月28日就攻下了格勒诺布尔与瓦朗斯。在前进时，敌人并没有全力以赴地抵抗我们。仅仅有一个德国装甲师在蒙特利马尔那进行过激烈的反抗。他们受到了盟军战术空军的猛烈轰炸，运输也因此中断了。8月20日，艾森豪威尔从诺曼底开来的追击部队从枫丹白露转入了塞纳河流域，目前正在向敌后方挺进。他们只用了五天的时间，就攻下了特鲁瓦，并穿过它又向前挺进了很远。德国第十九集团军在明面上是拥有五个师的，他们战败之后却开始全部撤退，甚至被我们俘获了五万人，照目前的情形看，这是顺理成章的。9月3日，里昂解放；8日，贝桑松解放；11日，抵抗运动占领了迪戎。"龙骑兵"军队与"霸王"军队也于当天在松贝尔农会合。我们的两个部队在法国西南的三角地带，狠狠地夹击了德第一集团军，当时他们只有两万多人的残军败将，所以就乖乖投降了。

现在简述一下"铁砧"和"龙骑兵"的发展过程。

1943年11月，召开了德黑兰会议，此次会议的初衷是，讨论能否通过法国南部的挺进，来给"霸王"减压。原定在战争打响之前的一个星期或之后的一个星期启动这个计划，不过在之后的这段时间内，有些形势改变了，所以它也跟着变动了。仅仅靠地中海的军事力量就完全可以在里维埃拉束缚住德军的十个师。敌人只在安奇奥这一处，就损失了四个师，这四个师原本可以支援其他战线。安奇奥的力量帮助我们推进了整个战线，我们占领了罗马，接着又抵达哥特防线，这时，敌人急急忙忙地向意大利增派了八个师。我们延迟了对罗马的进攻，之后又抽调地中海的登陆艇去援助"霸王"计划，"龙骑兵"计划也由此顺延到8月中旬，也就是延期了两个月。所以，它完全妨碍不了"霸王"计划。敌军并没有因为这个延迟的计划的启动，而退出诺曼底，所以我们在德黑兰会议上的所有设想都与事实无关。那些正与艾森豪威尔激战的德军，也没有受到"龙骑兵"的丝毫束缚。实际上，艾森豪威尔并没有获得"龙骑兵"的支援，当时敌人的后备力量正顺着罗纳河流域撤退，他们被艾森豪威尔的进展吓住了，所以，这一切反而成全了"龙骑兵"。但是，这并不代表依据原计划进行的那些进攻出了差错，后来，艾森豪威尔的右侧部队被注入了一个集团军的力量，并且还增加了一条新的交通路线，因此，艾森豪威尔最终也收获颇丰。在这件事上，我们的牺牲也非常大。我们在意大利的军队原本可以重创敌人，却因此放弃了，要不然，先抵达维也纳的应该是我们而不是苏军，这诸多利益也就归我们所属了。之前我不赞成"龙骑兵"计划，然而这件事真正决定了之后，我还是为它付出了一切。

罗马和希腊何去何从

8月上旬，遭到严重削弱的亚历山大的部队经过整编，打算攻打哥特防线，他的部队和这个战线上的前沿哨所已经开始了接触。亚历山大决定让第八集团军作为第一个主要攻击部队从亚得里亚海的一面进发。假如我们进攻得很顺利，凯塞林就会从中部调遣部队来增加两边的援助。鉴于这种可能，亚历山大决定当敌军抽调了后备军力、中间力量受到削弱时，做好准备进行第二次攻击,派马克·克拉克的第五集团军进攻波伦亚和易莫拉。

8月的第三个星期内，在非常严密的情形下，空军和预备军奇妙地完成了调动。第八集团军向东进发，在波兰军队左边接近佩尔戈拉的地方集合到一起，只留下了佛罗伦萨东边受第五集团军领导的英国第十三军。一切准备妥当后，亚历山大安排好了相当于二十三个师的兵力，其中一半的兵力和第八集团军在一起。凯塞林拥有二十六个训练有素的德国师和两个重编组建的意大利师，其中有十九个师被派来是防御镇守主要阵地的。

我于8月17日上午，乘车去见亚历山大将军。这是他成功进入罗马之后，我们首次愉悦地会见。他开车领着我查看卡西诺原来的战区，对我讲了这次的战斗过程，还强调了哪几个是主战场。昔日高大的寺庙，现在是断垣残壁。在战斗中，这巍峨的建筑和峭壁能发挥作用，这是谁都能看出来的。确实，它们曾在好几周内阻滞我军向前进发。我们直到中午才查看完，这时午餐已经在舒适的林子里布置好了。我和克拉克将军以及八到十个英国的高级军官，就在此处进行了会晤。之后，亚历山大开着我熟悉的专机，送我去锡耶纳，不一会我们就到了。锡耶纳不仅漂亮，而且也很出名，在战争没开始之前我就曾来过这儿。我们从这前往阿尔诺河，去查看那一带的战区。河南岸是我们的部队，北岸是德国的部队。敌我两方都尽力保护佛罗伦萨桥，总算没摧毁这个有重要历史意义的桥。

亚历山大带着他的核心军官一起来共进晚餐，并对我详细地讲了他的难处和打算。确实，第十五集团军群就和剥皮饥饿的人相类似。

我们不得不割舍所期盼的伟大计划。不过，我们该做的依然是：在我们的战区内，牵制敌人最大的兵力。要想完成这个目标，就必须得进攻，然而德军是由各个民族的部队组建而成的，兵力充足，基本上和我们一样强。遵照提议26日早晨应该展开全线攻势。我的右侧部队将攻向亚得里亚海，直取里米尼。亚历山大率领的则是西部的美国第五集团军。为援助"铁砧"行动，把这支军队削弱的都不成样子了，即使这样，它还可以顽强地挺进。

我于8月19日前往里窝，访问那的马克·克拉克将军。我们进行了坦率而友善的交谈，这个交谈引发了我很深的感触：这么出色的部队，竟然被弄得如此七零八落，它的指挥官得多伤心啊！这个海港经常会协助我们的海军行动，现在我正坐鱼雷快艇视察它。之后，我们又去了美国步兵炮队，他们邀请我试用刚装的两台九英寸大炮。所有人都先后退，然后我拽动拉火线，炮栓伴随着一声"轰隆"猛地弹了回来。"正中目标。"观察哨汇报道。我不敢在这个命中事件上沾沾自喜。随后，在他们的邀请之下，我又去观看了巴西旅的阅兵仪式，并在仪式上进行了训话。此旅是巴西师的一个前卫部队，他们刚到这，现在正和美国黑人部队、美籍日本人部队共同参加这盛大的阅兵仪式。

亚历山大开展行动必须得等到26日，于是，21日上午，我乘飞机去罗马。会晤一些不同寻常的新人物，解决众多其他问题，这些都是我即将要面对的事。布鲁克、彼得·波特尔以及利珀先生都来了。此外，瓦尔特·默因（不久以后就被枪杀了）也从开罗赶来。这里的大多数问题是哪些事才能获得我国与盟国的一致认可，而不是我们应该干什么——这将会十分简单。第一点，我来意大利主要是为了解决希腊的危难，它已经刻不容缓了。

开罗国王于7月7日在开罗致电：

希腊民族解放运动的极端人士在"没有好处的狡辩"两个月之后，倾覆了伦敦—巴黎协议，此协议是他们的领导人在5月签订的。

希腊国王希望我们能再度声明，就帕潘德里欧先生执掌的政府，我们是持认可态度的，原因是此政府能体现希腊大多数人的意志，当然，极端人士不在范围之内，另外，要停止内战，举全国之力一致对德，唯有此政府能做到。此外，国王还希望我们对希腊人民民族解放军进行指责，并把支援他们抗敌的军事代表团召回来。英国政府认可帕潘德里欧先生的政府，但是，经过7月15日我与伍德豪斯上校（英国驻希腊军事代表团的军官之一）的长谈，我决定暂不召回英国的军事代表团。他作出下述强烈要求：

> 英国驻希腊军事代表团能有效地牵制希腊民族解放运动，并且召回他们可能会有危机，不是一件易事。然而我还是请求他裁减人员，因为我想到，他们有可能会在某一天被当成人质押在那儿。

在帕潘德里欧先生的内阁里，德军退出希腊的谣言制造了非常大的影响与争论。此事揭露了内阁这方面的虚假虚弱。在这种情况下，我就更应该见见帕潘德里欧先生和他的心腹了。

我于8月21日晚在罗马接见了帕潘德里欧先生。他告诉我，由于英国人对待他们的看法是坚定的，希腊民族解放阵线已经从属于希腊政府，可是政府本身还没有警察和军队。帕潘德里欧先生希望我们伸出援手联合希腊人民去反抗和打击德国人。现在，毕竟只有少数一些不应该拥有武器的人拥有武器。我跟帕潘德里欧先生说，我们答应不了你也不能去履行调派英国部队去希腊的义务，甚至在公共场合探讨这件事也是不可能的。然而，我建议他马上搬迁他的政府——从充斥着阴谋诡计氛围的开罗搬到意大利某地，那里离盟军最高司令部很近。他对这个建议表示认可。

我认为，既然希腊民族解放阵线已经不再要求他下台，还请愿归附于他的政府，那么帕潘德里欧先生就是实实在在的国家领袖了，然后我警示他要防范倾覆分子的力量。我们都认为，不应该在战斗到达白热化的时候去释放希腊的叛徒。我们在等待，静观他们和其他代表们作出什么反应，接着，我们决定是不是给希腊人民民族解放军更多的武器。我们要尝试着给希腊另外建设一支国家军队。

帕潘德里欧先生还跟我说：希腊的国土还被保加利亚部队占据着。我说，只要我们有信心控制他们，就马上下令让他们返回到自己的边界去，然而，一定要等战争结束以后再去解决多德卡尼斯和希腊提出的领土归属权的问题。当前，我们想尽一切可能的力量去帮助这个受害严重的国家，给予它救助，支援，辅助他们重新建设。他们也一定要竭力去做好自己的事情，最重要的事就是：在希腊建立一个属于希腊的政府；并且和平解决边界的问题。

我在罗马期间住在英国大使馆，大使努埃尔·查尔斯爵士和他的夫人不仅热情地帮我处理事情，并且给予我生活上的关照。意大利曾经历了二十年的专制统治、毁灭性的战乱、侵略、革命、盟国军队对其的管控以及其他的灾难祸乱，在此之后，意大利陷入了政治残局，但还是有一些有权威的人物存在。在大使的提议下，我与他们当中的大部分人见了面。波诺米先生、巴多格里奥元帅和陶里亚蒂同志跟我会谈过。其中陶里亚蒂同志今年年初的时候回到意大利，之前在苏联住了很长的时间。我接见了邀请到的所有的意大利的政党。没有任何一个政党受到人民的委托——这些政党选择过去的名字，为的是未来。我向一群人问道："你们是什么党？"领头的回复我说："我们是基督教共产主义者。"我情不自禁地说道："附近有古代罗马的地下墓窖，这应该会鼓励你们党。"看起来他们不明白我说的什么意思，现在想起来，他们估计是想到了德国人在附近的古墓里实施残忍的屠杀暴行。

我在8月23日被教皇接见。教皇用最高规格款待了我。在教皇的书房里，他既庄重严肃又不落俗套，很平易近人，我们畅谈各种话题。同十八年前一样，我跟他的上一任教皇谈论过相同的主题，这一次也多次谈到，很突出关于共产主义的威胁。一直以来我非常讨厌共产主义。如果我有幸能再一次见这位罗马教皇的话，我肯定会不假思索地跟他说这个问题。

亚历山大的夏季进攻

8月24日早上，我结束了对罗马的短期访问，乘飞机回到亚历山大在锡耶纳的司令部，下榻在离这儿几英里远的别墅里。原计划是在26日发起袭击。我借这个时间巡视了新西兰的部队。1943年2月我在的黎波里曾巡视过一次这支军队。这次我没想按正规的方式检阅它，军队也就不那么正式了，士兵们热情地夹道迎接我。

我们计划在25日下午飞到利斯将军的第八集团军的前线指挥部，它位于亚得里亚海边。我和亚历山大在他的指挥所帐篷里待了几个小时后去到那里。出奇的是，我在亚历山大指挥所的时候，德弗斯将军与一位美国高级将领也到场了。帕奇将军领导着改成"龙骑兵"名称的、备受议论的"铁砧"作战行动。然而，德弗斯担任威尔逊将军的副手，近几个礼拜内总是尽力调派军队和主要人员从第十五集团军尤其是从第五集团军，该军由马克·克拉克率领。德弗斯即将被委派担任"龙骑兵"这支可能发展成一个集团军群的部队的司令官。他肯定竭尽全力去聚集部队，增强自己的力量。很快我发觉亚历山大和他关系冷漠，虽然我跟他没有商谈过什么重大的事情。几分钟后，亚历山大笑容可掬地高兴地表达了歉意就离开了，剩下了我和这两个美国客人在乱哄哄的帐篷里。我观察到这些高级军官之间虽然表面上毕恭毕敬，但是背地里却剑拔弩张。

过了一会，亚历山大过来了，他说道"我们应该马上去机场"。我们飞往东北方向，半小时后抵达罗瑞托，从这里坐车抵达利斯将军的基地，它位于蒙特玛乔利后面。由于亚历山大已经安排好早上出发，我们一天都会在前方战场待着，他承诺我带我去想去的任何地方。

九点左右，我同亚历山大一块离开了。他的副手和汤米坐第二辆车随行。少数人群走向我们，亚历山大苦笑着问他们："轰炸停止多久了？"他们答："将近十五分钟。"在几世纪前的古城墙上遥望远方，风景的确很壮观。第八集团军的全部进攻战线清晰地浮上心头。但是，现在只能看见七八千码以外的浓烟，它们是炸弹狂轰滥炸之后留下来的。亚历山大在不久之后建议我们离开那里。敌人肯定会继续实施轰炸，也许就要开始新一轮轰炸了。

在这时，传来一个消息，在梅托罗河对岸，我们的军队已前进一二英里了。由于迦太基的命运是被哈斯德鲁巴的失败决定的，我认为我们也应当过河。于是，我们行驶了半小时，过了河。我们在一个战斗营里找了个军官作导游，随后，从树林中的空地开车离开，在看见机枪炮火、听见步枪声的时候，我们才明白前线就在眼前。很快就有人招手示警，我们便停车了。因为雷区就在前边，要想安全，只能顺着其他车的安全行驶路线开。亚历山大同他的副手下车察看一座灰色的石头屋。人们完全能在这里遥望远方。山谷另一边将近五百码的地方是深深的树林，在那儿，德军正进行步枪射击与机枪射击。我们脚下的地方是我军的战区。枪声零零星星的，并不连贯。但是，在第二次世界大战期间，此地是我最接近敌人，听到最多枪声的地方。我们在近半小时之后返回车上，顺着我们的或者别人的车胎痕迹，谨慎地驶向河边。我们在河边看见了步兵纵队，为了使我们脆弱的散兵线得到巩固，他们正赶来支援我们。我们返回利斯将军的司令部时，已经五点了。司令部里的一些地图，把集团军的战争成绩标注地十分准确，并且是全部战线的集团军。总体来看，在黎明之际，第八集团军已在十至十二英里的战线上，前进了近七千码，但伤亡很小。这难道不是一个能激励人的好开头吗？

信和电文在第二天早上到达，随之而来的是繁忙的工作。由于德国几个师越来越靠近我们，艾森豪威尔有了顾虑，这几个师退出意大利来了这儿，以前我和史默兹也说到过他们。不管怎样，我们的攻势还是展开了，尽管这个攻势是在难过的情况下准备好的，这一点令我欣慰。我以草稿的形式致电美国总统，对他讲了我们的处境，这些处境的根据是我原本掌握的情况，连同一些前线将军提供给我的情况。

要想让我们的计划——最后挺进维也纳——继续进行，我就必须让总统再次提起这方面的兴趣。所以，我和总统进行了几次电文往来，他为我们的成绩感到高兴，也基本同意我们的战略。然而，战争的实际发展令我感到非常沮丧。在北部，艾森豪威尔发起的第一次关键进攻，没有得到里维埃拉登陆部队（他曾重创了意大利的战争行动）及时地援助；亚历山大的袭击本来能成功，但只是因为有一丁点的兵力不足才失败了，而这个成功对我们非常重要。占领整个意大利需再延迟八个月，并且我们也顾及不到挥师右上挺进维也纳了。还有，在东南欧我们的军队仅仅能影响希腊。

我于8月28日在那不勒斯乘飞机回国。在离开意大利的时候，我写了一封给意大利人民的短信，表达了我对他们的鞭策同期待。我一直都很尊重意大利人民，除了我们名副其实的战争。在我坐车经过整个战线时，沿途所有村镇的村民都友善地欢迎我，这令我颇为感动。

苏联给华沙造成灾难

苏军在7月下旬的夏季进展，促使他们的军队越过了维斯杜拉河。各方信息一致表明：近期，苏军将夺取波兰。波兰地下党效忠于现正流落于伦敦的波兰政府。他们要想在整个波兰尤其是华沙制止敌人的一连串死守行动，就必须在现在制定出反德军的总暴动日期。看来目前的时机已经成熟。刺杀希特勒的事在7月21日传到这里，盟军强势登陆诺曼底的报道也相继传来。德国第四装甲集团军的无线电报，在7月22日前后被波兰部队拦截，电报显示德寇要向维斯杜拉河西岸全线后撤。苏军也在同一天渡过河，他们的先锋剑指华沙。

博尔将军想通过大型反抗运动来解放这个城市，现在可以听见维斯杜拉河对面苏联部队的炮火声。从每个机场来的苏联空军正攻击在华沙的德军，这些机场位于首都的附近，是他们最近刚攻占的。在波兰的东边建立了一个共产党的民族解放委员会，苏联人声称他们必须要控制那些解放了的国土。很长的时间内，苏联广播电视台一直催促波兰人不要谨慎了，开始一场总起义去反对德国。在最后，广播居然提醒说："如果不主动地去进行自我拯救的话，所有的一切都会没有了。""挽救同胞们的生命，快速取得解放的胜利，需要我们干脆地主动地加入华沙各个街道的战争。"

华沙地下的司令部于7月31日傍晚，获得苏联的坦克从华沙的东边攻入了德军的防线的消息。位于首都的波兰地下司令部决定在第二天的下午五点发起总反击行动。

第二天，伦敦知道了这个消息，我们很焦急，等待着更多的消息。然而，苏联的电台却什么也不说了，苏联的空军也不再行动了。德军于8月4日从他们掌控的各个地方发起了攻击。波兰在伦敦的流亡政府告诉我们他们急需空军的补给。起义者面对的是德军五个师的反攻，这些部队都是慌慌张张集合起来的。赫尔曼·戈林师已经从意大利过来了，他的两个师的党卫军很快也就到达了。

因此，我电报斯大林，他给我的答复又快又狠：

只有几个小分队组建成的波兰"国内军"，准确地讲，根本就不能称得上师，他们没有火炮、飞机和坦克。

这个时候，在各个街道开展的是与德军"虎"型坦克的激战。德国人于8月9日开出一条楔形的过道，这个过道穿城而过通向维斯杜拉河，把波兰人攻占的地区分成了好多个毫无关联的小地方。从意大利基地起飞的皇家空军去解救华沙，飞机由波兰、英国与自治领的人们驾驶着。但是他们的尝试几乎没有什么希望，人力少力量不足，虽然很勇猛。

那个时候，波兰共产党民族解放委员将在未来管理波兰得到了苏联政府的认可，所以从7月30日开始，波兰总理米科莱齐柯就在莫斯科尝试着跟苏联政府达成某些协议。华沙起义开始的前几天，这些谈判还在进行中。每天，米科莱齐柯都收到博尔将军的电文，要求军火、反坦克装备和红军的增援。这个时候，波兰人相信战争结束后波兰边界的划分及成立联合政府这两点是苏联人一定会有所要求的，于是和斯大林在8月9日进行了一次对话，然而没有任何结果。

我于8月12日致电斯大林，要求他在物质和精神上哪怕为波兰军队提供一点救援。

维辛斯基在8月16日晚上约见美国驻守在苏联的大使，解释道为了防止产生不必要的误会，他认为应该宣告下边这份让人惊讶的公告：英国或者美国空军向华沙空投武器，这属于你们两国的事情，当然，苏联政府不会反对。然而，不允许英美飞机空投华沙武器后登陆苏联，因为华沙的行为很危险，苏联政府不想跟它有直接或间接的关系。

同一天，我收到了斯大林的回电，他说话虽然委婉，但我看出了苏联坚决不会援助华沙的态度。

我于18日给艾登先生写了一封信，要求他查清楚英国能否把援助品运送到华沙。在同一时刻，我也给总统去电，说明了苏军阻拦盟军援助波兰起义者的情况，并请他像我一样以个人名义写信劝斯大林。总统草拟的一份公告，我们两个联合签名，两天后公布出来，要求斯大林自己援助或协助盟军援助华沙。斯大林在回复中把华沙起义者称为犯罪分子，并说苏军除了德军，势必也会为了波兰的老百姓去攻占华沙。

这一刻，华沙之灾成为了绝顶灾难。

激战仍在继续，波兰军夺取了不同的区域，而下水道就是这些区域仅有的交通路径。敌人向出口和入口投了毒气、手榴弹。地下的粪便不仅黑，还能埋没人的腰部，而就在此处开始了战争——或者是近身搏斗，或者是脏水的"闷死之战"。地面上，市区的大多数地方都因为敌人的战斗机和大炮起火了。

我曾把华沙起义者的悲惨记录抄送给罗斯福总统，8月24日，总统回答复说他不知道下一步该怎么办了。第二天，我提议由美国出面，告诉斯大林美国将以援救华沙的名义派飞机过去，如果他不回复就不直接实施。我这么提议是因为我发现美国空军优势对苏联还是有一定威慑力的。总统回复说不赞同。之前，我对美国人支持我们采取果断措施还有所期待。我在9月1日，会见了波兰总理米科莱齐柯，他是从莫斯科回来的。我无法安慰他。他对我说，他计划对卢布林委员作出一个政治提议，以便他们能拥有十四个联合政府的席位。华沙的波兰地下军代表正在前线，他们对这些提议作了一番探讨，最终都同意了。一年以后，参与过讨论的大部分人以"叛国罪"在莫斯科的苏联法庭上被审判。

9月4日晚上，我有点发烧，但当内阁准备开会时，我觉得议论的问题很关键，就坚持起床去了地下会议室，过去，我们也因很多烦心事而汇集全部的内阁成员，包括保守党、工党以及自由党，毫无例外他们都悲愤异常。我原本打算说："为了向华沙空投物资，我们的飞机以后会降落在您的国家，一旦遭受你们的怠慢，我们就不会再派遣任何的护航运输队了。"然而，就无数人在全世界奋战的命运，在未来的读者们阅读到这几章时，一定要知道所有人都应该铭记他们的命运；为了达到最终目的，有时需要屈服，甚至是卑微的屈服。所以，我不赞成实施这种过激行动。他们没有想着让波兰的精神再一次在华沙得到继承和弘扬，而是寄希望于卢布林委员会上。唯一让他们关注的也就是这个了。

波兰人经过了六个星期的苦苦挣扎，克里姆林宫于似乎于9月10日对方案作出了调整。当天下午，苏军大炮开始攻打华沙东部的郊区，飞机也在城市上空出现。在苏联的指挥下，波兰共产党军队攻打到靠近首都周边的地方。苏联空军自9月14日着手空投物资，但是降落伞大部分打不开，造成很多装成箱子的物资摔碎不能使用。第二天，苏军攻占了普拉加郊外，此后停滞不前。他们给人一种感觉就是要救助波兰人，同时又希望不是共产党的波兰人都被消灭掉。与此同时，德国人挨家挨户搜索，剿灭波兰人在整个城市的反抗中心，居民遭受到了灭顶之灾。德军驱赶了好多居民。博尔将军致电苏军司令罗科索夫斯基，但是没有得到回答。饿殍遍野。

由于我们竭力想得到美国的支援，终于促成了一个独立但是规模很大的行动：9月18日，一百零四架重型轰炸机飞到了波兰首都，空投物资，但是太晚了。米科莱齐柯总理在10月2日晚上告诉我，德军很快要攻破华沙的波兰军队了。

苏军在三个月之后进城时，只收获了千疮百孔的大街和满地暴露的尸体。他们就是这样占领波兰的，尽管目前是他们掌管波兰，但事情还没有结束。

第二次魁北克会议

9月5日，我们又一次坐"玛丽皇后"号轮船驶离克莱德。每一位参谋长都随行。我们一路上都在开会，整整开了六天，有时甚至一天开两次。我想在会晤美国伙伴之前，先全面了解调整好我们自己现在的诸多计划安排。

我们于9月10日抵达哈利法克斯港，第二天清晨赶到魁北克。罗斯福总统与他夫人比我们先到。9月13日清晨举行了首次全体大会。我应罗斯福先生邀请，做了会议的主持人。

我先总结了从德黑兰会议到现在我们的成绩，然后讲道：

　　我始终都想开展一个进攻意大利右方的运动战。我们打算在亚得里亚海一带给德国致命一击。维也纳是我们的目标。德国要是减弱反抗，我们自然而然就能快速平稳地抵达该地；德国要是继续顽抗，我也想出了应对之策那就是夺取伊斯特利亚，攻占的里雅斯特与阜姆。美国参谋长联席会说，要是该行动与我们的希望相吻合，他们可以在地中海这边留下一部分登陆艇，以供应这次的两栖战争，而这一部分登陆艇本来是要供法国南部的战争使用的。于是我就放宽了心。之所以发起这场进攻右方的运动战还有一个原因，即巴尔干半岛遭到了苏军的快速侵占，此地的苏联势力正日益扩大，已构成一种威胁。

　　然后我开始回想缅甸之战。它是一场巨大规模的战斗，参战人员高达二十五万。令人高兴的是史迪威将军顺利地控制了密支那。我军有二十八万八千人生病，四万人牺牲。幸亏大多数病员痊愈了，并且重新返回部队。根据推测，日本的伤亡人数达到十万。保证印度安全无虞，继续保持中国航空线的畅通，这就是此战的最终目的。

　　我继续讲道，不应再在缅甸丛林中作无期限的战斗了，那是毫无益处的。也因此，英国参谋长委员才提议实施"吸血鬼"行动——占领仰光。如果要在1945年雨季来临之前攻占仰光，那么，不仅要调动军队，还要把这些军队按时送到东南亚，现在就这样做无疑困难重重。对我们来说，欧洲的当前局势还不错，尽管如此，也没到从战场上抽离部队的地步。在可能的情况下，尽力做到自主选择，这才是我们的目标。我们会竭尽全力地实现这个目标。

　　有些人爱造谣生事，他们说我们在击败德国之后会放弃驱逐日寇。事实是，英国肯定会承担此责任，非但如此，还希望能在对日之战中扮演最重要的角色。目前，我有一个提议：即由美国最高统帅部指挥英国的主力舰队，进行一些重要的对日战争。总统在这时表示，能马上接受英国舰队。接着我又讲道，我们肯定不会干预将军的领导权。我们打退德军之后，能够从欧洲抽调六个左右的陆军师，进而投到东方战场，后期可能会再投入六个师。东南亚有我们十六个师。最后一刻，也可能会抽调这十六个师。不过，我们应该先占领仰光，再通盘筹划。

美国设想从以下几的地点控制日本的本土，即：（收回菲律宾后）菲律宾或台湾或在中国能攻占下的重要据点。假如我们的部队能够在中国本土稳固下来，中国就能被解救出来。

关于苏门答腊方案，罗斯福总统说到现在还没关注过，我说所有的方案都正审阅着，之后，再计划先后步骤。只有先占领了仰光，我们才能下决定。斯大林曾在德黑兰会议上主动要求，击败希特勒之后苏联要加入对日本的进攻，这件事很严重，我们不能小看它。我们完全相信斯大林是说到做到的。苏军在东方野心勃勃，这一点毋庸置疑。

为了说明我们的原则——英国舰队肯定会加入攻打日本的关键战斗，我又原封不动地作了一次讲解。

我、总统以及参谋员们，在接下来的几天中，又召开了很多次会议。总统和他的财政部长摩根索先生对战后德国问题的解决，比我们更感兴趣。他们坚决认为工业决定军事，所以应鼓励德国的农业，抑制德国的工业。刚开始的时候，我一点也不同意这个观点。然而，之前我请求过很多次摩根索先生的帮助，这次他和总统又如此执着于以上观点，最终我们只好答应考虑考虑这个观点。然而，必须要请求战时内阁好好研究研究此事，而战时内阁在我同意的情况下，开会否决了这个观点。

我们在9月16日星期六中午，开了最后一次会议。联合参谋长委员会已经做好了报告，现在递交给了总统和我。莱希将军遵照罗斯福先生的命令把报告的每一段读给我们听。

下边是主要的段落：

火速进攻捣毁德国的军事力量，攻入德国的核心地带。由于他认为德军会把没有用过的军力聚集到鲁尔和萨尔加强防守，所以要想把敌人打垮最好的突破口就是进攻这两个地方。第一个战斗目标穿越吉戈菲防线并攻占莱茵河每个渡口。在攻进过程中，应该派主要兵力在左部。

关于艾森豪威尔将军的意见，我们已经认可，并且请注意到，对于德国南部说，攻入北部大有裨益；一定要在天气变坏之前攻入西北部的港口，特别是安特卫普和鹿特丹。

关于意大利作战，威尔逊将军认为战争会按照下面两种情况的一种去进行：打败了凯塞林部队，我们快速重新聚集部队，进攻卢布尔雅那山地，剩下少许兵力肃清意大利西北部；凯塞林的部队有计划地成功地实施了撤离。这样的话，在今年也就只有可能肃清伦巴第平原。

以下是联合参谋部的汇报续文：
我们已接受：

（1）现在，亚历山大将军的进攻结果还没有确定，在此种情况下，不调动意大利的主力军。

（2）美国第五集团军的部队抽调出来是否稳妥，要结合以下两点作进一步的研究：即目前亚历山大的攻势结局与意大利北部德军的后退状况。

（3）向威尔逊将军作以下指示：他如果要在伊斯特利亚半岛使用目前地中海两栖战争的船舰、装备，就要尽快向联合参谋长委员会递交计划书，最晚不能超过10月10日。我们向盟军最高统帅部也作了相同的指示。

我向金海军上将致以谢意，因为他应允了我们借他的登陆艇攻打伊斯特利亚半岛一事。金海军上将着重指出，在攻打仰光的时候也要用到这些登陆艇，因此，我们一定要考虑好在10月15日之前攻打伊斯特利亚半岛。

关于在巴尔干半岛作战的一致意见，接下来的一段是联合参谋长委员会报告讲述的。以下是原文：

> 大部分德军在的里雅斯特——卢布尔雅那——萨格勒布和多瑙河一线以南地区将会被困，直到弹尽粮绝，威尔逊将军可以料想到这种情况。这样的话，除非德军投降我们，不然就会被苏军或游击队剿灭。有一点我们已经关注到了，即只要意大利战争继续，就没办法从地中海抽调部队去巴尔干地带，除了从埃及抽调的两个旅的人数很少的部队和驻扎在亚得里亚海的很少的陆军。

就以上观点，我们既没有改动也没有争辩，通盘采纳了。

关于灵活机动和走捷径的重要性，太平洋作战计划中详细地商讨过。盟军海、空的优势在于减少我们的陆上战争的任一地区重大损失。东南亚战场，我们对在缅甸北边陆地上进攻和两栖作战攻取仰光相结合表示赞同。我担当着英国保证中国航空线路的安全和使用中国陆地交通线的职责，不可能为完成这项职责做出出格的事情，因为任何倾向都会破坏我们攻取仰光，然而，我和联合参谋长委员会正打算在1945年雨季之前攻取它。

没有过多的商讨，报告其他部分就得到了认可。可能打败德军十八个月后对日战争也会结束，暂时预计如下：

挫败了德军有秩序的反抗后，联合参谋长委员会从军事立场看，赞同遵循规定把苏联政府不用武力去解放、管控和维护秩序的那些德国领土分割成下面几个分区：

（1）由英国将领率军占领德国莱茵河岸地带和东岸的部分地带，包括从科布伦茨沿着黑森——纳索州的北面边界到苏联占领边界这一线北面；

（2）由美国将领率队占领黑森——索纳州的科布伦茨北边界线以南和苏联占领的西边莱茵河东岸一带；

（3）在美部队占领区内，司令官有控制不来梅和其港口的权利，还可以在其附近地方设立部队运输据点；

（4）还可以在美占领区域内设立道路通往西边和西北边港口，并且可以经过英占领区；

（5）上述英美控制区域只是大致划分，在以后的一个日期还可以对界线作更准确的划分。

缅甸境内的攻势

缅甸国内战事情况很不稳定。印度被日本攻入，然而在1944年6月末，日本被击败于英帕尔山地高原；那个时候，来自北面的几支救援队伍与斯库恩将军突击出来的驻地防务部队会合了。运输的车队陆陆续续地顺着往迪马普尔的道路进发。然而，我们还没有把来自钦敦江对面的三个日本师驱逐回去。尽管日本军队遭受到了毁灭性的打击，但目前正是雨季，日本想借此稍作休息整顿。

斯利姆将军率领英印第十四集团军，领导他们进行了攻击。首先，他们的三十三军肃清了乌克鲁尔附近的战区，而第四军再一次攻下英帕尔平原的南边。7月末，第三十三军在粉碎了日军反抗后发起了一次总攻势，一直到达了钦敦江附近。在沿途的各个山路上，追击的部队在各个地方都发现了敌人溃败的情形——许多被丢下的大炮、运输工具和装备；成千上万的敌人被打死或者苟延残喘。印度的第五师进攻南面的铁定，开始的时候任务很是艰难。跟这个部队对抗的是日军的第三十三师，他们得到了支援，跟其他军队不一样，没什么损失。进攻的路途曲曲折折，像羊肠小路跨过山区，防守起来很简单。空军中将文森特指挥皇家空军第二百二十一大队，趁陆军还没有开始行动，实施了激烈空袭，攻下了日军一个又一个的据点。这里跟在缅甸其他任意一个地方一样，每天的进攻速度很慢，只能以英里为单位。

在一些我们已征服的山地上，我军不得不积极防守，所有的关键性进攻都取消了。史迪威将军的军队在北方战线进展顺利。他于8月3

日占领密支那，随之而来的好处是赢得了一个大本营，这个大本营可作以后的陆地挺进之用，但是，更关键的是赢得了一个美国飞往中国的中转站。史迪威为了深入南部，将他麾下的五个中国师改编成了两个"集团军"，在他的指示下，两个集团军从密支那分头行动，一个攻向南康与八莫，另一个攻向杰沙与瑞姑。英国第三十六师也调到了史迪威麾下，由他带领攻向杰沙、瑞姑的集团军。此"圣斗旅"被史迪威当成了最后一张王牌，8月初，史迪威指挥着它穿过伊洛瓦底江。史迪威东侧面的部队联系上了中国的云南部队，这个部队有十万左右的兵力，正从萨尔温江攻向南康。

此时，再一次的对东南亚的未来战斗计划又进行了核实，蒙巴顿与萨默维尔海军上将、吉法德将军、皮尔斯空军上将——这三个人是他手下的总司令——商讨后，起身去伦敦报告这个方案。伦敦已经命令他派陆军攻入缅甸中部，直到第十四集团军跨过钦敦江跟自北而来的史迪威军队碰面，这次攻入行动才结束。从曼德勒抵达仰光还不确定，因为他拉的交通线路越来越长，而给他后勤补充的飞机数量不多。所以，他主张采用两栖作战模式大规模攻入仰光，这在上一章已经提到过，并且给这次作战命名为"吸血鬼"。只要他的军队在那边稳固下来，就有能力攻进北部，这样就可以会师第十四集团军。这个主意很好，但是需要有（比蒙巴顿控制的）更多的军队和船，而且只有西北欧才能提供这些。

9月末，形势很清晰，德军会在冬季或过了冬季一直反抗。因此，蒙巴顿不是第一次接到这种命令，让他务必利用他所了解的所有情况，尽全力去合理计划。故而我10月5日发出以下电报：

　　　　国防委员会被迫下达以下结果，即取消3月的"吸血鬼"行动，这并不是因为你与东南亚军区的态度，而是因为西战场上巨

　　大兵力的作用；你目前要研究的是"吸血鬼"行动在（1945年）11月提出来时，需要商讨什么事。

　　我们的第十四集团军与史迪威集团军在这段时间内，一直都在艰难地缓步前行。10月18日，印度第五师攻占了铁定，同时，空军帮助他们实施了大规模的严密轰炸，在八千英尺高的肯尼迪峰上一举歼灭了敌人。他们自那里前行，直到到达吉灵庙。占领达武以后，第三十三军派一个东非旅攻往东部。锡当位于钦敦江对面，这个东非旅就在那创建了一个十分重要的桥头堡。第十一东非师剩下的部队沿着克勒河攻向南部的吉灵庙。它和印度第五师在11月4日这一天同时到达吉灵庙。

　　美军在11月调动了一些高级指挥官。史迪威重返华盛顿。下述三个人代替了他的各种职位，魏德迈将军继任蒋介石的军事参谋，惠勒将军作了蒙巴顿的助理，萨尔敦将军接手了北方战线。尽管速度缓慢，但盟军还是在这驱逐了两个师的日寇，它们属于日本第三十三集团军。八莫在11月中旬遭到了紧密围困，不过，日本又死守了一个多月。英国第三十六师于12月10日占领英都。在这个地方，他们和六天后赶来的印度第十九师会师了，此印度师是通过钦敦江对面的锡当桥头堡，攻向东部的。这两个盟军打了一年多的仗，历经了千辛万苦，时进时退，现在终于会合了。

　　第十四集团军没有受到两个中国师被要求调回这样一些政治难题的干扰，毅然向山地猛冲，最终抵达曼德勒西北的平原。在梅塞维将军的领导下，第四军的一个先锋师暗中攻向南部，想要穿过钦敦江同伊洛瓦底江合流地区南部的桥头堡。在同一时刻，英国皇家空军二二一大队协助斯托普福德将军的第三十三军沿着合流地区向上攻，控制了伊洛瓦底江北岸一带。在曼德勒以北四十英里的地方，第十九印度师分别从两个地方过了河。南康处在缅甸旧路上，萨尔敦将军的军队在1月底到达了那里，并会师了云南军队（在更东边）。日军在进攻缅甸的时候，就控制了连通中国的陆地交通，1942年春天，它终于再次开通了。2月28日，来自阿萨姆的第一批陆地运输车队抵达中国边境。

12月12日，进攻若开的号角吹响了，进展顺利。有一处海湾隔绝了内陆和若开（阿恰布）岛，我们的部队不仅在月末进驻到那里，还安排了进攻计划。我们的一名炮兵侦察机军官于1月2日发现那里连一个敌军都没有，所以，他就降在了若开（阿恰布）机场上。若开（阿恰布）之战历时近三年，让我们经历了许多的苦难，一次次的失望，而这就是这个很长的故事的一个怪异的结果。很快，第十五军攻占下了兰里岛，前进机场就是在那里建成的，陆地上历经了激烈的战争攻克了康高。第十五军打算往更前方前进，因为它在1月末同更北边的军队一样，达成了它的主要目标。

莱特湾之战

从孟加拉湾到中太平洋，盟国的海军力量正在慢慢占据主导地位。直接攻击或者用空军轰炸日本本土是一件难于登天的事。首先需要打开从日本往南部延伸的一条由许多小岛组成的岛屿。考虑到攻下每个岛屿耗时太久，美军通过跳跃式攻占的方式前进，只攻占要害岛屿而避开其他岛屿。目前，美军海军能力非常之强大，扩张速度也非常之快，他们建立了自己的交通线路，并阻断了敌人的交通线路。他们袭击的方式同样有效果。第一步，飞机从航空母舰上起飞狠狠地轰炸；第二步，海上进行激烈的、偶尔进行不间断的炮击；最后实施两栖登陆上岸进行搏杀。

从1944年6月开始，美国横跨太平洋的两路进攻再次有了新的突破，日本想要接着存活下去只能把希望寄托在海战上了。海军上将斯普伦斯于6月初利用航空母舰上的飞机攻击了马里亚纳群岛，又于15日登陆了建立有防护的塞班岛。他要是能占领塞班岛及相邻的提尼安岛与关岛的话，就可以突破敌人的外围防线了。就在那天，我们在菲律宾一带发现他们的五艘战列舰和九艘航空母舰正驶向东方。日军航空母舰的舰载飞机于6月19日对美军航空母舰的舰队作了全方位轰炸，空战持续了一整天。美军损失很小，日军空军大队却遭到重创。

截止到7月9日，敌人所有有计划的反抗终于土崩瓦解。相邻的提尼安岛和关岛也被攻占。美国已经在8月初完全管控了马里亚纳群岛。日本南边的防御地带已经被割裂，美国获得了这个优质基地，可以用重型轰炸机攻击日本国土了。

日本的陆军也比较惨。虽然数量还不少，但是都散落在中国和东南亚一带，有些困在岛上置之不理，这些岛无人去解放。

美军于9月15日再次获得进展。莫罗泰岛处在菲律宾群岛与新几内亚西的中间地带，它被麦克阿瑟将军占领了；哈尔西海军上将这时已成了美国的海军司令，他在帕劳群岛为他的舰队赢得了一个前进基地。接下来就该攻击菲律宾群岛了，此时，美国却意外地改变了原方案。明达瑙（棉兰老）岛位于菲律宾最南部，它原是我们盟国制定的袭击目标，并且，当时哈尔西航空母舰上的飞机已经攻击了该地及北部吕宋大岛的日本机场。大部分的敌机都被它们消灭了，而且，在战斗中它们还发现莱特岛的敌军防守极其松懈。于是，这个闻名遐迩的狭窄小岛变成了美军当下的主要攻击目标，它就在吕宋与明达瑙（棉兰老）中间。在哈尔西的提议下，尼米兹海军上将于9月13日就强烈要求迅速袭击这个小岛，那时盟国正进行魁北克会议。麦克阿瑟应允美军三军参谋长联席会议会在两天之内下结论，10月20日开始袭击，这比原方案提前了两个月。

10月10日，美国空军轰炸了日本和菲律宾中间的机场，由此展开了这场战争。日军接连不断地对台湾实施了狂轰滥炸，从而引起了非常激烈的反抗，陆地飞机与航空母舰舰载飞机在12日至16日期间连续展开了大型的空战。敌军在空中、地面上受到了双重重创，相对来说美军的损失就小得多了。

吕宋是菲律宾的北大岛，明达瑙（棉兰老）是菲律宾的南大岛，隔离它们的是中间的一些小岛，而莱特岛就是这些小岛的核心岛。两个航路畅通的海峡连接着中央群岛。圣贝纳迪诺海峡在北面，苏里高海峡在南面近两百英里的地方，它能直抵莱特岛。美军想占领莱特岛，日军也坚决抵抗，还想消灭美军舰队。美军舰队的飞机和大炮，将掩护麦克阿瑟将军领导的四个师登陆莱特岛。两支强大的日军舰队会在美军主要的舰队离开后驶入海峡，分别从圣贝纳迪诺和苏力高汇聚到登陆点。

日本总司令于10月17日命令他的舰队出发。海军中将小泽率领诱敌舰队从日本来往吕宋，在吕宋岛东岸同美国舰队交战，诱导美舰队离开莱特湾登陆地点。同时，栗田海军中将率领较大的舰队自新加坡赶来，挥师圣贝纳迪诺，拐过萨马岛到达莱特湾；较小的舰队则驶向苏里高。美军于10月20日登陆莱特岛，刚开始的时候万事大吉。10月23日，美国舰艇在婆罗洲流域看到了日本中锋队（栗田海军中将），击伤了一艘重型巡洋舰，击沉了两艘重型巡洋舰。24日，哈尔西海军上将航空母舰上的舰载飞机也加入了战斗，栗田强大的"武藏"号战列舰被击沉了。哈尔西理所当然地断言这场战争成功了，最起码这一次交锋成功了。

　　然而，一般来说敌人舰队出没会跟随有航空母舰，这次却一艘也没有发现。哈尔西下令向北去搜寻，他的飞行员在10月24日下午晚些时，发现了从距离吕宋岛的东北方向很远地方向南面进发的诱敌舰队。哈尔西认为这就是制造困难的源头，现在就应该粉碎这些航空母舰。他不知道自己当时的能力是非常有限的，也不清楚曾经来空袭他的飞机都来自吕宋本土的飞机场，而不是航空母舰。栗田率领的中锋队正在撤退中，于是，哈西尔命令舰队北进，想在第二天粉碎小泽舰队。就这样，哈尔西中了陷阱。10月24日，当天下午，栗田又掉转方向向东进军，又一次朝圣贝纳迪诺海峡驶去。就在那时，他可以畅通无阻了。

　　事实上，日本的南队当天晚上组成两个小队，进入到苏里高海峡。不论是战列舰还是来自海岸上轻型舰队的各种各样的船舰都进行了激烈的交火。金凯特率领的舰队粉碎了第一支敌舰队，那个时候，欧登多尔弗海军少将展示了他有才能的领导能力，率领金凯特的舰队，密集地朝海峡北部的出口行驶。所有的进展都很顺利。然而，美国人还要跟栗田海军中将一决高下。金凯特在苏里高海峡战斗、哈尔西在距离很远的北部地区追逐诱敌舰队，就这个时候，栗田没有受到任何的阻碍趁着夜色穿过了圣贝纳迪诺海峡，在10月25日黎明时分，袭击了航空母舰护航舰队，这支舰队此时正在援助麦克阿瑟将军登陆作战。在两个半小时内，美国的这些轻型舰队只好趁着烟雾英勇地周旋，一会战一会停。虽然他们有三艘驱逐舰、两艘航空母舰和一百多架飞机的损失，且自杀轰炸机攻击了其中一艘航母；但是他们仍旧击沉敌人三艘巡洋舰，损伤很多其他舰只。距离莱特南面很远地方是金凯特的重型舰只，在粉碎了南队以后，急缺弹药和燃料。距离更远的则是哈尔西的十艘航空母舰和所有的快速战列舰，虽然另一队航空母舰之前被他派去加油现在正在返回，但是，几个小时内抵达此处是不可能的。栗田似乎掌控了胜利的节奏。对于他的舰队开进莱特湾，消灭麦克阿瑟的两栖部队，我们无力去阻止。

令人至今不解的是，栗田又一次返回去。金凯特曾经使用轻型护航航空母舰驱逐攻击了栗田很多舰只，南队遭受了重大损失他当时是知道的。他没有得知向北诱敌舰队碰到了好的机会，也不清楚美国主力舰队在什么地方。麦克阿瑟的运输舰队已经想方设法逃掉了，而且金凯特和哈尔西的力量比他要大很多，正在向他夹击进攻。那时，只剩下他自己在单独作战，没有别人支持，就这样，他没有去冒险追求希望很小的成功。

他为这损失了很多，本来成功的果实就在眼前了，他却返回去了，没有冒险去攻击莱特湾，而是驶向圣贝纳迪诺海峡。最终的希望是返回的途中跟哈尔西的舰队决一死战，结果却没有实现。哈尔西的确对金凯特再三请求支援作出了回应，让两批航空母舰接着在北面追踪，率领战列舰返回去了。这些航空母舰一天之内粉碎了小泽所属的四艘航空母舰。然而，哈尔西自己抵达到圣贝纳迪诺的时候已经太迟了。双方的舰队没有碰上。栗田逃掉了。第二天，这位日本的海军中将被哈尔西和麦克阿瑟的飞机追踪，一艘巡洋舰和两艘驱逐舰被击沉。这场战争最终以此告一段落。

美军在11月末登陆莱特岛时人数已经达到了二十五万人左右。日军的反抗在12月中旬被打压下去。麦克阿瑟加快了主要兵力的前进速度，由于几乎没碰到反抗，所以很快就登陆了民都洛岛。四个师于1945年1月9日登陆林加延湾，它在马尼拉以北，也由此开创了一个新局面。敌人拼死战斗到3月初，直到最后一批残存势力被消灭了，战争才算终止了。哈尔西海军上将的几艘航空母舰在1月中旬驶入中国南海。

　　岛上的战役在好几个月之后才停止，尽管如此，获胜者还是掌握了中国南海的支配权，紧接着，日军赖以生存的石油与其余军资的出处都被控制了。

解放西欧：攻克阿纳姆

　　艾森豪威尔将军于9月1日担任法国北部陆军的统帅，他总共安排了五个集团军，超过三十七个师或者超过五十万人的战斗人员由他领导。如此大阵仗的军队正紧紧地追击着西欧德军残余的大约十七个师的部队。

　　艾森豪威尔与蒙哥马利关于进攻方案发生分歧，军事专家可能会作长期的研究，但是，对敌人的追击照常进行。

　　安特卫普成了蒙哥马利集团军群的直接攻击对象。自塞纳河北部出发，是第二集团军迈开的第一步；它指示，在原地保留其下属一个军的兵力，并用他们的交通工具去支援余下的军，以便他们能攻向比利时。第三十军作了先锋队。8月31日，此军的第十一装甲师到达亚眠，俘获了敌人第七集团军的军司令，彼时这位军司令正吃早饭。他们又在短时间内占领了阿拉斯、杜埃、利尔，以及类似这种边境城镇的其他诸多城镇。敌人惊慌失措地撤离布鲁塞尔，9月3日，警卫装甲师开进此城。此地和比利时其余地方一样，它热情地迎接了我方部队，不仅如此，组织完善的抵抗军还在很大程度上支援了我们。此地的警卫室继续攻向东部的卢万，9月4日，第十一装甲师入驻安特卫普。第十二军在向西前进时，遭到敌人比较强的反抗，不过还是如期抵达了根特。

进军速度慢下来，因为在安特卫普和哈瑟尔特之间的艾伯特运河的全部渡口都遭到了敌人的蓄意毁坏。敌军有十个营左右的兵力（包括很多刚来支援的）等在沿河一带，警卫师于9月6日在哈瑟尔特西面的某个地方强行上岸，激战了四天之后，终于到达默(兹河)–斯（凯尔运河）。

加拿大的第一集团军也在同一时刻执行歼灭西侧方敌人的任务。英国的第一军与加拿大的第二军（波兰装甲师也在其内）由总司令克莱勒将军带领。敌方的残军败将占据在勒阿弗尔港至北海峡一带，克莱勒的军队的主要目标就是歼灭他们，控制飞弹发射场，并把桥头战地建在斯卡尔特南岸上。

英国第一军在鲁昂周围穿过了塞纳河，之后又挥师左上。其第五十一高地师于9月2日夺取了圣伐勒里。1940年6月这支军队曾在此地遭受重创。它左侧的部队转向勒阿弗尔，德军顽固防守，直到9月12日才投降。同一时刻，英军右翼的加拿大军团势如破竹，9月1日攻占迪埃普，9月6日围困了布洛涅、加来以及敦刻尔克。加来海峡所有的残军败将，在9日那一天，被加拿大集团军消灭得干干净净；不仅如此，他们还占领了那里的飞弹发射场，直取布鲁日。波兰装甲师攻占了根特。9月22日，布洛涅解放，德军被俘获了一万人左右。30日，我方部队又占领加来。

穿过巴黎之后，这个集团军又继续攻向前方。在英军的右侧，美国第一集团军穿越了塞纳河，之后，他们又攻向那慕尔与列日。他们在9月3日打到沙勒罗瓦与蒙斯，并在蒙斯东南部包围并俘虏了德军部队。之后，他们又攻向东方，于9月8日占领列日，两天以后又占领卢森堡。敌人的反抗日益增强，即便如此，12日那天，这支集团军还是在德国的边境线上屯兵了，还冲过了亚琛南部的吉戈菲防线。短短两周时间，他们不仅占领了整个卢森堡，还占领了比利时南部。8月31日，第三集团军攻占凡尔登，穿越默兹河，一星期以后抵达摩泽尔河。在河岸一带，敌人布置了强大的防线，可第三集团军还是在9月16日的时候赢得了一些前线阵地，并且这些阵地是在南锡与梅斯的正南方。

美国第七集团军、法国第一集团军登陆法国南部海岸又挥师北上之后，他们9月11日又在迪戎以西会师了巴顿集团军的先锋队。这两个集团军掉转队伍，攻向东方，从埃皮诺一路向南，一直打到了瑞士边境，与总攻势并驾齐驱。直到第三集团军取得上述成绩后，我们才停止了大幅度的追击行动。敌人加强了所有防线的兵力，我们却连补给品都断了，到了不得不休整的地步。所以，我们在此后的几个月中举步维艰。

艾森豪威尔认为，肃清斯卡尔特河口两岸边和开放安特卫普港口没有跨过莱茵河更值得优先考虑，为了给蒙哥马利提高战斗能力，先把美国运输工具和空运补给调拨过去。英国第一空降师、第六空降师和三个美国师、一个波兰旅组成了第一空降兵集团军，由美国布雷尔顿将军领导，备有大量英美飞机，在英格兰待命。为了攻占阿纳姆桥，他打算空投下英国第一空降师和后来的波兰旅到莱茵河的下游北岸；奈梅亨和戈夫拉两个地方的桥梁由美国第八十二师去攻占；从戈夫拉到埃因霍温的公路由美国第一〇一师去攻占。接着，警卫装甲师作为第三十军的先锋顺着公路进攻埃因霍温；抵达那后，顺着由空降后所肃清的一条跟"地毯"很像的细长道路到达阿纳姆；但愿在路上能发现被空降兵所稳固地控制的桥梁，从而跨过由三条河流构成的阻碍。

这些准备工作准备在9月17日之前全部完成了。18日，埃因霍温镇被攻克，当天下午，在炮火的掩护和回转式火箭飞机开拓下，第三十军警卫装甲师开始顺着去埃因霍温的道路进攻，德国军队在沿途顽强反抗。经过长时间作战的警卫师终于同美军会师。翌日，德国不断增加兵力进攻埃因霍温-奈梅亨据点。此时，不好的情况从阿纳姆传来。敌人仍旧镇守在镇中，虽然我们伞兵仍旧控制着桥梁北面的阵地，第一空降师在该镇西部登陆的其他队伍没办法进来支援。

18日，运河上铺设好了一架桥梁。翌日清晨，警卫师势如破竹攻进戈夫拉跟美国第八十二师会师。傍晚时分，他们已经攻击到距离坚守的奈梅亨桥附近。20日，争夺该桥的战都非常激烈。镇西部美军在过了河之后，返向右边回转，攻占了铁路桥的远端。警卫师冲破了公路桥。防守的敌军人数太少无法抵抗，我们最终控制了这两所毫发未损的大桥。

离阿纳姆还剩下最终的一段路程。由于天气非常不好，空运军队、食物和弹药运不到那里，第一空降师所处的形势很糟糕。因为没有办法攻占桥梁，这个师的其他军队只能困在北岸的环形小阵地里，遭到了猛烈的打击。来自南岸的盟军想尽办法去解救他们，但是总是压制不住敌人。战斗没有希望地进行了四天，蒙哥马利于25日命令把第一空降师还活着的勇士撤回来，冒着枪林弹雨连夜上了小船，强行渡过激流。原来的一万名士兵中，到了第二天清晨，只有两千四百人安全到达了自己的河岸。

我们为了稳固胜利成果，我军在阿纳姆战役之后，接着苦战了两个星期。德军接二连三的反攻，试图夺回奈梅亨。包括荷兰抵抗军队在内的部队都参加了阿纳姆争夺战，他们没有被这次危险经历吓倒。

阿纳姆的攻势十分强烈，致使我方延迟了肃清凯尔特河口与启用安特卫普港的计划。此后，我们把它作为了第一个战争目标。准备工作在9月中下旬陆陆续续地展开了。利昂伯德运河是一条分割线，它以南的地区是一座面积狭隘的"孤岛"，即布列斯肯斯岛，目前德军正蜗居在此，他们是被加拿大第二军从安特卫普-根特-布鲁日一线上驱逐到此的。第一军在安特卫普东部一带已抵达安特卫普-特恩浩特运河，并已成功过河。

解放西欧：德军败于孤岛

德军派了一个师驻守布列斯肯斯"孤岛"，此师战争经验丰富，戒备森严，比较棘手。在穿越利昂伯德运河的时候，我们和他们发生了激战。一个加拿大旅，在敌我双方打得正激烈的时候，扭转了战争局面。它从上游乘船直下，登陆了"孤岛"的东部，然后顺着河岸一路厮杀，直接冲向了布列斯肯斯，10月22日，占领了此岛。第一军在同一时刻冲向了安特卫普-特恩浩特运河的西北部，一路上进展平稳。在我们所过之处，敌人逐渐加强了防御。不过，最终我们还是拿下了南贝弗兰德半岛。

接着，我们又开始了西取法尔霍伦岛的准备工作。加拿大第二师肩负了这项艰难的使命。他们靠摆渡穿过了斯卡尔特河，登陆到了南岸的巴尔兰德。我方历经重重困难，终于在月末的时候全面控制了该地。敌人单独在布列斯肯斯"孤岛"上设立了几个根据地，它们在我方控制该地的时候就被全部清除了。至此，攻占法尔霍伦岛的所有准备工作都做完了。加拿大集团军的成就，为以后获取更大的胜利奠定了基础。激战一直持续了四个星期，科宁厄姆空军中将领导的第二战术空军给予了他们巨大的帮助，他们也由此俘获了一万二千五百多德军（保守数字）。

用茶杯来形容法尔霍伦岛最合适不过了。沙丘包裹着整个边缘地带，来保障核心平原不受海水的冲击。不过，沙丘有一个断口，它就在西侧佛斯特卡佩勒周围，填补它的是一个堤坝，这个堤坝底宽一百多码，高三十英尺。那里驻扎着一万名左右的士兵，他们建造了牢固的防御工事，包括三十座炮台，其中一些是大口径炮，它们就隐藏在混凝土建筑物之内。此地与安特卫普是唇齿关系，为此敌人用了长达四年的时间来操作它的防御工事，所以，岛上遍地都是铁丝网、地雷以及防坦克障碍物。

皇家空军在10月上旬率先发动袭击。他们展开了连续不断的空中轰炸，在福斯特卡佩勒的堤坝上，炸出了一个将近四百码宽的大豁口，海水随着这个豁口冲进了茶杯中心，里边的炮台和防御工事都被海水淹没了。不过，岛上最强大的炮兵据点与障碍物是建设在"茶杯"的边缘一带。攻击的目标很集中。东线，加拿大第二师想经过南贝弗兰德半岛穿过两个岛之间的堤坝突破防线。第五十二师的一个旅也对他们进行了支援，最终协助他们攻占了一个桥头堡。中线，11月1日第四突击队乘坐船从布列斯肯斯过来，勇敢地登陆符利辛根；紧跟在他们身后的是第五十二师的队伍，他们一路攻入这个城镇。西线，三个海军陆战队组建成了主攻突击队，由莱斯特准将领导。他们在奥斯坦德上了船，向福斯特卡佩勒进发。他们在11月1日上午七点已经能够看得到那边的灯塔了。一个海军攻击中队在他们距离目标越来越近的时候，开始用炮火掩护他们。一中队的战斗登陆艇、"沃斯派特"英国军舰、"罗伯茨"号低舷重炮舰以及"艾克史莫"号低舷重炮舰都在其内，并且这两艘低舷重炮舰上安装着十五英寸口径的大炮。战斗登陆艇一路直奔海岸线，在靠近海岸的地方停了下来，冒着遭受重创的风险持续开炮，一直坚持到了最前面的两个突击队登陆成功。在堤坝豁口处以北的地方，第四十一突击队成功登陆了，他们在拿下佛斯特卡佩勒之后，又立即攻向了多姆堡；在豁口南部，第四十八突击队成功登陆了，不过，没过多久他们就遭到敌人的顽抗。尽管海军支援了极其强大的炮火掩护，但我们还是缺了一个重要的援助力量。本来我们是想在前一天开展一次大型的轰炸行动的。不幸的是赶上了大雾天气，飞机飞不了。虽然战斗轰炸机在最重要的时候，给予了登陆行动十分强大的援助，不过敌人的防御工事只是受到了轻微的损失，所以我们的陆战队遭到了顽固的抵抗。

第四十八突击队在当晚就开始顺着岛的边缘地带攻向符利辛根，但是，他们才前进了两英里，就遭到混凝土掩体里的大炮攻击，由于炮火非常猛烈，他们被迫停滞，然后加拿大第二军利用所有的大炮在对岸从布列斯肯斯炮击这里的目标；飞机发射火箭瞄准了敌人的炮兵阵地。突击队临近晚上粉碎了驻守的敌军。翌日清晨，他们接着向前攻击。中午，攻占了梭特兰德。在那里，攻击的任务交接给了第四十七突击队，利用敌人已经减弱的防御工事，一直进攻到符利辛根郊外。在镇里，第四突击队经历了每个房子的激烈地争夺战斗。在11月3日，我们跟他们会合了。几天后，我们接管全岛，共俘获八千名敌军。

清除地雷的工作在攻占了符利辛根后很快开展起来。我们出动了一百艘船只在接下来的三个星期里，开始肃清这条七十英里长的水路。第一支护航编队在11月28日抵达。英军和美军可以进入安特卫普了。这个城市虽还受到了敌人炮弹和火箭的攻击，造成了严重的伤亡，但对整个局势影响跟之前对伦敦的影响一样。

还有四个德军师停留在一个独立的阵地里，它位于默兹河南面和纳梅亨走廊的西面，此时加拿大的第二师正在向西进入南贝弗德。这个阵地显眼碍事，第一军和第十二军在11月8号才把它拿下。还有一些顽强抵抗分子驻守在一个独立的阵地里，它在默兹河西边，温洛附近，纳梅亨走廊的另一边。南面，10月的第一个星期在亚琛北部美国第一集团军攻破了吉戈菲防线。到10月21日，在三面的围攻下这个镇被攻破。第三集团军在第一集团军的一侧，它已经攻入到距离摩泽尔河东边二十英里的地方了。法国第一集团军和第七集团军并驾齐驱，直接攻击弗日高地与贝尔福山峡。在9月里，美军的补给品被发动的闪电式进攻消耗光了。为了11月的大规模战斗，他们不得不停下来积攒补给。

第十六章　世界和平计划

莫斯科访问的开端

苏联在1944年夏季展开强大攻势后，9月末受罗阿尼亚革命的影响，自多瑙河流域抵达匈牙利边境，然后暂时停留在那儿。事实上，苏军已挺进到南部腹地，这已切断了驻扎在北部波罗的海各国的德军的退路。清除他们是相当麻烦的一件事。9月，我们在派帕斯湖两侧袭击了他们几回，这是我们展开的首次攻势。之后攻势势如破竹，在短短的三周之内就攻占了自里加以北的波罗的海沿岸全境。

南部战线在9月24日又一次开战了。苏军开始从多瑙河南岸向南斯拉夫进军。保加利亚的军队在苏军左侧，他们很好地协助了苏军。随后，他们又会师了铁托的非正规部队，由此打乱了德军撤离希腊的巧妙计划，希腊的战争是十分艰巨的。当时波兰的危机已十分明显，并且相当紧急，但是，希特勒对此置之不理，反而高度关注匈牙利的战争，不但如此，还固执地支援了匈牙利之战。苏军于10月6日获得了罗马尼亚军的援助，由此展开主动攻击，从东南部直接攻向布达佩斯，同时，在北侧喀尔巴阡山还发动了辅助性的突击。苏军渡过了多瑙河，10月20日，贝尔格莱德重获自由，驻扎在这里的德军也被肃清了。

目前，苏军正在巴尔干一线紧紧追击敌人，他们已控制了罗马尼亚与保加利亚。共产主义随着苏军的攻势显现出来，苏联若称作救世主的话，那共产主义就是它带来的福音。就我们同罗马尼亚、保加利亚的关系，我曾经不认为我们应该为此作出特别让步。不过，波兰与希腊的战争结果反而让我们感慨万千。目前，我们不仅关心这些能影响整个中欧的重要问题，还十分关注世界组织的问题。敦巴顿橡树园距离华盛顿很近，那里曾举行过一次会谈，时间一直从8月持续到了10月。美国、英国、苏联和中国在会上关于维护世界和平定下了一个方针，他们提倡所有爱好和平的国家都加入一个新的机构，它被命名为联合国。这个机构由一个大会和一个安全理事会构成。怎么去推动和维护世界和平是大会主要的议题，并且会提议安全理事会怎么去实施。

关于谁当选为安全理事会的理事以及他们的重要权力应该怎么行使的问题，曾进行过多次的讨论。最后定下来常任理事国由"三大国"和中国担任，法国也可以适时参与，另外大会应该选出六个国家参加理事会，两年为一个任期。其他问题就是表决权了。虽然大会的每个会员国都有投票权，但只能就问题提出建议以供研究，很缺乏实际的价值。更困难的事情是把安全理事会内部的表决问题定下来。三大盟国之间的很多矛盾已经在探讨中显现出来了，在接下来的内容中会说明。

有很多的小国家，他们的投票有压倒性优势，因此克里姆林宫计划不加入联合国，虽然这些国家对战争的进展不会产生什么影响，不过他们肯定会在胜利后谋求地位的平等。我认为，跟苏联保持缓和的关系只存在于我们有共同的敌人时。

在南非草原农场，史默兹将军琢磨过这件事，并且按照以上思路去思索问题，他9月20日给我发来了电报，摘要如下：

事关苏联在盟国中的荣誉和地位，它怀疑会不会被信任和平等对待，还是它仍旧是流氓，在外围的无耻之徒。苏联会因为自己能量强大，变得比以前更加贪心。如果苏联不在组建的世界组织内，它将会成为另外一个集团的权力中心。如此，我们将会招致第三次世界大战。

小国家意识到这种危险，对苏联的自尊心做出妥协，在这个问题上不再谋求理论上的地位平等。假如固执己见，就会严重地损害效果利益。

大国间的统一原则还是很有好处的，最起码适用于随后和平时期的若干年。目前，只要不撕破脸，就算付出所有也在所不惜。如果接受了这几个大国之间的统一原则，甚至还能解决直接关系到它们利益的决定权的问题，当然，要想达到这种效果，英美两国必须要利用自己所有的影响力来约束苏联的计划，使其重视起世界言论，从而完善自己的计划。英美两国基本上可以完成此事。联合国组织会在苏联态度坚决的情况下，对其实施制裁，苏联后果自负。

虽然高层肯定会参加会议，但是，目前仅仅只是官方顾问级别的人在举行会议。我觉得应该趁着最高层还未下决定的这个时机，重新认真商议一下整体局势，也包括它的所有远大影响，几个大国应该努力求取一些暂时性的和约，就算只是暂时有效，也能制止"重大灾难"的发生。

接着又是一封电报，摘要如下：

我们在不久之后的最大希望建立在三大国密切合作的基础上。但是，苏联现在争取的越多，以后得到的也会越多，而我们的约束力也会变得日益虚弱。在西欧与地中海，我们的位置只能提高，不能降低。但是，就这两个地方，不仅苏联不会支援我们，恐怕法国的戴高乐也不支援我们。若从此立场来考虑，那将来对德国的各种处理方法，对我们而言是十分重要的，重要的程度与现在呈现的样子相比较，简直就是迥然不同，也可以说是前者比后者大很多。鉴于此种看法，就你们各个党派即将毁坏公约一事，我表示非常的遗憾。之前还在进行战争的时候，此公约赢取了相当大的胜利。在欧洲及世界的新格局未形成以前，为避免公约撕毁得太快，我期待你能用自己强大的影响力来制止此事。

敦巴顿橡树园会议结束了，但是商谈无果。我认为我应该尽快与斯大林会面，我一直觉得我们彼此之间可以像普通人那样交谈。9月27日，我致电斯大林，表示非常高兴去莫斯科一趟。他3天后回复，热情地邀请了我。我也把这个计划告诉了罗斯福总统，总统已经牢牢地记住了史默兹的意见，同意我前往莫斯科，并表达了自己的关切和祝福。

亚历山大在意大利战事的进展

1944年，10月5日深夜时分，我与艾登坐一架飞机，布鲁克与伊斯梅坐另一架飞机离开了。我们在抵达那不勒斯以后，与威尔逊将军和亚历山大将军举行了长达四小时的会谈。他们的汇报令我烦躁不安。

8月末的那几天，亚历山大展开了攻势，要是从那时候开始计算的话，目前我已经离开意大利有五周的时间了。第八集团军的进展一直很顺利，这是个非常好的开端。同样，德军也惊讶不已，9月1日，我们在一条二十英里长的战线上突破了哥特防线。凯塞林的反应速度还是和以前一样快，他立马就要求中央战区支援他们。他们在最短的时间内安排好了科里亚诺山背的防御工作，控制了通向里米尼的交通路线。他们整整顽抗了一周的时间，但是，我们最终还是攻占了此地。

因为凯塞林的中央战区和右方部队派了七个师的兵力来支援他，所以，战斗一直在圣福通纳托激励地打了三天。该地在陆军与空军的默契配合之下，终于被我们占领了，随后，敌军就迅速撤离了，9月20日，里米尼解放。

第五集团军隶属于亚历山大，长时间以来他们一直蓄势待发，现在终于盼来了凯塞林中央战区的薄弱化。对敌人来说，离开前线能保存实力，但对我们来说，根本就不必提前安排袭击，直接就可以把兵力集中到敌人的主战场。第五集团军在9月13日展开进攻。第二天，我们的第十三军又在第八印度师的领导下，穿越了不通道路的山地，之后又继续前进，不仅如此，甚至还在向法恩扎挺进的途中，冲破了哥特防线。英军与其左翼的美国第二军在18日那一天，到达了分水岭的山顶上。第八集团军曾利用迂回战袭击了哥特防线的东部，目前，它的核心部位也被冲破了。

虽然我们也受到了重创，但是收获颇丰，并且前景光明。但是，有更多的军队去支援凯塞林，到最后，他的德国师甚至达到了二十八个之多。在没有开战的战区内，他抽调了两个师的兵力，然后他开始狠狠地反击我们。不但如此，我们的山路补给也异常艰难，这就导致我方的第十三军无法继续前进，他们本来是要攻向伊莫拉的。于是，克拉克将军转移了攻击目标，开始狠狠地打波伦亚的通道。就这样，在10月1日那一天，美国第二军和四个师开始前进。他们用了几天的时间抵达罗亚诺。敌军殊死抵抗，道路本来就坎坷难走，结果又下起了大雨，所以，等他们在10月20日到24日这段时间内抵达波伦亚东南部的某个据点时——距离伊莫拉路仅四公里——战斗已经白热化了。当时，敌军就在第八军的正对面，要是我们从其背后展开突袭的话，很容易就会获胜。但是，引用亚历山大的话就是："德军成功地守住了他们的防线，因为当时天气非常不好，既刮风又下雨，并且第五集团军已经非常疲惫了。"

第八集团军在整个10月份都比较不顺利。不久之前，李斯将军荣升到东南亚去接受更高的职位了，迈克里里将军接替了他的位置。以英国第五军为辅，迈克将军于10月7日发起攻势，他顺着里米尼到波伦亚的公路线向前挺进，加拿大军也紧随其后；第十军则在同一时刻奋战于南部的山区地带。天气非常不好，很多河流和灌溉渠道都被大雨吞噬了，耕田本来是由沼泽地开垦而成的，现在又被冲回了原样。基本上只有路面可以通行，但是，部队丝毫不惧困难，毅然艰难挺进，直接攻向波伦亚。

在如此糟糕的情况下，部队还是在10月19日到达了切泽纳，接替了第十军——即波兰军，他们处在南侧，英勇地向着弗里至佛罗伦萨的公路挺进，此路十分关键，因为通过它能十分方便地和克拉克将军的集团军取得横向联系。正如我们的了解，此集团军正在逼近波伦亚，但是，德军司令却在这紧急关头铤而走险，他把东线的三个精锐师抽调到了他的中央战区。这些师的及时出现，恰恰能帮他扭转核心防线的僵局，这点毋庸置疑。更何况第八集团军还削弱了兵力。

接下来马上就会提到后面的事情。对于在意大利的军队来说，虽然决定胜利的希望落空，不过他们最重要的责任还是保持高压态势，避免敌人调派军队去支援德军，他们都被困在莱茵河附近。所以，第八集团军只要天气变好就努力进发，弗里在11月9号被攻克了，很快又打通了去佛罗伦萨的所有道路。

莫斯科之行

10月9日下午，我们乘飞机到达莫斯科，莫洛托夫与众位苏联高层官员十分热情地欢迎了我们。我们在那天晚上10点，于克里姆林宫召开了首次重大会议。

那时正是进行协商的好时机，于是，我就说："我们谈谈巴尔干问题吧。在罗马尼亚与保加利亚这两个地方，虽然有你们的驻军，但也有我们的势力，比如各个派遣团队与代理机构。我们别只纠结在小事。对英国和苏联来讲，要想让苏联在罗马尼亚占百分之九十的绝对主导权，英国在希腊也占百分之九十的绝对主导权，同时又要公平主导南斯拉夫，这究竟要如何做呢？"

大家随后都安静下来。桌子中间放着写有铅笔字的纸条，我在上面写下了大国对每个巴尔干半岛所占主导权的比例。于是，我开口说："就这些牵扯着数以万计人的重大问题，我们居然这么不严肃地解决，其他人肯定会说我们不敬业。咱们还是烧了这张纸吧。"斯大林接口道："不，你留着。"

我又谈到了德国问题，会议决定让我们的两位外交官与哈里曼先生再进一步协商一下这件事。我对斯大林说，美国人还会在我们以后的会谈上简要地向他讲讲解他们1945年的太平洋战争计划。

　　我们一起给罗斯福写信，告诉他首次协商的结果。随后，我又单独致电总统，深入地讲述了当前形势和会谈结果。

　　斯大林于10月11日晚上到英国大使馆参加宴会，我们的会谈在一种亲切友好的氛围中进行一直到凌晨二三点。我们谈了其他的问题，接着又商谈了下一届英国的大选。英国的保守党肯定胜出，斯大林对此深信不疑。

　　就我们和苏联在东欧的全部关系，我在首次会议结束以后回想了一番。我为了讲清楚自己的看法，又给斯大林起草了一份关于这个问题的书信，里面还塞了一份备忘录，清楚地说明了我们对百分比——我们在桌子上同意的——的主张。我后来之所以没有寄这封信，是因为觉得事情处理得很好，没有必要再寄了。现在我把它打印出来，也只是想记录我曾经的真实想法。其大致内容如下：

　　　　我们和希腊王国以及南斯拉夫王国有了一定的信任基础。他们为了躲避纳粹党的迫害，请求我们保护他们，在我们看来，只要敌人撤退了，国家又像以前那样稳定了，人民就应该有公正地自主选择的权利。等大选开始的时候，我们甚至会派一些三大国的监察员去那些地方，用以监察那里的人民是否在名副其实地自主选择。曾经就有过这方面的典范。从根本上来讲，我认为英俄两国应当放心这些国家的国内政府，他们和我们共同经受了这场恐怖的战争，只要这些磨难终止，社会再次恢复安定，我们两国就应该放心他们了，不用提去干涉他们了。对西欧来说，共产主义太强势，会让人走上一条不归路，所以，他们都很怕它，其实，希特勒自始至终都妄想利用这一点。

　　斯皮里多诺夫卡是苏联的国家迎宾馆，我们于10月13日下午五点在那里召开了会议，会上，米科莱齐柯与他的诸位同事讲明了自己的立场。会议的下一步，英美代表要会晤波兰卢布林省代表，所以，谈判也只是先为它打打基础。我强烈要求米科莱齐柯想想以下两件事，即真正接受寇松线，为的是建立一个统一的波兰。我给了波兰人一晚上的时间，让他们认真想想这件事。

我们在当晚十点又会晤了所谓的民族解放委员会。波兰卢布林人其实就仅仅是苏联的傀儡，这一点我们很快就看穿了。带头的贝鲁特先生讲的是波兰语，我在英俄翻译的时候，看了一眼斯大林，他正在眨眼，一副了然的样子，那会说话的眼睛好像在说："我们苏联教得多棒啊！"

大会一直进行了六个小时，但是进展非常小。

14日，我们在大剧院看完迎宾表演后，又去克里姆林宫开军事会议了，这次会议是进展最大最有意思的一次会议。会议一开始，我们就向他们诉说了我们对西北欧、意大利及缅甸的主张。随后，狄恩将军讲述了太平洋战争的情况，还简单地询问了苏联，即如果苏联参与攻打日本，究竟能做到什么程度。然后，安东诺夫将军又诚恳地讲了讲东线的情况，指出了苏军的困境和他们以后的打算。斯大林经常会打断补充，强调各个要点，他在最后向我们承诺，苏军肯定会全力以赴，直接攻向德国。

苏联的想法是，德国战败以后，只要在远东准备好足够的兵力和补给，他们就会马上向日本开战。但没有承诺确切时间，我们的直观感受是三四个月以内。苏联人接受了我们的提议，他们决定马上准备粮食与自己远东油田的库存燃料，而且在必要的情况下，还会把他们在沿海各省的机场与其他设施向美国战略空军开放。

15日晚，克里姆林宫再次召开了军事会议，但是那天我发烧，所以没有参加。艾登替代了我。我们认为应该调整自己的各个战争方案，斯大林先同意了这一点。他向美国提出了以下请求，即在远东支援给他们两三个月用量的粮食、燃料及交通工具。他指出要是这些都做到了，那些政治问题也说清楚了，苏联大约可以在德国战败之后的三个月内完成准备工作，开始攻打日本。与此同时，就美国与苏联战略空军使用沿海各省机场，他也接受了，不仅如此，还答应美国可以派四引擎飞机与教官。

时间在慢慢流逝，只有苏波问题收效甚微。波兰人打算接受寇松线"用以划分波兰和苏联"。苏联则极力主张"只是波俄两国边境线的基础"。两国的态度都十分坚决。"我的人民将会放弃我！"米科莱齐柯说。我和斯大林又密谈了两小时十五分钟，最后斯大林说在他所有的同僚中，只有他与莫洛托夫同意"和蔼"地对米科莱齐柯。

在斯大林看来，要是解决不了边境线的问题，统一的波兰政府也就建立不起来了。而一旦解决了这个问题，他非常赞成让米科莱齐柯做新政府的领袖。在我看来，波兰政府和波兰卢布林人的统一问题在进行协商时，肯定也会遇到这样的难题，我们自始至终都非常讨厌卢布林的代表，所以，我告诉斯大林他们"仅仅代表了苏联的想法"。在这种情况下，两个波兰代表团应该各回各地，这是最明智的做法。其他事情进展都非常大。

我们在10月17日晚召开了最后一次会谈。此时传来以下消息，即匈牙利的德军即将溃败，他们为以防万一，把霍尔蒂海军上将抓走了。我说我想以最快的速度赶到布鲁尔雅那山峡，并强调说我觉得春季前结束不了战争。随后，我们开始讨论德国问题，这还是首次谈论这个问题。我们分别探讨了摩根索计划的优点与不足之处，决定让欧洲咨询委员会一定要认真探讨此事。

我在飞回祖国的时候，向总统先生讲述了更多的具体会议情况。此次我们在苏联待了两个星期，其间是很有意思的，我们和苏联盟友经过这次相处也变得更亲密了，所以，我在离开的时候给斯大林写了一封信，里面说道：

> 只要我们坦率友好地协商，那么，我们之间没有什么解决不了的矛盾。我在这里真诚地对你们说一声谢谢，祝愿下一次会见尽快到来。

法国与苏联订约

我们的军队日益迫近东方和南方，需要尽快建立一个统一的、代表性强的法国政府。我们不想让法国勉强接受国外的现成机构。解放事业正逐步壮大，我们认为应该先考虑一下法国人民的意愿。这件事我想了好长时间，7月10日时我就以摘要的形式把这个想法告诉了艾登先生。诺曼底之战在五周之后获取胜利。我依然不赞成作出重大决定，并写了第二份摘要，即使巴顿已到达巴黎。我们察觉到，法国的游击队与社会舆论几周之后都会倾向于戴高乐将军的民族委员会。截止到现在，受局势所迫，民族委员会还无法代表整个法国，不过，情况在九月末好转起来。

我认为最关键的就是游击队接受了法国民族解放委员会，这样，对这个委员会得到更高的认可是很有帮助的。10月14日，我给美国总统写信，问他是否要认可法国临时政府，并提出了两个办法，一是承认戴高乐将军的政府是法国临时政府，一个是我们现在成立正规的内政区。总统在20日的回复中说建议后一种方法。我们遵照这一要求召开了会谈。旧议会的成员与抗德组织加入了法国咨询议会，从而壮大了它的力量。我们与法国临时政府在8月的时候就签了一个民政和约，把法国一分为二，即盟军最高司令部掌管前线一带；法国当局管理内政区。我们在当天发表声明：

> 盟军最高司令部决定，内政区正式成立，其面积是大范围的法国领土，自然也包括巴黎。

就这样，民族解放委员会演变成了法国临时政府。

第一次去访问巴黎人们建议我在停战期间去最好，而且这次访问也是公开的。很多报道说我要被某些背叛者们搞谋杀，为此，实施了一系列保密的警卫工作。我乘坐的飞机于11月10日下午降落在了奥利机场，戴高乐为此准备了仪仗队迎接我。我们一起乘车经过郊外，然后进入市内直接到达了法国外交部。在这里，法方庄重的迎接了我、我的妻子和我的女儿玛丽。德国人曾经很长时间里占据着这座大楼。这里装修豪华，设施考究。我很快确信，我睡的床是戈林睡过的，浴室是戈林用过的。难以置信的是，1940年5月我、甘默将军与雷诺政府最后一次会谈就是在这里进行，这一点在前面一章节中谈到过，不过是场梦魇而已。11月11日上午11点，共和国的警卫队以最高礼仪护卫着我和戴高乐乘坐的敞篷汽车，穿过塞纳河，路过协和广场。数百名警卫员矗立在阳光下，分外庄严。许多巴黎市民驻足在有名的爱丽舍田园大道林荫道旁，很多士兵也列队于此。许多市民都挤在了每个窗户观看，并且还挂满了国旗。我们经过了欢呼雀跃的人群后，到达了凯旋门。我同戴高乐敬献了花圈给无名战士墓碑。仪式结束后，我和戴高乐将军在一群法国政界领导人的陪同下，在我十分熟悉的公路上走了半英里，接下来又登上高台去检阅了英法军队，他们雄伟壮观地列队前进。我在结束检阅后又向克列孟梭雕像敬献了花圈。此时此刻，激动万分，我深切缅怀克列孟梭。

在陆军部戴高乐为我准备了丰富的午宴，他对我在战争中所做的贡献给予高度评价。不过，我们还有很多问题需要去解决。

我和戴高乐12日晚使馆宴会结束后去了贝桑松。在莱特尔·德·塔西尼将军指挥下很快要进行一场规模宏大的反击战，戴高乐特别想让我瞧瞧。我们乘坐专列前往，列车非常豪华，此次旅行是精心准备的。抵达后，距离开战还有一段时间，比较宽裕。本来，我们想借此去山上的一个哨所，不过受天气寒冷，积雪深厚，道路阻塞影响，只好把军事行动推迟。整整一天，我和戴高乐坐在汽车上。整个旅程很长，奔波劳苦，其间商谈了好多事情，还不时查看军队。直到天黑很久后，此次参观才结束。法国军队精神饱满，分列前进，斗志昂扬，意气风发地歌唱着名曲。我们外出已经十个多小时了，加上天气恶劣，女儿玛丽和汤米海军副官——作为我的个人随从——担心我再犯肺炎，不过一切还算顺利。在火车上，我们非常热情欢乐地用了晚餐。尽管戴高乐军衔不高，他手下六个高级军官却拥有很高的军衔，不过这不影响他们对戴高乐的无比崇敬，我对此印象深刻。

我们坐晚上的火车分别离开了。戴高乐去巴黎，剩下我们这一行人接着往兰斯走，并在第二天早晨赶到那里。艾克在司令部里接待了我。我在下午飞回诺索尔特机场。

戴高乐在同一时刻抵达莫斯科，并开始接触苏联人。12月2日，斯大林把谈话的主要内容及时地通知了我。他说苏联应与法国签订互助和约，此和约的性质类似于苏英和约；戴高乐会谈及法国东部边境更改的相关问题，他想把法国边境扩大至莱茵河左岸。他问我——当然也问了罗斯福总统——是什么意见。

内阁在12月4日商讨是否可以建立西方集团，并且对戴高乐在莫斯科的谈话进行了磋商，我则叙述了最近跟斯大林的通电内容。我于12月5日，给斯大林发电报阐述了我们思考的结果，提出之前设想的苏、英、法三国和约。至于后一问题，我提出建立莱茵河-威斯特伐利亚省，并说应该等到和平会议时再作处理。与此同时，我与罗斯福总统也频繁互通消息，交流了意见。总统并不希望法国将来参加和平会议。

12月7日，斯大林在第一天回电，赞同我的三国和约，并说正在等待戴高乐回复。然而，事态发生了细微的变化，法国人作出以下结论，即在离开莫斯科之前，要签订好单纯的法苏和约。此和约在12月12日生效。斯大林告诉我这个消息，我回复说我们尊重法国人的意愿。

希特勒集结兵力，准备决一死战

陆军元帅约翰·蒂尔爵士在11月离世，我们许多机构内部重新做了安排。驻意大利的威尔逊将军接替约翰·蒂尔，并代替我担任驻华盛顿军事代表，他的同盟军驻地中海最高统帅的职务，转给了亚历山大将军，副统帅由麦克纳尼将军担任，意大利前方战场的集团部队由马克·克拉克将军管理。

与此同时，西线也开展了进攻莱茵河的一系列准备事宜。英军战区内的情况是，原本敌人占据着温洛西部的一片宽阔的突出地，第二集团军在邓普希的带领下打退了他们，并把他们一直驱赶出了默兹河。更靠南一些地方的战况是，在马扎克与格伦吉尔亨中间的战线上，我们的第三十军成功突破了敌人的防御，并与美国第九集团军会合。这两支部队先展开了一番猛烈的轰炸，之后在11月19日拿下了格伦吉尔亨，然后又穿过坎坷的乡间小道，继续攻向鲁尔河。12月3日，在第九集团军右方的部队抵达于利赫周边的河流，在他们侧方的第一集团军却在修特根森林遇到敌人的顽抗。敌我双方兵力不相上下，战斗非常惨烈。

在南部距此地二十英里的地方有一部分庞大的拦河坝。我们打算利用重型轰炸机炸毁大坝，释放出里面的河水，但是，炸中了几次也没有炸出豁口。无奈之下，美国第一集团军又开始与敌人抢夺拦河坝。

同时，阿登高地南部的战况是，第三集团军在巴顿的带领下分别从蒂翁维尔两边穿过了摩泽尔河，随后又攻向东方，一直打到了德国边界。他们在11月20日攻进梅斯，但德军还是坚守着附近的一系列堡垒。12月13日，德国终于放弃了最后一个堡垒。第三集团军自梅斯与南锡攻向萨尔河，敌人靠着河岸建立了大面积的防线，但他们还是突破了这些防线，之后又在12月4日自萨尔劳顿周围过了河，不仅如此，还在短时间之内完成了桥头阵地的修建工作。就在此地，他们遭遇了吉戈菲防线中最坚固的一块，敌人占据着险要位置坚守这些堡垒，阻住了第三集团军前进的脚步。

战线右侧的战况是，第六集团军群在德弗斯将军的领导下，自吕内维尔与埃皮诺这两个地方，强行穿过了弗日山区与贝尔福的缺口。在抢夺山头的时候，美国第七集团军与敌人展开了殊死搏斗。11月22日，法国第一集团军占领贝尔福，抵达了位于巴塞尔北侧的莱茵河段，在这之前，他们经历了整整一周的苦战。他们在此地转变了方向，开始沿着河流向下走，去进攻克尔马尔，如此，德军侧方的部队受到了他们的围攻，敌人最终退出了战斗。我们在11月23日攻进斯特拉斯堡。第七集团军在之后几周的时间里击溃了北阿尔萨斯的全部敌人，接着，又掉转方向去了第三集团军的右侧，在面积巨大的阵线上进入到德国边境，突破了维桑堡周围的吉戈菲防线。不过，在法国境内，一支势力庞大的德军仍盘踞在距克尔马尔三十英里的地方，尽管他们已与其他部队失去联系，也没有被法军歼灭。他们在几周之后变成了我们的威胁。

盟军决定从两个地方分别给予敌人猛烈的袭击，即北部亚琛与南部的阿尔萨斯，由此导致我们的核心受到了绝对削弱。在阿登战区，长达七十五英里的战线却只是由美国第八军单独镇守，而美国第八军也仅仅有四个师。我们是明知山有虎，偏向虎山行；不过，损失很大，并且原本好像要损失更大的。令人感到意外的是，敌人居然把七十个左右的师集合到了他们的西线，其中仅装甲师就有十五个，不过，很多都是数量残缺的，需要再进一步的调整。然而，第六装甲师的实力十分强大，并且斗志昂扬。

德军却策划了一个巨大阴谋。龙德施泰特集结了第五装甲集团军、第六装甲集团军以及第七集团军，总计有十四个步兵师、十个装甲师。装甲部队充当了这支大军的先锋队，他们妄图冲过我们的阿登地区，直接攻向我们防守最弱的核心区，即默兹河一带，然后再掉转方向袭击北部与西北部，从而使盟军战线一分为二，进而再侵占安特卫普港，彻底隔断北方军队的咽喉。希特勒是此惊天大阴谋的策划者，尽管他的下属规劝了他，他还是坚持己见。他们把德国空军的残兵败将全都聚集起来，以此来协助此危险计划，真是要决一死战。伞兵、破坏分子以及身着盟军军服的特务在同一时刻参加行动。

盟军的反击

　　此次战斗在12月16日打响，敌人开战之前先进行了一番狂轰滥炸。第六装甲集团军在攻向鲁尔河的途中，北侧方的部队杀到了美国第一集团军的右面。我们狠狠地攻击了几次，才制止住敌人。德军冲破了一条窄小的战线，进入到更南部的地区，然而，美国第七装甲师誓死不放弃圣维特，即使在最关键的那几天，也没有被敌人打垮。德国第六装甲集团军的其余部队攻向西部，之后转而向北，直接攻向列日市上面的默兹河段。德国第五集团军也在同一时刻突破了美国第八军的核心防线，避开圣维特与巴斯托尼，深入到玛尔什，直接迫近了迪南境内的默兹河段。

　　盟军最高统帅部决定对突破口的"双肩"采取更强的防护措施，镇守住那慕尔东南两面的默兹河渡口，集合机动部队，对冲进来的敌军实施南北夹击，彻底消灭他们。艾森豪威尔立即展开了行动。他令盟军停止所有的进攻，派四个美国后备师前来支援此处，同时又抽调了南部的六个师。来自英国的两个空降师中，有一个是英国第六师。英国第三十军是由四个师组成的，它刚刚离开鲁尔河战线，现正聚集在列日与卢万的空隙地段，而在它们身前的则是美国第一集团军与美国第九集团军，我们的这些军队就在敌人突出阵地的北面。之后，美国第一和第九集团军动用了全部的后备力量，建立了从马尔梅迪开始向西的侧面防线。

　　上述在敌人突出阵地北面的那两个集团军是由布雷德利将军指挥的，但是，布雷德利将军的第十二集团军群的阵地遭到了敌人的切割，因此，他们与他们在卢森堡司令部里的将军失去了有效地联络。在这种情况下，艾森豪威尔将军机智果断地作出决定，短期内先让蒙哥马利领导北部全部的盟军，而布雷德利继续领导美国第三集团军，负责围堵攻击南部的敌军。同时，战术空军也得到了相应的指挥。

前来协助我们的三个师驻扎在那慕尔南部的默兹河段。布雷德利把一个军的兵力聚集到了阿尔隆，防守巴斯托尼的主要交叉道口的任务，交给了美国第一〇一空降师。德国装甲部队转到了巴斯托尼北面，妄图从西北面冲出去，让遗留下来的步兵占领巴斯托尼。第一〇一空降师与某些装甲部队同大军失去了联络，在一周的时间里，他们凭借自己的力量击退了全部的攻击。

以玛尔什为中心，德国第五装甲集团军和第六装甲集团军反复围着它转，因此，在它附近的地方出现了激烈的战争，并且此战持续到了12月26日。此时，德军已经累到了极点，即使他们多次到达距默兹河仅四英里的地方。在战斗刚开始的那一周，天气不好，再加上地上有雾，致使我方空军没有参战，不过，12月23日飞行条件有所好转，于是，他们就加入到了战斗中，并扮演了重要角色。重型轰炸机对敌后方的铁路与活动中心实施了轰炸，战术空军部队重创了敌人的前线，使他们无法向外界求助援兵、燃料、武器以及粮草。德国炼油厂遭到了我们的战略空袭，由此影响了对德军的汽油供应，拖延了他们的挺进速度。

敌方装甲军最重要的攻击任务就是拿下默兹河，但他们却失败了，于是，他们开始猛烈地袭击巴斯托尼。美国第四装甲师的部分兵力在12月26日给予了美国第一〇一师帮助。尽管他们的实力比敌人差很多，但他们还是把巴斯托尼苦守了一周的时间。22日，巴顿在阿尔隆展开的攻势虽进展较慢，却一直是稳扎稳打，现已穿过了冰雪覆盖的村镇，开始迫近乌法利兹了。所以，德国最高司令部再不愿意也能想到，12月末之前，他们肯定是赢不了这场战争了。敌人发动空袭，作了最后一搏。敌军在1月1日，突然对我方前沿阵地的每一个飞机场，狠狠地实施了低空袭击。我们受到了重创。尽管德军复原力很强，但是，在此次最后一搏中，德国空军付出了更大的代价，并且这些代价是永远都弥补不回来的。

1月3日，蒙哥马利协助巴顿从南北两面夹击了乌法利兹。

很显然，对苏军会在什么地方贡献他们的力量一事，艾森豪威尔与他的参谋部当时肯定是迫切想弄清楚的，因为这样可以减轻我们在西线的战斗压力。在艾森豪威尔的指示下，副手特德空军上将带领着一个特使团去访问苏联了，他们想通过这种方式来把此事最高效地反映给苏联总参谋部。但是，特使一行人因为天气不好延误了很长时间。刚一知道这件事，我就直接询问斯大林。1945年1月7日，也就是我发出电报的第二天，他回复我说：

> 我们用炮兵与空军来对抗德军的优势，这是一件大事。只有在天气晴朗的时候才能使用飞机，只有在不起雾的时候才能完全发挥炮火的威力。现在天气不好，但是，想到西线盟军的战况，最高统帅部决定提高速度，提前完成一应准备，不仅如此，还决定不管天气好与不好，最晚在1月下半月，将沿着整条中央战线大举进攻德军。

我赞叹苏联人解决问题的效率之高，两天后去电表达了真挚的感谢。

在北部，美国的两个军团协同西面的英国第三十军一起攻向敌人。拉罗什至维尔萨尔姆的公路线是德军的撤退主路，在1月7日被以上我方部队切断。盟军的进攻部队分散在这两侧，他们冒着暴风雪缓步前进，终于在1月16日会合在了乌法利兹。德军只能一再向东逃窜，一路上还经常遇到我们空军部队的攻击。他们在月末的时候退出了边境，尽管已经竭尽所能，但收获的只是十二万人的伤亡，以及永远也弥补不回来的物资损失。

需要强调的是在这场战斗中出现了一个很棘手的情况，尽管没有妨碍全局，也只是侥幸而已。那就是艾森豪威尔为了抽调第三集团军里的某些师，下令让德弗斯的第六集团军群去承担一些巴顿战线的任务，还说在紧急情况下，可以从莱茵河撤到弗日山脉。如此，无异于是打开了斯特拉斯堡的大门，使敌人畅通无阻，由此引发了法国军政两界的恐慌，不过，这种恐慌是完全可以理解的。毋庸置疑，斯特拉斯堡人民如此支持拯救他们的人，肯定会受到敌人的疯狂报复。艾森豪威尔在圣日耳曼设立了总部，正巧此时我来了总部。我向他和德尔·史密斯提出了我的看法。事实上，在此集团军群的正面，敌人猛地开始了频繁的行动，尤其是在克尔马尔这个单独的据点，不过不管怎样，最终还是消灭了他们。艾森豪威尔收回成命，所以没有发生放弃斯特拉斯堡的情况。戴高乐十分感谢我们。

在此次战斗中，这次进攻是敌人发动的最后一次进攻。那时，它令我们格外焦急。尽管我们延迟了进攻时间，不过最终仍是对我们有利。德军弥补不回来他们的损失，而之后的各场莱茵河战争，对我们来说，虽然还是非常激烈，但却大大地轻松了，这点完全可以肯定。别说希特勒了，就算是德国最高司令部，现在也肯定心灰意冷，不再痴心妄想了。

希腊的政治真空期

　　希腊不能出现政治真空期，这一点非常关键。早在8月末离开意大利的时候，我就告诉帝国总参谋长说让他制定一份英国对希腊的具体远征计划。我们在密电的电码中把此计划称作"天粮"。由一个步兵旅去攻占雅典以及雅典的飞机场，至于比雷埃夫斯港的障碍物则让四个战斗机中队去进行肃清，如此，有助于从埃及实施支援，也能保证希腊的各位部长尽快赶到，以上这些是"天粮"计划最关键的部分。之后，我们再加快速度，尽量提前把救济品送进来，而且还要把在意大利的希腊旅运送回来。

　　伯罗奔尼撒半岛的德军正在往北部的科林斯撤退，于是，我在9月13日致电威尔逊将军，命令他提前作好在伯罗奔尼撒半岛降落的准备。自9月13日深夜开始，执行"天粮"计划的部队接到命令说，要在四十八小时内展开行动。斯科比将军是他们的总指挥。

　　德军推迟退出雅典，这反而能让我们在发动关键性进攻之前，增强对希腊事务的指导。目前希腊政府正在意大利，这令我十分开心。威尔逊将军在9月末把"人民民族解放军"的将军萨拉菲斯与他的对手民族主义者泽尔瓦斯叫到了一起，去卡塞塔会晤帕潘德里欧先生。此次会议的目标就是组建一个统一的指挥机构，以便更好地领导那些部队，即目前正准备登陆的英国部队、在意大利的希腊部队以及希腊国内的所有可用部队。9月26日签下了宽泛的和约。和约明确指出，由希腊政府指挥在这个国家内的所有游击部队，而希腊政府授权斯科比将军去指挥这些部队。仅英国司令部能命令雅典的所有行动。此文件通称卡塞塔和约，约束着我们之后的作战计划。

希腊解放一事一直拖到了10月，那时，一些突击队奉命去希腊南部，我方军队在10月4日早晨攻占了帕特雷。接着，此军又开始沿着科林斯海湾的南岸勇猛地向前推进。威尔逊将军在10月12日得到了德军正退出雅典的消息，因此，英国伞兵在第二天降落到了梅加拉机场，此机场位于首都西侧，距首都有八英里左右。余下的伞兵在14日陆续赶来，在德军刚一退出的时候，就立即控制了雅典。我们的海军部队与斯科比将军及其主力军，一起进入了雷埃夫斯。我们的大使与希腊政府也在两天以后赶来。

目前正是考验我们的和约的时机。之前在莫斯科会谈的时候，我向苏联作出了很大的让步才换来了当前的自由行动。不过，希腊已变成了一片残垣断壁。德军在撤退的时候留下了空白，“人民民族解放军”的武装队伍趁机而入，他们的指挥中心没有努力守护他们作出的严肃诺言。贫穷与战乱充斥在每一个地方。

德军在11月1日的时候，退出了萨洛尼卡与弗洛里纳。他们的最后一批军队在十天后穿过了北侧边界。只有在很少一部分孤岛上还驻扎着德军，除了他们，希腊已经完全获得了自由。

然而，就控制全国与强制“人民民族解放军”遵守卡塞塔和约，目前雅典政府还没有充足的实力去完成此事。混乱变得越来越严重。

斯科比将军在11月15日接到命令，要求他准备反攻，因为“民族解放阵线”的叛乱已经到了不得不解决的地步。雅典被公布成军事区，我授权他可以命令希腊“人民民族解放军”退出雅典。希腊旅从意大利赶来。要想避免内战只有一个办法，那就是双方达成一致，解除游击队与其他部队的武装，创建一支新国军与警察部队，并且让雅典政府直接管理他们。

“民族解放阵线”的部长在帕潘德里欧先生的要求下，亲自起草了一份解散游击队的命令草案，并递交给了混乱的内阁。然而，到最后的时候，"民族解放阵线"的各位部长居然反悔了。"民族解放阵线"的六位部长在12月1日递交辞呈，公布明天会在雅典城开展总罢工活动。剩下的内阁成员达成一致，决定遣散游击队，于是，共产党就把他们的总部从首都搬迁了出来。斯科比将军在希腊公开宣布了告全国人民书，表示他坚决拥护由宪法推选出来的现政府。

支持共产党的人在12月3日，也就是周日，违反禁令举行了示威游行。他们和警察打了起来，由此引发了内战。斯科比将军在第二天下令，要求"人民民族解放军"马上从雅典和比雷埃夫斯撤出去，但是，他们的军队和拥有武器的市民并没有撤退，不仅如此，他们甚至还妄想利用武力攻占首都。

共产党把雅典所有的警察局基本上都控制住了，其中很多人都表示愿意投降，但仍被他们无情地屠杀了，并且已经打到离机关政府只有半英里的地方了。我一听到这个消息，就立即向斯科比将军下达了命令，让他带着他那五千英军去制止他们，而且可以开枪射杀那些不守诺言、试图反抗的人。

5日，早晨4点50分，我把一份语气不善的电报发给威尔逊将军，命令他毫不犹疑地去行动。整个局面令我十分担忧，但我坚信必须要迎难而上，直面困难。

目前雅典市的市中心还未遭受"人民民族解放军"的控制，而其他大多数地方，在很短的时间之内，都已受到了他们的控制。我们在雅典的首要任务就是在市中心拿下他们，之后，再开始反击。

在伦敦，共产党与他的同伙谣传说英国军队向"民族解放阵线"表示了怜悯。这完全是在捏造事实。那时，针对我们的行为，很多美国报纸都发出了强烈地声讨，斥责这样的行径违背了他们用战争换取的事业。多年以后，他们终于后悔当时所做的这份公告了，或者最少也有了截然不同的观点。在英国也引起了一片混乱。在下议院也引发了轩然大波。不管是哪个政府，要是没有联合政府那样坚实的基础，恐怕会顶不住此次动荡而最终解散。不过，战时内阁如百年大树屹立不倒，经得起任何风浪。在关于此事的投票通道里，反对我们的议员仅三十名，而支持我们的议员却有近三百人。下议院在此又一次体现出它的权威与坚定的力量。那时，罗斯福总统以及他的心腹，显然受到了激动的美国舆论方面的影响，除此以外，国务院方面一时的思潮也起到了一定的作用。总统几乎是完全支持我的。

在雅典的中心城区，英国士兵还在顽强战斗，四周都被围困，并且敌人很多，而我们的人却很少。亚历山大元帅和麦克米伦先生在这些纷争中到了雅典。亚历山大在电报中指出："事实上，英国士兵被围困在了市中心。"他提议必须马上把港口和通往雅典的道路上的障碍清除掉，立刻抽调意大利军队来增援，建立供应部，"牢固地连接上哑铃的两边，然后实施清除行动，扫清雅典和比雷埃夫斯。"他又强烈要求推行利珀的提议，让大主教主政，对待叛军，实施严酷的斗争，可以炮轰雅典城区。

战时内阁在12月12日向亚历山大作出指示：他可以按照自己的意愿安排军事行动。英国第四师本来正从意大利向埃及转移，在路上接到了命令，又转向了希腊，所以，一直到他们在下半月抵达目的地时，才扭转了战局。我向亚历山大提出，就摄政计划，希腊国王是不会接受的。所有人都不赞成邀请大主教出来组织政府这个想法。

我给斯科比将军发的那份言辞激烈的机密文件在此时意外地泄露出来，这明显会对我们在希腊的政策造成很大的影响，而左翼派也正在耍阴谋手段。但是，这件事并未在工会代表大会上说，意外的是，甚至也没有引起议会的丝毫注意。贝文先生以战时内阁的名义参加了会议，他用独特的大胆、忠诚，维护了我们的希腊政策，而且，支持政府以绝对的优势在工会上胜出。同时，总统也给我发来了一份诚恳支持我们的电报，尽管没有带来什么实质性的帮助。

当时，这一爆炸性新闻几乎触动了所有人，甚至史默兹元帅也于12月14日表达了他对我的支持；希腊第三战地旅也发来电报，对我们为保卫他们国家的付出表示感谢，同时又为我们士兵的伤亡而伤心，并希望我当他们名誉上的司令；霍普金斯对我的行为发出警告，说我这么做威胁到世界和平了，我回电说不知所措，要他言明我具体错在哪里了。就我们对希腊政策的会谈，有人在美国不停地公布，麦肯齐·金在加拿大听说了这件事，他觉得这会危害到我们。我再次他看了我与总统在8月的来往电文，还告诉他留意卡塞塔和约，目前此和约已公布。我对他说，我们是在取得斯大林的口头同意之后，才进入了雅典，解放了希腊。麦肯齐·金这才打消了所有的顾虑。

这些事已经过去好几年了，那时为了这些政策，我和我的各位同事都努力地抗争过，现在，事实证明政策和这些抗争完全是正确的。

平息希腊内战

在雅典进行的巷战规模一天天扩大了，但是时而前进时而后退。陆军元帅亚历山大于12月15日告诉我说，最好是通过大主教快速获得一项解决方法。他给我发电报说：

假如那些叛变实施暴力的人员还像现在这么顽强的话，那么我必须得从意大利战场去调派一些军队来援助我们了。

　　我打算两天后自己过去查看下雅典的形势，尤其是要去见下大主教。我在圣诞节那天和艾登先生一起动身前往雅典。时至午间左右到达卡拉梅基机场，迎接我的有亚历山大陆军元帅、利珀先生和麦克米伦先生。在飞机上，我们一行就整个军事和政治形势进行了长达三个小时激烈的商讨。最终，我们意见达成一致，都认为应该马上采取的措施。

　　登上了"埃阿斯"后，傍晚来临，此时，我才猛然想起今天是圣诞节。船上的人员已经做好欢度这个圣诞夜的准备了，当然，我们尽力不去扰乱他们。

　　海员们穿着各种颜色的服装准备表演，大主教身穿长袍头戴高帽前来。两拨人相遇，前者以为后者是来参与表演的，就围着他们欢快地跳起了舞蹈。大主教以为这样做是故意羞辱他，差点儿要上岸离开，舰长感到有些尴尬，幸好解释开了。

　　26日，我给战时指挥部递交了一份关于我们对各种问题探讨的报告，内容概括如下：

　　　　在"人民民族解放军"部队背后，存在一个非常顽强的反抗的中心力量，属于共产党性质，要想根除他们不容易；麦克米伦先生和利珀先生，想邀请所有的政党领导人来开会，包括"人民民族解放军"，我们接受了让大主教来做此会议主席这个明智的办法；大主教愿意贡献他的力量，绝对不愿意让共产党掺和希腊政务；当然，"人民民族解放军"可能不会来参加这个会议，一旦他们这样做了，就等于是告诉全世界，他们对权力抱有极大的野心。

　　在希腊外交部，会议于12月26日晚上6点左右召开。应我们之邀，美国大使麦克维先生、法国公使巴郎先生以及苏联的军事代表都来了。共产党的三个首领晚到了，我正在发言的时候，他们走进会议室。我表达了希望今天下午在雅典召开的这个会议能重新恢复希腊的名誉与能力的愿望，亚历山大将军插话补充道："希腊的士兵应该奋战在意大利，而不应在希腊对付英军。"

在大主教的领导下，原本势不两立的希腊人正围在一张桌子上协商，会场上的英国人开始离席。我兴高采烈地返回了大使馆。第二天整整一天，希腊的各个党派都在激烈地争执着。我与大主教在那天傍晚五点半作了最后一次协商。之前他已经和"人民民族解放军"谈了几次，大家最终决定，让我去恳请希腊国王任命大主教为摄政大臣。他将开始建立新政府，这个新政府不包括共产党人。我们负责继续全力以赴地参战，在希腊，我们将尽可能地留下英军，直到希腊在全国范围内建立起自己的军队。

共产党的各位代表，在这次会谈还没有召开的时候，就寄给了我一封信，他们要求和我秘密协商。既然这个会议只是单纯的希腊人的会议，我觉得还是不答应他们的要求为好。

第二天，也就是12月28日，清晨，我与艾登先生飞往那不勒斯与伦敦。我们在12月29日返回伦敦，我再次致电罗斯福总统，告诉他战时内阁已经同意了我们的计划，并且要求我们在今天晚上，尽量办好让希腊国王任命大主教当摄政大臣的这件事。在同一天深夜，我向告诉他一直到今天凌晨四点半，我与安东尼才结束同国王的会谈，其结果是国王接受了以下公告：

　　　　我希腊国王乔治二世，鉴于我热爱的人民正因为现在的不可控的局势，遭受着极大的苦难，所以决定与希腊永别，除非在自由、公正的条件下，全民投我的信任票；大主教，查马斯吉诺斯，我非常相信你的忠诚，目前就通过这个公告，任命你在此危难时刻当我的摄政大臣。为此，我把权力交付于你，并要求你恢复整个王国的社会秩序与稳定，在此期间，你可以采取任何必要的措施。我再讲一下我的下一个心愿，也就是在这件事风平浪静以后，应该让希腊的民众自由选举能体现他们意志的政府，以减轻我心爱的国家的痛苦，它已经经历了太多的磨难。

我很快就把此王室公告交给了驻雅典的利珀先生，指出在大主教收到这份公告的那一刻，他就应该清楚自己的职位，即他可以动用所有的权力，放开手脚去工作，并相信英国政府会坚定地支持他。

雅典并未停战，终于在12月的时候，让叛军离开了首都。1月中旬，英国军队掌控了整个阿提卡。在广阔的田野乡村，共产党根本就招架不住我们的军队，所以，在1月11日签订了停战和约书。在雅典、帕特雷以及萨洛尼卡，"人民民族解放军"的任何队伍，一律撤离。那些在伯罗奔尼撒的士兵，可以凭借发给他们的通行证返回家乡。英国军队会停止进攻，但还是会坚守阵地，释放彼此的俘虏。15日，以上和约正式生效。

雅尔塔会议前夕

在之前几章，我们已经说过苏军到了波兰和匈牙利边境。10月20日，苏联人攻克了贝尔格莱德，之后再次进攻多瑙河流域。然后又往匈牙利平原深处推进，但不幸遭到了顽强的抵抗。11月29日，他们往多瑙河上的一个桥头堡推进，此地位于布达佩斯南边八十英里。他们一路往北推进，于12月底完全包围了布达佩斯。在布达佩斯，他们进行了非常残酷的巷战，时间长达六个星期。但在次年春季就要到来之际，他们却不得不停止前进的步伐，因为巴拉顿湖沿岸的德国人抵抗非常顽强，甚至还发起了猛烈的反攻。

在夏季，苏联人在波兰有过大规模进攻，因而秋季的几个月时间，他们用来重新集结军队。1月份集结完成。沿着赛多梅尔的前沿阵地，他们向西推进。月底越过边境，开到了上西里西亚的大工业盆地，非常深入。他们接着往北推进。1月17日，在渡过华沙两边的维斯杜拉河之后攻克华沙。接着，他们围攻波森，以扇形的方式进行。之后往奥得河下游进发，直逼什切青和旦泽。随后，他们从东面和南面同事对东普鲁士发起进攻。1月底几乎已经占领了东普鲁士全境，只剩下被敌人安排了重兵的要塞哥尼西斯贝格。在4月以前的时间里，像旦泽的情况一样，哥尼希斯贝格的守军都在顽强抵抗，尽管这种抵抗没有任何希望。库尔兰德已经被切断联系的德国军队，由于希特勒严禁他们撤走，一直留在当地，直到德国投降。

苏军用了一种让人想到1918年福煦获得最后胜利的战略，这就是将己方和敌方的陆军兵力以及占优势的空军力量的比例设为三比一。战斗此起彼伏，顺着一条宽广的战线，苏军打开了无数连续的突破口。最终，敌人不得不全线退缩。

我们自己在西线的战役也推进到了德国的边境，尽管规模不是那么大。因为这一切原因，希特勒的军队在1945年1月底其实已经仅限于在德国境内作战，只剩下匈牙利和意大利北部的一些据点，但那些据点也非常脆弱。我们的战略空军和战术空军在11月份又开始空袭德国到意大利的铁路，为期六个月。伯伦纳的敌人被迫用蒸汽作为动力，因为他们在那里的变压站已经完全被我们摧毁。至于别的地方的敌人，增援和补给行动也遇到了极大的困难。美国空军总司令埃克将军做出了对秋季战役助益很大的行为，即顶着非常差的天气压制敌人，但是我无法逐一叙述他指挥的盟军战术空军每天作战的紧张情况。只有到了明年春天，意大利才能解放。

上面所讲的，就是即将举行的三国会议之前的军事情况。

政治形势并不乐观，起码东欧的政治形势如此。希腊的平静很容易有波动，苏联的军事力量已经占领罗马尼亚和保加利亚，战火已经波及匈牙利和南斯拉夫。诚然，波兰已经逃出了德国的魔爪，但又转而受制于另外一个控制者。在10月份期间，我在访问莫斯科的时候就曾非正式地、暂时地就安排波兰一事展开商量，但这并没有改变这辽阔地域在德国已经被击败之后的前途，甚至不能产生影响。总统和斯大林在米科莱齐柯跟自己在伦敦的同事们脱离关系后曾彼此有过通信，也一直在告知我情况。在1月5日，苏联仍然不顾英美两国的意见，承认卢布林委员会是波兰的临时政府。

我认为除了会面之外，再继续彼此致电已经没有多大用处，于是在1月5日邀请斯大林。总统也认为非常有必要再进行一次"三方"会谈，同时花了一些时间就这个会议的安排展开讨论。考虑到安全问题，一般是对会议地点的辩论，最后决定的会谈地点是雅尔塔；考虑到总统那边路途遥远，我们还决定先飞到马耳他，再飞到雅尔塔。

在三方会谈之前，我还想安排一个联合参谋长委员会会议，由我和总统担任主席，或者出席会议，因为我很担忧我们在西北欧的军事行动，非常有必要让英美两国的参谋长商量一番。也就是说，这其实是一个军事预备会议。所以，尽管总统一开始认为这不可能实现，但我还是坚持，他最后也答应了。

1月21日，霍普金斯代表美国飞到伦敦。在随后的三天时间里，我们就三国会议中可能出现的问题，以及我们三国在上个月关于希腊、意大利和波兰出现的不同意见，进行了商讨，取得了许多让人满意的成果。

乘坐着阿诺德将军给我的"空中霸王"式飞机，我离开了诺索尔特，时间是1月29日；此时，总统已经在海上航行。1月30日天快要亮的时候，我们抵达了马耳他。总统一行乘坐美国军舰"昆西"号终于进入了瓦莱塔港口，时间是2月2日早上。

当天晚上六点，首次正式会议在总统官舱里拉开序幕。会上，我们对联合参谋长委员会会议的报告，以及三天前在马耳他进行的军事讨论的报告，都进行了审阅。我们的参谋人员的讨论是主要是围绕艾森豪威尔的作战计划展开的，即将艾森豪威尔的军队推进到莱茵河并且渡过莱茵河。这项工作做得非常好。

会议提出等到可能从希腊撤出两个师时，便立即将两个师抽调出来。对此，我自己勉强同意，并且清晰地指出我们可以这样做，前提是希腊政府已经建立起了自己的军队。会议还提出，有必要从意大利方面撤出三个师支援西北欧。在这一点上，我重点指出不应该大量撤出两栖部队；非常重要的是，当德国人在意大利的任何地方投降，我们都应该迅速跟上去。此外，我还对总统说，由于"除了必要的之外，不能让苏联人在西欧有太多的占领"，我们应该尽最大限度占领奥地利。整体而言，我们在这些军事问题上大部分都获得了统一的看法。

没过多久，我们坐车从萨齐去雅尔塔，中间经过了很长一段路程。

雅尔塔的世界和平计划

约索波夫宫是苏联在雅尔塔的总部所在地。斯大林和莫洛托夫以及将军们对苏联政府的处理，以及对正在如火如荼进行着的广大战线上的军事行动，就是在这个地方进行的。

2月4日，斯大林在下午三点的时候来看我。我们就对德作战问题畅谈了一番。他对形势持乐观态度。德国面包和煤炭已经匮乏，运输也破坏严重。

我、总统以及斯大林，在当天下午五点钟共同审查了军事形势。在所有军事形势当中，我们三个人特别审查了苏联在东线的攻势。苏联向大家阐述了苏联军队进展的详细情况。我们为各自的参谋长规定了下次讨论的范围。我说："我们也许应该讨论一下敌人从意大利调八个师到对俄作战的前线需要多长时间，以及我们应该怎样应付。还有就是，我们是否应该从亚得里亚海的顶端发起进攻，在通过卢布尔亚那山峡之后，同苏联的左翼会师。"

在整个会议中，大家都推心置腹，气氛非常融洽。马歇尔将军简明地介绍了英美在西线作战的情况。他介绍得非常出色。其间，斯大林说："苏联在1月份发起的进攻同德黑兰作出的决定没有任何关系，只是尽一种道义上的责任。"斯大林又询问了他应该怎样继续提供帮助。我回答："此时，我们三国参谋人员都聚集在一起，正是审查盟国之间整个军事协调问题的良机。"

2月5日下午四点十五分，我们聚在利瓦吉亚宫，坐在一张圆桌旁边，召开了这次会议的首次全体会议。大家首先就德国的前途作了讨论，斯大林提出了怎样肢解德国的问题。在德黑兰的时候，罗斯福曾建议将德国分成五个部分。对此，斯大林表示同意，但是我犹豫不决。我的想法是，可以将德国分成普鲁士和奥地利，巴伐利亚分成两个部分，至于鲁尔和威斯特伐利亚，应该让共同国际加以监管。斯大林认为现在已经是时候讨论出一个明确的结果。

我说："肢解德国的意见，我们所有人都同意，但必须要五六天时间才能落实，因为实施的办法太过复杂。我的看法，应该设一个机构来研究这些事情，在我们作出最后的决定之前，应先听取这个机构的意见。"

我提出，如果希特勒或者希姆莱出来请求无条件投降，我们应该表示不跟任何战犯谈判，并且表示，倘若德国只能推选他们来谈判，我们将继续战争。如果希特勒和他的同伙被杀死或者失踪，由另外一批人出来请求无条件投降，我们三个大国应该立即商量和他们打交道是否值得。如果值得，我们提出我们已经准备好的投降条件，反之则将战争继续下去，并且对德国采取严格的军事管制。后面一种情况无疑更加容易出现。

最后，罗斯福先生建议让外长们先制定出一个研究这个问题的计划，然后让他们制定出一个切实可行的肢解德国的计划，前者限制在二十四小时之内，后者限制在一个月之内。这样，事情暂告了一段落。

我们还讨论了其他问题，但是并没有得出结果。我们随后又安排了一番第二天的会议，并考虑了马上要进行讨论的两个主题。这两个问题分别是波兰问题和关于世界安全的敦巴顿橡树会议的计划问题。

罗斯福在这次会议上作了重要发言。他表示，为了维护和平，美国会使用所有明智的办法，但是不会为了维持一大批离本土三千英里的欧洲军队投入大量钱财。他说，基于这一原因，美国的占领只会维持两年。此时，我想到了一个可怕的问题：如果美国人离开欧洲，占领整个西德的任务就只落在英国身上了，但英国远不能完成这样一个任务。2月6日，我们召开了第二次会议。在会议中，考虑到心里的担忧，我极力主张让法国人也加入占领的行列。

我们紧接着讨论谋求和平世界的工具问题。总统告诉我们，对于安全理事会当中尤其重要的表决权问题，在敦巴顿会议结束的时候并没有达成统一的意见。总统在1944年12月5日曾向我和斯大林提过新的建议。他认为，安理会的每个理事国都应该有一票，一项措施要付诸行动，十一个理事国当中必须有七个同意；如果是意义重大的决定，则必须获得所有常任理事国的同意之后才能执行。美国、英国、苏联和中国拥有否决权，即他们如果不同意，可以拒绝通过或者制止安理会采取任何行动。然而，那个纠纷如果涉及到理事国，则采纳斯退丁纽斯在2月6日第二次大会上提出的意见：不论是哪一个理事国，包括"四个大国"在内，那个理事国将不再有表决权，而只有讨论权。

斯大林说他还没有完全明白这个建议，他需要再研究这个建议看能否弄明白。

斯大林说，但是1939年12月苏芬战争期间发生的事情，他在莫斯科的同僚不会忘记。为了反对苏联，英国人和法国人那个时候竟然利用了国联，而且最后的结果是，苏联成功地被孤立，并且被逐出国联。到了后来，英国人和法国人甚至还组织起来反对苏联，说要派十字军来对付苏联。斯大林说，他们是否应该要求得到一个保证，以确保类似的事情在今后不会再发生。

我告诉他，已经有专门的条款来应对怎样让大国保持一致的问题，但斯大林说他们才首次听到。我说："的确有可能出现反对一个大国的煽动，不妨以英国作为一个例子。对此，我只能说，正常的外交在那个时间依然可以不断发挥作用。我认为总统不会煽动或支持攻击英国的行为，相反，总统会竭力避免出现这种情况。斯大林元帅也肯定不会不打招呼，不寻找一种和平解决问题的办法，就攻击大英帝国。"斯大林回答说他同意。

在以后，各个大国之间分歧一定会有，罗斯福先生回答。他说，这些分歧所有人都会知道，在大会上，这些分析也将摆上台面讨论。但大国之间的团结并不会因为在安理会讨论这些问题而受到影响。事实上，在安理会上讨论这些问题，是我们彼此之间信任的一种体现，也是我们认为自己有能力解决这些问题的一种体现。这样做不会损害我们的团结，相反还会加强我们的团结，总统说。

他同意这种看法，斯大林说。他表示第二天继续讨论，并且会研究这个计划。

次日下午，我们再次举行了会谈。这时，莫洛托夫接受了新计划。他进一步补充，苏联人认为这个会议提出的计划能够为大小国家之间的合作提供保障。新的表决程序现在制定出三大国必须一致的条款，他们对这一条款非常认同。不过，还有一件事必须解决，这就是世界组织是否应该接纳加盟苏联的共和国，也就是白俄罗斯、乌克兰和立陶宛，或者其中的两个列为创始会员国。看到英联邦的自治领已经逐步而且扎实地获得了独立，他们很受鼓舞，决定提出这种规模小很多的提案。

总统说："接下来的工作是邀请各个国家来开会。开会的时间定在什么时候，要邀请哪些人，都是需要解决的问题。"他还说，"在大会当中，我们是主张比较大的国家有一票以上的表决权，还是主张一个国家只能有一票表决权？我提议，让三大国的外长去研究这些问题。"

我说非常感谢斯大林能够非常前瞻性地接受总统的表决方案，全世界人民都会对我们所达成的协议感到满意和放心。还有莫洛托夫的建议。在听取苏联政府的提案时，我抱着极为同情的心情。我说：
"但我只能给出我权限之内的答复。对于莫洛托夫先生的提案，我还
需要时间同艾登先生商量，或许还要用电报告知内阁。所以，我无
法在今天就给出最后的回答，但我同意让我们的外长们去处理整件
事。"接着，罗斯福总统提议，在3月份的时候，各个国家开会，然后
建立世界组织。我表示怀疑是否能做到这一点，因为那时正处于对德
作战的高潮，不过，我现在同意这一意见。

很快，剩下的细节问题一一解决。2月8日下午，我们再次举行
会议。会议中，苏联人希望让两个苏联的加盟共和国进入联合国的请
求，得到一致同意。此外，会议还决定在4月25日（星期三）召开世界
组织的第一次大会。3月1日之前对德国宣战的国家，以及已经在联合
国宣言上签字的国家，都在受邀者之列。斯大林说这样做对打击德国
的信心很有帮助，因为代表着也邀请了那些参战不积极的埃及，以及
那些直到已经能够看出胜负才参战的国家。

关于波兰的争论

雅尔塔会议的举行，一个最迫切的理由就是波兰问题。事实上，
大同盟瓦解的最重要的原因也是因为波兰。对于波兰，雅尔塔会议的
八次全体会议中有七次都讨论过。此外，在各自的每次会议上，我们
的外长们和他们的下属也仔细而紧张地辩论过。现在，我们因为他们

的帮助终于有一个宣言。对世界来说，这个宣言是一个承诺，而对我们来说，它是关于未来达成的一个协议。

我们讨论的问题包括：怎样组成一个唯一的波兰临时政府；自由选举怎样及时举行；波兰东北边和西边边界的问题怎么解决；前进中的苏军的后方和交通线怎样保障。

美国人最重要的要求是波兰有一个永久的政府。卢布林政府代表的只是波兰和波兰民族的一小部分，因此美国的一般舆论是拒绝承认卢布林政府的。

接着，我说："我坚决支持苏联对寇松线的要求，将让苏联拥有利沃夫，然而，较之于个别的领土界线问题，有一个自由、独立而且强大的波兰无疑更加重要。我们必须保证波兰的自由、独立和主权完整，波兰人必须自己主宰自己的国家，自己主宰自己。在普选和自由选举之前，我期待波兰有个大家都承认的政府会执政机构，如此我们将极大地走近和平和繁荣。"

中途安排了短暂的休会。会议重新召开后，斯大林发言，指出寇松线的商定没有邀请苏联，也没有人种学的根据，所以苏联拒不接受，并认为应该以更靠西边而非临近布雷斯劳的那条尼斯河为界。我们必须在获得波兰人同意之后才能建立一个波兰政府，斯大林接着又说。

卢布林政府已经不愿意再和伦敦的波兰政府商谈，或许现在的卢布林政府应该叫华沙政府。他们告诉斯大林，他们坚决反对米科莱齐柯当总理，但是可以考虑泽利戈斯基将军和格拉布斯基。斯大林的意思是，如果他们有意愿，就和伦敦的波兰政府代表谈一下。他可以叫他们在这里或者在莫斯科与之相见，他们是民主的，像戴高乐一样，可以让波兰避免战事，不会有内战，也不会袭击红军。而在伦敦的波兰政府却做不到这一点，他们不仅同波兰地下抵抗组织有联系，获取军火的渠道靠抢劫后勤仓库，而且他们的特务还曾杀死二百一十二个苏联士兵。不仅如此，他们还在没有获得批准和登记的情况下使用无线电台。卢布林政府的人员给我们提供了帮助，而在伦敦的流亡政府却做了许多坏事。最重要的事情莫过于让红军后方无虞。所以作为一个军人，他支持一个能够保证自己的后方平安的政府。

我对斯大林说，我们很怕见到波兰地下军和卢布林政府彼此发生冲突，因为这样会造成牺牲、逮捕和放逐。自然，红军受到的袭击事情应该受到惩罚，但以我们掌握的事实来看，我们不认为卢布林政府有权说自己代表整个波兰民族。

此时，总统迫切希望将讨论停止。他说波兰五百年以来就是造成麻烦的根源。我回答，正是因为这样，我们才需要极力解决这些麻烦。我们随后散会。

总统当晚给斯大林写了一封信，竭力主张应该让卢布林政府的两个代表和从伦敦来或者从波兰国内来的两个代表共同参加会议，由我们见证他们一起商量组成一个为我们承认的临时政府，然后尽快实行自由选举。

2月7日，会议再次召开。我表示同意总统的意见。莫洛托夫代表苏联宣布了如下提纲：

1. 经过协商，将波兰的东部边界定为寇松线，让波兰在某些地区拥有五到八公里土地。

2. 将从什切青城（这座城市应归波兰所有）往南沿奥得河以及希尼斯河定为波兰的西部边界。

3. 让波兰临时政府吸纳进波兰流亡集团的一些民主领袖。

4. 各同盟国政府应该承认扩大后的波兰临时政府。

5. 根据第三条扩大后的波兰临时政府应该尽快举行人民投

票，经过普选之后，建立永久的波兰政府。

    6. 将波兰临时政府的扩大问题交给莫洛托夫、哈里曼先生和克拉克·科尔爵士去讨论，然后由三个同盟国政府考虑他们提出的建议。

总统在这个时候说："我们已经获得了实质进展，但我要跟斯退丁纽斯先生商量一番。" 整体而言，事情并没有得到解决。

2月8日，我们再次会面。在这一次会面上，罗斯福先生宣读了他根据莫洛托夫草案提出的修正案。

总统说："我们同意苏联提案中将波兰东部边界定为寇松线，让波兰拥有某些地区五到八公里的土地的建议。但我对波兰西部边界态度是明确的，即波兰应该从德国那里获得补偿，连同科尼歇贝格线以南的一部分东普鲁士、上西里西亚一直到奥得河线在内。但是，如果将边界线推进到希尼斯河就没有什么道理了。"我的看法一直都和总统的一样。

怎样建立一个我们都承认，并且为波兰民族接受的政府，是接下来的问题。总统认为应该往莫斯科派一个总统委员会，建立一个包括华沙、伦敦和伯波兰本土各方面代表的临时政府。

接下来再次短暂的休会。会议重新召开后，莫洛托夫表示反对，罗斯福问怎样对待总统委员会，他说最好不要总统委员会。我此时发言："我认为目前这些建议还很不完善。就算我们放弃伦敦的波兰政府，最起码要保证在另外发展的时候，两个政府起步的大约平等。英国政府必须先要确认新政府确实代表波兰民族，然后才能承认它。"

莫洛托夫说，想处理好这个问题必须有波兰人自己参加。我同意他的看法。斯大林说："我担心的是达成协议之间发生分裂，我之前就说过这一点，因为每个政府得出的判断因为获得的情报不同而不同。我想我们首先要做的事情是，将不同阵营的波兰人集合在一起，倾听他们有着怎样的意见。"

　　他接着说："在举行自由选举之前，我们应该用同对待法国的戴高乐政府同样的态度来对待临时政府。既然如此，我想不出有什么理由拒绝同一个扩大了的波兰政府接触，因为大家就曾跟戴高乐签订条约。我们既然对事情不抱有偏见，怎样可能找不到一个共同的立场？真实的情况比我想象的好多了。我们未必不能圆满解决问题，只要我们不那么重视次要的事情，而将精力集中在主要的事情上。"

　　总统这时问自由选举需要多长时间才能实现。斯大林回答不超过一个月，只要前线不会出现什么重大挫折。我说："如此我们便放心了。这样，我们便可以全身心支持一个将取代所有的自由选举出来的政府。但我们不应该提什么给军事行动造成困难的要求，因为获得胜利是最高目的。如果能在一个月内，甚至在两个月内，了解清楚波兰人民的意志，形势就会出现本质的转变。等到那个时候，我想没有人会反对那样的政府。"

　　我们同意将这件事交给外长们去商量。

关于波兰问题的联合宣言

　　2月9日中午，三国外长举行会议。在这次会议中，他们没有办法得出一致意见。但莫洛托夫在下午四点钟的时候，提出了一些新的意见。他表示卢布林政府应该在更广泛的民主基础上改组，波兰国内和国外的民族领袖都在改组之列；他和英美两国的大使应该共同商量怎样处理这件事，商量的地点定在莫斯科；卢布林政府改组之后，波兰的自由选举应该尽快举行，对于通过这种方式选举出来的政府，我们到时候应该予以承认。

斯退丁纽斯在这时提出要求：应该书面保证在华沙的三个大使能够观察自由选举，并且能够回报选举情况是不受约束的。莫洛托夫不同意，他认为这样做会引起波兰人的反感。整体而言，除了一些小的变动外，莫洛托夫全盘接受了美国的计划。

这是一个很大的进展。

我对斯大林说："现在我们的处境非常不利，因为我们要为波兰作出重大的决策，但是却并不怎么了解现在波兰国内的情况。请斯大林元帅考虑一下我们的困难。我们希望英国人，美国人自然也包括在内，能有机会看到波兰人之间是如何解决争执的。"

接着我又说："我已经非常强调公正进行选举非常重要，比如是否可以让米科莱齐柯回波兰，让他组织政党参加选举。"斯大林说米科莱齐柯并不属于法西斯党，而是属于一个农民党，因此他完全可以参选并提名候选人。

最后一次很有成果的会议决定在2月10日召开。在会议召开之前，在约索波夫宫，艾登和我同斯大林和莫洛托夫密谈了一次。我再次告诉他们，由于我们没有能够在波兰获得情况的代表，我们觉得非常困难。我表示，我们只有两个办法，要么派一个大使和使馆人员去波兰，要么往波兰派一些新闻记者，我认为前一种做法比后一种好。接着我再次告诉他们，我必须要能够告诉议会说我了解波兰的情况，因为议会有过问卢布林政府和选举的情况的权利。

斯大林对我说，新的波兰政府被承认后就可以向英国开放，到时候英国可以往华沙派一个大使。所以，我们同意在宣言加入以下的话：

等波兰政府得到承认后，各国可以和波兰互派大使，如此便可通过大使的报告了解波兰的情况。

我仅能争取到这种结果。

四点四十五分，会议重新召开。在会上，艾登首先宣读三国外长同意的一项声明。因为非常关心，我注意到声明中并没有谈到边界问题，于是指出。罗斯福先生说："对于这一点，我愿意倾听全国统一的波兰新政府的意见。我建议废除所有关于西部边界的条款。"斯大林说："我们完全应该将东部的边界纳入讨论范围。"我支持斯大林的这一观点。我们再进行进一步讨论之后，最终在做法上取得了一致意见。

关于波兰的联合宣言，在会议结束的时候被写进了发出的公报当中。

以下就是联合宣言：

我们来参加克里米亚会议。通过这次会议，我们决心在波兰问题上达成一致意见。在会议上，我们对这个问题的各个方面都进行了充分地讨论。我们再次申明，看到一个自由、独立、民主和强大的波兰，是我们的共同愿景。我们已经得出一个组成全国统一的新波兰政府的条件，这些条件三大国都是承认的。

我们达成了如下协议：

波兰已经因为红军解放了波兰而形势和以前不一样。基于这一原因，需要建立一个波兰临时政府。同波兰西部解放以前可能建立的临时政府比起来，这个临时政府应该有更广泛的基础。所

　　以，为了将波兰国内外的民主领袖都包括进去，应该在更为广泛的基础上改组现在波兰行使职权的政府。所以，这个新政府应该叫波兰全国统一临时政府。

　　为了根据这些标准改组现在的波兰临时政府，莫洛托夫先生、克拉克·科尔爵士以及哈里曼先生，负责以一个委员会的资格在莫斯科和现在波兰的临时政府的成员交谈，同时同其他波兰民主领袖交谈。改组后的全国统一的波兰临时政府，应该尽快举行自由选举，这种选举可以采取普选的方式，也可以采取无记名的投票方式。所有民主的和反纳粹的政府，都有权利参加这些选举，并且有权利提名候选人。

　　一等到全国统一的波兰临时政府根据上述标准建立，苏联政府、美利坚合众国政府以及联合王国政府，应该结束现在同波兰目前的临时保持的外交关系，转而同新的全国统一的波兰临时政府建立外交关系。不仅如此，三国还应该同新的全国统一的波兰临时政府互派大使。如此，根据各自大使的报告，三国政府将知晓波兰的情况。

　　三国政府的元首一致认为应该以寇松线为波兰的东部疆界线，但波兰拥有在一些地方深入五到八公里领土的权利。至于波兰的北方和西方，三个政府的元首一致认为应该获得本国领土之外的广大土地面积。这种领土外土地获得的面积，他们一致认为应该在恰当的时候征询波兰全国统一临时政府的意见。波兰西部边界的最后确定，应该在和平会议上解决。

第十七章　和平背后的隐忧

远东问题

　　在雅尔塔的正式讨论中，我们并没有说到远东。美国人是想建议苏联人也参加太平洋战争的。在德黑兰接触的时候，我就已经对这件事有所了解。1944年12月，斯大林就曾向在莫斯科的哈里曼先生提出关于远东地区的一些权利上的要求，以及一些详细的建议。在德国投降之后，如果要想打败日本，美国的军事当局认为还需要十八个月。然而，倘若苏联加入对日本的战争，美国的伤亡将会大大减少。此时，进攻日本本土尚处于计划阶段。直到雅尔塔会议后的第二天，麦克阿瑟将军才进入马尼拉。必须要经过五个月，才有第一颗原子弹的实验性爆炸。倘若苏联仍然保持中立，日本保卫本土的战争将会有满洲的大量日本军队加入。

　　2月8日，罗斯福总统和哈里曼先生就苏联在远东的领土要求和斯大林讨论，同时加入了这个问题。除了他们三个人，还有两个人在场，一个是美国国务院的查尔斯·E·伯伦先生，一个是俄语翻译。伯伦先生也充当翻译。

　　过了两天，会谈继续。美国接受了作过一些修改之后苏联提出的条件。于美国而言，这些条件是交换条件，如果美国接受了这些条件，那么苏联承诺在德国投降之后两到三个月参加对日本的战争。

这一天下午，我们和斯大林展开了一场私人谈话。我问斯大林苏联人对远东有怎样的期待。应该要有一个类似旅顺口那样的海军基地，他说。罗斯福表示应该由国际共同监管那些港口。斯大林说必须要保证苏联人的利益。我说，太平洋如果能出现苏联船只，我们欢迎之至。在日俄战争当中，我们也认为苏联的损失应该得到弥补。

次日，也就是2月11日，苏联人把前一天总统和斯大林草拟的协定拿给我。我代表英国政府在上面签了字。在苏联政府和中国国民政府谈判之前，这个文件一直没有对外公布。支持中国国民政府，斯大林是表示赞同的。如此，这件事先告了一段落。它的再一次提及，已经是我们在波茨坦重新召开会议。

我在7月5日发给各自治领总理的一封电报的节录当中，记下了这些谈判记录。

在克里米亚的会议上，斯大林告诉了我和罗斯福总统，苏联愿意在德国投降后两到三个月内参加对日作战一节的条件：

1. 保持外蒙古的现状。

2. 俄国曾在1904年丧失一些权益，现在将这些权益恢复。这些权益包括：

（1）将库页岛南部以及附近所有岛屿归还给俄国。

（2）将大连港口国际化。保证苏联在大连港口的优势权益。恢复苏联租用旅顺港为海军基地的权益。

（3）设一个苏中合办的公司共同经营负责通往大连出路的中东铁路以及南满铁路。经过商量决定，应该保证苏联的优越权益，中国在满洲的所有主权都应该得到保持。

3. 让苏联拥有千叶群岛。

罗斯福、斯大林和我三个人的一个私人协定也包含了这些条件。这个私人协定规定，必须先获得蒋介石的同意，这些条件才能确立。罗斯福同意根据斯大林的意见去征求蒋介石的同意。在战胜日本后，我们三个人一致同意无条件满足苏联的要求。协定的内容只限于体现苏联为了帮助中国战胜日本而准备跟中国签订的条约。

需要指出的是，我和艾登都没有参与起草这个协定，仅仅代表英国政府签署过这个协定。这个协定，一般被认为同美国有关，被认为关系到美国军事行动的巨大利害关系。起草这样一个协定，在我们看来是不应该的。他们仅仅是要求我们同意，并没有跟我们商量。我们也只是同意。美国国内曾大加谴责对苏联作出的这些退让，当然，这些责任应该由他们的代表们承受。于我们而言，这个问题并没有多大利害关系。我们在没有充足理由下不应该对此插手。

在雅尔塔的时候，还发生了一件不那么愉快的事情。那一次是罗斯福先生举行午餐会。其间，罗斯福总统说自己和我经常在密电中称斯大林为"约大叔"。我原来建议总统在私下里再告诉斯大林这件事。总统却并没有这样做，而是公开用幽默的口吻讲了出来。气氛一时变得很僵。这惹怒了斯大林。他愤怒地表示他们什么时候可以离席。这种僵局最终靠博尔纳斯先生讲的一句巧妙的话才补救过来。博尔纳斯对斯大林说："你也经常说山姆大叔，既然如此，约大叔这一称呼又有什么不好呢？"斯大林这才平静下来。斯大林知道这是开玩笑，并且知道国外有很多人这样称呼他，但说话的口吻是友好的，代表着一种亲密。这是莫洛托夫后来告诉我的。

2月11日是我们访问克里米亚的最后一天，而且是一个星期天。同平常并没有什么两样，依然有许多没有解决的问题存在于这些会议上。波兰公报定下了一个政策，但这种政策的措辞非常泛泛。当然，如果能不打折扣地履行，这个泛泛的政策还是可以产生作用，还是可以等待总和约的到来。我们同远东的协定没有直接的关系，但美国以后就这一个协定进行了激烈争论，这个协定就是前面说过的总统和他的顾问为了让苏联参加对日战争而同苏联订立的协定。总统由于在回去的途中还要访问埃及，就中东的事务同埃及的各方的实权人物进行商量，回去的意愿非常迫切。斯大林同我一起吃中餐，地点是他在利瓦吉亚宫中以前沙皇的弹子房。我们把最后定稿的文件和正式的公报，在用餐的过程中签了字。如此，只看怎样确定贯彻的精神了。

渡过莱茵河

德国人在阿登失了利。但德国人并没有因此撤退过莱茵河以求获得休整的机会，而是仍然决定在莱茵河以西战斗。

将克尔马尔已被切断的据点里将敌人消灭，是第一项需要完成的任务。2月初，在法国第一集团军和四个美国师的帮助下，这一任务最终完成。紧接着，蒙哥马利向科隆以北的莱茵河发起进攻。这造成了一场艰苦的持久战。2月8日，克莱勒将军率领加拿大第一集团军以莱茵河和默兹河之间为目标，从奈梅亨的突出部分向东南强力推进。这支军队由英国第三十军和加拿大第二军组成。第一天，这支军队完成了预定的目标，但以后就放缓了，因为敌人的防御工事非常牢固，抵抗也很强烈，加之地面非常泥泞，两条河的岸上都已经漫上了河水。一直到2月21日，我们才占领果克据点。克桑滕，敌人韦塞尔前沿阵地的枢纽，依然掌握在他们手里。

从鲁尔河向北进攻，然后与英国军队会合，是辛普森将军率领的美国第九集团军一开始的打算。但要想渡过鲁尔河，必须要占领上游二十英里处的大堤坝。这些大堤坝最终是由美国第一集团军在2月10日夺取的。但德军将堤坝的闸门被砸开了。这阻碍了下游的渡河工作。直到2月23日，渡河工作才真正开始。美国的第九集团军迅速发起进攻。进攻的进度非常快，由于要为更北边的战斗提供支援，敌军的战斗力必须大大削弱。但是，敌人的攻势最后又强大了起来。这时，加拿大集团军再次进攻克桑滕。3月3日，第三十军跟格尔登的美军会师。这样，第九集团军的两翼都抵达靠近杜塞尔多夫的莱茵河。两军至此联合将敌人赶离韦塞尔的前沿阵地。3月10日，在留下无数尸体和五万三千名俘虏之后，十八个德国师全部撤过莱茵河。

在更南边，从杜塞尔多夫到科布伦茨之间的敌人也被布雷德利将军的第十二集团军群赶过莱茵河，这之间的距离长达八十英里。左边则有两支军队共同推进，一支是赫奇斯的第一集团军的侧翼，一支是第九集团军。3月7日，这支联军意外地占领了科隆。还有两个军渡过埃尔夫特河，夺取奥伊斯基尔亨。之后，他们兵分两路向东边以及南边进攻。巴顿的第三集团军的两个军首先攻取特里尔，然后一路推进，抵达基尔河。3月5日，这两个军发起强大的攻势。他们顺着摩泽尔河北岸一路前进。三天之后，在莱茵河畔，他们与第一集团军会合。7日，他们抓住了一个机会。美国第一集团军的第九装甲师发现雷马肯的铁路桥仍然可以使用，尽管已经局部被毁坏。于是，他们立即让自己的先头部队过河，其他部队紧随其后。这样，超过四个师的兵力没过多久就出现在对岸。这些军队建立起了一个桥头阵地，深度有几英里。为了牵制美军，德军只好从遥远的北方调来大军。战斗于是拉开。在很短的时间内，第十二集团军群就因为这次战役而越过莱茵河，并俘获四万九千名德军。在作战的过程中，这群德军是尽了全力的，但由于缺乏汽油，他们没有办法动作。

只有一大群失去援助的德军还留在莱茵河以西。3月15日，尽管敌人抵抗顽强，盟军仍然发起猛烈的进攻。在茨瓦布吕肯以西，盟军的攻势进展迅速。不过，东面盟军的攻势则陷入停滞，那里的德军抵抗非常顽强。但他们的这种抵抗是徒劳的，因为巴顿已经到达了科布伦茨以北的莱茵河，同时往摩泽尔河下游调了五个师。巴顿的这一做法让他们没有了撤出突出阵地的道路。3月21日，这支部队已经到达沃尔姆斯，而且汇合了已经突破特里尔南边突出部分的第二十军。

如此，那条让人恐怖的吉戈菲防线的守军就被一分为二了。所有有组织的抵抗也在几天之后被消灭。在美因茨以南十五公里的地方，美军第五师完成了一次横渡莱茵河的作战，而他们之前并没有为此作准备。没过多久，他们扩大原有阵地，形成一个很深的桥头阵地，往法兰克福长驱直入。

德国在西部的最后一次大规模抵抗就这样结束了。盟军能够在六个星期的连续作战当中，在一条长二百五十多英里的战线上将敌人赶回莱茵河，同时对他们的人力和物力造成无法弥补的损失，盟国的空军起到的作用举足轻重。

蒙哥马利准备渡过莱茵河的时候，南面的美国人才刚刚靠近莱茵河。此时作战区已经集合大量的军需品、水陆两用的车辆、突击船只和搭桥材料。同时，在持续的烟幕的掩护下，我们这边的莱茵河不断集结军队。

渡河地点是不错的。作为代替龙德施泰特总司令之职的人，凯塞林在鲁尔处于险境时知道攻击什么地方。他剩下的最好的部队是第一伞兵集团军的七个师。这些军队在莱茵河东岸挖战壕防守。他们的炮队仍然非常强大，由于他们现在从鲁尔强大的空防部队调来高射炮，他们的炮队就更加强大了。于今之计，我们只能尽早进攻，何况荷兰北部还依然处在水深火热之中。

　　盟国空军在2月的最后一个星期开始对不来梅到科布伦茨一带进行轰炸。敌人因此而无法获得鲁尔兵工厂的供给，并且无法在作战区域自由交通。空袭的力度不断加大，战场的交通线，在中型轰炸机、战斗轰炸机以及处于绝对优势地位的战斗机队的联合轰炸下，已经不能正常通行。

　　我们进攻的力量，英国的第二集团军、美国的第九集团军以及加拿大的第一集团军，统一归蒙哥马利指挥。英国的第二集团军和美国的第九集团军，负责攻取韦塞尔南北的桥头阵地。英国的第一突击旅属于从中路进攻的力量，它将夺取韦塞尔。我们准备先用两千门大炮轮番炮轰一个小时，然后趁着夜色过河。在这期间，加拿大部队负责掩护大军左翼。之后，加拿大军队也渡河向北推进。次日清晨，为了从后方破坏敌人的防御工事，韦塞尔镇以北的敌后区域将会降落我们的两个空降师，即英国的第九空降师和美军的第十七空降师。这样一来，这些军队就可以尽早会合曾经在阿纳姆对我们不公正的其他部队。重型轰炸机以及另外至少三千架战斗机负责支援我们，后者的指挥者为科宁厄姆空军中将。

　　我准备同我方的军队一起渡河。2月23日下午，我以及我仅带的秘书乔克·科尔维尔和"汤米"，从诺索尔特坐飞机飞到温洛附近的英军总部。总司令要带我去一辆大篷车里，那是他居住和出发时都要用到的车。

　　我们的第十五师、第五十一师，以及美国的第三十师和第七十九师，有幸负责首选的攻势。最先出发的是第五十一师的四个营。他们在几分钟之后就到了对岸。随后，进攻的各师连夜大量渡过河流，因为河岸的防御本来就不那么坚固。黎明时分，尽管深度还不够的桥头阵地已经稳固地建立了起来，在韦塞尔，突击队已经展开肉搏战。

四个负责进攻的师都渡到了河对岸，牢固地驻守在纵深达到五千码的桥头阵地中。韦塞尔和雷斯方面的交火最为激烈。在作战的时候，空降师非常勇敢。空中作战也非常成功。盟国发起的空军攻势，只比诺曼底那天的空军攻势有所逊色。其中有从不列颠来的战略空军，还有来自于意大利的重型轰炸机。它们进入德国国境非常远。

在莱茵河以东，我们在以后的几天进展持续着。在3月28日，美国的第九集团军已经占领了格拉德贝克，并且往杜伊斯堡步步逼近。凭借着英国一个装甲师的帮助，空降师深入了哈尔滕。在那里，他们将战线扩大到了博尔肯和博霍尔特。在左翼，战斗进行得如火如荼。但即便如此，为了同莱茵河这边的加拿大集团军剩下的军队会师，加拿大的第三师仍然沿着莱茵河岸往下推进，向埃梅里赫紧逼。我们因此而在月底有了在莱茵河以东的一个突破点，我们深入德国北境，大攻势可以从那里展开。

南面的美军在这段时间内也进展非常大，虽然他们遭遇的抵抗没有这么顽强。经过英勇战斗，他们夺取了桥头阵地，这两个阵地不断地扩大和增强。另一方面，有越来越多的部队从科布伦茨以南和沃尔姆斯渡河。在3月25日和29日，美国的第三集团军分别推进到达达姆施塔特和法兰克福。美国的第七集团军则在29日攻占曼海姆。在同一天，从雷根出发的美国第一集团军已经到了吉森，并往北长驱直入。在美国第七集团军的右边，法国军队也在4月2日渡过莱茵河。在当天，美国第七集团军则已经越过海德尔贝格向东进发。大军夺取了卡塞尔；美国第一集团军的左翼同哈姆以东的美国第九集团军顺利会师。大军包围了鲁尔和鲁尔的三十二万五千名守军。至此，德国的西线崩溃。

苏联人在罗马尼亚的暴行

从雅尔塔会议结束到现在，已经有几个星期。对于我们提出的波兰人入选建议，莫洛托夫拒绝表态，就连圆桌预备会议的讨论，他也禁止他们那一方任何人参加。我们迅速而干脆地接受他提出的建议，即往波兰派遣观察员，他却说卢布林临时政府的威信可能因此受损。

对苏联人和追随他们的波兰人来说，时间拖得越长越有利。故而，我向总统建议，我们应该在最高级别的会议上，向斯大林提出这些问题。罗斯福的身体和精力明显大不如从前。我发给他的长篇电文，他已经不能完全看到。我如果知道他病情的真实情况，或许就不会那样步步紧逼了。对于这些事情，总统在尽最后的责任。国务院的做法是让驻莫斯科的大使们负责更多的工作，但哈利·霍普金斯也病得不轻，不是经常缺席，就是没有被邀请。于我们而言，这几个星期度日如年。

苏联人首次在精神和文字上背弃我们的协定，是他们于我在下院谈到我们在雅尔塔努力的结果的那天晚上，在罗马尼亚做的一件事情。2月26日，维辛斯基突然出现在布加勒斯特。2月27日，他要求谒见米凯尔国王，同时要求国王解散各党派的组成的联合政府。国王当天拒绝了维辛斯基的要求。次日，维辛斯基再次会见他，用拳头击打桌子，大声要求国王立即同意，然后重重地关上门，扬长而去。而这个时候，首都的大街上已经到处都是苏联的坦克和部队。3月6日，罗马尼亚的统治权落在一个苏联制定的政府手里。

我们不好出面干涉，因为之前商定罗马尼亚战后由苏联管理。

为了不让波兰的前途受到影响，我不想对罗马尼亚采取什么措施。我认为自己还是应该告诉斯大林，说他的做法是违背大家在雅尔塔会议上关于被解放欧洲的宣言的，并向罗斯福先生提出建议，要求斯大林不要立即清除罗马尼亚的反共分子，因为雅尔塔的宣言曾鼓励他们这样做。

我们必须扭转这一局面，要不然，所有人都会认为罗斯福先生和我在克里米亚议定书上签名之前，就在酝酿一项骗人的计划。

我非常清楚，必须向斯大林发一封个人电报，告诉他我们哪些事情可以做，哪些事情不能做，如此才能对抗莫洛托夫的策略，同时避免我要告诉议会说我们失败了。于是，3月8日，我向总统发了一封电报。电报重申了我的这些观点，并告诉总统我将发一封有如下内容的电报给斯大林，以及希望他也能发一封同样将要求降到最低的电报给斯大林。在这封电报中，我希望莫斯科委员会达成以下几点协议：

1. 应当接受三国政府任何一个国家提名的波兰人，以便于他们参加协商，除非那个人是三国政府组成的委员会一致决定不包括的。委员会不可干涉被邀请的波兰人跟他想要与之商量的其他波兰人接触，也不可干涉被邀请的波兰人向委员会提名应该被邀请出席会议的其他波兰人。

2. 必须保证被邀请参加协商的波兰人自由讨论。

3. 苏联政府应该竭力保证，不允许委员会的讨论还没有结束，波兰国内的社会、经济、政治、宪法等各方面的情况受到华沙政府进一步采取法律或行政上的根本措施的影响。

4. 在这个委员会讨论的早期阶段，莫洛托夫主动提出让英美两国往波兰派遣观察员。

　　罗斯福总统表示我们的目标并没有什么不同，都是避免卢布林的波兰人和他们的政敌彼此迫害，不同的地方只在于策略。他认为提出一个总的政治休战能获得更多的机会，而我认为应该向苏联政府直接提出要求。对于伦敦波兰政府的地下军反对红军和卢布林的波兰人的残酷行为，斯大林在雅尔塔曾刻意强调。苏联政府的坚持才是问题所在，不管那种残酷行为是否存在。我们决不能只要求苏联让卢布林单方面停止迫害政敌，因为斯大林绝对不会接受这一要求。不仅如此，我们如果这样做，还会让苏联抓住把柄，说我们有意阻挠土地改革。卢布林的波兰人，却一直是以唯一能保证农民反对地主者自居的。

　　总统同意往波兰派遣观察员。只有一点，他认为应该在英美两国的大使向莫洛托夫提出要求之后，再让我们当中的任意一个人去接触斯大林。他认为我们要亲自出面干预，必须要在所有可能让苏联政府屈服的办法都用完之后才可以。

　　我认为，事情在莫斯科方面已经不会有变化，我认同总统的愿望是非常勉强的。但我不得不这样做，因为我们想要有所作为，必须要有美国的帮助。

　　事情没有任何进展，尽管距离雅尔塔会议结束已经有一个月。在从时间上获利方面，卢布林占尽优势。所以，在3月13日的电报中，我表示同意不直接给斯大林写信，但是也向罗斯福提出要求，说应该让英美两国的大使列举我电报当中的各项。

　　当雅尔塔会议结束，我们又在莫斯科进行了讨论。那时我们的目的非常简单：集合波兰国内以及其他地方有代表性的波兰人，共同进行商议；建立一个能充分代表整个波兰，且经过改组能为我们所承认的波兰新政府。能够实现这一目标，关键在于能否邀请米科莱齐柯以及他的两三个朋友。最终，英国和美国采取同样的办法。另一方面，莫斯科的僵局依然维持着、苏联对波兰的胡作非为以及暗地里进行的控制，正在一天天突显。

他们提出要求，在旧金山代表波兰的只能是卢布林政府。西方国家反对，索性不让莫洛托夫出席会议。莫洛托夫对我们的大使进行答复的时候，对自己谈到的各点各项，用了一大堆理由否认。在他的眼中，雅尔塔公报代表着：可以加几个波兰人在被苏联控制的现任政府当中，如果要做什么事情，必须先要同这样的政府商量。对于他自己曾提出的意见，即英美两国可以向波兰派遣观察员，他也毫不理会，只是让我们自己去同华沙的傀儡政府交涉。他的目的很明显，就是无限期地拖延。

我于3月27日觉得有必要重新商讨这个问题。总统同意我的看法，认为是时候同斯大林就比较大的方面（特别是波兰问题）直接交涉了。我于4月1日致电给斯大林，解释了拒绝莫洛托夫的理由，指责了他的一意孤行以及对三国委员会的无视。斯大林在一个星期后答复了我和总统，他说大使们想组建一个全新的波兰政府，而将卢布林政府完全取消，大大违背了我们在雅尔塔的精神。而且，他表示苏联政府不会同意我们的大使们现在的主张，即莫斯科委员会当中的每一个成员都可以从波兰国内外邀请任意数量的波兰人，理由是我们在雅尔塔曾达成一致意见：跟波兰国内的五个波兰人和从伦敦来的三个波兰人协商。

接着，斯大林为我们怎样改变局面提供了意见。他认为不能取消卢布林政府，而只能进行改造。在他看来，只需要从外面调几个现任的部长进入卢布林政府就已经足够。同时，被邀请参加协商的波兰人，只能有五个来自本土的波兰人，以及三个来自伦敦的波兰人，一共是八个人。这些人必须是接受雅尔塔协定且对苏联友好的波兰人。由于卢布林政府在波兰影响很大，也由于不要让波兰人觉得自己受到了侮辱，觉得我们不应在完全不问他们意见的情况下强迫他们接受一个政府，在组建新波兰政府的时候，应该先同卢布林政府商量一番。

最后，他认为以上的建议如果能被接受，在很短的一段时间内就波兰问题达成一致意见指日可待。

他还以私人名义给我发了一封电报，我从其内容中看出事情还有成功的可能。于是，为了让米科莱齐柯以及别的波兰代表完全同意雅尔塔决定，我马上同他们进行了极其费力的讨论。

4月14日，总统发来电报。他表示会非常谨慎思考斯大林的态度代表着什么，以及我们下一步该怎么做。他说："我不会在没有同你商量的情况下采取行动，同样，我认为你也会这样做。"

苏联的狐疑

纳粹到了2月中旬终于意识到要承认失败了。唯有希特勒一人不放弃，他准备同第三帝国共存亡。但他的同党却不这样做，而是尝试在不被察觉的情况下，接触讲英语的盟国。我们当然拒绝他们的一切建议，只接受他们在全部战线上无条件投降。他们当然也可以向我们在战场上的指挥官作单纯的军事性投降，我们一直是允许指挥官这样做的。然而，当我们还在莱茵河作战时，苏联人和总统之间产生了一场因为尝试这样做而引起的争论。

卡尔·沃尔夫将军是德国方面驻意大利的纳粹党卫军指挥官。通过中间人的牵线，他于2月份同美国驻瑞士的情报结构取得了联系。以后，沃尔夫将军又亲自会见了美国机构的负责人艾伦·杜勒斯先生，杜勒斯直截了当地告诉沃尔夫：德国只有无条件投降，事情才能往前推进。很快，意大利的盟军司令部和美、英、苏三国政府知道了这件事。3月15日，通过乔装打扮，在卡塞塔英国和美国的参谋长艾雷将军以及兰尼兹尔将军来到瑞士。3月19日，两人再次同沃尔夫将军进行试探性的会面。

但是，苏联很可能会因此而产怀疑我们会在南方举行单纯的军事性投降。所以，驻莫斯科的英国大使告诉了苏联政府同德国密使接触的事情，并表示要进行谈判，也只会在得到苏联回复之后。那一天是3月12日。在这件事之前，我们做任何事情苏联人都是知道的。我们在3月13日告诉苏联，我们随时欢迎他们往亚历山大的司令部派代表，只要这次接触非常重要。然而，苏联政府却认为英国政府阻碍苏联往伯尔尼派代表，并说他们无法理解这种做法。

我们在3月21日再次向莫斯科的大使发出指令，让他告诉苏联政府几次会见都只是为了确定德国人是否有军事投降的权利，而且我们正准备邀请苏联代表来卡塞塔的盟军司令部。但是在3月22日，莫洛托夫指责我们先前没有通知他与德国指挥部两个星期的接触，而且不听解释，回复了一些粗鲁的话。对此，与其相互辱骂，我认为保持沉默更加好。

我当时正同蒙哥马利和艾森豪威尔一起观看渡过莱茵河的作战行动，因此我也让他们看了莫洛托夫的侮辱性信件。艾森豪威尔感到非常愤怒，他说："在自己的战线上，我会接受从一个连到整个集团军的无条件投降，因为我是一个军事司令官。在我看来，军事司令官有权不请示任何人来接受这种投降。"他告诉我，他会让那些投降军官所指挥的全部军队放下武器，并且让他们在没有接到命令之前停留在原地，以避免他们被调离德国去和苏联作战。而且，他准备利用这些投降部队快速往东线进攻。

这个时候，为了"援俄"基金事宜，我的妻子正要去访问苏联。我甚至考虑是否将她的苏联之行延期，因为苏联人如此质疑伯尔尼会谈。最终，克莱美如期访问了苏联。苏联人热情地欢迎了她。

我于4月5日收到了斯大林4月3日给总统的电报。他表示相信苏联已经得到了伯尔尼谈判已经进行的虚假情报，还相信是英国人先发起的德国投降之事，同时对英国人保持沉默的做法感到费解。对此，我感到非常震惊。

看到被这样指责，总统非常生气，由马歇尔将军起草，回复了一封证据强硬的电报，明确告诉斯大林亚历山大并没有同凯塞林双方在伯尔尼达成过任何协议，他所说的完全子虚乌有。他在最后说：

> 我想告诉你，我非常厌恶你的那些告密者抹黑我的行为或抹黑我信任的同僚的行为，不管他们是谁。

我给这句加上了着重号，因为它让我非常感动。我认为这一句话很可能罗斯福先生亲自加上去的，尽管他没有起草整个电文。

4月6日，我给斯大林发去电报，做了具体而深入的解释，其间还把莫洛托夫电报中的一些侮辱性的词汇加了进去。然后继续往下写：

> 英国政府决定不回复莫洛托夫这种没有任何根据，并且带有侮辱性质的指责，英国人沉默的原因就在这里。你4月3日在给总统的电报提出的指责，同时也对英国政府的荣誉造成了损害。因此，我以及我的同事，对总统给你的回复的最后一句话是认同的。

斯大林在4月7日答复了总统的谴责：

俄国人认为，根据各条战线的情况判断，敌人将可能提出投降，那么，当商谈投降的会面举行事，不应该将任何一个盟国排除在外，只要这个盟国提出参加的要求。但美国人却认为俄国人的这种看法是错误的。倘若是俄国人碰到类似的情况，一定会允许美国人和英国人参加的，这一点我有必要重申。我认为只有俄国人的观点可以避免各盟国之间的不信任，也可以避免敌人想分裂我们的意图成功，因此我认为俄国人的观点是唯一正确的。德国人投入了一百四十七个师在东线，他们从东线抽调十五个到二十个师到西线，完全不会影响他们的整体地位。因此，我很难认同你的说法，即说德国人是因为失败而放弃在西线的。我不能理解德国人的做法。我还必须说，你无须怀疑我的情报人员的诚实和谦和。我们无意对任何一方不敬，只是想自觉地履行自己的职责。对于这些人，我隔三岔五都要进行实际检验。

他把这份电报抄送了我一份，并另外用一封电报向我致以有限的道歉。我把后者抄送给罗斯福总统，并请他一定要告诉我他准备如何处理这件事，然后英国政府再决定应该怎样答复斯大林，这样英国和美国就能保持相同的步调。

总统在次日发来了电报，并说将发送如下电报给斯大林：

在伯尔尼事件上，你进行了开诚布公的解释。对此，我表示感谢。现在，这件事已经过去了，它并没有造成什么不好的影响。以后这样的事情不应该再发生，我们应该相信彼此。当苏军和美军在德国会合一起进攻时，纳粹的末日就到了。我相信我们会等到这一天。

战略分歧及协商

尽管眼下是迎来胜利的巅峰时刻，但是处在这一刻的我却并不开心。到了今天，我们已经可以发现，在逐步了解和掌握世界大问题方面，当罗斯福总统的影响力已经在慢慢变弱，杜鲁门总统却没能完美地衔接。无论是军事长官还是国务院，都没能得到必要的指导。美国因为获得胜利而掌握着世界的命运，但是却没有一个前后一致而真切的愿景，英国则无法单独行动。在目前阶段，我们唯一能做的是提出警告和主张。

现在，德国已经没有了军事力量。这根本性地改变了共产主义俄国和西方民主国家的关系。共同的敌人是两者关系唯一的维系力量，现在因为这个敌人的消失，这种维系的力量也没有了。

这一章要讨论几点关于战略和政治的实际问题。它们是：

1. 英美军队主要和真正的目标是柏林。

2. 于自由世界而言，苏俄已经成为一种致命的威胁。

3. 为了阻止苏俄的扩张，应该有一条限制它的战线。

4. 这条战线要深入到东方，越深入越好。

5. 西方大国必须管束维也纳和整个奥地利，它们的地位至少要同苏联不分上下。

6. 解放捷克斯洛伐克以及美国军队进入布拉格，意义重大。

7. 必须管束铁托元帅对意大利的侵略性要求。

8. 欧洲的东西方国家，在民主国家的军队还没有解散之前，或者说在西方盟国还没有把德国领土的任何部分，从自己攻占或者被集权统治所占据当中解放出来之前，应该就所有主要的问题达成一致意见。这一点尤其重要。

关于希特勒未来计划的各种传言，真正得到证实的却很少。艾森豪威尔似乎非常重视这些传言。3月30日，我询问盟军总部怎样看英美军队前进的战略，艾森豪威尔回答说应该向东推进跟苏联人会师，或者向东推进到易北河的整条战线。但这一行动的发起，应该在美军第九和第一两个集团军会师，在被围困在鲁尔区里的德军不能再进攻之后。这种进攻最好从卡塞尔-莱比锡一条轴线发起，因为从那里开始进攻，最有可能占领那个我们认为德国部长们正在进入的最为重要的工业区。分割和歼灭西方残余敌军的主要力量，是这个计划的目的。当主要攻势确定能成功，我认为应该首先消灭北方港口的敌人，有的地方需要强行渡过易北河，比如基尔。这些任务由蒙哥马利负责。当以上目标都已经实现，为了防止德军在南方集结，第六集团军群应该做好顺着纽伦堡-雷格斯堡向东南进军的准备。同时，它还要准备同多瑙河流域的苏军会师。

此外，我还获悉艾森豪威尔在3月28日直接用电报告诉了斯大林元帅自己的策略，但是没有告诉自己的副手，也没有告诉特德共军上将或者联合参谋长委员会。一个欧洲战场上的最高统帅这样做，我们普遍认为已经超过了限度。

英国的参谋长委员会对新计划的好处和坏处有忧虑，也对艾森豪威尔不请示军事上和宪法上的最高当局而直接作决定感到忧虑。基于这一原因，他们向他们在华盛顿的同僚发送了一封非常长的电报。我原则上同意我们的参谋长的意见，而且同他们的看法一样。

美国参谋长联席会议的"反驳"现在到来了。他们认为，德国战争现在发展到的阶段，已经要求战场的指挥官根据需要灵活处理，应该支持最高统帅的战略概念，尽管有些因素同他并没有直接联系，因为他的战略概念是健全的。而且，他已经保持跟苏联的最高统帅的沟通。

但美参谋长联席会议同时也认为，艾森豪威尔将军也应该给他们一份他发给斯大林的电报，并且还要作详细说明。在以后，如果莫斯科再要求我们提供新情况，艾森豪威尔应该在询问了联合参谋长会议的意见之后再回复。

3月11日，我向艾森豪威尔将军复述了一遍我的意见：在敌人依然能抵抗的情况下，我不认为应该南移进攻的主力，同时将美国第九集团军从第二十一集团军群当中抽走，因为如果这样做，蒙哥马利的进攻就会变得没有力量，因为他的战线会被拉得太宽。如果像你说的那样，敌人的抵抗力已经减弱（这却是很有可能实现），我们更应该渡过易北河，尽可能地往东进攻。这一行动有重要的政治意义，因为我们如果这样做，是在把占领柏林的功劳让给苏联人（即便我们可以获得这一结果）。我也不认为柏林已经没有了军事意义，更加说不上没有政治意义。基于上述原因，我仍然认为第二十一集团军群应该同美国第九集团军一起向易北河推进，并且越过柏林，即坚持我们渡过莱茵河所根据的计划。

4月1日，艾森豪威尔给了我答复，说他其实没有改变任何计划，仅仅是把这支兵力分成了几个部分，又说对于时间安排的不同看法，是他的看法和我的计划之间唯一不同的地方。

我以第二天的回复结束了这种不能说是不友好的通信：

> 对于这些事情，我尽管认为双方参谋长委员会还必须来往一些电报，但是我认为已经不再存在误解。请允许我再次祝贺这次伟大的进展。我还想指出，西方的形势在斯大林还没有开始总攻之前，还有很多变数。

我们的军事进展自然没有因为这些讨论而受到阻碍。另一方面，我们还大约在这个时候完成了一个解放欧洲很值得注意的行动。我们让加拿大第一集团军去援救"要塞荷兰"当中的荷兰人，因为之前接到过许多说荷兰人遭遇非常悲惨的报告。这一集团军的第一军夺取了阿纳姆，然后转而攻向阿姆斯特丹，第二军则肃清了威廉半岛和荷兰东北部的敌人。但是，在须特海的南部，他们的进攻被阻挡住了。只要德国别的地方还在继续作战，这里的德国总司令无论如何都不愿意投降。这样一来，我们势必把这整片地势低洼甚至有部分已经泛滥的地区，作为一个战场，而这将给当地的居民增加无法承受的痛苦。于是，我4月10日亲自致电总统，并与美国在具体怎样救援荷兰一事上达成了一致意见。

同纳粹的高级长官赛斯·英夸特谈判，是接下来的工作。经过商量，我们将西边的攻势停止下来，而德国方面则不再灌水，并且解除所有对居民施加的压力。同时，德国方面还必须帮助运输救济品。我们通过陆海空三种渠道，将这些已经存储了很多的救济品运到了荷兰。自然，这已经是我们能做到最好的地步。在荷兰人民勇敢地忍受痛苦的时候，我们给予了他们连我们自己都感到赞叹的帮助，他们在此之后一直在口头上向我们表示感谢。

罗斯福总统逝世

4月12日，在佐治亚温泉，罗斯福总统辞世，享年六十三岁，那一天是星期四。他是在那天下午让别人给他画像时突然病倒的。然后，他丧失了意识。几个小时之后，他就停止了呼吸。罗斯福离世的时刻，可以说是战争最重要的阶段，是美国政策最需要他来提供指导的阶段。

我是在13日星期五早上获得罗斯福逝世的消息的。当时，我感觉身上被重击了一下。在我和这位卓越人物共事的漫长而惊心动魄的岁月中，我们之间的关系起到了举足轻重的作用。现在，这些关系已经不复存在。我崩溃了，被一种必然会发生的深沉的损失感所击溃。下议院原定于十一点钟要开会，于是我去了下议院。到那里之后，我只简短地说了几句话，其中就说：我们应该立即休会，以悼念我们卓越的友人。让全体议员来悼念一个外国元首的去世，以前还从来没有发生过，但在现在，它同议员们的意愿是相符的。他们召开的会议只持续了八分钟，八分钟之后，他们缓步走出了会议室。

所有国家都悼念了罗斯福，悼念的方式各种各样。莫斯科挂起了许多镶这黑边的旗帜。最高苏维埃在开会的时候，所有的人都会站起来默哀。日本首相也表示了哀悼。他认为是这位领袖让"今天的美国人拥有这样有利的地位"，他"无比同情"失去自己领袖的美国人。只有德国无线电说的是另外一种话：在历史的长河中，罗斯福将成为第二次世界大战的煽动者，同时，他最大的敌人布尔什维克能够得势，也是因为他。

4月17日议会开会，那一天是星期二。我向议会表示：应该把议会的深沉哀悼，以及对罗斯福夫人和美国政府及人民的深切同情，向英王陛下奏明。一般来说，在支持这一提议的时候，是由各党领袖发言。但由于被一股奔腾的情绪所激荡，我当时认为应该由自己代表下议院发言。在那个悲伤的事件中，我说的那些动情的话，直到现在我仍然认为是最恰当的。

我想去坐飞机去参加总统葬礼。为此，我已经准备了一架飞机。

霍普金斯和斯退丁纽斯对我想去的想法非常感动，并且赞成我去。杜鲁门后来又让哈利法克斯转告，说他希望尽早实现和我见面，并且认为葬礼举行期间是一个自然而方便的会面时机，只要我愿意。杜鲁门先生的意思是我可以在葬礼结束后同他进行两三天的会面。

但是，我最后没有履行朋友们的期待。由于身负许多公务，我无法在最危险和最困难的时候离开自己国家。

后来，在回想这件事的时候，我认为不应该拒绝新总统的建议，因为我以前从来没有见过他。在我看来，同他当面谈，特别是分成几天不慌不忙地谈，许多事情将意义重大。但有一件事情我不能理解，这就是罗斯福总统没有让他的副总统和可能的继承人，对整件事情有一个充分的了解，也没有让他出席正在执行的决议，特别是在最后几个月也没有这样做。我认为这种做法对我们的事业没有好处。在事情结束之后阅读卷宗文件来了解情况，同亲身经历，亲自参与事情完全是两回事。我的同事艾登先生就可以随时接手我全部的领导工作，尽管我目前非常健康，精力非常充沛，因为他对每一件事都非常了解。而美国的副总统掌握最高权力，却是从以前对情况不怎么了解，权力很小的情况下完成的。如此，就不能不担心，在这个战争最关键的时刻，杜鲁门先生是否能够很好地了解和估计关乎存亡的问题。他在最开始的几个月处境是非常艰难的，因而没有办法将自己的卓越才能充分发挥，尽管我们后来知道的关于的他的所有事情，已经证明他是一个无所畏惧有毅力的人，有作出最大决策的能力。

杜鲁门先生表示，他将竭力让罗斯福总统为之投入毕生精力的事业继续前进，同时，他也会维护罗斯福总统同我结成的两国之间亲密而稳固的关系，而且还要增进。他希望能同我见面。

最后的进攻

罗斯福总统去世时，希特勒的西线已经被击溃，艾森豪威尔则渡过莱茵河，往德国和中欧发起进攻。很明显，敌人已经无法抵御由艾森豪威尔指挥的猛烈攻势。德国人在柏林和苏联人的势力范围之间的奥得河面前凭借工事固守，这意味着，在红军有能力强渡奥得河和继续推进之前，将会发生一场激战。古都维也纳是另外一种情况。由于亚历山大的军队因为要支援法国南部被抽调走许多，在八个月之前，我们就放弃了赶在苏联人之前从意大利向它进攻的机会。但我们有能力攻占布拉格。

必须先回忆几个星期之前的事情，才能明白这种军事形势是怎样形成的。

当苏联人越过德国的东部，进入了西里西亚和波美拉尼亚，他们开始发动冬季的攻势。他们用两个月先抵达从什切青到格沃戈夫一段的奥得河下游，在往南渡过了奥得河之后，建立了牢固的根据地。随后又打败波森、奥伯林和施耐德米尔等地被包围的德国守军。3月底，他们攻克旦泽。科尼歇贝格也在经过四天激战之后，在4月9日被苏联人攻克，尽管它是一个非常坚固的现代化堡垒。这样，仍然在坚守在苏军战线后方的德国军队，便只有布雷斯劳和距离非常远的库尔兰德了。

再看多瑙河前线的情况。到2月15日，经过残酷的厮杀，苏联人攻陷布达佩斯。巴拉顿湖两端的德国抵抗比较顽强，一直持续到3月份当中的很长一段时间。最终，苏联人在击退这些抵抗之后，进入了奥地利。他们东面一路，南面一路，朝着维也纳发起进攻。4月13日，维也纳被攻陷。随后，苏联人沿着多瑙河上游，往林茨杀奔而去。

斯大林告诉艾森豪威尔苏军主要攻势发起的时间大约是在5月的下半月，但实际的情况是，他们在4月的下半月就发起了主要攻势，提前了整整一个月。他们这样做，同西方军队迅速接近易北河不无关系。

至于我们的军队，在渡过莱茵河和包围鲁尔之后，因为要应付敌人的守军，艾森豪威尔将美国的第一和第九两个集团军的侧翼各军留在了那些地方。另一方面，他又让布雷德利的第十二集团军群往莱比锡、马格德堡和拜罗伊特发起进攻。4月19日，三个地方全部被占领，第三集团军的先锋部队，甚至已经进入了捷克斯洛伐克。4月12日，第九集团军已经在马格德堡附近渡过易北河，到达了距离柏林只有六十英里的地方，第九集团军的速度不可谓不迅速。

在奥得河边上，现在已经聚集了大量苏军。4月16日，这支大军在距离柏林三十五英里的地方，顺着一条宽二百英里的战线发起进攻。4月25日，他们包围柏林。来自莱比锡的美国第一集团军的先锋部队，也在这一天同托尔高附近的苏军于易北河会师。至此，德国已经一分为二。此时，第九和第一集团军停止了前进，在易北河边和穆尔德河驻扎，同苏军隔河相对。德军军队不断被击溃。艾森豪威尔还是让美国第三集团军调转头，向南进攻，因为他相信纳粹党人会尝试在巴伐利亚和西奥地利的山区站稳脚跟。这支军队的右翼往多瑙河下游进攻。5月5日，他们到达林茨，然后同来自维也纳的苏联人会师。它的左翼则往捷克斯洛伐克的布杰约维茨、卡尔斯巴德和比尔森，作深入的进攻。

杜鲁门总统在5月1日，将艾森豪威尔现在在捷克斯洛伐克的军事行动计划告诉了我：先进入伏尔塔瓦河流域。如果进入捷克斯洛伐克变得有必要，而军事条件又允许，我们初步认为往卡尔斯巴德和比尔森进攻是最好的做法。但是，在易北河西岸展开军事行动，并且沿着1937年捷克斯洛伐克的边界将攻势停止下来，才是艾森豪威尔的总体计划。如果情况不允许，他不打算渡过易北河，抵达以卡尔斯巴德–比尔森–布杰维约策为主的那条线。这一行动最终在苏联人同意之后付诸实行。但在5月4日，当听到美国第三集团认为应该继续推进，到达伏尔塔瓦河的时候，苏联人反应非常剧烈。他们会这样，是因为伏尔塔瓦河流经布拉格，他们不愿意看到美军占领伏尔塔瓦河。最终的结果是，"美军的第三集团军没有往前推进，红军消灭了伏尔塔瓦河的两岸，然后占领了布拉格"。

在4月的后半月，尽管艾森豪威尔一路凯歌，杜鲁门总统仍然发现自己面对一个巨大的危机。我在之前的一段时间曾力图让美国政府明白，军事和政治方面的情况正在发生翻天覆地的变化。

对于已经达成一致意见的占领区的承诺，我并不会在别的协议得到遵守的情况下建议取消。但是，根据实际情况，我逐渐认为，为了同苏联达成一个关于整个现状的协议，我们已经在我们的军队还没有停止前进甚至撤退的时候，同斯大林当面作一次会谈。

艾森豪威尔将军曾表示：不管在什么地方，如果东方军队和西方军队碰面，哪一方都可以建议对方回到自己的占领区界线以内，因为两方面军队并没有规定要受分界线的约束；而且，只有集团军群的总司令有提出请求和命令撤退的权力；当要求提出之后，撤退应该马上开始，除非战争形势不允许撤退。我认为艾森豪威尔提这个建议有些太早，而且这个建议也不在当前军事需求范围之内。但我后来又必须就这件事征求参谋长委员会的同意，因为罗斯福总统在4月12日逝世。同时，我还要重新向新总统提交关于占领区的整个建议。4月18日，我将这个问题向新总统直接提了出来，并询问他的意见：

　　我中意两类地区，一类是战术区，一类是占领区，并说我肯定会遵守占领区的约定，但如果有一个俄国将军，用粗鲁的言语赶走我们的盟军或者你们的美军，我们就不同意了。为了便于艾森豪威尔用高明的办法就地解决这种问题，政府之间必须通过避免这种事情发生的协议。如果迎来欧洲胜利的日子，首先我们必须竭力在柏林组建盟国管制委员会，其次，对于产自于德国的粮食，应该公平地分配在德国各个地区。苏联的占领区目前是人口最少但要求所产的粮食却最多。美国人占领的地区粮食和人口的比例并不协调。资源匮乏的英国最惨。我并不反对俄国人的想法，即为了自己吃运走德国产量区的大量粮食，这完全在情理之中。我只是认为，应该全面来看德国人的粮食供应，这些粮食必须按比例分配在占领区。

　　我在电报里传达的意思，目前还在伦敦的艾登先生完全同意。但杜鲁门先生的答复对大局没有任何帮助。他认为盟军在军事形势许可之后，要撤回之前商定的德国和奥地利的占领区内。

　　苏军占领了维也纳。没过多久，我们就明白了什么是苏军占领区。他们公开说，已经有一个奥地利临时政府，我们的代表团不能去那里。我给杜鲁门总统去电，解释说解决的这个问题的唯一办法就是去维也纳研究这个问题，苏联不应该不让我们去那里。杜鲁门先生向苏联提出了要求：应该让盟国代表立即去维也纳。

　　另一方面，盟军继续前进，而且阵容不断变大。4月30日，德弗斯将军指挥的集团军群当中的美国第七军经过慕尼黑。5月3日，他们抵达茵斯布鲁克。法国的第一军先沿着康斯坦茨湖的北岸前进。然后，他们向南进军，又越过奥地利边境。在完成亚历山大的胜利战役结束后，一支美军从意大利出发，先是在茵斯布鲁克。后来，他们奉调前往伯伦纳山口，然后于5月4日跟美国第五军的先锋部队会师于伯伦纳山口往南几英里的地方。这样，之前相隔几千英里远的东、西、三条战线就汇合在了一起，将德国的军队一举消灭。

北方蒙哥马利的军队也完成了自己的包围圈。4月19日，英国第二军打前锋的第八军团，抵达距离汉堡只有三十英里的易北河上游。他们的左边是第十二军。第十二军队面对的顽强抵抗，主要是从附近军官学校抽调来急忙编成的部队。在4月18日，这支军队将佐尔陶占领，往汉堡进发。第三十军朝不来梅进攻，但是遭到了一些激烈抵抗。整体而言，整个英军的行进延后了，因为有被敌人破坏的经过许多水道的几百座桥梁需要修复。4月26日，不来梅被攻下。4月29日，在左翼有第十二军团，右翼有美国第十八空降军的保护下，第八军渡过易北河。随后，为了经过丹麦，他们向波罗的海前进。第十一装甲师则在5月2日抵达吕贝克。丹麦因为我军解放，所有人都在庆祝。在维斯马，我们的第六空降师同苏联人会师。第二天，汉堡迎来第十二军。大量从苏联逃来的难民和瓦解的军队来到易北河以北，向西方盟国投降。战争就要结束。

决胜意大利

我们在地中海的各个战役均以胜利宣告结束，需要暂停进攻。将士们必须通过修整恢复力量，因为在秋季的战况非常激烈。

在各个战线上，德国人的抵抗意外地顽强和持久。盟军空军猛烈地袭击了维持德军供给的补给线，前者和后者力量之比为三十比一，占有绝对优势。在整个三月份当中，从维罗纳到伯伦纳山口这最重要的一条线上的许多地方，都因为我们的袭击而交通中断。

除了缺乏燃料之外，敌人的军火和补给都非常充足。在莱茵河和奥得河方面，他们遭遇了一些失败。他们投入了二十七个师在意大利北部，属于意大利的占四个。我们投入了相当于二十三个师的兵力在那里。德国的最高统帅部之所以会感到恐慌，完全是因为我们占有压倒性优势的空军，以及他们背靠宽阔的波河据阵地防守。很有可能的是，希特勒是想将它当成"最后的防线"，这导致了上面那次投降谈判失败。

倘若我们能够将亚德里亚海侧翼的军队攻破，然后迅速到达波河，那么所有的德国将被迫投降，因为他们被切割了。攻占波伦亚现在已经不那么重要，因为它在我们秋季的计划中占的比重很大。让迈克里里将军率领的第八集团军，将从巴斯蒂亚到阿尔金塔的道路打通，是我们现在的计划。那是一条两边大水汹涌，并且防守坚固的通道，但通过它可以达到那边更为空旷的地域。最终，这一行动已经变得得心应手。特拉斯科特将军在这之后，便率领自己的第五集团军从多山的中央阵线发起进攻。在经过波伦亚的西面之后，他们同第八集团军会师于波河边上。然后，两支军队共同追击，一直到阿迪杰河。盟国的海军必须让敌人相信，应该立即进行东西海岸的两栖登陆。

4月9日，有第五军和波兰军团打头阵，第八集团军渡过了塞尼欧河。为了实现这一目的，他们当天一天都在进行大规模的空袭和炮队攻击。他们于11日到达下一条河桑特尔诺河。凭借着一种新式的两栖运兵坦克，在不知不觉的情况下，第五十六师最前面的一个旅和突击队，渡水在敌人后方三英里远的梅纳特登了陆。伊莫拉被波兰人攻取。新西兰师渡过了希拉洛河。在向北进攻的过程中，第七十八师将巴斯蒂亚的桥梁占领了。在这之后，他们同第五十六师一起攻向阿尔金塔。

　　在中路，第五集团军也在14日开始从皮斯托亚——波伦亚公路以西发起攻击。在盟国空军的全力支援下，他们在激战一个星期之后冲出了山区。然后，他们越过波伦亚以西的大路，向北发起攻击。20日，菲廷霍夫终于置希特勒的命令于不顾，下达撤退的命令。但在这个时候，由于我们已经占领了阿尔金塔，英国的第六装甲师正朝着费拉拉扫荡，这一措施已经为时已晚。波伦亚被东面的波兰人，南面的美国第三十师紧密包围。最终，它于4月21日被攻下。德国有名的第一伞兵师在这里被波兰人歼灭。第五集团军快要接近波河，在他们行进的过程中，一路上有战术空军沿着前面的道路搞破坏。23日，这一集团军的美国第十山地师渡过波河。它的右翼第六南非师则跟第八集团军的左翼会师。在他们的后面，几千名德国人被带入俘虏营，或者步行被带到后方，因为这些德国人已经没有退路。

　　在一条广阔的战线上，我们尾随敌人过了波河。敌人已经失去了秩序，有一些敌人抛弃所有重型配备费力地渡过了河，但是到了河那边，他们已经没有能力再重新集结。他们被盟军追赶到阿迪杰河。山区的敌人则被意大利游击队骚扰了很长一段时期，意大利游击队背后地区的敌人，也同样被意大利游击队骚扰了很长一段时期。这些游击队在4月25日开始进行广泛攻击，因为当天他们接到了总攻的信号。他们占领并控制了许多城市，在意大利的西北部分，开始出现大规模的投降。在热那亚，一个英国联络军官和游击队，竟然获得四千守军的投降。第八军在二十七日渡过阿迪杰河，然后挺向帕多瓦、威尼斯和特雷维佐。而此时的第五军，已经抵达了维罗纳。然后，这支军队向维琴察和特兰托进发，将左翼插进了布里西亚和亚历山大里亚。

　　海军的战役也同样顺利，尽管没有那么大的规模。在最后的战役中，海军实际上是两面作战。西海岸的情况是：美国、英国和法国的海军行动不断；他们持续不断地轰击和骚扰敌人，同时打退敌人用轻型船只和蚊式潜艇进行的从来没有停止过的攻击；他们还将已经解放的港口内的水雷清除。在战争刚开始的时候，意大利人抢走了属于南斯拉夫的"普雷穆达"号驱逐舰；在三月十七日晚上，配备着德国人员的两艘意大利驱逐舰，为了拦截从马赛开到里窝那的一个英国护航队前往了热那亚。在科西嘉北端巡逻的时候，英国驱逐舰"瞭望台"号和"流星"号接到了警告。接到警告后，两艘驱逐舰立即进行了攻击。在没有遭受任何损失或者受到任何创伤的前提下，英国舰队击沉了两艘意大利舰只。海战在我们的陆军到达阿迪杰的时候实际上已经结束。

另一方面，希姆莱在三月份可能已经听到停战谈判的消息。为了询问详细情况，他的确叫去了驻意大利的主要使节兼纳粹党卫军高级军官的沃尔夫将军。德国人当然最终放弃了犹豫的态度，但是在这之前也经过了一段时间。不过，作为菲廷霍夫的全权代表，沃尔夫在4月24日又重新出现在了瑞士。我及时地告诉了苏联人这个消息。

亚历山大总部来了两个全权代表。4月29日，当着英、美、苏三国高级军官的面，他们签署了无条件投降书。我及时把这一喜讯告诉了莫斯科。

5月2日，投降成为俘虏的德国人将近一百万。这样，意大利的战争终于结束。

墨索里尼也迎来了自己的末日。在4月25日，墨索里尼做了一个决定：将自己剩余的武装部队全部解散。他向米兰的红衣大主教提出请求，希望同意大利全国解放运动的地方军事委员会举行一次会谈。由于墨索里尼无法提出一个完整的计划，讨论没有产生任何结果。在一个德国护送车队的护送下，他同一小部分拥护他的人前往瑞士边境。

游击队的巡逻队发现了这一小队人，他们认出了墨索里尼。 第二天，在共产党的指示下，墨索里尼以及他的情妇被装进一辆车子拉去枪毙了，尸体都被送到了米兰。

如此，我们在意大利的二十个月的战役就结束了。

希特勒自杀，德国投降

进攻的军队势如破竹，希特勒领导的德国到4月份明显要彻底完蛋了。他甚至到了4月20日仍然想离开柏林，前往巴伐利亚阿尔卑斯山区的"南方堡垒"。4月20日，他召开了一次会议，主要纳粹首领都参加了会议，同意建立两个分开的司令部。该计划在柏林被攻陷后正式实行。

在两天之后的4月22日，希特勒作了最后一个决定：同柏林共存亡。没过多久，苏联人就完全包围了柏林，希特勒已经无法掌控事态发展。他只能做一件事情：让自己在危城的废墟中死去。他向留在他身边的纳粹首领下达命令：他要守在柏林直到最后一刻。早在20日戈林和希姆莱就都已经离开，心思完全放在和平谈判上面。但在这个时候，已经去了南方的戈林希望让自己能够继续行使元首继承人的权力，因为希特勒既然已经决定留在柏林，实际上表示他已经退位。给戈林的答复只有一个：将他的一切职务都撤销。

跟在希特勒身边直到最后的，在他统治集团的主要人物当中只有戈培尔和博尔曼。那个时候，苏联军队正在柏林进行巷战。希特勒在4月29日清晨立下遗嘱，也是在那一天，他们得知了墨索里尼已经死亡的消息。4月30日，希特勒同随员一起吃早餐，场面很安静。吃过饭以后，他一一同在场的那些人握了手，然后回到自己的寝室休息。下午三点半，一声枪响传了过来。他的随从走进他的房间，发现他已经死在沙发上。他是对着自己的嘴巴开的枪。他的身边躺着埃娃·布劳恩，也已经死于服毒。在最后的几天时间里，他们两个人秘密地结了婚。两个人的尸体随即被焚化。就这样，第三帝国伴随着希特勒被焚的火堆，伴随着苏联人的枪炮声结束了。

留下来的首领最后开了一个会议。他们仍然想和苏联人谈判，但是谈判只持续了一分钟，因为朱可夫只接受无条件投降。博尔曼冲出了苏联人的包围，此后再无音讯。戈培尔先把自己的六个孩子毒死，然后让纳粹先锋队警卫员开枪打死他和他的妻子。苏联人控制了希特勒总部里的其他人员。

当晚，邓尼茨海军上将接到博尔曼发来的一封任命书：帝国海军上将先生，元首任命你替代帝国元帅戈林，成为他的继承人。书面的任命状已经在途中。现在，你应该根据情况采取一切措施。

混乱随即开始。在完全没有任何征召的情况下，邓尼茨现在被委任行使最高责任，这样他就必须负责安排投降。他一开始认为如果柏林被攻占，希姆莱会成为希特勒的继承人。

为了实现公开投降的目的，希姆莱连续几个月都被催促前去跟西方盟国进行个人接触。有人建议他可以让经常有机会来柏林访问的瑞典红十字会会长贝尔奈多特伯爵充当中间人。提这项建议的是纳粹党卫队一个叫舍伦贝格的将军。贝尔奈多特分别在2月和4月来过柏林，希姆莱和他进行过秘密会晤。但这个纳粹党人却不能做什么，因为他依然不能对希特勒不忠。他真正行动起来的时间是在4月22日，希特勒是在那天宣布将在柏林坚持到最后一刻的。

伦敦在4月25日清晨接到一封电报，电报说他和他的美国同僚赫谢尔·约翰逊先生被邀请前去会见瑞典外交部长博希曼先生，时间是在4月24日晚上十一点钟。这封电报是英国驻瑞典公使维克多·马利特爵士发来的。这次会见，是为了负责一项紧急使命的贝尔奈多特伯爵会面。贝尔奈多特说，目前正在东线的希姆莱要求在北德同自己见面。贝尔奈多特认为会见的地点应该定在吕贝克，因为这样可以把会面的时间提前到前一天晚上。

希姆莱非常疲劳，并且也不否认德国已经完蛋，但是依然保持着有条有理和镇定。他告诉我们，希特勒已经病到无法挽救的地步，或许现在已经去世，就算不是这样，也会在几天之内结束生命。同时他表示，他现在有了行动的全权，因为希特勒已经就要去世，而在元首仍然能活动时，他不能像现在这样做。所以，他向瑞典政府发问：为了商谈整个西线上有条件投降事宜，他们是否愿意安排他跟艾森豪威尔将军见面。贝尔奈多特的回答是：如果不把向挪威和丹麦投降也包括在内，他不会传达这样的要求。他表示，这样这一条件满足，会见才是有必要的，因为德国人应该怎样投降和向谁投降，还需要商量。他同时还表示，希姆莱完全可以直接命令自己的军队投降，那样更加简单。

紧接着，希姆莱表示，他准备让在丹麦和挪威的德军向英美或瑞典军队投降。贝尔奈多特这时问他："如果西方盟国拒绝你的请求，你准备怎么做？"希姆莱回答："指挥东线作战，在战场上战斗到最后一刻。"为了拯救平民，希姆莱表示更愿意让西方盟国进入梅克伦堡，而不是苏联。最后，贝尔奈多特说："舍伦贝格将军有把握告诉你任何消息，他现在正在丹麦附近的弗伦斯堡迫切得到消息。"

两个公使认为希姆莱最后还有意在西方盟国和苏联之间制造麻

烦，因为他拒绝在东线投降，毫无疑问，纳粹应该同时向所有盟国投降。瑞典部长不否认这种可能，但他同时又说："于包括俄国在内的所有盟国而言，如果德国在整个西线以及在挪威和丹麦的德军投降，得到的帮助是巨大的，因为那样可以让全面投降早日到来。"他又说："必须让英美两国的政府知道贝尔奈多特的情报。于瑞典政府而言，由于不会也不想被人认为离间盟国，我们完全可以将情报也直接告诉苏联人。但瑞典人并不准备这样做，因为希姆莱曾同我们达成约定，即他只向西方国家提供情报。"

我是在4月25日清晨接到这个消息的。一接到消息，我立即召开了战时内阁会议。我在那天晚上跟总统通了电话，然后给斯大林去电，表明英国政府的态度，即德国的投降一定是同时向我们三个国家无条件投降。

贝尔奈多特向希姆莱传达了我们的要求，就是德国在所有战线都无条件投降的要求。此后，一直再也没有关于他的消息。5月21日，一个英国监视哨所在不来梅福尔特逮捕了他。当进行最后审问的时候，他把明显已经藏在嘴里几个钟头装有氰化物的小瓶子咬破，然后立即死去。

西北方面的情况平淡无奇。5月2日，我们得知了意大利投降的消息。我们的军队也在是那天到达波罗的海沿岸贝吕克的。在贝吕克，他们与苏联人会师，同时将在丹麦和挪威所有德军的退路都封堵了。5月3日，我们进入汉堡，迎接我们的是守军的无条件投降。

弗里德堡来到了艾森豪威尔在兰斯的总部。5月6日，为了陪同弗里德堡，约得尔将军也去了那里。他们的目的只有一个：单独在西线投降，让更多的士兵和难民可以来到西方盟国，摆脱苏联人。但是艾森豪威尔坚持要签一个总的投降书，而且给出了时间限制。于是，约得尔报告邓尼茨说，艾森豪威尔将军今天坚持让他们签字，要不然盟国各战线将不接受个别投降者。为今之计，为了避免发生大的动乱，他认为只有签字，请邓尼茨立即用无线电批准他有签投降书的权力。

5月7日上午二点四十一分，比德尔·史密斯中将同约得尔将军签订了全面无条件投降的投降书。当时，有法国和苏联的军官在场。所以，在5月8日，战争实际上就已经停止了。5月9日清晨，在苏联人的安排下，德国最高统帅部正式在柏林举行追认仪式。艾森豪威尔由空军上将特德代表，苏联由朱可夫代表，德国由陆军元帅凯特尔代表，三者都签了字。

战时联合政府解散

决定大选的日期令我由衷为难。战时议会维持的时间，几乎已有十年，或者说，这个时间是一个正常任期。1940年5月，各个党派为了最高任务联合在了一起，现在，这个任务已经完成。无限岁月中的祸患和不幸，还有因错误和意外而带来的战争中的失望情绪，都击不垮全国各党派的联合政府，因为它拥有强大的力量。我们因欧洲方面的任务而联合在一起，这一任务现在已经完成。只差采摘它的果实了。除非努力的劲头和战时一样，尚且需要好好处理，否则的话，有实际收获的和平就无从谈起，更不要说持久的和平了。

工党中的那些同僚，对我这位首相是最忠实最坚定的，我想，作为首相我这也是独一无二了吧。尽管如此，他们的党派机器，在越来越迫切地看到完全打败德国的前景时，开始转动起来了，全面开展的活动也越来越多了。政治关系的党派色彩，在我们熬过了致命危险后变得越来越重；党派活动在这一边的政党中不见踪迹，而在那一边的政党不断进行，且未曾遭到阻拦。这是事实，并非谴责。

一个政治组织在战争危险渐弱而地平线上升起胜利之际的地位，对我们非常不利。这是以保守党的眼光得出的尖锐感觉。对全国人民在宪法——通过大选投票实现——上的需要，突然成为我们的问题。大选越来越近在眼前，同时，联合政府里的成员感觉到，他们正在彼此分开，走向方向相反的道路，而且，一整套新标准日益显现出来。

我自己在去年秋天做出结束对德战争即进行选举的许诺，回想起来，假如我当时要求了更宽的期限——在当时的形势下很容易实现——事情会更妥帖。然而我未曾有此一举。在德国投降的那一刻起，原本集中在全国欢庆的公众思想，很快转移到了党争上。现在，只能在6月和10月之间选择一个期限。

在击溃日本、签订和约、已撤回军队一段时间之前，我们应该继续待在一起。这是我现希望并竭力主张的。身处党务最前沿的赫伯特·莫里森先生，终于提出了政府于10月底之前一直留用工党部长的建议。新的选民登记将于10月15日开始进行，那将被认为更有利于工党，因为我们被救出德国祸患的感觉会越来越弱，而对日作战方面的兵力重新部署的负担，将越来越重。在地方选举中小有胜利，可以作为议会斗争振奋人心的前奏。这可能是市区选民所期望的。地方的选举权和全国的选举权，已经被我们合为一片，这样一来，市区选民团体的数目就增加了一倍。在保守党的一次会议上我打破了一次常规，让所有人把自己的意见写在一张纸条上。他们全部赞成选定6月，只有两人例外。当然，这还不算最终结果。首相个人可以全权向国王提请解散。除了这些，我的同僚们都向我保证，他们会支持我的任何决定。他们已经看出，我的态度中包含着对党争各种不欢迎。

　　我既不喜欢6月，也不中意10月。我现在承受着许多新问题的巨大压力，而我最热切希望的是，对日战争结束之后，全国的战友之情和团结一致能够一直维持。这需要联合得以继续，其时间很可能是一年甚至一年半。可对我们勉强服务好了的全国来说，这样是不是要求过多了？确实，这看起来符合国家利益，但如果要让它变为可能，只能在两党之间达成一个友好的协定。我感觉到，我们要如此有限而合理地延长任期，应该向选民提出通过公民投票或其他方式来决定的要求。还是早点选举吧，越快越好，如果非要在1945年年内进行的话。

　　至于我本人，我即将由全国领袖降级为一党领袖，一想到这一前景，我就难过至极。其中原因，倒不是管理国家大事比过私人生活更让我感到快乐。继续赋予我权力，让我努力解决欧洲的问题、完全打败日本并调回士兵们，才是我所期望的。因此，我认为，我有义务也有权利再尝试一次。

　　艾登先生在旧金山，我以这个6月或10月的问题坦言相问。他公正地说明了事情，然后给了明确的答复："如果选举确定在6月举行，我表示同意。"

　　工党正在布莱克普尔开会，其间掌握党务策略的领袖，无不首推莫里森先生。联合政府解体亦非贝文先生所愿，他的想法，或许跟我的那些指导思想一样吧。我同艾德礼先生长谈了一次。我在谈话中提出的强烈主张是：想方设法推迟选举，而且要推迟到完胜日本时，推迟到10月是不够的。在这个问题上，他没有抱以狭隘的党派观点，而且，在聆听我的呼吁时，显然颇为同情。在他离开时，我得到了他会竭尽全力促成我们团结的明确印象，于是就这样通知我的诸位同僚了。5月18日，没有收到佳讯，我给艾德礼先生寄去一封信，艾德礼先生给我回信了，他却对我的延续联合政府的提议表示反对。于是我给他去了第二封信进一步劝说。但各党派还是坚决果断地破裂了。

我于5月23日向国王递交了辞呈。我的辞呈被国王欣然而仁慈地接受了，他还问我，能不能组建起另外一个政府。在下院中，比起其他各党所占席位之总和，保守党的席位还要多出一百个。我接受了这项任务。

新政府已在四十八小时内组成，无人来点评其特点或质量。它提出的必要的财政及其他议案，一般都会通过，因为在下院里大多情况是由它控制的。我在28日款待前政府的主要部长们，举行了一个茶会，地点在唐宁街。

已经安排好每个选举阶段的日期和时间，其他党派都表示称心。国王已经准许，如果他把新任命传达给我满足三个星期，就可以宣布议会解散。6月15日，战时议会解散了。

一个事关命运的决定

6月1日，杜鲁门总统告诉我，他提议会议在7月15日左右于柏林举行。我马上回复道，携英方代表团前去柏林，是我十分乐意的，但是，我们都要注意到十分要紧的问题，而这个日期对这些问题来说显得太晚了；"就算不可能在6月15日举行，为什么不选择7月1日、2日或3日呢？"杜鲁门先生说7月15日仅对他而言已经最早了，并且他的布置工作正在依此展开；至于斯大林，提前开会非他所愿。于是我不再过多坚持。

　　每一个政府的首脑，都应有一个在危机时期能够无所不应的副手，那样就算发生意外，工作连续性也不会中断。艾登先生在我眼中从来就是我的继任人，并且，我曾在国王召见时向国王这样说明了。但是，新议会的选举运动现在已经展开，结果还没有出来，为了不至于出现脱节，我认为应该邀请反对党领袖艾德礼先生，让他出席波茨坦会议并熟悉一应事务。6月15日，我写信邀请了他。艾德礼先生来信说他愿意接受。

　　占领协定中规定了美军占领区，而美军在曾在战争中赢得的界线超过了占领区，现在，他们急于撤回规定区。这就是我一直急于及早开会的主要原因。可能有一天，华盛顿会决定让出这一长达四百英里的地区。我担心的就是这个。好几百万德国人和捷克斯洛伐克人，就在这一大片地区中。对它的放弃，意味着一道巨大人的鸿沟将在我们与波兰的领土之间裂开，实际上，我们对波兰领土之命运的影响力，也将因此而结束。我和我的顾问们都认为，虽然两年前规定了占领区，但现在的形势因下列因素而完全变了：苏联改变了对我们的态度；在雅尔塔达成的谅解，经常被破坏；如果不是蒙哥马利行动及时，苏联将一往无前地挺进丹麦；它还侵占了奥地利；还有，铁托元帅在的里雅斯特的压力，这也造成了威胁。的确，现在是时候总结性地考虑这一切问题了。因为，英美两国的陆军和空军，其武装力量现在依然是强大的，但他们很快就要离散了。

　　另一方面，我还看到一种严重的决策，即忽略将来而孤立地看待断送德国的整个中心和心脏的行动。我们前往波茨坦，将会没有资本来讨价还价，而且，欧洲未来和平的前途可能会成为泡影，因为责任可能会不被履行。然而，我不能一人决定这些事情。强烈建议尽早召开"三方"会议，就是我目前所首先能做的事。

　　长期的世界和平得以维持的最好时机，就是现在这个胜利的时刻，而且这也可能是最后的机会。可是，这就这样被不置一顾地错过了。总统在6月12日就我6月4日的去电给了回复。他说，尽管有助于解决其他问题，但美国部队撤出苏联占领区的安排不可能推迟，毕竟罗斯福总统和我是在"长期思考和仔细讨论"之后，才批准了占领德国的三方协定。他们不撤离完，盟国管制委员会就不能开始行使职务。行使军政府权力的，原来是盟军最高统帅，现在也应立即结束这一政府，其职责分别由艾森豪威尔和蒙哥马利承担。我们跟苏联的关系，将因撤出行动的推迟——即在7月间我们开会时撤出——而受到损害。他说这是别人向他提的意见，他因此主张给斯大林发一份电报。他还说，我们应该立即发出指令，让我们的军队前往各自的占领区。他已做好准备，将命令他们的全部美军从6月21日起开始撤离德国占领区。同时，为了占领柏林，为了给美军自由地——经由公路、铁路和空中——从法兰克福和不来梅进入柏林创造方便，军队指挥官应作好安排。在奥地利全境和维也纳占领区的划定上，为了更快和更令人满意地完成，应由当地指挥官负责，如果有些事是他们自己不能解决的，再分别请示各自的政府。

听闻此事，我心里的丧钟鸣了一下。但我别无选择，只好顺应。美国和英国军队7月1日开始撤退，进驻划定的占领区，追随而至的，还有大量难民。从此，在欧洲的心脏地区，苏联站稳了脚跟。在这块里程标示牌的背后，写着人类的命运。

苏联军队进入其指定的占领区时，就像一股浪涌，什么事故也没有发生。与此同时，一个世界机构的会议的工作也即将宣布结束，那个机构在旧金山，是我们一心想实现和平才建立起来的。选举强硬地支开了艾登先生和艾德礼先生，而哈利法克斯勋爵、克莱勃恩勋爵，还有我们代表团中的其他一切成员，都收到了我6月26日的贺电，庆贺他们工作上的成功，还包括他们的极难的处境下所获得的成果。"为在意见上达成一致，联合王国的代表们做了许多事情。这是因为你们有全面而深刻的智慧和真诚的信念。一个世界组织有其现实性，就是因为意见一致，否则就会化为乌有。将来的一个有希望的基础，就是你们所做出的不可限量的贡献奠定的。"很可惜，这些希望至今少有实现。

在地区性组织中寻找一个世界机构的基础，是我的一贯主张。我心里能够想到的此类地区的主要有美国、联合的欧洲、英联邦及大英帝国、苏联、南美。至于其他部分，比如一个或几个亚洲或非洲集团，其界限目前还难以明确，但只要研究就有结论。然而，在地区会议里商讨解决在各局部地区的诸多争执不休的问题，才是探求此类组织的目的所在。然后，代表在最高级的团体组织中的成员，是由地区会议选派出来的三四个显要人物。这样一个最高级团体，是由三四十个世界政治家组成的。每个政治家既代表和负责自己的地区，还要承担起处理全世界事务——主要是防止战争——的责任。我们现在所拥有的措施，在这个如此突出的目的之下，其效果是很差的。无论大小强弱，地位平等地召集所有的国家，组成一个军队一般的中心组织；所有人都应邀来到这个军队的总部，没有最高司令官、师指挥官和旅指挥官的差别。我们目前所达到的，只是一个会议场所而已，大家只是争吵，实现调节的手段也是通过或否决议案，但还在依靠熟练的会外活动。可尽管如此，我们的努力不能中止。

日本投降

　　蒙巴顿上将是在1945年2月渡过伊洛瓦底江的，他的任务是解放缅甸，占领马来亚和打通马六甲海峡。局势眼看着越来越严重，他决定先对付曼德勒以西的敌军主力，再转向攻打仰光。前一作战行动将由斯利姆将军指挥下的第十四集团军单独发动，他们4月15日就能到达仰光。他同时给若开区的第十五军下令，让他们扩大在若开（阿恰布）和兰里岛上的空军基地，并在海岸沿线扩大占领区，然后直逼伊洛瓦底江下游。在运输补给的飞机严重减少的情况下，这支军队仍然完成了任务。

　　在伊洛瓦底江对岸的桥头阵地已经被第十九师夺取。2月12日，在伊洛瓦底江下，第二十师成功渡江，并抵达曼德勒以西。为了保住既得阵地，他们苦战了两个星期，最后终于跟英国第二师会合。随后，日本的最高司令部派出了大批援军，看来他们已经上钩，相信自己即将面临一场有决定性的战役。在慕戈具以南，第七师于2月13日渡过了伊洛瓦底江，并建立了一个桥头阵地。日本的主力线上的一个主要后勤中心、交通枢纽，还有好几个飞机场，都集中在那里。敌人迅速调派两个师，前来援助密铁拉的守军。他们才走了一段，就遇到了我们的阻击。我们的第十七师也在战役中，还得到了它的空降旅和第五师的增援。苦战一周之后，我们终于夺得了那个城池。

　　萨尔敦将军的也在遥远的东北方面有所活动。1月底的时候，美国的"战神"旅、三个中国师和英军第三十六师，就已经在他的指挥下打通了到中国的道路，并直奔南方。3月中旬时，他们已经到达从腊戌到曼德勒的公路。但现在，蒋介石强行下令，命令他的几个中国师的停止前进。所以，在这条战线上，日本人终于还是得以从他们的三个师中抽出两个师，来与我们的第十四集团军正面相抗。

在整个三月里，曼德勒和密铁拉先后进行了两个激烈的战役。沿着伊洛瓦底江东岸，冲出桥头阵地后，第十九师一路挺进下游地区，并于3月9日进入了曼德勒。日本人在那里进行了十分顽强的抵抗。足足用了两天才攻下曼德勒山，但是，普通炮弹无法炸穿杜福林堡垒厚实的墙壁。最后炸开的那个缺口，是一个两千磅炸弹的杰作。那里的敌人在3月20日逃跑了。

与此同时，密铁拉也迎来了第三十三军其余部分的进攻。第十七师已经插入敌人战线背后，但日军总司令似乎无意撤退，而敌军的实力又与我军相当，因此，可以想见他们遭到的抵抗多么强烈。敌人却在月底时放弃战斗，沿着通往东吁和仰光的大路，他们一路撤退，并穿过山区撤向东边。战斗已经持续了好几个星期，我们固然已经乏于补给，但更糟糕的应该是敌人那边。这个紧要关头也决定我方的成败。萨尔敦将军在腊成公路上受到阻击，而且战役也拖延下来了，因为曾跟他们交战的两个日本师赶来了。最终，蒙巴顿决定对仰光展开水陆两栖进攻。在这个时候，斯利姆将军作出决定，让第四军沿公路和铁路追击敌人，同时，在伊洛瓦底江沿岸，第三十三军尽力全速进军。抵达仰光不是他全部的目的，他还要在缅甸南部活捉敌人。为此，他让第七师和第二十师立即顺江而下。5月2日，他们到达了贝谬。在皮奥贝，他们跟日本残部三个师兵力拉开了一场激烈战斗。战斗过后，他们继续沿着公路和铁路前进。

东吁的飞机场现在对我们是急需的，通过一个装甲纵队和第五师、第十七师的机械化旅的交互式挺进，我们于4月22日抵达那里。勃固是下一个目的地。敌人在缅甸最南面的逃亡路线，会因勃固掌握在我们手里而被封闭。我们先头部队到达那里的日期是4月29日。当天下午下了一场倾盆大雨，前方的速成飞机场已经不能使用，坦克和其他车辆也寸步难行。敌人的防线终于在5月2日被第十七师攻破。距离仰光还有最后的几英里路，他们已经做好准备，以便第一个到达那里。

海陆联合发起攻击的日期，也是5月2日。仰光河的入口被象岬的防御工事封锁住了，于是，盟军的重型轰炸机对这些防御进行了轰炸。第二十六师的舰只在当天到达河口，掩护力量是皇家空军第二百二十四大队的飞机。那天下午骤降暴雨，但之前的短短几个小时里，我们已经拿下仰光。

不久，这支两栖部队与勃固的第十七师、贝谬的第二十师会合了。被包围的日本人有好几千。向东逃窜的日本人，有一大批在后来的三个月里死在路上。缅甸之战旷日持久，现在就这样就结束了。

同样迅即发展的，还有太平洋战争。罗林斯中将负责海上指挥，他和主力舰队于1945年2月初到达澳大利亚，舰队和附属的补给舰只，在3月初之前一直埃德米拉迪群岛的马努斯岛的美国基地里集结待命。3月18日，它们第一次投入太平洋上的战役中，其领导者是斯普伦斯上将。

我们终于能够进攻日本本土了。执行袭击本州任务的是从马利亚纳群岛来的轰炸机，斯普伦斯曾在2月19日进袭这个岛屿。这是一场耗时一个多月的激烈战斗，我们胜利了。另一方面，3月26日，拥有"乔治五世"号和"壕"号战列舰、四艘航空母舰、五艘巡洋舰和十一艘驱逐舰的原英国舰队抵达了台湾以东的作战地带。他们的轰炸机在那一天对冲绳岛以南各岛中的机场和设施进行了第一次袭击。

预定的进攻冲绳的两栖作战的开始日期是4月1日，斯普伦斯本人则打响了它的前奏。他麾下的快速航空母舰舰队群，于3月8日对敌人靠近日本海岸的基地进行了一次袭击，并从3月23日开始向冲绳方向驶去。

　　敌人可能利用该岛以南各岛上和台湾北部的机场，而英国舰队的任务就是阻止他们。这个舰队不久就退到了莱特湾，因为飞机严重损耗，供应又不足。敌人始终没有进行过强烈的抵抗。4月1日，"不倦"号有所伤亡，因为被一架自杀轰炸机击中了。被创的还有一条驱逐舰，它只好撤退。

　　在太平洋战争中，攻取冲绳的水陆联合作战，其规模是最大的，耗时是最久的。首先登陆的是四个美国师。日本用上了剩下全部海空力量。他们几乎全军覆没，幸免的只有几条驱逐舰。

　　自杀轰炸机展开了令人震惊的袭击。这些袭击的次数，截止到我们攻下冲绳岛那天至少是一千九百次。三十四艘驱逐舰和其他小船被击沉，约二百艘其他舰只被击中。日本人发动过的进攻中，这应该是最凶猛的。然而，那个岛最后在6月22日被完全攻克。

　　对于这些动人的战斗，我虽然忙于选举和其他事务，仍然每天密切关注。

　　5月1日，英国舰队又从莱特湾出动。我们的机群在5月4日至25日期间的作为，依然是对以前的那个地区进行攻击。5月4日，宫古岛迎来了我们船舰的炮击。敌人回击的方式，大多是自杀式袭击。受到重创的"敬畏"号和"胜利"号两艘航空母舰，都还能继续航行。补给品到了5月25日的时候已经匮乏至极，舰只只好退到马努斯岛。

　　更南边正在进行的战争，是对东印度群岛的解放。得到美国和澳大利亚海空军支援的澳大利亚第九师，5月1日登上了荷属婆罗洲的塔拉坎。6月间，文莱和沙略再度被澳大利亚人占领。随后，在荷兰、美国和澳大利亚的海军的支援下，澳大利亚第七师于7月1日登陆巴厘巴班。

　　很明显，冲绳将在旦夕之间被攻克。就在此刻，马歇尔将军示意我们可以在那里建立一个基地，以便发展空军。这表明，在对日本的主力攻击中，我们也将发挥作用。我对此表示欢迎。然而，我们所希望的十个中队到1946年初才够数，1945年10月在冲绳只能有两个的希望。谁知，日本在我们的飞机和士兵能够到达以前就投降了。所有的计划，都没能赶上形势的变化。

波茨坦会议

杜鲁门总统到达柏林的那天，我也到了。到达柏林那天上午，我就去拜访他了。令我印象深刻的是，他的风度是严谨而周密的，也是愉快和神采焕发的，而且他还有明快的决断能力。7月16日，总统和我分别在柏林巡视了一圈，去到了希特勒自杀的那间防空地下室。7月18日中午，我跟总统两人一起吃饭。正说着的时候，他的官员过来提醒他，他应该立即去跟斯大林元帅会面。对于那天的午餐，总统说那是他多年以来享用得最愉快的一次，并希望我们俩之间能够延续我跟罗斯福总统的关系。我感动于他在讨论中所使用的许多字眼。我感觉到，眼前这个人物，在品格和能力上都是卓越的。他所看到的前景，刚好与英美关系向来的发展路线契合。他说话时充满自信和决心，所采用的方式是直截了当的。我和斯大林共同用餐，是在7月18日晚。我们相当愉快地谈话，从晚上八点半持续到了半夜一点半。任何决定性的问题，现在都没有接触到。

在波茨坦会议上，我们所面临诸多问题中最难且最重要的是各国之间必须为和平而努力，让大家能够共同生活在和平之中；至少自由和安全要得到保证，如果无法达到舒适的话。

其中许多问题至今尚未解决。现在，英国为之而战的波兰，还是得不到自由和平静；德国的分裂仍然在继续，跟苏联的关系依然很僵。在我们的讨论中，头等重要的话题是：苏联在波兰占领的土地、波兰占领的德国土地、德国和苏联的世界地位。

举行会议的第一次全体大会的时间，是7月17日下午5时。我对斯大林由总统担任主席的建议表示认同，于是我们共同邀请杜鲁门先生，他接受了。几个次要问题在会上引起讨论。我对杜鲁门先生的两个建议都有不同意见：一是让意大利加入联合国，二是各项和平条约和欧洲边界解决办法，由英、俄、中、法和美国的外长共同起草。斯大林也有疑问，他好像不赞成邀请中国参加外长会议。总统坚持说，在解决欧洲问题上，应有中国的发言权，因为它是世界安理会的一员。同时，他并不否认，"三大国"的外长会议，将因新的联合国机构而只能在更小范围内进行讨论。我觉得，现在考虑这些为时过早。我所担心的是，这可能会使得大同盟最终解散。一个世界组织，如果对所有国家保持开放，什么事都要尽可能宽大，那它的力量将是松散的，甚至是无力的。摆在我们面前一个更迫切的问题，是波兰的自由选举。当我拿这个实际问题提醒我的同事们时，会议结束了。

第二次大会于7月18日下午5时开始。关于阻挡记者在场的讨论结束后，外长们起草各个欧洲和平条约的事项。外长们拿出他们准备好的计划。组成那个外长会议的，还是总统提出的五大国外长，但被允许参与起草和议条件一事的国家，须得在有关敌国的降书上签过字。我们都同意这个规定。

后面是有关德国的问题。斯大林说，德国现在既没有确定的边界，又没有边界守卫，也没有军队，四个占领区是它的全部——1937年的德国已不复存在了。我们最后的统一意见是把1937年的德国作为讨论的起点。问题因此而被暂置一旁了，我们转到波兰的问题上。

斯大林主张让波兰卢布林人来掌管包括海军和商船在内的波兰武装力量。我针对性地讲了下面一段话：

波兰问题是英国人现在所肩负的担子。合计起来，从前方到后方的所有波兰军队，共十八万多人。他们作战英勇，纪律良好，曾在德国参战；也曾在意大利更大规模地贡献力量，在那里，尽管遭受了严重损失，依然坚守阵地，跟任何一支意大利前线的军队一般无二。许多人已经牺牲了，我们希望他们得到尊敬，尽管我没有在议会作过这样的保证。我们说服波兰人回到本国的工作，不但包括军人，而且还包括前波兰政府的文职雇员。经过三大国的耐心工作，这个未能完全符合我们心意的政府，取得了明显进步。想回到波兰的波兰人的人数，自然随波兰情况的好转而增多。他们的效忠问题已成过去，不应因此迫害他们。当然，这些人的祖国，是苏联军队英勇解放的。如果波兰国内的情况在持续进步，我希望他们中途就可以回去，并成为优秀的公民。正式意义上和外交上，已经不存在一个伦敦的波兰政府了。另外，波兰军队也是存在的，处理眼下局势时，一个失当都有可能引发他们的叛变。

杜鲁门先生说道：在我看来，首相要求有足够的时间，元帅的提议会使问题复杂化，但他已经放弃了，你们之间不存在什么根本的分歧。他希望能够尽快实行雅尔塔会上的协议。解决这些问题的最好办法，是交给外长们去讨论。

于是，斯大林就提出了由外长们解决整个事件的建议。

我说："也包括选举。"

斯大林说："自由选举从未遭到临时政府的排斥。"

就这样，第二次会议结束了。

再谈波兰问题

　　各种不同问题，在波茨坦会议的第三及第四次会议上进行了讨论，但未能就任何一个问题明确统一意见。再次谈起波兰问题，是在第五次会议上，也就是7月21日。在波兰西部边界的问题上，苏联代表团的要求是：超出斯维纳明德以西，一路推进直到奥得河，什切青归波兰；沿着奥得河往上推，直到奥得河跟希尼斯河合流的地方；从那里开始直到捷克斯洛伐克边境，这部分界线就是希尼斯河。

　　杜鲁门先生边回忆边说，应基于1937年德国的边界，把它分成四个占领区，这是我们之前商定的。英国人和美国人已经完成各自军队的撤退，他们现在都在自己的占领区里，但是，苏联政府明显已经把其中一个区划给了波兰人，而且并没有跟我们商量。如果这一部分占领区不再属于德国，赔偿以及其他一切德国问题，又谈何解决？

　　总统和斯大林进行了一场争论，最后总统说道："我认为，只能在将来的和平会议上解决这件事了，我们现在是办不到的。"

　　斯大林说："更难的是对一个德国行政机构的恢复。"

　　总统说："在你自己的德占区，你可以使一个波兰的行政机构发挥作用。"

　　斯大林回道："那再好不过了。既然德国人已经逃走走，自然只剩一个解决办法了，那就是建立一个友好的行政机构，由波兰人来管理。这样一来，任何特定边界对我们的约束也就取消了。实在不行，可以搁置这个问题，如果在将来的会议上无法达成一致的话。"

　　我插了一句："可以吗？德国人需要这些地区来养活自己，因而它们是十分重要。"

"谁会去生产粮食？留下那里耕种的，只有波兰人。"斯大林提出了反驳。

我们共同追问："德国人去哪了？"

"他们逃跑了。"

此时我开始发言，与斯大林发生了一场更为激烈的争论，最后没有达成统一意见。

我们第二天再次会见，比起昨天，我们并没有得出什么更合得来的意见。波兰的要求是无法被英国政府接受的，为此我再次说明并强调了几个更重要的理由：

一、对于一切边界问题，只能在和平会议上决断，那时再做最后决定。（在这一点上斯大林表示同意。）

二、满足波兰人现在的要求，让他们接收一大片土地，对这个民族并没有什么好处。

三、德国的经济统一，将因此被遭到破坏，将来占领了西部地区的国家，也会因此承担过重的负担，尤其是粮食和燃料的负担。

四、在道德方面来说，大量的移民使英国人特别感到不安。对我们来说，如果从德国东部移出的德国人，跟从波兰东部的寇松线以东移入那里的波兰人数量相等，比方说迁移二三百万人，倒也可以接受。但满足波兰要求的做法完全是错误的，那意味着将要迁移高达八九百万的德国人。

五、关于有争执的地区里德国人数的情报是不一致的。苏联政府说他们全都逃跑了。英国政府相信有很大的数目，约有几百万还留在那里。当然，我们没有办法去当地核查人数，如果始终没有证据表明它错了，我们只好相信这个数字。

斯大林还是那个主张，德国人得到足够的燃料，可以指望鲁尔和莱茵地区；德国人并没有留在波兰人占领的地区。

有关怎样把整个事情交由外长会议解决的讨论，也花了我们很长时间。

在延展新波兰的西部边界直到所谓奥得河界线这一点上，我们都不反对，而延伸到什么位置，是斯大林跟我之间的分歧所在。杜鲁门先生给我们读了一段关键性的文字：

三国政府的首脑认为，应当依照寇松线确定波兰的东面疆土，为便利波兰，在若干区域应出让五至八公里。在波兰的北方和西方需要获得广大领土这一点上，他们承认必须有所出让。他们觉得，应当在时机适当时，征询新波兰的全国统一的临时政府有关这些领土应作出多大出让的意见；并觉得，应在未来的和平会议上最后确定波兰的西疆。

这是雅尔塔宣言里面的。总统说，这是罗斯福总统、斯大林和我共同决定的，他自己也完全赞同。现在有五个——而不是四个——国家占领着德国。在为波兰划出一个占领地区这一点上达成一致，原本应该不会很难。但是，没有跟"三大国"商量，波兰人就擅自占领了这个地区，这令他不快。斯大林说："这没什么错。我们已经按照在雅尔塔的约定，跟波兰政府商量此事。对于他们的方案，我们表示赞成。我们也可以让他们来到这个会议，说说自己的想法。这件事就应该在这里解决。但是，我们无法达成一致，既然如此，为什么不把它交给外长会议？"

他继续说，在德黑兰时，沿着奥得河延伸边界直至该河和东尼斯河汇流处，是罗斯福和我的共同主张，而他的主张是延伸到希尼斯河。还有，把什切青和布雷斯劳留给德国，也是罗斯福先生和我的想法。

我也重新考虑了一下这些问题，并当场提议邀请波兰人立即参加这个会议。他们二人也赞成，于是我们决定发出邀请书。

7月24日，下午三点一刻，在环行街，我的居所迎来了波兰临时政府的代表们，其首脑当然是贝鲁特总统。

我提醒贝鲁特：完全可行的一个办法是让波兰拥有东普鲁士的一些地区，它们在科尼歇贝格以西和以南。但他坚持说，波兰损失了百分之二十的领土，而德国战败后也只会丧失其百分之十八。波兰太拥挤了，每平方公里上大约有八十三个人。波兰人唯一的请求是，再仔细审查一下他们的领土。他们所要求的那条界线，既是可能的，也在波兰和德国之间是最短的。这会公正的补偿给遭受损失并对盟国胜利做出贡献的波兰。

我提醒他，那个地区至今依然关闭着，这使我们无法亲自看到波兰的实际情况。对于他所说的他的国家应得到补偿，我表示赞成，但我同时警告他，他们正在犯一个错误：不能要求这么多。

那天深夜里，艾登先生又在住所里跟波兰人会面，并谈到了许多问题。第二天上午，我跟贝鲁特在十点的时候单独谈话。

贝鲁特向我保证，在他看来，波兰还不能有共产党。跟苏联保持友好并学习它，确实是波兰所需要的，但它不愿袭用苏联的制度，因为波兰有自己的传统。"波兰将来的发展原则，会基于西方的民主原则。"自由选举相当重要，我再次把这一点强调给他。如果候选人只能由某一方面提出，那选举将是无益的。要让每个人都能够清晰地辩论，言论必须自由，而且应参考英国，让每个人都能选举。在国外的波兰人，应择时回到本国，我会尽力说服他们。但他们要回去，也必须得到他临时政府的鼓励。

贝鲁特还回应我的担心说：如果不出意外，苏联军队将全部撤出；至于苏联的秘密警察，它在波兰是无效的。现波兰在战争时期出现严重分裂，只好采取一些特殊措施以弥合裂缝，但对警察制度，波兰人并不赞成。天主教徒大约占了全体人口的百分之九十九。

现在的这个波兰政府，已经得到承认。我对它的期望是，它为了变得最开明而努力，或者，在选举方面做到这一点，是它起码要保证的。贝鲁特说，人民如果要发表政治意见，他的政府无意阻止，但对于那许多的小党派，他们急切希望能够避免这种情况发生。相比之下，波兰选举的民主性，甚至强于英国选举。

妨碍波兰前途绝非我们所愿，我如此答道，但麻烦的是，边界问题离不开赔偿和供应的问题。波兰人夺走了一大群德国人所赖以生存的肥沃土地，而安顿他们的责任已经推到我们头上。波兰人所要求东西，确实过多了。我们和美国人想把一种政策实行开来，苏联人却想改换成另一种政策。那种政策导致的后果，将是严重的。

最后，我还是徒然呼吁了一场。世人在未来会评判我所预测到的"严重后果"。